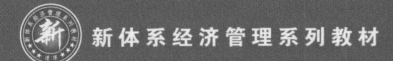

新体系经济管理系列教材

市场调查与预测

SHICHANG DIAOCHA YU YUCE

李 灿 主编

辛 玲 蔡宏宇 刘云忠 副主编

清华大学出版社

北 京

内容简介

市场调查和预测是研究运用科学的理论与方法对市场环境、市场需求以及营销活动等进行调查、分析和预测，属于市场信息工作，是一门综合性的应用学科，服务于企业市场营销策划和管理决策。目前，许多高校的经济类、管理类、统计类相关专业已将市场调查和预测作为专业必修课之一。

全书以市场调查过程为主线，系统、深入浅出地阐述了市场调查和预测的基本概念、基本原理，着重介绍了市场调查和预测的基本方法与技巧以及国内外最新的市场调查和预测技术。主要内容包括：市场调查概述、调查方案的设计、各类市场调查方法、问卷设计、抽样设计、市场调查的实施、调查资料的处理与分析、市场预测方法和调查报告的撰写。本书依据应用型本科人才培养目标、知识结构和能力要求而编写，在选择教材内容及确定知识体系、编写案例时，注重素质教育和创新能力、实际能力的综合要求，为培养精通市场调查与预测理论与实践操作的复合型应用人才提供知识条件。本书体系完整，结构严谨，写作行文简明、流畅。

本书可作为高等院校经济类、管理类、统计类相关专业本科层次"市场调查与预测"或者"市场营销调研"课程的教学用书，同时也可作为研究生教学参考用书和各类企业的管理人员或调研公司从业人士在职培训教材。

本书封面贴有清华大学出版社防伪标签，无标签者不得销售。
版权所有，侵权必究。举报：010-62782989，beiqinquan@tup.tsinghua.edu.cn。

图书在版编目(CIP)数据

市场调查与预测/李灿主编．—北京：清华大学出版社，2012.4(2024.2重印)
(新体系经济管理系列教材)
ISBN 978-7-302-28064-4

Ⅰ．①市… Ⅱ．①李… Ⅲ．①市场调查－高等院校－教材 ②市场预测－高等院校－教材
Ⅳ．①F713.5

中国版本图书馆 CIP 数据核字(2012)第 024138 号

责任编辑：徐学军
封面设计：漫酷文化
责任校对：宋玉莲
责任印制：沈　露

出版发行：清华大学出版社
网　　址：https://www.tup.com.cn, https://www.wqxuetang.com
地　　址：北京清华大学学研大厦 A 座　　邮　编：100084
社 总 机：010-83470000　　邮　购：010-62786544
投稿与读者服务：010-62776969，c-service@tup.tsinghua.edu.cn
质 量 反 馈：010-62772015，zhiliang@tup.tsinghua.edu.cn

印 装 者：三河市人民印务有限公司
经　　销：全国新华书店
开　　本：185mm×260mm　　印　张：27.25　　字　数：646 千字
版　　次：2012 年 4 月第 1 版　　印　次：2024 年 2 月第 13 次印刷
定　　价：49.00 元

产品编号：041023-02

FOREWORD

市场调查和预测是搜集、处理、分析和应用市场信息,进行现代化市场营销和管理的重要手段。随着我国市场经济的发展,面对不确定性的市场,许多经济部门和企业越来越重视市场调查和市场预测,以增强市场营销策划和管理决策的科学性,提高企业的市场适应能力和竞争能力。面对复杂多变和竞争激烈的市场,企业必须重视市场信息资源的获取、处理、分析和深度利用,努力把握市场变化规律,以增强企业的市场适应能力和竞争能力。同时,市场调查和市场预测作为一门新的应用型课程,也日益受到教育部门的重视,许多高等学校已经或准备将市场调查作为必修课程之一。本书正是为适应这一需要而编写的。

本书的结构体系是在学科最新研究成果的基础上,结合高校人才培养定位要求,按照市场调查与预测工作的实际运作过程展开的。全书共分12章,第一章主要介绍市场调查、市场预测的基本概念、特点及程序;第二章介绍如何进行市场调查策划;第三章和第四章介绍资料收集方法;第五章介绍调查问卷设计的基本方法和技巧;第六章介绍抽样调查技术;第七章主要介绍市场调查如何具体实施;第八章和第九章主要介绍调查资料的处理分析方法,尤其是讲述了SPSS软件在数据分析中的应用;第十章和第十一章分别介绍市场预测方法中的定性预测和定量预测;第十二章介绍如何撰写市场调查报告。

本书在内容组织和撰写方式上力求体现科学性、实用性、先进性和新颖性的统一,突出以下特点。

(1) 传授基本理论知识和培养市场调研能力相结合。本书既注重阐述市场调查和预测的基本理论、知识和方法,又注重用实际案例阐述和印证市场调查与预测的方法。每章都包括导入案例、思考题和案例分析讨论等几个部分,以案例导入作为各章内容介绍起点,以案例分析讨论作为课后总结和复习,通过大量的案例分析讨论培养学生的市场调研能力。正文中还穿插有各种有趣实用的小案例和资料链接,充分体现方法性和实用性相结合的撰写原则。

(2) 简明易懂与适应时代发展需要相结合。本书既继承传统,又打破传统,吸收国内外市场调查和市场预测研究与实践的最新成果,力求有所突破。如专辟一节,介绍网络调查的主要方式、运作及安全性等,以满足电子商务等的需要;介绍近年在市场调研中发展起来的常用的统计分析软件SPSS和多元研究分析方法。

参加本书编写的有湖南商学院、西安财经大学的教师。具体分工如下:第一、七、十一章,辛玲;第二、四、六章,蔡宏宇;第五、九、十二章,李灿;第三章,蔡宏宇与刘云忠;第八、十章，刘云忠。本书由李灿、辛玲统稿，蔡宏宇、刘莹、龚曙明教授通读全稿并提出修改意见。

为方便教师教学，本书配有内容丰富的教学资源包（包括精致的电子课件、案例库、案例分析、习题集），下载地址：http://www.tup.tsinghua.edu.cn。

本书大纲由李灿提供，吸取了有关专家的意见和建议。本书在编写过程中，参考了多本著作、论文和教材，恕不一一列明，在此向所有的专家学者致谢。

全体编写成员期望能奉献给读者一本风格独特的教材，但由于水平有限，书中难免有错误或疏漏之处，真诚地希望专家和读者从不同角度多提宝贵意见，以便不断完善和提高（E-mail：xlican@yahoo.com.cn）。

编　者

CONTENTS 目录

第一章 导论 ……………………………………………………………… 1
  第一节 市场营销与市场调查、预测 ……………………………………… 2
    一、市场 …………………………………………………………………… 2
    二、市场营销体系 ………………………………………………………… 2
    三、市场营销与市场调查、预测的关系 ………………………………… 2
  第二节 市场调查概述 ……………………………………………………… 4
    一、市场调查的概念 ……………………………………………………… 4
    二、市场调查的特点 ……………………………………………………… 4
    三、市场调查的作用 ……………………………………………………… 6
    四、市场调查的内容 ……………………………………………………… 9
    五、市场调查的分类 ……………………………………………………… 11
    六、市场调查的原则 ……………………………………………………… 14
    七、市场调查的过程 ……………………………………………………… 15
  第三节 市场预测概述 ……………………………………………………… 18
    一、市场预测的概念和特点 ……………………………………………… 18
    二、市场预测的作用 ……………………………………………………… 19
    三、市场预测的分类 ……………………………………………………… 20
    四、市场预测的程序 ……………………………………………………… 21
    五、市场调查与市场预测的联系和区别 ………………………………… 25
  第四节 国内外市场调查状况 ……………………………………………… 27
    一、市场调查的产生和发展 ……………………………………………… 27
    二、国外发达国家市场调查业的状况 …………………………………… 28
    三、国内市场调查业的发展和现状 ……………………………………… 29
  思考题 …………………………………………………………………… 32
  案例分析讨论 …………………………………………………………… 33

第二章 市场调查方案的设计 ……………………………………………… 36
  第一节 市场调查方案的概念和重要性 …………………………………… 36

一、市场调查方案设计的概念 ………………………………………… 36
　　二、市场调查方案设计的重要性 ……………………………………… 37
　第二节　市场调查方案设计的主要内容 …………………………………… 38
　　一、确定调查目的和内容 ……………………………………………… 38
　　二、确定调查对象和调查单位 ………………………………………… 39
　　三、确定调查项目 ……………………………………………………… 40
　　四、确定调查方式和方法 ……………………………………………… 42
　　五、确定调查资料整理和分析方法 …………………………………… 43
　　六、确定调查时间和调查工作期限 …………………………………… 43
　　七、确定调查经费预算 ………………………………………………… 44
　　八、确定提交报告的方式 ……………………………………………… 45
　　九、制订调查的组织计划 ……………………………………………… 45
　　十、附录 ………………………………………………………………… 46
　第三节　市场调查方案的可行性研究与评价 ……………………………… 46
　　一、调查方案的可行性研究 …………………………………………… 46
　　二、调查方案的总体评价 ……………………………………………… 48
　思考题 …………………………………………………………………………… 48
　案例分析讨论 …………………………………………………………………… 49

第三章　市场调查方法（上） …………………………………………………… 51
　第一节　文案调查法 ………………………………………………………… 54
　　一、文案调查法概述 …………………………………………………… 54
　　二、文案调查法的原则 ………………………………………………… 56
　　三、文案调查的程序 …………………………………………………… 56
　　四、文案调查资料获得的渠道 ………………………………………… 60
　　五、文案调查法的优缺点 ……………………………………………… 62
　第二节　小组座谈法 ………………………………………………………… 63
　　一、小组座谈法的实施 ………………………………………………… 63
　　二、小组座谈法的优缺点 ……………………………………………… 67
　　三、小组座谈应注意的事项 …………………………………………… 68
　　四、小组座谈法的应用范围 …………………………………………… 69
　　五、小组座谈法的一些其他形式 ……………………………………… 70
　第三节　深层访谈法 ………………………………………………………… 70
　　一、深层访谈法的技术分类与技巧 …………………………………… 71
　　二、深层访谈的实施过程 ……………………………………………… 72
　　三、深层访谈法的优缺点 ……………………………………………… 73
　　四、深层访谈法的应用范围 …………………………………………… 75

第四节　德尔菲法 …………………………………………………… 75
　　　　一、德尔菲法的特点 ………………………………………………… 75
　　　　二、德尔菲法的执行步骤 …………………………………………… 76
　　　　三、德尔菲法的优缺点 ……………………………………………… 77
　　第五节　投影技法 …………………………………………………… 78
　　　　一、投影技法的分类 ………………………………………………… 78
　　　　二、投影技法的优缺点 ……………………………………………… 81
　　　　三、投影技法的应用 ………………………………………………… 81
　　思考题 ………………………………………………………………… 82
　　案例分析讨论 ………………………………………………………… 82

第四章　市场调查方法（下） ………………………………………… 84

　　第一节　访问法 ……………………………………………………… 87
　　　　一、访问法概述 ……………………………………………………… 87
　　　　二、面谈访问 ………………………………………………………… 88
　　　　三、电话访问 ………………………………………………………… 91
　　　　四、邮寄访问 ………………………………………………………… 96
　　第二节　观察法 ……………………………………………………… 99
　　　　一、观察法的分类 …………………………………………………… 100
　　　　二、观察法的记录技术 ……………………………………………… 104
　　　　三、观察法的观察技术 ……………………………………………… 105
　　　　四、观察法的优缺点 ………………………………………………… 107
　　　　五、观察法需注意的事项 …………………………………………… 107
　　　　六、观察法的应用 …………………………………………………… 108
　　　　七、观察法的比较性评价 …………………………………………… 108
　　第三节　实验法 ……………………………………………………… 109
　　　　一、实验法常用技术术语 …………………………………………… 109
　　　　二、实验的有效性 …………………………………………………… 110
　　　　三、实验法的类型 …………………………………………………… 112
　　　　四、实验法的程序 …………………………………………………… 115
　　　　五、实验法的优缺点 ………………………………………………… 116
　　　　六、实验法的应用 …………………………………………………… 117
　　第四节　网络调查法 ………………………………………………… 117
　　　　一、网络调查的特点 ………………………………………………… 118
　　　　二、网络调查的方式 ………………………………………………… 120
　　　　三、网络调查的程序 ………………………………………………… 122
　　　　四、网络调查需注意的事项 ………………………………………… 123

五、网络调查的应用 ……………………………………………………………… 125
　思考题 …………………………………………………………………………………… 126
　案例分析讨论 …………………………………………………………………………… 127

第五章　问卷设计 …………………………………………………………………… 130

第一节　问卷的一般问题 ……………………………………………………………… 131
　　一、问卷的概念与作用 ……………………………………………………………… 131
　　二、问卷的类型 ……………………………………………………………………… 132
　　三、问卷设计的原则 ………………………………………………………………… 133
　　四、问卷的结构 ……………………………………………………………………… 134
　　五、问卷设计的程序 ………………………………………………………………… 137

第二节　问卷的常用量表 ……………………………………………………………… 138
　　一、量表的概念与分类 ……………………………………………………………… 138
　　二、量表的具体形式 ………………………………………………………………… 143

第三节　问卷的设计 …………………………………………………………………… 156
　　一、问句的含义 ……………………………………………………………………… 156
　　二、问句的类型 ……………………………………………………………………… 157
　　三、问句的答案设计 ………………………………………………………………… 158
　　四、问卷设计的技巧 ………………………………………………………………… 160

第四节　问卷的评价 …………………………………………………………………… 165
　　一、一份优秀市场调查问卷的设计标准 …………………………………………… 165
　　二、问卷的信度与效度的评价方法 ………………………………………………… 165
　思考题 …………………………………………………………………………………… 169
　案例分析讨论 …………………………………………………………………………… 170

第六章　抽样设计 …………………………………………………………………… 175

第一节　抽样调查概述 ………………………………………………………………… 176
　　一、抽样调查的概念及特点 ………………………………………………………… 176
　　二、抽样调查的优点 ………………………………………………………………… 177
　　三、抽样调查的应用 ………………………………………………………………… 177
　　四、抽样调查的基本概念 …………………………………………………………… 179
　　五、抽样方式的确定 ………………………………………………………………… 184
　　六、抽样调查的程序 ………………………………………………………………… 185

第二节　随机抽样技术 ………………………………………………………………… 187
　　一、简单随机抽样 …………………………………………………………………… 187
　　二、分层抽样 ………………………………………………………………………… 190
　　三、系统抽样 ………………………………………………………………………… 193

四、整群抽样 …………………………………… 197
　　五、多阶段抽样 ………………………………… 198
　第三节　非随机抽样技术 …………………………… 200
　　一、方便抽样 …………………………………… 200
　　二、判断抽样 …………………………………… 200
　　三、配额抽样 …………………………………… 201
　　四、雪球抽样 …………………………………… 202
　第四节　必要样本容量的确定 ……………………… 203
　　一、确定样本容量的意义和原则 ……………… 203
　　二、影响样本量的因素 ………………………… 203
　　三、样本量的确定 ……………………………… 204
　思考题 ………………………………………………… 205
　案例分析讨论 ………………………………………… 206

第七章　市场调查的实施 ………………………………… 211
　第一节　市场调查实施队伍的组织 ………………… 212
　　一、调查团队的组织 …………………………… 212
　　二、访问员 ……………………………………… 213
　第二节　市场调查实施队伍的培训 ………………… 215
　　一、培训内容 …………………………………… 215
　　二、培训方式 …………………………………… 216
　　三、访问的基本技巧 …………………………… 217
　第三节　市场调查实施的监督管理 ………………… 221
　　一、调查实施的进度安排和经费预算 ………… 221
　　二、调查实施的监督管理 ……………………… 222
　思考题 ………………………………………………… 225
　案例分析讨论 ………………………………………… 225

第八章　调查资料的处理与基础分析 …………………… 228
　第一节　调查资料的处理 …………………………… 229
　　一、资料的审核 ………………………………… 229
　　二、编码 ………………………………………… 231
　　三、数据录入 …………………………………… 235
　　四、数据自动清理 ……………………………… 236
　第二节　描述性统计分析 …………………………… 240
　　一、数据的集中趋势分析 ……………………… 241
　　二、数据的离散程度分析 ……………………… 243

第三节　交叉列表分析 ……………………………………………………… 246
　　一、交叉列表分析的含义与意义 …………………………………………… 246
　　二、交叉列表分析中变量的选择与确定 …………………………………… 247
　　三、两变量交叉列表分析 …………………………………………………… 249
　　四、三变量交叉列表分析 …………………………………………………… 252
第四节　调查问卷中的多项选择题的处理分析 …………………………… 255
　　一、多项选择题的特点 ……………………………………………………… 255
　　二、多项选择题的数据编码和变量设置 …………………………………… 255
　　三、多项选择题的数据处理分析过程 ……………………………………… 257
　　四、多项选择题的处理过程讨论 …………………………………………… 260
思考题 ……………………………………………………………………………… 260
案例分析讨论 …………………………………………………………………… 260

第九章　调查数据高级分析方法 ……………………………………………… 262

第一节　假设检验 …………………………………………………………………… 263
　　一、假设检验的原理与步骤 ………………………………………………… 263
　　二、关于平均值的假设检验 ………………………………………………… 264
　　三、关于比率的假设检验 …………………………………………………… 268
　　四、拟合优度 ………………………………………………………………… 270
　　五、方差分析 ………………………………………………………………… 272
第二节　二元变量相关和回归分析 ………………………………………… 277
　　一、相关分析与回归分析概述 ……………………………………………… 277
　　二、二元变量回归 …………………………………………………………… 277
　　三、相关分析 ………………………………………………………………… 279
第三节　多变量数据分析 …………………………………………………… 280
　　一、多元回归分析 …………………………………………………………… 281
　　二、聚类分析 ………………………………………………………………… 282
　　三、判别分析 ………………………………………………………………… 285
　　四、因子分析 ………………………………………………………………… 287
　　五、对应分析 ………………………………………………………………… 290
第四节　SPSS 在数据分析中的基本应用 ………………………………… 294
　　一、SPSS 的基础知识 ……………………………………………………… 294
　　二、SPSS 在描述性分析与方差分析中的应用 …………………………… 301
　　三、SPSS 在相关分析中的应用 …………………………………………… 316
　　四、SPSS 在回归分析中的应用 …………………………………………… 320
　　五、SPSS 在市场调查图表制作中的应用 ………………………………… 327
思考题 ……………………………………………………………………………… 334

案例分析讨论……………………………………………………………………… 335

第十章 市场预测方法：定性预测 ……………………………………… 337

第一节 定性预测概述 …………………………………………………… 338
一、定性预测法的特点 ………………………………………………… 338
二、实施定性预测法的注意事项 ……………………………………… 339
三、定性预测法的类型 ………………………………………………… 339

第二节 头脑风暴法 ……………………………………………………… 339
一、头脑风暴法的概念 ………………………………………………… 339
二、头脑风暴法的种类 ………………………………………………… 339
三、头脑风暴法的特点 ………………………………………………… 340
四、头脑风暴法的实施步骤 …………………………………………… 340
五、实施头脑风暴法应注意的事项 …………………………………… 341

第三节 德尔菲法 ………………………………………………………… 342
一、德尔菲法的概念 …………………………………………………… 342
二、德尔菲法的实施步骤 ……………………………………………… 342
三、德尔菲法的特点 …………………………………………………… 344
四、德尔菲法的应用 …………………………………………………… 345

第四节 主观概率法 ……………………………………………………… 346
一、主观概率法的概念 ………………………………………………… 346
二、主观概率法的应用 ………………………………………………… 346
三、实施主观概率法应注意的事项 …………………………………… 347

第五节 其他定性预测法 ………………………………………………… 347
一、商品经济寿命周期预测法 ………………………………………… 347
二、因素分析预测法 …………………………………………………… 350

思考题 ………………………………………………………………………… 352
案例分析讨论 ………………………………………………………………… 352

第十一章 市场预测方法：定量预测 ……………………………………… 356

第一节 时间序列预测法 ………………………………………………… 356
一、时间序列预测法概述 ……………………………………………… 357
二、移动平均法 ………………………………………………………… 357
三、指数平滑法 ………………………………………………………… 361

第二节 趋势曲线模型预测法 …………………………………………… 365
一、直线趋势模型 ……………………………………………………… 365
二、指数曲线趋势模型 ………………………………………………… 366
三、二次曲线趋势模型 ………………………………………………… 367

四、修正指数曲线趋势模型……………………………………368
　　　五、龚柏兹曲线趋势模型…………………………………………370
　　　六、罗吉斯缔曲线趋势模型………………………………………371
　第三节　季节变动预测法……………………………………………373
　　　一、季节指数法……………………………………………………373
　　　二、趋势比率法……………………………………………………374
　　　三、温特斯法………………………………………………………376
　第四节　回归分析预测法……………………………………………377
　　　一、一元线性回归预测法…………………………………………377
　　　二、多元线性回归模型预测………………………………………380
　　　三、非线性回归模型预测…………………………………………383
　　　四、自回归模型预测………………………………………………386
　思考题……………………………………………………………………387
　案例分析讨论……………………………………………………………388

第十二章　市场调查报告……………………………………………393

　第一节　市场调查报告的作用与种类………………………………394
　　　一、市场调查报告的作用…………………………………………394
　　　二、市场调查报告的种类…………………………………………396
　　　三、市场调查报告撰写的特点……………………………………398
　第二节　市场调查报告的基本结构…………………………………399
　　　一、内雷斯·马尔霍查式调查报告的格式………………………399
　　　二、调查报告的基本格式…………………………………………400
　第三节　市场调查报告的准备………………………………………408
　　　一、市场调查报告的撰写步骤……………………………………408
　　　二、市场调查报告的撰写原则……………………………………409
　　　三、撰写市场调查报告应注意的问题……………………………411
　第四节　市场调查成果的口头报告…………………………………413
　　　一、口头报告的辅助资料…………………………………………413
　　　二、关于口头报告应该注意的几个方面…………………………414
　思考题……………………………………………………………………415
　案例分析讨论……………………………………………………………416

参考文献……………………………………………………………………422

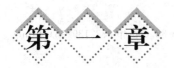

导 论

【学习目标】

通过本章学习,读者应了解市场调查、市场预测的意义,掌握市场调查的概念、分类、特点、内容、过程及作用,掌握市场预测的分类和程序。同时还应了解市场调查产生、发展的历程以及国内外市场调查业的现状。

【导入案例】

"真维斯"的成功之道

"真维斯"原是澳洲的一家百货公司经营的服装品牌,20世纪80年代,中国香港旭日集团为了进军澳洲服装零售市场,高价收购了这一服装品牌,并在澳洲开始服装连锁店的经营业务。70年代末期,中国开始实施改革开放的经济政策,由计划经济体制走向市场经济体制,中国的经济迅速发展,人民的收入水平迅速提高,需要一些高质量的产品来满足自身的要求。在此背景下,"真维斯"决定进军中国服装市场。

"真维斯"首先利用市场调查分析各大城市,选出条件较优的城市作为销售市场的中心点,重点突出交通便利、气候适宜、资讯方便、消费能力高及人口所占比例等几个方面。如考虑到北方四季分明,人们对服装的需求量较大,同时又考虑到人们的消费能力,故"真维斯"将销售市场的重点放在中国东北方的沿海和经济较为发达城市。布局上以上海、北京、武汉为主,包括杭州、宁波、南京、无锡、青岛、烟台、天津、大连、沈阳、哈尔滨、石家庄、郑州等32个城市,并在北京、上海、武汉、石家庄、沈阳、惠州等地设立了配送中心。具体对每一城市的调查还包括:固定人口和流动人口的数量及增长率、人口的年龄分布、人均年收入及支出、支出结构构成、衣着类商品零售额等。

然后,"真维斯"又借助市场调查进行产品定位。通过市场调查发现,随着经济的发展,人们的穿着日益改变。继20世纪80年代初进入中国市场的"花花公子"、"梦特娇"、"苹果"之后,欧洲及中国香港的名牌休闲服以其美观、舒适、易搭配等鲜明的形象在市场上大受欢迎。市场上的休闲服之中,不乏名牌也不乏质量低劣者,但名牌休闲服的价格总是贵得惊人。对大多数中国人而言,过贵的休闲服也会失去其原有魅力。"真维斯"就力图填补这个市场空白,以中上的质量和中下的价格来赢得消费者的青睐。由于年轻人易于接受新鲜事物,喜欢赶潮流,拥有品牌观,于是"真维斯"产品的主要销售对象年龄为15~35岁。

由于"真维斯"借助市场调查获得的信息,准确确定销售市场、合理定位产品特性,因此,其进入中国服装市场后,取得了良好的经济效益。

(资料来源:http://www.doc88.com/p-65221892961.html)

第一节 市场营销与市场调查、预测

一、市场

一般人所说的市场,是指买卖双方聚集在一起进行交换活动的场所,如菜市场、超级市场、小商品市场等。经济学的市场概念则是指一切交换关系的总和,如房地产市场、人力资源市场、资本市场等。市场营销中的市场既不是一般人所说的市场,也不同于经济学的市场,而是指一切具有特定需求或欲求并且愿意或可能进行交换来使需求或欲求得到满足的潜在顾客所组成的消费者总体。

二、市场营销体系

从营销的观点来看,卖方构成产业,买方则构成市场。图1.1描述了产业和市场的关系,买方和卖方通过四个流程连接起来。卖方把商品、服务以及营销信息(广告、促销)传送到市场;反过来,他们又从市场中收集到货币和市场信息。图1.1中内圈表示商品、服务与货币的交换,外圈表示信息的交换。

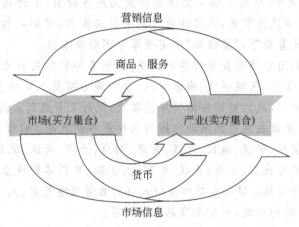

图1.1 产业和市场的关系

三、市场营销与市场调查、预测的关系

在现代市场营销活动中,市场营销范围从区域市场辐射全国乃至全球市场的现实,使营销者与顾客之间的距离拉长了;人们生活水平的日益提高,使市场需求呈现出多样化、易变化;市场的全球化进程,又形成更趋激烈的市场竞争;信息技术大发展对传统营销方式的冲击等,都对现实的市场营销活动带来了机遇和挑战。面对复杂的国内外市场竞争,许多成功的企业在经营活动中已经逐渐达成了这样的共识:谁能及时了解和掌握市场信

息,谁就能掌握市场的主动权,谁就可能获得市场竞争的优势。企业的成败取决于其是否随着时间、空间、环境和竞争对手状况的变化来研究制定、改善企业的总体市场营销策略。

为了做出准确的决策,企业往往采取请教专家或自行收集一些有关的市场信息的方法,以期减少错误决策的风险,但是通过这种方法得到的市场信息难免带有主观性。虽然主观的判断并不一定不正确,但仅靠主观判断而成功的例子毕竟不多。即使主观判断准确无误,如能结合客观的信息收集和科学的数据分析,那么正确决策的可能性就会大大提高。

市场调查与市场预测的目的在于及时给营销决策者提供所需要的信息,协助决策部门制定有效的市场营销决策,减少企业市场营销决策时的不确定性,降低决策错误风险。市场调查与市场预测是企业市场营销活动中不可或缺的重要工作,如图1.2所示。

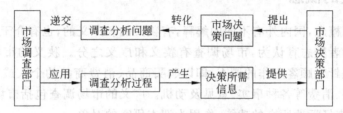

图1.2 市场调查、预测与市场营销

市场调查及市场预测对于企业的营销决策至关重要,不过具体到某项决策,企业是否值得为其进行全面深入的市场调查和预测,则还要考虑各方面的因素。例如,要考虑该项决策的重要程度、需要的信息及相应的市场调查的规模和方式、市场调查及预测所需的费用、市场调查及预测可能带来的收益、市场调查及预测所需的时间等。只有全面地权衡利弊,才能作出正确的判断。

【案例1-1】

Montblanc公司与市场调查研究

Montblanc公司通过进行市场调查研究,找到了如何使一种正在逐渐衰亡和过时的产品重新被人们使用的答案。该公司通过市场调查获得了以下几点信息。

(1) 大多数消费者希望将自来水笔视为一种流行的随身饰物(像珠宝首饰一样),而不是廉价实用的甚至随用随丢的东西。

(2) "笔的力量"的概念仍然存在于消费者的脑中。

(3) 自来水笔的价格应定得高些(许多消费者通常将高的价格和高的地位联系在一起)。

所有这些发现被详细调研确认以后,Montblanc公司就将它的自来水笔定位为一种时髦和有声望的产品,一种工业技术时代的象征。Montblanc公司美国分公司的总裁兼总经理贝尔·布朗解释说:"在19世纪50年代,打印的商业信笺代表着一种实力。但随着文字处理器的出现,每个人都能制作出漂亮的打印文件。到了90年代,在信的结尾用自来水笔手写的附言开始代表一种力量。"

Montblanc公司的自来水笔有多种品牌,价格差别也比较大,有价值225美元的

Meisteostuck,也有价值10万美元的Koyale。在开发赚钱的"有限版本"的钢笔市场方面,Montblanc公司的品牌一直居于领先地位。该公司的Octavian牌钢笔就是一个"有限版本"的例子。这种钢笔的单价是1 650美元,收集者的需求量是4 180支。为了满足通过调研发现的潜在消费者的需求,Montblanc公司实行了进取型的市场营销战略,使它的自来水笔定位于一种"时髦的标志"。

(资料来源:许以洪,熊艳主编.市场调查与预测.北京:机械工业出版社,2010)

第二节 市场调查概述

一、市场调查的概念

市场调查的概念,国内外有不同的解释,有狭义的和广义的,也有介于两者之间的。

中国台湾学者樊志育认为,市场调查有狭义和广义之分。狭义的市场调查(market research)主要是针对顾客所作的调查,即以购买商品、消费商品的个人或工厂为对象,以探讨商品的购买、消费等各种事实、意见及动机。广义的市场调查包括市场运营或营销的每一阶段,而以市场运营所有的功能、作用为调查研究的对象。

根据美国市场营销协会(AMA)的定义(1988),市场调查是通过信息的运用,把消费者、公众和营销者联系在一起的一种职能,是为了提高决策质量以发现和解决营销中的机遇和问题而系统地、客观地识别、收集、分析和传播信息的工作。

国际商会/欧洲民意和市场调查协会(ESOMAR)在《市场营销和社会调查业务国际准则》中对市场调查进行了界定,认为市场调查是指个人和组织(如工商企业、公共团体等)对有关其经济、社会、政治和日常活动范围内的行为、需要、态度、意见、动机等情况的系统收集、客观记录、分类、分析和提出数据资料。

综合国内外学者的观点,我们认为,所谓市场调查是指个人和组织以科学的方法、客观的态度,明确研究市场营销有关问题所需的信息,运用科学的调查方式与方法系统地判断、收集、整理和分析这些信息,为决策部门进行市场营销决策提供基础性的数据和资料。

二、市场调查的特点

市场调查作为一项职能活动,具有目的性、全程性、社会性、广泛性、多样性、约束性、科学性和局限性等基本特点。

(一)市场调查具有目的性

市场调查总是在一定的目的的前提下,来研究特定的市场问题,具有明显的目的或针对性。利用市场调查的部门可以是企业、公司、团体及任何企事业单位的管理决策层,市场调查的目的是为管理部门制定长远性的战略规划,制定阶段性的具体政策或策略,作出营销决策或经营管理决策提供信息支持和参考依据。

（二）市场调查具有全程性

市场调查不能只停留在生产或营销活动前的市场研究，而是要对生产经营活动的市场状况进行整体的、全程性的市场研究，包括事前、事中和事后阶段都需要进行市场调查研究。市场调查也不是单纯的市场信息资料搜集过程，而是一个包括调查设计、搜集资料、整理资料、分析资料和发布与运用资料在内的一个完整的过程。

（三）市场调查具有社会性

市场调查的对象主要是消费者和用户，市场调查的内容和应用范围涉及社会经济生活的各个领域，市场调查活动本身是面向社会的一种社会实践活动，因此，市场调查具有社会性。市场调查就是要了解社会、认识社会、掌握市场环境的变化，使企业的生产经营活动或营销活动不断适应外部环境的变化。

（四）市场调查内容具有广泛性

市场调查的内容涉及企业生产经营活动的各个方面和各种要素，可以用于测量较为简单的调查项目，如被调查者的性别、年龄、职业、文化程度等基本情况，也可用于测量较为复杂的问题，如测量被调查者的收入、支出、态度、爱好、动机等。由于调查内容具有广泛性和复杂程度不同，有些问题被调查者可能回答；有些问题可能不会回答，可能是不知道这个问题该如何回答，或者是问题太敏感而不愿回答。因此，调查内容的界定应考虑被调查者回答的可能性。

（五）市场调查方法具有多样性

市场调查的组织方式是多样的，搜集资料的具体方法也是多样的。同样的调查课题，有多种调查方式方法可供选择，因而调查研究的方案设计也是多样的。例如，收集消费者对某电视广告收视效果的数据资料，可以采用面访、电话访问或邮寄问卷，调查的地点可以在被访者家中、在工作单位、在购物场所、在娱乐场所等地方，被访者可能只需花几分钟，也可能花上一个小时。

（六）市场调查具有约束性

市场调查通常要受调查经费、调查时间、空间范围、信息项目等因素的约束。市场调查只能按客户的要求和约束条件"量体裁衣"，应使调查方案设计尽可能满足客户的信息要求和经费预算。一个调查课题可以只花几千元，也可花几十万、几百万；可以只提供小范围的数据，也可以提供覆盖大范围的信息，收集数据的多少和复杂程度是有伸缩性的。总之，市场调查方案策划，应考虑各种条件的约束，应与客户的需要和财力相适应。

（七）市场调查具有科学性

市场调查搜集、整理和分析资料的方法，都是在一定的科学原理指导下形成的，并被实践证明是行之有效的，具有科学性和可行性。市场调查通过对调查对象的大量观察（样本)和精心的设计和安排,可以消除偶然因素的影响,而揭示出研究现象的必然性和本质特征,因而,市场调查的结果是有效的。

(八)市场调查具有局限性

市场调查通常可以得到比投入费用高几倍价值的信息,但由于影响市场变化的因素是众多的,并具有不确定性,加之市场调查受时空范围和调查经费的约束,致使获取的信息是不完全的,与其他工作一样,市场调查也不可避免地会有误差和疏忽。因此,市场调查是有局限性的,这种局限性只要对调查信息的价值没有严重的损害,应当是容许的。必要时,可以在解释调查结果时作些修正。此外,市场调查的结果是决策的重要参考依据,但不等于准确地给出了决策的答案。

三、市场调查的作用

国际知名的市场调查专家、美国得克萨斯大学阿灵顿分校市场营销系主任小卡尔·迈克丹尼尔(Carl McDaniel, Jr.)博士在其著作《当代市场调查》中指出:"市场调查具有三种功能:描述、诊断和预测。"描述功能是指收集并陈述事实。例如,消费者对某个企业的产品评价如何?对其促销方式的态度如何?第二种功能是诊断功能,是指解释信息或活动。例如,改变商品价格对销售会产生什么影响?最后一种功能是预测功能。例如,面对明年的服装需求趋势企业应如何调整其生产和销售方案?正是由于具有这三种功能,市场调查被视为企业的"雷达"或"眼睛"。其重要作用主要表现在以下几个方面。

(一)可以为经营管理决策提供市场信息

企业的经营管理决策正确与否,直接关系到企业的成功与失败。因此,研究市场,获取市场信息,认识市场发展变化的规律,使企业生产经营的产品和服务适应和满足消费者和用户的需要是企业经营管理决策必须首先要解决的问题。企业面对的市场是由购买者＋购买力＋购买欲望三要素构成的,这三个要素是相互联系和统一的整体。只有通过市场调查,了解市场中的购买者是谁,购买能力如何,购买欲望怎样,然后才能根据这些信息作出决策,制订相应的产品策略、价格策略、广告策略、销售渠道策略和促销策略,以满足消费者和用户的现实需求和潜在需求。

【案例 1-2】

美国礼维公司的分类市场调查

美国礼维公司是以生产牛仔裤而闻名世界的。20 世纪 40 年代末期的销售额仅为 800 万美元,但到 20 世纪 80 年代销售额达到 20 亿美元,40 年间增长了 250 倍。这主要得益于他们的分类市场调查。该公司设有专门负责市场调查的机构,调查时应用统计学、行为学、心理学、市场学等知识和手段,按不同国别,分析研究消费者的心理差异和需求差别,分析研究不同国别的经济情况的变化、环境的影响、市场竞争和时尚趋势等,并据此制订公司的服装生产和销售计划。例如,1974 年公司对联邦德国市场的调查表明,大多数顾客认为服装合身是首选条件,为此,礼维公司随即派人在该国各大学和工厂进行服装合身测验。一种颜色的裤子就定出了45种尺码,因而扩大了销售。礼维公司根据美国市场调查,了解到美国青年喜欢合身、耐穿、价廉、时髦,为此将这四个要素作为产品的主要目标,因而该公司的产品在美国青年市场中长期占有较大的份额。近几年,礼维公司通过市场调查,了解到许多美国女青年喜欢穿男裤,为此,公司经过精心设计,推出了适合妇女需要的牛仔裤和便装裤,使该公司的妇女服装的销售额不断增长。虽然美国及国际服装市场竞争激烈,但是礼维公司靠分类市场调查提供的信息,确保了经营决策的正确性,使公司在市场竞争中处于不败之地。

(资料来源:http://wenku.baidu.com/view/d575cb24a5e9856a56126046.html)

(二)可以帮助企业开拓市场,开发新产品

工商企业市场开拓与老产品的改进、新产品的开发,通常需要了解现有市场、潜在市场和未来市场的情况,现有顾客群和新顾客群的情况;需要掌握产品和服务的目标群体是什么,向谁提供,提供什么,何时何地提供,怎样设计,怎样生产,如何定价,如何营销等。通过市场调查可以获得决策这些问题的信息依据,从而使市场开拓、新产品开发更具效率。虽然市场调查不能直接给出解决市场开拓和新产品开发的直接答案,但可以为经营管理决策层提供信息支持和参考性方案。

【案例1-3】
日本卡西欧公司的市场调查

日本卡西欧公司,自公司成立起便一直以产品的新、优而闻名世界,其新、优主要得力于市场调查。卡西欧公司的市场调查主要是销售调查卡,其卡只有明信片一般大小,但考虑周密,设计细致,调查栏目中各类内容应有尽有。第一栏是对购买者的调查,其中包括性别、年龄、职业、分类等十分细致。第二栏是对使用者的调查,使用者是购买者本人、家庭成员,还是其他人。每一类人员中,又分年龄、性别。第三栏是购买方法的调查,是个人购买、团体购买还是赠送。第四栏是调查如何知道该产品的,是看见商店橱窗布置、报纸杂志广告、电视台广告,还是朋友告知、看见他人使用等。第五栏是调查为什么选中了该产品,所拟答案有:操作方便、音色优美、功能齐全、价格便宜、商店的介绍、朋友的推荐、孩子的要求等。第六栏是调查使用后的感受,是非常满意,一般满意,普通,还是不满意。另外几栏还分别对机器的性能、购买者所拥有的乐器、学习乐器的方法和时间、所喜爱的音乐、希望有哪些功能等方面作了详尽的设计。为企业提高产品质量、改进经营策略开拓新的市场提供了可靠依据。

(资料来源:http://wenku.baidu.com/view/4b1bafc758f5f61fb73666f4.html)

(三)可以帮助企业更好满足顾客需要,提高竞争力

企业要在竞争中求得生存和发展,必须比竞争者更好地满足目标顾客的需要。顾客的需求多种多样,而且时常发生变化。企业只有通过市场调查,才能了解和掌握顾客的需求变化情况,按其需求提供其所需要的产品和服务,才能提高顾客的忠诚度,从而确立竞争优势,使企业在激烈的市场竞争中立于不败之地。

【案例 1-4】
荷兰食品工业公司的消费者调查

荷兰食品工业公司以生产色拉调料,而在世界食品工业独树一帜。公司每推出一个新产品均受到消费者的普遍欢迎,产品供不应求,成功主要得益于不同寻常的消费者意见调查。以"色拉米斯"为例,在推出该产品之前,公司选择 700 名消费者作为调查对象,询问消费者是喜欢公司的"色拉米斯"原有产品,还是喜欢新的色拉调料,以征询消费者对新产品提出的各种期望,公司综合消费者的希望,几个月后一种新的色拉调料便研制出来了。当向被调查者征求新产品的名字时,有人提出一个短语:"混合色拉调料"。公司则拿出预先选好的名字:"色拉米斯"和"斯匹克杰色斯"供人们挑选。80%的人认为"色拉米斯"是个很好的名字。这样,"色拉米斯"便被选定为这个产品的名字。不久公司在解决了"色拉米斯"变色问题后。又在产品销售前进行了最后一次消费试验。公司将白色和粉色两种颜色的产品提供给被调查者,根据消费者的反应,以确定产品颜色;同时还调查消费者愿花多少钱来购买它,以此确定产品的销售价格。经过反复的征求意见,并根据消费者意见,作了改进,使"色拉米斯"一举成功。

(资料来源:http://wenku.baidu.com/view/4b1bafc758f5f61fb73666f4.html)

(四) 可以充实和完善企业营销信息系统

企业营销信息系统是企业管理信息系统(IMS 或 ERP)的一个重要组成部分。一般是由内部报告系统、营销情报系统、调研系统、营销分析系统构成的。企业营销信息系统包括外部环境、市场供求、企业产销存或购销存、财务、产品、价格、竞争、销售渠道及营销活动等诸多方面的信息。其信息来源主要是内部报告和市场调查,信息输出主要是为市场预测和营销决策等提供信息支持。因此,市场调查不仅可以充实和完善企业营销信息系统,而且可以为预测决策提供系统的、动态的信息服务。

【案例 1-5】
市场调查支持下的企业营销信息中心

日本服装业之首的环球时装公司,由 20 世纪 60 年代创业时的零售企业发展成为日本有代表性的大型企业,靠的主要是掌握第一手"活情报"。他们在全国 81 个城市顾客集中的车站、繁华街道开设侦探性专营店,陈列公司所有产品,给顾客以综合印象,售货员的主要任务是观察顾客的采购动向;事业部每周安排一天时间全员出动,3 个人一组,5 个人一群,分散到各地调查,有的甚至到竞争对手的商店观察顾客情绪,向售货员了解情况,找店主聊天,调查结束后,当晚回到公司进行讨论,分析顾客消费动向,提出改进工作的新措施。全国经销该公司时装的专营店和兼营店均制有顾客登记卡,详细地记载每个顾客的年龄、性别、体重、身高、体型、肤色、发色、使用什么化妆品,常去哪家理发店以及兴趣、嗜好、健康状况、家庭成员、家庭收入、现时穿着及家中存衣的详细情况。这些卡片通过信息网络储存在公司的营销信息中心,只要根据卡片就能判断顾客眼下想买什么时装,今后有可能添置什么时装。建立在市场调查基础上的营销信息中心,为环球公司进行市场营销决策提供了详细完备的基础性数据和资料,使环球公司迅速扩张,且利润率之高,连日本最大的企业丰田汽车公司也被它抛在后面。

（资料来源：http://wenku.baidu.com/view/4b1bafc758f5f61fb73666f4.html）

四、市场调查的内容

市场调查的内容十分广泛，涵盖营销管理活动所涉及的全部领域，企业可根据确定的市场调查目标进行取舍。常见的市场调查内容如下。

（一）市场需求调查

市场需求是指一定时期的一定市场范围内有货币支付能力的购买商品（或服务）的总量，又称市场潜力。市场需求调查是市场分析的重要任务之一。因为市场需求的大小决定着市场规模的大小，对企业投资决策、资源配置和战略研发具有直接的重要影响。市场需求调查的内容包括估计某类产品或服务市场的现有规模和潜在规模；预测该市场的近期需求量；估计该类产品（或服务）各品牌的市场占有率；市场需求结构；消费动机与行为；市场需求变动影响因素等研究。

（二）消费者行为调查

消费者行为调查主要是指对消费者的购买行为进行调查和分析。主要调查消费者的消费决策、购买什么、购买多少、何时购买、在何处购买、信息渠道来自何处、由谁购买、如何购买等方面的信息。

【案例1-6】

宝洁公司的消费者购买行为研究

在消费者购买行为的研究上，宝洁公司无疑是最重视也是投入最大的公司之一。这家公司每年都会把销售额的5％用作消费者购买行为的研究。例如，1973年，宝洁公司实施了关于"父母在给儿童购买生活必需品时，内心最关心的因素是什么"的市场调研。1976年，宝洁公司实施了关于"儿童接受一个全新概念的过程，以及影响认知过程建立的最有效的因素有哪些"的市场调研。1978年，宝洁公司实施了关于"生活用品的特征与大众心中的权威人物的关系，以及各种权威人物的潜在影响力"的市场调研。1980年，宝洁公司实施了关于"男性护肤行为倾向，以及对气味的敏感指数是如何影响他们的选购行为的"市场调研。1983年，宝洁公司实施了关于"亚洲人的文化背景对日用品的购买影响体现在哪些日常行为中"的市场调研。

（资料来源：圣路可商务顾问咨询公司，举手投足之间的必然[J]，销售与市场2006(1)上旬刊）

（三）品牌或企业形象调查

品牌或企业形象调查主要包括以下几方面的内容：消费者对品牌或企业的认知程度及认知途径；品牌或企业的美誉度；品牌或企业的基本形象和具体形象；评价品牌或企业的指标及指标的相对重要性；对品牌或企业的名称、标志或商标的联想和印象；品牌的管理和品牌的忠诚度等。这里调查除了针对品牌形象和企业形象外，有时还会涉及产品类别形象和品牌使用者形象等。

（四）顾客满意度调查

顾客满意度调查主要包括以下几方面的内容：调查消费者对产品或服务的整体满意度；对产品或服务的各个方面的具体满意度、满意的原因或不满意的原因；对改进产品或服务质量的具体建议；对各竞争对手的满意度评价的比较等。

【案例 1-7】

北京市超市顾客满意度研究

超市是都市百姓经常打交道的流通渠道。对超市是否满意将会影响到每一个居民的生活幸福感。有鉴于此，迪纳市场研究院在 2005 年初针对北京市城八区的大中型超市进行了一次满意度调查，以了解整个北京市居民对超市这一零售业态的满意程度。本次调查在北京市共采集有效样本 615 个，调查通过电话访谈完成。分析框架采用迪纳市场研究院专门开发的超市满意度测量结构方程模型，并采用 PLS 算法计算得到满意度、忠诚度和影响满意度的各要素的用户评价分值，以及这些要素对满意度影响的大小。调查涉及的超市主要有家乐福、美廉美、京客隆、物美、超市发、华普、北京华联等。本次调查分析的主要结论包括：大中型超市整体顾客满意度得分与中国用户满意指数(CCSI)生活服务类中其他服务的平均得分相比较高；对大中型超市满意度影响最大的是经营的商品；顾客满意度对顾客忠诚度影响很大，顾客满意度提高 1 分，顾客忠诚度将提高 0.930 分。为了改善顾客满意度，从结构变量层次看，超市首先要关注促销，其次需要关注超市形象和超市政策；从操作层面看，在影响超市消费者满意度的 37 个具体要素中，需要重点提升的满意度驱动要素包括重视资源回收和环保、灵活调整收银台、积分卡优惠卡等。报告还对不同细分人群、主要超市的顾客满意度状况进行了分析。

（资料来源：http://www.51cto.com/art/200705/47040.htm）

（五）产品调查

产品调查又称产品研究，通常包括新产品市场研究和产品定位研究，以及产品的市场管理、地位及竞争力的评估。产品调查是指围绕企业的产品或服务的概念、特点、功能、效用等，进行产品市场定位，分析消费者需求的满足程度和价值接受，从而确定企业产品的市场前景，预测市场潜力和销售潜力，为企业开发新的产品和制订有效的营销策略提供依据。产品调查的内容通常包括产品概念形成、产品定位、市场模拟测试、市场营销策略规划、产品诊断五个阶段的调查，每一阶段调查的目的和任务都是不同的。

【案例 1-8】

柯达公司的新产品开发研究

以彩色感光技术先驱著称的柯达公司，目前产品有 3 万多种，年销售额为 100 多亿美元，纯利润在 12 亿美元以上，市场遍布全球各地。其成功的关键是注重新产品研制，而新产品研制成功即取决于该公司采取的反复市场调查方式。以蝶式相机问世为例，这种相机投产前，经过反复调查。首先由市场开拓部提出新产品的意见，意见来自市场调查，如用户认为最理想的照相机是怎样的？重量和尺码多大最适合？什么样的胶卷最便于安装、携带？等等。根据调查结果，设计出理想的相机模型，提交生产部门对照设备能力、零件配套、生产成本和技术力量等因素考虑能否投产；如果不行，就要退出重订和修改。如此反复，直到造出样机。样机出来后进行第二次市场调查，检查样机与消费者的期望还有何差距，根据消费者意见，再加以改进，然后进入第三次市场调查。将改进的样机交消费者使用，在得到大多数消费者的肯定和欢迎之后，交工厂试产。试产品出来后，由市场开拓部门进一步调查新产品有何优缺点？适合哪些人用？市场潜在销售量有多大？定什么样的价格才能符合多数家庭购买力？诸如此类问题调查清楚后，正式打出柯达牌投产。经过反复调查，蝶式相机推向市场便大受欢迎。

（资料来源：http://wenku.baidu.com/view/4b1bafc758f5f61fb73666f4.html）

（六）广告调查

广告调查是针对广告制作及媒体投资等一系列行为所做的调查研究活动，其目的在于系统地调查广告的作用、方法和效果，揭示市场营销、品牌策略、广告创意、媒体组合等与广告受众的关系和规律，为广告策划提供支持。广告调查的内容主要包括：为广告创作而进行的广告主题调查和广告文案测试；为选择广告媒体而进行的电视收视率调查、广播收听率调查、报纸或杂志阅读率调查；为评价广告效果而进行的广告前消费者的态度和行为调查、广告中接触效果和接受效果调查、广告后消费者的态度和行为跟踪调查；等等。

（七）市场营销环境调查

市场营销环境是指对企业生产经营活动发生影响的外部因素的总和，包括政治、法律、经济、文化、教育、民族、科技等方面。企业生产经营活动与外界环境相适应，就能促进企业各项事业的发展；反之，企业在市场上就不能立足，甚至会被市场淘汰。市场营销环境调查的内容主要有总体环境、产业环境和竞争环境三个层次。总体环境调查的内容包括国际环境调查、政治环境调查、法律环境调查、经济环境调查、自然环境调查等。产业环境调查包括行业生产经营规模调查、产业状况调查、产业布局调查、市场供求情况调查、产业政策调查、行业壁垒和进入障碍调查、行业发展前景调查等。竞争环境调查重点从个别企业出发思考问题，观察各家同行与特定企业的竞争状况，或者观察同行在原材料取得、产品市场占有上与其他企业的竞争情况。

五、市场调查的分类

市场调查按照不同的分类标准，可划分为多种类型，而不同类型的市场调查则具有不同的特点和要求。研究市场调查的分类，有利于根据不同类型的市场调查的特点，明确调查的具体内容，制订相应的市场调查方案。

（一）按市场调查的目的分类

市场调查按其调查目的的不同，可划分为探测性调查、描述性调进、因果性调查和预测性调查。

1. 探测性调查

探测性调查是指当市场情况不十分明了时,为了发现问题,找出问题的症结,明确进一步深入调查的具体内容和重点而进行的非正式的调查。例如,某企业拟投资开设一家新的综合商店,首先可作探测性调查。从需求大小、顾客流量、交通运输条件、投资效益等方面初步论证其可行性。如果可行,则可作进一步的深入细致的正式调查。

探测性调查一般不如正式调查严密、详细,一般不制订详细的调查方案,尽量节省时间以求迅速发现问题。它主要利用现成的历史资料、业务资料和核算资料,或政府公布的统计数据和长远规划、学术机构的研究报告等现有的第二手资料进行研究,或邀请熟悉业务活动的专家、学者、专业人员,对市场有关问题作初步的研究。

探测性调查的目的在于发现想法和洞察问题,常常用于调查方案设计的事前阶段。采用小样本观察,不一定强调样本的代表性,数据的分析主要是定性的,调查结果一般只是试探性的、暂时的,以帮助调查者认识和理解所面对的问题,为进一步的正式调查研究开路。

2. 描述性调查

描述性调查是指对需要调查的客观现象的有关方面而进行的正式调查。它要解决的问题是说明"是什么",而不是"为什么"。它主要描述调查现象的各种数量表现和有关情况,为市场研究提供基本资料。例如,消费者需求描述调查,主要是搜集有关消费者收入、支出、商品需求量、需求倾向等方面的基本情况。

描述性调查与探测性调查相比,要求有详细的调查方案,要进行实地调查;掌握第一手原始资料和二手资料,尽量将问题的来龙去脉、相关因素描述清楚;要求系统地搜集、记录、整理有关数据和有关情况,为进一步的市场研究提供市场信息。

描述性调查具有六个要素(亦即六个W),即为何调查;向谁调查;从调查对象中获取什么信息;获取调查对象何时的信息;在何地获取调查对象的信息;以什么方式、方法获取信息。

描述性调查的目的在于描述总体的特征和问题,有事先制定好的结构性的问卷或调查表,既要搜集原始资料,又要搜集次级资料;定量研究与定性研究相结合,以定量研究为主。调查结果是结论性的、正式的。

3. 因果性调查

因果性调查又称相关性调查,是指为了探测有关现象或市场变量之间的因果关系而进行的市场调查。它所回答的问题是"为什么",其目的在于找出事物变化的原因和现象间的相互关系,找出影响事物变化的关键因素。如价格与销售量、广告与销售量的关系中,哪个因素起主导作用,就需要采用因果性调查。

因果性调查可从一定的因果式问题出发,探求其影响因素和原因,也可先摸清影响事物变化的各种原因,然后综合、推断事物变化的结果。通常把表示原因的变量称为自变量,把表示结果的变量称为因变量。在自变量中,有的是企业可以控制的内生变量,如企业的人财物等；有的是企业不可控制的外生变量，如反映市场环境的各种变量。

因果性调查为了找出市场变量之间的因果关系，既可运用描述性调查资料进行因果关系分析，也可搜集各种变量的现成资料，并运用一定的方法进行综合分析、推理判断，在诸多的联系中揭示市场现象之间的因果关系。

4．预测性调查

预测性调查是指为了预测市场供求变化趋势或企业生产经营前景而进行的具有推断性的调查。它所回答的问题是"未来市场前景如何"，其目的在于掌握未来市场的发展趋势，为经营管理决策和市场营销决策提供依据。例如，消费者购买意向调查、宏观市场运行态势调查、农村秋后旺季市场走势调查；服装需求趋势调查等，都是带有预测性的市场调查。

预测性调查可以充分利用描述性调查和因果性调查的现成资料，但要求搜集的信息要符合预测市场发展趋势的要求，既要有市场的现实信息，更要有市场未来发展变化的信息，如新情况、新问题、新动态、新原因等方面的信息。

上述四种类型的调研设计并不是绝对互相独立进行的。有些调研项目需要涉及一种以上调查类型的方案设计。如何将不同类型的方案相结合完全取决于调研问题的性质。市场调查类型的选择和设计的一般原则有如下几点。

（1）如果对调研问题的情况几乎一无所知，那么调查研究就要从探测性调查开始。例如，要对调研问题作更准确的定义；要确定备选的行动路线；要制定调查问答或理论假设，要将关键的变量分类成自变量或因变量等均应采用探测性调查。

（2）在整个研究方案设计的框架中，探测性研究是最初的步骤。在大多数情况下，还应继续进行描述性调查或因果关系调查。例如，通过探测性调查得到的假设应当利用描述性调查或因果关系调查的方法进行统计检验。

（3）并不是每一个方案设计都要从探测性调查开始。是否要用探测性调查取决于调研问题定义的准确程度，以及调研者对处理问题途径的把握程度。例如，每年都要搞的消费者满意度调查就不再需要由探测性调查开始。

（4）一般探测性调查都是作为起始步骤的，但有时这类调查也需要跟随在描述性调查或因果关系调查之后进行。例如，当描述性调查或因果关系的调查结果让管理决策者很难理解时，利用探测性调查可以提供更深入的认识从而帮助理解调研的结果。

（5）预测性调查是以描述性调查和因果性调查为基础的，是描述性调查或因果性调查的进一步深化和拓展。

（二）按调查登记时间的连续性分类

市场调查按其调查登记时间是否连续可以划分为一次性调查、定期性调查和连续性调查。

1．一次性调查

一次性调查又称临时性调查，是指为了研究某一特殊问题而进行的一次性的市场调查。例如，某企业拟建立新的零售商场、开拓新市场、经营新商品，一般都需要作一次性的市场调查,以了解市场范围、市场需求、市场竞争等方面的情况。

2. 定期性调查

定期性调查是指对市场情况或业务经营情况每隔一定时期所进行的调查,如月末调查、季末调查、年末调查等。定期调查一般是周期性的,调查的方式一般有定期报表调查、定期抽样调查等。

3. 连续性调查

连续性调查是指在选定调查的课题和内容之后,组织长时间的、不间断的调查,以搜集具有时间序列化的信息资料。如企业内部经营情况的连续性统计、企业经常性的同行业价格调查、经常性的市场行情调查等。

(三) 按市场调查的范围分类

市场调查按其调查范围的不同可以划分为单项目市场调查和多项目市场调查。

1. 单项目调查

单项目调查是为了解决某一方面的问题而进行的专项市场调查,通常只涉及一个目标、一种产品、一个项目的市场研究。例如,从商品需求数量、价格、耐用品拥有量、购买力水平、消费结构、消费倾向等项目中,选择其中一个项目进行调查,就属于单项目市场需求调查。

2. 多项目调查

多项目调查是指为了系统地了解市场供求或企业经营中的各种情况和问题而进行的综合性调查,包括多目标、多商品、多项目调查。例如,对商品需求数量、价格、耐用品拥有量、购买力水平、消费结构、消费倾向等项目全部进行调查,就是多项目市场需求调查。

六、市场调查的原则

市场调查的目的是为经营管理决策提供信息支持,为了提高市场调查的效率和信息的质量,市场调查应遵循以下原则。

(一) 客观性原则

市场调查必须实事求是,尊重客观事实。调查人员和调查机构应自始至终保持客观的态度去寻求反映事实真实状态的准确信息,去正视事实,接受调查的结果。不允许带有任何个人主观的意愿或偏见,也不应受任何人或管理部门的影响和压力去从事市场调研活动。市场调研人员的座右铭应该是"寻求事物的本来状态,说出事物的本来面目"。市场调查的最终结果,不能主观臆断,不能直接指示或决定最终答案。调查人员和调查机构应遵守职业道德。

(二) 准确性原则

市场调查必须获取真实的、准确的信息,才能有效地为管理决策提供信息服务。准确性原则要求必须真实、准确地描述客观现象的数量表现和属性特征,调查误差应尽可能小,没有系统性偏差,没有人为的干扰。调查数据涉及的主体单位、时间、地点都要准确无误;数据的计量范围、计量单位科学,有可靠的计量依据。调查资料所描述的与本课题有关的背景资料、主体资料和相关资料都必须真实可靠,不能虚构。调查结果的描述必须明晰、准确、不能含糊不清、模棱两可。

(三) 时效性原则

时效性原则是指搜集、发送、接收、加工、传递和利用市场调查资料的时间间隔要短,效率要高。只有这样,才能提高市场调查资料的价值,才能使生产经营决策及时进行,抓住时机,取得工作的主动权。为此要求市场调查要及时进行,要注意市场活动的先兆性;要求调查资料的传递渠道畅通、层次少、手段先进;要求对调查资料的加工效率要高,尽量缩短从搜集到进入使用的时间。

(四) 全面性原则

全面性原则又称系统性原则,是指市场调查必须全面系统地搜集有关市场经济信息资料。只有这样,才能充分认识调查对象的系统性特征,从大量的系统的市场经济信息中认识事物发展的内在规律和发展趋势。全面性原则要求从多方面描述和反映调查对象本身的变化和特征;从多方面反映影响调查对象发展变化的各种内外因素,特别要抓住本质的、关键的因素。要求调查项目力求齐全,总括性数据与结构性数据齐全,内部信息与外部信息齐全,主体信息与相关信息齐全,横向信息与纵向信息相结合等。要求市场调查活动应具有连续性,以便不断积累信息,进行系统的、动态的分析和利用。

(五) 经济性原则

经济性原则又称节约性原则,是指市场调查应按照调查的目的要求,选择恰当的调查方法,争取用较少的费用获取更多的调查资料。为此,市场调查要进行调查项目的成本效益分析,即在调查内容不变的情况下,比较不同的调查方式的费用大小,从中选择出调查费用省、又能满足调查目的和要求的调查方式方法,并制订出相应的调查方案。

(六) 科学性原则

市场调查应在时间和经费允许的情况下,尽可能获取更多、更准确的市场信息,为此,必须对市场调查的全过程做出科学的安排。应当采用科学的方法去定义调查问题,界定调查内容与项目、设计调查方案、采集数据、处理数据和分析数据。市场调查的结果必须是经过科学方法处理分析后的基础性数据和资料,可以用调研报告和数据表的形式向社会或委托人公布,调查中发现的问题,受到的启示和有关建议均应在报告中提示,以帮助管理决策部门利用这些信息做出正确的决策。

七、市场调查的过程

市场调查的过程是指从调查策划到调查结束的全过程及其作业程序。由于市场调查的课题不同,其具体的调查过程和作业程序不可能完全一致,但一般包括以下几个阶段。

(一) 确定调查课题

确定调查课题,即明确市场调查应调查研究什么问题、达到什么目的。市场调查的课题一般来自生产经营决策的信息需求,为此,应注意了解生产经营活动中出现的新情况、新问题,了解企业管理决策层最需要什么样的信息以满足决策的需要。调查课题的确定既要考虑管理的信息需求,又要考虑获取信息的可行性以及信息的价值,以保证所确定的调查课题具有针对性、可行性和价值性。确定调查课题并不是一件容易的事,一般需要如下几个过程。

1. 决定和阐明管理的信息需求

管理的决策问题是回答决策者需要做什么,关心的是决策者有可能采取的行动;而调查研究的问题是回答需要什么信息和怎样最好地得到信息去满足决策的信息要求。因此,市场调查课题的确定首先应决定和阐明管理的信息需求。

2. 把决策问题作为调查问题来重新定义

管理决策问题是以行动为中心(行动定位),调查研究问题是以信息为中心(信息定位),因此,应把决策问题作为调查问题来重新定义。例如,某企业决策者的决策问题是否应该改变现有的广告形式,那么调查问题就定义为现有广告的效果研究。定义调查问题应遵循的法则如下。

(1) 能让调研者得到与管理问题有关的全部信息。

(2) 使调研者能着手并继续进行调查问题的研究。

研究者定义调查问题时,容易犯两类错误。第一类错误是调研问题定义得太宽。太宽的定义无法为调研项目设计提供明确的指引路线,如研究品牌的市场营销战略,改善公司的竞争位置等,调查难以操作。第二类错误是调研问题定义得太窄。太窄的定义可能使信息获取不完全,甚至忽略了管理决策信息需求的重要部分。例如,在一项关于某公司耐用品销售问题的调研中,管理决策的问题是如何应对市场占有率持续下滑的态势,而调研者定义的调查问题是价格竞争和广告效果调查。由于调查问题定义太窄,可能导致诸如市场细分、销售渠道、售后服务等影响市场占有率的重要信息被忽略,而不能有效地满足管理决策的信息需求。为了避免这两类错误的出现,可先用比较宽泛的、一般性的术语来陈述调查问题,然后再具体规定问题的各个组成部分,为进一步的操作提供清晰的路线。

3. 建立调查课题的约束

调查课题确定之后,为了保证调查课题的有效实施,应建立调查课题的约束。一是调查目的约束,即明确调查的具体任务。例如,上述某公司耐用品销售问题的调查目的可界定为:"通过市场调查,充分获取影响市场占有率下降的内部信息和外部信息,包括市场细分、营销渠道、广告效果、定价策略、产品品牌、售后服务、需求变化等方面的调查研究,以寻找问题的症结,为提高市场占有率的决策提供可选择的行动方案。"二是时间约束,即获取何时的信息。三是空间约束,即调查对象的范围和地理边界约束。四是调查内容约束,即明确调查的主要内容,规定需要获取的信息项目,或列出主要的调查问题和有关的理论假设。

4. 调查课题最后的评审

调查课题、调查目的和约束条件明确之后,还应对调查课题作最后的评审,以决定是否值得做本项目调查研究。评审的内容主要包括:调查课题的必要性如何,调查目的是否明确,调查课题的约束是否明确,该项调查的信息价值如何,能否有效支持管理决策的信息需求,调查结果可能带来的经济效益或社会效益如何等。

(二) 市场调查策划

市场调查策划是市场调查的准备阶段,策划是否充分周密,对今后的市场调查的开展和调查质量影响很大。这一阶段主要运用定性研究和系统规划的方法,对调查的目的和任务、调查对象和调查单位、调查内容与项目、调查表或问卷、调查时间与期限、调查的方式方法、调查质量的控制、数据处理和分析研究、调查进度安排、调查经费预算、调查的组织安排等做出具体的规定和设计,在此基础上制订市场调查方案或市场调查计划书。

(三) 正式调查、收集数据

市场调查方案得到企业决策层批准之后,则可按照市场调查方案设计的要求,组织调查人员深入调查单位搜集数据和有关资料,包括现成资料和原始资料。其中现成资料的来源包括内部资料和外部资料,原始资料是通过实地调查向调查单位搜集的第一手资料。在整个市场调研过程中,调查资料的收集是由定性认识过渡到定量认识的起点,是信息获取的阶段,关系到市场调查的质量和成败。为此,必须科学、细致地组织正式调查,严格控制调查过程,使数据的收集做到准确、及时、全面、系统,确保调查的质量。

(四) 调查资料整理

市场调查收集的各项数据和有关资料,大多是分散的、零星的、不系统的,为了反映研究现象总体的数量特征,必须对调查资料进行整理,包括审校与校订、分组与汇总、制表等。小型市场调查一般可采用手工汇总处理;大型市场调查一般采用计算机汇总处理,包括编程、编码、数据录入、逻辑检查、自动汇总、制表打印等工作环节。调查资料的整理是对调查信息的初加工和开发。为此,应按照综合化、系统化、层次化的要求,对调查获得的信息资源进行加工整理和开发。

(五) 分析研究

对市场调查资料进行分析研究是市场调查出成果的重要环节。它要求运用统计分析方法,如综合指标法、时序分析法、指数分析法、相关与回归分析法、方差分析法、聚类分析法、判别分析法、主成分分析法等,对大量数据和资料进行系统的分析与综合,借以揭示调查对象的情况与问题,掌握事物发展变化的特征与规律性,找出影响市场变化的各种因素,提出切实可行的解决问题的对策。

（六）编写调查报告

市场调查报告是根据调查资料和分析研究的结果而编写的书面报告。它是市场调查的最终成果,其目的在于为市场预测和生产经营决策提供依据。调查报告的基本内容有:交待市场调查的基本情况,调查结论和主要内容的阐述,情况与问题、结果与原因,启示与建议等。具体内容确定应视调查课题的性质、内容和要求而定。调查报告一般由标题、开头、正文、结尾及附件等要素组成。

第三节 市场预测概述

一、市场预测的概念和特点

市场预测是指对未知的市场和市场未来的变化进行预计和推测。市场预测包括两个方面的含义:一是对现有的、未知的潜在市场进行预测,目的在于了解现有市场的潜力,更好地进行生产经营决策;二是对未来市场的发展变化进行预测,目的在于把握市场发展变化的趋势,以便更好地决定今后应采取的行动。市场预测具有如下特点。

（1）预测对象具有不确定性。市场预测是研究市场不确定性事件的,如果未知的未来市场具有确定性,那就用不着预测了。由于市场存在着不确定性,为了趋利避害,决定行动的取舍,增强生产经营的预见性和主动性,因而,企业有必要开展市场预测。

（2）市场预测具有目的性。市场预测是为生产经营决策或市场营销决策服务的。决策应是以科学的预测结果为基础的,并通过分析比较,选取最优方案。因此,预测是决策的先导,是决策科学化的前提,没有准确、科学的预测,要取得决策的成功是不可能的。因此,市场预测应从决策的需要出发,有目的地进行有关市场问题的预测。

（3）市场预测具有科学性。市场预测绝不是毫无根据的、随心所欲的臆测,它依据收集的大量历史资料和现实资料,运用科学的预测方法,通过分析研究在探求事物演变的过程、特点、趋势和规律的基础上,据此有效地预测未来的发展变化。因此,市场预测既是一门科学,也是一门艺术。

（4）市场预测具有综合性。市场预测不是简单的估计和推测,它要求运用多种定性分析和定量分析的方法,对大量的预测资料进行综合分析,在把握市场运行趋势和规律的基础上,对市场未来的变化做出综合性的推断,并对预测结果进行多方面的评价和论证,才能确保预测结果的准确性和科学性。

（5）预测误差具有不可避免性。市场未来的发展变化总是具有某种程度的不确定性,未来的发展趋向怎样,规模、水平、结构、速度会发生什么样的变动,往往是不确定的,预先难以完全肯定,更难十分精确地给出定量描述。因此,市场预测的结果与未来的实际很难完全吻合,总是存在一定的误差。预测误差有两种情形:一是量的误差,预测结果与实现结果只是数量上有一定的偏差;二是质的误差,预测结果与实现结果完全背离,二者的变动方向完全相反。总之,市场预测的误差是客观存在的,是不可避免的。预测者应防止质的误差,并尽量把量的误差降低到较低的程度。

二、市场预测的作用

市场预测是企业制定市场营销发展战略、做出正确经营决策和提高生产经营管理水平的重要依据,在企业的生产经营活动中具有十分重要的作用。

（一）有利于提高决策的科学性

在市场经济条件下,企业是市场的主体,生产经营什么,生产经营多少,怎样调整生产经营方向、规模和结构,如何制定企业的经营战略和营销策略,都必须由企业根据市场的供求状态来决定。但是,市场是具有不可确定性,面对不确性的市场要提高决策的科学性,必须认真做好市场预测。市场预测可以帮助决策者把握未来市场发展变化的趋势和规律,分析影响市场发展变化的各种影响因素,可以为决策者提供有关未来市场的规模、水平、结构、数量关系等方面的定量预测结果和对策建议,从而使决策者能根据科学的预测结果作出科学的决策,确保决策的正确性、科学性和可行性。

（二）有利于提高企业的竞争力

市场经济是一种竞争经济,企业必须主动了解市场、适应市场,主动参与市场竞争,才能在市场竞争中求得生存和发展。市场预测可以测定市场潜力,发现市场机会,可以把握未来市场供求的变化态势、产品市场的发展走向、消费者需求的变化趋势,及其市场竞争格局的变化等。所有这些预测信息都有助于企业制定市场竞争策略,开拓和占领新的市场,开发新的产品,扩大生产经营能力,从而提高企业的市场适应能力和竞争能力。

（三）有利于提高企业的经济效益

企业全部经济活动的核心是提高经济效益和社会效益,首要的是提高企业的经济效益。市场预测能够使企业及时了解和把握市场供求的变化趋势、消费者需求的潜力和需求的新变化及产品市场的发展趋势,从而使企业适应市场变化,主动调整生产经营结构,合理配置各种资源,扩大适销对路产品的生产和销售,提高市场占有率,加速资金周转,降低成本费用,提高经济效益。

【案例 1-9】

市场预测与决策成效

某年春天甫过,一家罐头材料厂加足马力生产做易拉罐的特质铝皮。这一年雨季特别长,已经是7月初了,天还是连续不断地下着暴雨。厂长果断下令,将特质铝皮的生产量减少2/3。原来,厂长根据气象预测,当年高温时短,易拉罐销量会大大减少,特质铝皮势必降价。后来,该厂果然因此减少了损失。次年初夏,雨季仍然很长,但厂长得知,气象专家对这年夏季气候的预测是炎热异常,于是下令大量生产。当年7月中旬到8月中旬持续高温,清凉饮料销量猛增,易拉罐用特质铝皮成了紧缺货,价格上涨2倍,该厂获得了可观的效益。

(资料来源:许以洪,熊艳主编,市场调查与预测,北京:机械工业出版社,2010)

三、市场预测的分类

市场预测按照不同标准可以有不同的分类。常用的有以下几种分类。

(一) 按预测期长短分类

市场预测按预测期长短不同,可分为长期预测、中期预测和短期预测。

1. 长期预测

长期预测是指五年以上市场发展前景的预测。它是制订中长期计划和经济发展规划的依据。诸如经济发展中的经济政策、经济结构、价格、利率、汇率等因素的变化;技术发展中的新技术、新工艺的发明和使用;人们消费心理和消费习俗的改变;原材料、新能源供应的变化趋势;产品市场的长期变化趋势,以及行业的发展变化等,都可以作为企业长期市场预测的对象。由于长期预测时间跨度大,涉及的因素复杂,而且大部分属不确定因素,因此,长期预测一般采用定性预测为主、定量预测为辅的方法,并不讲究数字的准确性,大致勾画出方向性的目标即可。

2. 中期预测

中期预测是指对一年以上五年以下的市场发展前景的预测。它是制订中期计划和规定经济五年发展任务的依据。和长期预测相比较而言,对未来的市场变化要提出更加具体、更有说服力的各种数据资料。中期预测在方法上采用定性和定量分析相结合,并以定量分析为主。中长期预测一般在宏观市场预测中运用较多。但是,有些经营管理水平高、竞争意识强的企业,也十分重视中长期预测。

3. 短期预测

短期预测是指对一年以下的市场发展变化的预测,是规定近期市场活动具体任务的依据。这类预测活动在企业经营活动中是大量的、频繁的。通过短期预测有助于企业及时了解市场动态,掌握市场行情变化的有利时机,提高经营决策水平。相比较而言,短期预测要求更具体、更明确。因此要求短期预测有比较准确的数据和结果。这种预测一般采用定性分析和定量分析相结合的方法,而以定量分析为主。短期预测中的月度预测、逐周或逐月预测,称为近期预测。实践中,市场预测表现为大量的近期预测。

(二) 按预测的经济活动范围分类

市场预测按预测的经济活动范围不同,可分为宏观市场预测和微观市场预测。

1. 宏观市场预测

宏观市场预测是指以整个国民经济、部门、地区的市场活动为范围进行的各种预测,主要目标是预测市场供求关系的变化和总体市场的运行态势。宏观市场预测一般是中长期市场预测，要求预测人员具有战略眼光，从战略高度认识过去，预测未来，对市场的发展做出科学的勾画。

2．微观市场预测

微观市场预测是指从事生产、流通、服务等不同产业领域的企业，对其经营的各种产品或劳务市场的发展趋势作出估计和判断，为生产经营决策提供支持。

（三）按预测的性质分类

市场预测按预测的性质不同，可分为定性预测和定量预测。

1．定性预测

定性预测是指预测者通过对市场的调查研究，了解实际情况，凭自己的实践经验和理论水平、业务水平，对市场发展前景的性质、方向和程度做出判断预测的方法，也称为判断预测或调研预测。预测目的主要在于判断市场未来发展的性质和方向，也可以在分析研究的基础上提出粗略的数量估计。预测的准确程度，主要取决于预测者的经验、理论、业务水平以及掌握的情况和分析判断能力。这种市场预测综合性强，需要的数据少，能考虑无法定量的因素。在数据不多或者没有数据时，往往采用定性预测。它和定量预测相结合，可以提高市场预测的可靠程度。

2．定量预测

定量预测是指根据历史和现实的统计数据和市场信息，运用统计方法和数学模型，对市场未来发展的规模、水平、速度和比例关系进行分析测定。

四、市场预测的程序

市场预测的程序是以历史和现实的数据和资料为依据，运用选择的预测方法，对特定的市场预测目标的未来发展变化进行分析和推断的过程，具有复杂性、综合性和推断性。为了使市场预测工作顺利进行，提高预测工作的效率和预测结果的可靠性，必须遵循一定的程序，采用科学、严谨的工作步骤。市场预测的程序如下。

（一）确定预测目标

预测目标是指市场预测应了解什么问题、解决什么问题、达到什么目的。它是由预测对象、预测课题和预测目的三个基本要素构成的。预测对象是市场预测的目标市场，即预测何种性质和空间范围的市场；预测课题是市场预测的项目，即对市场的什么问题进行预测分析；预测目的是市场预测应满足何种信息需求。市场预测无明确的预测目标，就会迷失方向，无所适从。

（二）明确预测内容

市场预测目标确定之后,应进一步明确预测的具体内容,包括划分预测构面、明确预测变量两个主要方面。

1．划分预测构面

划分预测构面,即明确应从哪些方面对预测课题展开预测分析。例如,某类市场需求预测可划分为市场需求潜力、需求趋势、需求结构、需求变动影响因素等方面的预测分析。划分预测构面,是为了明确预测项目,便于收集资料、选定方法和展开预测分析。

2．明确预测变量

明确预测变量,即明确选择什么样的变量或指标来进行预测分析。例如,市场需求预测可选择人均购买量、人均消费支出、消费品零售额(量)等变量或指标来预测市场需求趋势、需求潜力、需求结构的变化。预测变量应根据预测课题的类型是专题预测,还是综合预测做出选择,一般来说专题预测涉及的变量较少,综合预测涉及的变量较多。预测变量的选择不仅应考虑因变量的确定,还应考虑自变量的选择。

（三）收集、审核和整理资料

市场预测必须以可靠、充分的数据和有关资料为基础,才能据此进行预测分析得出预测结论。预测资料的数量和质量直接关系到预测结果的可靠性和准确性,当然,影响预测的可靠性和准确性还与计算与判断等因素有关。实践证明,即使预测方法很科学,预测者又具有较好的判断能力,但所依据的数据和有关资料不准确、不系统、不全面,要取得满意的预测结果是不可能的。因此,应重视市场预测资料的搜集与整理。通常应注意以下几点。

（1）应以市场调查收集整理的数据和有关资料为基础,根据市场预测课题的预测构面和预测变量,从数据库、数据汇编、资料手册中提取历史数据和现实数据。

（2）数据的提取应注意总括性数据与分类数据相结合,动态数据与横截面数据相结合,预测课题的主体数据与相关数据相结合,最大限度地满足市场预测分析对数据的要求。

（3）数据提取的时期跨度(时间样本)应注意适度、够用,以近期数据为主。市场预测所需的数据的时间跨度不是越长越好,也不是越短越好。数据时间跨度过长,会使预测模型难以重点反映近期数据隐含的趋势和规律性;数据时间跨度太短,数据太少,又会导致模型参数估计不准确。一般来说,应本着适度、够用、近期数据为主的原则,对数据的时间跨度做出选择。如:一个自变量的预测模型,至少应有 10 年的数据;两个自变量的预测模型至少应有 15 年的数据。

（4）某些预测模型的建立,如果缺少历史数据,可用横截面数据(空间数列)进行模型估计和预测分析。但是,为了保证模型参数估计的准确性,数据的样本量应尽量大一些。

（5）数据收集之后,应进行必要的整理,使之条理化、序列化。同时,可利用图示分析、增量分析、速度分析、比率分析等基本方法对数据进行预测处理,以显示现象发展变化的过程、特点和趋势,为预测方法的选择提供依据。

(四) 选择预测方法

市场预测方法多种多样,每一种方法都有它特定的原理、特点和适用范围,也有一定的局限性。对同一预测对象进行预测时,往往可以选择不同的预测方法,预测方法不同,预测的结果也就不尽相同。实践证明,市场预测的准确性和科学性在很大程度上取决于预测方法的选择是否恰当,选择合适的预测方法对于提高预测结果的可靠性和准确性具有重要的意义。在市场预测中,选择合适的预测方法需要考虑许多因素,才能作出最终抉择。主要因素如下。

1. 预测目标

预测方法的选择,首先应考虑预测目标的要求,预测目的和要求不同,预测方法的选择是不相同的。例如,市场需求预测的目的在于测定市场需求潜力,则应采用时间数据预测法或者因果预测法;若预测的目的在于把握需求动向、需求结构、购买行为等方面的变化特点,则可采用定性调研预测的方法。

2. 预测资料

预测资料掌握的充分程度是决定预测方法的基础,掌握的数据资料充分,数据的连续性、时序性、关联性、准确性较高,一般可采用定量预测方法;相反,在数据资料不够充分、不够齐全的条件下,或数据变化较大且不稳定时,一般可采用定性预测方法。

3. 预测内容

预测内容涉及的预测范围大小和预测项目的多少,是选择预测方法必须考虑的重要因素。一般来说,专题预测的内容集中、项目较为单一,只需要选择一两种预测方法就可以了;综合预测的范围较大、内容较多,涉及的预测项目或预测变量较多,往往需要选择多种预测方法,分别对不同的预测项目或变量进行预测分析。

4. 数据特征

在市场预测中,若采用定量预测法,则应首先运用统计图示法、速度分析法、增量分析法、结构分析法、比率分析法对数据进行预处理,用以考察数据变化是否具有某种趋势性、周期性、关联性、稳定性,然后根据这种数量规律选择合适的数学模型进行描述,并做出预测推断。实践证明,根据预测对象自身发展变化的数量特点和数量规律选择预测方法,能够保证预测的质量,提高预测的精确度。

5. 预测期限

预测期限的长短,也是预测方法选择必须考虑的因素。一般来说,中长期预测时间较长,未来的不确定因素较多,预测结论难以达到很高的精度,因此预测方法的选择大多采用时间数列趋势外推法、自回归预测法等。短期预测时间较短,目标明确,不确定因素较多,预见性较强,因此预测方法的选择大多采用较为简单的定量预测法和定性预测法。

6. 预测经验

预测方法的选择往往取决于预测者对预测对象变化规律的认识,而这种认识的深刻程度直接影响到预测方法选择是否恰当。人们对客观事物的认识程度,往往受学识、经验观察和分析能力的限制,同时还要受到预测者掌握信息充分程度和完整程度的限制。因此,预测者在选择预测方法时,如果有丰富的预测经验积累,往往能够选择出合适的预测方法。如果预测经验缺乏,则不能凭经验选择预测方法,而应根据预测对象自身变化的特点和趋势作出选择。

7. 预测技术

预测技术即计算技术手段,也是选择预测方法必须考虑的因素之一。许多较为复杂的预测方法,如随机时间序列预测模型、多元回归预测、投入产出分析模型、经济计量模型、多元统计分析技术等,因涉及的变量多,计算的工作量大,往往需要运用计算机技术和统计应用软件进行预测计算和求解。因此,选择预测方法时,如果预测技术手段具备,可选择较为复杂的高级预测技术;反之,则可选择一些较为简单的预测方法。

8. 预测费用

在选择预测方法时,还必须考虑预测费用。如果采用某种方法的预测费用很高,虽然它能够提高预测的精确度,但由于提高精确度所获得的效益远远抵不上预测费用的开支,那么,这种预测方法是不可取的。因此,应选择费用省、准确度又能达到预期要求的预测方法。一般而言,使用定性预测法和简单的预测模型费用较省,使用高级的大型复杂的预测模型费用较高。

需要指出的是,由于预测对象未来的发展变化具有不确定性,使用任何方法进行预测都有一定的局限性。因此,在实际预测工作中,不能简单地、机械地根据某种预测方法的测算即得出结果,而应将定性分析和定量分析结合使用,或将几种不同的预测方法结合起来,采用组合预测法,才能提高预测的可靠性和准确性。

(五)做出预测推断

预测方法选定之后,即可对预测项目展开预测分析,做出预测推断。此阶段是依据连续性、相似性、系统性、因果性等预测原理,运用选定的预测方法和收集的预测资料,对预测对象的发展变化进行综合分析、计算、判断和推理,以得出预测结果。因此,本阶段是预测的重要阶段,应注意以下两点。

第一,采用定性预测法时,应对预测对象自身的发展变化特点和趋向进行分析,并研究各种因素变动对预测对象的影响,然后通过综合、比较、判断、论证和推理,得出定性预测结果。

第二,用定量预测法时,应根据选定的预测模型的性质和特点,确定模型的因变量和自变量,选择合适的方法对模型的参数做出估计,并计算有关评价模型优劣的综合指标,如可决系数、估计标准误差等,并对模型进行必要的统计检验,模型通过统计检验之后,则可运用模型求出预测结果。

(六)评价预测结果

预测结果做出之后,应对预测结果进行质与量的检验分析,才能将预测结果交付决策者使用。评价预测结果主要是衡量预测结果的合理性、可行性和可靠性。评价要点如下。

首先,评价定性预测结果时,应结合实际情况进行经济理论分析,评价定性是否准确,即对事物发展变化的方向、特点、性质、发展快慢、程度高低的判断是否切合实际。

其次,评价定量预测结果时,应将各种假设检验和经济理论分析相结合,评价模型的合理性和拟合的优度,评价拟合误差或预测误差的大小,评价推断的预测值是否可靠,是否符合事物发展的趋势性、相关性,预测值是否偏高或偏低,是否需要做出调整和修正。

最后,调整和修正预测结果。预测结果经过评价,如果发现预测存在质的误差,即预测结果与事物发展变化的趋向发生根本的背离,或者预测模型的统计检验和经济理论分析通不过,则预测要推断重来。如果预测结果不存在质的误差,而是存在一定的量的误差,若量的误差较小,则可不必进行调整和修正;若量的误差较大,又要求提高预测的精确度,则应采用合适的方法调整或修正预测的估计值。

(七)编写预测报告

市场预测的最终目的是为决策服务的,为此,预测结束后,应用书面的方式表达预测的过程和预测的结果,以供决策者阅读和使用。市场预测报告应对预测的目的、过程和方法作简要的交待,重点论述现象未来发展变化的前景、可能出现的结果及其制约未来发展变化的因素;定量预测应重点阐述预测模型建立的变量选择、参数估计、模型检验、预测推断等问题。在市场预测报告中,亦可展开必要的对策研究,提出解决问题的路径或对策。

五、市场调查与市场预测的联系和区别

市场调查和市场预测是市场研究的两个重要的部分,并形成一门新兴的学科。但市场调查和市场预测是两个既有联系又有区别的概念。

(一)市场调查和市场预测的联系

1. 市场调查可以为市场预测提供研究方向

企业在经营管理活动中,需要研究和解决的问题很多,通过市场调查可以发现问题的症结所在,从而能为问题的解决和决策提供信息支持;同时亦可发现需要作进一步预测研究或可行性研究的课题,即为市场预测提供课题和研究方向,帮助市场研究者、经营管理者确定市场预测的目标。

2. 市场调查可以为市场预测提供信息

企业进行市场预测时,必须对市场信息进行科学分析,从中找出规律性的东西,才能

得出较为准确的预测结论。而市场调查获得的大量信息资料正是市场预测的资料来源，这些资料为市场预测模型的建立与求解提供了大量历史数据和现实数据，也可为定性预测提供大量的基础性的预测分析依据，从而有助于取得较准确的预测结果。

3．市场调查方法可以丰富和充实预测技术

市场调查方法主要应用于信息的获取和处理，有的还可直接应用于市场预测分析，即预测性调查研究。市场预测的一些方法也是在市场调查方法的基础上充实、提高而形成的。如预测中的"专家意见法"就是吸收了市场调查的方法，经过反复实践而形成的，既简便适用，又避免了结果的不确定性和离散性。有些简单的市场调查方法，如问卷填表法、访问座谈法等，若在内容中加进预测项目，同样可以得到准确的预测结果。

4．市场预测的结论可用市场调查来验证和修订

市场预测不是凭空臆想的，而是建立在认识和把握客观规律的基础之上的一种预见和推断，是在科学理论指导下做出的有一定科学根据的推断。市场预测的结论正确与否，最终要由市场发展的实践来检验。因此，市场调查不仅能够检验事前所做出的预测结果，还能够分析、论证预测成功或失误的原因，总结经验教训，不断提高市场预测的水平。另外，在做出预测以后，也可以通过市场调查获得新的信息，对预测结果进行修正。

（二）市场调查与市场预测的区别

1．研究的侧重点不同

市场调查和市场预测虽然都可研究市场上的供求关系及其影响因素，但市场调查侧重于市场现状和历史的研究，是一种描述性研究，目的是了解市场客观实际的情况，弄清事实真相，获取市场信息；市场预测侧重于市场未来的研究，是一种预测性研究，着重探讨市场供求关系的发展趋势及各种影响因素，目的是对未来的市场做出推断和估计。

2．研究的结果不同

市场调查和市场预测的最终目的都是通过对市场的研究，为各种决策提供依据。但市场调查所获得的结果是反映市场的各种数据和资料，涉及的内容比市场预测要广泛得多，因而既可作为市场预测的依据和资料，也可直接为管理部门决策提供依据。而市场预测所获得的结果是关于未来市场发展的预测报告，是一种有一定科学根据的假定，主要为制定未来的发展计划或规划提供预测性的决策依据。

3．研究的过程和方法不同

市场调查是获取、处理和分析市场信息的过程；市场预测是利用市场信息进行信息的深加工和做出预测结论的推断过程。从研究方法看，市场调查的方法多属于了解情况、认识市场、获取信息的研究；而市场预测的方法则多是建立在定性分析基础上的定量测算，许多方面需要运用数学方法和建立预测模型来进行预测分析和推断。

第四节 国内外市场调查状况

一、市场调查的产生和发展

市场调查是随着商品生产和交换的发展而产生和发展起来的。然而,市场调查形成一门学科是 20 世纪初在美国发展起来的。小卡尔·迈克丹尼尔(Carl McDaniel,Jr.)博士在其著作《当代市场调查》中指出,市场调查形成为一门学科,大致经历了三个阶段。

第一阶段,萌芽期(1900 年以前)。最早且有记载的市场调查是 1824 年 8 月由《Harrisburg Pennsylvanian》进行的一次选举投票调查。大约在 1895 年,学院研究者开始进入市场调查领域。当时美国明尼苏达大学的心理学教授哈洛·盖尔(Harlow Gale)将邮寄调查引入广告研究。他邮寄了 200 份问卷,最后收到了 20 份完成的问卷,回收率为 10%。随后,美国西北大学的 W. D. 斯考特(Walter Dill Scott)将实验法和心理测量法应用到广告实践中。

第二阶段,成长期(1900—1950)。这一阶段可进一步分为成长初期(1900—1920)和快速成长期(1920—1950)两个时期。进入 20 世纪后,消费者需求激增和大规模生产的发展导致更大、更远市场的出现。为满足了解消费者的购买习惯和对制造商产品的态度的需求,1911 年第一家正式的调研机构柯蒂斯出版公司商业调研部应运而生,并聘请派林(C. Parlin)担任首任经理,先后对农具销售、纺织品批发和零售渠道进行了系统调查。后来派林又亲自访问了美国 100 个大城市的主要百货商店,系统收集了第一手资料,将美国各大城市的人口地图、分地区的人口密度、收入水平等资料记录在《销售机会》一书中。在美国,由于派林第一个从商品经营上把便利品和选购品区分开来,又提出了分类的基本方法等,人们推崇他为"市场调查"这门学科的先驱,美国市场营销协会(AMA)每年召开纪念派林的报告会。

受柯蒂斯公司或派林成功经验的影响,越来越多的企业开始建立市场调查部开展系统的市场调查工作,如美国橡胶公司于 1915 年成立了商业调研部;斯韦夫特公司于 1917年成立了商业调研部。

1929 年,在美国政府和有关地方工商团体的共同配合下,对全美进行了一次分销普查,这次普查被美国看作市场调查工作的一个里程碑。后来,这种普查改称商业普查,至今仍定期进行。这些普查收集和分析了各种各样商品的信息资料,如各商品的分销渠道的选择状况、中间商的营销成本等,它可以称得上对美国市场结构的最完整的体现。

20 世纪 30 年代,问卷调查法得到广泛使用。尼尔森(A. C. Nielsen)于 1922 年进入调研服务业。他在怀特早期工作的基础上提出"市场份额"概念以及其他很多服务,从而为后来成为美国最大的市场调查机构之一奠定了基础。

到 30 年代末,人们已不再满足于对应答者回答的简单分析,于是开始根据收入、性别和家庭地位等方面的差异对被调查者进行分类和比较。简单相关分析开始得到应用,但并不广泛。

世界大战迫使社会学家从事前线所要求的研究。战前被认为是新奇事物的一些方法和工具被用于研究士兵的消费行为以及后方家庭的行为,其中包括实验设计、民意测验、人为因素调查和运筹学等。到40年代末,随机抽样的重要性得到广泛的认识,在抽样方法和调查过程等方面取得了很大进步。少数曾在美国陆军军需部门服务的心理学家战后进入企业界,推出了有关产品的消费者的测试方法。

与此同时,美国哈佛大学商学院建立了一个商业调查研究所,由马丁(Seldon O. Martin)任第一任所长。他们进行调查研究后提出的第一个报告是关于鞋店流通费用的报告。在开始调研时,由于各鞋店所用会计科目和记录各不相同,他们就逐个帮助,搞了一个统一的科目分类,以利于进行系统的调研、比较和分析。后来他们又对杂货店、专业商店、百货商店等进行了调研,并发表了这些商业企业的流通费用的调查报告。

美国芝加哥大学教授邓肯(C. Duncan)于1919年发表的《商业调研》是市场调查方面第一本学术专著。怀特(P. White)于1921年发表的《市场分析》是第一本调查手册书,当时发行量很大。布朗(L. Brown)于1937年发表的《市场调查与分析》成为当时最流行的大学教科书之一。40年代在Robert Merton的领导下又创造了"焦点小组"方法,使得抽样技术和调查方法取得了很大进展。40年代后,发达国家市场调查的教科书不断出版,越来越多的大学商学院开设了市场调查课程。在发达国家,市场调查已经作为一门分支学科从市场营销学中独立出来。

第三阶段,成熟期(1950年至今)。第二次世界大战后,卖方市场向买方市场的转变使得产品的竞争力日益下降,使得通过市场调查发现市场需求,然后再生产适销对路的产品满足这些需求变得越来越重要。

20世纪50年代中期,出现了依据人口统计特征进行的市场细分研究和消费者动机研究。市场细分和动机分析的综合调研技术又进一步促进了心理图画和利益细分技术的发展。60年代,先后提出了许多描述性和预测性的数学模型,如随机模型、马尔科夫模型和线性学习模型。更为重要的是计算机的快速发展,使得调查数据的分析、储存和提取能力大大提高,市场调查已成为这一信息系统的重要组成部分,并日益发挥其在现代企业经营管理中的重要作用。

90年代以来,信息技术在市场调查中得到大力发展,如通过安装在超市的账单扫描器收集市场信息,用微机和移动式终端来分析资料,用计算机来辅助电话访谈、应用多媒体信息技术进行电视访谈和用互联网进行网上市场调查等。

二、国外发达国家市场调查业的状况

由于发达国家的企业已经长期地、牢固地形成了"决策前先做调查"的观念,这些国家和地区对市场调查一直有很大的市场需求。再加上国外调查业已有上百年稳步发展的历史,因此从整体上来说,目前国外发达国家的市场调查业的状况是良好的、规范的、技术先进的,主要具有以下几个特点。

第一,市场调查业兴旺发达。主要表现为调查机构数量多,从业人员专业化程度高,营业额逐年稳步增长。

调查机构之多难以想象。例如,在20世纪90年代,荷兰这样一个几百万人口的国家,就已经有了大大小小500多个商业性的市场调查公司;在英国,仅伦敦一个城市就有

60多个大型的商业性的市场调查公司,中小型的更是不计其数。调查公司的类型各异,有提供全方位服务的机构,如提供共享数据的辛迪加服务、用标准化方法进行调查收集数据的标准化服务以及按特定客户的特定需要设计调查的"量体裁衣"服务或专项服务,也有只提供有限服务的机构,如具体的收集数据的调查实施服务、编码和数据录入服务、提供方案设计及高级研究方法的分析服务、专门进行定量数据处理的数据分析服务以及特别的带有专利性质的所谓带商标的市场研究产品和服务。

许多从业人员都具有从事调查业所需的专业知识、较强的专业素养和较丰富的从业经验。按欧洲民意和市场研究协会每年一次的对全球调查业的调查研究表明,在近年中,欧洲、美国、日本等发达地区和国家对调查业的需求(按用于市场调查研究上的花费估计)在逐年稳步上升,平均年增长率为8%左右。

第二,调查设备和技术已发展到一个新水平,现代市场调查的效率大大地提高。

采用纸和笔的传统调查方式在发达国家的正规调查公司中已经很少见。例如,在西欧的一些大的调查公司中,利用纸和笔的调查业务大概不会超过10%。取而代之的是计算机辅助电话调查系统(CATI)、计算机辅助人员面访系统(CAPI)以及其他采用电子手段的调查(如采用传真、互联网络、即时电子评分显示系统等)。

采用先进的设备和手段,市场调查的效率大大地得到了提高。例如,调查员利用轻便的超小型便携式计算机面访,当天的数据可以及时地通过电话线和调制解调器传回公司的数据处理部门;利用计算机辅助电话调查系统及相应的问卷设计软件、数据处理和报告撰写专用软件,能在一天之内完成利用传统方法需要一个月左右才能完成的项目;而利用互联网络进行的调查,甚至在几小时之内就可能完成。

第三,调查研究的行业活动、学术活动和出版活动积极,使市场调查业的规范化和标准化得到保证。

目前国际上有关市场调查研究和民意调查研究的协会和学会不少,其中比较有影响的主要有欧洲民意和市场研究协会(ESOMAR)、世界民意调查研究协会(WAPOR)、国际商会(ICC)、美国市场研究协会(AMRA)等。ESOMAR和WAPOR都已有50年以上的历史,每年除了举行一次大规模的年会进行学术交流和业务交流以外,还举行多次专题性的和地区性的会议,在世界各个地区举行交流活动和技术培训活动。发达国家的研究者很重视这样的活动。例如,ESOMAR的每次年会都有1 000多位来自不同国家的研究者参会进行学术和技术交流,有数百家市场研究公司到会场参展进行业务交流。

国外市场调查技术方面的学术性杂志、应用性杂志和著作非常多,相关的各种层次的教科书更新也十分频繁。例如,美国一般商学院的市场研究专业,几乎每年都要更换新的教科书。

三、国内市场调查业的发展和现状

(一)国内市场调查业的发展历程

我国市场调查业是在改革开放中不断丰富和发展起来的,其发展历程可以初步划分为四个阶段。

1. 萌芽期(1979—1983)

党的十一届三中全会是新中国成立以来我党和我们国家历史上具有深远意义的伟大转折,做出了把我党和我们国家的工作重点转移到社会主义现代化建设上来的战略决策。世界各国都在关注着中国的变化,一些外国企业开始注意中国经济发展形势。随后的几年,一些外商登陆我国投资建厂或设立办事机构,外商登陆我国之前的第一任务是要了解我国的经济发展及有关行业或产品的基础资料信息,而我国没有这样的机构为之提供所需的服务,而且,在当时这一领域是一块禁地,搞不好会涉及法律方面的责任。

一些有市场经济意识的个人开始搜集各种报刊,把这些公开出版物上面的有关信息分门别类地剪下来,系统整理后提供给外商。大概在1982—1983年间,国内一些省份的"社会与经济发展研究所"开始酝酿设立调查机构,例如,北京社会与经济发展研究所在内部成立了社会调查中心,是较早的调查机构。另外,这一时期广告业在我国快速兴起,广告是改革开放后由计划经济向市场经济转变的主要表现之一,市场竞争的氛围使企业认识到广告的作用,市场调查的意识在国内广告运动中孕育和发展。1983年上海广告公司为瑞士雀巢公司进行广告代理,通过市场调查及举办"咖啡品尝会"等形式,修改了原来的广告词而创造了"味道好极了"这一甜美的口头广告语,播出后产生巨大反响,此举为中国广告创意作出了重大启示,并进一步唤醒和催生着国内的市场调查意识。

2. 起步阶段(1983—1993)

1984年,邓小平同志提出"开发信息资源、服务四化建设",酝酿已久的我国市场调查业犹如注入了一支催化剂,终于渐渐地浮出水面。有关部门积极地着手筹办相关的机构,尝试性地进入这一行业。

从1985年开始,国家机关各部门相继成立了"信息咨询服务中心"。如:国家经贸委信息中心、纺织工业部信息中心、化工部信息中心、电子工业部信息中心(赛迪资讯的前身)、国家信息中心等。国外的市场调查业也开始进入我国建立机构,如:盖乐普、模范市场调查社、香港市场调查社等。1985年,广州市委的广州软科学公司设立了市场部,在此基础上,1988年7月1日成立了广州市场研究公司,这是国内最早的专业市场调查公司。1990年4月,原GMR的部分骨干出来后成立了国内第一家私营市场调查企业——"华南市场研究有限公司",如今的华南市场研究有限公司在我国的市场调查业占有相当的市场份额。

从1984年到1992年,正是中国社会转型时期,当时我们国家计划体制的烙印还很深,国内企业自身对市场调查的需求不大,企业决策层的观念也没有根本改变,对市场调查的认识比较朦胧。当时能值得骄傲的国内需求项目就是"1998年中央电视台的全国收视率调查项目",此项目开创了我国电视收视率调查的先河。因此,这个阶段的市场调查发展比较缓慢,缺乏行业规范,市场调查水平也相对不高。

3. 发展阶段(1993—2001)

邓小平同志南行讲话和党的十四大以后,我国政治经济形势发生了重大变化,发展速度大大加快,各项事业欣欣向荣。在深化改革和扩大开放、建立社会主义市场经济体制的热潮中,信息已成为十分重要的战略资源,政府要转变职能,企业要转换经营机制,成为自主经营、自负盈亏、自我约束、自我发展的法人实体和市场竞争主体,都需要掌握准确、适时、系统的信息,都要求加快发展市场调查业。另一方面,在这一历史潮流的推动下,我国的各类市场调查企业如雨后春笋般地成长起来,市场调查业呈现出千帆竞发、百舸争流的局面。

全国统计系统是最早从事市场调查实践的单位,汇聚了一批具备统计等相关专业而且经验丰富的人才。许多具有统计系统背景的公司脱颖而出,这其中包括北京华通、中怡康、美兰德、精诚兴、赛诺、上海恒通,以及曾在国家各级统计局从业的人员创办的市场调查公司,如丰凯兴、华联信、武汉格兰德、沈阳贝斯特等,全国各地均有统计系统的市场调查公司,他们是活跃在我国市场调查业中一支具有拓荒者意义的队伍,也是其他市场调查公司在中国从事这一行业所不可或缺的依托。

一批我国的民营市场调查公司相继出现,例如,零点、新华信、新生代、勺海等。与此同时,大批的国外市场调查公司纷纷登陆我国本土,从绝对数量来说,国外公司在国内不多,但其技术、资金、人才优势却不可同日而语,据统计,全球前二十位的市场调查公司已有近半进入了中国市场,其中,Gallup、MBL、ACNielsen等在中国市场有很大影响,它们的到来大大加快了中国市场调查业的进程,并左右着中国市场调查行业新的格局。

在此以前,市场调查的客户群体基本上是外商了解我国投资环境对此行业的需求。在这一阶段,国内企业及有关部门对市场调查的需求也呈现出日益上升的趋势。国内需求客户以家电、口服液、化妆品、饮料、方便食品行业为主,市场调查需求大大增加,对市场调查的要求也不仅局限于数据收集,对数据分析以及研究报告的要求不断提高,市场调查公司的人员结构因此发生了大转变,受过国外 MBA 教育或有客户方工作经验的人才开始进入此行业。

4. 新的历史阶段(2001年至今)

2001年,我国市场调查业的发展进入了新的历史阶段。经过两年多的筹备和申请,中国信息协会市场研究业分会(CMRA)于 2001 年 4 月 8 日在广州宣告成立。CMRA 的成立被认为是我国市场调查业发展的里程碑。从此之后,市场调查业终于有了自己的合法组织,并有了与国际同行对话和合作从而促进整个行业健康发展的合法途径。

在这一阶段,我国的市场调查业已从低端的单一数据采集业务发展到提供中高端的研究甚至营销咨询服务;从最初仅仅集中在北京、上海、广州三地,发展到具有一定数量的遍布全国各地不同规模的市场调查公司,形成了比较完备的覆盖研究中国城乡任何区域的全国性的调查执行网络;从各行其是,发展到全行业统一与国际接轨,执行 ESOMAR(欧洲民意与市场研究协会)全球性的服务与质量准则;从入户访问、街访、座谈会等以纸问卷为主的面访方式发展到使用 CATI、CAPI 等先进仪器和技术的快速准确的调查手段;一批在行业内居领先水平的公司已初步形成,他们把国外的先进技术结合我国的实际情况引进来,在此行业已成为领头羊的地位。例如,华通公司的"快速电话调查系统"、中怡康公司的"全国千家家电销售监测系统"等。

(二)国内市场调查业的现状

虽然我国市场调查业取得了较快的发展,但是由于以下原因,我国市场调查业的发展仍较缓慢。第一,我国企业对市场调查的需求不足,用于市场研究的投入较少。以中美两国2002年的数据进行比较,中美GDP之比约为1∶8,而市场研究总投入之比约为1∶21;美国市场研究业的营业收入占其GDP的比重约为万分之六;而中国则约为万分之二强。第二,我国调查公司相对集中于北京、上海和广州三地。第三,据权威报纸2002年的报道,全国有市场调查机构1 500家左右,但是规模较大、实际运转良好的不过50家左右。第四,本土公司规模较小、集中度低、缺乏竞争力。总体上讲,调查机构诚信水平偏低,调查供给方与需求方缺乏有效的信息沟通渠道,调查作用经常与实践相脱节。尽管我国市场调查业的市场潜力巨大,但目前还处于艰难的启动阶段,国内市场亟须培育和开发。

可喜的是,2004年4月,由国务院和民政部批准,由国家统计局主管的一级协会——中国市场信息调查业协会(CAMIR)在人民大会堂正式宣告成立,这是一个被政府部门授权的、能够协助制定相关产业发展规则的、有权威的协会。CAMIR从筹备成立之日起,就开始与代表我国民间调查业的CMRA密切合作。经过两年多的相互沟通,终于在2006年年底,两个协会实现了整合的愿望,并确定了整合的具体架构。这不仅意味着市场调查业从业机构和从业人员有了一个更大的家园和更充分的国家资源,更意味着这个行业正式步入了国家产业布局的轨道,它对市场调查业的发展、成长将起到非常重要的推动作用。

思 考 题

1. 如何定义市场调查?
2. 市场调查如何分类?
3. 试举例说明探索性调查、描述性调查、因果性调查和预测性调查。
4. 简述举行市场调查时应遵循的原则。
5. 简述市场调查的过程。
6. 定义调查问题时应避免犯哪两类错误?
7. 简述市场预测的分类。
8. 简述市场预测的程序。
9. 简述我国市场调查业发展的历程。
10. 翻阅相关资料,试谈谈应采取哪些措施促进我国市场调查业的发展。

案例分析讨论

新可乐上市案

一、研究背景

直到20世纪70年代中期,可口可乐公司一直是美国饮料市场上无可争议的领导者,然而,从1976—1979年间,可口可乐在市场上的增长速度从每年递增13%猛跌至2%。与此形成鲜明对比的是,百事可乐来势汹汹,异常红火。它先是推出了"百事新一代"的系列广告,将促销锋芒直指饮料市场最大的消费群体——年轻人。在第一轮广告攻势大获成功之后,百事可乐公司仍紧紧盯住年轻人不放,继续拼命强化百事可乐的"青春形象",又展开了号称"百事挑战"的第二轮广告攻势。在这轮广告中,百事可乐公司大胆地对顾客口感试验进行了现场直播,即:在不告知参与者是在拍广告的情况下,请他们品尝各种没品牌标志的饮料,然后说出哪种口感最好。试验全过程现场直播。百事可乐公司的这次冒险成功了,几乎每一次试验后,品尝者都认为百事可乐更好喝。"百事挑战"系列广告使百事可乐在美国饮料市场所占的份额从6%狂升至14%。

可口可乐公司不相信这一切会是真的,该公司也立即组织了口感测试,结果与"百事挑战"中的一样:人们更喜爱百事可乐的口感。可口可乐公司市场调查部的研究表明,可口可乐独霸饮料市场的格局正在转变为可口可乐与百事可乐分庭抗礼的新格局。根据可口可乐公司市场调查部门公布的数据,在1972年,有18%的软饮料消费者只认可口可乐这一种品牌,只有4%的消费者非百事可乐不饮。10年后则形势迥异,只有12%的消费者忠诚于可口可乐,而坚持只喝百事可乐不喝其他饮料的消费者比例竟几乎与可口可乐持平,达到11%!

最令可口可乐公司气恼的是:可口可乐的广告费每年超出百事可乐1亿美元,可口可乐自动售货机数量是百事可乐的两倍,可口可乐的销售网点比百事可乐多,可口可乐的价格比百事可乐有竞争力……可为什么可口可乐的市场占有率就一直下滑呢?

二、市场调查

尽管可口可乐公司广告开销巨大、分销手段先进、网点覆盖面广,但从20世纪70年代末到80年代初,它的市场占有率一直在下滑,于是公司决定从产品本身寻找原因。种种迹象表明,口味变化是造成可口可乐市场份额下降的一条最重要的原因。这个99年秘不示人的配方似乎已经不合今天消费者的口感了。于是,可口可乐公司在1982年实施了"堪萨斯计划"。"堪萨斯计划"是可口可乐公司秘密进行的市场调查行动的代号。在这次市场调查中,可口可乐公司出动了2 000名调查员,在10个主要城市调查顾客是否愿意接受一种全新的可口可乐。调查员向顾客出示包含有一系列问题的调查问卷,请顾客现场作答。例如,有一个问题是:可口可乐配方中将增加一种新成分,使它喝起来更柔和,你愿意吗?另一个问题为:可口可乐将与百事可乐口味相仿,你会感到不安吗?你想试一试新饮料吗?

根据调查结果,可口可乐公司市场调查部门得出了如下数据:只有10%~12%的顾客对新口味的可口可乐表示不安,而且其中一半的人认为以后会适应新可口可乐。这表明顾客们愿意尝试新口味的可口可乐。可口可乐公司技术部门决意开发出一种全新口感的、更惬意的可口可乐。1984年9月,他们终于拿出了样品。这种新饮料比可口可乐更甜、气泡更少,它的口感柔和且略带胶粘感,这是因为它采用了比蔗糖含糖量更多的谷物糖浆。可口可乐公司组织了品尝测试,在不告知品尝者饮料品牌的情况下,请他们说出哪一种饮料更令人满意。测试结果令可口可乐公司兴奋不已,顾客对新可口可乐的满意度超过了百事可乐。而以前的历次品尝测试中,总是百事可乐打败可口可乐。可口可乐公司的市场调查人员认为,这种新配方的可口可乐至少可以将公司在饮料市场所占的份额向上推动一个百分点,这意味着多增加2亿美元的销售额!为了万无一失,可口可乐公司又倾资400万美元进行了一次规模更大的口味测试。13个大城市的19.1万名顾客参加了这次测试。在众多未标明品牌的可乐饮料中,品尝者们仍对新可口可乐青睐有加,55%的品尝者认为新可口可乐的口味胜过传统配方的可口可乐,而且在这次测试中新可口可乐又一次击败了百事可乐。

三、新可乐上市

新可口可乐马上就要投产了,但此时可口可乐公司又面临着一个新问题:是为"新可乐"增加一条生产线呢,还是用"新可乐"彻底取代传统的可口可乐呢?可口可乐公司分析层认为,新增加生产线肯定会遭到遍布世界各地的瓶装商们的反对(可口可乐公司在美国生产可口可乐原浆,然后运到世界各地在当地灌入瓶中出售。从事这种灌装可口可乐业务的人们就是瓶装商),因为会加大他们的成本。经过反复权衡后,可口可乐公司决定"新可乐"取代传统可乐,停止传统可乐的生产和销售。

1985年4月23日,董事长戈伊朱埃塔在纽约市的林肯中心举行了盛大的新闻发布会,正式宣布:为了适应消费者对甜味更加偏好的变化,可口可乐企业决定放弃长达99年秘而不宣的"7X"配方,推出新可乐。可口可乐公司向美国所有新闻媒介发出了邀请,共有200余位报纸、杂志和电视记者出席了新闻发布会。消息闪电般传遍美国。在24小时之内,81%的美国人都知道了可口可乐改变配方的消息,这个比例比1969年7月阿波罗登月时的24小时内公众获悉比例还要高。

"新可乐"上市初期,市场反应非常好。1.5亿人在"新可乐"问世的当天品尝了它,历史上没有任何一种新产品会在面世当天拥有这么多买主。发给各地瓶装商的可乐原浆数量也达到5年来的最高点。

四、决策的后果

虽然可口可乐公司事先预计会有一些人对"新可乐"取代传统可乐有意见,但却没想到反对的声势如此浩大。

在"新可乐"上市4小时之内,可口可乐公司接到650个抗议电话。到5月中旬,公司每天接到的批评电话多达5 000个,而且更有雪片般飞来的抗议信件。可口可乐公司不得不开辟83条热线,雇用了更多的公关人员来处理这些抱怨与批评。有的顾客称可口可乐是美国的象征、是美国人的老朋友,可如今却突然被抛弃了。还有的顾客威胁说将改喝茶水,永不再买可口可乐公司的产品。在西雅图,一群忠诚于传统可口可乐的人们组成了"美国老可乐饮者"组织,准备在全国范围内发动抵制"新可乐"的运动。许多人开始寻找已停产的传统可口可乐,这些"老可乐"的价格一涨再涨。到 6 月中旬,"新可乐"的销售量远低于可口可乐公司的预期值,不少瓶装商强烈要求改回销售传统可口可乐。

可口可乐公司的市场调查部门再次出去,对市场进行了紧急调查。结果他们发现,在 5 月 30 日前还有 53% 的顾客声称喜欢"新可乐",可到了 6 月,一半以上的人说他们不喜欢"新可乐"。到 7 月,只剩下 30% 的人说"新可乐"的好话了。愤怒的情绪继续在美国蔓延,传媒还在煽风点火。对 99 年历史的传统配方的热爱被传媒形容成为爱国的象征。堪萨斯大学的社会学教授罗伯特·安东尼奥说:"许多人认为可口可乐公司把一个神圣的象征给玷污了。"就连戈伊朱埃塔的父亲也站出来批评"新可乐",甚至他威胁说要不认这个儿子。可口可乐公司的分析者们不得不认真考虑问题的严重性了。在一次董事会上,戈伊朱埃塔决定暂时先不采取行动,到 6 月的第四个周末再说,看看到那时销售量会有什么变化。但到 6 月底,"新可乐"的销量仍不见起色,而公众的抗议却愈演愈烈。于是,可口可乐公司决定恢复传统配方的生产,其商标定名为"经典可口可乐",同时继续保留和生产"新可乐"。7 月 11 日,戈伊朱埃塔率领可口可乐公司的高层管理者站在可口可乐标志下向公众道歉,并宣布立即恢复传统配方的可口可乐的生产。

消息传来,美国上下一片沸腾。所有传媒都以头条新闻报道了"老可乐"归来的喜讯。"老可乐"的归来使可口可乐公司的股价攀升到 12 年来的最高点。

案例思考题:
1. 可口可乐的"堪萨斯计划"实施的背景是什么?
2. 为什么市场调查的结果和实际情况不相符呢?

(资料来源:http://wenwen.soso.com/z/q165207746.htm)

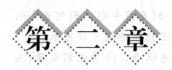

市场调查方案的设计

【学习目标】

通过本章的学习,要求掌握市场调查方案设计的概念、市场调查方案的内容,联系实际能设计出具体调研问题的调查方案,根据所学基本理论,能够对市场调查方案的可行性进行科学评价。

【导入案例】

A 品牌涂料的市场调研方案

湖南××涂料集团有限公司是以研究制造涂料、树脂为主业,集金属包装制作、设备制作安装等多种经营为一体的大型综合性企业集团。近年来,随着市场竞争的日趋激烈,尤其是进入 2009 年,中国涂料行业受全球金融危机的影响,出现了全行业的下滑,湖南市场也未能幸免,而随着房地产市场的持续热销和国家对基础建设投资力度的增加,城市墙面涂料市场在竞争激烈的同时,也蕴涵着巨大的市场机会。面对严酷的市场形势,××涂料集团公司没有等待观望,而是主动出击,一方面在产品上狠下工夫,开发出独具特色的新产品;另一方面准备在营销上花大力气,聘请专业的营销策划公司进行 A 品牌涂料整合营销推广策划和市场运作。

为此,我公司受湖南××涂料集团有限公司的委托,在长沙市范围内对主城区墙面涂料市场进行了一次深入的市场调研。

(资料来源:http://blog.sina.com.cn)

讨论的问题:
1. 市场调查方案的含义和主要内容是什么?
2. 市场调查方案如何撰写?
3. 如何分析与评价市场调查方案的可行性?
4. 你打算怎样为 A 品牌涂料策划市场调研方案?

第一节 市场调查方案的概念和重要性

一、市场调查方案设计的概念

市场调查方案设计就是根据调查研究的目的和调查对象的性质,在进行实际调查之前,对整个调查工作的各个方面和全部过程进行的通盘考虑和总体安排,以做出相应的调查实施方案,制定合理的工作程序。市场调研设计的含义包括两个方面:一方面指市场调研的计划、方案;另一方面指调研计划、方案的策划过程。

市场调查的范围可大可小,但无论是大范围的调查,还是小规模的调查工作,都会涉及相互联系的各个方面和全部过程。这里所讲的调查工作的各个方面,是指要考虑到调查所要涉及的各个组成项目。例如,对长沙市各大小健身房竞争能力进行调查,就应将全市所有(或抽选出)健身房的经营项目、环境、价格、服务、信誉等各方面作为一个整体,对各种相互区别又有密切联系的调查项目进行整体考虑,避免调查内容上出现重复和遗漏。

市场调查方案设计的全部过程,是指调查工作所需经历的各个阶段和环节,即调查对象的确定、调查资料的搜集、调查资料的整理和分析等。只有对此事先做出统一考虑和安排,才能保证调查工作有条不紊地顺利进行,从而减少调查误差,提高调查数据质量。这个依据市场调查方案设计形成的书面文件就是市场调查方案,它详细地阐述了获得信息和分析信息所必须遵循的程序和要求,包括调查目的、对象、内容、方法、步骤、时间、人员、经费安排等,这一程序是顺利而高效地完成市场调研课题的前提和保证。

二、市场调查方案设计的重要性

市场调查工作复杂、严肃,而且技术性较强,特别是大规模的市场调查参与者众多,为了在调查过程中统一认识、统一内容、统一方法、统一步调,圆满完成调查任务,就必须事先制定出一个科学、严密、可行的实施调查的行动纲领,即调查工作计划和组织措施,以使所有参加调查工作的人员都依此执行。具体来讲,市场调查方案设计的重要性有以下四点。

(1) 从认识角度,市场调查方案设计常常是从定性认识过渡到定量认识的开始阶段。虽然市场调查所搜集的许多资料都是定量资料,但应该看到,任何调查工作都是先从对调查对象的定性认识开始的,没有定性认识就不知道应该调查什么和怎样调查,也不知道要解决什么问题和如何解决问题。如在开篇案例中,要研究涂料行业的墙面涂料市场的机会和潜力,就必须了解该市场墙面涂料的总体情况,如市场容量、竞争态势和产品格局等;其次要了解该市场目标对象(业主、装修公司漆工、设计师、采购员)对墙面涂料的认知、态度、需求;再次,运用4P's营销法则,进行产品、价格、渠道、推广的优劣势分析;最后要根据公司的资源和能力下的战略措施形成有关认识,同时设计出相应的调查指标以及搜集、整理调查资料的方法,然后再去实施调查。可见,调查设计正是定性认识和定量认识的连接点。

(2) 从工作需要视角,调查方案设计起着统筹兼顾、统一协调的作用。现代市场调查可以说是一项复杂的系统工程,对于大规模的市场调查来讲,尤为如此。在工作中会遇到很多复杂的矛盾和问题,其中许多问题是属于调查本身的问题,也有不少问题则并非是调查的技术性问题,而是与调查相关的问题。例如,抽样调查中样本量的确定,按照抽样调查理论,可以根据允许误差和置信度大小,计算出相应的样本量,但这个样本量是否可行,要受到调查经费、调查时间等多方面条件的限制。再如,采用普查方法能够取得较为全面、准确的资料,但普查工作涉及面广、工作量大,需要动用的人力、物力十分庞大,而且普查工作时间较长,这些都需要各方面的通力协作,像人口普查、第三产业普查等全国性的调查,通常要由国家有关部门牵头组织协调,并非某一调查机构的力量所能胜任的。因此,只有通过调查设计,设置调查流程,才能分清主次,根据需要和可能采用相应的调查方法,使调查工作有序地进行。比如国家对规模以下的工业企业进行抽样调查,由国家统计局牵头,设计统一的调查方案,各省市区统计局地方调查办公室负责组织执行。

(3)从实践要求方面,调查方案设计是现代市场调查发展的需要。现代市场调查已由单纯的搜集资料活动发展到把调查对象作为整体来反映的调查活动,与此相适应,市场调查过程也应被视为市场调查设计、资料搜集、资料整理和资料分析的一个完整工作过程,调查设计正是这个全过程的第一步。

(4)从市场竞争角度理解,目前的市场调查项目委托方一般都采取招标的方式选择最理想的合作者。为了能在竞标中获胜,调查机构提供一份高水平的方案设计书是至关重要的。

第二节 市场调查方案设计的主要内容

市场调查的总体方案设计是对调查工作各个方面和全部过程的通盘考虑,包括了整个调查工作过程的全部内容。调查总体方案是否科学、可行,是整个调查成败的关键。现以导入案例 A 品牌涂料的市场调研方案为例(以下简称该调查)对方案设计的主要内容加以说明。

一、确定调查目的和内容

任何一个调研问题都有其产生的背景和由来,我们在设计调查方案时,有必要对此进行较深入地了解,才能确定调查目的和内容。确定调查目的就是明确在调查中要解决哪些问题,为何要调查,通过调查要取得什么样的资料,取得这些资料有什么用途等问题。衡量一个调查设计是否科学的标准,主要就是看方案的设计是否体现调查目的的要求,是否符合客观实际。例如,该调查的调查目的就是为了了解长沙市墙面涂料的市场状况、市场需求、××涂料的市场机会,为制定××涂料整合营销推广策划方案提供详细的市场资讯。

确定了调查目的,才能确定调查的内容,明确调查任务,否则就可能偏离调查主题,把一些无关紧要的调查项目列入其中,而一些必要的调查项目被遗漏,最终无法满足调查的要求。例如,该调查在明确了调查目的之后,可以确定调查内容:

- 长沙市墙面涂料的总体情况(市场容量、竞争态势、产品格局);
- 目标对象(业主、装修公司漆工、设计师、采购员)对墙面涂料的认知、态度、需求;
- ××涂料在市场上的表现(市场份额、产品、价格、渠道、推广的优劣势);
- ××涂料集团有限公司的整体情况(技术、生产、管理、销售、人力资源等)。

二、确定调查对象和调查单位

明确了调查目的和内容之后,就要确定调查对象和调查单位,这主要是为了解决向谁调查和由谁来具体提供资料的问题。调查对象就是调查总体,即根据调查目的、任务,确定的客观存在的同一性质基础上结合起来的许多个别事物的整体。它是我们一定时空范围内的所要调查的总体。调查单位(或称调查单元)就是所要调查的社会经济现象总体中的个体,即调查对象中的一个一个具体单位,它是调查实施中需要具体回答各个调查项目的承担者。例如,开篇案例中,经与营销策划公司共同磋商,首先明确调查范围,即在长沙市的芙蓉区、岳麓区、开福区、天心区、雨花区5个城区范围内,每一城区选择一个建材市场、一家装修(建筑)公司、两个居民小区及其他相关区域,作为此次市场调研的调查范围。然后拟以长沙市的四类利益相关人群作为对象进行调查。

(1) 业主。该类利益相关者以家庭住户为主,他们虽然在购买A品牌涂料时的单次购买量小,但由于该人群数量众多,对改善住房条件的要求很强烈,而且他们属于直接购买者。因此,对待该类人群我们要予以高度重视。

(2) 装修公司漆工。该类利益相关者看似只是使用涂料的工作人员,一般不直接参与购买,只按照公司指令去执行自己的本职工作。但由于其接触的涂料品牌种类多,并长期与各种品牌的涂料打交道,因此,按照市场营销学术语可以将他们定义为购买决策中的影响者。一般来说,对于涂料知识一无所知或者知之甚少的业主来说,装修公司漆工就拥有了专家权力,能影响业主的购买行为。因此,对待该类人群我们同样要予以重视。

(3) 设计师。如果说装修公司漆工行使专家权力是因为经验,那么,设计师行使专家权力去影响业主的则是其职位和专业素养赋予他们的。另外,在专业的建筑公司里面,设计师本身对于大宗涂料购买的选择具备一定的决策权力。根据"二八法则",该类人群往往决定着涂料公司的大订单来源。该类人群同时也是工业企业中营销人员必须"拿下"的对象,由此可知其重要性。

(4) 采购员。市场上的产品品牌繁多,而且即使是同一品牌,对不同经销商,其价格也有所不同。不论是经营何种品牌的经销商,还是经营着相同品牌的不同代理商都希望采购员能在其手中购买商品。因为即使是公司领导者下达了购买指令,规定了购买某种品牌,采购者也是有权力最终选择到哪家购买,以什么样的价格购买。正是基于其同业主同样性质的直接购买权力的特性,对于涂料公司,其重要性不言而喻。

在确定调查对象和调查单位时,应该注意以下四个问题。

第一,由于市场现象具有复杂多变的特点,因此,在许多情况下,调查对象也是比较复杂的,必须用科学的理论为指导,严格规定调查对象的含义,并指出其与其他有关现象的界限,以免造成调查实施时由于界限不清而发生的差错。如:以长沙城区的建材市场等调查范围,以业主、装修公司漆工、设计师、采购员为调查对象,就应明确他们的含义,划清城区与郊区、四类利益相关群体与其他有关人员等概念的界限。

第二,调查单位的确定取决于调查目的和对象,调查目的和对象变化了,调查单位也要随之改变。例如,要调查农村空巢老人本人的生活消费水平时,调查单位就不再是农村居民家庭的消费支出,而是每一个空巢老人的消费支出了。

第三,不同的调查方式会产生不同的调查单位。如果采取普查方式,调查总体内所包括的全部单位都是调查单位;如果采取抽样调查方式(绝大多数情况),则用各种抽样方法抽出的样本单位是调查单位,为此,要明确地给出具体的抽样设计思路。

第四,调查单位和填报单位是两个不同的概念。调查单位是调查项目的承担者,填报单位是负责填写和报送调查资料的单位,两者有时一致,有时不一致。例如调研工业企业的生产经营情况,调查单位和填报单位都是每一个工业企业;若调查研究工业企业的高精尖设备,则调查单位是工业企业的每一台高精尖设备,填报单位则是每一个工业企业,此时,二者不一致。

三、确定调查项目

调查项目是指对调查单位所要调查的主要内容,确定调查项目就是要明确向被调查者了解些什么问题,也是问卷设计的前期工作。通常在调查项目确定之后,就可设计调查表或者问卷,用作搜集市场调查资料的记载工具和口头询问的提纲。调查表是用纵横交叉的表格按一定顺序排列调查项目的形式;问卷是根据调查项目设计的对被调查者进行调查、询问、填答的测试试卷。市场调查表或问卷设计应以调查项目为依据,力求科学、完整、系统和适用,能够确保调查数据和资料的有效搜集,提高调查质量。例如,开篇案例A品牌涂料的市场调查中,调查问卷包括共15个问题,调查问卷如下。

尊敬的女士/先生:您好!

耽误您几分钟时间,我们来自湖南××涂料集团有限公司,为了了解消费者对墙面涂料的认知、使用状况及评价,我们将在长沙市范围内对主城区墙面涂料市场进行一次市场调研,希望您能够认真填写以下内容。您的精诚合作,将对我们提高产品质量、优化售后服务,更好地以更价廉物美的商品满足消费者的需求,大有裨益。在此,谨对您的真诚合作与热情支持表示衷心的感谢!

1. 您是否了解装修的整个过程?
   A. 不了解　　　B. 一般了解　　　C. 了解　　　D. 很了解
2. 您是如何获取涂料产品信息的?
   A. 电视广告　　B. 逛商店询问　　C. 宣传单页　　D. 路边广告
   E. 推销人员　　F. 亲友介绍　　　G. 装修队介绍
3. 您知道哪些健康环保的涂料品牌?
   A. 立邦　　　　B. 多乐士　　　　C. 华润　　　　D. 嘉宝莉
   E. 三棵树　　　F. 雅士利　　　　G. 乐化　　　　H. 齐鲁
   I. 其他
4. 您选购涂料的标准是什么?
   A. 熟悉的品牌　　　　　　　　B. 别人用过的效果
   C. 看看质量　　　　　　　　　D. 价格合适
5. 您采取什么方式来刷涂料?
   A. 自己买漆,自己刷　　　　　B. 自己买漆,请人刷

C. 包工包料,指定品牌　　　　　　D. 包工包料,不指定品牌
6. 您关心的产品质量标准是什么?
　　A. 漆膜滑爽,亮白　　　　　　B. 遮盖力强,附着力好
　　C. 耐擦洗性好　　　　　　　　D. 抗污性好
　　E. 持久亮丽不退色　　　　　　F. 安全,健康,环保
　　G. 防水透气　　　　　　　　　H. 抗菌防霉
7. 您购买涂料时最担心的是什么?
　　A. 容易掉色　　B. 味道难闻　　C. 容易脱落　　D. 难以干燥
8. 您喜欢在哪里购买涂料?
　　A. 专卖店　　　B. 建材行　　　C. 超市　　　　D. 网购
　　E. 其他
9. 您希望涂料店为您提供哪些服务?
　　A. 供货上门　　B. 技术指导　　C. 代刷　　　　D. 其他
10. 您心目中理想的价位是?(每桶5L)
　　A. 100元以下　　　　　　　　B. 100~300元
　　C. 300~500元　　　　　　　　D. 500元以上
11. 您的性别?
　　A. 男　　　　　　　　　　　　B. 女
12. 您的年龄?
　　A. 23岁以下　　　　　　　　　B. 24~30岁
　　C. 31~40岁　　　　　　　　　D. 41~50岁
　　E. 51岁以上
13. 您的受教育程度?
　　A. 小学　　　　B. 初中　　　　C. 高中　　　　D. 专科/本科
　　E. 硕士及以上
14. 您的职业?
　　A. 公务员　　　B. 企业职员　　C. 个体经营者　D. 医生
　　E. 其他
15. 您的家庭月收入?
　　A. 1 500元以下　　　　　　　　B. 1 500~2 500元
　　C. 2 500~4 000元　　　　　　　D. 4 000~6 000元
　　E. 6 000~8 000元　　　　　　　F. 8 000元以上

　　在确定调查项目时,除要考虑调查目的和调查对象的特点外,还要注意以下几个问题。

　　第一,调查项目的确定既要满足调查目的和任务的要求,又要能够取得数据,包括在哪里取得数据和如何取得数据。凡是调查目的需要又可以取得的调查项目要充分满足,否则,不能取得数据的调查项目应舍去。

　　第二,项目的表达必须明确,要使答案具有确定的表示形式,如数字式、是否式或文字

式等;便于调查数据的处理和汇总。否则,会使被调查者产生不同理解而做出不同的答案,造成整理、分析时的困难。

第三,确定调查项目应尽可能做到项目之间相互关联,使取得的资料相互对照,具有一定的逻辑关系,便于了解现象发生变化的原因、条件和后果,利于检查答案的准确性。

第四,调查项目的含义要明确、肯定,必要时可附以调查项目解释。

第五,调查项目应包括调查对象的基本特征项目,调查课题的主体项目(回答是什么)、调查课题的相关项目(回答为什么)。

例如导入案例中对业主的需求调查:

基本项目:性别、年龄、职业、文化程度等;

主体项目:为何买、买什么品牌、买多少、购买价位、由谁买,在哪里买等要素;

相关项目:家庭月收入、质量、就业等。

四、确定调查方式和方法

在调查方案中,还要规定采用什么组织方式和方法取得调查资料。因为采用的调查方法是否适当,会直接影响到调查结果的精确度。市场调查方式是指市场调查的组织形式,通常有普查、重点调查、典型调查、抽样调查、非概率抽样调查等。市场调查方法是指在调查方式既定的情况下搜集资料的具体方法,具体调查方法有文案法、访问法、观察法和实验法等。在调查时,采用何种方式、方法不是固定和统一的,调查方式的选择应根据调查的目的和任务、调查对象的特点、调查费用的多少、调查的精度要求作出选择。市场调查方法的确定应考虑调查资料搜集的难易程度、调查对象的特点、数据取得的源头、数据的质量要求等作出选择。为了准确、及时、全面地收集市场调查资料,应注意多种调查方式的综合运用。

(1) 根据调查问卷内容和要求,确定调查方式。在调查方案中,可根据调查问卷内容和要求,事先确定采用何种组织方式和方法取得调查资料。如导入案例中,本项调查拟在长沙市区开展,调查的范围将深入长沙的五个城区,调查对象将锁定为业主、装修公司漆工、设计师和采购员四个相关人群。考虑到此次调查工作涉及面广,因此拟采用抽样调查。

(2) 确定具体的实施方法,包括访问法、观察法、座谈法等市场调查方法以及上述方法的有机组合。在导入案例中,我们采用抽样调查方式。根据抽样原理,对四类相关人群分别抽取一定调查单位搜集数据。对消费者的问卷调查,分别居民小区的业主和建材市场的消费者,采取不同的调查方法,其中,对居民小区的业主,采取入户式分层等距抽样调查方式,以问卷调查法搜集数据;对建材市场的消费者,根据问卷,采取拦截式方便抽样调查;对涂料销售经营者,在建材市场采取等距抽样调查,以访谈式调查为主获取相关信息;对装修(建筑)公司,采取目录等距离抽样调查,以访谈式调查为主获取相关信息;对××涂料集团有限公司,采取座谈式的调查方式,根据调查问卷、座谈提纲等对公司相关人员进行调查。关于抽样调查可参考第六章内容。

(3) 评价一项市场调研结果的科学性、客观性,最重要的是检查调研方法的科学性和合理性。要获得可靠的调研结果,就必须将调研方案设计得正确合理。

五、确定调查资料整理和分析方法

采用实地调查方法搜集的原始资料大多是零散的、不系统的,只能反映事物的表象,无法深入研究事物的本质和规律性,这就要求对大量原始资料进行加工汇总,使之系统化、条理化。为此,应对资料的审核、订正、编码、分类、汇总、陈示等作出具体的安排。目前这种资料处理工作一般已可借助计算机进行,这在设计中也应予以考虑,包括确定是采用定性分析还是定量分析的方法;当定量分析时需采用何种操作程序以保证必要的运算速度、计算精度及特殊目的。特别是大型的市场调查还应对计算机自动汇总软件开发或购买作出安排。

随着经济理论的发展和计算机的运用,越来越多的现代统计分析手段可供我们在定量分析时选择,如回归分析、相关分析、聚类分析等。每种分析技术都有其自身的特点和适用性,因此,应根据调查的要求,选择最佳的分析方法并在方案中加以规定。

六、确定调查时间和调查工作期限

调查时间是指调查资料所属的时间。调查时期现象(收入、支出、产量、产值、销售额、利润额等流量指标)时,应确定数据或指标的起止时间;调查时点现象(期末人口、存货、设备、资产、负债等存量指标)时,应明确规定统一的标准时点(期初、期末或其他时点)。调查期限是调查工作所占用的时间,即一项调查工作从调查策划到调查结束的时间长度。包括从调查方案设计到提交调查报告的整个工作进度,也包括各个阶段的起始时间,其目的是使调查工作能及时开展、按时完成。为了提高信息资料的时效性,在可能的情况下,调查期限应尽可能缩短。

通常一个市场调查项目的进度安排大致要考虑如下几个方面。
(1) 总体方案设计、论证。
(2) 抽样方案设计。
(3) 问卷设计、测试、修改和定稿。
(4) 调查员的挑选与培训。
(5) 调查实施,搜集资料。对于大型抽样调查实施调查之前还需要进行试点。
(6) 数据的审核、录入、整理和分析。
(7) 调查报告的撰写。
(8) 有关鉴定、发布会和资料出版。
(9) 调研工作的总结。

比如在导入案例中,湖南××涂料集团有限公司的调查时间进度安排如下。
(一) 前期工作(2009 年 5 月 10~15 日)
1. 提交《市场调研任务书》
2. 签订调研协议、支付咨询公司预付款
(二) 调研准备(2009 年 5 月 16~25 日)
1. 拟定《市场调研方案》、修改、完善;

2. 问卷设计、修改、完善；
3. 座谈、访谈提纲设计、修改、完善；
4. 问卷、资料印刷；
5. 其他准备工作。

(三) 调研实施(2009年5月26日～6月10日)
1. 调查人员培训；
2. 设计问卷调查；
3. 进行调查；
4. 调查复查；
5. 补充调查。

(四) 调研数据处理(2009年6月11～15日)
1. 编程及调试；
2. 调查资料录入；
3. 数据处理；
4. 数据分析。

(五) 撰写调研报告(2009年6月16～30日)

七、确定调查经费预算

市场调查费用的多少通常视调查范围和难易程度而定。不管何种调查，费用问题总是十分重要和难以回避的，故对费用的估算也是调查方案的内容之一。调查经费预算一般需要考虑如下几个方面。

(1) 总体方案策划费或设计费。
(2) 抽样方案设计费(或实验方案设计)。
(3) 调查问卷设计费(包括测试费)。
(4) 调查问卷印刷费。
(5) 调查实施费(包括选拔、培训调查员，试调查，交通费，调查员劳务费，管理督导人员劳务费，礼品或谢金费，复查费等)。
(6) 数据录入费(包括编码、寻入、查错等)。
(7) 数据统计分析费(包括上机、统计、制表、作图、购买必需品等)。
(8) 调研报告撰写费。
(9) 资料费、复印费、通信联络等办公费。
(10) 专家咨询费。
(11) 劳务费(如公关、协作人员劳务费等)。
(12) 上缴管理费或税金。
(13) 鉴定费、新闻发布会及出版印刷费用等。
(14) 未可预先费用。

结合开篇案例，在进行经费预算时，一般需要考虑以下几个方面：
1. 调研方案撰写：1 000元

2. 问卷设计：1 000元
3. 问卷印刷：2 000元
4. 座谈、访谈提纲设计：1 000元
5. 问卷调查员劳务费：10 000元
6. 调查督导费：5 000元
7. 调查问卷录入：2 000元
8. 调查问卷复查、审核：2 000元
9. 座谈、访谈：5 000元
10. 编程及调试：5 000元
11. 数据分析：4 000元
12. 调研报告撰写：5 000元
13. 礼品：10 000元
14. 交通、通信、餐费：7 000元
合计：60 000元

八、确定提交报告的方式

应对调查报告书撰写的原则、报告书的基本内容、报告书中的图表量的方法、调查报告书的编写形式和份数、成果的发布等作出安排。

在开篇案例中，其调研报告中提交的相关成果包括：

1. 市场调研方案；
2. 消费者调查问卷；
3. 漆工调查问卷；
4. 装修（建筑）公司设计师、采购员、施工员访谈提纲；
5. 经销店老板、导购员访谈提纲；
6. ××涂料集团有限公司座谈提纲；
7. 数据处理表；
8. 市场调查分析报告。

九、制订调查的组织计划

调查的组织计划，是指为确保顺利实施调查的具体工作计划。主要是指调查的组织管理、调查项目组的设置、人员的选择和培训、调查的质量控制等。

例如，在导入案例中，为保证调查的顺利实施，提高调查质量，在方案确定后和印制调查问卷之前，从各类调查对象中抽取少量样本进行试调查。通过试调查，修改问卷，摸索针对具体调查对象的访问技巧等，为全面推开调查做好准备。同时，还必须对访问员进行严格的项目培训，包括解说问卷内容，分配调查对象，掌握访问技巧，明确工作进程及质量要求等。

此外，公司策划总监全面负责本次调研的各项事务，包括人员和进度安排、经费管理、质量控制等各项事宜。其中,公司业务部主管周胜利负责前期工作;王建设和唐振华负责调研准备工作;李凯旋、谭红旗、肖平安负责调研的具体实施,包括具体调查人员的招聘、调查培训、调查过程质量控制、问卷及相关信息的回收等;罗新民、陈勇负责调查数据处理;公司策划总监亲自负责调查报告的撰写,公司分析部韩波、邹勤协助撰写部分章节,最后由策划总监核稿、统稿。

为提高调查质量,特制定了严格的质量控制细则,具体如下。

1. 调查实施控制:
(1) 访问员严格进行项目培训;
(2) 实施访问员督导制度;
(3) 严格进行进度控制;
(4) 严格实施问卷回访;
(5) 所有问卷必须经过二次审查。
2. 问卷录入控制:采取二次录入,减少录入误差。
3. 数据处理分析及控制:
(1) 采用 Excel 进行数据录入及汇总处理;
(2) 采用 SPSS 进行统计分析处理;
(3) 采用多次核算,确保数据质量。
4. 调研报告控制,由公司策划总监亲自撰写《市场调查分析报告》。

十、附录

市场调查方案的最后还应附上与调查主题有关的各种有价值的信息,比如调研项目负责人及主要参与者名单、调研团队成员的基本情况,抽样方案的技术要求,问卷及有关参数技术,数据处理和分析所用的统计软件等。

第三节 市场调查方案的可行性研究与评价

一、调查方案的可行性研究

在对复杂社会经济现象所进行的调查中,所设计的调查方案通常不是唯一的,需要从多个调查方案中选取最优方案。同时,调查方案的设计也不是一次完成的,而要经过必要的可行性研究,对方案进行试点和修改。可行性研究是科学决策的必经阶段,也是科学设计调查方案的重要步骤。对调查方案进行可行性研究的方法很多,现主要介绍逻辑分析法、经验判断法和试点调查法三种。

(一) 逻辑分析法

逻辑分析法是对所设计的调查方案从逻辑的角度,考察其内容是否符合逻辑和情理。例如,要调查某地区城市居民的消费结构,而设计的调查指标却是当地居民消费结构或职工消费结构,按此设计所调查出的结果就无法满足调查的要求,因为居民包括城市居民和农村居民,城市职工也只是城市居民中的一部分。显然,居民、城市居民和职工三者在内涵和外延上都存在着一定的差别。又如某高校搞一次民意调查,想知道一项新的福利改革制度在教职工中的支持度,在选取样本时我们应该如何操作?假设该学校有2 000名教职工,其中前线教师1 000人,中层及以上领导100人,其他教职工900人,只准备选取样本100人进行问卷调查。那么,从逻辑上讲,我们若按各工种人员在全部职工中所占的比例进行样本分配,显然这样做会是科学和符合逻辑的。按照这个思路,我们将如下分配样本:

前线教师样本数=1 000÷2 000×100=50(人)

中层领导样本数=100÷2 000×100=5(人)

其他教职工样本数=900÷2 000×100=45(人)

逻辑分析法可对调查方案中的调查项目设计进行可行性研究,而无法对其他方面的设计进行判断。

(二) 经验判断法

经验判断法即组织一些具有丰富调查经验的人士或专家,对设计出的调查方案加以初步研究和判断,以说明方案的可行性。例如,对劳务市场中的保姆问题进行调查,就不宜用入户面访或电话调查方式,而适合采用拦截式调查;对于IT行业的专家和企业家进行调查,就适宜采用深层访谈或电话访谈等。经验判断法能够节省人力和时间,在比较短的时间内做出结论。但这种方法也有一定的局限性,这主要是因为人的认识是有限的、有差异的,事物在不断发生变化,各种主客观因素都会对人们判断的准确性产生影响。

(三) 试点调查法

试点是整个调查方案可行性研究中的一个十分重要的环节,对于大规模市场调查来讲尤为重要。从认识的全过程来说,试点是从认识到实践,并从实践到再认识的桥梁,兼备了认识过程的两个阶段。因此,试点具有实践性和创新性两个明显的特点,两者互相联系、相辅相成。试点正是通过实践把客观现象反馈到调查方案,以便进一步修改、补充、丰富和完善调查方案。客观上,通过试点,还可以为正式调查取得实践经验,并把人们对客观事物的了解推进到一个更高的阶段。试点的主要目的是使调查方案更加科学和完善,而不在于资料的搜集。

1. 试点调查的两大主要任务

(1) 对调查方案进行实地检验。调查方案的设计是否切合实际,还要通过试点进行实地检验,检查目标制定得是否恰当,调查指标设计是否正确,哪些需要增加,哪些需要减少,哪些说明和规定要修改和补充。试点后,要分门别类地提出具体意见和建议,使调查方案的制订既科学合理,又具有可操作性。

(2) 作为实战前的演习,可了解调查工作安排是否合理,哪些是需要加强的薄弱环节。

2. 试点调查需要注意的四个问题

(1) 应建立一个精干有力的调查队伍,队伍成员应包括有关负责人、调查方案设计者和调查骨干,这是搞好试点工作的组织保证。

(2) 应选择适当的调查对象。要选择规模较小、代表性较强的试点单位。必要时可采取少数单位先试点,再扩大试点范围,然后全面铺开的做法。

(3) 应采取灵活的调查方式和方法。调查方式和方法可以多用几种,经过对比后,从中选择适合的方式和方法。

(4) 应做好试点的总结工作。即要认真分析试点的结果,找出影响调查结果的主客观原因,不仅要善于发现问题,更要结合实际探求解决问题的方法,充实和完善原调查方案,使之更加科学和易于操作。

二、调查方案的总体评价

市场调查方案的总体评价将涉及以下四个方面:
第一,方案设计是否体现调查目的和要求;
第二,方案设计是否科学、完整和可操作;
第三,方案设计能否使调查质量有所提高;
第四,调查实效检验,即通过实践检验调查方案的科学性。

比如导入案例 A 品牌涂料的市场调研方案,对本次调查的目的、调查内容、调研方法、工作进度、问卷设计、调研费用的预算等环节都做了详细设计和安排,是一份基本可行的市场调查方案,我们只要按照方案将工作细化并实施操作即可。

思 考 题

1. 什么是市场调查方案设计?它有何重要性?
2. 一个完整的市场调查方案应包括哪些主要内容?
3. 为什么在制订方案时应明确调查目的与任务?
4. 什么是调查对象与调查单位?
5. 什么是调查时间和调查期限?
6. 怎样对调查方案进行评价?
7. 什么是试点调查?有何特点?试点调查的任务是什么?
8. 某市为了制定经济适用房建设和分配政策,特准备对该市居民家庭的住房情况进行一次性调查。试根据所学内容,制定出一个周密的市场调查方案。

案例分析讨论

某市居民轿车需求与用户反馈调查方案

1. 问题的提出

轿车经销商 A 在 C 市从事轿车代理经销多年,有一定的经营实力,商誉较好,知名度较高。但近两年来,C 市又新增了几家轿车经销商,对经销商 A 的经营造成了一定的冲击,轿车销售量有所下降。为了应对市场竞争,经销商 A 急需了解 C 市居民私家车的市场普及率和市场需求潜力,了解居民对轿车的购买欲望、动机和行为,了解现有私家车用户有关轿车使用方面的各种信息,以便调整公司的市场营销策略。为此,经销商 A 要求市场调查部门组织一次关于 C 市居民轿车需求与用户反馈为主题的市场调查。

2. 调查目的与任务

调查目的在于获取居民轿车需求与现有用户使用等方面的各种信息,为公司调整、完善市场营销策略提供信息支持。调查的任务在于准确、系统地搜集 C 市私家车市场普及率、市场需求潜力、购买动机与行为、用户使用状况等方面的信息,以及本公司经销店的商圈情况与竞争对手的经营情况,并进行分析研究,从中发掘出一些对调整经营结构和市场营销策略有价值的启示。

3. 调查对象和调查单位

调查对象为 C 市的全部居民家庭,只包括本市东、西、南、北四区的居民家庭,不包括市辖县的居民家庭。其中市区内的每户居民家庭为调查单位。据市统计局提供的资料,市区内共有居民家庭 20 万户,拟采用抽样调查的组织方式,样本量为 1 000 户。

4. 调查内容与项目

调查的内容与项目主要包括以下几个方面。

(1) 被调查家庭的基本情况。主要项目包括户主的年龄、性别、文化程度、职业;家庭人口、就业人口、人均年收入、住房面积、车库面积等。

(2) 居民家庭是否拥有私车。如果有,则私车的类型、品牌、价位、购入时间等情况怎样。

(3) 用户车况与使用测评。主要包括节油性能、加速性能、制动性能、座位及舒适度、外观造型、平稳性、车速、故障率、零配件供应、空调、内部装饰、售后服务等项目的满意度测评。

(4) 私车市场需求情况调查。主要包括新买或重新购车的购买愿望、何时购买,购买何种类型、品牌、价位的轿车,购买目的、选择因素、轿车信息获取等方面的测评。

(5) 经销店商圈研究。主要包括本经销店顾客的地理分布、职业分布、收入阶层分布、文化程度分布、行业分布等以及商圈构成要素项目。

(6) 竞争对手调查,主要包括竞争对手的数量,经营情况和经营策略等。

5. 调查表和问卷设计

(1) 居民私车需求与用户调查问卷。(见附录)

(2) 经销商商圈研究调查表。(略)

(3) 竞争对手调查提纲。(略)

6. 调查时间和调查期限

(1) 调查时间：私车拥有量的调查标准时点为本月末，私车需求量的调查时距为近3年之内(本年、明年、后年)。

(2) 调查期限：要求本次调查从本月1日到下月30日共计60天完成，包括调查策划、调查实施和调查结果处理等调查工作，并提交调研报告。

7. 调查方式和方法

调查方式：居民私车需求与用户调查采用抽样调查方式，样本量为1000户。本经销店商圈研究采用本经销店建立的用户信息库作全面的调研分析。

调查方法：①居民私车需求与用户调查采用调查员上门访问(问卷测试)；②走访统计局、交警大队了解本市居民私车的社会拥有量和普及率；③购买本市的统计年鉴用以研究本市居民的消费收支情况及社会经济发展状况；④利用本经销店的用户信息库进行分类统计和信息开发；⑤召开一次用户焦点座谈会；⑥竞争对手调查主要采用现场暗访调查及用户测评等获取相关信息。

8. 资料整理方案

(1) 用户数据的系列开发。用户特征分布数列、私车类型品种、价位、购入时间等分布数列、私车使用满意度测评数列等的编制。

(2) 需求数据的系列开发。需求者特征分布数列、购买欲望、购买动机、购买行为、购买时间、购买选择、信息获取等分布数列的编制。

(3) 本经销店商圈层次划分数列，客户的分类统计数列的编制。

(4) 定性资料的分类归类。要求条理化。

(5) 居民私车市场普及率统计、市场需求潜量测定、市场占有率测定。

9. 资料分析方案

(1) 用户分布与满意度分析。重点揭示用户的特征，为调整营销目标提供信息支持；用户满意与不满意的要素分析，为改进营销工作提供依据，并作为选择供货商的依据。

(2) 需求潜力、需求特征、需求分布、需求决定因素研究，为市场营销策略的制定、调整、完善提供信息支持。应重点揭示向谁营销、营销什么、怎样营销。

(3) 本经销店竞争优势与劣势研究，怎样提高市场竞争力的策略研究。

(4) 编写市场调查报告，重点揭示调研所得的启示，并提出相应的对策建议。

10. 市场调查经费预算(略)

11. 调查组织计划(略)

(资料来源：龚曙明.市场调查与预测[M].北京：清华大学出版社，2005)

案例思考题：

1. 根据案例分析市场调查设计包括的内容。
2. 如何根据调查目的抽取样本和确定样本规模？
3. 分析讨论该调查方案存在哪些问题？还有哪些方面需要进一步修改和完善？

市场调查方法 （上）

【学习目标】

通过本章学习，读者应了解市场调查方法中的定性调查法的种类及其概念；理解文案调查法、小组座谈法、深层访谈法和投影技法的特征；熟悉其操作流程；掌握其应用场合和应用范围，在实际操作中要注意各种具体调查方法的有机结合。

【导入案例】

国内某知名医药公司的薪酬难题

某医药有限公司成立于1998年，主要从事化学原材料、化学药制剂、生物制品、抗生素、生化药品、中成药等产品的生产和经营。该公司具有很强的研发能力，并先后通过了GMP和GSP认证，拥有较为畅通的产品渠道和一批核心的高素质销售人员，是全国的重点医药生产和流通企业之一。公司以"高附加值的员工是公司的最大资产"为人力资源管理理念，实施了岗位轮换制、员工建议系统、EVA奖金计划等一系列人力资源措施，以提高员工的忠诚度和价值。但近年来，公司骨干人员流失率呈逐年上升趋势，尤其以高管、研发人员最为突出。如何吸引、激励和保留关键人才，已成为困扰该公司董事会和人力资源管理者的一大难题。

在万般无奈的情况下，公司请来了上海某咨询公司进行咨询。咨询公司随即派人前来了解情况并展开调研。众所周知，国内绝大多数公司的薪酬内容都是保密的，其中许多公司更是进一步地将薪酬作为一种同其他公司进行竞争的战略来实施。若是简单地按照以往其他公司的经验或西方发达国家公司的薪酬经验进行薪酬制度的设计，倒是件容易的事情。不过，薪酬既然作为企业的战略"利器"，如何让薪酬同企业绩效以及员工激励实现协同效应却是个大大的难题。

咨询公司的成员深入企业一线同员工进行交流，同时在与该医药公司签订保密协议的前提下调阅公司以往的薪酬制度文件、公司的职位说明书，甚至具体的公司职员的过往工资水平。同时委托专业机构进行薪酬调查，获取外部薪酬数据。最后，结合公司的发展战略、业务调整重点以及人力资源需求计划，该咨询公司发现了如下五大问题。

1. 薪酬理念与人力资源管理理念不一致

公司提倡能力主义，强调以能力为取向，在公平的原则下，内部提拔有实力的员工。根据为公司做出贡献大小给予不同的报酬，是基于能力的人力资源管理。然而其薪酬体系设计则基本以职位价值为基础，虽然对技术职位通过技术职称补贴进行弥补，但未充分体现该系列的能力价值。

2. 薪酬水平定位偏差

该公司的人才结构为研∶产∶销∶辅＝4∶2∶3∶1，属于典型的哑铃型人才结构。公司对研发（含技术）人员素质要求较高，从公司人力资源实践来看，此类人才的劳动力市场属于全国性市场。根据公司的产品市场定位，除公司主导产品的覆盖范围为全国性的之外，其他产品基本属于区域性市场，故此，该公司营销人员的劳动力市场以区域市场为主。公司外部劳动力市场定位偏差导致了公司在薪酬水平定位方面的偏差。

3. 价值评估体系不严谨

该公司的薪酬体系以职位为基础，其基本设计思路是通过职位评估来确定各职位之间的相对价值，再通过职位序列和市场薪酬数据之间的映射来建立基础工资体系。能力评估是该职位评估体系中的一部分，但公司另外又设计了学历补贴和技术职称补贴，这是对能力要素的重复计算，破坏了公司薪酬体系的内部公平性和一致性。

4. 薪酬调整机制不健全

该公司薪酬体系的调整方式包括晋升调整、考核调整和通胀调整，但是缺少与市场薪酬水平变化相对应的调整方式，从而导致该薪酬体系虽然设计之初在某种程度上具有了"外部竞争性"，但是并没有建立一种持续保持这种"外部竞争性"的管理机制。

5. 工资等级范围和重叠度不尽合理

该公司各工资等级范围过窄，在一定程度上抵消了各工资等级内部薪酬调整的激励作用。同时各工资等级之间基本没有重叠，对员工的职业发展倾向产生误导，对团队合作造成严重冲击，是造成该公司高管、研发人员流失的主要原因之一。

在明确问题后，咨询公司邀请该医药公司的高、中、低三个层级的管理者共同参与薪酬制度的制定。在涉及具体的薪酬与员工绩效问题的环节上，咨询公司还吸收该医药公司基层员工共同参与薪酬设计的具体内容。

最后，该咨询公司提出了合适的解决方案，并出具了职位评估报告、市场薪酬分析报告、薪酬方案报告、薪酬测算及风险评估报告。

（资料来源：上海睿途咨询有限公司，http://www.brighten-c.com.cn/services.asp? big=1&cid=5&id=39）

讨论的问题：

1. 结合案例中的咨询公司了解该医药公司的最开始的行动，你认为他们采取了何种调查方法？为什么？

2. 在制定具体的薪酬内容时，你认为该咨询公司采取了哪种调查方法？为什么？

市场调查资料收集在整个市场调查中具有极其重要的作用，是市场调查的关键，担负着提供基础资料的任务。市场调查就是根据其任务和要求，运用科学的方法，有计划、有组织地，通过一项一项的具体调查，向市场搜集反映市场经济现象及其相互联系的调查资料的工作过程。所有的市场研究、市场预测、市场决策都建立在市场调查资料的基础上。只有搞好市场调查资料的搜集，才能保证市场调查达到认识市场经济现象及其发展变化规律，以及为市场预测和决策提供依据的目的。

鉴于不同的调查资料需要采取不同的调查方法，所以在研究调查方法之前，有必要先弄清楚调查资料的分类。市场调查资料按不同标志可以划分为具有不同特点和要求的多种类型，研究市场调查资料的分类，有利于根据不同类型的市场调查资料采取不同的搜集方法，以取得准确、可靠、全面、系统的市场调查资料。

(1) 按调查资料的负载形式不同，可分为文献性资料、物质性资料和思维性资料。文献性资料是指从各种文献中搜集的市场调查资料。现代文献资料按不同的载体形式和记录技术，可分为手工型、印刷型、缩微型、机读型、视听型和卫星型六类，表现为各种文字、符号、图像、声频、视频等形式。在我国，主要是印刷型文献资料，如各种图书、科技报告、论文、会议记录、政策法规、统计报表、档案等文献资料。随着科技水平的提高，缩微型、机读型、视听型文献资料的数量在急剧增加。

物质性资料是指以各种物质形式负载的市场调查资料。如新产品的样品资料、商品展览的资料等。这些物质性资料具有直观、形象、可靠、易理解的特点。

思维性资料是指人们的头脑中所负载的市场调查资料。如人们对市场分析推理得出的资料、对竞争对手的判断资料、对未来市场预测的资料等。

(2) 按调查资料的产生过程不同，可分为原始资料和次级资料。原始资料又称初级资料，是指未经过任何加工整理的市场调查资料。原始资料是在市场经济活动中产生的最初资料，表现为各种文字和数据资料。原始资料是市场调查资料的基础。次级资料又称二手资料，是指对原始资料进行过加工整理后的市场调查资料。一般表现为各种现成的文献、报告、报表、数据库等。

(3) 按调查资料覆盖范围不同，可分为宏观市场调查资料和微观市场调查资料。宏观市场调查资料是指企业外部经营环境的各种市场调查资料。它是关于整个市场的各种调查资料，如国民经济统计资料、社会商品零售额资料、城乡居民收入和消费资料、商品供求资料、股市行情资料等。微观市场调查资料是指企业生产经营状况的各种市场调查资料。如企业的产值、产量资料，商品销售资料，财务资料，人力资源统计资料等。

(4) 按计量方法不同，分为计点资料和计量资料。凡不用测量工具而用计点个数的方法而收集到的数字资料，称为计点资料。由于在计点个数时需先对事物按一定属性进行分类，然后再计点个数，故又称属性资料或者离散资料。凡用一定测量工具（如度量衡、货币尺度、工时等）经测量而获得的数据称为计量资料，如长度、重量、时间、价值量等。

(5) 按资料的时间属性不同，分为静态资料和动态资料。凡表示现象在特定时间和空间的资料，称为静态资料或横截面资料，如某年某市城镇居民生活消费支出的分类别的资料，某工厂某月各车间某产品的产量数据等。凡表示现象在特定时期内演变过程的资料，称为动态资料或时序资料，如某市历年城镇居民生活消费收支资料，某工厂历年某产品产量统计数据等。

市场调查资料搜集的方法很多，依调查资料来源及资料搜集方法分类，可分为文案调查法和实地调查法两类。实地调查法根据所收集资料类型的不同，又可以分为定量调查法和定性调查法两类。其中每一类又可分为许多具体的调查方法。这些方法有的用于现成资料的搜集，有的主要用于原始资料的搜集。市场调查方法分类如图 3.1 所示。

本章主要介绍市场调查资料收集的文案调查法和实地调查法中的定性调查方法：小

组访谈法、深层次访谈法、德尔菲法和投影技法,包括各种调查方法的含义、特点及其具体运用,为调查者能够针对特定的调查项目正确选择调查方法提供指导。

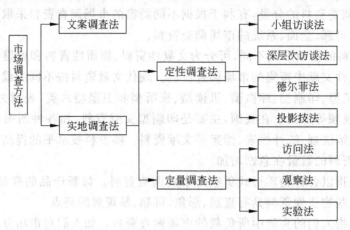

图 3.1 市场调查方法的分类

第一节 文案调查法

本小节将详细介绍文案调查的概念、特点、功能,文案调查的程序、文案调查的方式和方法、文案调查法的优缺点等。

一、文案调查法概述

1. 概念

文案调查法又称间接调查法,是指运用查看、阅读、检索、筛选、剪辑、购买、复制等手段,通过寻找文献搜集二手资料的一种调查方法,它是一种间接的非介入式的市场调查方法。所谓二手资料,是指特定的调查者按照原来的目的已收集、整理的各种现成的资料,又称次级资料,如年鉴、报告、文件、期刊、文集、数据库、报表等。文案调查主要用于搜集与市场调研课题有关的二手资料,它与访问法、观察法等搜集原始资料的方法是相互依存、相互补充的。

2. 特点

从某种意义上来讲,要取得高质量的调查资料,科学的调查方法是关键。对此,我们先必须了解各种调查方法的特点,才能做出正确的选择和应用。与实地调查(fields research)相比,文案调查(desk research):具有以下几个特点。

(1) 文案调查是收集已经加工过的文案,而不是对原始资料的搜集。

(2) 文案调查以收集文献性信息为主,它具体表现为各种文献资料。

(3) 文案调查所收集的资料包括动态和静态两个方面,尤其偏重于从动态角度,收集各种反映市场变化的历史与现实资料。

(4) 文案调查不受时空限制。从时间上看,文案调查不仅可以掌握现实资料,还可获得实地调查所无法取得的历史资料。从空间上看,文案调查既能对企业内部资料进行收集,还可掌握大量的有关市场环境方面的资料,尤其是在做国际市场调研时,由于地域遥远、市场条件各异,采用实地调查需要更多的时间和经费,加上语言障碍等原因,给调查带来许多困难。相比之下,文案调查就方便得多。

3. 功能

在市场调查中,文案调查有着其特殊的地位。作为对市场信息收集的重要手段,文案调查常被作为市场调查的首选方式,一直得到世界各国的极大重视。几乎所有的市场调查都可始于收集现有资料,只有当现有资料不能为解决问题提供足够的依据时,才进行实地调查。例如日本一家公司通过查阅美国有关法律和规定获知了美国对本商品的定义为:"一件商品,美国制造的零件所含价值必须达到这件商品价值的50%以上。"根据这条信息,这家公司找到了应对的方法:进入美国的产品共有20种零件,在日本生产19件,从美国进口一件,这一种零件价值最高,其价值超过50%以上,在日本组装后再送到美国销售,就成了美国商品,就可以直接与美国厂商竞争。因此,文案调查可以作为一种独立的调查方法加以采用。

文案调查的功能具体表现在以下几个方面。

(1) 文案调查可为调查项目的总体设计提供理论指导。在总体方案设计之前,收集和分析文案资料,能进一步深刻理解调研项目的背景和特点,为提出切合实际的调研方案、避免因设计而造成经费和时间的浪费,提供理论指导。

(2) 文案调查可为实地调查提供全面的理性认识。在实地调查正式开始前,策划者需要有大量的背景资料帮助其做调研策划或设计,这些资料只能依靠文案调查法进行探测性研究获取。文案调查还可为实地调查提供经验和大量背景资料等方面的理性认识。

(3) 文案调查可用于有关部门和企业进行经常性的市场调查。实地调查与文案调查相比,更费时、费力,组织起来也比较困难,故不能或不宜经常进行;而文案调查如果经调查人员精心策划,尤其是在建立企业及外部文案市场调查体系的情况下,具有较强的机动性和灵活性,随时能根据企业经营管理的需要,收集、整理和分析各种市场信息,定期为决策者提供有关的市场调查报告。

(4) 文案调查可以发现问题并为市场研究提供重要参考依据。在进行市场调研时,经常运用文案调查,配合原始资料更好地研究问题,主要对以下四种情况进行分析研究:①市场供求趋势分析。即通过收集各种市场动态资料并加以分析对比,以观察市场发展方向。例如,根据某企业近几年的营业额平均以15%的速度增长,由此可推测未来几年营业额的变动情况。②相关和回归分析。即利用一系列相互联系的现有资料进行相关和回归分析,以研究现象之间相互影响的方向和程度,并可在此基础上进行预测。比如根据历年产量和单位成本资料进行产量与单位成本之间的相关分析,并据此建立回归模型,进行回归分析,根据目标产量即可预测单位成本。③市场占有率分析。根据市场上同类产品的销售量资料,估算出本企业某种产品的市场销售量占该市场同种商品总销售量的份额,以了解市场需求及本企业所处的市场地位。④市场覆盖率分析。利用本企业某种商品的投放点与全国该种商品市场销售点总数的比较,反映企业商品销售的广度和深度。

二、文案调查法的原则

运用文案调查法查找资料,最重要的是资料的真实性和可用性。要找到真、新、全、准的高质量的文案资料,有必要把握以下几个原则。

(一)针对性原则

根据调研者的研究目的有针对性地重点收集与调查课题有关的第二手资料,包括背景资料、主体资料和相关资料。既要注意收集内容的针对性,又要注意针对资料的来源进行定向搜集。要注意资料的适用性和够用性,防止无用的垃圾信息产生。

(二)相关性原则

相关性原则是文案调查的首要原则,也是调查人员选定文献资料的最主要标准。调查人员必须根据调查的目标要求,确定资料选择的范围和内容,把与调查主题切实相关的资料选择出来。

(三)时效性原则

文案调查所用的资料大多数是历史性资料,其时效性较差,如果资料反映的情况变化了,就失去了利用的价值。调查人员在收集资料的过程中,必须考虑资料的时间背景,摒弃过时的、与目前市场情况不相符的资料内容,用最快的速度及时收集、分析和利用各种最新的数据和资料,确保收集的资料能够准确反映调查对象的发展规律性。

(四)系统性原则

文案调查收集的资料是从不同渠道,利用各种机会搜集到的散乱的资料,一般情况下,这些资料并不能直接、全面地说明调查主题。为了提高二手资料的利用价值,收集和整理时,应力求资料具有系统性、层次化和系列化。需要调查人员在已有资料的基础上,进行必要的加工处理。同一数据资料最好能够同时开发出属性数列、变量数列、空间数列、时间数列、相关数列、平衡数列的信息资源,定性资料最好能够划分为不同的类别或序列。

(五)经济性原则

文案资料的最主要的特点就是省时省力省费用,如果搜集文案资料的成本太高,周期太长,就应该采取其他获取方案。

三、文案调查的程序

文案调查中所涉及的文献种类、格式繁多,文案调查应用范围广泛,资料来源渠道多种多样,获取方法较多,所收集的二手资料的内容很多。尽管每个调研课题都有它特殊的一面,而且需要有它自己的解决办法。为了提高文案调查的效率,节约人力、物力、财力和时间,做到快捷、准确地找到有用的文案资料,调研人员有必要遵循一个基本的查找步骤。其基本要求是紧密围绕调查目的,辨别所需信息、寻找信息源、选择搜集方式和方法、收集文案资料、筛选、整理和评估资料、提交文案调查报告。

(一)明确调研目标,辨别所需信息

目标是方向,利用文案调查法搜集资料必须针对特定的目标展开,才能从茫茫信息的海洋中找到搜集所需资料的航向,否则就如大海捞针一般。为此,调研者应充分考虑企业市场研究和经营管理的信息需求,根据需求搜集资料,避免出现搜集的资料派不上用场、需要的资料又没找到的局面出现。关键的问题是,调研人员能根据其特殊需要对现成资料进行辨别,辨别那些符合特殊要求的资料。一般来说,应收集与调研课题有关的背景资料、主体资料和相关资料,以便研究问题的题由、特征和原因。

(二)寻找信息源

资料来源分内部资料和外部资料,根据调查研究的目的,确定收集的方向和渠道,进一步确定需要收集哪些内部资料和外部资料,明确向谁搜集、收集什么和何时收集等基本问题。尤其是外部资料的渠道很多,应根据调查目的、内容和要求,综合考虑提供者的信誉、专业化程度和服务水平,及其所提供数据的质量、数据的系统性与可用性做出选择。尽管研究者不可能发现所有与研究主题有关的资料,但可以有效地使用各种检索工具,如索引、指南、摘要等,以减少寻找时间,并且扩大信息量,提高信息价值。

(三)选择搜集的方式和方法

采取合适的收集资料方式和方法能有效地提高调查的效率。常用的文案调查方式有查找、购买、索讨、交换和接收;文案调查方法主要有文献资料筛选法、报刊剪辑分析法、情报联络网法和网络搜索法等几种方法。

1. 文案调查方式

(1)查找。查找是获取文案资料的基本方法。主要有参考文献查找法、检索工具查找法(手工检索和计算机检索)等方法。从操作的次序看,首先应注意在企业内部本部门和各有关部门查找。在内部查找的基础上,还需到企业外部查找,主要是到一些公共机构,如各级统计局、图书馆、资料室、信息中心等。为提高查找的效率,应注意熟悉检索系统和资料目录,在可能的情况下,要尽量争取这些机构工作人员的帮助。

(2)购买。购买即付出一定的代价,从有关单位获取资料。随着信息的商品化,许多专业信息公司储存的信息是有价转让的,大多数信息出版物也是有价的,购买将成为收集资料的重要办法。包括企业从订阅的有关杂志、报纸等获取的文案资料。

(3)索讨。索讨就是利用私人关系或单位工作往来关系,向占有信息资料的单位或个人无代价地索要。这种方法一般都能取得预期的效果。经常会采用复印的手段获取

资料。

(4) 交换。交换是指与一些信息机构或单位之间进行对等的信息交流。当然,这种交换不同于商品买卖之间的以物易物,而是一种信息共享的协作关系,交换的双方都有向对方无代价提供资料的义务和获得对方无代价提供资料的权利。比如各级统计局与各专业厅局单位之间一般都建立了这样的信息交换关系。

(5) 接收。接收是指接纳外界主动免费提供的信息资料。随着现代营销观念的确立,越来越多的企业和单位,为宣传自身及其产品和服务,扩大知名度,树立社会形象,主动向社会传递各种信息(包括广告产品说明书、宣传材料等)。作为信息资料的接收者,要注意接收和积累这些信息。虽然其中有的一时显不出其价值,但坚持长期收集,往往能发现其中有价值的资料。

2. 文案调查方法

(1) 文献资料筛选法是指根据调研目的从各种文献资料中有针对性地分析和筛选出与调研主题相关的资料。在我国,此方法主要是指从图书、科研报告、会议文献、论文、专刊、档案、政策条例、内部资料、地方志等印刷出版的文献资料中筛选。印刷出版的文献资料传播广泛,方便系统积累和长期保存,是企业获取市场信息的最主要来源。

(2) 报刊剪辑分析法。报刊剪辑分析法是指调研人员从各种报刊所登载的文章、报道中,分析和收集情报信息。报纸、杂志、广播、电视作为传统的四大传播媒介,每天传播着各类时事新闻,反映瞬息万变的市场形势。很多企业都设有专人负责观察、收集和分析各类报刊所载信息,以获取与企业经营相关的情报信息,及时发现并利用市场机会。

(3) 情报联络网法。情报联络网法是指在全国各地或国外有限地区设立情报联络网,使信息可以通过联络网加以汇总并及时传输给决策者。由于人、财、物力所限,大多数企业只会选择在目标市场或潜在目标市场设立资料收集点。此方法涉及的范围广,可获得大量情报信息,对信息的综合能力强,有助于决策者客观评估市场形势,形成合理的科学决策。

(4) 网络搜索法。通过网络查询可以更方便、快速、经济地搜集到大量次级资料,具体步骤将在第四章详细介绍。

(四) 收集文案资料

在辨明了信息源、确定了收集方法后,调研者就应开始收集所需资料。在记录这些资料时,一定要记录下这些资料的详细来源(如作者、文献名、刊号或出版时间、页码等),以便在以后需检查资料的正确性时,研究者或其他人也能准确地查到其来源。根据不同文档资料注意其收集记录的技巧。

(五) 筛选、整理和评估资料

调研者对所收集的资料,应从内容、时间、质量(准确性)、目的、系统性、可靠性等方面进行审核,再进行分类、综合、加工、制表、归档、汇编等处理,使搜集的资料条理化、综合化、层次化,必要时要制成图表来分析、比较、检验资料的真伪,对同一数据资料可能有两个以上的出处时,更要做比较和筛选。根据调查课题的需要,剔除与调研无关的资料及不完整的资料,并分析不完整资料对调研结果预测、决策的影响程度,以决定资料的利用价值,为市场分析研究和满足管理的信息要求提供优质的信息。

1. 资料整理的方法

资料整理一般采用演绎法、归纳法等方法。演绎法就是彻底地审查所有搜集整理的资料,再配合调查目的及需要,寻找出共同现象、法则及说法。必要时应用统计方法的长期趋势方法,求得需要的资料。归纳法是先详细列出调查目的及需要,然后以所搜集的资料与目的相验证,逐一筛选修正可用的资料。

2. 资料评估的标准

文案资料是否满足研究的目的,根据文案调查法的针对性、相关性、时效性、系统性、经济性五个原则,对照以下几个标准进行评估。

(1) 数据的收集方法。收集数据时使用的具体要求或方法应该经过严格审查,以便发现可能存在的偏差。

(2) 数据的准确性。文案调查资料的准确性至关重要,根据不准确的资料很可能得出不正确的结论,这会使整个调查的可信度大打折扣。研究人员必须判断数据对于目前的研究目的而言是否足够准确。如果可能的话,对同种资料应该从多种信息源取得,以便相互印证、核实。

(3) 数据的及时性。二手数据可能不是当前的数据,数据收集和公布之间的时滞可能较长;另外,随着信息时代的到来,知识更新速度加快,市场活动的节奏也越来越快,资料适用的时间在缩短。因此,只有反映最新市场活动情况的资料才是价值最高的资料。

(4) 数据收集的目的。收集的数据应符合调研的目的,否则,资料将是没用的。调研员在收集数据时必须时刻记住调研的目的。

(5) 数据的性质。检验数据的性质或内容,应特别注意关键变量的定义、测量单位、分类方法和所检验的关系。如果没有定义关键变量或者定义矛盾,那么数据的用途就会受到限制。例如,收入可以有不同的测量方式:个人的、家族的、家庭的,还可以是总额或者是除去税收之后的净额。收入应根据研究的需要进行分类。

(6) 数据的可靠性。通过检验文案资料来源的专业水平、可信度和声誉,可以对数据可靠性有个总体认识。

(六) 提交文案调查报告

调查报告是所有调查工作成果的集中表现。将经过筛选、整理和评估的资料,进行分析研究后,提出对研究课题的观点和意见,形成调查结论。

文案调查书面报告的内容通常包括标题、调查目的、调查结论和附录四大部分。其中标题应简单明确,一般应表达调查报告的研究对象,明确概括调查的具体内容。调查目的要求简洁说明调查动机、调查要点及所要解答问题。调查结论应阐明调查目的的贡献、解答调查的问题、提出可行性建议、对调查中重大问题的发现提出对策。附录一般包括资料来源、使用的统计方法等。

提交文案调查报告应注意以下几方面。

(1) 仔细核对全部有关数字及统计资料,确保数据的准确;

(2) 数据资料的表达,力求简单明了,可将资料绘制成统计图表,方便阅读者了解分析结果,并能辨明与研究假设的关系;

(3) 将筛选、整理和评估后的资料,依资料脉络显示的趋势及重要性,做成调查结论、经验和建议;

(4) 标题力求新颖、吸引力强,用新闻标题的方式书写吸引读者眼球的题目,以提高读者的兴趣;

(5) 报告内容应力求全面中肯,紧靠主题,逻辑思路清晰,语言表达简明扼要;

(6) 结论明确,如果没有明确的结论和建议事项,该调查报告就失去其意义和价值;同时应将结论依重要程度顺序排列。在做成结论之时,应把握以下几方面:一切有关实际情况及调查资料要齐全;结论与实际情况要相符;观点、立场要公正客观,前后一致,严谨、细腻。

但文案调研是不可能完整的,因此调查报告的结论不必苛求十全十美。

四、文案调查资料获得的渠道

文案调查的资料来源主要有企业的内部渠道和外部渠道。内部渠道主要是企业各个部门提供的各种业务、统计、财务及其他有关资料。外部渠道主要是企业外部的各类机构、情报单位、国际互联网、在线数据库及图书馆等所持有的可供用户共享的各种资料。

(一) 内部资料的来源

1. 统计资料

企业统计资料是对企业各项经济活动的综合反映,是企业生产经营决策的重要依据,是进行市场调查的重要的次级资料,主要包括企业各类统计报表、各种统计分析资料、反映生产经营活动的各种数据。如工业企业的产品产值、产量、销售量、库存量、单位成本、原材料消耗量等统计数据;贸易企业商品购销存统计数据等。一般从企业统计部门搜集取得。

2. 财务资料

企业财务资料是反映企业生产经营等各种经济活动的活劳动和物化劳动消耗及取得的经济效益的重要资料,是企业加强管理、研究市场、提高经济效益的重要依据,主要包括企业资产、负债、权益、收入、成本、费用、利润等各种会计核算资料和财务分析资料,一般从企业财务会计部门搜集取得。

3. 业务资料

企业业务资料是反映企业生产经营业务活动的一些原始记录方面的资料,是企业开展经营业务活动,进行市场分析的重要资料,主要包括各种订货单、进货单、发货单、存货单、销售记录、购销合同、顾客反馈信息及业务人员各种记录等,一般从企业业务部门搜集取得。

4. 其他资料

企业内部渠道的二手资料除上述资料外,还有企业其他部门平时搜集整理的各种上级文件资料、政策法规、调研报告、工作总结、顾客意见、来信来访、档案卷宗、照片、录音、录像、剪报等资料。这些资料对企业市场调查也有一定参考作用。

(二)外部资料的来源

从企业外部搜集二手资料,主要从以下几个渠道。

(1)各级统计部门发布的有关统计资料。国家统计局以及各地方统计部门每年都定期或不定期地发布国民经济统计资料。每年还出版统计年鉴,内容包括综合、人口与就业、投资、财政、工业、农业、建筑业、商业、对外贸易、人民生活文化、教育、卫生、环保等许多重要的国民经济统计资料。这些资料是市场调研必不可少的重要资料。

(2)各级政府主管部门发布的有关资料。如各级计委、财政、工商、税务、银行、贸易等部门经常定期不定期发布各种有关法规政策、价格、商品供求等信息。这些信息是重要的市场调查资料。

(3)行业协会或行业管理机构发布的本行业的统计数据、行业市场分析报告、市场行情报告、工商企业名录、产业研究、商业评论、行业政策法规等数据和资料,这些资料是研究行业状况和市场竞争的重要依据。

(4)各种信息中心和信息咨询公司提供的市场信息资料。这些专业信息机构资料齐全,信息灵敏度高,专业性强,可靠程度大。为满足用户需要有时还代办咨询、检索、定向服务或进行市场调查。这些专业信息机构是搜集次级资料的重要渠道。

(5)各种公开出版物。如订购有关科技书籍、杂志、报刊。这些出版物经常登载科技信息、文献资料、广告资料、市场行情、预测资料和各种经济信息。一般信息及时、容量大,是重要的外部渠道。如配以专人阅读剪贴,分类储存,是一种搜集外部资料的好办法。

(6)电视广播提供的各类资料。我国的电视广播事业非常发达,中央、省、地、县都建有电视台和广播电台,不少省的电视都通过卫星传播,覆盖全国。这些电视台、广播电台每天都发送大量的广告信息和各种经济信息,也是重要的搜集外部资料的渠道。

(7)各类研究机构的各种调研报告、研究论文集;各类专业组织的调查报告、统计报告以及相关资料。

(8)参加各种博览会、展销会、交易会和订货会。这些会议一般都有新产品、新技术、新设备、新材料等供应方面的信息。通过参加这些会议可以搜集大量的市场调查资料,还可以直接获取样品、产品说明书等资料,有时还可以通过拍照、录音、录像获取有关资料。

(9)建立公共关系网获取资料。现代企业非常重视公共关系,良好的公共关系是获取市场调查资料的好途径。企业有时需要的重要市场调查资料,在竞争激烈、信息保密的情况下,很难通过正规途径取得。这就需要建立良好的公共关系,通过微妙的人际关系网获得。企业应注意与政府部门、学术界、舆论部门、合作单位,甚至竞争对手保持密切关系,以便通过与这些部门形成的公共关系网获取企业所需的信息资料。

（10）各种国际组织、外国使馆、驻外使馆、办事处等提供的各种国际市场资料。

（三）国际互联网、在线数据库

国际互联网和在线数据库也是企业搜集外部信息的重要渠道。对于市场调研者来说,通过国际互联网和在线数据库可收集存放在世界各地服务器上的数据、文章、报告和相关资料,对于特定的市场调研课题来说,可以获得如下重要的信息资源。

（1）与调研课题有关的环境资料,包括总体环境、产业环境、竞争环境的资料；

（2）与调研课题有关的主体资料和相关资料；

（3）与调研课题有关的各类公司、组织机构的资料；

（4）同类研究课题的报告、案例分析、研究思路与参考性方案；

（5）与调研课题有关的产品知识、市场知识和相关知识。

总之,通过国际互联网和在线数据库,可以搜寻和检索到大量的资料,有的可以直接或加工后用于市场研究,有的可辅助市场调查方案设计。现代市场调研应善于应用网络调查法收集资料。

五、文案调查法的优缺点

（一）文案调查的优点

1. 文案调查可以收集到超越时空条件限制的比实地调查更广泛的信息资料

从时间上看,文案调查不仅可以掌握现实资料,还可获得实地调查所无法取得的历史资料。从空间上看,文案调查既能对企业内部资料进行收集,还可掌握大量的有关市场环境方面的资料,尤其是在做国际市场调研时,由于地域遥远、市场条件各异,采用实地调查需要更多的时间和经费,加上语言障碍等原因,给调查带来许多困难。相比之下,文案调查就方便得多。

2. 能够节省人力、调查经费和时间

文案资料收集过程比较简易,组织工作简便,调查费用低、效率高,而且不受调研人员和调查对象主观因素的干扰。因此,能够节省人力、调查经费和时间。尤其是企业建有管理信息系统或市场调查网络体系,并与外部有关机构具有数据提供的协作关系的条件下,文案调查具有较强的机动性和灵活性,能够较快地获取所需的二手资料,以满足市场研究的需要。

（二）文案调查的缺点

文案调查的主要缺点是：二手资料主要是历史性的数据和相关资料,往往缺乏当前的数据和情况,存在时效性缺陷；二手资料的准确性、相关性也可能存在一些问题。因此,在使用二手资料之前,有必要对二手资料进行审查与评价。

1. 时效性差

文案调查依据的主要是历史资料，随着时间的推移和市场环境的变化，过时资料比较多，现实中正在发展变化的新情况、新问题难以得到及时的反映。文案资料是为原来的目的收集整理的，不一定能满足调研者研究特定市场问题的需求；因此，文案调查获得的资料需要分析其时代、社会条件，结合现实情况创造性地加以利用。

2. 调查结果的准确性不高

文案调查受各种客观条件的限制，很难掌握所需的全部资料；所收集的资料都是为其他目的而取得的，与当前调查目的往往不能很好地吻合，数据对解决问题不能完全适用，而且资料数量急剧增加，质量良莠不齐，即使经过整理也难保证准确无误。

3. 对调查人员素质要求较高，不利于组织调查

文案调查要求调查人员有较广的理论知识、较深的专业知识及技能、较强的判断能力，否则难以取得较好的效果。此外，由于文案调查所收集的次级资料的准确程度较难把握，这些间接资料在分析时通常使用难度较高的数量分析技术，有些资料是由专业水平较高的人员采用科学方法收集和加工的，准确度较高，而有的资料只是估算和推测的，准确度较低，因此，调查时应明确资料的来源并加以说明。

第二节　小组座谈法

小组座谈法来源于精神病医生所用的群体疗法。自从1941年罗伯特·蒙顿（Robert Merton）博士和保罗·拉札斯费尔德（Paul Lazarsfeld）在美国召开了全球第一次"小组座谈会"。之后，小组访谈法逐渐成为一种争议渐少而备受赞誉尊崇的重要研究方法。小组座谈法，又称焦点访谈法，是在一个装有单面镜和录音录像设备的房间内，在训练有素的主持人的组织下，以一种无结构的自然形式与被调查者就某个专题进行讨论，从中获取对一些问题的深度信息。这种方法的价值在于常常可以从自由进行的小组讨论中得到一些意想不到的发现。比如，企业要了解消费者对广告、新产品的包装、新产品的口味等方面的深度评价，靠泛泛的调查很难获取这方面的信息，而是借助于小组座谈法来收集消费者的意见和建议。

小组座谈法是一种最重要的定性调研方法，在国内外被广泛应用。主要源于具有以下特点：它是主持人同时访问若干个被调查者，而且不只是一问一答式的面谈，往往一个人的发言会点燃其他人的思想火花，从而可以观察到被调查者的相互作用，这种相互作用会产生比同样多数量的人作单独陈述时所能提供的信息更多。

一、小组座谈法的实施

小组座谈是技术性要求较高的调研方法，要选择合适的被调查者，创造平等、轻松的

环境,还要使被调查者都讲真心话,不是件容易事。因此小组座谈的有效组织是非常重要的。一般分三个阶段进行筹划和实施。

(一) 小组座谈前的准备工作

1. 明确访谈目的和次数

企业在进行小组座谈前必须明确调查的目的,以便在调查过程中做到有的放矢,并确定小组座谈的主要目标与要求,制定小组座谈的实施方案。例如,某调查公司受客户的委托,调查液晶电视的消费特点,在了解了客户的调查目的后,调查公司进行了调查问题的界定,经过分析确定为着重调查以下几个方面的情况:消费者对液晶电视的了解情况;现有液晶电视市场消费者购买特点;消费者购买液晶电视后在使用过程中对产品的功能、性能、质量等方面的满意程度。为了更好地达到这一目的,最终确定按年龄段和性别划分,开展四场小组座谈会。

访谈的次数主要取决于问题的性质、细分市场的数量、访谈产生新想法的数量、时间与经费等。一个小组可能不够,因为其结果可能不够典型,在任何一个项目上通常有几个小组,或许在被访人员和地理区域上有所交叉。对于包含单一被访人类型的情况,典型的四个小组就够了。

2. 确定访谈进行的场所和时间

一个轻松的、非正式的气氛很重要,这样可以鼓励大家进行即兴评论。小组座谈通常是在一个座谈小组测试室中进行。测试室与一般会议室的不同在于它的一面墙上装有大的单向镜,单向镜后面是观察室,观察室里的工作人员可以看到测试室里的情况,而测试室里的人却看不到观察室的存在。在测试室里不引人注目的地方(一般为天花板上)装有录音录像设备,来记录整个讨论过程。

小组座谈的时间一般为1.5~3个小时。若时间过短,小组成员可能还未完全投入到讨论中,思想的碰撞不很激烈,讨论得不够深入;若时间过长,小组成员可能会感到疲乏和厌倦,对一些问题不愿去思考。

3. 甄别参与者

小组座谈的参与者一般都要经过甄别。先由研究人员定下标准,让访问员找到足够的符合条件的候选人,并且对参与者分组,一般以某个参数如人口统计特征或社会特征是否同质为准,同质同组。一个座谈小组成员间应当具有共性,以避免在一些枝节问题上产生相互作用或冲突。注意不要把不同社会层次、不同消费水平、不同生活方式的人放在一组,以免造成沟通障碍,影响讨论气氛。例如,对物业问题的座谈,业主来自不同阶层、不同行业、不同年龄等,小组座谈时不应将知识分子、工人、个体经营者等安排在同一小组中,因为他们的理念、生活方式、对问题的看法和解决途径等都截然不同。

此外,参与者应该尽量"普通"些,如果没有必要,应该把有"专家"行为倾向的人排除在外,比如那些已经参加过多次小组座谈的人,一些特殊职业(如律师、记者、讲师等)的消费者,因为他们很容易凭借自己的"健谈"过多占用发言时间,并且影响其他参与者,同时增加了主持人的控制难度。最重要的是这些所谓专业调查对象不具有代表性,他们的参与会引起严重的有效性问题。

参会人数要适中,一般为8～12人左右。若人数过少,难以取得应有的互动效果;若人数过多,发言机会就会减少,意见容易分散。然而并不存在理想的参会人数,如果主题的针对性较强或者技术色彩较浓,那么就需要较少的受访者。小组的类型也会影响所需的人数,经历性小组比分析性小组所需的受访者多。

4. 确定主持人

小组座谈过程是主持人与多个被调查者相互影响、相互作用的过程,要想取得预期效果,主持人对于座谈会的成功与否起关键作用,通常要求主持人首先应该是训练有素的调研专家,他对调研背景、调研目的、调研程序、分组情况都应该了如指掌。其次,主持人必须能够与参与者和睦相处,并推动讨论的进程,鼓励调查对象发表看法,在分析和解释数据时起重要的作用。最后,要求主持人在做好各种准备工作的基础上,熟练掌握主持技巧,具备驾驭会议的能力。如果要主持一个诊断性小组座谈,主持人还要有良好的心理学和社会心理学的造诣。

【资料链接 3-1】

小组座谈中主持人必备的素质

(1) 和蔼、坚定。为产生必要的互动效应,主持人必须将适度的超然与热情结合起来。

(2) 把握大局。主持人必须能够控制大局,把握座谈会的方向和进程。特别是能对瓦解小组热情或目标的迹象保持警觉。

(3) 倾听。主持人要具备良好的倾听能力,不仅要能听到说出来的,而且要能分辨没说出来的潜台词。

(4) 观察。主持人要具备良好的观察能力,要能观察到发生的和没发生的细节,善于理解肢体语言。

(5) 谦虚。主持人要能够抛开个人的思想和感情,听取他人的观点和思想。表现出不完全理解来鼓励调查对象将泛泛的评论具体化。

(6) 鼓励。主持人要善于调动参加者的积极性,应鼓励不响应的成员参加。

(7) 灵活性。主持人必须能在小组座谈出现偏离时修改原提纲,并当即拟定新的提纲。

(8) 敏感性。主持人必须足够敏感,将小组讨论引导在既具理智又有激情的水平上。

(9) 功底扎实。主持人必须具有关于调查、营销等方面的扎实的基础知识,了解基本的原理、基础和应用。

(资料来源:根据(美)纳雷希 K. 马尔霍特拉著,涂平译. 市场营销研究:应用导向(第 5 版),84～85;http://www.51report.com/ask/showquestion327.html 以及 http://www.searchina.net.cn/client/knowledge/a48.aso 整理。)

5. 拟定访谈提纲

访谈提纲是小组座谈的问题纲要,通常由主持人根据调研客体和委托人所需信息设计。它应该给出小组要讨论的所有主题,还要把主题的顺序作合理的安排。一般应包括以下内容:建立小组访谈的规则并就如何进行讨论加以说明;介绍将要讨论的问题;主持人激励被调查者进行深入讨论的策略和技巧;对讨论进行总结的方法。

6. 现场布置

不同的访谈项目需要不同的现场布置,比如广告效果座谈就需要投影仪和屏幕;概念测试需要制作概念板;口味测试则需要更多的准备,如苏打水、饼干、笔、纸都要提早到位。另外,在每次座谈前,都把参与者的名字写在桌牌上,预先放置妥当。这样做首先可以使参与者能够按我们设定的次序就座,大大方便了记录和数据分析处理;其次,主持人在座谈过程中能够直接称呼参与者,极大地促进了沟通关系的建立,也方便了主持人的工作。

(二)小组座谈的实施

在参与人员到来后,由主持人组织大家先进行自我介绍,并将座谈会的目的、活动的规则清楚地传达给参与者,之后就可以组织大家对问题展开讨论了,时间一般为1个半小时至3个小时。主要做好以下三方面的工作。

1. 要善于把握访谈的主题

为避免访谈的讨论离题太远,主持人应善于将小组成员的注意力引向讨论的主题,或是围绕主题提出新的问题,使访谈始终有一个焦点。

2. 做好小组成员之间的协调工作

在进行访谈的过程中,可能会出现冷场、跑题、小组中某个成员控制了谈话等各种情况,这时,主持人要妥善做好协调、引导工作,以保证访谈的顺利进行。

3. 做好访谈记录

访谈一般由专人负责记录,同时配备录音、录像等方式进行记录。

(三)访谈结束后的整理、分析

访谈结束后,访谈资料的整理、分析尤为重要。它是小组座谈出成果阶段,调查报告是否成功,资料整理和分析是关键,否则访谈会前功尽弃。具体包括以下四个方面:

(1)及时整理、分析访谈记录。将笔录与录音、录像进行对比,检查记录是否准确、完整,有没有差错和遗漏。

(2)回顾和研究访谈情况。通过反复听录音、看录像,回想访谈进程是否正常,会上反映情况是否真实可靠,观点是否具有代表性,并对讨论结果作出评价,发现疑点和存在的问题。分析阶段不仅报告特殊的评论与结果,还要寻找一致的回答、新观点、面部表情与肢体语言所流露出的担忧,以及从所有参与者那里可以(或不可以)得到证实的其他假设。

(3) 做必要的补充调查。对会上反映的一些关键事实和重要数据要进一步查证核实,对于应当出席而又没出席座谈会的人,或在会上没有充分发言的人,如有可能最好进行补充访问。

(4) 编写小组座谈报告。在对访谈的记录资料进行整理、分析、补充后,要编写正式的访谈报告。一般要求主持人、参与座谈的工作人员、观察者(营销专家、调研人员)每人都递交一份分析报告,然后集中到调研人员手中,由调研人员召集项目组人员举行头脑风暴会议,对每个人独到的见解再次进行剖析和发散,最后由调研人员撰写正式报告。报告通常包括以下六个方面:解释调研目的,申明所调查的主要问题,描述小组成员的个人情况,并说明选择小组成员的过程,总结调研发现,并提出建议。因为参与者的人数很少,所以小组座谈报告通常不表述概率与百分比。但是,报告一般包括诸如"大多数参与者认为"或"在这个话题上,存在分歧"的表述。

二、小组座谈法的优缺点

(一) 小组座谈法的优点

小组座谈与其他数据收集方法相比有一些优点,这些优点可以用 10S 来概括。

(1) 协同(synergism)。将一组人聚在一起,在主持人的适度引导下,小组成员相互启发,通过这种互动作用,比个人单独回答能产生大量有创意的想法和建议。因而取得的资料较为广泛和深入。而且还能节约人力和时间。

(2) 滚雪球(snowballing)。取得的资料较为广泛和深入。由于有多个被调查者参加座谈,一个人的论点通常会引起其他人一系列的反应,所以小组访谈经常会出现连锁反应,而且能将调查与讨论相结合。在主持人的适度引导下,能够开动脑筋、互相启发,在调查中不仅能发现问题,还能探讨问题的原因和提出解决问题的途径,获得大量及有创意的想法和建议。

(3) 刺激(stimulation)。通常在简短的介绍之后,由于小组里关于主题讨论的热情逐步高涨,因而调查对象想表达自己的观点,流露自己的感情。

(4) 安全(security)。因为参与者的感受与其他小组成员的感受相似,所以他们会感到很舒适,因而愿意表达自己的观点与感受。

(5) 自发(spontaneity)。因为参与者不需要回答特定的问题,他们的反应是自发的、非常规的,因而可以准确地表达自己的看法。

(6) 意外(serendipity)。观点更可能意外地产生于小组讨论而不是个人面谈中。

(7) 专业化(specialization)。因为许多调查对象是同时参与的,所以应高薪聘请一名训练有素的访谈员。

(8) 科学审视(scientific scrutiny)。小组访谈可以对数据收集进行科学监测,因为观察者能对小组访谈实施的过程进行严密监视,并且可以通过单向镜观看访谈现场讨论的情况,通过录音录像设备可把整个过程录下来,供后期分析使用。

(9) 结构化(structure)。小组访谈在覆盖的主题及其深度方面都能够灵活,更深刻地针对主题。

(10) 速度(speed)。资料收集快、效率高。因为同时访谈若干个被调查者,所以数据收集与分析相对较快。这样就能节省人力和时间。

(二) 小组座谈法的局限性

小组座谈的缺点可以用5M来概括。

(1) 误用(misuse)。如果将小组座谈的结果认为是结论性的,而不是探索性的,则小组座谈法就被误用了。因为小组成员选择不当,有些涉及隐私、保密的问题很难在会上讨论等都会影响调查结果的准确性和客观性。

(2) 判断错误(misjudge)。小组访谈法与其他调查方法相比,更具有主观性,其结果比其他数据收集方法的结果更容易错误地判断,受主持人的影响而出现偏差。这一方法中特别值得怀疑的是客户与研究人员的偏见。

(3) 主持技巧(moderation)。小组座谈很难主持,对主持人的要求较高,而挑选理想的主持人又往往比较困难。但结果的质量很大程度上取决于主持人的技巧。

(4) 混乱(messy)。因回答结果散乱,答案的非结构化使编码、分析、解释变得困难,小组座谈数据比较混乱,使后期对资料的分析和说明的难度加大。

(5) 不具有代表性(misrepresentation)。小组座谈的结果对于整个样本总体不具有代表性,也不可进行推论,因此,小组座谈的结果不应当作为决策的核心基础。

三、小组座谈应注意的事项

在进行小组座谈时,应注意以下事项。

(1) 小组座谈的目的决定了所需要的信息,从而也决定了需要的被访者和主持人。一般曾经参加过小组座谈的人,是不合适的参与者,参与者中应该避免亲友、同事关系,因为这种关系会影响发言和讨论,万一发生这种现象,应该要求他们退出。吸引参与者参加座谈一般会采取高报酬原则,特别是枯燥的调研项目报酬要求更高一些,而且还要兼顾实施座谈会要尽量安排在周末举行,向目标人选描述座谈会如何有趣、有意义,强调目标人选的参与对研究的重要性等辅助措施。

主持人在小组座谈中要明确工作职责,与参与者建立友好的关系,说明座谈会的沟通规则,告知调研的目的并根据讨论的发展灵活变通,探寻参与者的意见,激励他们围绕主题热烈讨论,总结参与者的意见,评判对各种参数的认同程度和分歧。而且还要能把握会场气氛,在座谈开始时就应该亲切热情地感谢大家的参与,并向大家解释小组座谈是怎么一回事,使参与者尽量放松。然后,真实坦诚地介绍自己,并请参与者都一一自我介绍。一般应遵循以下沟通规则,并诚恳地告诉参与者:

① 不存在不正确的意见,你怎么认为就怎么说,只要你说出真心话;
② 你的意见代表着其他很多像你一样的消费者的意见,所以很重要;
③ 应该认真听取别人的意见,不允许嘲笑或贬低;
④ 要互相议论,应该依次大声说出;

⑤ 不要关心主持人的观点,主持人对这个调研课题跟大家一样,主持人不是专家;
⑥ 如果你对某个话题不了解,或没有见解,不必担心,也不必勉强地临时编撰;
⑦ 为了能在预定时间内完成所有问题,请原谅主持人可能会打断你的发言等。

(2) 每个小组参与者的数量。一直以来认为 8~12 人是合适的,但经常有 4~5 人的小组座谈实施,这主要应该看讨论的内容是什么。如我们为一个家用计算机软件实施小组座谈时,为了让消费者能充分熟悉软件功能,并尽量深入发表意见,每组只有 4 个参与者,而座谈持续 3 小时以上。

(3) 小组座谈的数据和资料分析要求主持人和分析员共同参与。他们必须重新观看录像,不仅要听取参与者的发言内容,而且要观察发言者的面部表情和肢体语言。企业在产品的概念测试时特别要注意这一点,因为参与者往往不愿意对设计的"概念"提出激烈的反对意见,只有当企业自己观察到参与者不屑一顾的嘲讽表情时,才会认识到概念并不受欢迎。

四、小组座谈法的应用范围

小组座谈在营利性和非营利性组织中都有着广泛的应用。如果需要初步理解问题,就可以采用小组座谈,我们将介绍这一方法在内容和方法上的应用。

(一) 小组座谈能够用来说明的问题

小组座谈法作为一种最重要的定性调研方法,其价值在于常常可以从自由进行的小组讨论中得到一些意想不到的发现,往往一个人的发言会点燃其他人的思想火花,观察到被调查者的相互作用,提供更多信息。特别适用于以下问题的研究。

(1) 理解消费者关于某一产品种类的认知、偏好与行为;
(2) 得到新产品概念的印象;
(3) 产生关于旧产品的新观点;
(4) 为广告提出有创意的概念与文案素材;
(5) 获得价格印象;
(6) 得到关于特定营销项目的消费者初步反应。

(二) 小组座谈在方法上的应用

小组座谈法因其独特的调研方式,在许多领域都被广泛应用,特别是在方法上应用效果显著。

(1) 更准确地定义问题;
(2) 提出备选的行动方案;
(3) 提出问题的研究框架;
(4) 得到有助于构思消费者调查问卷的信息;
(5) 提出可以定量检验的假设;
(6) 解释以前得到的定量结果。

五、小组座谈法的一些其他形式

小组座谈可以采用其标准程序以外的一些其他形式,具体如下。

(1) 双向小组座谈(two-way focus group)。这种方法是让一个目标群体听取另一个相关群体的看法,并从中学习。例如,关节炎病人组成一个小组,讨论他们期望得到的治疗;医生们仔细观察这个小组的讨论,然后由这些医生组成一个小组来确定他们的反应。

(2) 双主持人小组座谈(dual-moderatol'group)。这样的小组座谈是由两个主持人来执行的,其中一个负责会议的顺利进行,另外一个确保讨论特定的主题。

(3) 主持人争辩小组(dueling-moderator'group)。这样的小组座谈也有两个主持人,但他们有意针对所讨论的问题持相左的观点,这就允许研究人员探索有争议问题的两个方面。

(4) 调查对象与主持人小组(respondent-moderator group)。在这类小组座谈中,让所选择的调查对象暂时扮演主持人的角色来提高小组的活力。

(5) 客户参与小组(client-participant group)。确定客户方人员并让其参加部分小组讨论,主要的作用是澄清一些问题从而使小组讨论更加有效。

(6) 微型小组(minigroup)。这些小组由一个主持人与仅有的 4~5 个调查对象组成。如果需要比采用标准小组(8~12 人)更加深入地探究所感兴趣的问题时,就要采用微型小组。

(7) 电话会议小组座谈(telesession group)。用电话会议技术通过电话来进行小组座谈。

第三节 深层访谈法

深层访谈法(In-depth interview)是指调查员采用一对一的形式,和一名受访者在轻松自然的气氛中围绕某一问题进行深入、充分、自由的单独沟通交流,获得被访者对该问题的潜在动机、信念、态度和感情等方面信息的调查方法。

与小组座谈一样,深层访谈法主要也是用于获取对问题的理解和深层了解的探索性研究。其特点在于它是无结构的、直接的、一对一的访谈。因深度访谈是无结构的访谈,其访谈走向依受访者的回答而定。如从大学生就业难问题开始,谈到整个社会成员的就业问题,进而可能讨论就业对宏观经济和社会稳定的影响,最后可能探讨到经济社会的平衡发展问题上来等。调查员应根据被访者的回答,做适时引导和调整。在访谈过程中,调查员直接面对受访对象,能及时捕捉和抓住被调查者在探讨某一问题时所表现出来的潜在动机、信念、态度和情感。另外,在一对一的访谈中受访者有充足的时间和机会把自己的观点淋漓尽致地予以表达。深度访谈的时间长度从 30 分钟到 1 小时不等。

一、深层访谈法的技术分类与技巧

(一) 深层访谈法的技术分类

比较常用的深层访谈技术主要有三种：阶梯前进、隐蔽问题寻探以及象征性分析。

阶梯前进是顺着一定的问题线探索，例如从产品的特点一直到使用者的特点。使得调查员有机会了解被访者思想的脉络。

隐蔽问题寻探是将重点放在个人的"痛点"而不是社会的共同价值观上；放在个人深切相关的而不是一般的生活方式上。

象征性分析是通过反面比较来分析对象的含义。要想知道"是什么"，先想法知道"不是什么"。例如在调查某产品时，其逻辑反面是：产品的不适用方面，"非产品"形象的属性，以及对立的产品类型。

(二) 深层访谈法的技巧

调查员对于深层访谈的成功起着举足轻重的作用。为此，在访谈过程中，调查员应掌握以下访谈技巧，以取得深层访谈的预期效果。

(1) 在开始访问之前，应先使被访者完全放松下来，并和被访者建立融洽的关系。访问员所提出的第一个问题应该是一般性的问题，能引起被访者的兴趣，并鼓励他充分而自由地谈论他的感觉和意见。一旦被访者开始畅谈之后，访问员应避免打岔，应做一个被动的倾听者。为了掌握访问的主题，有些问题可以直截了当地提出来，访问员提出的问题必须是开放式的，不可有任何的提示或暗示被访者。

(2) 访问员的访问技巧是很重要的，绝不可把深度访问变成访问员和被访者之间一问一答的访问过程。访问员通常会在访问前准备好一份大纲，列举所要询问的事项。但并不使用问卷，也不一定按照大纲上所列的顺序一项一项地问下去，问题的先后顺序完全按照访问的实际进行情形来决定。

(3) 在访问过程中，访问员通常只讲很少的话，尽量不问太多的问题，只是间歇性地提出一些适当的问题，或表示一些适当的意见，以鼓励被访者多说话，逐渐泄露他们内心深处的动机。

(4) 访问员如能善用沉默的技巧，常可使被访者泄露无意识的动机。沉默可以使被访者有时间去组织他的思想，使他感到很舒服，或认为访问员希望他继续说下去，因此，他会继续发表意见以打破沉默。访问员有时也可利用一种"重播"技术，以上扬的音调重复叙述受访者答复的最后几个字，以促使受访者继续说下去。

(5) 回忆行为过程技巧。人的记忆有一定的期间，超过了这个期间便渐渐忘记。人们购买某种商品时，为何选择该商品，其动机意识经过相当的时间便忘记。对该商品所感到的以及使用该商品时所意识的一切，也都无法记忆。为了使被访者想起这种意识，最好请他回忆决定购买商品的过程，或者重新把当时购买该商品的感受以及如何行动作详细地说明，从这种说明当中，发现购买动机。

二、深层访谈的实施过程

（一）深层访谈的准备阶段

1．确定调查员

职业素质高的调查员对深层访谈的成功至关重要。与小组座谈法一样，深度访谈法要求调查员具备较高的访谈技巧和专业水平，包括良好的沟通和进一步探询问题的能力；把离题话题巧妙地转移到主题范围的随机应变能力；快速的笔记能力和综合能力等。只有掌握了高级访谈技巧，善于挖掘受访者内心感受，深层访谈才得以进行，并取得预期的效果。

2．选择受访者

由于深层访谈的受访者较少，其代表性就显得尤为重要，与小组座谈法类似，深层访谈的受访者也要求满足一定条件，如选择某产品的消费者或潜在消费者等。

3．预约访谈时间

一般情况下，深层访谈的时间较长，而且受访者常常是身居要职的人，时间安排紧凑，为了表示对受访者的尊重，和不影响其正常的生活节奏，同时使受访者有时间对访谈内容进行相应的准备。一般先进行受访预约，在受访者方便的时候进行访问。

4．拟定访谈提纲

尽管深层访谈的结构比较自由，访谈时不一定严格按提纲逐一进行，但也不是漫无目的地侃大山，调查员必须对自己所从事的访谈工作有比较全面的了解，包括访谈目的、任务和要求，准备哪些访谈问题等，据此拟定访谈提纲。

5．准备访谈用品

访谈前，调查员必须准备好能够证明自己身份的证件，如工作证、介绍信等，这对接近受访者、取得对方最初信任至关重要。此外，还要准备笔、记录本、录音机、摄像机等访谈必需的物品，以及赠送给受访者的礼品等。

（二）深层访谈的实施阶段

准备工作就绪后，就可正式开始深层访谈。在这个阶段，调查员应该注意以下几点。

1．接近受访者

在必要或时间允许的情况下，调查员可从受访者关心的话题开始，逐步缩小访谈范围，最后问及所要提问的问题。接近受访者可以通过直接和间接两种方式。较为常用的是直接接近，即开门见山，调查员先自我介绍，直接说明调查意图，开始正式访谈。这种方式省时、高效，一般适用于访谈双方相互了解或者事先预约的情况，否则就会显得简单和生硬。另一种就是间接接近,即先不公开身份,借助某一契机(如开会、学习、娱乐等),在活动中与受访者建立友谊,融洽情感,再在一种自然、和谐的气氛中说明来意,进行正式访谈。这种方式较为委婉,访谈双方的回旋余地较大,有利于消除对方的戒备心理,能收集到比较真实、可靠的资料,但费时、费力。它适用于访谈双方较为陌生,直接接近易遭拒绝的情形。

2. 展开访谈

在调查员详细介绍此次访谈的目的、意图、受访者的回答有何意义、具有何等的重要性等的同时,应指出受访者的回答对其自身是没有任何不利影响的,并尽量营造一种热情、友好、轻松的气氛,始终保持中立客观的态度,使受访者感觉到你对人对事不带有任何偏见,言语文明、礼貌、平等、准确、明了、恰当,尽量避免使用生僻的专业术语,不能以审讯或命令的口吻提问,不能随便打断对方的回答,不随意左右别人的观点和思想。

访谈过程中,调查员一定要围绕访谈提纲进行,如果出现受访者对所提问题不理解或误解、对某一问题的回答有所顾虑或漫无边际地闲谈时,调查员要有礼貌而且巧妙地加以适时引导,尽力使访谈不偏离主题;如果受访者的回答含糊不清、过于笼统或残缺不全时,调查员则要适当地追问,以使访谈顺利进行,或适当调整访谈方向。而无须为一些枝节问题与受访者纠缠,在受访者回答问题或陈述观点时,调查员要表示出极大的兴趣认真倾听,在受访者的理解和认同中得到更多、更深入的调研资料。

(三)深层访谈的结束阶段

结束阶段是整个深层访谈的最后一个环节,这个环节也很重要,不能忽视。首先,访谈结束时,调查员应该迅速重温一下访谈结果或检查一遍访谈提纲,以免遗漏重要项目。其次,应再次征求受访者的意见,了解他们还有什么想法、要求等,不要一回答完提纲中的问题就离去,以免漏掉更多的情况和信息。最后,要真诚感谢对方对本次调查工作的支持与合作,以寻求下一次的继续合作。

三、深层访谈法的优缺点

(一)深层访谈法的优点

深层访谈法的无结构、直接、一对一的特点,决定了它具备以下优点:

(1)深层访谈消除了群体压力,受访者更容易敞开自己的心扉,表达群体不一定接受的思想,因而能比小组座谈法更深入地了解被调查者的内心世界和态度,能更自由地交换意见,提供更真实的信息。

(2)一对一的交流使受访者感到自己是注意的焦点,自己的感受和想法是重要的,能更自由地交换信息,这会使受访者更乐于表达自己的观点、态度和内心想法。常常能获得一些意外信息。

(3)便于对一些保密、敏感问题进行调查。

(4)能将被访者的反应与其自身相联系,便于评价所获资料的可信度。

（二）深层访谈法的缺点

事物总是一分为二，深层访谈法的无结构、直接、一对一的特点也会给这样一种探索性调查方法带来一些缺陷。

(1) 由于只有一个受访者，无法产生受访者之间观点的相互刺激和碰撞。
(2) 调查的无结构性使这种方法比小组座谈法受调查员自身素质高低的影响更大。
(3) 深层访谈的结果和数据常常难以解释和分析。
(4) 由于访问时间长，深层访谈所需经费较多，使该法在实际应用中受到一定限制。
(5) 能够执行深度访谈的有经验的调查员要价高且难找。

（三）深层访谈法与小组座谈法的比较

深层访谈法比小组座谈法能更深入地探索被访者的内心思想与看法。而且深层访谈可将反应与被访者直接联系起来，不像小组座谈中难以确定哪个反应是来自哪个被调查者。深层访谈可以更自由地交换信息，而在小组座谈中也许做不到，因为有时会有社会压力不自觉地要求形成小组一致的意见。

但是深层访谈也有小组座谈所遭遇的缺点，而且常常在程度上更深。能够做深层访谈的有技巧的调查员（一般是专家，需要有心理学或精神分析学的知识）要价高且难找。由于调查的无结构使得结果十分容易受调查员自身的影响，其结果的质量的完整性也十分依赖于调查员的技巧。结果的数据常常难以分析和解释，因此需要熟练的心理学家的服务来解决这个问题。由于占用的时间和所花的经费较多，因而在一个调研项目中深层访谈的数量是十分有限的。表 3.1 对小组座谈法与深层访谈法进行了比较。

表 3.1　小组座谈法与深层访谈法的比较

特　征	小组座谈法	深层访谈法
小组协同与互动	＋	－
同伴压力/小组影响	－	＋
客户参与	＋	－
产生新想法	＋	－
对个体进行深入追问	－	＋
揭示隐藏的动机	－	＋
讨论敏感话题	－	＋
访问竞争对手	－	＋
访问专家	－	＋
日程安排	－	＋
信息量	＋	－
主持人和解释偏差	＋	－
每位对象的成本	＋	－

注：＋表示有相对优势；表示处于相对劣势。

四、深层访谈法的应用范围

深度访谈是为了得到关于问题的观点与理解的探索性研究,所以它适合于了解复杂、抽象的问题,能够更有效地用于特殊的问题,常用于详细探究受访者的想法,详细了解一些复杂行为,讨论一些保密的、敏感的话题,访问竞争对手、专业人员或高层领导,调查比较特殊的商品等。这类问题往往不是三言两语可以说清楚的,只有通过自由交谈,对所关心的主题深入探讨,才能从中概括出所要了解的信息。如需要以下信息的那些问题:

(1) 对调查对象的细节追问,试图详细地探究被访者的想法,比如消费者对于购买私家车的看法;

(2) 详细地了解一些复杂行为,比如对员工跳槽行为及其原因的调查;

(3) 讨论某些保密、敏感或尴尬的话题,比如个人收入、婚姻状况等;

(4) 针对已成型的社会规范的情景,或者调查对象很容易被小组回答所左右(女性对于运动的态度)的情景;

(5) 询问竞争对手、专业人员或高层领导,比如对出版商出书选题及营销手段等;

(6) 调查的内容比较特殊,通常是那些能够引起人们情感变化的商品,如鲜花、香水等;

(7) 对于复杂行为的更详细的理解,如光顾百货商店。

【资料链接3-2】
深层访谈法对调查员的要求

调查员职业素质的高低对深层访谈的成功与否十分重要。因此,在深层访谈中调查员必须具备以下基本的职业素质:

(1) 避免表现自己的权威和优越感,要让被访者放松;
(2) 访谈超脱并客观公正,不可个人主观化,但又要有风度和人情味;
(3) 以提供信息的方式问话;
(4) 不要接受简单的"是"、"不是"回答;
(5) 及时追问被访者,刺探被访人的内心。

(资料来源:根据(美)纳雷希 K.马尔霍特拉著,涂平译.市场营销研究:应用导向(第5版),93页整理。)

第四节 德尔菲法

一、德尔菲法的特点

德尔菲法(Delphi Method)是美国兰德公司在20世纪60年代首创和使用的一种特殊的调查方法。它是指通过函询的方式,征求每个专家的意见,经过客观分析和多次反复征询,逐步形成统一的调查结论。德尔菲是古希腊传说中的神谕之地,城中有座阿波罗神殿可以预卜未来,因而借用其名。

德尔菲法也是一种专家调查法,但它与其他专家调查法的区别在于:它是用背对背的判断来代替面对面的会议,即采用函询的方式,依靠调查机构反复征求每个专家的意见,经过客观分析和多次反复征询,使各种不同意见逐步趋向一致。因此,这种方法在一定程度上克服了畏惧权威及不愿听到不同意见等弊病,使专家能够充分地发表意见,最后取得较为客观实际的调查结果。

二、德尔菲法的执行步骤

(一)拟定意见征询表

意见征询表是专家回答问题的主要依据,也是德尔菲法进行调查的主要手段。调查机构根据调查目的的要求,拟定需要调查了解的问题,制成调查意见征询表,作为调查的依据。拟定意见征询表应把握以下几个要点:

(1)征询的问题要简单明确,能让人给予答复;
(2)数量适中,不宜太多也不能太少;
(3)问题的内容要尽量接近专家熟悉的领域,以便充分利用专家的经验;
(4)意见征询表中还要提供一些比较齐全的背景材料,供专家做出判断时参考。

(二)选定征询专家

专家的选择是否合适,直接关系到德尔菲法的成败。在选择专家时,要把握以下几点。

(1)按照调查客体需要的专业范围,选择精通业务、见多识广、熟悉市场情况、分析能力和预测能力较强的专家。
(2)专家人数的多少需根据课题的大小和涉及面的宽窄而定,人数不宜过多或过少,以20人左右为宜;
(3)调查机构以通信方式与专家联系,专家之间彼此不联系

(三)轮回反复征询专家意见

第一轮,向专家寄发征询表,提供现有的背景材料,邀请专家明确回答,并在规定时间内寄回答案,调查人员对各个问题的结论进行归纳和统计,并提出下一轮的调查要求;

第二轮,将第一轮经过汇总的专家意见及调查人员对所要调查的新的要求和意见寄给专家,要求专家根据收到的资料,提出自己的见解。在这一阶段,专家可以清楚地了解全局情况,他们可以保留、修改自己原有意见;对于和总体结论差异较大的专家,应请他们充分陈述理由,这样,可再次将专家寄回的资料进行统计,并提出新的要求。

如此经过几轮的反复征询,使专家的意见逐步趋向一致。至于征询的轮次和征询的时间间隔不应一概而论,需视调查内容的复杂程度、专家意见的离散程度而定。通常征询轮次为3~5轮,征询的时间间隔为7~10天。

(四)做出调查结论

根据前面专家几次提供的全部资料和几轮反复修改的各方面意见,调查人员做出最

后的调查结论。

三、德尔菲法的优缺点

（一）德尔菲法的优点

德尔菲法作为一种专家调查法，采用函询的方式，反复征询、客观分析每个专家的意见，最后取得较为客观实际的调查结果。与其他专家调查法相比较，它具有以下优点：

（1）匿名性。每一轮的征询中，专家们都必须匿名地发表自己的意见，这样可使被征询的专家不会出现迷信权威或因摄于权威而不敢发言的现象，也不需要为顾于面子而固执己见，从而使心理因素干扰降到最低程度，创造一种平等、自由的气氛，有利于鼓励专家们独立思考、充分发表意见。

（2）反馈性。德尔菲法的调查过程需要进行多次反馈征询意见，这样能够帮助专家修正考虑欠周全的判断和各种不同意见、集思广益，有助于提高调查结论的全面性和可靠性。

（3）具有对调查结果定量处理的特性。即可根据需要从不同角度对所得结果进行量化的统计处理，提高了调查的科学性。

（二）德尔菲法的缺点

德尔菲法也存在一定的局限性，主要表现在以下几个方面。

（1）调查结果主要凭专家判断，缺乏客观标准，加上每个专家的社会阅历和非专业的知识面不同，同样的背景资料、同样的调查问题，可能得出不一样的结论。所以这种方法主要适用于缺乏历史资料或未来不确定因素较多的场合。

（2）有的专家在得到调查组织者汇总后的反馈资料后，由于水平不高，或不了解别的专家所提供调查资料的依据，有可能作出趋近中位数或算术平均数的结论。

（3）由于反馈次数较多，反馈时间较长，有的专家可能因工作忙或其他原因而中途退出，影响调查的准确性。对要求时效性强的问题的调查，就有明显缺陷。

为了克服上述局限性，可以采取以下一些措施。

其一，向专家说明德尔菲法的原理，使他们对这种方法的特点有较清楚地了解。

其二，尽可能详尽地给专家提供与调查项目有关的背景材料。

其三，请专家将自己的判断结果分为最高值、一般值、最低值等不同程度，并分别估计其概率，以保证整个判断的可靠性，减少轮回次数。

其四，在第二轮反馈后，只给出专家意见的极差值，而不反馈中位数或算术平均数，避免发生简单求同的现象。

利用德尔菲法进行调查，调查员在具体处理专家意见时，可根据每一轮征询的结果，分别不同类型的问题，采用不同的统计处理方法加以汇总、归纳。比如对数量和时间答案问题，可采用求中位数、平均数、四分位数和极差等方法进行统计处理；采用主观概率与专家人数求加权算术平均数方法解决主观概率的统计处理问题；等等。

第五节 投影技法

投影技法（projective technique method）是一种无结构的非直接的询问形式，可以鼓励被调查者将他们对所关心问题的潜在动机、态度或情感投射出来。适合于对动机、原因及敏感性问题的调查。投影技法的目的是探究隐藏在表面反应下的真实心理，以获知真实的情感、意图和动机。投影技法的基础是临床心理学，其研究表明，情境越模糊，越能影射出调查对象的感情、需要、动机、态度以及价值观。对人们经常难以或者不能说出自己内心深处的感觉的认识，或者说，人们受心理防御机制的影响而感觉不到那些情感，通过投影技法得以实现。在投影技法中，并不要求被调查者描述自己的行为，而是要他们解释其他人的行为。在解释他人的行为时，被调查者就间接地将他们自己的动机、信仰、态度或感情投影到了有关的情境之中。这样，通过分析调查对象对于有意非结构化的、模糊的、不明确的情节的回答来揭示他们的态度。

测试中的媒介可以是一些没有规则的线条；也可以是一些有意义的图片；也可以是一些有头没尾的句子；也可以是一个故事的开头，让被试者来编故事的结尾。因为这一画面是模糊的，所以一个人的说明只能是来自他的想象。通过不同的回答和反应，可以了解不同人的个性。

著名的投影技法有瑞士精神病学家 H.罗尔沙赫的墨渍测验、主题统觉测验（TAT）、语句完成测验、画像测验、玩偶测验等。

一、投影技法的分类

常用的投影技法可分为联想技法、完成技法、结构技法和表现技法。

（一）联想技法

联想技法（association technique）是在被调查者面前设置某一刺激物，然后了解其最初联想事物的一种方法。这类技法中最常用的是词语联想法（word association test），即向被调查者提供一些刺激词，让其说出或写出所联想到的事。

在词语联想中，给出一连串的词语，每给一个词语，都让被访者回答其最初联想到的词语（叫反应语）。调查员感兴趣的那些词语（叫测试词语或刺激词语）是散布在那一串展示的词语中的，在给出的一连串词语中，包括一些中立的或过滤的词语，用于掩盖研究的目的。例如在对百货商店顾客光顾情况的调研中，测试词语可以选择"位置"、"购物"、"服务"、"质量"、"价格"之类的词语。被访者对每一个词的反应是逐字记录并且计时的，这样反应犹豫者（要花三秒钟以上来回答）也可以识别出来。调查员记录反应的情况，这样被调查者书写反应语所要求的时间也就得到了控制。

这个方法潜在的假设是，联想可以让调查对象揭示他们对于有关主题的内在感受。可根据"任何一词作为答案的频率、给出答案之前的反应时间、在一段合理的时间内，对测试词根本没有反应的调查对象的数量"等指标，对答案进行统计分析，那些根本不回答的调查对象被认为是情绪涉入程度很高而阻止他对问题的反应。根据个人的回答模式和细节确定该个体对有关主题的潜在态度或者感情。研究者常常将这些联想分为赞成的、不赞成的和中性的三类。一个被调查者的反应模式以及反应的细节,可用来决定其对所研究问题的潜在态度或情感。

联想技法可用于消费者的消费动机和偏好调查,如给定"洗发水"一词,如果第一回答"潘婷",则说明消费者偏爱"潘婷"品牌的洗发水。也可用于企业形象和品牌形象、商品名称和企业名称的命名调查之中,如给定"格力",第一联想到的如是"世界品牌",则说明格力在消费者心中是个有良好印象的品牌。

联想技法包括自由联想法、控制联想法和连续联想法。

(1) 自由联想法。自由联想法是不限制联想性质和范围的方法,回答可充分发挥其想象力。例如看到"康乃馨"一词,你首先想到的是什么?回答可能有"健康"、"母亲"、"神圣"、"爱"、"魅力"、"尊敬"等。

(2) 控制联想法。控制联想法是把联想控制在一定的范围内的方法。例如给出"空调"一词,请说出你想到的品牌。则回答只能是品牌中的某一种,可能"格力"、"美的"、"奥克斯"、"海尔"、"志高"等。

(3) 连续联想法。连续联想法是让被调查者说出第一个联想词之后,连续说出第二个、第三个联想到的词。例如,说出"春天",连续想到"生命"、"绿色"、"希望"等。

(二) 完成技法

在完成技法中,给出不完全的一种刺激情景,要求被调查者来完成。常用的方法又分句子完成法和故事完成法。

1. 句子完成法

句子完成法与词语联想法类似,给被访者一些不完全的句子,要求他们完成。一般来说,要求他们使用最初想到的那个单词或词组。与词语联想法相比,句子完成法对被访者提供的刺激更直接,能提供更多的关于主题感受的信息。不过,句子完成法不如词语联想法那么隐蔽,许多被访者可能会猜到研究的目的。句子完成法的变形是段落完成法,要求调查对象完成一个给定刺激短语开头的段落。

例如,对于一个学生最重要的是……

阅读《做人与处世》的人是……

又如:拥有一套大面积住房……不同的人根据这一情景会想到不同的方面,有的人认为是改善了生活质量,有的人认为是基本生活的保证,有的人认为是增加了支出或有可能负债,有的人认为是有一种成就感,有的人认为增加了居住成本。这些对房地产商来讲,无论在地段选取、户型设计、质量改进、功能提高还是营销手段变化等方面都有参考价值。

2. 故事完成法

句子完成法与段落完成法的拓展就是故事完成法。故事完成法是提出一个能引起人们兴趣但未完成的故事,由被访者用自己的话来做出结论,完成故事,从中看出其态度和情感。例如,某消费者在一家手机专卖场比较了很久,选中了一款新潮的三星滑盖手机,在他(她)即将下决心购买时,两位新来的顾客却说这款手机滑盖容易坏、电池使用寿命短,这位消费者将作出何种反应?为什么?从被访者完成的故事中就有可能看出他(她)对花费时间挑选商品的相对价值方面的态度,对商品使用价值和价值的理念,以及在购物中的情感投资行为。

(三) 结构技法

结构技法与完成技法十分相近。它要求调查对象以故事、对话或者描述的形式来构造一个回答。在结构技法中,调研者为被访者提供的最初结构比完成技法中提供的少。结构技法中的两种主要方法是图片法和漫画测试法。

1. 图片法

图片法(picture response technique)起源于主题统觉法(thematic apperception test),简称 TAT 法。其做法是显示一系列普通事件或不寻常事件的图片,一些图片中的人物或目标对象被清晰地描绘,而另外一些图片只是相对模糊地描绘,要求调查对象针对这些图片来讲故事。他们对图画的解释可以指示出他们自身的个性特征。例如,可以将被访者的特征描绘为是冲动的、有创造性的、没有想象力的等。因为主题是从被调查者对图片的感觉概念中抽取出来的,故称为主题统觉法。

2. 漫画测试法

在漫画测试中,将漫画人物显示在一个与问题有关的具体环境内。要求被访者指出一个卡通人物会怎样回答另一个人物的问话或评论。从被访者的答案中就可以指示出他(她)对该环境或情况的感情、信念和态度。漫画测试法比图片法更易管理与分析。

(四) 表现技法

表达法是指给调查对象提供一个语言或视觉场景,要求将场景与别人的感受和态度联系起来。调查对象表达的不是他们自己的而是别人的感受或态度。两种主要的表现技法是角色扮演法和第三者技法。

1. 角色扮演法

角色扮演法(role play methods)要求调查对象扮演某一角色或者采取某人的行为,研究人员假设调查对象会把他们自己的感受投射在角色中,通过分析回答来揭示他们的感情和态度。例如在超市顾客光顾情况调查中,要求被访者扮演负责处理顾客抱怨和意见的经理的角色。被访者如何处理顾客的意见表现了他们对购物的感情和态度。在表演中用尊重和礼貌的态度对待顾客抱怨的表演者,作为顾客,希望商店的经理也能用这种态度对待他们。

2. 第三者技法

第三者技法(third person technique),即给调查对象提供一个语言或者视觉的情景,询问调查对象与第三者相关的信念与态度,而不是直接表达个人的信念与态度。第三者可能是自己的朋友、邻居、同事或某种"典型的"人物。同样,调研者的假定是,当被访者描述第三者的反应时,他个人的信仰和态度也就暴露出来了。让被访者去反映第三者立场的做法减低了他个人的压力,因此可能给出较真实合理的回答。

二、投影技法的优缺点

与无结构的直接法(小组座谈法和深层访谈法)相比,投影技法的一个主要优点就是,有助于揭示被访者真实的意见和情感,特别是对那些秘密的、敏感的问题的看法。在直接询问时,被调查者常常有意地或无意地错误理解、错误解释或错误引导调研者。在这些情况下,投影技法可以通过隐蔽研究目的来增加回答的有效性。特别是当要了解的问题是私人的、敏感的或有着很强的社会标准时,作用就更明显。当潜在的动机、信仰和态度是处于一种下意识状态时,投影技法也是十分有帮助的。

投影技法也有无结构的直接技法的许多缺点,而且在程度上可能更严重。
(1) 需要专门的、训练有素的调查员去作访问,而这种人员往往非常缺乏;
(2) 通常费用较高;
(3) 可能会存在严重的解释偏差;
(4) 开放式的提问常会给分析和研究带来一定困难。

一些投影技法例如角色扮演法要求被访者采取不平常的行为。在这些情况下调研者可能假定同意参加的被访者在某些方面也不是平常的。因此,这些被访者可能不是所研究的总体的代表。为此,最好将投影技法的结果与采用更有代表性样本的其他方法的结果相比较。

三、投影技法的应用

投影技法比非结构化的直接方法(小组座谈法与深度访谈法)用得少。一个可能的例外就是字词联想法,它通常用于验证品牌名称,偶尔也用来测量关于特定商品、品牌、包装、广告的态度。下列建议会大大提高这些方法的效果:
(1) 当用直接方法不能准确地获取所需要信息时,应当使用投影技法;
(2) 在探索性研究中,为了获得最初的看法与理解,应当使用投影技法;
(3) 由于投影技法的复杂性,因而不能天真地使用投影技法。

因此,有必要将投影技法得到的结果与更具代表性样本的其他方法所得到的结果进行比较。表 3.2 是小组座谈法、深度访谈法以及投影技法的比较。这些方法不但不互斥,相反,将它们结合起来使用往往可以产生非常有价值的信息。

表 3.2　小组座谈法、深度访谈法以及投影技法的比较

标准	小组座谈法	深度访谈法	投影技法
结构化的程度	相对较高	中等	相对较低
对个人调查对象的追问程度	低	高	中
主持人的偏见	中	相对较高	相对较低
解释的偏见	相对较低	中	相对较低
对潜意识信息的揭示程度	低	中高	高
对创新信息的挖掘程度	高	中	低
对敏感信息的获得	低	中	高
与众不同的行为/提问	无	少	有
整体的有用性	非常有用	有用	部分有用

思 考 题

1. 文案调查法的文献来源有哪些？
2. 文案调查法的优缺点是什么？
3. 文案调查法的工作流程是什么？
4. 文案调查法应用在什么场合？
5. 为什么说小组座谈法的技术性要求较高？
6. 对小组座谈法主持人有哪些要求？
7. 如何甄别小组座谈法的参与者？
8. 什么情况下宜采用小组座谈法？
9. 常用的深度访谈法技术有哪几种？
10. 深度访谈法的工作流程是什么？
11. 什么情况下宜采用深度访谈法？
12. 深度访谈法需注意的事项有哪些？
13. 什么是投影技法？投影技法有哪些分类？
14. 图片法和漫画测试法的区别有哪些？
15. 什么情况下宜采用投影技法？
16. 比较小组座谈法、深度访谈法以及投影技法。

案例分析讨论

某化工集团并购重组方案设计

某化工集团是经国务院批准的大型企业集团，管理 120 多家生产经营性企业，24 家科研设计院所，2 家非银行金融机构，控股多家上市公司。该公司在化工新材料领域、化工原料领域、化工科研设计领域等在中国乃至国际上具有较大的优势。该公司的目标是

发展成为具有国际竞争力的企业集团。通过并购重组,在化工行业主要领域进行延伸,以在市场份额、技术水平、企业规模等方面形成相对竞争优势,追求规模经济和集约化经验。为了实现快速扩展路线,该企业对湖南一家化工企业进行了并购重组。

当初,公司高层领导在选择并购企业的时候可谓颇费周折。最终在确定了数家目标企业的时候,公司高层领导之间又发生了分歧而使得该集团公司并购重组决策一拖再拖。于是就有人提议,请作为第三方的咨询公司前来出谋划策。

来自上海的某咨询公司在与客户深入沟通后,对欲兼并的地方性化工企业从外部环境到区域环境等进行了全面的分析,最终提供了完善的并购重组整合方案。

(1) 环境分析

首先对全球农药行业发展状况和发展趋势进行分析,研究世界农药公司并购重组的动因、并购重组成功和失败经验;然后,对目标企业区域性行业发展状况、并购动因、并购原则、并购重组方案等进行分析,从而为该集团公司并购重组决策提供依据。

(2) 目标企业分析

通过对目标企业的发展历史、发展现状进行分析,从对目标企业的产品、市场格局、合作关系、渠道、管理者和人力资源等角度对目标企业进行了全面分析和综合评估,分析目标企业存在的优势、发展中面临的主要问题和可能存在的风险,这为并购重组方案的制定提供详细的信息,保证并购重组方案的可行性。

(3) 并购重组方案设计与选择

通过对客户基本境况、行业背景和发展战略进行全面分析,明确客户对目标企业进行并购重组的原则。结合该集团公司过去并购重组的经验和行业并购经验,确立企业并购重组的基本方案、股权结构、并购后发展目标。最后,根据并购方案,制定并购重组后的整合方案,包括重组方案的实施策略、新企业体制设计、组织结构整合设计、技术研发整合、经营管理整合、新企业文化建设等方面,从而保障重组后,新企业能够平稳过渡和快速发展。

(资料来源:根据 http://www.brighten-c.com.cn/services.asp?big=1&cid=60&id=62 整理。)

案例思考题:

1. 你认为该咨询公司在进行环境分析的过程中,使用了什么调查方法?如何调查搜集资料?

2. 该咨询公司对目标企业进行的分析是通过什么调查方式得到?你认为可以采用哪些调查方式全面地了解目标企业?

3. 该咨询公司所进行的重组方案的选择是否需要再做市场调查?如果需要,你认为什么调查方法是适合的;如果不需要,试说明理由。

市场调查方法

【学习目标】

通过本章学习,读者应了解市场调查方法中的定量调查方法的种类及其概念;理解访问法、观察法、实验法和网络调查法的特征;熟悉其操作流程;掌握其应用场合和应用范围,同时在实际操作中要注意各种不同调查方法的应用细节。

【导入案例】

对好时公司来说,糖果就是时尚

销售大战正在进行!美国糖果业两大巨头好时公司(Hershey)和 Mars 正在争夺美国糖果业每年 73 亿美元的收入。好时在 20 世纪 70 年代初失去了霸主地位之后,就在不断努力收复失地。到 1985 年,好时和 Mars 成为美国十大糖果品牌的制造商,共同占有整个市场的 70%。吉百利(Cadbury)拥有市场的 9%,雀巢公司则只有 6%。然后在 1988 年,好时兼并了吉百利,将糖果市场份额从 36% 提高到 44%。吉百利牛奶巧克力、Peter Paul Mounds、Almond Joy 和 York Peppermint Pattie 等品牌的加入,帮助好时重新确立了糖果市场上的领先地位。

20 世纪 80 年代末 90 年代初,好时又推出了 Kisses 杏仁巧克力、Hugs 巧克力、Amazin'Fruit Gummy Bears 以及 Cookies 'n' Mint 巧克力等新产品。1994 年,好时食品公司庆祝成立 100 周年。1996 年,好时又兼并了 Leaf North American 公司,利用该公司一些非巧克力糖果品牌弥补在这方面的不足。1996 年,好时还建立了低脂糖果生产线,在 1997 年就创收 1 亿美元。

1999 年实施新的分销系统时遇到一些问题之后,好时于 2000 年恢复了销售、市场份额和利润的增长,取得了 1996 年以来最好的销量。2003 年,好时推出了 Swoops 糖果,并被 Productscan 评为 2003 年的年度新产品之一。2005 年,好时收购了 Joseph Schmidt Confections 和 Scharffen Berger。2004 年终止的财政年度,总销售额达 46.4 亿美元。2005 年,好时主宰了全球糖果市场,其市场份额达 30.3%,在 60 多个国家销售其产品。位居第二的公司 M&M/Mars, Inc. 的市场份额是 16.8%,而第三名雀巢的市场份额只有 6.3%。公司过去 100 年的决策不仅实现了产品多样化,而且创造了可观的利润(见表 4.1 和表 4.2)。

表 4.1　好时大事记

年　份	事　件
1895	好时的第一条巧克力棒售出
1907	好时 Kisses 问世
1908	好时牛奶杏仁巧克力问世
1911	销售额达 500 万美元
1925	Mr. Goodbar 巧克力棒问世
1938	好时 Krakel 巧克力棒问世
1939	好时袖珍巧克力问世
1945	Milton Hershey 去世,享年 88 岁
1963	兼并 Reese 糖果公司,主要产品是 Reese 花生饼干
1966	好时购买了 San Giorgio Macaroni 公司
1968	好时巧克力公司更名为好时食品公司
1977	并购 Y&S 糖果公司,主要产品为香草产品,品牌有 Twizzlers 和 Nibs
1986	兼并 Dietrich 公司糖果分公司,增加了 Luden'S 和第五大街品牌
1988	好时兼并吉百利,同时获得的品牌包括 Peter Paul Mounds、Almond Joy 和 York Peppermint Patties
1990	好时 Kisses 杏仁巧克力问世
1991	购买 Fluid 公司制作巧克力饮料的奶厂
1992	好时 Cookies 'n' Mint 巧克力棒和 Amazin' Fruit Gummy Bears 问世
1993	好时 Hugs 和好时 Hugs 杏仁巧克力问世
1994	好时 Nuggets 巧克力和 Reese 的果仁黄油饼牌的麦片问世
1996	好时推出低脂巧克力产品,兼并 Leaf North American 品牌,加强非巧克力产品线
1997	推出 Reese's 脆饼
1998	推出 Reese 棍
1999	推出杏仁花生黄油、杏仁牛奶巧克力、好时饼干等口味的好时 Bites
2000	花费 1.35 亿美元获得 Nabisco 的清新口香糖业务
2001	好时 Bites 获新千年后最佳新产品的第 10 名
2003	好时推出了 Swoops 糖果,并被 Productscan 评为 2003 年的年度新产品之一
2005	好时收购了 Joseph Schmidt Confections 和 Scharffen Berger

表 4.2　全美排名前 10 位的巧克力品牌

排名	品牌	市场份额/%	排名	品牌	市场份额/%
1	Snickers	10.2	6	Butterfingei	4.71
2	Reese's	9.33	7	好时杏仁巧克力	3.39
3	M&M 花生巧克力	6.31	8	Crunch	3.33
4	M&M 普通巧克力	5.26	9	Milky Way	3.25
5	Kit Kat	4.97	10	好时牛奶巧克力	2.91

好时之所以能在与 M&M/Mars 的市场竞争中占优势，一个重要因素就是其杰出的营销研究部。好时的研究表明，一般消费者把巧克力糖果看作一种奢侈品或是一种自我放纵。由于这样的态度和观念，糖果销售的 70% 来自冲动性购买。好时 1999 年推出了好时 Bites，一种小型糖棒。至 2002 年，小型糖棒拥有其最受欢迎的普通规格糖棒的 7 种口味。这一产品线取得了巨大的成功，使非包装糖果细分市场增长了 33.4%。消费者喜欢不同的花样，很少连续两次买同一种糖果。

研究显示购买习惯受消费者的年龄影响，市场研究还使好时发现人口老化的趋势。20 世纪 70 年代末 80 年代初的时候，13~20 岁的年轻人占人口的大部分，而到了 90 年代，这个群体的年龄增长为 35~50 岁。因此，糖果业必须努力吸引这些成人消费者。2000 年，美国人的中位年龄是 40 岁。糖果制造协会相信，随着美国人口老龄化，人们将更注重生活质量，其中就包括高质量的糖果。一项消费模式的重复性横截面分析显示，成年人消费的糖果所占的比率正在持续上升（见表 4.3）。这说明成人市场越来越有利可图了。

表 4.3　各年龄组糖果消费情况　　　　　　　　　　　　单位：%

年龄组	1980 年	1990 年	2000 年	2005 年（估计值）
0~17 岁	46	38	33	30
18~34 岁	22	23	24	25
35~45 岁	20	24	26	27
46 岁以上	12	15	17	18

此外，为了增加市场份额，好时决定成为无畏的产品创新者。例如，1998 年该公司的 NutRageous 最初用 Acclaim 的名称进行测试。不幸的是，当向消费者展示在白纸上写的 Acclaim 并问他们想到了什么的时候，他们最常见的联想是 Acclaim 汽车。这表明必须起个新名字，因此他们对 NutRageous 进行了测试。这个名称与产品的描述非常吻合！1998 年推出的 Reesestick 含有消费者喜欢的三种成分：花生酱、威化和牛奶巧克力。该产品是如此成功以致最初需求超过了好时的生产能力。2000 年 5 月，好时推出了 Kit Kat Big Kat。这是人们最喜欢的品种的超量版，是传统 Kit Kat 宽度的两倍和厚度的三倍。为了迎合儿童需要，好时推出了自制糖果的产品"好时糖棒制造工厂"。该产品于 2000 年 6 月投放市场，使儿童可以用自己的创造力和想象力制造自己的独特巧克力。

由于种种原因，好时及其竞争者们也意识到，甜食市场并不仅仅局限在巧克力和糖果产品上，因此也开始准备进入零食行业。今天的消费者还需要冰激凌、甜饼、巧克力皮的燕麦卷等甜食。1999年,好时与Breyers合作,推出了糖果口味的冰激凌。好时还推出了许多非糖果产品,并在广告和消费促销中得以体现。

2000年后期,好时花费1.35亿美元获得Nabisco的清新口香糖业务。受此并购影响的品牌包括Ice Breakers、Breat Savers Cool Blasts、Care Free、Stick Free等。

当市场营销研究显示高档巧克力细分市场的增长速度很快时,好时收购了Joseph Schmidt Confections和Scharffen Berger,使公司进入高档巧克力市场。公司的董事长、总裁兼首席执行官Richard H. Lenny说:"收购Joseph Schmidt Confections和Scharffen Berger给好时提供了一个巨大的战略机会,使公司能够抓住高速增长的高档巧克力市场。这两个公司提供了在17亿美元高端市场的不同平台。Scharffen Burger是高可可含量、黑巧克力领域的领导者,而Joseph Schmidt专注于精制的手工巧克力礼品市场。我们期待收获这两家公司带来的巨大的增长潜力,进一步加强我们在美国糖果市场的领导地位。"

对好时来说,糖果就是时尚,但它精明地意识到仅依靠糖果难以保持公司的最佳利润状况,因此不断推陈出新。

(资料来源:纳雷希.K.马尔霍特拉(Naresh K. Mallhotra)著.徐平译.市场营销研究:应用导向(第5版)北京:电子工业出版社,第250～253页)

启示:没有哪种调查方法在任何场合下都是最好的。由于调查目的、调查对象、调查预算以及调查的其他因素的限制,并不是一种调查方法就能达到调查的目的,可能同时需要两种或者更多种方法的结合运用。事实上,不同的调查方式之间并不相互排斥,相反,它们能在一定程度上以一种互补的形式存在,从而取长补短。有时候,可以采用定性研究来佐证定量结果并进一步进行解释。研究员甚至可以将这些方法交错使用,并创造出一种新的方法。

第一节 访 问 法

一、访问法概述

1. 访问法的概念

访问法也称询问法或访问调查法,是指调查者利用问卷,通过访谈询问的形式,来搜集市场调查资料的一种调查方法。它是市场调查资料搜集最基本、最常用的调查方法,主要缘于其具有应用范围广泛,可靠程度高,便于资料的编码、统计、分析和解释等特点,主要用于原始资料的搜集。在访问法中,访谈员根据问卷向被调查者提出问题,通过被调查者的口头回答或填写调查问卷等形式来收集市场信息资料。

2. 访问法的分类

按照不同标志,访问法可以分为许多类型,主要有以下几种。

(1) 按访问形式不同,访问法可分为面谈访问、电话访问、邮寄访问和网络访问等方法。这几种方法将在后面作重点介绍。

(2) 按访问方式不同,访问法可分为直接访问和间接访问。直接访问是调查者与被调查者直接进行面谈访问,这种方法可以直接深入到被调查对象中进行访问,也可将被调查者请在一起来座谈访问。间接访问是通过电话或书面形式间接地向被调查者进行访问,如电话访问、邮寄访问、面谈访问中的留置问卷调查等。

(3) 按访问内容不同,访问法可分为标准化访问和非标准化访问。标准化访问又称结构性访问,是指调查者事先拟好调查问卷或调查表,有条不紊地向被调查者访问。主要应用于数据收集和定量研究。非标准化访问又称非结构性访问,是指调查者按粗略的提纲自由地向被调查者访问。主要应用于非数据信息收集和定性研究。

二、面谈访问

面谈访问,就是调查员依照问卷或调查提纲进行面对面的直接访问而获取市场信息的方法。这样有利于企业在进行营销调研时,能够了解消费者的真实感受和想法,以此把握市场信息。面谈访问主要用于消费者研究、媒介研究、产品研究、市场容量研究等方面。面谈访问按照访问的地点和形式不同可分为:入户访问、留置问卷访问、拦截访问和计算机辅助面访调查。

进行面谈访问应注意营造一种良好的气氛,尊重被访者,接待要热情,态度要诚恳,用语要适当,调查员应该启发和引导被访者,对重大原则问题,应避免发表个人看法和观点。

(一) 入户访问

1. 入户访问的概念

入户访问是指调查员到被访者的家中或工作单位,直接与被访者接触,利用访问式问卷逐个问题进行询问,并记录下对方的回答;或是将自填式问卷交给被调查者,讲明方法后,等对方填写完毕再回来收取问卷的调查方式。它是最常用的原始资料收集的调查方法,适用于调查项目比较复杂的产品测试、广告效果测试、消费者调查、顾客满意度研究、社情民意调查等。

在决定采用入户访问方式之前,企业首先要决定到哪些户(单位)去访问。应该尽可能详细具体地规定抽取家庭户的办法。同时,要求调查员必须严格地按照规定进行抽样,绝对不可以随意地、主观地选取调查户。

入户以后要具体确定访问的对象。根据研究的目的不同,确定的访问对象也不同。如果调查的内容主要涉及整个家庭,则一般是访问户主;如果调查的内容主要涉及个人的行为,一般是访问家庭中某个年龄段的成员,或是按某种规定选取一位家庭成员进行访问。不管是哪一种情况,抽样方案中都要规定具体的方法,使调查员有据可依。对于只选一位家庭成员的情况,一般利用"入户随机抽样表"来确定。

2. 入户访问的优点

由入户访问的面对面特点决定了它具备直接性、灵活性、可观察性、准确性等优点。

(1) 直接性强。由于是面对面的交流,调查者可以采用一些方法来激发被调查者的兴趣,如图片、表格、产品演示等来增加感性认识,当被访者因各种原因不愿回答时,调查者可进行解释、启发,争取被访者合作。

(2) 灵活性强。调查者依据调查问卷或提纲,可以灵活掌握提问的次序并及时调整、补充内容,弥补事先考虑的不周,随时解释被调查者提出的疑问,而且一旦发现被访者与所需的调查样本不符合时,可以立即中止访问。

(3) 准确性高。通过调查者充分解释问题,可把问题的不回答情况及答复误差减少到最低,同时,可根据被访者回答问题的态度,判别资料的真实可信程度。

(4) 调查有深度。调查者可以提出许多不宜在人多的场合讨论交谈的问题,深入了解被访者的状况、意愿和行为,亦可在访问中发现新情况和新问题。

(5) 拒答率较低。通过面谈访问,被访者一般不会拒绝回答问题,遇到拒绝回答时,也可通过访谈技巧采取被调查者回答或做二次访问。

3. 入户访问的缺点

事物总是一分为二的,面对面的特点也有它局限性的一面。

(1) 费用高。调查的人力、经费消耗较多,对于大规模、复杂的市场调查更是如此。可见,入户访问更适宜规模较小的市场调查。

(2) 时间长。对大规模的市场调查不仅耗费大量人力、物力和财力,还需较长时间才能完成。

(3) 对访问员要求高。由于是调查者与被访者直接面对面访问,因此,要求访问员不仅具备较高的专业素质,如访问员专业水平、与人交往的能力、语言表达能力等方面,而且还要求赋有强烈的工作责任感,如访问员的态度、语气等,否则,就会影响调查资料的质量。

(4) 调查质量容易受其他因素的影响。入户访问不仅容易受气候、调查时间、被访者情绪等因素的干扰,而且随着居民生活水平不断提高、个人隐私的保护意识越来越强、居住环境更加私密化,各地入户访问的拒访率在不断增加、访问员面临的执行难度越来越大。

(二) 留置问卷访问

留置问卷调查,是指将调查问卷当面交给被调查者,说明填写的要求并留下问卷,请被调查者自行填写,由被调查者定期收回的一种调查方法。留置问卷访问是调查者将调查问卷当面交给被调查者,说明调查目的和要求,由被调查者自行填写回答,按约定的时间收回问卷的一种方法。

1. 留置问卷调查的优点

留置问卷调查当面将调查问卷交给被调查者,由被调查者自行填写回答,按约定时间收回问卷的调查方式,决定了它具有以下优点。

(1) 回收率高,由于留置问卷调查过程是当面送、当面收,所以问卷的回收率高。

(2) 内容全面。依据调查者的意图,问卷内容可以详细周密,需要了解什么问题就设置什么问题。

（3）可信度高。由于问卷留给被访者填答，被访者有充分时间详细思考，认真作答，而且还不会受调查者的主观影响，可避免由于时间仓促或误解产生误差，所以可信度高。

2．留置问卷调查的缺点

留置问卷调查的缺点和优点一样是由其当面将调查问卷交给被调查者的方式决定的，主要有两个缺点。

（1）调查受区域范围的限制，难以进行大范围的留置问卷调查。

（2）调查费用高，比入户访问要多跑一趟去回收问卷，调查费用相应增加。

（三）拦截访问

拦截访问是指在某个场所（如商业区、商场、街道、医院、公园等）随机拦截路人所进行的个人访问。这种调查一般在超市、商贸中心、公园、医院等较繁华的地段展开，常用于商业性的消费者意向调查。例如在商场的化妆品柜台前拦截女性顾客询问她们对化妆品的偏好及购买习惯、行为等。

1．拦截访问的方式

拦截访问一般有定点拦截和非定点拦截两种。

（1）非定点拦截。它是由经过培训的访问员在商场入口处或街头人流集中的地方（如交通路口、户外广告牌前），按照一定的程序和要求，友善地拦住购物者或行人，征得其同意后，就事先准备好的调研问题就地即时询问被访对象。

（2）定点拦截。它是指在事先选定的若干场所的附近，友善地拦截访问对象，征得其同意后，带到专用的房间或厅堂内进行面访调查。这种方式主要用于需要进行实物显示的或特别要求有现场控制的探索性研究，或需要进行实验的因果关系研究。一般要求被访者品尝新品种的食物或观赏广告片段等，以测试广告效果、试用某种新产品等。

2．拦截访问的技巧

拦截访问被广泛应用在对产品（或服务）的消费心理、动机、态度及行为的调查之中。调查对象一般为普通的消费者或潜在消费者，他们在文化、性格、兴趣爱好、审美观、购买力和接受访问的态度等方面差别较大。因此，为了访问成功，调查员必须掌握访问的技巧。

（1）便利和安全的调查地点。拦截访问的地点通常是购物中心、超市、百货商店、车站、码头等，这种选择最大的好处是被访对象集中，极易寻找。另外，安全因素也很重要，尤其是欲将受访者带入有固定调查设施的地点，安全是取得被访者信任和合作的基本前提。

（2）合适的访问时间。一般选择受访者有充裕的时间（如节假日）进行访问，尽量避开上下班的高峰期。访问时间不宜过长，一般控制在10分钟之内，以降低拒答率和无效回答率。

(3) 理想的受访者。为取得有效的调研资料,街头拦截时进行受访者的甄别十分必要。调查者要根据调研目的和要求,在性别、年龄、职业、收入、购买力和文化等方面瞬时观察和迅速判定样本的代表性,从而降低访问的难度,节省费用,提高调研资料质量。这主要取决于调查者的专业水准和经验判断。

(4) 调研者得体的仪容仪表、良好的形象、友善的态度、熟练和高超的沟通技巧也是街头拦截访问成功的必要条件。

(5) 拦截访问时,赠送有意义的小礼品也能在一定程度上吸引被访对象的关注。

3. 拦截访问的优点

拦截访问具有以下优点:访问地点比较集中,时间短,可节省访问费和交通费;可以避免入户访问的一些困难;便于对访问员进行监控;受访者有充分的时间来考虑问题,能得到比较准确的答案;对拒访者可以放弃,重新拦截新的受访者,确保样本量不变。

4. 拦截访问的局限性

拦截访问的局限性主要表现在三方面:一是只能进行简单的、大众的问题调查,而不适合内容较复杂、不能公开的问题的调查;二是调查对象的身份难以识别,在调查地点出现带有偶然性,可能影响样本的代表性和调查资料的质量;三是拒访率高,拦截的个别行人、顾客可能因为要赶车、处理公务或私务、怕耽搁时间等原因而拒访。因此,在使用时应附有一定的物质奖励。

(四) 计算机辅助面访调查

计算机辅助面访调查(computer assisted personal interviewing,CAPI)是将问卷设置在笔记本电脑或台式电脑中,以辅助入户访问或拦截访问。调查操作软件系统一般包括问卷设计系统、访问管理系统、数据录入和问卷统计系统4个子系统部分。它主要有计算机辅助入户访问和计算机辅助拦截访问两种方式。

(1) 计算机辅助入户访问。它是入户访问的新的发展形式,是将问卷设置在笔记本电脑中,由调查员随身携带入户访问,向受访者介绍调查的目的及操作方法,由受访者按计算机上的提问自行输入要回答的问题,或由调查员代为输入。这样可以节省访问的时间和资料录入整理的时间,也可避免逻辑性错误,还可提高受访者的兴趣。

(2) 计算机辅助拦截访问。它是拦截访问的新的发展形式,由调查员先拦截被访者并征得其同意后,直接带到放有计算机的地方,说明调查目的,请求其配合支持,然后由被访者按计算机上的提问自行输入要回答的问题,或由调查员按计算机上的提问边询问边输入。它具有自动录入数据、编辑数据、逻辑检查、自动汇总统计等优势,因而速度快、效率高、节省调查时间和调查费用。

三、电话访问

(一) 电话访问的概念

电话访问是指调查人员利用电话这种通信工具,同被调查者进行语言交流,从而获取信息、采集数据的一种调查方法。电话访问在西方发达国家使用较多,特别是瑞典、加拿大、芬兰、新西兰、美国、德国、丹麦、法国、荷兰、奥地利、中国香港地区、澳大利亚、英国等国家和地区使用较早。电话调查已经大量地应用于社会经济市场调查的许多方面,例如对健康状况的调查、对就业状况的调查、对消费者商品需求情况的调查、其他信息的收集以及各种各样的民意测验等。在我国,企业直接用电话向消费者进行访问调查的还不多,一般是企业之间相互沟通信息。

一些电话调查专家曾指出,如果电话普及率达40%以上,电话调查就有十分广阔的用武之地。随着我国电信事业的稳步发展,我国电话普及率在不断提高,据中国工业和信息化部的统计显示,截至2008年10月底,中国电话用户总数超过9.78亿户。电话访问正在越来越多地应用于调查领域。

(二) 电话访问的种类

随着高新科技的发展,电话访问在其传统方式的基础上,正发展为多种不同的新型方式。电话访问除了传统电话访问外,还有中心控制电话访谈、全自动电话访谈(CATS)和计算机辅助电话访问(CATI)三种形式。

1. 传统电话访问

传统电话访问就是指经过培训的调查员使用普通的电话工具、普通的印刷问卷和普通的书写用笔,在电话室内(可以是设置有多部电话的调查专用的电话室,或是一般的办公室,条件不允许的情况下也可能是在各个调查员的家中),按照调查设计所规定的随机拨号的方法,确定拨打的电话号码。如果一次拨通,则按照准备好的问卷和培训的要求,筛选被访对象;然后对合格的调查对象对照问卷逐题逐字地提问,并及时迅速地将回答的答案记录下来。否则,继续拨打或另选被访者。一般情况下,电话室内有专门的督导员,负责电话调查实施管理和应急问题的处理。调查员都是经过专门训练的,一般以兼职的大学生为主,或其他一些人员。有些公司由于电话访问项目较多而设有专职的电话访问员。

传统电话访问的程序如下:
(1) 根据调查目的划分为不同的区域;
(2) 确定各个区域必要的调查的样本单位数;
(3) 编制电话号码本(抽样框);
(4) 确定各个区域被抽中的电话号码;
(5) 确定各个区域的电话访问员;
(6) 电话访问一般利用晚上或假日与被访者通电话,获取有关资料。

传统的电话调查对于小样本的简单的访谈虽然简便易行,但也存在不少问题,如:效率低、难于进行统一的监控和管理、难于处理复杂的(例如有许多跳答或分支的)问卷等。对于传统的电话调查的访问员,他们需要具备以下素质:发音正确、口齿清楚、声速适中和听力良好。

2. 中心控制电话访谈

中心控制电话访谈法是通过一套专门的设备进行的。现在,几乎所有的电话访谈都是通过这种方式来进行的。这种访谈方法的优越性就是"控制"。

(1) 可以对实际的访谈过程进行监听。大多数的中心控制电话访谈系统都有一个监听系统。这样,督导人员能够听到访谈员所进行的访谈内容。不正确的访谈会被及时纠正,不称职的访谈员会被解雇。一个督导员可以监听 10～20 名访谈员。一般情况下,每名访谈员当班时至少要被监听一次。

(2) 已完成的访谈可以当场得到进一步的质量检查,访谈员能够立刻得知自己工作中不妥当的地方。

(3) 访谈员的工作时间始终被控制,工作人员必须按时工作。

大多数美国国内调研都是由一台设备控制的。举例来说,一项调研需要纽约、芝加哥和华盛顿的样本各 200 名,需要由这三地的调研机构共同完成该项目。如果没有中心控制技术,数据分析员便会遇到这样一个问题:不同城市的数据间是否具有可比性,不同城市的调研方法上是否完全一致。然而,如果这项调研的整个过程是由一台设备来控制,分析人员便能够很肯定地得出结论。

3. 计算机辅助电话访问

计算机辅助电话访问(cornputer assisted telephone interviewing,CATI)在发达国家使用比较普遍。通常是在一个装备有计算机辅助电话调查设备的中心地点进行。整套系统的硬件包括:一台起总控作用的计算机主机、若干台与主机相连接的 CRT 终端、耳机式或耳塞式电话和鼠标、若干台起监视作用的计算机和配套的音响设备等。整套系统的软件包括:自动随机拨号系统、问卷设计系统、自动访问管理系统、自动数据录入和简单统计系统等。计算机辅助电话访问实际上是将中心控制电话访谈进行了"计算机化",它使调研数据收集过程得到改善。

当利用这种方式进行调研时,每一位访问员都坐在一台计算机终端或个人电脑面前。当被访者电话被接通后,访问员通过一个或几个键启动机器开始提问,问题或多选题的答案便立刻出现在屏幕上。访问员说出问题并输入回答者相应的答案,计算机会自动显示恰当的下一道问题。例如,当访问员问到被访者是否拥有电脑,如果回答为"是",接下去会显示一系列有关选择"电脑"的问题。如果回答为"没有",那么,系统会自动跳转到其他的题目。调查员只需根据屏幕上显示的问答题提问,计算机会自动检查答案的适当性和一致性。与传统的电话调查相比,CATI 数据收集的过程是自然的、平稳的,数据的质量得到了加强,访问的时间也大大地缩短,也不再需要数据的编码和录入等烦琐的过程。

督导员可以在现场检查和指导调查员的工作,也可以在其他的房间通过监控设备随时了解访问的实况。计算机的主机可以随时提供整个调查的进展、阶段性的调查结果以及每一个调查员完成工作的具体情况。研究人员可以根据阶段性调查结果及时地调整方案,使调查更为有效。例如样本中某一类被访者的数目已经达到,下阶段的访问就需要筛选掉这类被访对象;某个调查员的平均完成时间太短,可能是语速太快,或者对开放题没有充分地追问等。对于被访者不在家需要追访或被访者没有空需要另约时间的情况，CATI系统也会自动地储存上次访问的号码和时间，届时该号码会自动地出现在拨号系统中。

CATI的另外一个优点是统计工作可以在任何时候进行，无论是在访问了200、400名或是任何多名受访者的时候，省略了数据编辑及录入步骤。这是用纸笔进行统计所无法做到的。以往传统的访谈，都要在全部访谈样本调查完成后的一周甚至更长的时间后才能开始统计工作，而CATI在这方面很有优势。根据电脑列表统计的调研结果，某些问题可能被删掉，以节约以后的调研时间及经费。统计结果同样也会提出增加某些问题的要求。如果产品的某项用途在先前的调研中未被涉及，则可以在访谈中加上这道问题。总之，管理者会发现，调研结果的提前统计对调研计划及战略的实施是有帮助的。

4. 全自动电话访谈（CATS）

近年来，在美国利用一种使用内置声音回答技术取代传统的电话调查方式。这种全自动电话访问方式利用专业调查员的录音来代替访问员逐字逐句地念出问题及答案。回答者可以将封闭式问题的答案通过电话上的拨号盘键入，开放式问题的答案则被逐一录在磁带上。

全自动电话访谈主要有两种类型：向外拨号方式和向内拨号方式。向外拨号方式需要一份准确的电话样本清单，电脑会按照号码进行拨号，播放请求对方参与调研的录音。这种方法的回答率很低，因为人们通常容易挂断电话。而向内拨号方式是由被访音拨叫指定的电话号码进行回答，这些号码通常是邮寄给被访者的。使用全自动电话访谈的公司发现它们可以在较短的时间、利用较低的费用快速收集到大量的信息。该系统的适用性很强，能够适合各种特定调研的需要。它已用于几种不同类型的研究，如顾客满意度调查、服务质量跟踪调查、产品（担保）登记、家庭用品测试及选民民意测试等。虽然全自动电话访谈无法代替其他传统的调研方法，但它为调研者们提供了另外一种全新的选择。

（三）电话访问的优缺点

1. 电话访问的优点

电话访问主要具备以下几个方面的优点。

（1）搜集市场调查资料速度快，费用低，可节省大量调查时间和调查经费。

由于访谈员不需要入户面访，节约了行程时间和费用。因此，电话访问被广泛使用在热点问题调查、突发事件调查等时效性要求较高的领域。

（2）搜集市场调查资料覆盖面广，可以对任何有电话的地区、单位和个人直接进行电话访问调查。

（3）能访问到不易接触的调查对象。例如，有些高收入或高地位的特殊阶层，面谈访问是很难接触到的，但是利用随机拨号的方法则有可能访问成功；又比如有些被访者拒绝陌生人入户访问，有些人工作太忙拒绝面访但是可能接受短暂的电话访问。

（4）在某些问题上有可能得到更为坦诚的回答。相对于面谈访问，电话访问可以免去被访者的心理压力,易被人接受,尤其有些家庭不欢迎陌生人进入,电话访问可免除心理防范,能畅所欲言,特别对于那些难于见面的某些名人,采用电话访问尤为重要。因而可能得到比较坦诚的回答,例如,有些关于个人方面的问题,或者是对某些特殊商品的看法(如减肥药、内衣等),面谈访问时可能回答不自然或不真实,但是在电话访问中则有可能得到比较真实的回答。

(5)易于控制实施的质量。由于访问员基本上是在同一个中心位置进行电话访问,督导员或研究人员可以在实施的现场随时纠正访问员不正确的操作。例如没有严格按问答题提问、说话太快、吐字不清晰、声调不亲切或语气太生硬等可能出现的问题。

2. 电话访问的缺点

电话访问也有其局限性,主要体现在以下五方面。

(1)抽样总体与目标总体不一致。电话访问只限于有电话的地区、单位和个人,即抽样总体实际是全体电话用户,而要调查的目标总体可能包括所有有电话和没有电话的消费者。因此,只有当电话普及率达到较高水平时,电话调查的结果可信度才会提高。一些发达国家的电话普及率能达到95%以上,我国的电话普及率相对较低。在通信条件落后地区,这种方法受到限制。

(2)应用领域受到一定限制。一方面,在电话访问中,访谈员通过语音与被访者联系,不能向被访者出示调查说明、图片等背景资料,因此不能应用于产品形象、广告及其他需要演示样品的场合。

(3)访问的成功率可能较低。随机拨打的电话可能是空号或错号;被访对象可能不在或不愿意接受调查,可能挂断电话或因其太忙不愿意接受调查等都会影响访问的成功率。

(4)电话访问由于不能见到被调查者,无法观察到被调查者的表情和反应,也无法出示调查说明、图片等背景资料,只能凭听觉得到口头资料,因此,电话访问不能使问题深入,也无法使用调查的辅助工具。

(5)对于回答问题的真实性很难作出准确的判断。电话调查主要应用于民意测验和一些较为简单的市场调查项目。要求询问的项目要少,尽量采用二项选择法提问,时间要短。为了克服电话访问的缺点,调查前可寄一封信或卡片告知被访者将要进行电话访问的目的和要求,以及奖励办法等。

(四)电话访问的应用范围

在发达国家,人们已经习惯于电话调查,电话调查几乎涉及各个领域,甚至还有超过30分钟的复杂问卷的调查。在美国,3/4 的市场调研活动是通过电话访问方式进行的。在我国,受访者对于电话访问的接受程度不高,拒访现象还比较严重。电话访问的应用范围还比较有限,一般应用于以下的情形。

(1)热点问题或突发性问题的快速调查。例如,对美国总统选举结果的预测、对世界杯的评价、对中国发射"神舟"七号卫星的看法等。

(2)特定问题的消费者调查。例如,某种新产品(如 3G 手机、液晶电视)的购买意向、新推出广告的到达率、对某个电视剧收视情况的调查或某个新开播栏目的收视率等。

（3）企业调查。如企业管理者对某些问题的看法，对某些产品（如复印机、传真机、某些数据分析软件）的评价及购买意向等。

（4）特殊群体的调查。例如，新闻记者对塑造企业形象的看法，政府官员对扶植国内品牌的想度，投资者对近期投资意向的打算等。

（五）电话访问应注意的事项

电话访问通常应注意以下问题。

（1）应在电话访问前先寄达访问问卷到被访问者，然后电话向其确认后再预约访问的大致时间。

（2）由于电话付费关系，访问者一是不要向被访者的手机打电话；二是在预约时间主动打电话给被访者。如果正遇对方不方便交谈时，应礼貌地再预约时间。

（3）在进行电话访问时，应耐心地等待对方把话讲完，不应插话或打断对方。

（4）电话访问的特点是受访者直接拿电话就可以接受访问，但实际作业时访谈员必须针对接听电话的人进行过滤，检查是否符合所要调查对象的条件，条件不符没有理由继续访问。

（5）问卷题目不宜过长，根据实务作业，问卷每页以 800 字计，问卷最多不超过 3 页。如以题目数计，以不超过 20 题为宜；如果问卷内容简化、活泼，问卷题数可以增加，但至多不宜超过 30 题。

（6）每个题目的选项以不超过 4 项为原则，因为用口头通知的极限至多 4 项，因此在电话访问实务作业上，不超过 4 项以上的选择题才适合电话访问方法，而且题目内容必须容易回答。

（7）每次访问时间不要太长，最好在 10 分钟以内完成，通常为 15 分钟，至多不要超过 20 分钟。时间太长、选项太多、题数太多以及内容太长的问卷，采用电话访问反而不如人员访问或邮寄问卷有效。

（8）需要实体展示的市场调查作业，不适合采用电话访问。

四、邮寄访问

邮寄访问指将事先设计印制好的调查问卷，通过邮政系统投寄给事先联系好的受访者，由受访者按要求填写后再把问卷寄回，从而获取信息的一种调研方式。问卷必须简洁，问题明了，让被调查者一看就知道如何完成问卷。邮寄访问因其具有调研问题的专业性和标准性，调研对象的广泛性与针对性，完成问卷的经济性与简便性等特点，在市场调研中一直得到广泛的运用。除了书籍、杂志出版单位比较普遍地采用征订单邮寄的方法了解市场信息、推销商品以外，工商企业也通过向用户、消费者邮寄问卷、订单了解市场需求。特别是近年来，一些社会调查机构、研究咨询机构、信息中心等，纷纷采用邮寄访问开展调查活动，了解市场信息的第一手资料。特别是在被访者不愿面谈的情况下邮寄访问调查就是最好的方式。

（一）邮寄访问的形式

邮寄访问一般有普通邮寄调查与固定样本邮寄调查两种形式。

1．普通邮寄调查

普通邮寄调查，就是将问卷通过邮局寄给选定的被访者，并要求他们按规定的要求和时间填写好问卷，然后将问卷寄回调查机构。其一般步骤如下。

（1）根据研究目的确定调查对象。一般通过科学抽样，这一步工作较困难，因为确定邮寄对象非常困难，事先要收集调查对象的名单、通信地址和电话号码。

（2）事前接触。问卷发放前，通过电话、明信片或简短的信件等与调查对象进行事先的沟通，笼络情感，寻求其支持与合作。这种事先接触往往可以明显地提高回收率。

（3）向调查对象寄出调查邮件。典型的调查邮件一般包括5个部分：贴足邮资写清调查对象地址的信封、致调查对象的信、调查问卷、贴足邮资写清调查机构地址的回邮信封、谢礼或有关谢礼的许诺。调查邮件的质量对回收率有直接的影响。措辞恳切的信、印刷正规和排版美观的问卷、质量良好的信封和精美小礼品，都有可能引起调查对象的重视，促使他们填写和寄回问卷。

（4）事后接触。问卷发放一段时间后，通过电话或简短的提示信与调查对象再次接触，询问其是否收到了问卷，请求其按时寄回问卷。

（5）收回问卷并整理资料。整理资料的过程中要注意：①给问卷编码；②登记问卷寄回日期；③登记寄回的地址；④登记寄回的数量。

（6）如果发现回收率没有达到要求，再打电话，寄问卷。如果仍没有达到要求，可采取一定的措施来修正低回收率所造成的误区。一种方法是如果调查是非匿名的，可以对没有回答问题的调查对象进行随机抽样，最后通过面访等方式来提高应答率；另一种方法是如果调查是匿名的，掌握没有回答的群体特征，然后再抽取这一特征的小样本通过面访等方法来提高应答率。

2．固定样本邮寄调查

它是指事先抽取一个样本，在征得所选样本同意后由调查机构向这个样本中的成员定期发送调查问卷，被访者按问卷要求填写问卷并将其寄回调查机构。相对于一次性的普通邮寄调查，固定样本邮寄调查会大大提高整体的回答率。例如我国对城乡居民选定一批固定人群进行家庭收支调查，每隔一定时期（一般是按月或按季）记录其经济收支情况并定期向媒体发布。又如企业可以利用固定消费者样本连续调查来得到关于新产品渗透情况，广告投资与购买的关系，消费者对品牌忠诚度，消费者购买路线、购买方法、购买日期和购买率等信息。与普通邮寄调查相比，固定样本邮寄调查有以下几个特点。

（1）固定样本邮寄调查中，被访者多次参与调查，相对于普通邮寄调查，被访者更熟悉问卷填写的要求，资料相对来说准确性更高。

（2）固定样本邮寄调查，必须提前联系样本单位，相对于普通邮寄调查的事前接触，问卷的回收率更高。

(3) 固定样本邮寄调查,初次联系时,被访者需要填写一份背景材料问卷,一般包括家庭人口、年龄、受教育程度、收入等问题,这样利于问卷的发放和收回;而普通邮寄调查尽管有事前接触,但并不了解被访者的背景材料,影响问卷的回收率。

(二) 邮寄访问的优缺点

1. 邮寄访问的优点

调研问题的专业性和标准性,调研对象的广泛性与针对性,完成问卷的经济性与简便性等特点,决定了邮寄访问在市场调研中具有以下优点。

(1) 调查范围较广,增加了样本量。从原则上来说,凡是通邮的地方都可以调查。因此面谈访问或电话访问难于寻找到的调查对象,例如对某商品的边远地区或海外地区使用者,都有可能通过邮寄的方法将问卷寄去,以搜集信息资料。

(2) 调查费用较低,减少了访问员的劳务费,免除了对访问员的管理。邮寄访问不需要进行访问者的招聘、培训、监控以及支付报酬,在没有物质奖励时,只需花费印刷费和邮资费,节约费用。

(3) 保密性强,能取得较真实的结果。由于邮寄调查一般都是匿名的,被访者自填问卷后用统一的回邮信封寄回。保密性很强,被访问者有安全感,可以完全按自己的实际情况来填写问卷。因此邮寄调查特别适合于敏感问题的研究。同时,被访者有充分的时间作答,还可查阅有关资料,因而取得的资料可靠性较高。

(4) 中间环节少,无调查员误差。电话调查的质量与调查员自身的素质有很大的关系,而邮寄调查可以完全避免来自调查员的原因而产生的偏差,被访者不受调查者态度、情绪等因素的影响,问题更客观,可消除调查者误差。

2. 邮寄访问的缺点

邮寄访问不管是普通邮寄调查还是固定样本邮寄调查,都会因为问卷的来回邮寄,调查过程中必然会存在以下不足。

(1) 问题无反馈,问卷回收率较低。在几种调查方法中,邮寄调查的回收率是最低的。根据美国一个研究机构的报告,如果调查对象是随机选择的,没有任何事先和事后的接触,又没有谢礼的情况下,邮寄调查的回收率在美国一般不会超过15%,在我国可能更低(还没有专门的研究结果)。因为调查对象可能对所调查的内容不感兴趣、问卷设计过于复杂、被访者不在家或事务太忙等。因此在邮寄调查中要特别注意采取有效的措施提高回收率,同时要对回收率低所造成的偏差进行必要的处理。

(2) 信息反馈周期长,资料收集的时效性不强。从邮寄调查的实施步骤可以看出,多次邮寄的过程将会大大加长调查的时间,因此,邮寄调查只适用于那些对时效性要求不高的项目。

(3) 问卷答案可靠性较差。由于缺乏现场指导,无法面对面交流,问卷质量难于控制。被调查者可能产生误解,也可能请人代答填写。邮寄访问要求被访者有较好的文字表达能力,这就可能导致出现调查对象可能会找他人代为回答,或没有全部填答就放弃了,也可能只挑选自己感兴趣的问题来回答等,这些都将影响数据的质量。

(4) 无相应的技术支持,难以甄别被访者是否符合条件。邮寄访问的问卷寄到相应地址后,最终是否由指定的符合条件的人员来填写,调查员无法控制,可能造成分析结果的偏误。

(三) 邮寄调查应注意的问题

由于邮寄访问的上述局限,一般来说邮寄访问只适用对时效性要求不高、样本框较齐全、调查内容较多、调查问题较敏感的项目。其涉及的内容可以是有关日常的消费、日常的购物习惯、日常接触媒介习惯等比较具体的方面,也可以是有关消费观念、生活形态、意识、看法、满意度或态度等比较抽象的方面。使用这种调查方法时,应注意以下几点。

(1) 调研对象的针对性。调研对象的针对性是提高调研结果有效性的基本保证。可根据调查目的和要求,选择调查对象。一般可利用现有的各种通讯录、花名册等抽取调研对象,也可在专业的报纸、杂志、书籍上刊登或附带调查问卷。

(2) 邮寄地址清晰具体,正确无误。一般根据电话号码簿上公布的地址邮寄。

(3) 问卷设计科学、规范。邮寄问卷是在无人指导的状况下,由受访者独立完成,因此应保证问卷能被正确理解,易于回答,便于统计。

(4) 努力提高问卷回收率。如何采取有效可行的办法提高回收率,是邮寄调研人员应高度重视的一个问题,可供借鉴的方法有:①提前通知。提前通知距离正式问卷到达的时间越短,产生的效果就越好。据业内人士分析,提前通知的最佳时间是在邮件调查到达之前3天左右。②设置有趣的问题。问卷要设计得清晰且便于回答,问卷的内容和题型不能太困难,调查内容要求易引起被访者兴趣。可以在问卷开头部分加入几道有趣的题目,以提高应答者的兴趣及合作的积极性。设计并排版具有吸引力的问卷和措辞,增加问卷的趣味性,如填空、补句、判断、图片等,令其简单易懂,也可以保证较高的回应率。③附上空白信封并贴上足额邮票。如果应答者需要自己支付邮资,可能会大大降低回应比率。④设置一定的物质奖励。⑤最好由知名度较高且受人尊敬的机构主办,如大学、政府机构、有名的私人调查机构等。

第二节 观 察 法

观察(observation)法是描述性研究使用的第二类方法。它是指研究者根据一定的研究目的、研究提纲或观察表,用自己的感官和辅助工具去直接观察和记录调查对象正在发生的市场行为或状况,以获取有关信息的一种实地调查法。其特点是,观察者并不向所观察的人提问或与之交谈,而是在被调查者不知的情形下进行有关的调查;调查者凭自己的直观感觉,从侧面观察、旁听、记录现场发生的事实,以获取所需要的信息。信息可以在事件发生时记录,或从过去的事件记录中获得。观察法可以是结构化的或非结构化的,直接的或间接的。观察活动可以在自然或人为的环境中进行。科学的观察具有目的性和计划性、系统性和可重复性。

一般说来,调查者根据调查工作的实际需要和预先安排,有针对性地深入调查单位,通过看、听、触摸，或采用摄像机、照相机、录音机等现代科技手段对调查对象活动的现场如实察看、记录，从而获取第一手统计资料。

一、观察法的分类

（一）根据观察环境划分

观察法可以在自然或者人为的环境中进行。它并不需要向所观察的人提问或与之交谈，只需要静默在一边冷眼旁观。根据观察的视角，可以将观察法分为自然观察和实验观察。

1. 自然观察

自然观察（natural observation）是指在自然环境下的行为观察。例如，可以观察人们在商超购物时对产品宣传广告的行为分析。自然观察的优点就在于其能最大程度上还原所观察现象背后所隐藏的真实原因，但其等待的时间期限过长，并且在自然环境中对现象进行测量有难度。

2. 实验观察

实验调查（contrived observation）法又称实验观察法，它是通过实验设计和观测实验结果而获取有关的信息，是人为地塑造一种环境氛围以观察人们的购物偏好，例如研究员通过营造一种喜庆的氛围在商超中兜售上海世博会吉祥物。即从影响调查问题的许多可变因素中，选出一个或两个因素，将它们置于同一条件下进行小规模实验，然后对实验观察的数据进行处理和分析，确定研究结果是否值得大规模推广。它是研究特定问题的各因素之间的因果关系的一种有效手段，因为它可以通过对实验对象和环境以及实验过程的有效控制，来达到分析各因素之间的相互影响关系及其程度，从中提取出有价值的信息，为决策提供依据。

实验观察的最大特点是把调查对象置于非自然状态下开展实验观察，将实验变量或所测因素的效果从多因素的作用中分离出来，并给予检定。实验观察法的工作程序如下。

（1）根据调查项目的目的和要求，提出需要研究的假设，确定实验变量。例如，某种新产品在不同的地区销售是否有显著的差异，哪个地区的销售效应最好？不同广告设计方案的促销效果是否存在显著的差别，哪个方案的促销效果最佳？

（2）进行实验设计。实验设计的方案很多，有单因素的实验设计和双因素实验设计两大类，其中每一类又分为许多具体的实验设计形式。一般来说，应根据因素个数、因素的不同状态或水平、可允许的重复观察次数、实验经费和实验时间等综合选择实验方案。

（3）进行实验。即按实验设计方案组织实施实验，并对实验结果进行认真观测和记录。要认真监视实验过程，都按计划完成，使得每个实验结果（数据）都含有设计中规定的信息。这一过程所花经费最多，时间最长，如果失控通常会导致丧失实验的有效性。

（4）数据处理与统计分析。即对实验观察数据进行整理、编制统计表，并运用统计方法（如对比分析、方差分析等）对实验数据进行分析和推断，得出实验结果，并解释实验结果。

(5) 编写实验观察报告。实验结果验证确认无误后,可写出实验观察报告。实验观察报告应包括实验目的说明、实验方案和实验过程的介绍、实验结果及解释,并提出今后的行动建议。

(二) 根据执行模式划分

根据观察法的执行模式可分为人员观察、机械观察、审计、内容分析和痕量分析,见图 4.1。

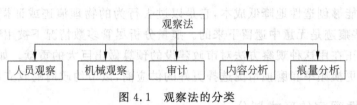

图 4.1 观察法的分类

1. 人员观察

在进行人员观察时,研究人员观察正在发生的实际行为,他们并不会去试图操控所观察的对象,而只是按照最初设计的规则在自然环境或实验环境记录所发生的事情。例如,研究人员现场记录一家百货商店顾客人数和人群年龄及性别。

2. 机械观察

机械观察是指用摄像机、照相机和录音机等现代电子设备记录所观察的对象。这种机械调查方式可能需要人们参与,也可能不需要,它们被连续记录下来供今后分析。在不需要人们直接参与的机械设备中,最常用的就是摄像机,它被安置在特定的位置记录下人们的行为——在商超中,人们在路过一排商品柜前目光的接触点以及走路的转向。调查记录的结果方便商场负责人把高营利性产品摆放在人们习惯性转弯处和目光停留时间最长的地方以吸引其购买。现在,随着科技的发展,很多机械设备被用来做这种专门性的调查设备,如目光跟踪设备、瞳孔测量仪、音调分析仪、核磁共振仪和心脑电图测量仪等。

3. 审计

审计是指研究人员通过检查公司的票据或分析存货清单来收集数据。审计有两个与其他方法不同的特征:①数据由调查人员人工搜集;②数据以实物的数目为准。审计侧重收集原始数据时的作用。通常,审计在零售和批发方面的应用最为普遍。

4. 内容分析

内容分析是指对被记载下来的人类传播媒介的研究。其内容可以包括书籍、杂志、网页、报纸、讲稿、信件、法律条文以及其他任何类似的成分或集合。如全球销量超过 1 400 万册的超级畅销书《大趋势》的作者约翰·奈斯比特新著的《中国大趋势:新社会的八大支柱》便是采用内容分析的方法,站在全球的高度,精辟地提出了"中国新社会的八大支柱"理论——解放思想;"自上而下"与"自下而上"的结合;规划"森林",让"树木"自由生长;摸着石头过河;艺术与学术的萌动;融入世界;自由与公平;以及从奥运金牌到诺贝尔奖。并由此总结出中国发展的大趋势——中国在创造一个崭新的社会、经济和政治体制,它的新型经济模式已经把中国提升到了世界经济的领导地位;而它的政治模式也许可以证明资本主义这一所谓"历史之终结"只不过是人类历史道路的一个阶段而已。

5. 痕量分析

痕量分析能够创造性地降低成本,它是以过去行为的物理痕迹或证据为基础收集资料。当然,这些痕迹是无意中遗留下来的。痕量分析尽管多数情况下被用于营销研究中,但是最近政府正在用这种观察方法对市政建设的预算做出巨大的贡献。如根据不同区域中街道板砖的更换频率和磨损情况选择更好的供应商,以节约政府财政支出。

(三)根据观察的形式划分

根据观察的形式不同分为直接观察法、间接观察法和实验观察法(在第三节专门探讨)。

1. 直接观察法

直接观察法是调查者直接深入调查现场,对正在发生的市场行为和状况进行观察和记录。这类观察法要求事先规定观察的对象、范围和地点,并采用合适的观察方式、观察技术和记录技术来进行观察。其主要观察方式如下。

(1)参与性观察。参与性观察是指调查者直接参与到特定的环境和调查对象中去,与被观察者一起从事某些社会经济活动,甚至改变自己的身份,身临其境,借以收集获取有关的信息。在市场调查中,参与性观察法往往通过"伪装购物法"或"神秘购物法"来组织实施。它是一种有效的直接观察法,常用于竞争对手调查、消费者调查、产品市场研究等方面。

"伪装购物法"或"神秘购物法"是让接受过专门训练的"神秘顾客"作为普通消费者进入特定的调查环境(商场、超市),进行直接观察。伪装购物法是一种有效的直接观察法,常用于竞争对手调查、消费者调查和产品市场研究等方面。其任务一般有以下几个方面。

① 观察购物环境。如店堂布局与装饰、商品陈列、货架摆放、通道宽窄、文化氛围以及倾听顾客对购物环境的评价言论。

② 了解服务质量。"神秘顾客"作为普通消费者进入调查的商场或超市,可买也可不买商品,买了也可退货,退了货还可再买;可以向售货员询问各种与购物有关的问题,借以了解服务质量。

③ 观察消费者的购买行为。"神秘顾客"与消费者一起选购商品,可以观察消费者购买商品的品牌、品种和数量,倾听他们对不同产品的评价言论,观察他们选购商品所关注的要素等。

④ 了解同类产品的市场情况。"神秘顾客"可以在特定的商品柜台前,观察同类产品

(如空调、电视机、化妆品等)的陈列品种、价格定位,消费者的购买选择和评议言论,并向售货员询问各种与购物有关的各种产品问题,借以获取有关的信息。

(2) 非参与性观察。非参与性观察又称局外观察,是指调查者以局外人的身份深入调查现场,从侧面观察、记录所发生的市场行为或状况,用以获取所需的信息。非参与性观察按观察的现场不同,又分为以下几种。

① 供货现场观察,是指到供货单位直接进行观察,如到供货工厂观察其生产条件、技术水平、工艺流程、产品生产、质量控制、产品销售等,以决定是否进货。

② 销售现场观察,是指到商店、商场、超市、展销会、交易会等现场观察商品销售和顾客购买情况。如调查员可以局外人的身份,到特定的商场观察顾客的流量、顾客购物的偏好、顾客对商品价格的反应、顾客对产品的评价、顾客留意商品时间的长短、顾客购物的路径、顾客购物的品种和数量;观察顾客的购买欲望、动机、踊跃程度;观察同类产品的设计、包装、价格和销售情况等。

③ 使用现场观察,是指调查员到产品用户使用现场进行观察,借以获取产品性能、质量、功能及用户满意度等方面的资料。

(3) 跟踪观察。跟踪观察是指调查员对被调查者进行跟踪性的观察。如服装设计师为寻找新式服装设计的创意,可在大街上跟踪特定的消费者进行观察,或者到商场的服装柜对顾客进行跟踪观察。市场调查员可以在商场跟踪和记录顾客的购物路线、购物行动和购物选择;也可以对特定的商场、特定的商品柜进行持续数天的跟踪观察。工业企业为了了解新产品的性能、功能、质量,产品销售后可对用户的产品使用进行跟踪观察等。跟踪观察获取的信息往往具有连续性和可靠性。

2. 间接观察法

间接观察法是指对调查者采用各种间接观察的手段(如痕迹观察、仪器观察等)进行观察,用以获取有关的信息。可分为痕迹观察、仪器观察和遥感观察。

(1) 痕迹观察。痕迹观察是通过对现场遗留下来的实物或痕迹进行观察,用以了解或推断过去的市场行为。如国外流行的食品橱观察法,即调查者察看顾客的食品橱,记下顾客所购买的食品品牌、数量和品种,来收集家庭食品的购买和消费资料。又如,通过对家庭丢掉的垃圾等痕迹调查,也是较为重要的痕迹调查法。被誉为美国市场调查创始人之一的查里斯·巴林,为了向羹汤公司证明高级工人的妻子买罐头汤面而不是自己做,他曾把城市各处的垃圾经过科学抽样后收集起来,清点罐头汤盒的数目。

(2) 仪器观察。仪器观察是指在特定的场所安装录像机、录音机或计数仪器等器材,通过自动录音、录像、计数等获取有关信息。这种方法,不需要调查者进行观察,但应注意仪器设备安装的隐藏性,以免引起别人的误会。同时这种方法获取的信息是最原始的,调查者必须进行加工、整理和分析。在市场调查中,有些商场常在店门的进出口安装顾客流量观察仪器,用以测量顾客流量;并对顾客进行分类;或在某些柜台安装录像录音设备,自动拍摄顾客挑选、评议、购买商品的过程,然后通过音像的加工整理,即可了解顾客的购买行为、购物偏好及其对商品和商场的评价意见。(注:该方法与根据执行模式划分的机械观察相同)

(3)遥感观察。遥感观察是指利用遥感技术、航测技术等现代科学技术搜集调查资料的方法。如地矿资源、水土资源、森林资源、农产品播种面积与产量估计、水旱灾害、地震灾害等均可采用遥感技术搜集资料。这种方法目前在市场调查中应用较少。

（四）根据观察的方式划分

根据观察的方式或观察者的隐蔽性，可分为公开观察和掩饰观察。

(1)公开观察是指观察员以公开的身份出现，调查对象意识到他们处于观察之下。研究人员对于观察者的存在对行为的影响有多大，意见不一致。一种观点认为观察者的影响很次要而且短暂，另一种观点则认为观察者可以使行为模式发生严重的偏差。一般情况下，这样收集到的数据通常会有偏差。

(2)掩饰观察是指在被观察人不知情的情况下监视他们的行动。调查对象没有意识到自己被人观察。掩饰使调查对象可以自然地行动，当人们知道他们正在被观察时，可能有与往常不一样的行为表现。掩饰可以通过使用单向镜、隐藏的照相机或不明显的机械设备完成。观察者可以伪装成购物者、销售员或其他适当的角色。例如，一名产品经理可以在小组座谈过程中，躲在单向镜后观察人们对不同款式设计的反应。

（五）根据研究需要划分

根据研究需要，观察法可分为结构性观察和非结构性观察两种。

在结构性观察(structured observation)中，研究人员详细地指定观察的内容即所要观察记录的现象，以及记录测量结果的方式(如问卷式表格)，由观察员对每位被观察者观察时进行填写。通常只是计算某一特定行为发生的次数。例如，由一名审计员对一家商店内的存货进行分析。这减少了观察者偏差的可能性，提高了数据的可靠性。结构性观察适用于清楚地定义了营销研究问题并详细确定了所需信息的情况。在这种情况下，可以清楚地确认所观察现象的细节。结构性观察适用于结论性研究。

在非结构性观察(unstructured observation)中，并没有事先准备好的观察表，只是凭借观察员的判断和经验，监控与手边问题可能有关的现象的所有方面，对被观察者的行为作一下记录。例如，观察正在玩新玩具的孩子。这种形式的观察适用于问题尚未精确地阐明，且在观察中需要灵活地确认问题的关键组成部分并提出假设的情况。在非结构性观察中，观察者偏差的可能性很高。由于这个原因，观察中的发现应该被看作待检验的假设，而不是结论性的发现。因此，非结构性观察最适用于试探性研究。

二、观察法的记录技术

观察法记录技术是指在进行观察调查中，对被访者进行记录时所采用的方法和手段。观察法记录技术的好坏，直接影响观察调查的结果，不同的观察方法要采用不同的记录技术。常用的记录技术主要有如下几种。

(1)卡片。将观察内容事先制成小卡片，随身带在身上，观察结果可很快记在卡片上。这种卡片便于汇总，携带方便。制作时注意去掉无关紧要的项目，保留一些重要的能说明问题的项目。

(2) 速记。速记采用一些简便易写的线条、点、圈等符号代替文字,以最快的速度将现场观察结果记录下来,然后再整理成市场调查资料。

(3) 符号。在观察调查前先准备一些简略的符号代表观察中可能出现的各种情况,在记录时只需在各种符号下作记号,不需写文字,以最快的速度记录观察的结果。

(4) 记忆。记忆是指在观察中不记录,观察后采取追忆的方式进行记录。常用于偶然观察又缺乏记录工具或时间紧迫来不及记录的重要信息资料。由于人记不如墨记,事后必须抓紧时间追忆记录,以免时间长了被遗忘。

(5) 器材记录。器材记录是采用照相机、录音机、录像机等器材进行观察记录。这种记录形象、直观、逼真,免去了观察者的记录负担。但易引起被调查者顾虑,容易失真。

三、观察法的观察技术

(一) 人员观察使用的技术

1. 神秘购物法

神秘购物法是让观察人员装扮成消费者,在对商品的挑选与购买过程中,搜集有关商店(尤其是商店雇员)经营信息的调查方法。神秘购物者本身是顾客或者是经过训练的专业调查员,被企业聘请来伪装购物,以发现商家经营管理的破绽。实施神秘购物法的关键是明确目的、选好环境、了解对象、熟记要求、牢记结果。

2. 单向镜观察法

在介绍小组座谈法时,已介绍过带有单向镜的观察室,也就是在一间特别设计的房间墙壁上镶上一面极大的镜子,这块玻璃较为特殊,隔壁房间观察者可以借助这面玻璃了解调查对象在房间的一切情况,而被观察者并不知晓。测试室内事先放有杂志、产品的包装或饮料食品等,被测试者进入后,可能会翻阅杂志、看产品的包装、品尝饮料。此时,其视线情形或表情、动作如何等,都可由单向镜后的主持测试人员加以记录。

3. 购物形态和行为观察

购物形态和行为观察指在商场中秘密注意、跟踪和记录顾客的行踪和举动,以获取企业经营所需的信息资料,主要适用于百货商场、超市和购物中心等场所。这里有一个样本的确定问题,可根据样本量和商场客流量的比例,采取等距抽样的办法来确定观察对象。以超市为例,采用此观察法,可以获取下列信息:①前来超市购物或逛店的人的平均滞留时间;②单个和群体性的顾客造访超市的规模;③顾客逛店的路径;④顾客驻步留意的商品种类和比例;⑤顾客驻步留意各种商品的时间长短;⑥顾客产生购物冲动的次数;⑦顾客对减价商品的反应;⑧顾客对超市购物环境和服务的反应等。

4. 内容分析

内容分析用特定的规则,如形象、语言或角色分析,把书面材料(通常是广告文本)分析为有意义的单元,对沟通内容进行客观、系统、定量地描述,以决定该向目标观众传达些什么。例如,通过内容分析,可以研究大众媒体中外国人、中年妇女、男同志等其他少数群体的出现频率。

5. 人文调查

人文调查是一种参与性观察,观察员深入被观察者内部进行观察。宝洁针对中国消费者的"润妍"品牌构思便来自人文调查。十几个研究人员分头到北京、大连、广州等地选择符合条件的目标消费者,和她们在一起生活了48个小时。从被访者早上穿着睡衣睡眼惺忪地洗脸梳头,到晚上洗发卸妆,女士们生活起居、饮食、化妆、洗护发习惯以及她们的性格和内心世界,导致了一个品牌构思的诞生。

(二)机器观察使用的技术

1. 交通流量计数器

这种机器用以测定特殊路段的汽车流量。可以为户外广告设计者和零售商提供信息。

2. 生理测量

生理测量包括眼动仪、心理电流测量仪、测瞳仪和音调分析仪。

利用眼动仪中的图像与数据的记录分析系统,通过对眼动轨迹的记录从中提取诸如注视点、注视时间和次数、眼跳距离、瞳孔大小等数据,进而研究个体的内在认知过程。

心理电流测量仪测量皮肤电阻的变化,在调查对象身上安置监控电阻的小电极,对他们展示广告、包装和广告语等刺激物,调查对象的情感反应和生理变化会导致呼吸加速,从而使皮肤电阻增加,研究人员从电阻变化推断调查对象对刺激物的态度。

测瞳仪主要用于观测并记录调研对象的瞳孔变化情况。可以测试人们在看诸如广告、包装或产品设计时瞳孔大小的变化,瞳孔大小的变化可以反映人们对所看物品的兴趣。

音调分析仪通过检查调查对象声音振动频率的变化来测量情感上的反应。这种仪器已被用于包装调查、预测消费者的品牌偏好、确定目标市场中哪些消费者最合适尝试新产品。

3. 意见与行为测量

可利用阅读器、视听仪、扫描仪完成。

(1) 阅读器。这种仪器看起来像一盏台灯,被测试者坐在它面前的时候,不会意识到它同时在记录阅读材料和读者眼睛的反应。这种自成一体的装置是全自动的,在不需要使用任何附件的情况下就能够记录任何被测试的信息。它允许被测试者阅读任何大小的杂志或报纸,并给他们所需要的足够时间来回翻阅刊物。通过阅读器和特别设计的隐藏式照相机,能记录许多有关阅读习惯和不同大小的广告的使用情况以及品牌名称回忆等方面的信息。

（2）视听仪。在收视率调查方面，国内外的市场调查公司都在日记式调查、记忆式调查、电话调查的基础上借助视听仪进行调查。如果仪器本身或电视机出毛病时，能自动打出特殊符号，因此本仪器具有正确的有效标本的性能。胶带须每周收回一次，将其装入专为本机器调查法而设计的自动统计仪，然后放入电子计算机，便可统计出视听率来。电视视听测验器最大的特色，在于机械统计的一贯作业，更由于它是以分钟为单位，一一加以记录，所以能正确地统计电视广告（CM）被视听众接受的情形。

（3）扫描仪。扫描仪原本是零售店用来提高工作效率的，但现在已经成为调研者的有效工具。通过扫描设备（如收款机）扫描商品条码（universaI product code，UPC），就能在预先建立的数据库中查询该产品的各类信息，如价格、数量、生产厂家等。UPC不仅可以随时检索柜台上的销售情况、计算销售的数量、准确控制库存，而且能及时掌握促销手段是否积极有效，并能预测未来的消费倾向。

四、观察法的优缺点

（一）观察法的优点

观察法因其在被调查者不知的情形下，从侧面观察、旁听、记录现场发生的事实，而进行调查的特点，与其他调查方法相比，它具备三个显著优点。

（1）直观可靠。观察法可以在被观察者不知情的情况下进行有目的的调查观察，记录被调查者的现场行为和活动事实，所获资料准确性较高。

（2）简便易行。观察法可随时随地进行调查，对现场发生的现象进行观察和记录或通过摄像、录音如实反映、直接测度、记录现场的特殊环境和事实，直接性和灵活性强。

（3）可发现新情况、新问题，不需语言交流，还可克服语言交流带来的干扰。

（二）观察法的缺点

由于观察法需要实地考察、凭调查的感官搜集资料，所以也存在一些不足。

（1）时间长，费用高。由于需要大量观察员进行长时间的观察，因此往往需要较长时间，花费较多的调查费用，因而受时间、空间和费用限制。

（2）只能观察表象资料，不能观察内在原因，因而，观察的深度往往不够。

（3）对观察人员素质要求高；观察者素质不同，观察的结果也不同，易产生观察者误差。

五、观察法需注意的事项

为减少观察者误差，在应用观察法时，应注意以下事项：①为了使观察结果具有代表性，能够反映某类事物的一般情况，应注意选择那些有代表性的典型对象，在最适当的时间内进行观察；②在进行现场观察时，最好不要让被调查者有所察觉，尤其是使用仪器观察时更要注意隐蔽性，以保证被调查者处于自然状态下；③在实际观察和解释观察结果时，必须实事求是、客观公正，不得带有主观偏见，更不能歪曲事实真相；④观察者的观察项目和记录用纸最好有一定的格式，以便尽可能详细地记录观察内容的有关事项；⑤应注意挑选有经验的人员充当观察员,并进行必要的培训。

六、观察法的应用

观察法主要应用于市场定性调查研究,有时也可用于定量调查研究。应用的领域主要有:①商场顾客流量的测定或车站码头顾客流量测定;②主要交通道口车流量测定;③对竞争对手进行跟踪或暗访观察;④消费者购买行为、购买动机、购买偏好调查;⑤产品跟踪测试;⑥商场购物环境、商品陈列、服务态度观察;⑦生产经营现场考察与评估;⑧作业研究;⑨弥补访问调查法的不足。

七、观察法的比较性评价

根据结构化程度、掩饰程度、在自然环境中的观察能力、观察偏差、测量和分析偏差以及其他因素可对不同的观察方法进行评价。表 4.4 中列出了对观察法的比较性评价。

表 4.4 观察法的比较性评价

标　　准	人员观察法	机械观察法	审计法	内容分析法	痕量分析法
结构化程度	低	低～高	高	高	适中
掩饰程度	适中	低～高	低	高	高
在自然环境中的观察能力	高	低～高	高	适中	低
观察偏差	高	低	低	适中	适中
测量和分析偏差	高	低～适中	低	低	适中
一般评述	最灵活	干扰性	昂贵	限于沟通	最后考虑

结构化程度是指明确要观察什么,以及如何记录有关指标。从表 4.4 可以看出,人员观察法的结构化程度低,痕量分析法结构化程度适中,审计法和内容分析法结构化程度高。机械观察法的结构化程度取决于所用的方法,因而差别很大。

审计法的掩饰程度低,因为很难掩饰审计员的身份。人员观察法的掩饰程度适中,因为观察者伪装成购物者、销售员、雇员等的程度是有限度的。痕量分析和内容分析掩饰程度高,因为数据是在所观察现象发生后才收集的。

对于痕量分析,在一个自然环境中的观察能力差,因为观察发生在行为发生之后。内容分析在自然环境中的观察能力适中,因为所分析的沟通内容仅仅是自然现象的一个有限的代表。人员观察和审计在这方面能力很好,因为观察者可以在各种各样的自然环境中观察人或物。机械观察法在自然环境中的观察能力有低(如心理电流测量仪)有高(如十字转门)。

机械观察的观察偏差程度低,因为不涉及观察人员。对审计法来说,观察偏差程度也低,虽然审计员是人,但是通常观察的是物体,而且已清楚地定义了要观察的特征,因而使观察偏差程度很低。痕量分析和内容分析的观察偏差适中。在这两种方法中,都涉及观察人员,要观察的特征也没有清楚定义。但是,在观察过程中观察者一般不与调查对象相互影响,因而减轻了偏差程度。对人员观察而言,观察偏差程度高,因为使用了观察人员,与被观察的现象相互影响。

审计法和内容分析的测量和分析偏差程度低,因为变量有精确的定义,数据是定量的,进行的是统计分析。痕量分析有中等程度的偏差,因为变量的定义不是很精确。机械观察法可能有低(如扫描仪数据)到中等程度(如隐藏的照相机)的分析偏差。与人员观察不同,机械观察中的偏差由于改进的测量方法和分类被限制到中等程度,被观察的现象可利用机械设备持续记录。

第三节 实 验 法

实验法又称实验观察法,是通过实验设计和观测实验结果而获取有关的信息。即从影响调查问题的许多可变因素中,选出一个或两个因素,将它们置于同一条件下进行小规模实验,然后对实验观察的数据进行处理和分析,确定研究结果是否值得大规模推广。为此,在进行实验的设计时,要特别考虑如何尽可能地减少实验误差。如果是正式的市场实验的数据,应该通过统计分析的方法进行检验,以确定在一定的水平下,自变量对因变量的影响是否显著。

实验法最大特点的是把调查对象置于非自然状态下开展实验观察,将实验变量或所测因素的效果从多因素的作用中分离出来,并给予检定。它是研究特定问题的各因素之间的因果关系的一种有效手段,它可以通过对实验对象和环境及实验过程的有效控制,来达到分析各因素之间的相互影响关系及其程度,从中提取出有价值的信息,为决策提供依据的目的。所以,这种方法适用于微观的、探究因果关系的研究。

一、实验法常用技术术语

实验法是了解和研究因果关系的主要方法之一,常用术语如下。

(1) 自变量(independent variable)。也称独立变量,是指在实验过程中实验者所能控制、处置或操纵的(即实验者可以规定或改变这些变量的水平或取值),而且其效果可以测量和比较的变量。例如价格水平、包装设计、广告主题、促销方法等。每个因子在实验中需要考虑的不同量值或种类,称为水平(level)。

(2) 测试单位(test unit)。又称实验单位,指的是实验的主体,可以是个人、组织或其他实体,它们对自变量的反应(因变量)是可以测量或考察的。例如消费者、商店、销售区域、分销商等。

(3) 因变量(dependent variable)。也称响应(response),是测量自变量对实验单位的效果的变量。例如消费者的购买量、满意度,商店的销售量、利润、市场占有率等。因变量的取值也称观察值或实验结果。

(4) 外生变量(extraneous variable)。也称无关变量,是除自变量以外一切能影响因变量的值(实验单位的响应)的其他所有变量。这些外来变量可以把因变量的测量值搅乱,因而使实验的结果变弱或无效。主要有两类:第一类是由于实验单位之间的差别造成的影响,如消费者的收入或文化程度方面的差别,或商店的位置或规模的差别等。这些影响是可以通过实验设计加以控制的。第二类是不能控制的外来因素,如气候、竞争对手的策略或行动、消费者的偏好等。通过随机抽样决定实验单位的方法,有可能降低这些外来因素对实验结果的影响。

(5) 实验(experiment)。它指的是研究人员在控制外来变量影响的同时,操纵一个或多个自变量,并测量它们对一个或多个因变量的影响,同时控制外生变量的干扰,就构成了一次实验。同一实验应该可以在尽可能相同的条件和环境下进行重复。

(6) 实验设计(experimental design)。它是具体规定进行实验的一系列方法或程序。包括:规定实验单位,以及如何将这些单位划分为同类的或同质的子样本;要控制或处置哪些自变量;要测量哪些因变量;如何控制外来变量。

(7) 实验误差(experimental error)。市场实验的因变量并非只受到自变量的影响,还会受到外来变量或测量误差的影响。通过实验设计,可以控制或消除部分外来因素的影响,但是还会有一部分未能识别的外来因素的影响不能消除;此外还有一些测量上的随机误差,也是无法用统计方法消除的,都会对因变量的变动产生影响。由这些外来因素和随机误差所导致的影响统称为实验误差。

二、实验的有效性

实验的有效性包括内部有效性和外部有效性。内部有效性表示用实验测量自变量对因变量的影响或效应的准确性,即说明自变量是不是因变量变化的唯一原因。如果能够证明实验变量或处理变量真正对因变量产生可观察到的差异,那么这个实验就被认为是内部有效的。这种有效性需要证据来证明因变量的变化是由处理条件引起的,而不是其他原因性因素引起的。外部有效性表示将实验的结果推广到实验环境以外或更大总体的可能性,即说明实验结果适用于真实世界的程度。如果具体的实验环境没有客观地考虑到现实中其他相关变量的交互作用的话,外部有效性就会受到很大的影响。一般而言,与实验室实验相比,现场实验有更高的外部有效性,但内部有效性要低。

(一) 内部有效性评价

内部有效性主要是从实验内部考察实验结果是否有效。影响实验结果的除了自变量是否还有其他外部因素?其影响如何?诸如此类的问题都可从内部有效性进行评价。影响内部有效性的主要因素有以下几个。

(1) 历史因素(history effect)。它是指不受研究人员的控制,发生在实验的开始和结束之间,并影响因变量数值的任何变量或事件。时间越长,历史效应的影响就越大。具体表现在两个实验组的成员经历了不同的历史状况(即不同事件),导致因变量发生的变化。例如,公司元老和新进员工作为对象,元老经历了公司兼并前的混乱环境,而新进员工则是在兼并之后才被雇用的,经历了不同的历史,因而在实验中可能表现不同。

(2) 成熟因素(maturation effect)。它主要是指实验对象个人随着时间流逝而发生的变化,这些变化并不是由自变量引起的。在一项涉及人的实验中,当人变得更老、更有经验、疲倦、厌倦或不感兴趣时,就发生了成熟,就可能会影响到实验结果。假设一个实验是为了测试新的薪酬计划对销售产量的影响。如果这个计划是在一年的时间内进行测试,有些销售人员可能就会因为获得更多的销售经验而变得成熟,他们的销售量就会提高,这是因为他们的知识及经验,而不是薪酬计划。历时几个月之久的跟踪和市场研究极易受到成熟的影响。成熟的影响还扩展到人以外的测试单位,如商店的外观、装饰、交通和布局也随时间在变化。

(3) 需求属性(demand characteristics)。它是指可以向实验对象无意识地暗示实验设计程序,如果参与者意识到了实验人员的期望或需求,他们很可能以一种与实验处理相一致的方式行动。在大多数实验中,最显著的需求属性就是管理实验程序的那个人。实验人员的每次出现,都可能对正在被观察的结果产生影响。

(4) 测试效应(test effect)。它也被称为前测效应,因为最初的测试使得应答者适应了实验的特性,摸清了实验规律,如果没有采取任何前测措施,则应答者行为可能会有所不同,从而导致结果的不同。一般来说,应答者在进行第二次测试时都会变得较为敏感,因此通常都会比第一次测验做得更好一些。

(5) 测量工具效应(instrumentation effect)。度量工具的变化可能会导致测量工具效应的出现。例如,问题的措辞、访员的变化都可能导致测量工具效应,这会危及内部有效性。使用同一个访员在前测和后测中提问,就可能出现一些问题。因为通过实践,访员可能会提高其在访问方面的技能。为了避免这个问题,就要雇用新的访员。

(6) 实验程序误差。如果实验方法要求同样的对象接触到两个或更多的实验处理,那么程序运用的次序就可能会产生误差。例如某白酒公司计划要测试消费者对一种酒精加水与普通白酒所作的比较,而其中一种必须在另一种之前被品尝。如果消费者无法说出这两种白酒之间的差别,就可能会倾向于偏好他们最先品尝的那一种白酒。

有些实验,比如实验室实验,从内部考察,有效性相当高;而其外部有效性却很难确定,原因就是因为在实验室,可以对其内部各种自变量加以有效控制,而对外部因素的变化却显得无能为力。

(二) 外部有效性评价

外部有效性主要是从现实的角度来考察实验结果是否有效,也就是说,实验结果能否应用于现实世界? 如果一个实验结果只具备内部有效性,那么实验结果就不必推广。评价外部有效性可对外生变量的影响进行分析。

(1) 选择效应(selection effect)。当实验或测试群体与拟使用实验结果推测的总体或相比较的控制群体有系统差异时,就会产生选样偏差对实验有效性的威胁。在推测与测试群体有系统差异的总体时,我们得到的结论可能不同于测试群体,因为两个群体的构成不同。例如,在研究商品的陈列对销量的影响时,实验组和控制组内的商店可能一开始就不是等价的。某一组的商店规模可能大一些,而销售量与商店规模是有直接关系的,不管两组商店的商品陈列(自变量)有什么不同,商店规模(外生变量)对销售量(因变量)的影响是客观存在的。

(2) 磨损效应(attrition effect)。长期实验的一个问题就是开始的参与者可能会中途退出,出现样本磨损,就会产生样本偏差,实验群体可能变得不具代表性,而且无法知道所损失的实验单位是否会像在实验中保留下来的那些单位一样,以同样方式对实验变量或处理变量做出反应,这样,实验结果就缺少外部有效性。例如,在有关旅游爱好的研究中,如果我们在实验过程中丢失了几乎所有 25 岁以下的研究对象,那么在实验结束时有可能得到的是有误差的旅游爱好的记录。这样,结果可能缺少外部有效性。

(3) 回归效应(regression effect)。它是指具有极端行为的目标群体在实验过程中向着行为的均值发展的趋势造成的影响。例如在测试广告效果的实验中,有些被访者对某品牌的态度原来是十分极端的,但在接触广告后再次测量时,他们的态度可能变得比较接近平均值。如果这种情况发生,实验效果的判断就会受到干扰,因为观察到的效应可能更多是由于统计的回归产生的,而不是真正的实验处置的效果。

(三) 外部有效性的提高

外生变量的存在将影响因变量,搅乱实验结果,严重威胁实验的内部有效性和外部有效性,要尽量加以控制,以提高外部有效性。

(1) 随机化分组(randomization group)。它指的是借助随机数字表或抽签等手段,将实验单位随机地分配到各个实验组和控制组;同时,处理条件也随机地分配到各个组。例如,被访者被随机分派到三个实验组中的一个,向每组播放随机选择的三种版本的测试商业广告片中的一种。作为随机分派的结果,每个处理条件中外部因素可以被相同程度地体现。随机化分组有助于保证参与实验的各组从一开始就基本是平等的,是确保实验组测试前质量的优先选择措施。

(2) 匹配分组(matching group)。它指的是在将测试单位分派到各处理条件之前,按照一些关键的背景变量来对它们进行比较,使每个实验组都有相匹配的实验单位。在销售展示实验中,可以根据年销售额、大小或位置对各家商店进行匹配,然后将匹配的每对商店中的一家分派到每个实验组。但是匹配分组有两个缺点:①测试单位只能就仅有的几个特性进行匹配,所以测试单位可能在所选的变量上相近,但在其他变量上却不相当;②如果所匹配的特性与因变量无关,那么匹配工作是没有效果的。

(3) 统计控制(statistical control)。它指的是采用统计分析的方法去测量外生变量并修正其影响。

(4) 实验设计(experiment design)。它指的是通过精心设计的实验方案,使外生变量的影响得到有效的控制。

三、实验法的类型

实验法是根据实验方案设计,进行实验观察,并对观察数据进行处理得出实验结果。由于实验方案设计的类型很多,必须事先选择实验设计类型。下面介绍几种常用的方法。

(一) 实验前后无控制对比实验

这种实验方案是通过记录观察对象在实验前后的情况,了解实验变化的结果。观察对象只有一个实验单位,实验因素也只有一个。这种实验观察简单易行,可用于企业改变产品功能、花色、规格、款式、包装、价格、广告投放等因素变化的市场效果测试。例如,某企业选定 A 品牌酸奶新产品做广告宣传实验,实验时间暂定一个月,实验前此酸奶在某商场一个月的销售量为 1 200 件,然后在同一商场进行广告宣传活动,经过一个月的实验后,再统计 A 品牌酸奶的销售量,结果见表 4.5。

表 4.5　A 品牌酸奶新产品销售实验统计　　　　　　　　　　　　单位:件

产品	实验前	实验后	销售量变动
销售量	1 200	1 500	300

实验测试表明,广告宣传前后销售量增加了 300 件,广告宣传与销售量有密切关系,它起到了促销的作用。如果经分析没有其他因素的影响,说明广告对于 A 品牌酸奶新产品的推广是必要的。该企业应在市场上宣传 A 品牌酸奶的新产品,以扩大销售。

(二)实验前后有控制对比实验

实验前后有控制对比实验,是指控制组事前事后实验结果同实验组事前事后实验结果之间进行对比的一种实验调查方法。这种实验方法,是在同一时间周期内,在不同的企业、单位之间,选取控制组和实验组,控制组和实验组的条件应大体相同,并且对实验结果分别进行事前、事后测量和事前、事后对比。这一方法实验的变数多,有利于消除实验期间外来因素的影响,从而可以大大提高实验变数的准确性。例如,某食品公司欲测定盒装西梅的市场效果,选定 A、B 两家超市作为实验组,经销盒装西梅,C、D 两家超市为控制组,经销袋装西梅,实验期为 1 个月。实验前后一个月的销售量统计如表 4.6 所示。

表 4.6　盒装西梅销售实验统计　　　　　　　　　　　　单位:箱

组别	事前测量	事后测量	变动量	实验效果
实验组	2 000	3 500	1 500	1 000
控制组	2 000	2 500	500	

分析结果,实验组销售量增加了 1 500 箱。这增加的 1 500 箱销售量中,既有实验变数——包装方式的影响,又有外来变数,即旺季热销的影响,因为这一时期正是该类商品销售旺季。在实验期间,控制组执行原有袋装销售,没有实验变数,只有旺季热销这一外来变数的影响,它的销售变动结果为 500 箱,这新增的 500 箱销售量,是受外来变数——旺季热销因素影响的结果。由于在实验期间,实验组同控制组在受外来因素影响这一点上是相同的,可以认为它们都会受旺季热销影响而增加销售额 500 箱。所以,在实验组变动结果中,把这一影响排除掉,剩下的自然就是实验变数影响的结果了,据此例实验效果为 1 000 箱[(3 500-2 000)-(2 500-2 000)]。这说明,通过改变包装方式,可以收到扩大销售量 1 000 箱的实际效果。

实验组与控制组前后对比实验,其实验过程既有时间变化又有空间变化,因此这种实验法既能消除非实验因素对实验效果的影响(如季节),又能避免实验单位事后实验中难以选择非实验单位(即控制组)的难题,是一种比较好的实验方法。但这种实验法在实际应用过程中操作较为复杂,工作量大。

(三)控制组与实验组连续对比实验

在实际生活中,控制组与实验组的条件是不相同的,往往会影响实验结果。为了消除非实验因素的影响,可采用控制组与实验组连续对比实验。这是对实验组和控制组都进行实验前后对比,再将实验组和控制组进行对比的一种双重对比的实验法。控制组在实验前后均经销原产品,实验组在实验前经销原产品,实验期间经销新产品,然后通过数据处理得出实验结果。例如,某企业拟测度某种糖果新包装的市场效果,选择 A、B 两家商场为实验组,C、D 两家商场为控制组,实验期为 1 个月,其销售量统计如表 4.7 所示。

表 4.7　糖果新包装销售实验统计　　　　　　　　　　　　　　　单位:吨

组　别	实验前	实验后	变动量
实验组(A、B)	8.55(原包装)	12.25(新包装)	3.70
控制组(C、D)	7.68(原包装)	8.85(原包装)	1.17

实验组的新包装糖果比原包装糖果在实验前后增加了 3.7 吨,扣除控制组增加的 1.17 吨和实验前两组的差异 0.87 吨,实验结果表明新包装糖果比原包装扩大了销售 1.66 吨,改进后的新包装的市场效果是显著的。

(四)单因子随机实验

前面阐述的三种实验设计方法,尽管特点不同,但是在选择实验单位上都有一个共同点,即都是按照判断分析选出的。在对调查的对象情况比较熟悉、实验单位数目不多的条件下,采取判断分析法选定实验单位,简便易行,也能够获得较好的调查效果。但是,当实验单位很多,市场情况十分复杂时,按主观的判断分析选定实验单位就比较困难。这时可以采用正规设计实验,即采用随机抽样法选定实验单位,使众多的实验单位都有被选中的可能性,从而保证实验结果的准确性。

随机化实验根据自变量(处理变量或因子)的多少、外来变量的多少,以及是否考虑因子之间的交互作用,可以分为完全随机化设计、随机区组设计、拉丁方设计、正交实验设计等。这里只介绍单因子随机实验和双因子随机实验。

单因素随机试验涉及的因子只有一个,而这个因子又具有不同的状态或水平,试验的目的在于判断不同的状态或水平是否具有显著的差异,哪种状态或水平的效应最显著,以决定行动的取舍。具体做法是随机抽取实验单位,要求这些实验单位分别对实验因子的不同状态进行特定的实验活动,并记录其结果,通过数据处理和检验,得出实验结果。例如,某广告公司为某空调设计了三套电视广告脚本,欲测试它们的效果,判断哪一套广告脚本效应最好。为此,随机抽取了 20 名消费者,分为 5 组,每组 4 人,每组分别观看电视广告脚本的三套方案,并要求每组对不同广告方案的效果给出评分(百分制)。试验数据整理如表 4.8 所示。

可以看出三套电视广告脚本方案的消费者评判均值是不同的,方案 1 为 73.2 分,方案 2 为 86 分,方案 3 为 94.6 分,同时各样本组对三套方案的评分值均具有一致的倾向性,因此,方案 3 的测试效果最好。在实际应用时,各状态或水平的观察数据往往存在着随机性,为了得出更为准确的实验结论,还可采用方差分析并作相应的统计检验。

表 4.8　广告脚本方案消费者评分统计

组别	方案 1	方案 2	方案 3
1/分	75	89	99
2/分	72	86	95
3/分	76	87	92
4/分	69	83	96
5/分	74	85	91
平均分值	73.2	86	94.6
标准差	2.48	2	2.87
标准差系数/%	3.4	2.3	3.0

(五) 双因子随机实验

这种实验是同时考察两种因子或因素对实验变量(指标)的影响,借以寻找两种因子的最佳组合。例如研究不同的广告方案和不同的价格方案两个因素对产品销售的影响,寻求广告与价格的最佳组合策略,研究不同的产品配方与加工工艺对产品质量的影响,寻找最佳的产品配方与加工工艺组合方案等。例如,某企业为了测试三种不同的产品包装和三种不同的价格方案对产品销售的影响,选择三家经营条件大体相同的商场进行了为期两个月的试销实验,并分别记录了两个月的不同包装和不同价格组合的产品销售量,如表 4.9 所示。

表 4.9　产品包装与价格组合实验数据　　　　　　　　　　单位:件

价格因子 B 包装因子 A	B1 (商场 1)	B2 (商场 2)	B3 (商场 3)	横行平均
A1	264　300	322　346	360　340	322
A2	288　312	274　286	290　314	294
A3	280　272	326　342	342　322	314
纵栏平均	286	316	328	310

从表 4.9 中数据可以看出产品包装和价格的组合对产品的销售量是有显著影响的,在采用包装方案 A1 和价格方案 B3 时,产品销售量最大(360+340)/2=350 件,最优方案为 A1B3。需要说明的是,产品包装与价格组合对产品销售量的影响,亦可运用方差分析进行显著性检验。

四、实验法的程序

在理解好实验过程中的概念并认真考虑过实验法关注的条件后,接下来我们就能更好地理解实验法的程序。

1. 提出假设命题,确定实验变量

例如,健身项目舍宾(SHAPPING 形体雕塑)在不同地区推广是否有显著差异,哪些地区参加人数更多;为推广舍宾,不同广告设计方案的促销效果是否存在显著差异,哪个地区广告效果更好等。据此,选择一对与研究目的相符的因果关系因素来作为实验的因变量和自变量。

2. 进行实验设计

实验设计的方案很多,有单因素的实验设计和双因素实验设计两大类,其中每一类又分为许多具体的实验设计形式。一般来说,应按照稳定性原则(实验环境的稳定性)、可比性原则(实验组和控制组的情况必须相同或类似)、随机原则(将实验对象及处理随机分配到各组)、重复原则(实验中,同样的对象受到了所有的实验处理)、匹配原则(根据相关的背景资料,对应答者进行匹配)、障眼法原则、抵衡原则、可推广原则(实验推广的可行性),应根据因素个数、因素的不同状态或水平、可允许的重复观察次数、实验经费和实验时间等综合选择实验方案。

3. 实验并控制实验过程

将选择出的研究对象分为两个组:"实验组"和"控制组",尽量保持两组变量的相同以排除这些变量在实验中可能产生的影响。按实验设计方案组织实施实验,并对实验结果进行认真观测和记录。实验过程中,要认真监视实验过程全部按计划完成,使得每个实验结果(数据)都含有设计中规定的信息。这一过程所耗经费最多,时间最长,如果失控通常会导致丧失实验的有效性。

4. 整理、分析实验数据

对实验所得的大量数据进行整理,编制统计图表,运用统计方法如对比分析、方差分析等对实验数据进行分析和推断,得出实验结果,并解释实验结果。从中推出某些发现、结论,同时对实验的假设进行验证。

5. 编写实验调查报告

实验结果验证确认无误后,可写出实验调查报告。实验调查报告应包括实验目的说明,实验方案和实验过程的介绍,实验结果及解释,并提出今后的行动建议。

五、实验法的优缺点

(一)实验法的优点

实验法最大的特点是把调查对象置于非自然状态下开展实验观察,将实验变量或所测因素的效果从多因素的作用中分离出来,并给予检定,从而获取有关信息,由此决定了它具有以下优点。

(1) 实验法是在一种真实的或模拟真实环境下的具体的调查方法,因而调查结果具有较强的客观性和实用性。

(2) 实验观察可以主动地进行实验控制,以较为准确地观察和分析某些现象之间的因果关系及其相互影响。

(3) 可以探索在特定的环境中不明确的市场关系或行动方案。

(4) 实验结果具有较强的说服力,可以帮助决定行动的取舍。

(二) 实验法的缺点

实验法的实验过程较长,实验对象只能是小样本,这样的实验结果会受到以下限制。

(1) 时间长、费用多。由于影响实验变量的因素是多种多样的,要想比较准确地掌握实验变量与有关因素之间的关系,需要做多组实验,并进行数据处理、分析和检验。

(2) 应用上具有一定的局限性。实验法主要是探求少数变量与传播效果之间的因果关系,其研究对象通常只有数十人,因而是"小样本"。而且,实验法只能识别实验变量与有关因素之间的关系,而不能解释众多因素的影响,不能分析过去或未来的情况。

(3) 具有一定的时间限制。实验变量与有关因素的关系会由于其他许多干扰因素的变化而发生变化,因此,实验结果用于实际推广必须有一定的时间约束。

(4) 实验的结果往往会有误差。因其实验环境是人为设置的,与实际生活中复杂多变的状况有一定的距离,从而会产生误差。作为弥补这一缺陷的一种手段,近年来实验法已经开始转向"自然实验法"或"社会实验法"。这种方法就是将整个社会环境作为"实验室",采用多元分析的方法来进行控制实验。

六、实验法的应用

实验法在市场研究中,主要应用于产品测试、包装测试、价格测试、广告测试、销售测试等方面。但在应用时,应注意必须明确实验的目的,所选择的实验变量或指标对所研究的问题必须能提供重要的信息,必须选择好可控因子及其不同的状态或水平,必须优化实验方案设计,认真监视实验过程,做好实验数据的记录、处理和综合分析。

第四节 网络调查法

自 20 世纪 60 年代起,计算机技术本身的不断革新成为调查数据分析方法进步的主要动力之源。正是由于计算机技术的应用,才使得调研者在处理和分析调查数据方面的能力不断增强,越来越多的复杂而高级的统计方法被广泛地运用于调查研究之中。

20 世纪 80 年代之后,随着个人计算机的出现和逐渐普及,计算机日益成为调研者不可缺少的工具。互联网的发展把我们带入了网络经济时代,传统的调查理论与国际互联网技术结合的要求,使得网上调查应运而生。到 20 世纪 90 年代之后,各种基于网络的调查方法开始出现。1999 年 10 月 16 日,北京零点专业市场调查公司与爱特信搜狐网络公司正式携手,创立了搜狐—零点网上调查公司,共同拓展网上调查业务,这标志着中国调查业步入"网络时代"。通过二十多年的发展,基于网络的调查公司大量涌现。尤以首都北京的网络市场调查公司的数量最多,其次依次是上海、安徽、湖南、山东、湖北、辽宁和浙江。

如今,网络调查在已有资料搜集方面具有压倒性优势。越来越多的政府机构、企业、报纸、电台等都纷纷将信息挂在网上,网络已经成为信息的海洋,信息蕴藏量极其丰富。在原始资料调查方面,网络调查也正成为一种被大家广泛接受的调查方式,迅速发展。百度指数就是当前获得数据的网络调查最佳方式。

一、网络调查的特点

网络调查又称联机市场调查(online survey、Web-based survey)、网上调查或网络调研。它是指企业利用互联网搜集和掌握市场信息的一种调查方法。通过网络(Internet/Intranet 等)进行有系统、有计划、有组织地调查、收集、整理、分析有关产品、劳务等市场特征的数据信息,客观地测定、评价及发现各种事实,获得竞争对手的资料,摸清目标市场和营销环境,为经营者细分市场、识别受众需求和确定营销目标提供相对准确的决策依据,以提高企业网络营销的效用和效率。网络调查与传统调查方法相比,在组织实施、信息采集、信息处理、调查效果等方面具有明显的优势。其主要特点如下。

(一) 网络调查的优点

1. 无时空限制

这是网络调查所独有的优势。网络调查不受时间的限制,任何时候只要网络畅通都可进行调查,例如 Motorola 公司与搜狐—零点调查公司联合,在短短的三个月内成功地完成了调查,这是传统调查无法想象的。不仅如此,网络调查在地域空间上更是具有极大优势,在网络上没有空间界限,地球是一家。这样不仅大大提高了访问率,而且通过网上邀请,还可以方便地请到国内外的名人、要人,或平时难以接触到的人士做客聊天室,进行"面对面"交流或进行深层访谈,这也是传统面访调查方式可望而不可即的。如澳大利亚的市场调查公司在中国与十多家访问率较高的 ICP 和网络广告站点联合进行了"1999 中国网络公民在线调查活动",如果利用传统的方式进行这样的调查活动,其难度是无法想象的。可以实施大范围、大样本的调查。

2. 周期短

传统的市场调查周期一般都较长,网络调查利用覆盖全球的 Internet 的优势弥补了这一不足。它能够通过网络迅速地获取信息、传递信息和自动处理信息,因而可以大大缩短调查周期,提高调查的时效性。Web 和电子邮件大大缩短了调查的时间,Internet 只需几个小时,E-mail 调查法、电子邮件的传输只需几秒钟,收到的调查结果迅速、及时,几乎与客户的填写是同时的,这对某些时效性较强的调查而言是极具优势的。因此,借助 Internet 进行市场调查正在成为更佳的解决方案。

3. 经济性

实施网上调查节省了传统调查中耗费的劳务、纸张、印刷、邮资、电话、人员培训、录入、交通等大量人力和物力，降低了调查实施的附加成本、接触成本以及数据分析处理方面的费用。在信息采集过程中不需要派出调查人员、不需要印刷调查问卷，调查过程中最繁重、最关键的信息采集和录入工作分布到众多网上用户的终端上完成，可以无人值守和不间断地接受调查填表，信息检验和信息处理由计算机自动完成。同时由于网络调查的结果开放、共享，调查成本低，具有经济性。

4. 客观性

与传统调查相比，网络调查的被访者是主动参与的，如果对调查项目不感兴趣，他不会花费时间在线填写调查问卷，同时，被访者是在完全独立思考的环境下填写调查问卷，不会受到调查员和其他外在因素的误导和干扰，可以避免传统调查中访问调查时人为错误导致调查结论的偏差，能最大限度地保证调查结果的客观性。

5. 可靠性

网络调查的信息质量具有可靠性，主要表现在：一是实施网上调查，被调查者可以自由选择是否接受调查，不会因为面对面的方式而感到难以拒绝，能完全自愿地选择感兴趣的问题，因此在填写问卷时会比较认真；二是可在网络调查问卷上附加全面、规范的项目解释，有利于消除因对项目理解不清或调查员解释口径不一致而造成的误差；三是问卷的复核检验由计算机依据设定的检验条件和控制措施自动实施，可以有效地保证问卷检验的全面性、客观性和公正性；四是通过被调查者身份验证技术，可以有效地防止信息采集过程中的虚假行为。可见搜集的资料可靠性较高。

6. 互动性

网络调查能够设计出多媒体问卷，可直观地通过文字、图形和其他各种表现形式作出选择和回答，还可将选项的排列进行随机化设计以避免排列顺序对调查结果的影响，提高问卷设计的质量，也可以通过视听技术，使网络调查员与网民（自动受访者）自由交谈，询问和解释各种调查问题，因而具有较强的互动性。

（二）网络调查的缺点

网络调查不仅仅是一种市场调研的方法、技术、手段、工具、形式和平台，而且意味着为客户和专业市场调研机构创造了新的研究领域和服务模式，因而具有良好的发展前景。但网络调查也存在一些局限性，具体如下。

1. 网络调查的调查对象群体受到限制

如果被调查对象规模不够大，就意味着不适合于在网上进行调查，否则调查样本的代表性较差。

2. 抽样框难以界定

有的网络调查人人都可以填写问卷,而且还可能存在同一个人重复填写问卷的情况。又或者在电子邮件调查中是以 E-mail 地址清单作为抽样框的,但是一般网民都不只有一个邮箱,此时将会产生复合连接(即目标总体元素可能连接着多个抽样框单位)问题而影响估计的精度。在使用复合连接抽样框进行简单随机抽样时,简单估计量将不再是无偏的。这些情形都会导致网络调查的抽样框产生偏差。

3. 专业化、商业化程度还很低

市场调查所要解决的不仅仅是 Who、When、Where、What 的问题,还要解决 Why 的问题,但目前网上调查关于 Why 的问题很少,深层次的探讨还没有展开。事实上我们经常在站点上看到一些问卷,多是娱乐性、趣味性的,比如您最喜欢的篮球杂志是?或者对某问题的参考性态度的研究,比如 2009 两会热点调查等。一些大型的专业性调查问题仍是发展较为成熟的传统调查在做,网上调查是无能为力的。

4. 网络的安全性难以控制

网络的安全性一直是影响网络调查顺利展开的一个制约因素,散布于因特网的间谍软件、木马软件更使得网络的安全性成为一个巨大的问题。不少网民在使用网络时都很担心暴露个人信息,这将影响到网民参加网络调查的积极性。

二、网络调查的方式

网络调查法根据不同分类标志,有不同的分类。按照采用的技术不同可分为站点法、电子邮件法、随机 IP 法、网上在线座谈会法等。按照调查者组织调查样本的行为不同,可分为主动调查法和被动调查法。主动调查法是指调查者主动组织调查样本,完成有关调查;被动调查法是指被调查者被动地等待调查样本单位造访,完成有关调查。按照抽选样本的方法不同可分为概率方法和非概率方法。按照所获信息的不同,可分为直接调研法和间接调研法。直接调研法包括电子邮件问卷法、在线焦点小组访谈法、在网站设置调研专项收集一手资料;间接调研法包括利用搜索引擎、访问专业信息网站、用相关的网上数据库查找二手资料、评论调查法等。本章将介绍几种常用的网络调查方法。

1. 站点法

站点法也称网页调查或在线调查。它是将调查问卷以 HTML 文件的格式,附加到那些访问率高的网站或自己的网站上,由浏览站点的网民按其个人兴趣,选择是否访问有关主题,然后以在线方式直接在问卷上进行填写和选择,完成后提交调研表。站点法属于被动调查法,是目前网络调查的基本方法。此方法利用网络调查系统,其中的可视化问卷编辑器可以完成整体问卷的设计,传输软件可将其自动传输到网络服务器上,通过网站调研者可以随时在屏幕上对回答数据进行整体统计分析。China Internet Network Information Center 每半年进行一次的"中国互联网络发展状况调查"就是采用的这种方式。

2. 电子邮件法

电子邮件调查是指通过网络借助电子邮件,将调查问卷发送给一些特定的网上用户,由用户填写后在规定的时间内又以电子邮件的形式反馈给调研机构。这是进行网络调查最常见的方式。这种方法以较为完整的电子邮件地址清单作为抽样框,使用随机抽样的方法发送问卷,受访者在填写问卷时甚至可以不用上网,他们将电子邮件下载下来,回答后上线提交即可。电子邮件调查法属于主动调查法,与传统的邮寄调查法相似,只是邮件在网上发送与反馈,邮件传递的时效性大大提高。

3. 概率抽样调查

网络调查抽选样本同样有概率抽样调查法和非概率抽样调查法。概率抽样法是按照随机原则,对掌握的 IP 地址、E-mail 等进行随机抽样,获取样本,进行网络调查的网络抽样调查方法,包括随机 IP 法、随机抽选 E-mail、网上分层抽样、网上系统抽样、电话预约网民随机抽样、电话预约总体随机抽样等。非概率方法是完全在网站上公开调查问卷,进行广泛的链接和广告,受访者主动参加。该法几乎无法对受访者进行控制,随机性很差,而且无法对所调查的内容进行保密。它包括娱乐性网络调查、不严格的自选调查、志愿者组成的网络调查等。

4. 网上在线座谈会法

网上在线座谈会法也称在线焦点小组访谈法,它是基于 Web 的计算机辅助访问(CAWI),将分散在不同地域的被调查者通过互联网视讯会议功能虚拟地组织起来,在主持人的引导下讨论所要调查的问题。这种调查方法属于主动调查法,其原理与传统的专家调查法相似,不同之处是参与调查的专家不必实际地聚集在一起。它适合于对关键问题的定性调查研究。

5. 网络电话调查法

当利用这种方式进行调研时,网络系统可以根据随机数抽样得出电话号码并拨号,每一位访问员都坐在一台计算机终端或个人电脑前,当被访问者电话接通后,访问员通过一个或几个键启动机器开始提问,需要提出的问题及各选答案便立即出现在屏幕上。同时,计算机系统还会根据被调查者对前面问题的回答,自动显示与被访者个人有关的问题或直接跳过去选择其他合适的问题。此方法目前在美国十分普及。它不仅加强了电话询问在时间和成本方面的优势,同时也突出了方法上的优势。

6. 评论调查法

它包括论坛评论、网络软文、政府报告和专业公司研究成果等现成资料,它不是直接主动发起的调查,而是根据现成的资料进行分析的调查。评论调查的方式多种多样,有自我评论的论坛评论、有网络软文的专家评论、政府方面的报告,甚至还有专业公司所发布的研究成果等。

7. 搜索引擎调查

所谓搜索引擎调查，就是通过诸如百度、Google等搜索网站特有的搜索引擎，记录消费者对自身感兴趣商品的关键词输入和由于点击链接而形成的数据资料所进行的调查。区别于现已应用多年的传统网络调查方式，搜索引擎调查法能够提纯消费者的注意力，洞悉消费者的隐性需求和消费行为，从而深层次挖掘人的潜意识中那部分连被调查者都不甚了解的信息。

三、网络调查的程序

网络调查是一种利用互联网搜集和掌握市场信息的调查方法。需要硬件和软件条件，调查过程复杂、科技含量较高，在调查之前制定一个科学的调查程序是必不可少的。

1. 确定网络调查的课题

与传统调查方法相同，网络调查的首要任务也是根据市场调查的实际需要，确定调查的目的与任务。明确网络调研应研究解决什么样的决策问题，为此应搜集哪些信息（原始资料和现成资料）才能满足决策的需求。

2. 明确网络调查的对象

根据调研主题确定调研对象，由于网民通常只是具有较高文化背景和教育层次的人，调查前必须先分析一下网民与调查总体重合度有多大。网络调查对象一般有产品消费者、企业的竞争者与合作者、行业管理者和政府机构（宏观调控者）。此外，对产品消费者进行网络调研，还应明确必要的样本量，以便于网络调查能控制受访者的数量。

3. 选择网络调查的方法

网络调查的具体方法包括站点法、电子邮件法、随机IP法、视讯会议法等。调研者根据调查目的和要求、调查对象的特点选择合适的具体网络调查方法及其组合运用。如对产品消费调查可采用站点法或电子邮件法、在线访谈等方法搜集资料，对竞争者、行业管理者等可采用搜索引擎搜集有关的现成资料。为了鼓励大家积极参与调查，除调查内容有趣、易答外，还应适当使用物质奖励，以提高大家参与调查的兴趣。

4. 问卷设计

问卷或调查表是网络调查的重要载体，网页问卷设计对网络调查的质量有着十分重要的影响。一般网络调查不适用于那种较复杂的项目，调查表应设计得尽量简单、易答，调查问题的表述也要充分考虑受访网民的特征及心理特点。调查问卷应在10～15分钟内答完为宜，除了特殊的问题需要被调查者录入文字来回答外，尽可能让被调查者通过点击鼠标来选择答案。

5. 网络调查

问卷设计之后,则可上网发布或以电子邮件方式将问卷传至受访者,或将问卷置于网站中供受访者自行填答传回。在网上问卷调查的同时,网络调查员亦可同时进行搜索引擎,以搜集竞争者、合作者的相关资料,行业资料和社会、经济、政策、法规等宏观环境资料。网络调查是调查者与被访者进行社会互动的过程,也是一种人机互动的过程。

6. 数据处理与分析

这一步骤是网络调查能否发挥作用的关键,数据处理包括问卷的复核检验、被访者身份验证、数据的分类与汇总、统计图表的生成等,一般由计算机根据设定的软件程序和控制条件自动完成。因此,数据处理应注意开发或利用有关的统计软件,同时应注意只有当样本量达到预先设定的要求后,方可结束调查,进行数据处理。

分析研究是对网络调查获得的数据和相关资料进行对比研究,通过深度开发,得出调查结论和有重要价值的启示,亦可展开对策研究。分析研究的最终成果一般用调研报告来反映。

四、网络调查需注意的事项

利用互联网进行调查的确具有很多优点,比如快速、方便、费用低、不受时间和地理区域限制等。另外,由于不需要和用户进行面对面的交流,也避免了当面访谈可能造成的主持人倾向误导,或者被访问者顾及对方面子而不好意思选择不利于企业的问题。尽管网上调查有其优越的一面,但也有一定的局限性,主要表现在调查方法的选择、调查表的设计、样本的数量和质量、个人信息保护等因素的影响。为此,利用互联网进行调查需注意以下几个方面。

(一)网络调查与传统调查技术相结合

网络调查不可能满足所有市场调研的要求,尤其当企业网站访问量比较小、客户资料还不够丰富的情况下,不能完全依赖网上调查的功能。比较合理的方式是,根据市场调研的目的和要求,采取网上调研与网下调研相结合、自行调研与专业市场调查咨询公司相结合的方针,以较小的代价获得尽可能可靠的市场调研资料。

1. 二手资料的收集

许多二手资料可以采用网络调查收集。其速度快、信息容量大,用户足不出户就可以收集到世界各地各方面的资料。与传统的文案调查法相比,网络调查能够有效地缩短收集资料的过程,提高了调查活动的实效性。目前文案调查中二手资料的收集越来越多地通过网络来完成。

2. 网络定性调查法

网络定性调查主要有:网络深度访谈法,网络论坛、电子公告板或聊天室访谈等。例如，在网络上提供一张图片，然后要求调查对象写一个关于它的故事。研究人员通过分析调查对象的人文特征和所写的故事，就能够了解这个人的心理特征和消费模式等信息。网上定性调查可以邀请到世界各地的被访者，无须占用任何场地，组织工作方便、快捷，并且被访者彼此互不见面，没有群体压力，没有面对面的尴尬，得到的回答较为真实。与传统的定性调查相比，网上定性调查组织起来时间短、成本低，省去了被访者或访问员在路途上花的时间和精力，较好地节约了调查的时间和费用。但是由于没有面对面交流的机会，无法通过受访者的面部表情、肢体语言、语调和行为的变化来判断被访者的动机和态度，辨别他们回答问题的真实程度。同样也无法借助访问员表情、语气和肢体语言的改变使被访者身心放松，更好地参与调查。

3. 定量调查法

它主要有网络询问法、网络观察法和网络实验法三种。

网络询问法的调查问卷可以通过网站或网页发布，还可以通过电子邮件直接发送给受访者，以完成询问调查收集一手资料。网络访问者与被访者互不见面，这使得被访者更愿意表达自己真实的想法，但也使得调研者难以通过表情语调等因素的变化来判断受访者回答的真实程度。

网络观察法是对网站的访问情况或网民的网上行为进行观察和监测。借助相关软件可以对本网站的会员（注册者）和经常浏览本站的 IP 地址进行分析，掌握他们上网的时间、点击的内容及浏览的时间，从而了解他们的兴趣、爱好和习惯，了解他们在网上喜欢看什么商品的页面，看商品时先点击的是商品的哪些方面，是价格、服务、外形还是其他人对商品的评价，是否有就相关商品与企业进行沟通的愿望等。还能够记录不同商品的点击率、不同广告的点击率、文字信息的点击率等观察数据。

网络实验法。把实验法搬到网络上，借助综合统计分析软件包 Minitab，通过网络调查实施实验法进行因果性调研。在不同的网站可以展示不同的实验处理，被访者注册访问这些网站并回答问卷。

（二）网络调查的质量问题

由于网络调查过程中没有访问员参与，在收集数据时很难进行质量控制。网络调查会遇到来自样本数量和质量、调查表、被访者因素以及信息真实性等影响调查资料质量方面的问题，为此，进行网络调查时，要着力解决以下问题。

1. 在线调查表的设计

无论采取什么调查方法，设计相应的调查表并预先进行测试，在大多数情况下是必不可少的，而且调查表设计水平的高低直接关系到调查结果的质量。由于在线调查占用被访问者的上网时间，因此在设计上应该简洁明了，尽可能少占用填写表单的时间和上网费用（如果一份问卷需要 10 分钟以上的时间，相信多数人没有这种耐心），避免被访问者产生抵触情绪而拒绝填写或者敷衍了事。

2. 样本的数量

样本数量难以保证也许是在线调查最大的局限之一。如果没有足够数量的样本数量，调查结果就不能反映总体的实际状况，也就没有实际价值。足够的访问量是一个网站进行在线调查的必要条件之一。

3. 样本的质量

由于网上调查的对象仅限于上网的用户，从网民中随机抽样取得的调查结果可能与消费者总体之间有误差。另外，用户地理分布的差别和不同网站拥有特定的用户群体也是影响调查结果的不可忽视的原因。

4. 被访者的因素

被访者提供信息的真实性直接影响到在线调查结果的准确性。所以，对于网上被访者的某些信息（尤其是个人信息）的真实性和准确度要大打折扣。

5. 建立信息分析处理体系

信息收集到后必须能有效地处理。最好是由专人完成信息收集与处理的工作，用数据库将信息组织管理，以备将来查询。由于在调查过程中，经常会收到很多垃圾邮件，在网上查到的资讯有些不是很准确，比如说同行业网上公开的信息很多带有水分，所以必须当作客户去了解才可得到比较准确的信息。所以一个高效的信息分析处理系统非常重要。

（三）网络调查的安全问题

在互联网上如何防止黑客的恶意攻击，更好地保护国家和企业的机密以及个人的隐私，确保网络调查数据的安全，成为推广与普及网络调查必须解决的重要问题。为了提高安全防范能力，除了要采用防火墙和网络防毒技术，推广信息加密通信与储存外，还要提出一套切实可行的具体办法，实施网络调查的身份认证和授权制度。这方面，一些发达国家的经验值得借鉴。

五、网络调查的应用

网上调查将成为 21 世纪应用领域最广泛的主流调查方法之一，网上调查既适合于个案调查也适合于统计调查。对于从事资讯调查业的调查组织来说，可以开展营利性的网上调查业务；对于政府机构和社会团体来说，可以开展非营利性的调查研究项目。

具体的应用领域如下。

1. 产品消费调研

网络调研可以对现实与潜在消费者的产品与服务的需求、动机、行为习惯、偏好、水平、意向、价格接受度、满意度、品牌偏好等方面进行测试与研究，可以帮助企业快速获得目标市场的消费状况、特征和趋势等资讯。

2. 广告效果测试

广告效果测试即利用电子问卷、电子邮件、在线座谈等方式对广告的目标受众进行广告投放之后的市场测试,以便迅速获得广告投放的达到率、认知率、认同率、接受率和喜好率,以及广告投放对消费者购买决策与行为的影响,亦可对广告的媒体选择进行研究。

3. 生活形态研究

生活形态研究是利用网络调研互动快、成本低的特点,对特定目标群体的生活形态进行连续性的追踪研究。例如,消费群体价值观区隔研究、青少年时尚消费观念研究、妇女消费观念研究、白领人士家庭与职业阶段的研究等,均可利用网络进行研究。

4. 社情民意调研

社情民意调研是利用网络调研法,对一些社会热点问题进行调查研究,如国家进行国家大剧院建设方案的论证、针对转轨时期人才流动、就业问题、国有企业改革、居民投资意向、城市特殊群体生活方式等热点社会问题的调查均适合采用网上调查方式。这些研究能够直接运用于社会研究和公共政策研究,服务于政府、社会团体和研究组织,也可间接运用于市场研究之中。

5. 企业生产经营调研

企业生产经营调研有两种方式:一是事先确定调查的范围、调查的单位、调查的内容和表式、填报的要求等,然后由企业通过网络方式进行填报(网上直报)。这种调查方式通常应用于行业或政府的统计调查,但资料传输必须通过安全传输协定的加密保护,禁止未经授权的存取。二是直接登录有关企业的网站或通过搜索引擎获取有关企业的生产经营资料,以满足某些专项研究的需要。

6. 市场供求调研

企业可以利用电子邮件方式将求购清单(如原材料、设备等)传至供货单位,或将求购清单置于网络中供受访者回复,为企业的采购决策提供信息。企业亦可将供货清单置于网络中征求购买者,以寻求产品用户,为企业的产品销售决策提供信息。

思 考 题

1. 访问法的优点是什么?
2. 根据访问的形式不同,访问法分为哪几种?
3. 面谈访问、电话访问和邮寄访问各用于什么情境?
4. 什么是观察法?它有哪些具体方法?
5. 什么是实验调查法,其工作程序如何?

6. 实验调查法有哪些类型？它有哪些优缺点？
7. 比较传统与新型的网络调查法。
8. 网络调查法可应用于哪些方面的研究？

案例分析讨论

市场调查新景观

市场调查作为一种营销手段，对于许多精英企业来说已成一种竞争武器。自1919年美国柯蒂斯出版公司首次运用成功，即在世界范围内迅速扩展开来。并由最初的简单收集、记录、整理、分析有关资料和数据，发展成为一门包括市场环境调查、消费心理分析、市场需求调研、产品价格适度、分销渠道、促销方法、竞争对手调查、投资开发可行性论证等在内的综合性科学。随着世界经济的不断发展，国际上一些著名企业更是把精确而有效的市场调查作为企业经营、发展的必修课，各种手法可谓洋洋大观高招迭出。

1. 意见公司

日本企业家向以精明著称，这方面自不甘落后。这家公司由日本实践技术协会开设，有员工近百人。他们与不同年龄、不同层次的消费者建立固定联系，经常请他们对各种商品提出意见。同时还刊登广告征求意见，并提供相应报酬。他们将收集到的各种意见整理分类及时反馈给有关企业，"意见公司"也从中得到回报。公司的人员来自各个层次，知识结构也力求搭配合理。

2. 免费电话巧问计

美国一家生产化妆品等日用化学品的著名厂家，为了听取用户意见，别出心裁推出免费电话向消费者征询意见。他们在产品包装上标明该公司及各分厂的800个电话号码，顾客可以随时就产品质量问题打电话反映情况，费用全部记在公司账上。公司则对所来电话给予回复，并视情况奖励。仅1995年，该公司就接到近25万个顾客电话，从中得到启发而开发出的新产品的销售额近1亿美元，而公司的电话费支付不过600万美元，一进一出让老板喜不自禁。

3. 研究垃圾

一般人听起来，此乃荒唐之举，对经营决策不会有什么影响，但事实恰恰相反。著名的雪佛隆公司即重金请亚利桑那大学教授威廉雷兹对垃圾进行研究。教授每天尽可能多地收集垃圾，然后按垃圾的内容标明其原产品的名称、重量、数量、包装形式等予以分类，获得了有关当地食品消费情况的准确信息。用雷兹教授的话说："垃圾绝不会说谎和弄虚作假，什么样的人就丢什么样的垃圾。"雪佛隆公司借此做出相应决策，大获全胜，而其竞争对手却始终也没搞清雪佛隆公司的市场情报来源。

4. 巧设餐馆

日本企业界有一则流传甚广的故事：日本人对英国纺织面料在世界久享盛誉一直不服，却无从得知其中奥秘。于是便萌生一计——集中本国丝绸行业的部分专家进行烹调培训，然后派往英国在最有名的纺织厂附近开设餐馆。自有很多厂里人前来就餐，日本人便千方百计搜集情报,结果还是一无所获。不久餐馆宣布"破产",由于很多"厨工"已同工厂的主管人员混熟,所以部分人就进入这家工厂工作。一年后,日本人分批辞职回国,成功地把技术带回了日本,并改进为更先进的工艺返销给英国。为了得到技术情况,日本人可谓煞费苦心打了一个迂回战,有人指责说这完全超出了市场调查方法的内容范围,近乎间谍行为了。

5. 顾客的影子

找人充当顾客影子是美国一些市场调查公司的杰作,这些公司专门为各商场提供市场调查人员。当这些人接受商场聘请之后,便时刻不离顾客左右,设法了解顾客购买哪些商品,停留多久,多少次会回到同一件商品面前以及为什么在挑选很长时间后还是失望地离开等。美国许多企业得益于这类调查,并因而使经营更具针对性、更贴近消费者。

6. 美国家庭住进了一个"落难"的日本人

一次,一个美国家庭住进了一位"不幸"的日本人。奇怪的是,这位"落难者"每天都在作笔记,记录美国人居家生活的各种细节,包括吃什么食物、看什么电视节目等。一个月后,日本人走了。不久丰田公司推出了针对当今美国家庭需求而设计的价廉物美的旅行车,大受欢迎。举一个例子就能说明,美国男士(特别是年轻人)喜爱喝玻璃瓶装饮料而非纸盒装的饮料,日本设计师就专门在车内设计了能冷藏并能安全放置玻璃瓶的柜子。直到此时,丰田公司才在报上刊登了他们对美国家庭的研究报告,并向那户人家致歉,同时表示感谢。

7. 半日游逛

德国的哈夫门公司格外善于捕捉市场信息,享有"新鲜公司"之雅号。他们的方法是经理和高级职员每天半日坐班,半日深入社会,广抓信息。一次,公司的管理部部长进剧院看戏,却三心二意难进剧情,而不远的一对青年男女的对话,却声声入耳:"你能给我买顶有朵白花饰物的绒帽吗?我们公司的女孩们都想得到那样一顶漂亮的帽子。只有赫得公司卖过一批,可以后再也见不到了。""亲爱的,我保证给你买到。你知道吗,我们公司的同事们都在想买那种双背带背包,省力又不会使肩膀变形,你要是能为我买来他们肯定既美慕又嫉妒。"管理部部长坐不住了,出门直奔几家商店,回答是问的人多,可没货。部长连夜找来几位设计师,两周后,大白花绒帽和双背带背包作为哈夫门公司献给大家的圣诞礼物摆上了柜台,生意之红火就不用说了。

8. 经理捡纸条

在澳大利亚昆士兰州,许多远道而来的顾客,特别是生怕忘事的家庭主妇,在到商店购物前总喜欢把准备购买的商品名字写在纸条上,买完东西后则随手丢弃。一家大百货公司的采购经理注意到这一现象后,除了自己经常捡这类纸条外还悄悄发动其他管理人员也行动起来。他以此作为重要依据,编制了一套扩大经营的独家经验,结果可想而知:许多妇女从前要跑很远的路才能购买到的商品,现在到附近分店同样也能买到。

他山之石,可以攻玉。20世纪90年代是经济竞争白热化的年代,愿我国的企业家们也能从中吸取点什么,在进入市场之初,何不根据本企业的实际情况,来一番市场调查,谁说赢家注定是别人呢?

(资料来源:致信网,http://www.mie168.com/htmlcontent.asp)

案例思考题：

1. 本文共有多少种调查方式？
2. 任意选取文中的一个情境，如果是你，还有其他更好的调查方式得到更精确的结果吗？怎么做？
3. 在"半日游逛"的实例中，哈夫门公司还能用本章节中的实验法、网络调查法或访问法吗？如果可以，试说明理由并谈谈你是如何进行调查设计的；如果不可以，试说明理由。

第五章 问卷设计

【学习目标】

通过本章学习,读者应了解问卷的概念、种类;理解问卷的各种类型;熟悉问卷的结构、问卷设计的程序;掌握问句问题、答案的设计,精通问卷设计的技巧。

【导入案例】

顾客满意程度调查问卷

飞利浦电子有限公司服务部准备对其特约维修站的顾客做一次调查,下面是他们公司设计的一份调查问卷。

亲爱的顾客:

感谢您于近期光临飞利浦特约维修站!

为了不断提高我们对客户的服务水平,请您花费宝贵的几分钟时间提出一些想法和建议。谢谢!

1. 您对故障的解决是否满意:　　是　　否
2. 您对下列各项的满意程度:

	很不满意	不满意	可以接受	满意	很满意
• 您的等待时间	1	2	3	4	5
• 维修所花费的时间	1	2	3	4	5
• 维修的质量	1	2	3	4	5
• 服务态度	1	2	3	4	5
• 服务人员的专业技能	1	2	3	4	5
• 技术能力	1	2	3	4	5
• 故障原因及修复的解释	1	2	3	4	5

3. 如果您需要购置/更新产品,您是否愿意选择再次购买飞利浦产品?
1. 肯定会　2. 可能会　3. 不一定　4. 可能不会　5. 肯定不会
4. 您最近一次光顾的特约维修站的名称是:_____
5. 如果产品再次发生故障,您还会光临该特约维修站吗?
1. 肯定不会　2. 可能不会　3. 可能会　4. 肯定会

其他建议:_____
_____

再次感谢您的合作！请您将问卷装回信封寄出。

(资料来源：陆军,周安柱,梅清豪编著. 市场调研. 北京：电子工业出版社,2003)

启示：一份完美的问卷是由多个部分组成的,每个部分的内容都要恰如其分地表达调查者想要了解的内容,体现调查者的调查目的,有的放矢的设计问卷才能达到调查的最终目的。

问卷是一个纽带,它连接着研究目标与被研究者(信息的发出源),调研目的必须转化为具体的问题才能从被访者那里搜集所需信息。问卷在数据搜集过程中起着重要的作用。问卷设计是问卷调查的关键环节,其好坏将直接决定能否获得准确可靠的信息,对调查的质量起着关键的作用。如果问卷设计得不好,那么所有精心编制的抽样计划、训练有素的访问人员、科学的数据分析技术和良好的编辑及编码都将毫无意义可言。不恰当的问卷设计将导致不完整的信息、不准确的数据,在此基础上甚至会产生错误的市场预测与决策,从而导致企业在激烈竞争中的惨败。

第一节 问卷的一般问题

一、问卷的概念与作用

问卷调查最早起源于古代中国和埃及以课税和征兵为目的所进行的调查,近代问卷调查始于1748年瑞典进行的全国规模的人口普查；而现代意义上的问卷调查则是从20世纪30年代,以美国新闻学博士乔治·盖洛普成功地运用问卷进行美国总统选举的预测调查后开始的,也就是这一事件之后,问卷调查才得以迅猛发展。我国自20世纪80年代引入问卷调查以来,目前已得到了长足的发展。采用问卷调查是国际上通行的调查方式,也是我国近几年来推行最快、应用最广的调查方式。

(一) 问卷的概念

问卷(questionnaire)是调查者根据调查目的和要求,按照一定的理论假设设计出来的,由一系列问题、被选答案、说明以及代码表所组成的书面文件,是向被调查者收集资料的一种工具。问卷设计的目的是设计一份理想的问卷,这份问卷既能描述出被调查者的特征,又能测量出被调查者对某一社会经济事物的态度,并能在一定条件下以最小的计量误差得到所需要的数据。

(二) 问卷的作用

问卷的作用其实就是作为提问、记录和编码的工具,从而获得第一手的关于市场的资料。问卷的诞生使市场调查获得了质的飞跃,它使问题的用语和提问的程序都标准化了,从而大大降低了统计处理的难度,否则调查者将面临一大堆零乱无章的数据,这将使统计工作很难进行。具体来讲,问卷的作用体现在以下几个方面。

(1) 问卷是调查中广泛使用的一种工具。由于问卷是进行调查的一种工具,它广泛用于各种范围和对象以及各种类型市场调查方法中,因此,从调查内容的范围上来看,问卷既可以适用于国际市场调查、全国市场调查,又可以适用于区域市场调查;从对象的广度上来看,问卷既可以针对消费品市场调查、生产资料市场调查,又可针对服务市场调查;从调查方法看,不仅在问卷调查法中使用问卷,而且在面访调查法、邮寄调查法、网上调查法、电话调查法中也使用问卷。

(2) 问卷通俗易懂,实施方便。问卷可以锁定研究目标并展现与主题相关的必要问题,将所需要的信息转化为被调查者可以回答并且愿意回答的一系列具体问题。由于采用文案调查法查寻资料时,有时不可能获得调查目标所要求的全部资料和信息;采用面访调查和电话调查时,又要求调查者具备相当高的询问技巧和记录技巧,在具体实施中还难免会出现对有些问题回答不完全或回答得模棱两可的情况;采用问卷这种形式可以将所要问的问题全部以提问的方式写在卷面上,大多数情况下,还同时提供多种备选答案,由被调查者从中选择。因此,采用问卷形式进行调查,形式上方便,表达上容易为被调查者所接受;同时问卷也不要求调查者一定要具备很高的交流技巧,实施起来比较方便,只要调查者说清意图,并能回答被调查者的问题就可以完成调查任务了。

(3) 问卷作为调查工具,方便创造容易执行的应答气氛和条件,引导调查者参与并完成调查,减少由被调查者引起的计量误差;以近乎同一的标准提出问题和要求做答,确保问题环境的相似性和一致性,使调查人员的提问标准化,减少由调查人员引起的计量误差。

(4) 问卷作为调研的记录和证据,根据它来记录被访者的回答,并根据它来进行编码,便于保存和核对调查结果,便于对资料进行统计处理和定量分析,使回答误差率很低,节省时间,调查效率高。

由于问卷中大多数问题都是给出备选答案,由被调查者从中选出与自己的观点和看法相像或相近的答案即可,因此,问卷既节约时间,又便于通过人工或计算机的手段对问卷中的每一问题的答案进行汇总和整理,可以很准确地将每一问题的答案汇总、分类出来,并进行定量分析,使调查效率提高。所以一份科学的问卷不仅要求所设置的调查项目能满足调查的全部要求,而且还要求所设计的问卷有利于调查资料的准确、及时、完整地收集,便于计算结果的统计处理。事实上,研究表明调查问卷的设计直接影响所收集到的数据的质量。即使有经验的调查研究人员也无法弥补问卷所造成的问题。在设计一份良好的调查问卷上投入足够的时间和精力是非常有必要的。

二、问卷的类型

问卷的设计必须与调查目的及要求、调查主题、调查对象和调查方式相适应,不同的研究问题、调查对象和调查方式所适应的问卷类型也不一样。

(一) 根据使用问卷方法的不同分类

根据调查所使用的方法不同,可把问卷分为访问调查问卷、邮寄调查问卷、报纸杂志式问卷、电话调查问卷和网上调查问卷等。

1. 访问调查问卷

访问调查问卷是由市场调查人员按照统一设计的问卷，向被调查者当面提出问题，然后再由被调查者或调查者根据被调查者的口头回答来填写的一种调查问卷。在调查中，一般较多采用访问调查，所以访问调查问卷也比较普遍；在面谈调查、座谈会调查中也会用到此类问卷。

2. 邮寄调查问卷

邮寄调查问卷指通过邮寄或其他方式将调查问卷送至被调查者手中，由被调查者自行填写，然后将问卷通过邮局寄还给调查者。

3. 报纸杂志式问卷

报纸杂志式问卷是随报纸杂志的传递发送问卷，报刊阅读者做答后根据要求寄到指定地点，但是此种形式的问卷的回收率通常很低。

4. 电话调查问卷

电话调查问卷是一种通过电话向被调查者进行访问调查的问卷类型。现在的电话调查一般是计算机辅助电话调查，那么此时的问卷是由计算机的专用软件控制的，由市场调查人员按照计算机内统一设计的问卷，向被调查者当面提出问题，然后再由调查者根据被调查者的口头回答来填写的一种调查问卷。

5. 网上调查问卷

网上调查是将已经设计好的问卷通过网络传递给被调查者。目前网站最常采用的是以网页呈现网上调查问卷、供网友直接点选题项并在线提交的方式，还有以电子邮件网上问卷调查等其他形式。调查者通过专用软件来统计分析网上调查问卷的调查结果。

（二）根据问卷发放方式的不同分类

根据问卷的发放方式不同，可分为自填式问卷和代填式问卷。自填式问卷是指由调查者发给（或邮寄给）被调查者，由被调查者根据实际情况自己填写的问卷。这种问卷主要适合于邮寄调查、宣传媒介发放的问卷调查等方式。代填式问卷则是由调查者按照事先设计好的问卷或问卷提纲向被调查者提问，然后根据被调查者的回答进行填写的问卷。这种问卷主要适合于访问调查、座谈会调查以及电话调查等方式。自填式问卷与代填式问卷在具体的设计原则、设计程序等方面均大致相同，只是在具体的设计方法以及使用方法方面有所差异。一般而言，代填式问卷要求简便，最好采用两项选择题进行设计；而自填式问卷由于可以借助视觉功能，在问题的制作上相对可以更加详尽、全面一些。

三、问卷设计的原则

问卷调查特别值得注意的问题就是使研究者个人价值取向在提问中最大程度的消解，保证受访者是在无干扰的情况下做出回答。要设计一份完美的问卷，需要遵循以下几个原则。

（一）目的性原则

目的性原则要求问卷中拟定的问题要反映调查的目的。这就要求在问卷设计时，重点突出，避免可有可无的问题，并把主题分解为更详细的纲目，所取得的资料要符合实际需要，不能漏掉应取得的资料，也不能收集不必要的资料。

（二）可接受性原则

可接受性原则要求问卷的设计要比较容易让被调查者接受。由于被调查者对是否参加调查有着绝对的自由，调查对他们来说是一种额外负担，他们既可以与调查者合作，也可以采取对抗行为。要取得对方合作，这是一个很重要的问题。在设计问卷时要注意在问卷说明词中把调查目的告诉对方。说明词要亲切、温和，提问要自然、有礼貌和有趣味，必要时可采用一些物质鼓励，并要为被调查者保密，以消除其心理压力，使被调查者自愿参与，认真填好问卷。

（三）顺序性原则

顺序性原则要求问卷中的各种问题要排列有序且合理，应做到容易回答的问题放在前面，较难的问题放在中间，敏感性问题放在后面；封闭性问题放在前面，开放性问题放在后面；调查的主体项目和相关项目放在前面，被调查者的基本项目放在后面；要注意问题的逻辑顺序，如按时间顺序、类别顺序等合理排列。

（四）简明性原则

简明性原则要求问卷中的提问要注意用语准确、含义清楚、简明扼要，要避免诱导性提问，既要考虑内容的简明，也要考虑调查时间简短，还要考虑问卷设计的形式要简明易懂、易谈。

（五）匹配性原则

匹配性原则是指要使被调查者的回答便于进行检查、数据处理和分析。所提问题都应事先考虑到对问题结果做适当分类和解释，使所得资料便于做交叉分析。

四、问卷的结构

一份完整的问卷一般会有以下六大组成部分：标题、问卷说明、被调查者基本情况、调查主题内容、编码和作业证明记载（如图5.1所示）。

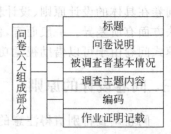

图 5.1　问卷六大组成部分图

（一）标题

问卷的标题是调查主题和内容最直接的概括，需要用最简洁、最鲜明、最准确的语言表达，使被调查者对所要回答什么方面的问题有一个大致的了解，以便引起回答者的兴趣。设计标题，也是问卷设计者加深理解和把握调查的目标和内容的过程，有利于提高问卷的设计质量。例如"你为'什么'而工作——2005年工作价值观调查问卷"（正副标题形式），"乘用车油耗国标出台——车市将如何改变？"（设问形式），"湖南省投资环境调查"（直接陈述形式）。对于问卷标题，采取正副标题形式与设问形式比采用直接陈述形式能多得到被调查者合作，因为这样的标题更能够引起被调查者注意力，在报纸、杂志、网络上经常能见到这样的调查问卷标题。而不要简单采用"调查问卷"这样的标题，它容易引起回答者因不必要的怀疑而拒答。

（二）问卷说明

问卷说明旨在向被调查者说明调查的目的、意义。有些问卷还有填表须知、交表时间、地点及其他事项说明等。问卷说明一般放在问卷开头，通过它可以使被调查者了解调查目的，消除顾虑，并按一定的要求填写问卷。问卷说明既可采取比较简洁、开门见山的方式，也可在问卷说明中进行一定的宣传，以引起调查对象对问卷的重视。

问卷说明的主要目的有三：首先说明调查的目的和意义；其次提出回答问卷的要求；最后要对被调查者表明谢意。问卷说明具体分为两部分：问候语和填写说明。

1. 问候语

在问卷特别是自填式问卷中，写好问候语十分重要，它可以引起被调查者对调查的重视，消除顾虑，激发参与意识，以争取他们的积极合作。问候语要语气亲切，诚恳礼貌，文字要简洁准确，并在结尾处表明对被调查者的参与和合作表示感谢。问候语一般由下面的内容构成：①称呼；②问好；③自我介绍；④调查内容；⑤责任交代；⑥保密承诺；⑦配合请求；⑧致谢。其中：①②③④⑧是所谓要件，问候语中必须具有这几项，⑤⑥⑦是选项，有时也可以不明确提出。例如，下面是一份"公众医疗保险意识问卷"中的问候语：

① ——女士/小姐/先生：

② 您好！

③ 我是北方市场调查公司的访问员，④我们正在进行一项有关公众医疗保险意识的调查，目的是想了解人们对医疗保险的看法和意见。⑤您的回答无所谓对错，只要是您真实的情况和看法即可。⑥我们对您的回答将完全保密。⑦可能要耽误您15分钟左右的时间，请您配合。⑧谢谢您的合作。

特别要注意的是，问候语不能拖沓冗长，引起被调查者的反感，从而影响问候语内容的可靠性和有效性。如果问候语内容或措辞不当，可能导致误答率增高，从而加大调查成本，甚至引起偏差和误差，影响调查结果。

2. 填写说明

填写说明，用来指导被调查者回答问题的各种解释和说明。不同的调查问卷，对指导语的要求不一样，指导语所采取的形式也多种多样。有些问卷中，指导语很少，只在说明信末附上一两句，没有专业的"填表说明"（如在问候语的结尾处加上：下面列出的问题，请在符合您情况的项目旁"□"内打"√");有的问卷则有专业的指导语,集中在说明信之后,并有专业的"填表说明"标题;还有一些问卷,其指导语分散在某些较复杂的问题前或问题后,用括号括起来,对这一类问题作专业的指导说明(例如,本题可选三项答案,并按重要程度将其顺序排列)。

在自填式问卷中要有详细的填写说明,让被调查者知道如何填写问卷,如何将问卷返回到调查者手中。填写说明一般包括以下内容:①有关记录工具的统一规定(如笔的种类颜色);②答题符号的统一;③各种题型的答题规则;④各种题型答题符号的约定;⑤问卷的回收时间;⑥问卷的回收方式。下面是一份自填式问卷集中填写说明的例子。

其填写要求如下。

(1) 请您在所选答案的题号上画圈。

(2) 对只许选择一个答案的问题只能画一个圈;对可选多个答案的问题,请在您认为合适的答案上画圈。

(3) 需填数字的题目在留出的横线上填写。

(4) 对于表格中选择答案的题目,在所选的栏目内画钩。

(5) 对注明要求您自己填写的内容,请在规定的地方填上您的意见。

(三) 被调查者基本情况

被调查者基本情况的内容是指被调查者的一些主要特征,如在消费者调查中,消费者的性别、年龄、民族、家庭人口、婚姻状况、文化程度、职业、单位、收入、所在地区等。又如,对企业调查中的企业名称、地址、所有制性质、主管部门、职工人数、商品销售额(或产品销售量)等情况。通过这些项目,便于对调查资料进行统计分组、分析。在实际调查中,列入哪些项目,列入多少项目,应根据调查目的、调查要求而定,并非多多益善。

(四) 调查主题内容

调查主题内容是调查者所要了解的基本内容,是调查问卷中最重要的部分,最终以问句和答案的形式体现出来。它主要是以提问的形式提供给被调查者,这部分内容设计的好坏直接影响整个调查的价值。主题内容主要包括以下几方面。

(1) 对人们的行为进行调查。包括对被调查者本人行为进行了解或通过被调查者了解他人的行为。

(2) 对人们的行为后果进行调查。

(3) 对人们的态度、意见、感觉、偏好等进行调查。

(五) 编码

编码是将问卷中的调查项目以及备选答案给予统一设计的代码。编码可以分为预编码和后编码。预编码,是指编码在问卷设计的同时就设计好。后编码,是指编码在调查工作完成以后再进行。由于问卷编码一般应用于大规模的问卷调查中。因为在大规模问卷调查中,调查资料的统计汇总工作十分繁重,借助于编码技术和计算机,则可大大简化这一工作。所以在实际调查中,常采用预编码,在问卷设计的过程中就应该对调查项目以及备选答案给予统一设计,有利于调查资料的准确、及时、完整地收集,便于计算结果的统计处理(如计算机输入)。

(六)作业证明记载

在问卷的最后,附上调查员的姓名、访问日期、时间等,以明确调查人员完成任务的情况。如有必要,还可写上被调查者的姓名、单位或家庭住址、电话等,以便于审核和进一步追踪调查。但对于一些涉及被调查者隐私的问卷,上述内容则不宜列入。

以上六个部分是一份规范、完整的调查问卷应该具备的内容,对于某些简单的调查问卷,如意见征询表、学生就业意向调查表等,只需要有标题、问卷说明、问题以及作业证明记载就行,无须面面俱到。

五、问卷设计的程序

问卷设计是为了更好地收集调研者所需要的信息,是由一系列相关工作过程所构成的,问卷设计要具有科学性和可行性,需要按照一定的程序进行。通常,问卷的设计可分为以下几个步骤(如图 5.2 所示)。

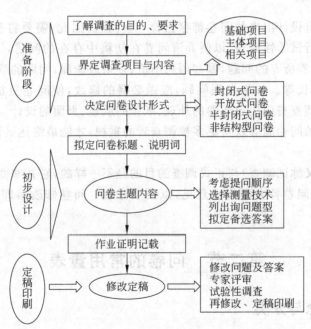

图 5.2 问卷设计流程图

(一)准备阶段

准备阶段是根据调查问卷需要确定调查主题的范围和调查项目,将所需问卷资料一一列出,分析哪些是主体项目,哪些是相关项目,哪些是调查的基础项目,哪些是可要可不要的,并分析哪些资料需要通过问卷来取得,需要向谁调查等,对必要资料加以收集。同时要分析调查对象的各种特征,即分析了解各被调查对象的社会阶层、行为规范、社会环境等社会特征;文化程度、知识水平、理解能力等文化特征;需求动机、行为等心理特征,以此作为拟定问卷的基础。在准备阶段,应充分征求有关各类人员的意见,以了解问卷中可能出现的问题,力求使问卷切合实际,能够充分满足各方面分析研究的需要。

(二)初步设计

在做好准备阶段的工作后,接下来就是问卷的初步设计了,内容主要是确定问卷结构,拟定并编排问题,在初步设计中,首先要标明每项资料需要采用何种方式提问,并尽量详尽地列出各种问题,然后对问题进行检查、筛选、编排,设计每个项目。对提出的每个问题,都要充分考虑是否有必要,能否得到答案。同时,要考虑问卷是否需要编码,或需要向被调查者说明调查目的、要求、基本注意事项等。此处需要强调的是,问卷中的问题并不是越多越好,在问卷的有限空间内,问题太多可能导致调查对象感到厌倦而拒绝合作,同样也增加了调查成本和数据处理的难度。一份成功的问卷,不设置一个多余的问题,也不遗漏一个必不可少的问题。

(三)定稿印刷

一般说来,所有设计出来的问卷都存在着一些问题,因此,需要将初步设计出来的问卷,在小范围内进行试验性调查,以便弄清问卷在初稿中存在的问题,了解被调查者是否乐意回答和能够回答所有的问题,哪些语句不清、多余或遗漏,问题的顺序是否符合逻辑,回答的时间是否过长等。如果发现问题,应做必要的修改,使问卷更加完善。在印刷阶段,调查者要根据调查费用决定问卷的外观、纸张的质量、页面的设计、字体的大小等。印刷精良、外观大方的问卷能够获得更多被调查者的重视,才能最终达到调查问卷的功能和作用。

试验性调查(又称试调查)与正式调查的目的是不一样的,它并非要获得完整的问卷,而是要求回答者对问卷各方面提出意见,以便于修改。问卷修改后即可印制,制成正式问卷。

第二节 问卷的常用量表

一、量表的概念与分类

测量(measurement)不仅普遍地运用于自然科学的研究,而且也越来越广泛地运用于社会调查,其中包括市场调查在内。在市场调查中,测量是指针对某种市场特征设计特定的尺度,并在调查中用它来确定被调查者的市场特征的数值。在问卷设计表调查中,测量的尺度就设计在问卷设计表中。被调查者根据问题所提供的尺度来测量自己的市场特征,并将测量结果即特征数值在答案中表达出来。因此,在问卷调查中,市场特征的测量实际上是被调查者的自我测量,或称"自我报告",而市场调查者在测量中的任务是在问卷中设计出所需要的测量尺度,并将它们置入相应的问题中去。

（一）量表的概念

测量表简称量表，是一种测量工具，也是计量水准的具体应用。计量水准与量表的关系如同"温度"与"温度计"一样，"温度"是计量水准，"温度计"是测量温度的工具。

量表通常是指测量调查单位某一特征的各种具体表现的一种测量表（工具）。亦即在计量水准既定的条件下，进一步规定询问的语句形式、列出所有的分类项目，并用数字或其他符号来表示这些分类项目，就是测量表。量表一般具有计量水准、询问语句、备选答案、项目编号等基本要素。一般来说，同一计量水准往往可以设计出不同的量表。例如，计量水准为酒店的"服务态度"，而量表则有下列几种形式可供选择。

A. 您认为本酒店的服务态度属于下列哪种状态？
① 非常好□ ② 好□ ③ 一般□ ④ 较差□ ⑤ 很差□

B. 您对本酒店的服务态度的满意程度是：
① 非常满意□ ② 满意□ ③ 一般满意□ ④ 不太满意□ ⑤ 很不满意□

C. 您认为本酒店的服务态度可评为下列哪种分值？
① 60 分以下□ ② 60～70 分□ ③ 70～80 分□ ④ 80～90 分□ ⑤ 90～100 分□

（二）测量尺度的分类

对客观事物进行定性或定量测量的尺度或工具被称为测量尺度，依据其赋值的规则的不同，可以把测量尺度分为以下四种形式。

1. 类别量表

类别量表（nominal sacles）即类别尺度，又称名义尺度、列名水准，是用来区分总体单位属性类别的计量尺度。如人口按性别、民族、宗教信仰、职业、城乡、企业的经济类型、所属行业等分类都是类别量表。类别量表是一种最原始、最低的或最有限制性的计量。为了便于计算机进行整理汇总，通常用数字代号来区别事物的性质或类别。例如，用 0、1 分别代表男、女或用 1、0 代表男、女均可，并不意味着 1 大于 0 或 0 小于 1，这些数字不能排序或进行加、减、乘、除运算，而仅仅是一个符号。例如：

您的职业是：
1. 军人　　2. 党政干部　　3. 教科文卫人员　4. 商业服务人员
5. 企业管理者　6. 公司职员　　7. 工人　　　　8. 个体经营者
9. 家务劳动者　10. 离退休人员　11. 私营业主　　12. 其他

类别量表中唯一的量化是对每一类的客体进行频率、百分比、众数、卡方检验等。

2. 顺序量表

顺序量表（ordinal scales）即顺序水准，又称序列尺度、等级尺度或次序尺度，是用来区分事物好坏、大小、多少、等级的一种计量水准。顺序水准一般有"方向次序"存在；如企业的信誉等级、产品等级、客户满意状态，学生考试成绩划分为优、良、中、及格、不及格，棉

花质量可区分为一级、二级、三级、四级等,都是顺序量表。顺序量表亦可使用数字代号来表示各等级类别。例如:

您发现获取健身信息容易吗?

    1. 很容易   2. 容易   3. 较容易   4. 不容易   5. 很难

这就是一个顺序量表,它不仅可以测出被调查者对提供健身信息的不同评价,即各类不同的评价。而且,更重要的是,可以测出不同评价之间的顺序关系,即所圈的数字越小,评价越高;而所圈的数字越大,评价越低。因此,这道题不仅能测出被调查者评价的类型,而且能测出评价的高低。顺序量表严格地表示等级,既不表明绝对数量,也不表明两个数字之间的差距。例如,对空调品牌进行排序的应答者也许认为格力比美的略好些,而奥克斯则是完全不能接受的。但是这样的信息是不可能从一个顺序量表中得到的,只要能够排序,任何代表顺序关系的数字都是可以说明的和接受的,格力可以被指定为90分,美的80分,奥克斯50分,也可以用其他的数字,只要顺序不改变即可,格力为1,美的2,奥克斯3。

顺序量表是以类别量表为基础的,没有类别量表,就没有特征的分类,也就没有各类之间的顺序问题。但顺序量表与类别量表相比,主要不是用以测量市场特征质的差异,而是用以测量同一特征上不同类别的顺序差异或顺序定位。从测量角度讲,顺序量表的数字法则比类别量表高一级,它不但规定数字的唯一性,而且还规定数字之间的有序性,如可以进行大小比较等。顺序量表除了进行频数统计之外,仅限于中位数、百分位数、四分位数、等级相关系数、肯德尔相关系数以及符号检验、秩次检验、秩次方差分析。

3. 等距量表

等距量表(interval scales),是在顺序量表的基础上用以测量不同序位之间差距的尺度。在等距量表中,每两个不同的数字,不仅表示一定的顺序关系,而且还表示一定的差距。被调查者有些市场特征的测量,很容易确定等距量表,如年龄、收入、购买数量、购买额等,因为这些特征本身已经完全数量化。任何两个特征数值的顺序关系,由它们的数值大小来反映,而它们之间的差距,由它们数值之间的差来表示。因此,数值的减法或差的法则,就是等距量表。被调查者有些市场特征的测量较难"定距",如被调查者对品牌的评价或态度,就较难"定距"。等距量表中的"0"有特定含意,并不表示没有、不存在。等距量表具有相对零点限定了调查人员对量表值的表述。

等距量表是比顺序量表更高一级的尺度。在顺序量表下,数字之间不能做加减法,只能比较大小,而在等距量表下,数字之间不仅能比较大小,而且还能做加减法。因此,等距量表是比定序尺度更加精细、更加准确的测量尺度。使用等距量表得到的数据可以求极差、算术平均数、标准差和相关系数,也可以利用Z检验、T检验、F检验、因子分析等参数统计分析方法。

4. 等比量表

等比量表(ratio scales),是在等距量表的基础上用以进一步测量不同定距之间倍率的尺度。等比量表是比等距量表更高一级的尺度,它不仅可以做数字的加减法,而且可以做数字的乘除法,从而能比等距量表更好地反映所测特征的差异程度。等比量表的设计与尺度上零的规定有关,绝对零点的存在意味着可以进行所有的统计分析。

【资料链接 5-1】

数字系统的四项基本法则:类别量表依据于数字的唯一性法则;顺序量表依据于数字的有序性法则;等距量表依据于数字的等距性法则;等比量表依据于数字的等比性法则。

表 5.1 是对四种测量量表的比较分析,分别就四类量表的主要特征、作用与统计处理方法进行了详细对比。

表 5.1 四种测量量表的比较

量表类型	主要特征	作 用	统计处理方法
类别量表	无顺序的测量,只是指出有两个或多个范畴。设立相互排斥分类项,区分归类,确认等同关系	分类	次数分布、百分率及 x^2 统计
顺序量表	是有顺序的测量,在于指出所测量的范畴的不同并能够按一定的顺序排列。设立等级项判认大小、高低、排列顺序	分类、排序	中位数、百分数、等级相关 x^2 统计
等距量表	有顺序的测量,在量表中表现为数量上的等距变化,但无绝对零点	分类、排序、确认和比较差异程度	平均值、标准差、标准分、差异显著性格
等比量表	设立以相等间距作为单位,但具有绝对零点	分类、排序、确认和比较差异程度和确认并比较比率的大小	允许所有的基本运算

(资料来源:http://wenku.baidu.com/view/b22db86e58fafabo69dco23b.html)

(三)量表的分类

在测量尺度的基础上,按照量表使用的计量水准和设计形式不同可作多种分类。

1. 一维量表和多维量表

量表按照使用的计量水准的多少可分为一维量表和多维量表。一维量表又称单变量量表,是指使用一种计量水准以测量受访者或调查单位的单一特性的量表。例如,上例测量酒店"服务态度"的测量表就是一维量表。

多维量表又称多变量量表,是指使用多种计量水准以测量受访者或调查单位的多方面特性的量表。例如,若测量酒店服务态度、环境卫生、设备设施、饭菜口味、饭菜分量、饭菜价格等多种要素的满意程度的测量表就是多维量表。

2. 直接量表和间接量表

量表按照语句及答案设计形式不同可分为直接量表和间接量表。直接量表是调研者事先设计好与计量水准有关的各种语句及答案,可用于直接询问受访者的量表,受访者可直接选择量表中的答案。直接量表主要有评比量表、顺位量表、Q分类法、配对比较量表、固定总数量表、语义差异量表、中心量表等。

间接量表是调研者事先只拟定与态度测量有关的若干语句,而不给定答案,由选定的一批受访者对提供的若干语句做出自己的判断和选择,调研者进行事后分组处理,以得出调研结论。直接量表是语句答案的事前分组,间接量表是语句答案的事后分组。间接量表主要有沙斯通量表和利克特量表。

3. 强迫性量表和非强迫性量表

量表按照语句答案设计是否具有强迫性可分为强迫性量表和非强迫性量表。强迫性量表的语句答案具有强迫性,受访者只能在给定的答案中做出选择,而不能选择题外的判断作答。在调查中,有时受访者不一定理解所调查的问题,或者并不能做出语句答案选项内的选择,此时强迫性量表则会影响调查结果的准确性。

非强迫性量表的语句答案不具有强迫性,即语句答案除了包括必要的答案选项外,还加上"其他"、"无答案"、"难以回答"等备用选项,从而使无法做出正确选择的某些受访者也能有所选择。非强迫性量表对提高受访者答案的准确性具有一定的优势。

4. 平衡量表和非平衡量表

量表按照语句答案相反的数量是否相等可分为平衡量表和非平衡量表。平衡量表是指语句答案相反的数量相等的量表。例如,若用很好(2)、好(1)、一般(0)、不好(-1)、很差(-2)作为评价某洗发液的去头皮屑效果的备选答案,就是平衡量表。平衡量表的备选答案是对称的,中间点(0)左右两侧的数量正好均衡。采用平衡量表时,受访者回答的选项分布往往具有客观性。

非平衡量表是指语句答案相反的数量不相等的量表。例如,若用很好(2)、好(1)、一般(0)、不好(-1)作为评价某洗发液的去头皮屑效果的备选答案,就是非平衡量表(非对称量表)。非平衡量表的备选答案是不对称的,中间点(0)左右两侧的数量不均衡。采用非平衡量表时,受访者回答的选项分布往往偏向有利答案或不利答案。因此,量表设计应尽可能采用平衡量表(对称量表)。

5. 接近量表和遥远量表

量表按照量表尺度与语句设置的距离的远近可分为接近量表和遥远量表。接近量表是指量表尺度设置在同一语句下,若有n条语句就有对应的n个量表尺度,并且各语句量表尺度的性质设计是相同的。遥远量表是指n条语句只共用同一个量表尺度,量表尺度设置在各语句的最前面。例如:

请指出A品牌下列售后服务方面的满意度(圈出答案,1=完全不满意,10=完全满意)。

员工态度 1 2 3 4 5 6 7 8 9 10
处理询问 1 2 3 4 5 6 7 8 9 10
送货及时性 1 2 3 4 5 6 7 8 9 10

安装满意度　1　2　3　4　5　6　7　8　9　10

以上是接近量表的形式，若采用遥远量表，则为下列形式的量表。

请指出 A 品牌下列售后服务方面的满意度（答案请写在语句的后面）。

完全不满意 1　2　3　4　5　6　7　8　9　10 完全满意

① 员工态度　　　　□
② 处理询问　　　　□
③ 送货及时性　　　□
④ 安装满意度　　　□

一般地说，接近量表和遥远量表并无显著的差别，但遥远量表可节省问卷篇幅。

二、量表的具体形式

美国心理学家史蒂文斯（S. Stevens）曾说："就其广义来讲，测量是按照法则给事物指派数字。"即测量就是根据一定的法则用数字对事物加以确定，一般用量表表示。量表是以数字代表客体的某一特征。不同的被调查者如果某一特征相同，那么此特征被给予的数字应该是相同的。

态度测量技术一般可以分为直接量表与间接量表两大类。

(1) 直接量表是由调查人员以直接方式了解被调查者态度的测量技术。

(2) 间接量表是通过较为婉转、隐蔽的方式了解被调查者态度的测量方法。

（一）直接量表

直接量表是由调查人员以直接方式了解被调查者态度的测量技术。这是一种比较常用的态度测量方法，它通常由调查人员向被调查者提出询问态度的问题或语句，根据后者的回答或选择的答案测量和了解其态度取向的一类态度测量方法。直接量表都是由调查者直接将拟定好的询问有关态度的问题向调查对象进行提问，由被调查者的回答直接了解到其态度的测量量表。

1. 评比量表

评比量表的特点是以较为直接的方式向被调查者了解其态度，提问方法直接、明确、易于理解，因而在市场调查中应用较为广泛。使用评比量表过程中，调查者通过给问句的不同答案设定一定的分值，就可以在调查后根据所收集到的资料进行统计分析，了解调查对象的态度类别及态度的程度。评比量表用不同的数值来代表不同的态度，目的是将非数量化的问题加以量化，而不是用抽象的数值随意排列。根据量表的形式可分为图示评比量表和列举评比量表。

(1) 图示评比量表

图示评比量表提供应答者有两个固定端点的图示连续体。通过图示评比量表获得的数据通常作为等距数字使用。图 5.3 描述了三种可以用来评价海尔冰箱的图示评比量表形式。

量表 A 是最简单的形式，应答者被指示沿着连续线划出自己的反应。做完回答的标

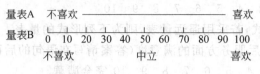

图 5.3 三种图示评比量表

记后,再把直线划分成足够多的部分,每一部分代表一个类别,并分配一个数字。如果连续线是 15cm,将其分为 10 个类别,每 1.5cm 代表一个类别。量表 B 预先安排了一个刻度并写上数字,提供给应答者一个稍微容易作答的量表。图示评比量表是以测量尺度为依据,在评价性的询问语句下,用一个有两个固定端点的图示连续谱来刻画备选答案或差距的量表。这种量表可分辨出受访者微小的差别。属性水准和数量水准都可采用这种量表的设计形式。例如:

您认为 D 品牌沙发的舒服度怎样?请在下列尺度中标出您的评价结果。

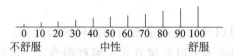

图示评比量表容易制作且使用简便。如果打分者有足够的分辨能力,调查人员利用这种量表可以分辨出微小的差别。图示评比量表的缺点是,应答者在难以决定的情况下,倾向于选择中间的答案。另外,调查者不知道应答者在评价时所使用的评判标准,因此可以这样认为,图示评比量表的可靠性不及列举评比量表。

(2) 列举评比量表

列举评比量表与图示评比量表非常相似,只不过要求应答者在有限的表格标记中做出选择,而不像图示评比量表是在连续体上做记号。列举评比量表比图示评比量表容易构架和操作,在可靠性方面也比图示评比量表好,使用方便,能对各项指标进行直观比较,但是不能像图示评比量表那样衡量出客体的细微差别。

列举评比量表在市场调查方面应用很广。在问卷中,调查人员根据被调查者的可能态度,拟定有关问题的答案,量表的两端是极端答案,中间是中性答案,每个答案都事先给定一个分数。如在下例中,可以按自然数设定各答案的分值。"非常不喜欢"给 1 分,"不喜欢"给 2 分,"一般"给 3 分,"喜欢"给 4 分,"非常喜欢"给 5 分。或者按中性态度"一般"给 0 分;正面肯定态度的"喜欢"给 1,"非常喜欢"给 2 分;负面否定态度的"不喜欢"给 −1 分,"非常不喜欢"给 −2 分。根据设定分值,就可以在调查资料汇总时,计算总分值、平均分值或百分比值,并据相关分值,判断人们对某事物的态度取向和态度程度。

【案例 5-1】

评比量表的应用

可口可乐、百事可乐、非常可乐与汇源果汁之间,您更喜欢哪一个品牌?(在您喜欢的品牌后面的"□"内打"√")

可口可乐 □   百事可乐 □
非常可乐 □   汇源果汁 □

请您根据喜欢的程度对表 5.2 所列的品牌产品进行评价。(在相应栏内打"√")
表 5.2 是对可口可乐、百事可乐、非常可乐与汇源果汁四种饮料的评比量表。

表 5.2 饮料的评比量表

序号	品牌名称	您喜欢的程度				
		非常喜欢	喜欢	一般	不喜欢	非常不喜欢
1	可口可乐					
2	百事可乐					
3	非常可乐					
4	汇源果汁					

(资料来源:http://www.tianya.cn/publicforum/content/develop/1/26977.shtml)

列举评比量表是指以测量尺度为依据,列出评价性的询问语句和备选答案的量表,测量尺度一般为属性水准,询问语句一般采用程度评价题或单项选择题;即提出的问题的答案按不同程度给出,请被调查者自己选择一种作答,其答案没有对或错的选择,只有不同程度的选择。量表尺度的两端是极端答案,备选答案相反的数量一般采用相等设计(对称量表)。

实际调查过程中,为了减少误差,每一份问卷中列举品牌的起点是循环的。因为每次都从不同品牌开始也许会成为一个误差来源。

评比量表具备省时、有趣、用途广、可以用来处理大量变量等优点。但这种方法可能会产生三种误差。

(1) 仁慈误差:有些人对客体评价时,倾向于给予较高的评价,产生所谓仁慈误差;反之,则会产生负向仁慈误差。

(2) 中间倾向误差:有些人不愿意给予被评价的客体很高或很低的评价,特别是不了解或难以用适当的方式表示出来时,往往倾向于给予中间性的评价。

为了防止中间倾向误差,设计量表时应注意调整叙述性形容词的强度;增加中间的评价性语句在整个量表中的比率;使靠近量表两端的各级在语意上的差别加大,使其大于中间各级间的语义差别;增加测量量表的层次。

(3) 晕轮效应:如果受测者对被评价的对象有一种整体印象,可能会导致系统偏差。为预防晕轮效应的出现,对所有被评价的对象,每次只评价一个变量或特性;问卷每一页只列一种特性。

2. 固定总数量表

固定总数量表也称常量求和量表,是一种由被调查者在一定的固定数值(如 100 分或 10 分)间,对所测的项目中依次分配一定数值,作为不同评价的态度测量量表。如果被访者认为特性 A 的重要性是特性 B 的两倍,那么此被访者分配给特性 A 的分数是特性 B 的两倍;当两种特性被认为具有相同价值时,也可以被如实地表示出来。固定总数量表常用于调查消费者对某种商品不同规格、牌号的态度。受访者分给每个选项的分数能表明受访者认可的相对等级,也有利于调研者事后统计出全部受访者对每个选项的平均分值,以便对测量项目进行定位和排序。

【案例 5-2】

选购分体式空调产品时,您比较重视哪些因素?(以总分为 100 分,根据您认为的重要性,将 100 分在以下四种因素中进行分配,并将所分配分数填在选项后的括号内)

重视因素　　　　分数
1. 售后服务　　　(　　)
2. 品牌　　　　　(　　)
3. 价格　　　　　(　　)
4. 品质　　　　　(　　)
5. 省电　　　　　(　　)
　　　　　　　　100 分

很显然,这种态度测量技术适用于类别量表、顺序量表与等距量表测量,因而也是市场调查中常用量表之一。如果某调查对象的答案如下:

1. 售后服务　(25)
2. 品牌　　　(20)
3. 价格　　　(10)
4. 品质　　　(30)
5. 省电　　　(15)

根据回答的结果,反映出选购分体式空调产品时,按重要性排列,各因素的重要程度由大至小分别是品质—售后服务—品牌—省电—价格。同时,从评分的分值还可以了解各因素在重要程度上的差距。

(资料来源:http://paper.people.com.cn/jnsb/html/2010-01/11/content_423637.html)

应用固定总数量表时应注意以下几点。

(1) 由调查者规定的总数值,是固定总数量表的基础标准,并不是随意给出的数。

(2) 被调查者在填写量表时,必须使被分配的各数值之和等于总数值。有时也可以规定每个特性的评分最高为 10 分或 100 分,不规定各特性的评分总和。

3. 顺位量表

评比量表是非比较性的,因为应答者是在没有其他客体、观念或人为参照的情况下做出判断;而顺位量表是可以比较的。顺位量表又称等级量表,是比较性量表,将许多研究对象同时展示给受测者,要求他们根据某个标准将这些对象排序或分成等级。

【案例 5-3】

空调品牌偏好的测评

以下是七种空调的品牌,请您根据对各种品牌的喜爱程度进行排序,分别给予 1 到 7 个等级,等级 1 表示您最喜爱的品牌,等级 7 表示您最不喜爱的品牌;依次类推。(请注意:一个等级号码只能对应一个品牌)

品牌名称	品牌等级
海信	_____
美的	_____
格力	_____
海尔	_____
LG	_____
奥克斯	_____
科龙	_____

(资料来源:许以洪,熊艳主编. 市场调查与预测. 北京:机械工业出版社,2010)

按照某一评判标准而制定的顺位量表容易制作、使用简便。受访者比较容易掌握回答方法;被评价的事物被排成一定的顺序,促使应答者用一种现实态度进行评价。

顺位量表有一个缺点:如果在所有的备选项中没有包含受访者的喜爱项,那么结果就会误导决策,或者要测量的某些因素完全超出了个人的选择范围,产生毫无意义的数据(如果某一个应答者从来都没有使用过空调,那么对案例 5-3 的评价结果则意义不大)。另外,这种量表仅给调查者提供顺序信息,人们完全不了解被评价的客体间有多大的差距,即搞不清为什么被评价的客体按此顺序排列。而且,列举对象的顺序也可能带来所谓顺序误差(如候选人的排名)。最后,用于排序的对象个数不能太多(少于 10 个),否则很容易出现错误或者遗漏。

4. 语义差异量表

语义差异量表(semantic differential scale)又称语义分化量表,这是美国心理学家查尔斯·埃杰顿·奥斯古德(Charles Egerton Osgood)、乔治·苏西(George Susie)和珀西·坦纳鲍姆(Percy Tannenbaum)等人研发的一种态度测量技术,又称为 SD 法。于 20 世纪 50 年代后发展起来,最初是为了测量某一客体对人们的意义,是一次性集中测量被测者所理解的某个单词或概念含义的测量手段。针对这样的词或概念设计出一系列双向形容词量表,请被测者根据对词或概念的感受、理解,在量表上选定相应的位置。由于功能的多样性,语义差异量表被广泛地用于市场研究,在市场调查中这种量表适用于比较广泛的调查主题,非常简洁,设计调查问卷时经常将其作为测量人们对商品、品牌、商店印象的形象测量工具,同时用于比较不同品牌商品、厂商的形象,以及帮助制定广告战略、促销战略和新产品开发计划。

【案例 5-4】

商场形象测评

您对通程百货的看法怎样？下面是一系列评价标准，每个标准两端是两个描述它的意义相反的形容词。用这些标准来评价通程百货，在您认为合适的地方打钩。

可靠的	1	2	3	4	5	6	7	不可靠
时髦的	1	2	3	4	5	6	7	过时的
不方便	1	2	3	4	5	6	7	方便
态度友好	1	2	3	4	5	6	7	不友好
昂贵	1	2	3	4	5	6	7	便宜
选择多	1	2	3	4	5	6	7	选择少

（资料来源：http://wenku.baidu.com/view/c650d3370b4c2e3f57276355.html）

设计语义差异量表的步骤如下。

（1）确定要进行评价的属性，如公司形象、品牌形象或商店形象等。

（2）调研人员挑选一些能够用来描述这一属性的一系列对立的形容词。

（3）由被访者在一个（通常是1～7）量表上对测量的属性进行打分。

（4）调研人员计算出所有被访者对每一对形容词评分的平均值，并以此数据为基础，构造出图5.4所示的"轮廓"或"形象"图。

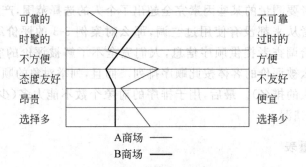

图 5.4 消费者对不同商场印象比较

语义差异量表的主要优点是可以清楚、有效地描绘形象。如果同时测量几个对象的形象，还可以将整个形象轮廓进行比较。语义差异量表所获得的结果，可以进行属性间的对比分析，量表间的对比分析和被访者间的对比分析，也可以用图示以直观的形式表示，迅速、高效地检查产品或公司形象与竞争对手相比所具有的优劣势；在市场营销和行为科学研究中，语义差异量表在制定决策和预测方面有足够的可靠性和有效性。用于公司形象或品牌形象研究时，从一组客体到另一组都证明语义差异量表在统计上具有适用性。

【案例 5-5】

请您对A、B、C三种品牌的汽车的不同项目的特性做出评价定位。（A品牌用实线"——"连接您的定位，B品牌用虚线"……"连接您的定位，C品牌用间断线"— —"连接您的定位）

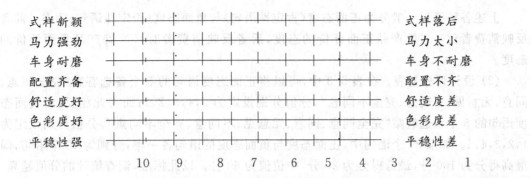

（资料来源：许以洪，熊艳主编.市场调查与预测.北京：机械工业出版社，2010）

但是语义差异量表缺乏标准化，调查人员必须根据实际调查主题制订特定的语义差异量表。量表中的评分点数不好确定，如果太少，量表过于粗糙，缺乏现实意义；评分点太多，又可能超出大多数人的分辨能力。另外，被访者往往倾向于选择中间分值，进行数据处理时对 4 分的解释要非常小心。因为受访者有可能对所测的概念持中立态度，也可能对这一问题不太清楚，随意给出选择。最后，语义差异量表还可能产生"晕轮效应"，对一个特定语义差异量表，应随机地将相应的褒义词和贬义词分布在两端，迫使应答者在回答前仔细考虑，而不要将褒义词集中在一边，贬义词集中在另一边。

5．Q 分类法

Q 分类法是用于研究个体间相互关系的一种研究方法。由斯蒂芬森（William Stephenson）提出，是等级量表的一种复杂形式。在市场调研过程中，人们根据事先规定的具体评价类别，将一组客体——口头陈述、语句、产品特点、潜在的顾客服务等进行分类整理。

Q 分类法的实质是按照对称分布（如正态分布）的要求，对标有不同陈述的卡片进行分类，然后进行统计分析。

其具体程序如下。

（1）拟定 1～n 条有关态度调查的语句。

调查消费者对××牌子产品的态度可设计的问题如表 5.3 所示。对表 5.3 所列的各种说法，您的意见如何？（请在相应栏内打"√"）

表 5.3　消费者对××牌子产品的态度表

序号	说　　法	完全同意	同意	无意见	不同意	完全不同意
1	××牌产品品质优良					
2	我经常使用					
3	××牌产品售后服务好					
4	我不会用××牌产品					
5	××牌产品品质差劣					
⋮						
50	××牌产品信誉高					

上述各种语句一般分为正面态度(肯定性语句)与负面态度(否定性语句)两类。前者反映消费者对××牌产品正面评价的态度,后者反映消费者对××牌产品负面评价的态度。

(2) 设计评分量表。在表5.3中,可以将正面态度语句的5个备选答案"完全同意、同意、无意见、不同意、完全不同意",分值分别设定为5,4,3,2,1;而与此相反,将负面态度语句的5个备选答案"完全同意、同意、无意见、不同意、完全不同意",分值分别设定为1,2,3,4,5。如果20个语句中,正面态度与负面态度的语句各一半,分别为10个语句,即最高得分为100分,最低得分为20分,中位值为60分。以此标准,调查统计的分值越高,表明消费者对××牌子产品的评价越高;反之则越低。

(3) 根据评分量表的计分规则,以不同的分值为界限将被调查者进行分类。例如,上述调查中可以将被调查者分为三类。

第一类:分值70~100分之间的,判断为对××牌子产品有好感的消费者群体。
第二类:分值50~70分之间的,判断为对××牌子产品持中性态度的消费者群体。
第三类:分值20~50分之间的,判断为对××牌子产品没有好感的消费群体。

经过Q分类法后,被调查者的各种态度可以被分成少数几类。而大多数情况下,因为调查人员在事先或调研中对被调查者的经济能力、社会背景等都有所了解,因此,可以对每一类被调查者联系其背景资料进行分析,以便更好地了解这一类被调查者的特点和要求。

6. 配对比较量表

配对比较量表是运用配对比较法依次列出两个对比项目,由受访者根据自己的看法做出对比结果的一种量表,一般用于了解受访者对不同产品质量、使用功能等方面的评价意见。配对比较量表事后可统计出全部受访者对比结果的频数或频率,从而可对不同产品的质量或不同评价项目做出定位和排序。在配对比较量表中,受测者被要求对一系列对象两两进行比较,根据某个标准在两个被比较中的对象中做出选择。配对比较量表也是一种使用很普遍的态度测量方法。它实际上是一种特殊的顺位量表,不过要求排序的是两个对象,而不是多个。

配对比较量表克服了顺位量表的缺点。首先,对受访者来说,从一组对象中选出一个肯定比从一个系列对象中选出一个更容易;其次,配对比较量表可以避免顺位量表的顺序误差。但是,由于要对所有的配对进行比较,若有 N 个对象需要比较,就要进行 $N(N-1)/2$ 次配对比较,是关于 N 的几何级数。所以被测对象的个数不宜太多,以免受访者厌烦而影响应答的质量。

【案例5-6】

下面是十对空调的品牌,请指出您更喜欢每一对品牌中的哪一个。在选中的品牌旁边的"(　　)"中打钩。

配对比较量表:十对空调品牌配对比较

美的(　　)　　　　　格力(　　)

美的（　　）	科龙（　　）
美的（　　）	奥克斯（　　）
美的（　　）	海尔（　　）
格力（　　）	科龙（　　）
格力（　　）	奥克斯（　　）
格力（　　）	海尔（　　）
科龙（　　）	奥克斯（　　）
科龙（　　）	海尔（　　）
奥克斯（　　）	海尔（　　）

访问结束之后，可以将受测者的回答整理成表格的形式，表 5.4 是根据某受访者的回答整理得到的结果。表中每一行列交叉点上元素表示该行的品牌与该列的品牌进行比较的结果，其中元素"1"表示受测者更喜欢这一列的品牌，"0"表示更喜欢这一行的品牌。将各列取值进行加总，得到表中合计栏，这表明各列的品牌比其他品牌更受偏爱的次数。

表 5.4　根据配对比较量表得到的品牌偏好矩阵

品牌	美的	格力	科龙	奥克斯	海尔
美的	/	0	0	1	0
格力	1	/	0	1	0
科龙	1	1	/	1	1
奥克斯	0	0	0	/	0
海尔	1	1	0	1	/
合计	3	2	0	4	1

从表 5.4 中看到该受访者在格力和美的中更偏爱前者（第二行第一列数字为 1）。在"可传递性"的假设下，可将配对比较的数据转换成等级顺序。所谓"可传递性"是指，如果一个人喜欢 A 品牌甚于 B 品牌，喜欢 B 品牌甚于 C 品牌，那么他一定喜欢 A 品牌甚于 C 品。将表 5.4 的各列数字分别加总，计算出每个品牌比其他品牌更受偏爱的次数，就得到该受测者对于 5 个空调品牌的偏好，从最喜欢到最不喜欢，依次是奥克斯、美的、格力、海尔和科龙。假设调查样本容量为 100 人，将每个人的回答结果进行汇总，将得到表 5.4 的次数矩阵（见表 5.5）。再将次数矩阵变换成比率矩阵（用次数除以样本数），如表 5.6 所示，在品牌自身进行比较时，我们令其比例为 0.5。

表 5.5　品牌偏好次数矩阵（臆造）

品牌	美的	格力	科龙	奥克斯	海尔
美的	/	20	30	15	20
格力	80	/	50	40	65
科龙	70	50	/	60	45
奥克斯	85	60	40	/	75
海尔	80	35	55	25	/
合计	315	165	175	140	205

表 5.6　品牌偏好比率矩阵

品牌	美的	格力	科龙	奥克斯	海尔
美的	0.5	0.2	0.3	0.15	0.2
格力	0.8	0.5	0.5	0.4	0.65
科龙	0.7	0.5	0.5	0.6	0.45
奥克斯	0.85	0.6	0.4	0.5	0.75
海尔	0.8	0.35	0.55	0.25	0.5
合　计	3.65	2.15	2.25	1.9	2.55

从表 5.6 中的合计栏中,可以看出 5 个品牌美的被认为是最好的,海尔次之,再次是科龙和格力,奥克斯最差。但这是一个顺序量表,只能比较各品牌的相对位置,不能认为"美的要比海尔好 1.1,科龙要比格力好 0.1"。要想衡量各品牌偏好间的差异程度必须先将其转化为等距量表,这里就不再深入讨论了。

(资料来源:许以洪,熊艳主编.市场调查与预测.北京:机械工业出版社,2010)

当要评价的对象的个数不多时,配对比较法是有用的。但如果要评价的对象超过 10 个,这种方法就太麻烦了。另外一个缺点是"可传递性"的假设可能不成立,在实际研究中这种情况常常发生。同时对象列举的顺序可能影响受测者,造成顺序反应误差。而且这种"二中选一"的方式和实际生活中作购买选择的情况也不太相同,受访者可能在 A、B 两种品牌中对 A 要略为偏爱些,但实际上却两个品牌都不喜欢。

(二) 间接量表

间接量表是通过较为婉转、隐蔽的方式了解被调查者态度的测量方法。运用间接法了解调查对象的态度时,调查者会用有特定含义的语句向调查对象询问,并由其对语句选择的情况,或对语句的反应来判断其态度取向。由于间接法在测量态度时具有委婉、隐蔽与间接等特点,容易发生因被调查者对问题的不理解或误解而放弃作答,作答不当而错答等问题。因此,必须谨慎应用间接量表做态度测量。

1. 利克特量表

利克特量表(Liskert Scales)是一种间接量表,也称为总加量表,调研者事先可拟定与态度测量有关的若干正负态度的语句,正负态度语句的数目不一定相等,并对每条语句规定用"同意"或"不同意"作为回答的选项,或规定用"非常同意"、"同意"、"不一定"、"不同意"、"非常不同意"五种状态作为回答的选项,各种回答分别记为 1~5 分。这样根据每个受访者对各道题的回答分数的加总就得出一个总分,这个总分就说明他的态度强弱或他在这一量表上的不同状态。通过对全部受访者回答的分类汇总就可以描述样本总体或子总体的态度测量的分布状态,从而得出调研结论。这种量表也可用于探测性市场调研,可为正式调研提供依据或指明方向。利克特量表与沙斯通量表的区别在于每条语句要规定回答选项和记分,故利克特量表优于沙斯通量表。利克特量表非常流行,因为制作快捷、简便、易于操作,而且可以通过电话来进行,或是给受访者一个"回答范围",要他从中挑选出一个答案。

利克特量表的实施步骤如下。请您对下列电视广告的提法的等级做出自己的判断和选择，用"√"表示您认可的语句等级(见表5.7)。

表 5.7 电视广告态度测量表

项 目	非常同意	同意	不一定	不同意	非常不同意
① 多数电视广告都有趣味性	1	2	3	4	5
② 多数电视广告枯燥乏味	1	2	3	4	5
③ 多数电视广告具有真实性	1	2	3	4	5
④ 多数电视广告具有欺骗性	1	2	3	4	5
⑤ 电视广告能帮助厂商促销	1	2	3	4	5
⑥ 电视广告有助消费者选择产品	1	2	3	4	5
⑦ 电视广告可有可无	1	2	3	4	5
⑧ 我对电视广告没有特别的看法	1	2	3	4	5
⑨ 看电视广告是一种享受	1	2	3	4	5
⑩ 看电视广告完全是浪费时间	1	2	3	4	5

首先，根据态度测量的内容或变量，拟定与态度测量内容有关的一组正负态度语句(在市场调查研究中，一般为10~30个语句)作为初步量表的语句，并规定每条语句回答的选项和计分标准。每条语句回答的选项可分为五个等级，也可分为七个等级、三个等级或两个等级(同意与不同意)；计分标准是按测量维度规定的方向和回答选项来制定的，应注意正负方向的区分，即正向提问和负向提问应各占一半，以便使受访者能根据规定的回答选项做出判断和选择，防止误答或敷衍。两级回答可用0和1或1和2计分，五级回答可用0~4或1~5计分。计分顺序视规定的方向而定。例如表5.7的电视广告态度测量表就是对利克特量表的应用。

其次，进行试调查，即将以上量表提供给一组受访者，请他们阅览全部语句，并对每条语句认可的等级做出判断和选择。试调查的目的是为了发现量表设计中有什么问题，是否会引起误解。通常是检查每条语句的分辨力来识别有无问题。分辨力是指一条语句是否能区分出人们的不同态度或态度的不同程度。假如一道题是"您认为是否应该努力学习"几乎100%的学生都会回答同意，那么这一道题就没有分辨力。利克特量表的分辨力检查方法是将试调查中得分最高的25%的人的平均得分减去得分最低的25%的人的平均得分，即为分辨力系数。分辨力系数越小就说明这条语句的分辨力越低，应删除这条语句。

最后，调研者可删除分辨力不高，即无法区分人们的不同态度的语句，保留分辨力较高的语句(一般为5~20个)组成正式量表。正式量表设计好之后，就可抽取样本对受访者做正式调查，利克特量表用于问卷调查时，一般是与其他量表一起打印在一份问卷中，利克特量表同其他量表一样，都是反映样本在某一变量上的取值或类别，通过分类汇总就可以描述样本总体或子总体在某一变量上的分布状态。

2. 沙斯通量表

市场研究中,经常涉及对某一主题态度的测量,如人们对于电视商业广告的态度、对医疗保险的态度等。沙斯通量表(Thurstone Scales)是一种间接量表,调研者事先只拟定与态度测量有关的若干语句,而不给定答案,由选定的一批受访者对提供的若干语句(一般为9~15条)做出自己的判断和选择,调研者进行事后分组处理,以得出调研结论。这种量表也可用于探测性市场调研,可为正式调研提供依据。沙斯通量表的实施步骤如下。

首先,调研者根据态度测量的主题拟定若干条语句,有的语句是正面的或完全肯定的,有的语句是反面的或完全否定的,有的语句则是中立的观点。例如:

请您对下列电视广告的提法做出自己的判断和选择,在您认可的语句后面打"√"。

① 多数电视广告都有趣味性。　② 多数电视广告枯燥乏味。
③ 多数电视广告具有真实性。　④ 多数电视广告具有欺骗性。
⑤ 电视广告能帮助厂商促销。　⑥ 电视广告有助消费者选择产品。
⑦ 电视广告可有可无。　⑧ 我对电视广告没有特别的看法。
⑨ 看电视广告是一种享受。　⑩ 看电视广告完全是浪费时间。

其次,将以上量表提供给一组受访者或评判人员,请他们阅览全部语句,并对自己认可的语句做出判断和选择。

最后,调研者可对全部受访者或评判人员的选择进行语句频数和频率统计,并可用众数语句来反映受访者或评判人员态度的集中程度。亦可将全部评判结果区分为正面态度组、中立态度组和负面态度组。借以识别哪种态度组居主导地位,从而可为进一步的调研提供依据或指明方向。

沙斯通量表可以随意排列语句,每条语句根据其类别都有一个分值,但每位受访者应该只同意其中分值相邻的几个意见;如果受访者选择的语句分值过于分散,则判定此人没有明确的态度,或者量表的设计可能存在问题。

【案例 5-7】
电视商业广告态度测量的沙斯通量表

1. 所有的电视商业广告都应该由法律禁止。
2. 看电视商业广告完全是浪费时间。
3. 大部分电视商业广告是非常差的。
4. 电视商业广告枯燥乏味。
5. 电视商业广告并不过分干扰欣赏电视节目。
6. 对大多数电视商业广告我无所谓好恶。
7. 我有时喜欢看电视商业广告。
8. 大多数电视商业广告是挺有趣的。
9. 只要有可能,我喜欢购买在电视上看到过广告的商品。
10. 大多数电视商业广告能帮助人们选择更好的商品。
11. 电视商业广告比一般的电视节目更有趣。

通过计算受访者所同意陈述句分值的平均值,可求得其态度分数。如某人同意第8个意见,他的态度分数就是8,如果同意7、8、9三条,他的态度分数为(7+8+9)/3=8,分数越高说明受访者的态度越有利;分数越低说明态度越不利。

(资料来源：http://wenku.baidu.com)

虽然沙斯通量表进行实地测试和统计汇总很简单,但表的制作比较麻烦,在调查中使用频率不高。因为,此量表可以借助两个受访者的态度分数,比较他们对某一问题所持态度的相对有利和不利情况,但不能测量其态度的差异大小。另外,沙斯通量表使用时,态度完全不同的人也可能获得相同的分数。例如一个人同意第5条意见,得5分;另一个人同意第3、4、8条意见,也得5分。再有沙斯通量表无法获得受测者对各条语句同意或不同意程度的信息。

3. 哥特曼量表

哥特曼量表(Guttman Scales)可用来判断一组指标或测量问题之间是否存在关联,它运用单一维度或累计强度的多重指标来测量人们对某个事物或概念的态度。哥特曼量表的各陈述句之间有层次逻辑关系,如果调查对象同意高层次问题的陈述,一般也会同意低层次问题的陈述,低层次问题是高层次问题存在的必要条件。所以如果一组问题存在一种层次关系,就具有形成哥特曼量表的基础。

哥特曼量表是于第二次世界大战期间发明的一种量表,由哥特曼于1950年提出,哥特曼量表自身结构中存在着某种由强变弱或由弱变强的逻辑,主要用于评定被调查者中持有利态度与不利态度的百分率。因此也不会像利克特量表那样形成分数相同而态度结构形态不同的现象,它的每一个量表总分,都只有一种特定的回答组合与之对应。

哥特曼量表的编制步骤如下。

(1) 研究人员围绕它所希望测量的某一事物或概念编制一组陈述,这些陈述应该是单维的,即具有某种趋强结构。

(2) 然后用一个小样本对这些陈述进行检验。

(3) 将检验的结果,按最赞成的陈述到最不赞成的回答者,从上到下排列。

(4) 然后从中去掉那些不能很好区分赞成的回答者与最不赞成的回答者的陈述。

(5) 按公式：(再现系数=1-误差系数/回答总数)计算出再现系数。如果再现系数大于或等于0.90,我们就称该量表是单维度的。每个人的态度得分就是他回答赞成的项目总数。

构成量表的陈述句为3~20个不等,要求调查对象以简单的"是-否"、"有-没有"的方式回答。每个人的态度得分就是他回答赞成的陈述句总数。

【案例5-8】

我们分析以下几个对待女性参加"超级女声"态度的陈述：

1. 如果我是女性,我会参加"超级女声"。
2. 如果我有女儿,我会赞成她参加"超级女声"。
3. 女性应该参加"超级女声"。

这几个陈述句在程度上有一种趋强的趋势,调查对象的回答如果符合陈述的逻辑关系,其回答模式应是这样的:全部赞成、赞成1和2、赞成1和全部反对。如果这是个完美的哥特曼量表,所有调查对象的回答都属于上面几种回答模式的一种。

如果规定赞成一句陈述得1分,反之得0分,对应这四种回答模式所得的分数就是3分、2分、1分和0分。一旦知道调查对象的总分,就知道其赞成还是反对哪些问题,从而很明确地知道其态度。如一个调查对象得1分,就可以知道其是赞成第1个陈述句。这样一个数字就代表了调查对象对调查事物的具体态度,研究者可以很方便地对获得的资料进行分类和评价。这是哥特曼量表最大的优点。另外,哥特曼量表作为一种累加量表,易于设计和完成,同其他量表相比,能够辨析出每个调查对象在态度上的细微变化。

(资料来源:许以洪,熊艳主编.市场调查与预测.北京:机械工业出版社,2010)

哥特曼量表也并不完美:首先,人们对事物的态度通常是多维的,一组陈述存在的单维向度(趋强或趋弱)很难反映出态度的复杂性;其次,即使某一问题真的具有单维特征,并且适用某个群体,但在其他群体里这组陈述可能就不适用了;最后,哥特曼量表需要区别调查对象的不同回答模式进行计分,这个过程比较复杂,很容易出错。还要注意,再现系数很高时,不一定保证量表能测量所要研究的概念。因为要找到具有层次关系的多个陈述比较困难,当陈述句很少时,再现系数可能也会很高。总之,构建哥特曼量表时,要尽量选取比较多的陈述;使用时首先考察陈述句的表面效度,接下来要考察陈述句之间的二元甚至多元关系,注意使用对象和时间,对象不同、时间不同,量表可能都要作相应的调整。哥特曼量表的逻辑基础是,受访者只要支持某个较强的变量指标,就一定会支持较弱的指标。对量表赋值应最大限度地减少重新建构受访者原始答案所产生的错误,也就是赋值能倒推出原始答案。而正确预测的百分比被称做复制系数(运用量表分值再现受访者对每一项目的原始回答的再现率)。一般原则是,只有该系数达到90%~95%才可以算作量表。

第三节 问卷的设计

问卷设计是根据调查目的和要求,将所需调查的问题具体化,使调查者能顺利地获取必要的信息资料,以便于统计分析的一种手段。能否根据实际情况设计出一份完美的问卷,在很大程度上决定了调查问卷的回收率、有效率以及回答的质量,以至一项调查的成败。可见问卷设计在使用问卷进行市场调查中具有关键性的作用。但是,设计一份完善的问卷并非一件轻而易举的事情,问卷设计人员除了要具备统计学、社会学、经济学、心理学、计算机软件等多方面的知识外,还需要掌握一定的技巧。可以说,问卷设计是科学与艺术的结合。

一、问句的含义

问句是询问的语句、要记录的答案、计算机编号和说明四个部分组成的。问句的设计是问卷设计的主要内容,就是确定调查所要询问的问题及其表达方式。问卷中的问句不一定是问的形式和口吻。问句的表述必须准确、简洁、易懂,使每个被调查者都能并且是同一种理解,所以要认真琢磨、反复推敲。在问卷设计中,问句的数量不能过多,一般控制在 20 个左右,答题时间控制在 15~30 分钟内。

二、问句的类型

问句的类型根据问句分类标准的不同,可以有以下三种分类方式。

(一)按照问句内容的结构来分

按照问句提出问题的结构可以将问句分为直接性问句、间接性问句和假设性问句。

(1)直接性问句,是指在问卷中能够通过直接提问方式得到答案的问题。直接性问句通常给定回答者一个明确的范围,所问的是个人基本情况或意见。如:您最喜欢的洗发水是什么牌子的?

(2)间接性问句,是指那些不宜于直接回答,而采用间接提问的方式得到所需答案的问题。通常是指那些被调查者因对所需回答的问题产生顾虑,不敢或不愿真实地表达意见的问题。如:在本地您的收入属于哪一档次?(不选择:您月收入有多少?)

(3)假设性问句,是通过假设某一情景或现象存在而向被调查者提出的问题。如:在购买汽车和住宅中如果您只能选择一种,您可能会选择哪种?

(二)按照问句要收集的资料性质来分

按照问句要收集的资料性质可以将问句分为事实性问句、行为性问句、动机性问句和态度性问句。

(1)事实性问句,是指那些要求受访者回答已经发生的、客观存在的事实的问题。问题十分明确,答案也十分明确,只要求回答事实,不要求做任何描述。提问的目的是为了获得事实性资料,如问卷中关于年龄、职业、收入、文化等个人背景资料的问题就是典型的事实性问题。一般事实性问题在选择提问方式时,多会采用直接提问的方式。但是尽管此类问题的答案是客观存在的,对于某些涉及个人隐私等敏感性内容时,可以采取间接提问的方式。

(2)行为性问句,是要求被调查者回答有没有做过,或者是否准备做某事以及是否拥有某物的问题,是对被调查者的行为特征进行调查,包括对被调查者本人行为进行了解或通过被调查者了解他人的行为。对于某些涉及个人隐私、个人声誉或社会道德的特殊行为问题,被调查者回答会有顾虑,不愿直接回答,可借用他人的行为特征来征询被调查者的意见,从侧面了解被调查者的行为特征。

(3)动机性问句,是指要求被调查者回答他采取某种行为的原因或动机的问题。对于动机性的问题调查可以采取直接提问的方式,也可以采取间接提问的方式,或假设性方式。如虚拟提问法、漫画测试法、填词连句法等。如:您为什么每天晚上 7 点看电视?

(4)态度性问句,是指要求被调查者回答他对某个事情、某种商品或某个企业等的评价、态度、意见、感觉、偏好的问题。如:您认为 CCTV-1 哪个时段的电视节目可视性最强?询问态度性问题最常用的方式是采用态度量表,将评价、态度等按不同程度列出备选答案,供被调查者根据自己对所列事物的评价、态度选择其中的一个答案。

(三) 按照问句答案设计的不同来分

按照问句答案设计的不同可以分为开放式问句与封闭式问句。

(1) 开放式问句,是指所提出问题并不列出所有可能的答案,而是由被调查者自由作答的问题。开放式问句的优点是,回答者可以充分发表自己的看法和意见,对某些答案过多的问题尤其适宜。但开放式问句答案多种多样,不规范,资料分散;难以量化,编码困难;对某些较复杂的问题,回答者要用较多的时间去思考,容易引起回答者的不快或拒绝回答。此外,这种问卷要求回答者具有一定的写作技巧和语言表达能力。

(2) 封闭式问句,是指已事先设计了各种可能的答案的问题,被调查者只要或只能从中选定一个或几个现成答案的提问方式。封闭式问句的优点是:答案标准化,便于归类整理;可事先编码,有利于信息处理;被调查者只需选择其中的答案,可以节省答卷时间。但是,封闭式问句由于规定的答案有限,往往不能充分体现不同回答者的各种意见;同时,不同的人对同一问题的理解是不相同的,甚至会产生相反的理解,因而对问题的不正确理解难以识别。

在问卷中,不管采用什么类型的问句,设计出的问句要满足以下要求:内容要具体、单一,问题用词要通俗、准确,句子要简练,提问态度要客观,提问方式要易于接受。只有这样设计出的问卷才能收集到所需要的信息。

三、问句的答案设计

问句的答案的设计具有相当的难度,通常设计问句的答案的方法有以下几种。

(一) 二项选择法

二项选择法又称是否法或真伪法,提出问句的答案只有两种,必须二者择一,答案是对立的、排斥的,非此即彼。被调查者可用是或否,有或没有,喜欢或不喜欢,需要或不需要来回答。二项选择法仅用于询问较简单的问题。这种方法的优点是态度与意思不明确时,可以求得明确的判断,并在短暂的时间内求得回答,并使持中立意见者偏向一方;条目简单,易于统计。缺点是不能表示意见程度的差别,结果也不很精确。

(二) 多项选择法

多项选择法是指所提出的问句事先预备好两个以上的答案,回答者可任选其中的一项或几项。由于所设答案不一定能表达出填表人所有的看法,所以在问句的最后通常可设"其他"项目,以便使被调查者表达自己的看法。

这个方法的优点是比二项选择法的强制选择有所缓和,答案有一定的范围,也比较便于统计处理。但采用这种方法时,设计者要考虑以下两种情况。

(1) 要考虑到全部可能出现的结果及答案可能出现的重复和遗漏。

(2) 要注意选择答案的排列顺序。有些回答者常常喜欢选择第一个答案,从而使调查结果发生偏差。此外,答案较多,使回答者无从选择,或产生厌烦。一般这种多项选择答案应控制在 8 个以内,当样本量有限时,多项选择易使结果分散,缺乏说服力。

(三)顺位法

顺位法是列出若干项目,由被调查者按重要性决定先后顺序。顺位方法主要有两种:一种是对全部答案排序;另一种是只对其中的某些答案排序。究竟采用何种方法,应由调查者来决定。具体排列顺序,则由被调查者根据自己所喜欢的事物和认识事物的程度等进行排序。

顺位法便于被调查者对其意见、动机、感觉等做衡量和比较性的表达,也便于对调查结果加以统计。但调查项目不宜过多,过多则容易分散,很难顺位。同时所询问的排列顺序也可能对被调查者产生某种暗示影响,顺位法对于顺位的项目要求具有同种性质,能够进行比较,才可顺位。这种方法适用于对要求答案有先后顺序的问题。

如:你选用空调的主要条件是(将答案按重要顺序 1,2,3,…填在"□"中):
□价格便宜　　□外形美观　　□维修方便　　□牌子有名　　□经久耐用　　□噪音低
□制冷效果好　□耗电量低　　□其他

(四)回忆法

回忆法是指通过回忆,了解被调查者对不同商品质量、牌子等方面印象的强弱。调查时可根据被调查者所回忆牌号的先后和快慢以及各种牌号被回忆出的频率进行分析研究。如:请您举出最近在电视广告中出现的电冰箱有哪些牌子的?

(五)比较法

比较法是对于列出各种对比项目,采用对比提问方式,要求被调查者根据自己的看法做出肯定回答的方法。比较法一般用于了解被调查者对产品质量、使用功能等方面的评价意见。应用比较法时要考虑被调查者对所要回答问题中的商品品牌等项目是否相当熟悉,否则将会导致空项发生。常用的是配对比较法,依次列出两个对比项目,由被调查者做出对比结果。

如:请您逐一比较下列各组不同牌号的洗衣机质量,在您认为质量好的牌子后面打"√":
(1)小天鹅牌□　　海尔牌□
(2)海尔牌□　　　荣事达牌□
(3)荣事达牌□　　西门子牌□
(4)西门子牌□　　海尔牌□

需要指出的是,在对比的两个项目中间,还可列出评价程度的差别,这样不仅可测量被调查者的态度顺序,而且可测量评价的程度。

(六)程度评价法

程度评价法是将提出的问题的答案按不同程度给出,请被调查者自己选择的一种方法。其答案没有对或错的选择,只有不同程度的选择。

程度评价法常用的两种形式如下。

（1）矩阵式，即一种将同一类型的若干个问题集中在一起，构成一个问题的表达方式。

（2）表格式，它其实是矩阵式的一种变体，其形式与矩阵式十分相似。

如：你觉得下列现象在你们学校是否严重？（请在每一行适当的栏内打"√"）

项目	很严重	比较严重	不太严重	不严重	不知道
a. 迟到					
b. 早退					
c. 请假					
d. 旷课					

（七）自由回答法

自由回答法是指提问时可自由提出问题，回答者可以自由发表意见，并无已经拟定好的答案。

这种方法的优点是涉及面广，灵活性大，回答者可充分发表意见，可为调查者搜集到某种意料之外的资料，缩短问者和答者之间的距离，迅速营造一个调查气氛。缺点是由于回答者提供答案的想法和角度不同，因此在答案分类时往往会出现困难，资料较难整理，不易统计处理，还可能因回答者表达能力的差异形成调查偏差。同时，由于时间关系或缺乏心理准备，被调查者往往放弃回答或答非所问。因此，此种问题不宜过多。这种方法适用于那些不能预期答案或不能限定答案范围的问题。

总之，市场调查问卷答案的设计方法很多，在设计调查问卷时，应尽量结合使用。

四、问卷设计的技巧

设计一个措辞准确的问句并非易事，而设计封闭式问句的答案项也很有难度。设计问句的最终目的是寻求应答者的真实答案，所以要避免不当的问句给被调查者和调查者带来的不便。一般而言，调查问卷的设计者对问卷设计极其重视，对每一个问句的用词都要仔细推敲。问卷设计人员除了要具备统计学、社会学、经济学、心理学、计算机软件等多方面的知识外，还需要掌握一定的问卷设计技巧。下面就从问句、答案设计等方面来说明问卷的设计技巧。

（一）设计问句时的技巧

问句是整个调查所要询问的问题及其表达方式，在整个问卷中处于核心地位。在设计问句时要采用的技巧有如下几点。

（1）问句必须是与调查主题有密切关联的问题。这就要求在设计问卷时，必须始终以调查主题为中心，重点突出，避免可有可无的问题。根据调查目的，找出与"调查主题相关的要素"，并逐次分解为具体的、明晰的问题。因而必须围绕调查课题和研究假设选择最必要的题目，问卷题目既不能简略，也不能过于烦琐，更不能脱离实际。过于简略，无法达到调查的目的;过于烦琐,不仅增加工作量,还会降低问卷的回收率和填答质量。

(2) 问句所提的问题比较容易让被调查者接受。由于被调查者对是否参加调查有着绝对的自由,调查对他们来说是一种额外负担,他们既可以采取合作的态度——接受调查,也可以采取对抗行为——拒绝回答,所以应最大限度地减轻被调查者的负担。问题的设计应该避免包含过多的计算,问题的设计应着眼于取得最基本的信息,计算应在数据处理阶段通过计算机程序进行,这样可以减少被调查者的负担。不能出现这样的问题"请问您家每人平均每年的食品支出是多少?"而应该换成"请问您家每月食品支出大概是多少"和"请问您家有几口人"两个小问题。问题的设计同时必须选择与受测者填答问题的能力相符合的题目,凡是受测者不能正确理解或不太理解的问题,都不应作为测试题目。例如,有的问卷中询问农民"你的价值观是什么",像这样一些问题,可能因受测者不理解而不予回答。

(3) 避免使用含糊的形容词、副词,特别是在描述时间、数量、频率、价格等情况的时候。如有时、经常、偶尔、很少、很多、相当多,几乎这样的词,对于不同的人有不同的理解。因此这些词应用定量描述代替,以做到统一标准。

如:"在普通的一个月中,你到百货商店的采购情况如何?"

① A. 从不　　　　B. 偶尔　　　　C. 经常　　　　D. 定期
② A. 少于一次　　B. 1 到 2 次　　C. 3 到 4 次　　D. 超过 4 次

上面这个例子中,②显然比①精确得多。

【案例 5-9】

"温和"一词的含义

美国宝洁曾用两块颜色不同而品质完全相同的肥皂询问消费者的意见。在询问中,使用了不同的措辞进行提问,消费者的回答结果也大不相同,见表 5.8。造成差异的原因在于对"温和"一词的含义难以确切理解。

表 5.8 提问措辞与回答结果显示

提问措辞	结果显示	
您认为哪一种肥皂比较温和些?	A 肥皂温和些	57%
	B 肥皂温和些	23%
	无意见	20%
您认为哪一种肥皂对皮肤的刺激较小?	A 肥皂温和些	41%
	B 肥皂温和些	39%
	无意见	20%

(资料来源:赵伯庄,张梦霞. 市场调研[M]. 北京:北京邮电大学出版社,2004,第 85 页)

(4) 避免出现诱导性倾向,提问尽量客观。在有外界压力存在的情况下,被调查者提供的是符合压力施加方偏好的答案,而不是他自己真正的想法。因此,提问应创造被调查者自由回答的气氛,避免诱导性倾向。例如可以问"您觉得这种包装怎么样?"而不能问"您觉得这种包装很精美,是吗?"诱导性问题会使得被调查者放弃思考给出自己的判断,导致回答结果不客观。克服诱导性问题的策略有:①尽量避免使用褒义词、贬义词和双重否定问题。褒义词或贬义词带有感情色彩,具有一定的主观性,一般会加重被调查者的倾向性回答。②注意措辞的形式。不同形式的措辞对被调查者的影响是比较微妙的。

【案例 5-10】

当拉辛斯基(Keneth Rasinski)分析几个关于针对政府开销的支持态度的结果时,发现方案被接受的程度影响着它们所获得的公众支持态度,比较结果如表 5.9 所示。

表 5.9 措辞形式对公众支持率的比较

更多支持	更少支持
"帮助穷人"	"福利"
"遏制不断上升的犯罪率"	"法律实施"
"解决吸毒问题"	"禁毒"
"解决大城市问题"	"援助大城市"
"提高黑人境况"	"帮助黑人"
"保护社会安全"	"社会安全"

(资料来源:艾尔·巴克等. 邱泽奇译. 社会研究[M]. 北京:华夏出版社,2005)

(5)要合理安排问题顺序。合理的顺序意味着使问卷条理清楚,顺理成章,这样不但可以使各个问题紧密衔接,而且还有助于创造融洽的气氛,以提高回答问题的效果。问卷中的问题一般可按下列顺序排列。

① 先易后难、先简后繁。容易回答的问题放在前面,难于回答的问题放在后面;简单的问题放在前面,复杂的问题放在后面。问卷的前几道题目容易作答,能够提高回答者的积极性,有利于把问卷答完,这是一种预热效应。

② 先一般性问题、后敏感性问题。在安排问句顺序时,可将那些虽然涉及对方情况,但又不属于机密或敏感性的问句置于前面,这样可以创造一种宽松、随和、融洽的调查气氛,以便进行以后的深入调查。对于那些较为敏感的问题一般应放在靠后点的位置,具体有以下问题。

a. 关于被调查者本人的问题,如受教育程度、经济状况、年龄、婚姻状况等。

b. 涉及被调查者公司内部机密问题,如公司的营业额、利润水平、购销渠道、具体进货价格、营销策略、发展规划等。

c. 较难回答的问题。如类似测试智商的问题、涉及个人政治态度以及难度较大的自由回答问题等。

【资料链接 5-2】

表 5.10 对问卷中常见的五种类型的问题的逻辑顺序进行举例说明,并对其理论基础加以分析。

表 5.10 问卷中问题的逻辑性顺序

位置	类型	例子	理论基础
过滤性问题	限制性问题	"过去的12个月中您曾滑过雪吗?""您拥有一副雪橇吗?"	为了辨别目标回答者,对去年滑雪的雪橇拥有者的调查
最初几个问题	适应性问题	"您拥有何种品牌的雪橇?""您已使用几年了?"	易于回答,向回答者表明调查很简单
前1/3的问题	过渡性问题	"您最喜欢雪橇的哪些特征?"	与调研目的有关,需稍费些力回答
中间1/3的问题	难于回答及复杂的问题	"以下是雪橇的10个特点,请用以下量表分别评价您的雪橇的特征。"	应答者已保证完成问卷并发现只剩下几个问题
最后部分	分类和个人情况	"您的最高教育程度是什么?"	有些问题可能被认为是个人问题,应答者可能留下空白,但它们是在调查的末尾

(资料来源:[美]小卡尔·迈克丹尼尔等著.当代市场调研.北京:机械工业出版社,2000)

③ 先封闭性问题、后开放性问题。封闭性问题,又称选择性问题,指已给出可供选择答案的问题,回答者的作答方法是从问卷中已列出的多个答案中选择一个或多个答案。

④ 先总括性问题、后特定性问题。总括性问题指对某个事物总体特征的提问。例如①"在选择冰箱时,哪些因素会影响您的选择?"就是一个总括性的问题。特定性问题指对事物某个要素或某个方面的提问。例如②"您在选择冰箱时,耗电量处于一个什么样的重要程度?"总括性问题应置于特定性问题之前,否则特定性问题靠前会影响总括性问题的回答。如把②放在①的前面,则①的答案中"耗电量"选择会偏大。

(6) 适当加入相倚问题。在设计问句时,常常遇到这样的情况,有的问题只是用于一部分被调查对象。而一个被调查者是否需要回答这一问题,常常依据它对于该问题前的另一个问题的回答来定。所谓相倚问题,就是这样一种问题,它对受访者是否适当,依其对前面过滤或筛选问题的回答而定。例如,"您是退休人员吗?"和"您退休多长时间了?"就是这样两个问题。通常把前一问题叫过滤性问题或筛选问题,而把后一问题叫相倚问题。可设置成以下的形式:

您是退休人员吗?

① 是 → 请问您是哪一年退休的?
② 不是　　　　　　年

(二) 设计问句答案时的技巧

对于问句答案的设计是针对封闭式问题而言的。问卷的答案的设计具有相当的难度,通常在设计问卷的答案时需要注意以下几个技巧。

(1) 所列答案应满足互斥性与全面性的要求。互斥性指不同答案之间不能相互包含。一个问题所列出的不同答案必须互不相容、互不重叠,否则应答者则可能做出有重复内容的双重选择,影响调查效果。全面性指所有可能的回答在答案中都要出现。只有将全部答案列出,才能使每一个应答者都有答案可选,不至于因为所列答案中没有合适的可选项而放弃回答。在实践中,互斥性比较容易把握,全面性则有一定难度。为做到全面性,设计者在熟悉调查项目的关键信息的基础上设置一个"其他"选项,以弥补设计者思维上的空缺,同时也可以使选择项目适当减少。但是如果试调查的结果出现选择"其他"选项的达到10%以上,说明"其他"选项还有关键信息没有提取出来,应重新设计答案。

(2) 所列答案是中立的立场,不应出现偏颇。优秀的问卷设计者必须站在中立的立场设计问卷,绝不能加入个人的主观看法、意见,尤其在设计备选答案时要全面考虑,避免片面化,否则设计出的问卷无法客观反映被访者的观点态度。例如,有位学生在设计《高校新生心理健康状况问卷》时,有这样一道问题:"您进入高校后最想做的事是什么?"备选答案有 A. 提高学习成绩;B. 加入学生社团,提高综合素质;C. 参加社会实践活动,增强社会适应性;D. 没想过/不知道。

这道问题的最大缺陷就在于备选答案中只有积极的观点,而没有涉及消极的感受。虽然这些消极感受在现实校园中是极少量存在的,但是如果被访者确实存在这些消极想法而问卷中没有涉及,那么在问卷分析时就只有积极的一面,无法反映消极态度,过于片面化。

(3) 对于多项选择,由于项目较多,又有一定难度,判断上较模糊,就可能出现这么一种"先入为主"的倾向,喜欢选列在前面的选项。对于这种情况,可以考虑将问卷分为两类:一部分使用 A 顺序排列选项,另一部分使用 B 顺序排列选项。当然这会给调查及过后的数据处理带来一定的麻烦,但在 SPSS 软件中的 TRASFORM 菜单中的 RECORD 命令可将 B 顺序转换成 A 顺序。

(4) 在多项选择中,由于事先列出了答案,很容易使一个不知道如何回答的或者没有看法的人猜着回答,甚至随便乱答。因此一般都设计有"无所谓"、"不知道"、"一般"之类的模糊型选项,以便使持有这种态度的人或不太了解情况的人能真实地表达自己的看法与感受。

(三) 问卷设计前后的技巧

在问卷设计前,应对所确定的调查主题进行探索性研究。由于问卷的设计人员不可能都是调查主题问题方面的有丰富实践经验的实际工作者或该方面的专家,从而,无论从实践的角度还是从理论的角度来看,问卷的设计人员都不可能对所涉及的主题问题有一个比较深刻全面的理解。即使一份很成功的问卷,也不是一旦制定好就是成功的,必须经历实践的考验,所以在问卷初步设计完成之后,应该设置相似的环境,小范围试调查,并对结果反馈,及时进行修改,只有这样,才能够形成最终的正式问卷。

总之,一份成功的问卷,不设置一个多余的问题,以最大限度地减轻实际调查的工作量,也不遗漏一个必不可少的问题,同时还要有利于调查完成后的资料审核、整理和分析比较。所以说问卷设计不仅仅是一门科学,更是一门艺术,是两者完美的结合。

第四节 问卷的评价

一、一份优秀市场调查问卷的设计标准

(1) 能提供必要的决策信息。任何问卷的主要作用都是提供管理决策所需的信息，任何不能提供管理或决策重要信息的问卷都应被放弃或加以修改。所以，在进行问卷调查之前，问卷的设计者必须与将要利用数据的高层进行反复沟通，直到问卷被高层主管所认可为止。

(2) 考虑了应答者，市场调查问卷设计表简洁、有趣、具有逻辑性。据估计，由于市场调查问卷设计表设计欠佳，超过 40% 的被联系者拒绝参与调查。应答者一般不会专门等着来回答问题。他们可能在忙于其他事先有所安排的事务，也可能在家观看有趣的电视节目，也可能正忙于购物，或正忙于家务。所以，当他们对问卷的题目感觉乏味或不重视时，都不会参与调查。如果问卷设计表设计得简洁、有趣，比如应答者是儿童，就使用儿童的语言进行询问，那么，应答者会考虑给予合作。

(3) 市场调查问卷设计表还应做到以下几点。

① 与调查目标相一致。市场调查问卷设计表是为调查目标服务的。一份优秀的市场调查问卷设计表必须是将所要调查的内容全部涉及，而且没有遗漏。同时，也尽量避免多余的问题，尽量使问卷不要过于冗长。在考虑调查目标的同时，市场研究人员必须将调查目的转化为应答者能理解的形式，并将其转化为满足管理者信息要求的调查结果和建议。

② 与应答者沟通，获得合作。市场调查问卷设计表要考虑应答者的智力水平，这样才能与应答者沟通，获得合作。

③ 使访问员方便记录。

④ 便于快捷编辑和检查已完成的问卷设计表，易于编码和数据输入。

所以一份好的问卷，就要充分考虑这样几个问题：它是否能提供必要的管理决策信息？是否考虑了应答者的情况？是否满足编辑和数据处理要求？

二、问卷的信度与效度的评价方法

信度与效度的概念来源于心理测量中关于测验(如关于能力、成绩、人格等测验)的可靠性和有效性的研究。在市场调查、卫生服务、心理健康测试、健康教育以及社会医学等领域研究中，为了从现象深入地研究一些本质性的或理论性的问题，常常设计询问有关意见或态度的问题，以测量某种较为抽象的"态度"、"看法"、"观念"等。这就产生了一个问题：所测得的数值是否可靠、准确？为了保证问卷调查结果的准确性和科学性，有必要考察所设计的问卷是否符合要求，调查的结果是否可信与有效。对调查问卷本身进行信度(reliability)与效度(validity)的评价分析，才能保证调查的准确性、统计分析结论的科学性甚至研究成果的质量。问卷(或调查表)的信度和效度评价主要是对初步设计的问卷在

小范围内进行试验性调查,检验问卷的可靠性和有效测量的程度,弄清初步设计中存在的问题,以便做出修改。

(一) 信度与效度的内涵

1. 信度的内涵

信度即可靠性或可信度,指测量结果的一致性或稳定性,即测量工具能否稳定地测量到它要测量的事项。例如,用同一架磅秤去称某一物体的重量,称了好几次的结果都是相同的重量,则可说这架磅秤的信度很高;若称几次结果都不相同,则说明其信度极低,说明这架秤坏了,这种测量工具不可信。

2. 效度的内涵

效度是指正确性程度,即测量工具确能测出其所要测量的特质的程度。效度越高表示测量结果越能显示出所要测量对象的真正特征。例如,一尺的布,决不会测得一尺二寸或者八寸,否则这把尺子就缺乏准确性或者说缺乏效度。在此例中尺是测量工具,布是测量对象,布的"长度"是测量主题,在评估测量效果时,如果某种测量方法能测出所要测量的变量,则此种测量方法是有效的。

3. 信度与效度的关系

信度度量的是问卷测量结果是否一致的可靠程度,而不涉及结果是否正确的问题;效度则针对问卷测量的目的,重点考察测量结果的有效性,它们之间的差别在于所涉及的误差不同,信度测量的是随机误差的影响,效度是反映由于测量了与测量目的无关的变量所引起的系统误差。

对调查问卷而言,效度是其首要条件,而信度是效度的必要条件,有效的问卷必是可信的问卷,但可信的问卷未必是有效的问卷。这其中的意义和两者的关系,可以用射击过程并结合附图来说明。射手首先应学习如何射中靶心,然后进行规定发次的射击,子弹平均接近靶心的程度可比喻为测量的效度,而子弹相互接近的程度可近似看作测量的信度,如图 5.5 所示。理想的结果是一组射击的子弹相对集中于靶心附近 A 区域,这样的测量既可信又有效,即说明测量具有良好的信度和效度。C 区域表示该组射击一致落在远离靶心,说明测验结果是可信但无效的。

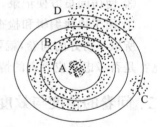

图 5.5 信度与效度的关系图

B 区域表示该组测验结果不可信但有效,这种情况在理论上是不存在的,因为效度的必要条件是信度,一个不可信的测量工具对任何测量主题都是无效的。而 D 区域表示该组测验结果不可信且无效。对于调查者而言,当然期待测量的结果属于 A 区域,具有良好的信度和效度。

在调查研究中,所要测量的属性往往要比量体重这一类属性复杂得多,因此它的信度问题也就更为复杂。例如消费者对某种品牌汽车的态度,目前没有一个显而易见的测量手段来测量它,其信度需要认真评价。信度的评价指标是信度系数,理论上可以表达为真实值方差和测量值方差的比值。若 X 为测量值,T 表示真实值,E 表示测量随机误差,真实值和测量值之间关系为:$X=T+E$,$\sigma_X^2=\sigma_T^2+\sigma_E^2$,即测量值的方差等于真实值的方差与随机误差的方差之和,所以信度系数为:$R_X=\sigma_T^2/\sigma_X^2=1-(\sigma_E^2/\sigma_X^2)$。

(二)信度的评价方法

调查在各类领域的研究中都必须是可信的,并且经得起反复的检验,这样的调查才有价值。信度即指测量工具的稳定性,它代表反复测量结果的接近程度。理想的完全相同测量工具在实际工作中是不存在的。为此,人们提出了以下几种近似的度量信度的方法。

(1) 再测信度(test-retest reliability),采用同一个问卷在同一人群中先后测量两次,评价两次测量的相关性。它考察的是经过一段时间后问卷测量结果的稳定程度,再测信度越高,测量结果越一致,这也表明受测环境中日常随机因素的影响越小。重复测量有两个缺陷:首先,研究对象的特征可能随时间发生变化,那么两次测量的差异就不单纯由误差引起;其次,重复测量受前一次测量的影响,会产生"记忆效应",不一定能真实反映研究对象的特征。因此,重复测量的间隔时间不宜太长,也不宜太短,多数学者认为以 2~4 周较为合适。对问卷再测信度的评价分析时,当评估的变量是分类变量时,可用 Kappa 系数来评估再测信度;当评估的变量是连续变量或等级变量时,则用基于方差分析的内部相关系数 ICC(intraclass correlation coefficient)来评价问卷的再测信度。一般信度系数大于 0.75 表示再测信度很好,而低于 0.4 表示较差。如果结果表明某个问卷项目的信度系数低于 0.4,则要考虑对该项目进行修改或者删除该项目。

(2) 复本信度(parallel-forms reliability),是在一个测量中采用两个或两个以上的复本来对同一群研究对象进行测量时所得到的结果的一致性程度。评估复本信度要用两个复本对同一群受试者进行测量,然后计算两种复本测量分数的相关系数。相关系数反映的是测量分数的等值性程度。复本信度又称为等值性信度(equivalence reliability)。测定复本信度也应考虑复本实施的时间间隔,一般来说,复本几乎应在同一时间实施,以剔除时间的影响。

(3) 折半信度(split-half reliability),鉴于再测信度中的"记忆效应"与复本信度中设计复本问卷非常困难,心理学家斯皮尔曼(C. E. Spearman)使用了一种变通的方法,只用一个测量工具对同一组受试者实施一次测量,但将奇数题和偶数题分开计分,再计算奇数题和偶数题分数之间的相关系数(r_{oe}),即为折半信度。但这样只计算了一半的测量信度,整个测量的实际信度需要用斯皮尔曼-布朗公式(Spearman-Brown Formula)校正后得出:$r=\dfrac{2r_{oe}}{1+r_{oe}}$。

采用折半信度测量信度的优点在于:折半信度只在一个时点上进行;不受记忆效应的影响;在重复测量法中容易出现的误差项之间的相关在折半信度中不易出现;从实用的角度,折半信度比较经济和简便。但是折半信度存在着以下的不足之处:首先没有一种理论推导严格证明其有效性;其次对于同一组问题,可能会存在多种组合方式,从而导致折半信度的计算带有一定的随机性。

(4) 内部一致性信度(internal consistency reliability)，问卷对每个概念的测量往往都要用一系列的条目，因而根据这些条目之间的相关性可以评价信度。假如将一个条目视为一个初始问卷的话，那么 k 条目问卷就相当于将 $k-1$ 个平行问卷与初始问卷相连接，组成了长度为初始问卷 k 倍的新问卷，k 条目问卷的信度系数为

$$\alpha = \frac{k}{k-1}\left[1 - \frac{\sum_{i=1}^{k} s_i^2}{s_T^2}\right]$$

(k 为量表中问题条目数，s_i^2 为第 i 题得分的方差，s_T^2 为总得分的方差)，称为 Cronbach's α 系数，代表了问卷条目的内部一致性。它等于所有可能组合的折半信度系数的平均值。值得注意的是，许多问卷测量的内容包括几个领域，宜分别对其估算 α 系数，否则整个问卷的内部一致性较低。一般要求问卷的 α 系数大于 0.80。

(5) 评分者信度(scorer reliability)，有些问卷不是根据客观的计分系统计分，而是由调查者给被测者打分或评定等级，则这种测量的可靠性主要取决于调查者评分的一致性和稳定性。对于这种标准化程度较低的测量，就必须计算评分者信度，它分为评分者间信度和评分者内信度。前者是用于度量不同调查者间的一致性，后者是度量同一调查者在不同的场合下(如不同时间、地点等)的一致性。两名调查者的评分者间信度和测量两次的评分者内信度可用 Pearson 相关系数或 Kendall、Spearman 等级相关系数表示。如果调查者在三人以上或同一调查者测量三次以上，且采用等级计分时可以采用 Kendall 和谐系数来确定评分者信度。

(三) 效度的评价方法

效度表示测量工具能够测出其所要测量的特征的正确性，采用效度系数来衡量。效度系数一般规定为与测量目标值的方差在总测量值方差中所占的比例，即效度系数为：

$$V_X = \sigma_{T_X}^2 / \sigma_X^2 = 1 - (\sigma_{T_0}^2 + \sigma_E^2)/\sigma_X^2$$

其中，$T = T_X + T_0$，T_X 是想要测量的目标值，T_0 则是与测量目的不相关的系统性偏差。信度的计算公式为：$R_X = \sigma_T^2/\sigma_X^2 = 1 - (\sigma_E^2/\sigma_X^2)$，$\sigma_{T_X}^2$ 是 σ_T^2 的一部分，因此效度高时信度一定高，但反过来就不一定了。

效度是个多层面的概念，可从不同角度来看，从而提出了衡量效度的几种方法。

(1) 表面效度(face validity)，是指测量结果与人们头脑中的印象或学术界形成的共识的吻合程度；如果吻合度高，则表面效度高。表面效度属专家评价的主观指标。有些问题的调查，直接提问得不到真实的回答，须"牺牲"表面效度，以换取其他效度。

(2) 内容效度(content validity)，是指测量内容的适合性和相符性，即测量所选题目是否符合测量目的和要求，如图 5.6 所示。X_1 中所得到的东西是否能代表 X 中的东西，也即实际测量工具 X_1 是否抓住体现了 X 这个概念的所有或主要特征；如果是的话，测量的效度就高。内容效度也属于主观指标。

图 5.6 测量目的和要求图

(3) 效标效度(criterion validity，又称为"准则效度")，是指测量结果与一些能够精确

表示被测概念的标准之间的一致性程度。根据比较标准与测量结果之间是否在时间上有延迟,又分为:①预测效度(predictive validity),是指测量结果与测量对象在一段时间以后的表现(预测标准)之间的相关程度。相关程度越高,预测效度就越高。效度系数通常较低,多在 0.20~0.60 之间,很少超过 0.70,一般在 0.4~0.8 比较理想。②同时效度(concurrent validity),是指测量结果与一个已断定具有效度的现有指标之间的相关程度。相关程度越高,同时效度就越高。一般认为相关系数在 0.4~0.8 比较理想。效标效度是用测量分数与效标分数之间的相关系数来衡量的,这减少了由于主观判断失误而产生的偏差,是一种比较实用的效度,但不足之处在于效标的选择靠主观判断。

(4) 结构效度(construct validity),指问卷所能衡量到理论上期望的特征的程度,即问卷所要测量的概念能显示出科学的意义并符合理论上的设想。它是通过与理论假设相比较来检验的,根据理论推测的"结构"与具体行为和现象间的关系,判断测量该"结构"的问卷,能否反映此种联系。要确定一个问卷的结构效度,则该问卷不仅应与测量相同特质或构想等理论上有关的变量有高的相关,也应与测量不同特质或构想等理论上有关的变量有低的相关。前者称为会聚效度(convergent validity),后者称为区别效度(discriminate validity)。评价某调查问卷的结构效度可分为两步:首先是提出结构假设,然后对结构假设进行验证。

评价结构效度常用的统计方法是因子分析,其目的是想了解属于相同概念的不同问卷项目是否如理论预测那样集中在同一公共因子里。所得公共因子的意义类似于组成"结构"的领域。因子负荷反映了条目对领域的贡献,因子负荷值越大说明与领域的关系越密切。在进行分析以前,必须先进行因子分析适合性的评估,以确定所获得的资料是否适合进行因子分析。一般采用 KMO(Kaiser-Meyer-Olkin)检验来进行适合性分析,KMO 越大,则所有变量之间的简单相关系数平方和远大于偏相关系数平方和,因此越适合于作因子分析。Kaiser(1974)指出当 KMO 值小于 0.5 时不适合进行因子分析,而 KMO 值大于 0.9 时,则非常适合进行因子分析。而以下三个标准可以用来判断问卷的结构效度:①公共因子应与问卷设计时的结构假设的组成领域相符,且公共因子的累积方差贡献率至少在 40% 以上。②每个条目都应在其中一个公共因子上有较高负荷值(大于 0.4),而对其他公共因子的负荷值则较低。如果一个条目在所有的因子上负荷值均较低,说明其反映的意义不明确,应予以改变或删除。③公共因子方差均应大于 0.4,该指标表示每个条目的 40% 以上的方差都可以用公共因子解释。

一般来说,问卷调查容易产生误差的原因来自研究者和受访者两个方面。来自研究者的因素包括测量内容不当、情景以及研究者本身的疏忽;来自受访者的因素则可能是由于其年龄、性格、受教育程度、社会阶层等,而影响其答题的正确性。研究者透过信度与效度的检验,可以了解问卷本身是否优良,以作为修改问卷的根据,避免做出错误的判断。

思 考 题

1. 问卷有哪些基本类型?其基本结构包括哪些部分?
2. 问卷设计应遵循哪些原则和步骤?

3. 测量的尺度有哪些?

4. 什么是语义差异量表?这种量表用于什么目的?

5. 调查问卷问句设计有哪些方法?

6. 问卷设计应注意哪些问题?

7. 举例说明下面的问题:(1)双重问题;(2)诱导性问题;(3)带含蓄假设的问题。在每个例子中,提出一个可以减少潜在偏差的修正问题。

8. 用利克特量表来测量大学生对学校食堂的看法。

9. 问卷的效度和信度之间存在什么样的关系?

10. 登录 BizRate 网站(www.brizrate.com),并评价其网上问卷。

11. 登录 CNN 网站(www.cnn.com),并评价当天的快速投票栏。有没有更好的措辞来表达那些问题呢?若有,请提供新的措辞。

12. 试设计一份关于大学生消费规模和消费习惯的结构式问卷。

13. 某大型商场想了解顾客对商场服务的满意度与忠诚度,决定进行一次市场调查,请您为商场设计一份市场调查问卷。

案例分析讨论

城市编号:□□　　小区/楼盘编号:□□　　问卷编号:□□□□

尊敬的消费者:

您好!感谢您百忙中参加我们的调查活动。您所参加的调查是由中国消费者协会和厦门市消费者权益保护委员会组织联合开展的调查活动。您的真实回答有助于我们了解当前商品房市场的相关情况,为我们进一步做好消费者权益保护工作打好基础。您的个人资料我们绝对保密。感谢您的参与!

中国消费者协会
厦门市消费者权益保护委员会

调查员:_____　　督导员:_____　　审核人:_____

住宅商品房消费者满意度调查问卷

> 问卷填写要求:
> 请按照调查问卷的提问顺序和填答提示逐一填答,以免漏答。第 5 题有 3 问,请将合适的选项序号填在"____"上;第 7、10、11、12 和 13 题均包含若干小题,每个小题均请回答,请在所给的分值上画"○";第 15、16 和 19 题为多选题,请在合适的选项序号上画"○";第 20、21 和 27 题请直接在"____"上填写数字;其余题目均为"单选题",请在题号前的"□"内填上选项的序号。

1. 国家政策规定:自 2006 年 6 月 1 日起,个人住房按揭贷款首付款比例不得低于 30%。考虑到中低收入群众的住房需求,对购买自住住房且套型建筑面积 90 平方米以下的仍执行 20% 的规定。之前,您对此政策规定了解吗?
(1) 非常了解; (2) 一般了解; (3) 不了解
2. 您对上述政策规定的满意程度是:

    非常满意   非常不满意
     5 4 3 2 1 0

3. 客观地讲,您认为本市的房价几千元/平方米(建筑面积)比较合理?
(1) 2 000 元以下; (2) 2 000～3 000 元;(3) 3 000～4 000 元;(4) 4 000～5 000 元;
(5) 5 000～6 000 元; (6) 6000～7 000 元; (7) 7 000～8 000 元;(8) 8 000～9 000 元;
(9) 9 000～10 000 元;(10) 10 000 元以上
4. 您认为未来一年内本市的房价:
(1) 比现在涨得还快;(2) 以现在的速度上涨;(3) 上涨,但没有现在涨得快;
(4) 不会上涨,也不会下降;(5) 略有下降;(6) 会大幅下降;(7) 说不准
5. 您购房时主要考虑哪些因素? 首先_____;其次_____;第三_____。
(1) 建筑质量;(2) 环境;(3) 地段;(4) 配套;(5) 交通;(6) 价格;
(7) 户型;(8) 物业管理;(9) 开发商;(10) 其他(请注明):_____
6. 您认为小区车库的产权应归谁所有?
(1) 全体业主;(2) 开发商;(3) 物业公司;(4) 谁购买谁拥有;
(5) 按合同约定;(6) 其他(请注明):_____;(7) 不清楚/不适用
7. 请您对目前房地产行业的诚信情况进行满意程度评价:

	非常满意					非常不满意	不清楚/不适用
商品房广告宣传真实性	5	4	3	2	1	0	8
商品房销售环节诚实性	5	4	3	2	1	0	8
商品房合同履行规范性	5	4	3	2	1	0	8
商品房价格透明性	5	4	3	2	1	0	8

8. 您对您所购买的商品房的总体满意程度如何?

    非常满意   非常不满意
     5 4 3 2 1 0

9. 在购买您现在居住的商品房时,您认为开发商给您的广告宣传内容(如承诺的履行情况,广告内容的真实性等)的诚信度如何?

    非常满意   非常不满意
     5 4 3 2 1 0

10. 请对(您所购买的商品房)销售服务方面的满意程度进行评价:

	非常满意					非常不满意	不清楚/不适用
1. 手续办理便捷	5	4	3	2	1	0	8
2. 购房合同/协议公平合理	5	4	3	2	1	0	8
3. 销售人员讲解全面可靠	5	4	3	2	1	0	8

续表

	非常满意					非常不满意	不清楚/不适用
4. 销售价格透明度	5	4	3	2	1	0	8
5. 交房时间	5	4	3	2	1	0	8
6. 交房标准	5	4	3	2	1	0	8
7. 房产证办理及时性	5	4	3	2	1	0	8

11. 请对(您所购买的商品房)规划设计方面的满意程度进行评价：

	非常满意					非常不满意	不清楚/不适用
小区外交通环境	5	4	3	2	1	0	8
小区商业环境	5	4	3	2	1	0	8
小区绿化和景观	5	4	3	2	1	0	8
小区内公共设施(休闲/健身/娱乐)	5	4	3	2	1	0	8
小区内人、车道路规划布置	5	4	3	2	1	0	8
停车场	5	4	3	2	1	0	8
楼内电梯	5	4	3	2	1	0	8
通风、采光	5	4	3	2	1	0	8
户型设计	5	4	3	2	1	0	8

12. 请对(您所购买的商品房)工程质量方面的满意程度进行评价：

	非常满意					非常不满意	不清楚/不适用
管线质量	5	4	3	2	1	0	8

1a. (如果您给了0~4分,请回答本题)影响您给5分的最主要问题是：(单选题)
(1)供排水管；(2)煤气管道；(3)暖气管道、暖气片；(4)供电线路；
(5)电话、网络有线电视；(6)其他

| 门窗质量 | 5 | 4 | 3 | 2 | 1 | 0 | 8 |
| 墙体质量(含房顶) | 5 | 4 | 3 | 2 | 1 | 0 | 8 |

3a. (如果您给了0~4分,请回答本题)影响您给5分的最主要问题是：(单选题)
(1)渗漏；(2)裂缝；(3)隔音；(4)不平整；(5)起皮、脱落；(6)其他

| 水、电、气供应 | 5 | 4 | 3 | 2 | 1 | 0 | 8 |
| 房屋建筑的节能效果 | 5 | 4 | 3 | 2 | 1 | 0 | 8 |

13. 请对(您所居住的小区)物业管理方面的满意程度进行评价：

	非常满意					非常不满意	不清楚/不适用
卫生保洁	5	4	3	2	1	0	8
公共秩序维护	5	4	3	2	1	0	8
园林绿化	5	4	3	2	1	0	8
服务人员工作态度	5	4	3	2	1	0	8

续表

	非常满意					非常不满意	不清楚/不适用
服务人员专业技能	5	4	3	2	1	0	8
收费标准	5	4	3	2	1	0	8
收费透明度	5	4	3	2	1	0	8

14. 您是否遇到过质量、管理或服务方面的问题,有无投诉或反映情况的经历?
(1) 没有遇到过(请直接回答第19题);(2) 遇到过,且投诉或反映过情况;
(3) 遇到过,但没有投诉或反映过情况(请回答第15题后直接回答第19题)

15. 您遇到的主要问题是:(可多选)
(1) 规划设计变更;(2) 合同签订;(3) 房屋质量;(4) 面积测量;(5) 售后服务;
(6) 广告宣传;(7) 物业收费;(8) 小区管理;(9) 其他(请注明):_____

16. 您向哪些单位投诉或反映过情况?(可多选)
(1) 房地产和建设管理部门;(2) 工商部门;(3) 消费者协会;(4) 质量协会;
(5) 开发商;(6) 物业公司;(7) 小区/居委会;(8) 媒体;(9) 法院;
(10) 其他(请注明):_____

17. 您觉得投诉或反映情况方便吗?
　　　　非常方便　　　　　　　　　　　　　非常不方便
　　　　　5　　　4　　　3　　　2　　　1　　　0

18. 您对投诉或反映情况的处理结果满意吗?
　　　　非常满意　　　　　　　　　　　　　非常不满意
　　　　　5　　　4　　　3　　　2　　　1　　　0

19. 您对目前商品房消费领域有何建议?(可多选)
(1) 加大对违法违规行为的惩罚力度;
(2) 进一步细化售房合同文本的相关条款;
(3) 建立房地产咨询、监督、投诉处理的专门机构;
(4) 制定出台相应的"三包"规定;
(5) 其他(请注明):_____

20. 您居住的房屋使用面积为:_____平方米。

21. 您认为最适合的房屋户型是:_____房_____厅_____卫;使用面积是:_____平方米。

22. 在购房时,您采取的付款方式是:
(1) 一次付清; (2) 分期付款; (3) 银行按揭贷款; (4) 其他

23. 您的性别:
(1) 男; (2) 女

24. 您的年龄:
(1) 25岁及以下;(2) 26～30岁;(3) 31～40岁;
(4) 41～50岁;(5) 51～60岁;(6) 61岁以上

25. 您的文化程度：
(1) 初中及初中以下；(2) 高中或职高；(3) 大专；(4) 本科；(5) 硕士及以上
26. 您的职业或身份：
(1) 党政、国有企、事业单位工作人员；(2) 独资、合资或私营企业工作人员；
(3) 离退休人员；(4) 无业、失业人员；(5) 在校学生；(6) 其他
27. 您家庭的人均月收入大约为_____元。(请直接在横线上填上收入金额)
请留下您的联系方式：
感谢您的参与，问卷调查到此结束。

(资料来源：厦门网 www.xmnn.cn,2006-10-13 06:19,厦门晚报)

案例思考题：

1. 请你对此问卷进行评价：如果好，请提出好在什么地方；如果有缺陷，请提出相关的改进意见。

2. 请你指出该问卷用到的量表有哪几种？每种量表的目的是什么？有哪些量表可以用来代替可以获得相同的信息？

3. 可以在这份问卷中使用语义差异量表吗？如果可以，有哪些可以使用的形容词组？

第六章

抽样设计

【学习目标】

通过本章学习,了解抽样调查的概念和特点;熟悉抽样调查方案设计的内容;知晓随机抽样技术的类型,掌握各种随机抽样的实施过程和优缺点;掌握抽样误差的计算方法和样本容量的影响因素及确定方法;了解非随机抽样技术的类型,掌握各种非随机抽样技术的实施过程和优缺点。

【导入案例】

中国人民银行城镇户调查抽样方案的设计

长期以来,银行储蓄是居民金融资产的重要组成部分,而储蓄与消费又是密切相关的。通过对储户的调查,可观测和反映消费景气的变动,从中观察和分析总体经济的走势,为货币的决策提供依据。

由于以上目的,中国人民银行从 1988 年第 3 季度起,开始进行不定期城镇居民储蓄问卷调查,到 1993 年形成了按季度调查的制度。共选定 20 个城市进行调查,其中省会城市 12 个、中等城市 4 个、小城市 4 个。储蓄所的选择由各大城市的人民银行根据储蓄所周围居民阶层的分布情况自行确定。多数城市选择 8~9 个调查点(储蓄所)。每次共调查 10 000 名储户,样本量按城市的大小来确定:大城市 700 人,中等城市 600 人,小城市 400 人。

为了完善这项调查制度,使其覆盖面更广、代表性更强,自 1995 年起,将调查城市扩大到 34 个,即增加了 6 个省会城市和 7 个中等城市。每季度调查一次,每次调查储户 20 000 人。

讨论的问题:

1. 在样本城市的选择中,中国人民银行为什么分别选择省会城市、中等城市和小城市,而且还数量不等?

2. 本项目的调查总体是什么?大城市储户样本量 700 人,中等城市储户样本量 600 人,小城市储户样本量 400 人,如何才能提高这些样本量的质量?

3. 如何完善 1988 年以来已有的抽样框?

(资料来源:http://tj.100xuexi.com/detail.aspx? id=647174)

第一节　抽样调查概述

一、抽样调查的概念及特点

　　市场调查根据其调查对象涵盖的范围不同,可分为全面调查和非全面调查。非全面调查主要有重点调查、典型调查和抽样调查。其中抽样调查(sampling survey)概念有广义和狭义之分。广义的概念可以理解为:抽样调查是从研究对象的全体(总体)中抽取一部分单位作为样本,对其样本进行调查,获取有关总体目标量的调查方式。它包括随机抽样(也称概率抽样,probability sampling)和非随机抽样(也称非概率抽样,non-probability sampling)。在市场调查中,这两类抽样方式都经常被采用。其中,非随机抽样是从方便出发或根据研究者的主观判断来抽取样本,因其主要依赖研究者的经验和判断,所以它无法估计和控制抽样误差,更不能用样本的定量资料来推断总体。但非随机抽样简单易行,特别适应于探索性研究。

　　随机抽样调查是指调查者为了特定的调研目的,按照随机原则,运用科学的抽样方式,从研究对象的全体(总体)中抽取一部分样本单位进行调查,并在一定的条件下,运用数理统计的原理和方法,对总体的数量特征进行估计和推断的一种非全面调查。一般认为它是一种狭义的抽样调查。主要具备如下特点。

　　(1) 样本按随机原则抽取。
　　(2) 用样本数据推断总体的数量特征。
　　(3) 抽样误差不可避免,但可以根据要求的精确度进行计算和控制。

　　从抽取样本的组织方式分类,抽样调查可以分为两类:一类是概率抽样;一类是非概率抽样。抽样方法分类见图 6.1。

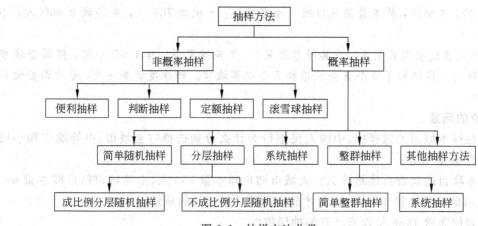

图 6.1　抽样方法分类

二、抽样调查的优点

与全面调查相比,抽样调查具有节约、高效、准确、适应四个显著优点。

(1) 节约。直接影响调查成本的一个关键因素是样本单位的数量。不论项目研究中的数据收集方法采用个人采访调查、电话调查、邮件调查、网络调查或者是观测中的哪一种,从越多的样本中获取数据,样本收集和分析成本就越高。从大量经济、社会中的研究项目来讲,总体样本数量都非常庞大,而通常可支配的研究经费极其有限,不足以进行全面调查研究。而且,调查样本单位越多,耗费的时间也越长。抽样调查能为研究项目节省人力、物力、财力和时间。2010 年我国人口普查的成本高达 80 亿元人民币。

(2) 高效。有些调查对时效性要求很强,要求在较短的时间内完成并提供调查数据。与全面调查相比,抽样调查所调查的单元少,数据采集和汇总整理工作量较小,因而可以更快地提供调查结果。与全面调查相比,对于时效性要求比较强的调查,抽样调查方式更能发挥其优越性。

(3) 准确。由于抽样调查只调查总体中的一小部分,调查单位数目较小,登记性调查误差较少。加之,抽样调查运用科学的随机抽样抽取样本进行调查,受调查者主观因素影响小,能够保证推断的客观性。虽然用部分的调查结果推断总体,存在着抽样误差,但其可以控制。一项调查的误差来自多个方面,全面调查由于参与的人员多、涉及的范围大,虽然没有抽样误差,但在数据采集和数据汇总整理过程中却有产生其他误差的可能性。与全面调查相比,抽样调查的工作量小,这就为培养精干的调研员创造了条件。此外,可以对调查过程进行更为仔细的监督、检查和指导,大大减小了调查的总误差,从而提高了抽样调查的数据质量。总之,它能够获取比全面调查质量更高的数据。

(4) 适应。全面调查一般只适应于有限总体的调研,抽样调查适应性强,它既能用于有限总体调查,更能在无限总体研究中发挥其特有的功能。特别是有些事物或客观现象,需要通过调查掌握其数据,但又不可能或不必要进行全面调查时,抽样调查是最佳选择。如地质矿产资源的探测、具有破坏性的产品检测(如烟花的燃放效果检验、种子的发芽率等)、居民家庭收支状况、电视节目的收视率等,这些项目资料取得的最优方法就是抽样调查。另外,抽样调查还可用于对已有数据进行验证。如在进行人口普查时,采用抽样调查对普查数据质量进行评估、检验和修正。很多时候,我们还运用抽样调查对某个总体的假设进行检验。

但抽样调查的抽样技术方案设计要求高,一般人员难以胜任。否则,往往会导致抽样调查的失败。基本抽样方法的优缺点见表 6.1。

三、抽样调查的应用

对于不同的研究项目,其抽样方法的选取有不同要求。选择概率抽样还是非概率抽样应该以研究性质、抽样误差和非抽样误差的相对大小、总体的差异化程度,以及统计和操作上的要求等为基础(见表 6.2)。

表 6.1 基本抽样方法的优缺点

抽样方法		优 点	缺 点
概率抽样	简单随机抽样	易于理解,结果可映射	难以构建抽样框架,成本昂贵,精确度较低,不能确保代表性
	分层抽样	包括了所有重要的子总体,精确	难以选择相关的分层变量,对许多变量分层不可行,成本昂贵会降低代表性
	系统抽样	可增加代表性,比 SRS 容易执行,不需要抽样框	
	整群抽样	容易执行,有成本效益	不精确,难以计算和解释结果
非概率抽样	便利抽样(方便调查)	成本最低,耗时最少,最方便	选择偏差,样本无代表性,不适于描述性研究或因果性研究
	判断抽样	低成本,方便,不耗时	不支持推论,主观
	定额抽样	可以就确定的特征对样本进行控制	选择偏差,不能确保代表性
	滚雪球抽样	可以估计稀缺特征	耗时

表 6.2 非概率抽样和概率抽样的选择

选择考虑方面	利于使用的条件	
	非概率抽样	概率抽样
研究的性质	探索性	归纳性
抽样误差和非抽样误差的相对大小	非抽样误差较大	抽样误差较大
总体的差异化程度	同质(差异化程度低)	异质(差异化程度高)
统计上的考虑	不利	有利
操作上的考虑	有利	不利

当需要对整个市场的市场份额或者销售容量做出高度精确的估计时,应使用概率抽样。概率抽样能够消除选择偏差和计算抽样误差。如果考虑的是总体中需要研究的变量的同质性。对于一个较为异质的总体,选择概率抽样更可取,因其能确保样本的代表性。从统计的角度看,概率抽样也更可取,因为它是大多数统计技术的基础。针对结论性研究,研究人员希望用结果估计总体的市场份额或者全体市场的大小,则概率抽样更受欢迎。概率样本允许结果向目标总体进行统计推论。美国市场跟踪研究提供关于产品种类、品牌使用率,以及用户的心理和人口概况的信息,它使用的便是概率抽样。使用概率抽样的研究一般利用电话访谈,将分层抽样和系统抽样与一些随机拨号的形式结合起来选择被访者。

但是,概率抽样并不总是能够得到更为精确的结果。而且概率抽样很复杂,要求研究人员在统计上受过训练,一般比非概率抽样的成本更高、花费的时间更长。在许多市场调查研究项目中,时间和开支都相对紧张,因此,在实践中,研究的目的决定了将使用哪种抽样方法。如果研究项目的非概率抽样误差更大,选择非概率抽样可能更好,因为通过判断能更好地控制抽样过程。特别是对于探索性研究,调查的结论往往只是初步的,而且可能没有充分的基础使用概率抽样。非概率抽样被用于概念测试、包装测试、名称测试和文案测试中,因为这些测试通常不需要对总体的推论。在这类研究中,需要重视的是给出不同反应或者表达不同态度的样本比例,这些研究的样本可以用诸如商场拦截式配额抽样的方法来抽取。

四、抽样调查的基本概念

在学习抽样调查时,必须掌握以下几个基本概念。

(一) 总体和样本

(1) 总体:它是统计研究对象的全体("调查对象"),由若干个相同性质的调查单位所构成的集合体。其单位数体现了其容量,用 N 表示。

按照总体容量大小可分为:有限总体和无限总体。

有限总体:总体单位数是有限的,可进行全面调查和抽样调查。

无限总体:总体单位数是无限不可数的,只能进行抽样调查。

柯赫伦(W. G. Cochran)认为:凡样本单位数占总体单位数 5% 以上的可视为有限总体,不够 5% 的就按无限总体处理。即 $n/N \geqslant 5\%$ 有限总体;$n/N < 5\%$ 无限总体。

(2) 样本(抽样总体):它是从总体中抽取部分单位所构成的集合体。其单位数体现了其容量,用 n 表示。一般认为总体是要研究的目标,而样本是要对其进行观察的对象。如从长沙市的所有居民户(总体)中抽取 1 500 户来进行生活质量调查,那么被抽中的居民户就组成了一个样本。

按照样本容量的大小可分为: $\begin{cases} 大样本:n \geqslant 30 \\ 小样本:n < 30 \end{cases}$

对于一个完全唯一确定的总体,随着样本容量和抽样方式的不同,可以从中抽选多个不同的样本。样本中包含着总体的有关信息。

(二) 总体指标和抽样指标

(1) 总体指标。又称总体参数,它是描述总体特征的综合指标,用 θ 表示。由于总体是唯一确定的,所以,各指标值也是唯一确定的;但指标是未知的,它是抽样调查的对象。包括总体平均数 $\bar{X}$、总体成数 P、总体标准差 $\sigma(\sigma_P)$。

(2) 抽样指标(样本指标)。又称统计量,它是描述样本特征的综合指标,用来推断总体数量特征的依据。用 $\hat{\theta}$ 示之。包括样本平均数 $\bar{x}$、样本成数 p、样本标准差 $s(s_p)$。

由于从总体中可以抽取多个可能样本,这样不同的样本就会有不同的指标值,因而样本指标是个随机变量,也即由样本观察值所决定的统计量是随机变量。样本指标是用来推断总体数量特征的依据。

总体指标和样本指标的指标名称、计算公式见表 6.3。

表 6.3 总体指标和抽样指标计算公式

指标	总体	抽样
单位数	N	n
平均数	$\overline{X} = \sum_{i=1}^{N} X_i / N$ （总体未分组） $\overline{X} = \sum_{i=1}^{K} X_i f_i / \sum_{i=1}^{K} f_i$ （总体分组）	$\overline{x} = \sum_{i=1}^{n} x_i / n$ （样本未分组） $\overline{x} = \sum_{i=1}^{k} x_i f_i / \sum_{i=1}^{k} f_i$ （样本分组）
成数	$P = \dfrac{N_1}{N} \quad P+Q=1$	$p = \dfrac{n_1}{n} \quad p+q=1$
标准差	$\sigma = \sqrt{\dfrac{\sum_{i=1}^{N}(X_i-\overline{X})^2}{N}}$ （总体未分组） $\sigma = \sqrt{\dfrac{\sum_{i=1}^{K}(X_i-\overline{X})^2 f_i}{\sum_{i=1}^{K} f_i}}$ （总体分组） $\sigma_p = \sqrt{P(1-P)}$	$s = \sqrt{\dfrac{\sum_{i=1}^{n}(x_i-\overline{x})^2}{n}}$ （样本未分组） $s = \sqrt{\dfrac{\sum_{i=1}^{k}(x_i-\overline{x})^2 f_i}{\sum_{i=1}^{k} f_i}}$ （样本分组） $s_p = \sqrt{p(1-p)}$

（三）重置抽样与不重置抽样

从抽取样本方式的角度，抽样调查可区分为重置抽样和不重置抽样。

（1）重置抽样（有放回的抽样）。它是指从总体 N 个单位中抽取一个容量为 n 的样本，每次抽中的单位经登录其有关标志表现后又放回总体中重新参加下一次的抽选。每次抽取均是在相同的条件下进行的。

（2）不重置抽样（无放回的抽样）。它是指从总体 N 个单位中随机抽取一个容量为 n 的样本，每次抽中的单位登录其有关标志表现后，不再放回总体中参加下次的抽选。经过连续 n 次不重复抽选单位构成样本，实质上相当于一次性同时从总体中抽中 n 个单位构成样本。上次的抽选结果会直接影响到下次抽选，可见，不重复抽样的样本是经 n 次相互联系的连续试验形成的。

两种抽样方法会产生三个差别：抽取的样本数目不同、对于随机抽样其抽样误差的计算公式和抽样误差的大小均不同。

（四）抽样框与抽样单元

抽样框（sampling frame）是包含所有抽样单元的抽样总体。通常，抽样框是一份包含所有抽样单元的名单，给每一个抽样单元编上一个号码，就可以按一定的程序进行抽样。对抽样框的基本要求是，抽样框中应该具有抽样单元名称和地理位置的信息，以便调查人员能够找到被选中的单元。在电话调查中，电话号码簿便是抽样框，它起到了提供抽样单元信息的作用。一个理想的抽样框应该与目标总体一致，即应包括全部总体单位，既不重复也不遗漏，通常要求具有完整性和唯一性（不重复性）。完整性要求不遗漏总体中的任意一个个体。唯一性则要求任意一个个体都是唯一的,不能重复列入抽样框。也就是每个总体单位在抽样框中必须出现一次,而且只能出现一次,以保证抽样框能完全代表目标总体。在抽样调查中,抽样框可以有以下几种形式。

(1) 名单抽样框,即以名单一览表形式列出总体的所有单位。例如要从10万名大学生中抽取2 000名大学生组成一个样本,则10万名大学生的名册就是抽样框。名单抽样框一般可采用现成的名单,如花名册、户口、企业名录、企事业单位职工名册等。在没有现成名单的情况下,可由调查人员自己编制。应该注意的是,在利用现有名单作为抽样框时,要先对该名录进行检查,避免有重复、遗漏情况的发生,以提高样本框对总体的代表性。

(2) 区域抽样框,即按自然地理区域划分并排列出总体的所有单位。例如,在进行农产品抽样调查时,把土地划分为许多相等面积的单位进行编号。

(3) 时间表抽样框,即按时间顺序排列总体单位,如对流水线生产的产品进行抽样调查,检验产品质量,可以把一天24小时划分为许多抽样时间单位并按先后顺序排列,然后按一定要求进行抽样。

抽样单元(sampling unit)是构成抽样框的基本要素。抽样单元不仅指构成抽样框的目录项,同时还表示该目录项所对应的实际总体特定的一个或一些单元。为了区分抽样单元的这两种不同意义,实体抽样单元又称为样本单元或样本点。

抽样单元不一定是组成总体的最小单位——基本单元。它可以只包含一个个体,也可以包含若干个个体。抽样单元还可以分级。在抽样单元分级情况下,总体由若干个较大规模的抽样单元组成,这些较大规模的抽样单元称为初级单元,每个初级单元中又可以包含若干个规模较小的单元,称为二级单元。用同样的方法还可以定义三级单元、四级单元等。例如,欲对长沙市小学生的营养状况进行抽样调查,可以把每所小学视为初级单元,把小学校中的班级视为二级单元,把学生视为三级单元。抽取样本的顺序为先抽取学校,再抽取班级,最后抽取学生。单元可以是自然形成的,也可以是人为划分的。在一项调查中,单元分成几级不是固定不变的。在前面的例子中,如果采用抽取小学校,然后在中选的学校中直接抽取接受调查的学生而越过班级时,学校就是初级单元,学生则成为二级单元。通常把接受调查的最小一级抽样单元称为基本抽样单元。在上面的例子中,小学生是基本抽样单元。

抽样单元的不同划分,是针对不同抽样方法而言的。若抽样单元只包含一个个体,即抽样单元就是基本单元,没有分级,与之相对应的是简单随机抽样;若抽样单元中包含若干个体,抽样单元为群,与之对应的是整群抽样;在抽样单元分级情况下,与之对应的是多阶段抽样。由于抽样单元可以分级,于是就有了与之相对应的不同级上的抽样框。抽样实践中,抽选哪一级抽样单元,有同级的抽样框即可。

(五) 抽样误差与非抽样误差

抽样误差(sampling error)是指在遵守随机原则条件下,样本指标(统计量,statistic)与总体指标(参数,parameter)之间的差异,它是一种偶然性的代表性误差,是抽样调查中不可避免的误差,在概率抽样的条件下可以计量和控制。

抽样误差无特定偏向,其误差大小主要受以下四个因素影响。

(1) 被研究总体各单位标志值的变异程度,即总体标准差。总体的方差越大,抽样误差就越大;反之,则抽样误差越小。如果总体各单位标志值之间没有差异,那么,抽样误差也就不存在了。

(2) 抽取的样本量。抽样误差的规模可由样本量的调整而得到控制,在其他条件不变的情况下,抽样单位数越多,抽样误差就越小;反之,抽样误差就越大。

(3) 抽样调查的组织方式。采用不同的抽样组织方式,也会有不同的抽样误差。在随机抽样时,抽样误差可加以计算和控制,各种抽样误差的计算方法参见第二节随机抽样技术。

(4) 抽样方法。不重复抽样可以避免极端样本的出现,故其抽样误差比重复抽样的抽样误差小。

要确定根据样本统计量评估出的总体参数的精确性,首先要确定抽样误差的大小。不过,由于下述两个原因,无法准确地测定抽样误差的大小:首先,并不知道真正的总体参数值(如果我们已经知道的话,就没有必要进行抽样研究了);其次,在同一总体中,样本间的统计量值也各不相同。因此,在既定的抽样程序中,我们只能评估抽样误差的平均值,即抽样平均误差(或抽样标准误差)。

非抽样误差是相对于抽样误差而言的,是由于其他多种原因引起的估计值与总体参数之间的差异。在概率抽样、非概率抽样、其他非全面调查和全面调查中,非抽样误差都会存在。而且会产生于抽样调查的各个阶段,包括调查及抽样设计、数据采集及数据处理与分析阶段。例如,由于调查方案不科学、调查对象范围划分不清而产生的误差。上述非抽样误差按其来源、性质不同,可以分为以下三类。

(1) 抽样框误差,即由不完善或不准确的抽样框引起的误差。它是一种非抽样误差。因为抽样框是一份关于总体中全部研究对象或抽样单位的资料。在实际调查中有时常搜集不到这样一份名单,或虽能得到此名单,但可能遗漏了总体中的一些元素,还可能包括了并不属于研究总体的另外一些元素。使用这样的名单就会产生抽样框误差。当总体与抽样框之间的差异很小,对抽样框误差可不加考虑。但在大多数情况下,对此误差应给予关注并作出相应处理。抽样框误差主要表现为丢失目标总体单元、包含非目标总体单元、复合连接以及不正确的辅助信息,几种情况的结果都会导致抽样框中的单元与目标总体单元不完全一一对应,产生抽样框误差。

(2) 无回答误差。在抽样调查中,总希望能取得所要求的全部样本单位的数据或特征记录,但在实践中,常有部分单位的调查结果会因多种原因而出现空缺,发生无回答现象,产生无回答误差,即由于种种原因调查人员没能够从入选样本的单元处获得所需要的信息,导致数据缺失造成估计量的偏误。

无回答没有提供样本数据,如果其指标值与回答没有显著差异,倒也无妨。但事实上,无回答和回答之间常有较明显的非随机性差异。

这种情况一般发生在以人为调查对象的时候。无回答误差是一种重要的非抽样误差,对调查数据的质量起着重要影响。而且这种现象十分普遍,对估计量的危害也比较大。无回答产生于不同的情况,从内容上看,可以分为单元无回答和项目无回答。单元无回答指被调查单元没有参与或拒绝接受调查,他们交的是一份白卷。项目无回答指被调查单元虽然接受调查,但对其中的一些调查项目没有回答。与单元无回答相比,项目无回答或多或少地提供了一些信息。从性质上看,可以分为有意无回答和无意无回答。有意无回答常常与调查内容有关,因其对数据质量的影响很大,回答者和无回答者之间往往存在系统性差异。这种无回答不仅减少了有效样本量,造成估计量方差增大,而且会带来估计偏误。例如对调查内容反感,或涉及个人隐私不愿意回答。无意无回答通常与调查内容无关,之所以出现是由于其他原因造成的,如被调查者生病或很忙,无法接受调查等。无意无回答可以看作随机的,这种误差虽然会造成估计量方差增大,但一般认为不会带来估计偏误。

（3）计量误差。指由于种种原因,调查所获得的数据与其真值之间不一致造成的误差。主要表现为设计不周引起的误差、被调查者没有给出真实的回答所产生的误差、调查员工作态度及其水平限制所产生的有意识误差和无意识误差,以及测量工具、编码和录入等产生的其他误差。一般从调查设计、现场准备和调查结果审核等方面进行控制,以减少计量误差。

图 6.2,总结了调查中误差来源的两种类型。

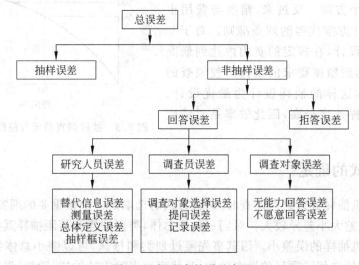

图 6.2 调查中的误差来源

（六）精度与费用

在抽样设计中,抽样精确度是个非常重要的技术问题。不同的概率抽样方法在抽样效率方面各不相同。抽样效率是反映抽样成本和精确度之间平衡关系的一个概念。精确度指的是关于被测特征的不确定性程度。要求的精确度越高,成本就越高,大多数研究要求这两者之间有个平衡。研究人员都期望在服从所配给的预算的同时尽力设计出最有效率的抽样方案。在设计中应首先明确的一点是,目标准确度怎样界定？有些人认为调查结果应达到百分之百的准确,甚至可以为此不惜一切代价,这实际上是抽样设计中的一种误区。正确的观点应是,调查所需要的准确度,不是也不可能达到百分之百,只要准确性能满足决策要求就可以了。如果花费75%的费用,达到了95%的精确度,我们就不必再为了5%的精确度去花费25%的费用;也就是说,不必追求过分的精确,以致花费过多的不必要的代价。进行抽样方案设计时,应该花一定的时间去了解这项调查所要求的准确程度,并以此作为设计整个调查方案的依据,这样做既能满足决策的要求,又能提高调查的效率。例如,我国城市家庭调查一般要求当置信度为95%时,误差不超过2~3%就可以了。

精度与费用既相互影响又相互制约,通常,精度由误差来表现。如果不考虑非抽样误差,则精度的具体体现就是抽样误差。抽样误差越小,说明用样本统计量对总体参数进行估计时的精度越高。精度和费用均与样本量成正比,精度要求越高,在其他条件相同情况下,抽样误差就要求越小,那么样本量则要求越大。同时,如果要求样本量越大,则调查费用就越高。样本量与调查费用大致呈线性关系,但样本量与精度却呈非线性关系。也就是说,在样本量比较小时,每增加一个抽样单元对提高精度的作用比较显著,但随着样本量的增大,达到一定程度后,再每增加一个抽样单元对提高精度的作用就逐渐下降(见图6.3)。另外,影响精度与费用的是抽样方式与估计方法。一个好的抽样设计必须同时考虑到精度与费用两个方面。反过来,精度与费用也是评价抽样设计方案优劣的两条准则。对于一个具体的抽样设计,在核定的费用内达到最高的精度,或在达到精度要求的条件下使调查费用最少,则称这样的抽样设计为最优设计。最优设计的抽样效率最高,因此效率是对精度与费用的综合。

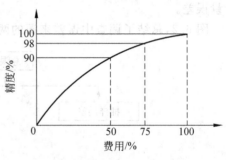

图6.3 抽样调查费用与精度之间的关系

五、抽样方式的确定

在运用随机抽样方式进行调查时,调查方式的选取是一个很重要的现实问题,抽样组织方式不同,误差大小差异较大。对同一抽样总体,类型抽样和等距抽样其抽样(平均)误差要比简单随机抽样的误差小。因其事先经过划类和排队,可以缩小总体各单位之间的差异程度,因而抽取相同数目的样本单位,其代表性误差中的抽样(随机)误差要比简单随机抽样的小。而且,抽取样本的方法不同也会影响误差的大小,对同一总体抽样,不重复抽样误差小于重复抽样误差。因此,一般情况下,确定抽样方式应考虑以下四个方面的因素。

(1) 总体方差的大小。在相等样本量的条件下,抽样误差大小主要受总体方差的影响。抽样误差与总体方差成正比。抽样时应根据总体方差大小,选择合适的抽样方式。

(2) 对抽样误差大小的要求。不同的抽样方式其抽样误差有所不同。在进行调查时,可根据对调查误差的不同要求和实际条件,选择适当的抽样调查方式。

(3) 调查对象本身的特点。一般来说,对调查对象了解越全面,调查方式选择越准确。如果没有关于总体各单位的全面、详细的资料,就无法采用按有关标志排队的等距抽样或分类抽样等。

(4) 人力、物力、财力和时间等各种调查条件。例如,在调查前考虑到抽出的样本可能极为分散,在各地都有,会增加调查往返的时间和费用,就可考虑采用整群抽样方式,使调查样本相对集中,调查员行动半径缩小,以节省人力、费用和时间。如果调查力量较强,经费又比较充足,那么可以选择提高精度的调查方式。

应该指出的是,强调根据调查要求和调查对象特点选择适宜的抽样方式,并不应否认上述几种方式的结合运用,在实际调查中,往往是根据具体情况,互相结合使用的。例如,20世纪80年代末开展的个体商业抽样调查,由于当时基层统计基础薄弱,统计人才缺乏,对于较为复杂的抽样方式不易实施,就采用简单随机抽样与整群抽样相结合的抽样方式,以街道为群,对抽中的街道进行全面调查。

六、抽样调查的程序

尽管不同的抽样调查项目,其调查过程所包含的步骤不尽相同,但一般都需要经过以下几个步骤。

(一)确定调研问题

要有效地进行抽样调查,必须首先确定调研问题,这是整个调查的第一步,也是至关重要的一步。确定抽样调查问题,就是根据管理决策的信息需求提出市场调研的课题,并考虑调研课题的难易程度、覆盖范围、总体分布、调研要求和经费限制等因素,决定是否有必要采用抽样市场调查。一般来说,调查总体范围大,数据的时效性、准确性要求高,调查经费又有限,不可能或不必要采用全面调查时,抽样调查是首选。

确定调研问题所要回答的是"为什么要做这项调查研究"、"做这项调查研究要达到怎样的目的、取得怎样预期的效果"。问题的确定取决于研究的目的,为此,必须事先了解和掌握总体的结构及各方面的情况,并根据研究目的,明确界定总体的范围和研究问题的具体组成部分。只有问题定义清楚了,才有可能进一步设计和执行。调研人员需要据此掌握和分析相关的背景材料、所需要的信息以及这些信息在进行分析时如何使用。有时还需调研人员与有关部门的决策者进行认真讨论,访问有关行业的专家,分析二手资料,必要时还需要进行如座谈会那样的定性调查。

同时,还要考虑调研的财力和调研技术力量等条件的限制,把调研的问题界定在适当的范围内。每一项调查,都需要费用、时间、人力的支持。对于一项大规模的调查,需要较多的调查费用,如果实际的预算费用明显不够,就必须缩小调研问题的范围以适应财力的许可。

(二)制订抽样方案

由于抽样调查技术性高、实施调查过程较为复杂,必须事先制订详细、可行的抽样方案,才能保证抽样的科学有效。如何在保证所抽选的样本对总体具有充分代表性的前提下,力求取得最经济、最有效的结果,一直是摆在抽样方案设计者面前的一个重要问题,也是抽样方案设计的难点所在。为此,一般在进行抽样之前都必须设计抽样调查方案。按照国外调查经验,在制订抽样方案时,常将调查资料使用者、抽样专家、实际调查工作组织者和数据处理人员等相关人员聚到一起,共同交流意见,协商探讨各种问题,最后提出一个合理可行的抽样方案。

抽样方案首先要描述样本是如何抽取的,即抽样技术的选择。在制订抽样方案时,既要考虑方法的科学性,又要照顾实际的可行性。例如,在一项多阶段抽样中,前一二阶段抽样十分关键,需要采用效率高的抽样方法,由于这两个阶段的抽样可以由设计人员来实施,所以技术复杂一些也无妨。后面阶段的抽样则力求简单,以便基层的操作者能够胜任。收集资料的方法有面访调查、电话调查、邮寄调查等;其次是抽样框和抽样单位的确定,不同收集方法需要不同的抽样框;必要样本容量的确定也是方案的主要内容,还要给出与抽样设计相匹配的总体参数的估计公式及估计量的精度公式,总体目标量的估算方法;调查数据的整理和分析技术、调查报告的撰写、制订实施方案的办法和步骤等一整套抽样调查的方法、技术和要求。如果调查中遇到调查对象失访,如受访者不在家或拒访,还需要制定一些具体的处理办法,把失访对调查结果的影响降到最小程度。一般情况下,抽样调查方案设计的基本内容如下。

①确定抽样调查的目的、任务和要求;②确定调查对象(总体)的范围和抽样单位;③确定抽取样本方法;④确定必要的样本量;⑤提出主要抽样指标的精度要求;⑥确定总体目标量的估算方法;⑦制订实施总体方案的办法和步骤。

(三) 设计调查问卷

调查问卷又称调查表、询问表或访谈表,是一组用于从调查对象获取信息的格式化问题。问卷可以是表格式、卡片式或簿记式。设计问卷,是询问调查的关键。完美的问卷必须具备两个功能,即能将问题传达给被问的人和使被问者乐于回答。要完成这两个功能,问卷设计时,研究者应当遵循有明确的主题、结构合理、逻辑性强、通俗易懂、控制问卷长度等原则,并按照一定的程序,运用一定的技巧,将所要研究的问题编制成问题表格,以邮寄方式、当面作答或者追踪访问方式填答,从而了解被调查者对某一现象或问题的看法和意见,所以又称问题表格法。

(四) 实施调查

实施调查就是利用调查表或问卷进行实际调查,收集样本资料,获得样本单元的调查数据,这个过程的关键问题是要保证原始数据的质量,这就需要对调查过程进行有效的管理和监控。调查实施前,需要对调查员进行技术培训,使调查员熟悉调查问卷,掌握访谈技巧,并增强责任心。在调查过程中加强质量检查,出现问题及时总结,及时补救。调查人员要有操作手册,调查过程中也要有管理制度和措施,使得从事具体调查的人员有章可循。如果调查项目比较大,又是第一次进行,或者对问卷设计的把握不够大,在正式调查实施前,还应当进行一次试点的预调查,进一步完善问卷和检验各方面的工作是否到位。

(五) 整理分析数据

数据整理分析是整个调查的收获阶段,它既是对抽样调查前阶段工作的总结,也是调查报告撰写阶段的起点,它为撰写调查报告提供基本的素材。在这个阶段,首先要对经过调查获得的原始数据进行审查、核对,对验收合格的调查问卷进行编码和录入。数据录入后,多数情况下需要进行数据的预处理,为统计分析做好准备。数据的预处理包括:录入数据的再编码,它是对原编码的补充和调整,满足某些统计分析软件对编码的特殊要求,也是根据研究要求对数据的重新归类分组;对缺失值进行插补,以构造出完整的数据集;进行变量的转换,进而进行常规的统计分析;计算目标量的估计值、方差及变异系数的估计值等。必要时还需要结合研究目的进行深入的统计处理与分析。

(六) 撰写调查报告

最后一个阶段是编写抽样市场调查报告,即在数据处理、推断分析的基础上,得出调查结论和主要启示,然后用调查报告的形式向决策者报告抽样市场调查的过程、调查问题的分析、调查的结论和主要启示。调查报告可以有不同的类型:从内容上可以分为描述性报告和探索性报告;从技术角度可以分为一般报告和技术报告;从性质上可以分为普通调查报告和学术研究报告等。

图 6.4 展示了市场抽样调查的程序。

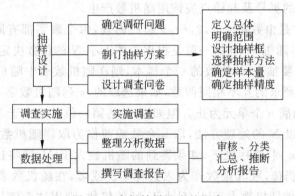

图 6.4 市场抽样调查的程序

第二节 随机抽样技术

根据调查对象的性质和研究目的的不同,采用随机抽样技术可以选择:简单随机抽样、分层抽样、系统抽样、整群抽样和多阶段抽样等。下面分别对各种抽样技术的概念、特点、误差分析等内容进行阐述。

一、简单随机抽样

简单随机抽样(simple random sampling)又称纯随机抽样,它是从一个包含 N 个单位的总体中,抽取 n 个单位作为样本,且给予总体中的每一个个体一个已知且相等的抽中概率。根据抽样单位是否放回可分为有放回随机抽样和无放回随机抽样。

（一）简单随机抽样的方法

要产生简单随机样本，首先需将总体 N 个总体单位从 1 到 N 编号，每个单位对应一个号，如果抽到某个号，则对应的那个单位入样，直到选出 n 个单位样本。通常采用抽签法和随机数法。

1. 抽签法

当总体不大时，可以用均匀同质的材料制作 N 个签，将它们充分混合，然后一次抽取 n 个签，或一次抽取一个签但不放回，接着抽下一个签直到第 n 个签为止，则这 n 个签上所示的号码表示入样的单位号。然后，按照抽中的号码，查对调查单位，加以登记。

2. 随机数法

当总体较大时，抽签法实施起来很困难，这时可以利用随机数表、随机数骰子、摇奖机和计算机产生的伪随机数进行抽样。在使用随机数表时，为克服可能的个人习惯，增加随机性，使用随机数表的页号及起始点应该用随机数产生。

（1）随机数表。是由数字 $0,1,2,\cdots,9$ 组成的表，每个数字都有同样的机会被抽中。用随机数表抽取简单随机样本时，一般是根据总体大小 N 的位数决定在随机数表中随机抽取相同列数，如果要抽取 m 位数的 n 个样本，则在随机数表中随机抽取 m 列，顺序往下，选出头 n 个符合要求的互不相同的数，如果选取的 m 列随机数字不够，可另选其他相同 m 列继续，直到抽满 n 个单元为止。但如果 N 的第一位数字小于 5，且 n 不小，可采用随机数减去 N 或除以 N 的处理方法，取其余数或商作为取样随机数。这时可采用在随机数表中随机抽取 m 列，顺序往下，如果得到的随机数大于 N，则将这个数字减去 N，由此大于 N 的数字被扔掉，取其余数作为入选样本。或者，在随机数表中随机抽取 m 列，顺序往下，如果得到的随机数大于 N，且小于 N 的倍数，则用这个随机数除以 N，得到的商入样，显然这两种方法比第一种方法效率要高。

（2）随机数骰子。随机数骰子是由均匀材料制成的正 20 面体，面上标有 $0\sim 9$ 的数字各 2 个。我国"运筹"牌随机数骰子一盒有 6 个不同颜色的骰子，使用时，根据总体大小 N 的 m 位数，将 m 个不同颜色的骰子放入盒中，并规定每种颜色所代表的位数，如红色代表个位数，蓝色代表十位数，黄色代表百位数等，盖上盒盖，摇动盒子，使骰子充分旋转，然后打开盒盖，读出骰子所表示的数字。重复上述步骤，直到产生 n 个不同的随机数。

（3）摇奖机。各类彩票中奖号码的产生通常是由摇奖机完成的，这个过程可以从电视节目中看到。将标有数字 $0\sim 9$ 的 10 个球放入摇奖机中，充分搅拌，使球充分转动，直到摇出其中的一个球，记录该球所标明的数字，产生了随机数的个位数；将球放回到摇奖机中，重复上述步骤，直到摇出一个球，记录该球所标明的数字为随机数的十位数；同理产生百位数等，如此产生一个随机数。重复上述步骤，直到产生 n 个不同的随机数。

（4）计算机产生的伪随机数。利用计算机产生的随机数具有快捷、方便的特点，但需要注意的是，利用计算机产生的随机数是伪随机数，并不能保证其随机性，通常产生的伪随机数有循环周期，当然，我们希望产生的伪随机数循环周期越长越好。在可能的情况下，建议还是利用随机数表和随机数骰子来产生随机数。

（二）简单随机抽样标准误差

简单随机抽样最符合随机原则，它完全排除了抽样中的主观因素的干扰，并且简单易行。当总体各单位的变异较大时，它不能保证所取得的样本单位在总体中有较均匀的分布，所抽得的样本可能缺乏代表性，抽样误差就较大。为减少抽样误差，保证抽样推断结果的精度，就需要抽取较多的样本单位数。因此，简单随机抽样只适用于总体单位数不多、总体单位标志变异度较小的情况。简单随机抽样中，抽样标准误差的计算，数理统计已证明，计算公式如下。

（1）重复抽样条件下简单随机抽样的抽样标准误差

$$\mu_{\bar{x}} = \sqrt{\frac{\sigma^2}{n}}$$

$$\mu_{\bar{p}} = \sqrt{\frac{p(1-p)}{n}}$$

（2）不重复抽样条件下简单随机抽样的抽样标准误差：

$$\mu_{\bar{x}} = \sqrt{\frac{\sigma^2}{n}\left(1-\frac{n}{N}\right)}$$

$$\mu_{\bar{p}} = \sqrt{\frac{p(1-p)}{n}\left(1-\frac{n}{N}\right)}$$

（三）简单随机抽样的优缺点

简单随机抽样的优点是：方法简单直观，易于理解，样本的结果可以映射到目标总体上，当总体名单完整时，可直接从中随机抽取样本，由于抽取概率相同，计算抽样误差及对总体指标加以推断比较方便。大多数统计推论的方法都假定数据是由简单随机抽样方法收集的。尽管简单随机抽样在理论上是最符合随机原则的，但在实际使用中则有一定的局限性，表现在以下几方面。

（1）采用简单随机抽样，一般必须对总体各单位加以编号，而实际所需调查总体往往是十分庞大的，单位非常多，逐一编号几乎是不可能的，即通常很难构建一个可以供简单随机抽样用的抽样框架。

（2）某些事物无法适用简单随机抽样，例如，对连续不断生产的大量产品进行质量检验，就不能对全部产品进行编号抽样。

（3）当总体的标志变异程度（方差）较大时，简单随机抽样所产生的样本可能具有代表性，也可能没有。虽然平均来说，所抽出的样本可以很好地代表总体，但是一个给定的简单随机样本也存在错误代表目标总体的可能；如果样本量很小，这种情况就更可能发生。其代表性就不如经过分层后再抽样的代表性高（详见以下的分层抽样）。

（4）由于抽出样本单位较大或跨越地理区域很广，较为分散，就会增加数据收集的时间和成本，和抽样调查节省调查人力、物力、时间的初衷相违背。因此，这种方式适用于总体单位数不太庞大以及总体分布比较均匀的情况。

(5) 简单随机抽样经常比其他概率抽样方法的精确度低,有较大的标准差。

二、分层抽样

由于影响估计精度的因素除了样本量、总体大小(通常不是主要因素)以外,还有总体的方差。也就是说在其他因素不变的情况下,总体方差越大,估计的精度越差;反之,估计的精度就越高。对于一个总体,其方差是客观存在且无法改变的,但如果对总体单元进行分类,即分成若干子总体,在子总体内单元之间比较相似,使每一个子总体的方差变小,这样只需在子总体中抽取少量样本单元,就能很好地代表子总体的特征,从而提高对整个总体估计的精度。这就是抽样调查中的分层抽样技术。

(一)概念和作用

1. 分层抽样的概念

分层抽样(stratifled sampling)又称类型抽样,是按某个重要标志先将总体 N 个单位划分成 M 个互不重复的子总体,每个子总体称为层,它们的大小分别为 $N_1, N_2, \cdots, N_M$,这 M 个层合起来就是整个总体 $(N = \sum_{I=1}^{M} N_I)$。然后在各类(层)中采用简单随机抽样或等距抽样方式分别独立抽取样本单位的一种抽样方式。所得到的样本就是分层随机样本。

2. 分层抽样的作用。

分层抽样在实际工作中应用得非常广泛,主要是因为它能发挥其独特的作用。

(1) 分层抽样的估计精度较高。分层抽样比简单随机抽样和等距抽样更为精确,能够通过对较少的抽样单位的调查,得到比较准确的推断结果,特别是当总体较大、内部结构复杂时,分层抽样常能取得令人满意的效果。这是因为分层抽样每层都要抽取一定的样本单位,因此样本在总体中分布比较均匀。其抽样估计量的方差只和层内方差有关,和层间方差无关。对总体而言,每一个层都抽取样本单位,实际上是全面调查。而简单随机抽样可能出现极端情况,样本偏向某一部分。因此,可以通过对总体分层,尽可能地降低层内差异,使层间差异大,在不增加成本的同时提高估计的精度。

(2) 分层抽样在对总体推断的同时,还能获得对每层的推断。有时调查的目的不仅要推算总体指标,可能还要推算各层的指标。例如,某市对全市居民家庭收入进行抽样调查,要求最终能给出各种收入层次家庭的指标,因此按高、中、低收入分层后,所得的样本不仅能推算全市的指标,也能对各层次家庭收入进行推算。

(3) 出于抽样工作的科学组织和实施,层内抽样方法可灵活运用。例如,全国范围的三产业抽样调查,要编制全国范围的统一抽样框,往往非常困难,但如果按行政区划分层,由各省分头编制抽样框并实施抽样的组织和调查工作,不仅可以解决抽样框困难的问题,而且还可以调动各省主管部门的积极性。为了组织调查的方便,各层可以根据层内的特点,分别采用不同的抽样方法。

（二）分层抽样的具体步骤

把总体各单位分成两个或两个以上的相互独立的完全的组（如城市和农村），从两个或两个以上的组中进行简单随机抽样或等距抽样等，样本相互独立。总体中各单位按主要标志加以分组，分组的标志与我们关心的总体特征相关。例如，学校有一批助学贷款要发放，需要对学生的家庭经济状况进行了解，初步分析，城市有下岗职工的子女，农村有家庭困难的学生，都需要贷款，那么城乡应是划分层次的适当标志。如果不以这种方式进行分层抽样，分层抽样就没什么效果，助学贷款就不可能充分发挥其助学的作用。

分层抽样与简单随机抽样相比，其误差更小些。也就是如果目标是获得一个确定的抽样误差水平，那么更小的分层样本即可达到这一目标。在调查实践中，为提高分层样本的精确度，一般有两个步骤。

第一步，辨明突出的（重要的）与所研究的行为相关的分类特征。例如，研究某品牌空调的消费率时，按常理认为城市和农村有不同的平均消费率。为了把城乡作为有意义的分层标志，调查者肯定能够拿出资料证明城市与农村的消费水平明显不同。用这种方式可识别出各种不同的显著特征。一般来说，识别出六个重要的显著特征后，再增加显著特征的辨别对于提高样本代表性就没有多大帮助了。

第二步，确定在每个层次上总体的比例（如城乡已被确定为一个显著的特征，那么总体中城市占多少比例，农村占多少比例呢）。利用这个比例，可计算出样本中每组（层）应调查的单位数。最后，调查者必须从每层中抽取独立简单随机样本。

（三）分层抽样的原则与方法

1. 分层抽样的原则

根据分层抽样的特点，分层除了可以提供子总体指标和便于调查的组织实施外，最重要的一点是使用分层抽样可以提高估计的精度。在对层进行具体划分时，通常应考虑如下原则。

（1）层内单位具有相同性质，通常按调查对象的不同类型进行划分。这时，分层抽样能够对每一类的目标量进行估计。

（2）尽可能使层内单位的标志值相近，层间单位的差异尽可能大，从而达到提高抽样估计精度的目的。

（3）既按类型又按层内单位标志值相近的原则进行多重分层，同时达到实现估计类值以及提高估计精度的目的。

（4）对于调查标志来说，分层后的层内的差异水平达到最小是分层差异标志选择的目的。首先，选择分层变量要求考虑同质性、异质性、相关性和费用诸方面。同一层内的元素应当尽可能是同质的，而不同层间的元素应尽可能是异质的。分层变量应与所感兴趣的特性密切相关。上述这些条件或准则满足得越好，分层抽样的效果就越好。其次，分层变量应当是易于测量和应用的，这样才能减少分层抽样的费用。通常用于分层的变量包括行政区划、地理位置、企业规模、人口状况（如性别、年龄段、种族、文化程度等）、生活方式(媒介接触行为、运动偏好、娱乐类型)或消费者类型(如是否使用信用卡等)、单位规模(大、中、小型)、行业类型(家电类厂家、日用品类厂家)等。分层数一般不要超过六个,如果超过了六层,精度上的任何增益都会由于分层费用的增加和抽样难度的增加而被抵消掉。

2. 分层抽样的方法

分层抽样可分为比例分层抽样、纽曼分层抽样、德明分层抽样和多次分层抽样。实际中,由于比例分层抽样方法比较简单而被经常采用,而比例分层抽样又分为等比例分层抽样和不等比例分层抽样。

在等比例分层抽样中,要求各类样本单位数的分配比例与总体单位在各类的分配比例一致,即 $n_i/n=N_i/N$(n_i 为从各层中抽出的样本数,n 为样本量,N_i 为各层的总体单位数,N 为总体单元总量)。等比例抽样简便易行,分配比较合理,在实际工作中应用较广。例如,要在一个有 1 000 教师的学校中选取 100 名教师参加科研大会,可以职称为分层指标,将教师分为教授、副教授、讲师和助教四类,已知的情况是教授占教师总数的 30%、副教授占 35%、讲师占 25%、助教占 10%,从而确定了各类人员的样本数为教授 30 名、副教授 35 名、讲师 25 名、助教 10 名。然后,用简单随机抽样的方法对各类教师进行抽样。

在非等比例的分层抽样中,则不受上述条件限制,即有的层可多抽些样本单位,有的层也可少抽些样本单位。非等比例抽样大多适用于各层的单位数相差悬殊,或层内方差相差较大的情形。即从每层中抽取的样本数与该层的相对大小相关,并与该层元素在所感兴趣的特性(指标、变量)的分布标准差相关。在这种情况下,如按等比例抽样,可能在总体单位数少的层中抽取样本单位数过少,代表性不足,则可适当放宽多抽。非等比例的分层抽样从逻辑上来说很简单。首先,较大的层在确定总体均值时具有较大影响,因此,这些层应当在推导样本均值时施加较大的影响,所以,从这些相对较大的层中应当抽取较多的元素。其次,为了增加精度,从标准差大的层中应当抽取更多的元素,从标准差小的层中应当抽取较少的元素(如果同一层中的所有元素是一致的,那么只需抽取一个元素的样本就可以得到完善的信息)。当每层内的感兴趣变量的标准差都相同时,上述两种方法实际上就是一致的。但在调查前,准确了解各层标志变异程度大小是比较困难的。

【案例 6-1】

分层随机抽样法,即先将总体按一定特性划分为不同的层次,然后在每一层次中随机选取部分个体组成样本。如:访销员张三分包客户 300 个,其中每月进货量在 1 000 条以上的客户有 120 个,进货量在 500~1 000 条的客户 160 个,进货量在 500 条以下的客户 20 个,拟抽 10% 的客户为调查样本。其确定方法是:先按 10% 的比例计算三种进货量应抽取的样本数,分别为 12 个、16 个和 2 个,共计 30 个样本;然后再按简单随机抽样的方法从各层中抽取,以确定具体的调查对象。分层随机抽样法的关键在于,首先要正确地选择分层标志,然后再计算各层抽取的样本数。

(资料来源:宋献彬,李留木,裴少先编著,访销员培训教程[M],北京:新华出版社,2003)

（四）分层抽样标准误差

分层抽样的误差，取决于各组样本单位数的总和与各组组内的方差（即各组组内标准差的平方）的平均数，即只和层内方差有关，而与层间方差无关。因此，当测定平均数指标时，计算抽样误差不是用方差 σ^2，而是用各组组内方差的加权算术平均数 $\overline{\sigma_i^2}$（即各组组内方差的平均数）。根据同样的道理，在测定成数指标时，计算抽样误差不是用全及总体 P 和 $(1-P)$ 的乘积，而是各组 p_i 和 $(1-p_i)$ 乘积的平均数 $\overline{p(1-p)}$。因此，只要能够扩大层间方差而缩小层内方差，就可以提高抽样效率。

（1）重复抽样条件下分层抽样的抽样标准误差：

$$\mu_{\bar{x}} = \sqrt{\frac{\overline{\sigma^2}}{n}}$$

$$\overline{\sigma^2} = \frac{\sum \sigma_i^2 N_i}{\sum N_i} \text{ 或 } = \frac{\sum \sigma_i^2 n_i}{\sum n_i}$$

$$\mu_p = \sqrt{\frac{\overline{P(1-P)}}{n}}$$

$$\overline{P(1-P)} = \frac{\sum P_i(1-P_i)N_i}{N} \text{ 或 } = \frac{\sum P_i(1-P_i)n_i}{n}$$

（2）不重复抽样条件下分层抽样的抽样标准误差：

$$\mu_{\bar{x}} = \sqrt{\frac{\overline{\sigma^2}}{n}\left(1-\frac{n}{N}\right)}$$

$$\mu_p = \sqrt{\frac{\overline{P(1-P)}}{n}\left(1-\frac{n}{N}\right)}$$

实际中，由于全及总体各类型组内方差和各类型成数未知，所以分别用样本标准差和样本成数代替。

（五）分层抽样的优缺点

分层抽样比简单随机抽样和等距抽样等方法更为精确，能够通过对较少的抽样单位的调查，得到比较准确的推断结果，特别是当总体较大、内部结构复杂时，分层抽样常能取得令人满意的效果。同时，分层抽样在对总体推断的同时，还能获得对每层的推断。

但分层抽样也会带来某些技术问题。首先是层的划分，有时在实际工作中分层并不容易，需要收集必要的资料，从而耗费额外的费用。其次，分层抽样要求各层的大小都是已知的，当它们不能精确得知时，就需要通过别的手段进行估计，这不仅增加了抽样设计的复杂性，而且也会带进新的误差。

三、系统抽样

系统抽样（systematic sampling）又称机械抽样或等距抽样，它是事先将全及总体所有单位 N 按某一标志排序，通过选择一个随机的起点，然后按某种确定的规则，连续地每

隔 k 个个体抽取一个,确定样本的一种抽样方法。通过将总体 N 除以样本量 n 并将结果四舍五入到最接近的整数,来确定抽样间距 k。系统抽样的实际应用非常广泛,如城乡居民住户抽样调查、人口抽样调查、农产量抽样调查、产品质量抽样检查等,都普遍采用系统抽样。

(一)系统抽样法的操作步骤

第一步,将 N 个总体单位按一定顺序排列,编号为 $1,2,\cdots,N$。

第二步,根据总体单位数 N 和样本单位数 n 计算出抽样间隔 k(必须是整数),$k=N/n$。

第三步,在 1 和 k 之间随机选一个数字,称为随机起点 i。

第四步,根据 i 和 k 从总体中抽取 n 个样本单位:总体中第 i 个单位即作为第一个样本单位,i 加一个间隔 k 即为第二个样本单位,其余类推。这样,总体中选中的 n 个单位号码依次为:$i,i+k,i+2k,i+3k,\cdots,i+jk,\cdots,i+(n-1)k$,抽样完成。

例如,总体中有 10 000 个个体,想要抽取一个样本量为 100 的样本,此时抽样间距 i 为 100。在 1 到 100 之间选出一个随机数如 21,该样本就由个体 21、121、221、321、421 和 521 等组成。

(二)系统抽样的总体单位排序

系统抽样时 N 个总体单位的排序情况一般分为两种。

(1)按无关标志排队。即各单元的排列顺序与所研究的内容无关。例如调查城乡居民收支情况,将城乡居民按其居住门牌号排序,门牌号与收支之间没有必然联系;又如学生成绩与其学号无关。这种排队抽样类似于简单随机抽样,也称为无序系统抽样。

(2)按有关标志排队。即各单元的排列顺序与所研究的内容是有关系的。例如调查学生的学生学习情况,将全部学生按学习成绩由高到低排队;又如对商业企业销售额进行抽样调查,将所有商业企业按规模由小到大进行排队。这种排队抽样称为有序系统抽样,可以使抽取的样本单元更具有代表性,减小抽样误差,提高估计的效率。

另外,还有一种情况是处于上述两者之间:根据各单位原有的自然位置进行排序。例如入户调查根据街道门牌号码按一定间隔抽取;工业生产质量检验每隔一定时间抽取生产线上的产品;学生按入校时的学号排队等。这种自然状态的排列有时与调查标识有一定的联系,但又不完全一致,目的是为了抽样方便。

(三)系统抽样的样本抽取方法

系统抽样按照样本单位抽选的方法不同,可以分为随机起点系统抽样法、半距起点系统抽样法、对称系统抽样法和循环系统抽样四种。

(1)随机起点系统抽样法:当抽取间隔 k 确定以后,在第一组随机抽取一个样本单位,其顺序号为 i,则在第二个样本单位的顺序号为 $k+i$,第三个样本单位的顺序号为 $2k+i$,其余类推,第 n 个样本单位的顺序号为 $(n-1)k+i$。当总体按无关标志排队时,随机起点系统抽样法是可以应用的。当总体按有关标志排队时,随机起点系统抽样会产生系统性误差。

(2) 半距起点系统抽样法。要求各样本单位都选在各组的中点。各样本单位的顺序号是：第一个样本单位是 $k/2$，第二个样本单位是 $k+k/2$，第三个样本单位是 $2k+k/2$，第 n 个样本单位是 $(n-1)k+k/2$。

无论按有关标志排队和按无关标志排队都可以采用这种方法，这种方法的优点是简单易懂、易于实践。当总体按有关标志排队时，各组抽取处于中点位置的单位最能代表这一组的一般水平，由这些单位组成的样本能保证其有充分的代表性，长期以来在大规模社会经济调查中被广泛运用，实际检验其效果也是令人满意的。但半距起点等距抽样也存在一定的局限性。首先，随机性不明显，当总体排队确定、样本容量确定，则样本单位也随之确定了。其次，只能抽取一个样本，不能进行样本轮换，抽样的利用率太低。

(3) 对称系统抽样法。要求在第一组随机抽取第一个样本单位，其顺序号为 i，在第二组与第一个样本单位对称的位置抽取第二个样本单位，其顺序号为 $2k-i$，在第三组与第二组样本单位对称的位置抽取第三个样本单位，其顺序号为 $2k+i$。以后抽出的样本单位序号依次为 $(4k-i)$、$(4k+i)$、$(6k-i)$、$(6k+i)$、……对称等距抽样保留了半距起点等距抽样的优点，而又避免了它的局限性，使其优点更加明显。

(4) 循环系统抽样法。当全及总体单位数 N 为有限总体且不能被 n 整除，即 $N \neq nk$ 时，可将总体各单位按顺序排成首尾相接的环（圆形图），取最接近 N/n 的整数为抽样间隔 k，然后，在 1 到 N 的单位中随机抽取一个单位作为起点，沿着圆圈按一定方向，每隔 k 个抽取一个单位，直到取足 n 个单位为止。按照此法，可以保证样本量 n 不变。不过首尾两个样本的间隔不一定恰好为 k，大于或小于 k 都有可能。

（四）系统抽样的抽样标准误差

(1) 无关标志排队法的系统抽样近视于简单随机抽样，可以采用简单随机抽样方法计算抽样误差。它是不重置抽样。其计算公式为

$$\mu_{\bar{x}} = \sqrt{\frac{\sigma^2}{n}\left(1-\frac{n}{N}\right)}$$

$$\mu_p = \sqrt{\frac{P(1-P)}{n}\left(1-\frac{n}{N}\right)}$$

(2) 有关标志排队法系统抽样实质上可以看作一种特殊的类型抽样，不同的是分类更细致，组数更多，而在每个组中只抽取一个单位。因此，一般认为可以采用类型抽样误差公式，近似地计算系统抽样误差。其计算公式为

$$\mu_{\bar{x}} = \sqrt{\frac{\overline{\sigma^2}}{n}\left(1-\frac{n}{N}\right)} \quad \overline{\sigma^2} = \frac{\sum_{i=1}^{k}\sigma_i^2 N_i}{N} = \frac{\sum_{i=1}^{k}\sigma_i^2 N_i}{N} = \frac{1}{n}\sum_{i=1}^{k}\sigma_i^2 n_i$$

$$\mu_P = \sqrt{\frac{\overline{P(1-P)}}{n}\left(1-\frac{n}{N}\right)} \quad \overline{P(1-P)} = \frac{\sum_{i=1}^{k}P_i(1-P_i)N_i}{\sum_{i=1}^{k}N_i} = \frac{\sum_{i=1}^{k}p_i(1-p_i)n_i}{n}$$

(五)系统抽样的优缺点

从系统抽样的形式可知,它是一种不重复抽样。通常可以保证被抽出的样本较均匀地分布在总体中,以提高样本单位的代表性,从而降低了抽样误差。

1. 系统抽样的优点

系统抽样的最大优点是简便易行,可简化抽样手续。主要表现在以下两个方面。

(1) 简便易行,容易确定样本单位。不同于其他概率抽样方法,系统抽样可以省去编号等带来的麻烦,而是只需要对总体单位进行排列,只要随机确定一个(或少数几个)起始单位,整个样本就自然确定,在某些场合下甚至可以不需要抽样框。

(2) 样本单元在总体中分布比较均匀,有利于提高估计精度。如果调查者对总体的结构有一定了解,可以利用已有信息对总体单位进行排列,即按有关标志对总体单位排序,这样采用有序系统抽样能够增加样本的代表性,还可以有效地提高估计的精度。

(3) 当个体的顺序与需要研究的特征有关时,系统抽样比简单随机抽样的成本低,更容易实现,因为只需要做一次随机选择。这样做可以节省相当多的时间,降低了抽样的成本。

2. 系统抽样的缺点

运用系统抽样按有关标志排队时,要有总体每个单位的有关材料,特别是往往需要有较为详细、具体的相关资料,这是一项很复杂和细致的工作。系统抽样也有其突出的局限性,具体表现为以下两点。

(1) 如果单位的排列存在周期性的变化,而抽样者对此缺乏了解或缺乏处理的经验,抽取出样本的代表性就可能很差,甚至会导致系统误差。例如,白酒的销售量存在明显的周期性变化,如果系统抽样的样本单位间隔正好与周期变化的长度吻合,不采用一些处理方法进行调整,系统抽样的样本代表性就很差。

(2) 系统抽样的方差估计较为复杂,按有关标志排队时一般采用类型抽样的误差估计方法,按无关标志排队时,通常运用简单随机抽样的估计方法。而且一般系统抽样没有设计意义下的无偏估计量,并且在很多实际应用中所采用的系统抽样都不是严格的概率抽样,这就给系统抽样方差的估计带来很大的困难。

简单随机抽样、分层抽样、系统抽样的比较见表6.4。

表6.4 简单随机抽样、系统抽样、分层抽样的比较

类别	各自特点	共同点	抽样间的联系	适用范围
简单随机抽样	从总体中逐个抽取	(1) 抽样过程中每个个体被抽到的可能性相等 (2) 每次抽出个体后不再将它放回,即不放回抽样		总体个数较少
分层抽样	将总体分成几层,分层进行抽取		分层抽样时采用简单随机抽样或等距抽样	总体由差异明显的几部分组成
系统抽样	将总体均分成几部分,按预先制订的规则在各部分抽取		在起始部分时采用简单随机抽样	总体个数较多

四、整群抽样

整群抽样(cluster sampling)是将总体划分为由总体单位所组成的若干群,然后,以群作为抽样单位,从总体中抽取若干个群体作为样本,而对中选群内的所有单位进行全面调查的抽样方式。又称为聚类抽样、整体抽样或集团抽样。例如,若欲调查某个大学的学生视力,组成总体的基本单位是每个学生,假定抽样单位是由学生组成的班级,对中选的班级里的全部学生作为样本进行观察。

对于每个被选中的群而言,要么所有的个体都被包括进了样本,要么用概率抽样的方法抽出一个个体的样本。如果每个被选出的群中的所有个体都被包括进了样本,这种方法称为单阶段整群抽样;如果从每个被选出的群中按概率抽出一个个体的样本,这种方法叫做两阶段整群抽样。

划分群时,每群的单位数可以相等,也可以不等,在每一群中的具体抽选方式,既可以采用等概率抽样(例如简单随机抽样),也可以采用不等概率抽样。

(一)整群抽样的适用场合

因其抽样框容易获得,整群抽样的实际应用比较广泛,主要表现在以下几个方面。

(1) 当缺少基本单位的名单而难以直接从总体中抽取所要调查的基本单位,但以由基本单位组成的群体(即组合单位)作为抽样单位却有现成的名单或有明显的空间界限时,整群抽样就显得方便实用,避免了编制基本单位名单(抽样框)的问题。

(2) 整群抽样,由于样本相对集中,既方便调查,又节省费用和时间。虽然对同样多的个体而言,整群抽样的精度稍低,但因每调查一个小单元的平均费用和耗时均低,故可以通过适当增加样本量来达到费用省、精度高的目标。

(3) 采用整群抽样是抽样调查本身目的的需要。有些抽样调查,只有进行整群抽样才能说明问题。例如,人口普查后的抽样复查,要想估计出它的差错率,只有通过对一定地理区域(如省、市、县、街道等)的抽样复查后的人口群体进行全面调查才行。类似地,人口出生率、流动率等调查都需要采用整体抽样。

(4) 如果某些总体的各个子总体之间的差异不大,例如,调查目标是学生的性别比例或城市居民户平均拥有家用计算机等,此时对班级或居委会采用整群抽样的精度不比直接抽取学生或居民户的精度低。

(二)整群抽样的特点

整群抽样最大的优点是可行性高和成本低。在许多情况下,对于目标总体而言唯一容易得到的抽样框架是群,而不是总体的个体。由于资源和约束条件的原因,经常无法编辑出一个总体中所有消费者的名单。但是,构建地理区域的名单、在校学生花名册、电话本等群相对容易一些。整群抽样是最有成本效益的概率抽样方法。

但这一优点必须与几个局限性相权衡。整群抽样可能导致相对不精确的样本,由于抽取的样本单位比较集中,很难构成异质的群,原因在于一个群内各单位之间的差异往往比较小,不同群之间则差异比较大,明显地影响了样本分布的均匀性。而且对基于群的统计数字进行计算和解释也可能很困难。因此,在抽取同样多的基本单位数目时,整群抽样抽样误差常常大于简单随机抽样。在抽样调查实践中,采用整群抽样时,一般都要比其他抽样方式抽选更多的单位,以降低抽样误差,提高抽样结果的准确程度。

(三)整群抽样的抽样误差

整群抽样的抽样误差受三个因素影响:首先是抽出群数多少。设所有的群数为 R,抽出的群的数目为 r。显然抽出的 r 的数目越多,则抽样误差越小。其次是群间方差。群间方差也称组间方差,它说明群和群之间的差异程度。在整群抽样时,群内方差(组内方差)无论多大都不影响抽样误差。因为对每一个群来讲,进行的是全面调查,不发生抽样误差问题。最后是抽样方法。整群抽样都采用不重复抽样,因此,在计算抽样误差时要使用修正系数 $\frac{R-r}{R-1}$。

整群抽样无论是采用纯随机抽样或等距抽样来抽选样本群,通常都是采用不重置抽样方式。其计算公式为

$$\mu_{\bar{x}} = \sqrt{\frac{\sigma_{\bar{X}}^2}{r}\left(\frac{R-r}{R-1}\right)} \approx \sqrt{\frac{\sigma_{\bar{x}}^2}{r}\left(\frac{R-r}{R-1}\right)}$$

$$\mu_p = \sqrt{\frac{\sigma_p^2}{r}\left(\frac{R-r}{R-1}\right)} \approx \sqrt{\frac{\sigma_p^2}{r}\left(\frac{R-r}{R-1}\right)}$$

五、多阶段抽样

多阶段抽样(multistage sampling),顾名思义就是在抽样调查抽选样本时并不是一次直接从总体中抽取,而是分两个或两个以上的阶段来进行。因为在许多情况下,特别是在复杂的、大规模的市场调查中,调查单位一般不是一次性直接抽取到的,而是采用两阶段或多阶段抽取的办法,即先抽大的调查单元,在大单元中抽小单元,再在小单元中抽更小的单元,才能完成样本的抽选。我国城市住户调查采用的就是多阶段抽样,先从全国各城市中抽取若干城市,再在城市中抽街道,然后,在各街道中抽选居民家庭。多阶段抽样在抽样调查中具有独特的作用。首先,当抽样调查的面很广,没有一个包括所有总体单位的抽样框,或者总体范围太大无法直接抽取样本时,须采用多阶段抽样。其次,可以相对地节约人力物力。最后,可以利用现成的行政区划、组织系统作为划分各阶段的依据,为组织抽样调查提供方便。

(一)多阶段抽样的特点

多阶段抽样因其在抽样调查抽选样本时并不是一次直接从总体中抽取,而是分两个或两个以上的阶段来进行,与其他抽样调查方式相比较,具有以下三个特点。

(1)多阶段抽样对基本调查单位的抽选不是一步到位的,至少要两步。

(2)组织调查比较方便,尤其对于那些基本单位数多且分散的总体,由于编制抽样框较为困难或难以直接抽取所需样本,就可以利用地理区域或行政系统进行多阶段抽样。

(3)多阶段抽样是多种抽样方法的有机结合。

(二) 多阶段抽样的基本理论

多阶段抽样所划分的抽样阶段数不宜过多,一般以划分两三阶段为宜,至多四个阶段。

在多阶段抽样中,前几阶段的抽样,都类似整群抽样。每一阶段抽样都会存在抽样误差。为提高抽样指标的代表性,各阶段抽取群数的安排和抽样方式,都应注意样本单位的均匀分布。

首先,适当多抽第一阶段的群数,使样本单位在总体中得到均匀分布。但是,样本过于分散则需要更多的人力和经费。

其次,根据方差的大小,来考虑各阶段抽取群数的多少。对于群间方差大的阶段,应当适当多抽一些群;反之,则可少抽一些群。

最后,各阶段抽样时,可以根据条件,将各种抽样组织方式灵活运用,而且尽可能利用现成资料。

以两阶段抽样而论,述说其抽样基本原理。在将总体划分为 R 组之后,其中每组包含 M_i 个单位。第一步从 R 组中随机抽取 r 组;第二步,再从中选的 r 组中分别随机抽取 m_i 个单位,构成一个样本,这种抽样就是两阶段抽样。其中,总体单位数 $N=M_1+M_2+\cdots+M_R$,各组的单位数 M_i 可以是相等的,也可以是不等的。样本单位数 $n=m_1+m_2+\cdots+m_r$,各组抽取的样本单位可以是相等的,也可以是不等的。为简化起见,假定 R 组中各组的单位数相等,都为 M,则有 $N=RM$,而且从各组抽取的单位数也相等,都为 m,则有 $n=rm$。据此可估计两阶段抽样的抽样误差,在此不再赘述了。

(三) 两阶段抽样和分层抽样、整群抽样的比较

两阶段抽样和分层抽样、整群抽样同样都须先对总体加以分组,然后再抽取单位,但它们之间却有明显的差别。分层抽样是从全部的分组中每组各抽取单位,它和两阶段抽样的区别在于第一阶段取了全部的组,而两阶段抽样在第一阶段只是随机地抽取部分的组。整群抽样是从全部的分组中随机抽取部分的组,然后对中选的全部单位进行调查。它和两阶段抽样的区别在第二阶段抽取了中选组的全部的单位,而两阶段抽样在第二阶段只是在中选组中随机地抽取部分单位。所以,两阶段抽样在组织技术上是整群抽样和分层抽样的综合。表 6.5 比较了分层抽样、整群抽样与两阶段抽样的精度以及提高精度的办法。

表 6.5 分层抽样、整群抽样与两阶段抽样的比较

名 称	一级单位	二级单位	精度(样本含量相同时)	提高精度的办法
分层抽样	抽取全部	抽取部分	高于简单随机抽样	扩大层间差异,缩小层内差异
整群抽样	抽取部分	抽取部分	低于简单随机抽样	缩小群间差异,增大群内差异,增加群数
两阶段抽样	抽取全部	抽取部分	介于整群抽样和简单随机抽样之间	减少一级单位之间的差异,尽量多抽取一级单位

第三节　非随机抽样技术

非随机抽样(non-probability sampling)也称非概率抽样,是指抽样时不遵循随机原则,而是按照调查员主观判断或仅按方便的原则抽选样本。市场调查中,由于受客观条件限制,无法进行严格的随机抽样;为了快速获得调查结果;调查对象不确定,或无法确定(对某一突发(偶然)事件进行现场调查);总体各单位间离散程度不大,且调查员具有丰富的调查经验等情况下,通常采用非概率抽样调查。非概率抽样包括方便抽样(convenience sampling)、判断抽样(judgment sampling)、配额抽样(quota sampling)和雪球抽样(snowball sampling)等具体方法。

与随机抽样比较,非概率抽样具有抽样实施简便易行的优点,但抽样过程的主观性、抽样误差的不可测性、对总体分布信息要求较高等局限性,也是非概率抽样相对于随机抽样欠科学的方面。

一、方便抽样

方便抽样又称任意抽样,是指调查者根据方便性原则,随意选择碰巧在适当的时间正处在恰当地点的被访者,搜集调查资料的抽样方法。如"街头拦人法"、"方位选择法"。方便抽样在所有抽样方法当中成本最低、耗时最少,抽样单位易于接近、易于测量并且易于合作。但也存在严重的局限性,存在许多潜在的选择偏差来源,包括被访者自我选择。方便样本并不是任何可定义的总体的代表,故从一个方便样本推广到任何总体在理论上是没有意义的,并且方便样本不适用于涉及总体推论的研究项目。对于描述性研究或因果性研究不宜使用方便样本,但是可以将其用于探索性研究中以产生概念、初步的看法或假设。方便样本可以被用于某些时效性要求较高的调查,对流动性特征明显或边界不清的总体的调查、专题组、预测试问卷或者初步研究。若在总体中各单位的同质性很明显的条件下,运用这种方式也能获得较好的调查结果。即使在这些情况中,在解释结果时也应该谨慎。尽管如此,这一技术有时甚至被用在大型调查当中。

二、判断抽样

判断抽样又称目的抽样,是指凭研究人员的主观意愿、经验和知识,从总体中选择具有典型代表性样本作为调查对象的一种抽样方法。应用这种抽样方法的前提是研究者必须对总体的有关特征有相当高的了解。所谓"判断",主要包括对总体的规模与结构以及样本代表性两方面的判断。判断抽样适用于调查人员基于既定选择标准抽取典型样本的任何情形。比如被选来确定一种新产品潜力的试销市场;在投票行为研究中选出的代表民意的选区;为测试一个新的商品陈列系统而选出的百货商店等。

判断抽样选取样本单位一般有两种方法:一是由专家判断决定样本单位,选择最能代表普遍情况的对象,常以"平均型"或"多数型"为标准。"平均型"是在调查总体中具有代表性的平均水平的单位;"多数型"是在调查总体中占多数的单位。应尽量避免选择"极端型",但也不能一概而论,有时也会选择"极端型",其目的是研究造成异常的原因。另一种是利用调查总体的全面统计资料,按照一定标准,主观选取样本。样本的代表性和调查结果的准确性取决于调查者对调查对象的了解程度及其判断能力,因此这是一项富含经验性的工作。

判断抽样需要注意的两种情况:首先,强调样本对总体的代表性。当调查的目的在于了解总体的一般特征时,判断抽样方式必须严格选择对总体有代表性的单位作为样本。其次,注重对总体中某类问题的研究,而并不过多考虑对总体的代表性。在这种情况下,判断抽样必须有目的地选择样本,即选择与研究问题的目的一致的单位作为样本。

判断抽样成本低、便捷,调查回收率高。然而样本资料只能说明调查总体某些特征的大致情况,因为通常没有明确定义总体,而并不支持对一个特定总体的直接推论。判断抽样是主观的,它的价值完全取决于研究人员的判断、专业知识以及创造力。如果不要求有广泛的总体推论,它可能有用。

三、配额抽样

配额抽样也是首先将总体中的所有单位按一定的标志分为若干类(组),然后按一定比例在每个类(组)中用方便抽样或判断抽样方法选取样本单位。该方法简单易行,配额确保样本的组成与总体的组成在特定特征方面相同,即样本单位在总体中均匀分布,能够保证样本有较强的代表性,调查结果比较可靠。

采用配额抽样,事先要对总体中所有单位按其属性、特征分为若干类型,这些属性、特征称为"控制特征"。如被调查者的姓名、年龄、收入、职业、文化程度等。然后,按照各个控制特征分配样本数额。

按照配额的要求不同,配额抽样可分为"独立控制"和"交叉控制"两种。

1. 独立控制配额抽样

独立控制配额抽样是根据调查总体的不同特性,对具有某个特性的调查样本分别规定单独分配数额,而不规定必须同时具有两种或两种以上特性的样本数额。因此,调查员就有比较大的自由去选择总体中的样本。现举例说明如下。

某市进行家用电脑消费需求调查,确定样本量 400 名,选择年龄、性别、消费者收入三个标准分类。独立控制配额抽样,其各个标准样本配额比例及配额数列表见表 6.6。

表 6.6 独立控制配额抽样分配数

年龄	人数	性别	人数	月收入	人数
18~30 岁	80	男	200	2 000 元以下	40
30~45 岁	120			2 000~3 000 元	100
45~60 岁	140			3 000~5 000 元	140
60 岁以上	60	女	200	5 000 元以上	120
合 计	400	合 计	400	合 计	400
(a)		(b)		(c)	

从表 6.6 中可以看出,对年龄、性别、月收入三个分类标准,分别规定了样本数额,而没有规定三者之间的关系。因此,在调查员具体抽样时,抽选不同收入段消费者,并不需要顾及年龄和性别标准。同样,在抽选不同年龄或性别的消费者时,也不必顾及其他两个分类标准。这种方法的优点是简单易行,调查员选择余地较大;缺点是调查员可能图一时方便,选择样本过于偏向某一组别,如过多地抽选高收入的男性消费者,从而影响样本的代表性。

2. 交叉控制配额抽样

交叉控制配额抽样是对调查对象的各个特性的样本数额交叉分配,上例中如果采用交叉控制配额抽样,就必须对年龄、性别、月收入这三项特性同时规定样本分配数,如表 6.7 所示。

表 6.7　交叉控制配额抽样分配表

年龄 \ 性别 \ 月收入	2 000 元以下		2 000～3 000 元		3 000～5 000 元		5 000 元以上		合计
	男	女	男	女	男	女	男	女	
18～30 岁	4	4	10	10	14	14	12	12	80
30～45 岁	6	6	40	12	20	32	2	2	120
45～60 岁	20	2	6	8	24	14	6	60	140
60 岁以上	10	4	4	10	16	6	6	4	60
合计	40	16	60	40	74	66	26	78	400

从表 6.7 可以看出,交叉控制配额抽样对每一个控制特性所需分配的样本数都做了具体规定,调查员必须按规定在总体中抽取调查单位,由于各个特性都同时得到了控制,从而克服了独立控制配额抽样的缺点,提高了样本的代表性。

需要注意的是配额抽样类似于随机抽样中的分层抽样。但二者有两点重要的区别:首先,配额抽样的被访者不是按随机原则抽出来的,而分层抽样必须遵守随机原则;其次,在分层抽样中,用于分类的标志应联系研究目标来选择,而配额抽样没有这些要求。

四、雪球抽样

雪球抽样是以"滚雪球"的方式抽取样本。即通过少量样本单位以获取更多样本单位的信息。这种方法的运用前提是总体样本单位之间具有一定的联系,在不甚了解总体的情况下对总体或总体部分单位情况进行把握。这种方法即使在选择最初的被访者时使用了概率抽样,最终的样本还是一个非概率样本。与随机的方式相比,被推举出的人将具备与推荐人更为相似的人口及心理特征。

雪球抽样的基本步骤为:首先,找出少数样本单位;其次,通过这些样本单位了解更多的样本单位;再次,通过更多的样本单位去了解更多的样本单位;如此类推,如同滚雪球,使调查结果愈来愈接近总体。

雪球抽样的一个主要目的是估计在总体中非常稀少的某些特征。例如，享受特殊政府或社会服务的人群，如失业或贫困救济的对象；特殊的普查群体，如空巢老人等。比如对空巢老人的调查，通过由最先的访问几名，到几十名，最后到几百上千名被访者的调查，全面掌握他们的生活状况、健康程度等。

雪球抽样的主要优点是，便于有针对性地找到被调查者，而不至于"大海捞针"，而且显著地增加了在总体中找出想要的特征的可能性，同时样本方差和成本相对比较低。其局限性是要求样本单位之间必须有一定的联系并且愿意保持和提供这种关系，否则，将会影响这种调查方法的进行和效果。

第四节　必要样本容量的确定

一、确定样本容量的意义和原则

在开始组织抽样调查之前，确定抽多少样本单位是个很重要的问题，抽的数目过少，所得的抽样调查资料的代表性就会过低，会导致调查结果出现较大的误差，与预期目标相差甚远；而抽的数目过多，所得的抽样调查资料的代表性会越高，但又会造成人力、财力和时间的浪费。因此，在抽样调查时，认真研究和确定一个必要的抽样单位数，对于省时、省力又能保证较好的抽样调查效果，无疑是具有很重要意义的。确定必要抽样单位数必须遵循最大抽样效果原则，即在一定的抽样误差和可靠程度的要求下力求调查费用和时间最省，在此原则要求下，确定一个恰当的样本单位数。

因为提高精度和节省费用往往很难两全其美，是一对矛盾；事实上并非抽样误差最小即精度最高的抽样方案，一定是最优的方案，所以在抽样方案设计上要具体问题具体分析。

二、影响样本量的因素

根据以上原则，可知影响样本量的因素有以下几个。

(1) 被调查对象标志的变异程度，即总体 σ^2 或 $P(1-P)$ 的大小。若被调查事物总体标识之间差异程度愈大，说明总体分布愈不均匀，则需抽取的样本单位愈多；反之，若总体标识间差异程度愈小，说明总体分布愈均匀，则抽取的样本单位愈少。

(2) 抽样推断的可靠程度即置信度 $F(t)$ 的大小。也就是调查者对一项抽样推断的可靠程度和精确程度的要求。如果要求抽样的可靠程度和精确程度（置信度）比较高，那么抽样单位数就要多些；反之，就可以少些。

(3) 允许误差（极限误差）Δ 的大小。允许误差与样本量的平方根大致成反比，允许误差愈小，样本量愈大；反之，允许误差愈大，样本量愈小。允许误差的大小，主要取决于调查的目的和费用的投入。调查结果要求比较精确，又有足够的费用投入，允许误差可小些；反之，允许误差可以放大些。

(4) 抽样方法。在其他条件相同的情况下，不重置抽样比重置抽样要少抽一些样本单位。

(5) 抽样组织方式。一般情况下,类型抽样和系统抽样可比简单随机抽样抽取的样本单位数少,单个抽样比整群抽样需要抽取的样本单位少,按有关标识排队的系统抽样方式比无关标识排队的系统抽样方式所抽取的样本单位少。

(6) 人力、物力、财力的可能条件。精度要求高,力量须强,经费足,样本量可多一些;精度要求低,力量一般,经费适当,样本量可少一些。

三、样本量的确定

根据上面确定样本容量的前五个影响因素,可以由抽样极限误差公式来确定必要样本容量的大小。

(一) 简单随机抽样必要样本量的确定

1. 重置抽样条件

样本平均数的必要样本容量 n 的计算:

$$n_{\bar{x}} = \frac{t^2 \sigma^2}{\Delta_{\bar{x}}^2} \left(因为 \Delta_{\bar{x}} = t\mu_{\bar{x}} = t\sqrt{\frac{\sigma^2}{n}}\right)$$

样本成数的必要样本容量 n 的计算:

$$n_p = \frac{t^2 p(1-p)}{\Delta_p^2} \left(因为 \Delta_p = t\mu_p = t\sqrt{\frac{p(1-p)}{n}}\right)$$

2. 不重置抽样条件

样本平均数的样本量计算:

$$n_{\bar{x}} = \frac{Nt^2 \sigma^2}{N\Delta_{\bar{x}}^2 + t^2 \sigma^2} \left(因为 \Delta_{\bar{x}} = t\mu_{\bar{x}} = t\sqrt{\frac{\sigma^2}{n}\left(1 - \frac{n}{N}\right)}\right)$$

样本成数的 n 计算公式:

$$n_p = \frac{Nt^2 p(1-p)}{N\Delta_p^2 + t^2 p(1-p)} \left(因为 \Delta_p = t\mu_p = t\sqrt{\frac{p(1-p)}{n}\left(1 - \frac{n}{N}\right)}\right)$$

(二) 类型抽样必要样本量的确定

1. 重置抽样条件

样本平均数的必要样本容量 n 的计算:

$$n_{\bar{x}} = \frac{t^2 \overline{\sigma^2}}{\Delta_{\bar{x}}^2} \left(因为 \Delta_{\bar{x}} = t\mu_{\bar{x}} = t\sqrt{\frac{\overline{\sigma^2}}{n}}\right)$$

样本成数的必要样本容量 n 的计算:

$$n_p = \frac{t^2 \overline{p(1-p)}}{\Delta_p^2} \left(因为 \Delta_p = t\mu_p = t\sqrt{\frac{\overline{p(1-p)}}{n}}\right)$$

2. 不重置抽样条件

样本平均数的样本量计算：

$$n_{\bar{x}} = \frac{Nt^2\,\overline{\sigma^2}}{N\Delta_{\bar{x}}^2 + t^2\,\overline{\sigma^2}} \left(因为\ \Delta_{\bar{x}} = t\mu_{\bar{x}} = t\sqrt{\frac{\sigma^2}{n}\left(1-\frac{n}{N}\right)} \right)$$

样本成数的 n 计算公式：

$$n_p = \frac{Nt^2\,\overline{p(1-p)}}{N\Delta_p^2 + t^2\,\overline{p(1-p)}} \left(因为\ \Delta_p = t\mu_p = t\sqrt{\frac{p(1-p)}{n}\left(1-\frac{n}{N}\right)} \right)$$

（三）整群抽样必要样本量的确定

整群抽样要计算必要抽取的群数 r。由于整群抽样一般为不重复抽样，所以就有不重复抽样计算必要抽取群数公式：

$$r = \frac{t^2\delta^2 R}{\Delta_{\bar{x}}^2 R + t^2\delta^2} \quad 和 \quad r = \frac{t^2\delta^2 R}{\Delta_p^2 R + t^2\delta^2} \left(因为\ \Delta = t\mu = \sqrt{\frac{\delta^2}{r}\left(\frac{R-r}{R-1}\right)} \right)$$

思 考 题

1. 什么是抽样调查？有何特点？有何作用？
2. 抽样设计中常用的概念有哪些？如何理解？
3. 简述抽样方案的基本内容。
4. 怎样理解重复抽样和不重复抽样？
5. 随机抽样调查的组织方式有哪几种？各有何优点和局限性？
6. 什么是非随机抽样方式？有哪几种？
7. 什么是抽样误差？影响抽样误差的因素有哪些？
8. 怎样理解抽样精度与费用的关系？如何判断最优方案？
9. 某市准备对居民开展消费品价格调查，请设计一份抽样方案。
10. 某电视机厂从一批 10 000 台电视机中随机抽取 500 台检验其显示器的使用寿命，并规定电视机使用寿命在 5 000 小时以下为不合格。各项实际资料整理如表 6.8，试求平均使用寿命和不合格率的抽样标准误差。

表 6.8　某电视机厂电视机使用寿命分布表

使用寿命/小时	电视机数/台
4 000～5 000	35
5 000～8 000	131
8 000～10 000	186
10 000～15 000	101
15 000～20 000	38
20 000 以上	9
合　计	500

案例分析讨论

某省非公有制企业(单位)人才资源状况抽样设计

一、调查范围

1. 行业范围

A. 农、林、牧、渔业；B. 采矿业；C. 制造业；D. 电力、燃气、水的生产和供应业；E. 建筑业；F. 交通运输、仓储和邮政业；G. 信息传输、计算机服务和软件业；H. 批发与零售业；I. 住宿和餐饮业；J. 金融业；K. 房地产业；L. 租赁与商务服务业；M. 科学研究、技术服务与地质勘察业；N. 水利、环境和公共设施管理业；O. 居民服务和其他服务业；P. 教育；Q. 卫生、社会保障和社会福利业；R. 文化、体育和娱乐业 18 个行业门类。

2. 单位类型

非公有制法人企业和民办非企业单位(法人)。

3. 地域范围

**省全部各市、州。

4. 总体划分

总体按照行业门类划分为 18 个子总体。

二、抽样方法

采用类型抽样，具体抽样方法是首先将抽样框中所有单位按行业和规模分层，再从各最终层中通过简单随机抽样抽取指定数量的样本。

(一) 抽样框

使用本地基本单位名录库，加工整理成非公有制法人企业(单位)抽样框。具体加工过程和要求如下。

1. 时点

根据《关于建立全国基本单位名录更新制度的通知》(国统字〔2005〕91 号)，从 2006 年起建立全国基本单位名录更新机制，这次抽样总体采用 2007 年底的基本单位名录库。

2. 加工

在取得基本单位名录库后，可按如下步骤加工整理得到抽样框。

(1) 按机构类型保留其中的企业和民办非企业单位两种。即删去属于事业单位、机关、社会团体、其他组织机构以及机构类型字段缺失的单位，得到名录库 K1。

(2) 按行业类别，保留名录库 K1 中行业类别属于下列行业门类的单位，得到名录库 K2：

    A. 农、林、牧、渔业；

    B. 采矿业；

    C. 制造业；

    D. 电力、燃气、水的生产和供应业；

    E. 建筑业；

F. 交通运输、仓储和邮政业；

G. 信息传输、计算机服务和软件业；

H. 批发与零售业；

I. 住宿和餐饮业；

J. 金融业；

K. 房地产业；

L. 租赁与商务服务业；

M. 科学研究、技术服务与地质勘察业；

N. 水利、环境和公共设施管理业；

O. 居民服务和其他服务业；

P. 教育；

Q. 卫生、社会保障和社会福利业；

R. 文化、体育和娱乐业。

注意要删去行业类别缺失的单位。

（3）按控股类型删除名录库 K2 中的属于国有控股和集体控股的单位，注意要保留其中控股类型字段缺失的单位（注：民办非企业单位的控股类型字段缺失）得到名录库 K3。

（4）按登记注册类型保留名录库 K3 中登记注册类型为下列类型的单位，得到名录库 K4：

149 其他联营企业；

159 其他有限责任公司；

160 股份有限公司；

171 私营独资企业；

172 私营合伙企业；

173 私营有限责任公司；

174 私营股份有限公司；

190 其他企业；

210 合资经营企业（港或澳、台资）；

220 合作经营企业（港或澳、台资）；

230 港、澳、台商独资经营企业；

240 港、澳、台商投资股份有限公司；

310 中外合资经营企业；

320 中外合作经营企业；

330 外资企业；

340 外商投资股份有限公司。

注意删除其中除民办非企业单位以外的登记注册类型字段缺失的单位。

（5）结合本地实际情况，对名录库 K4 中不属于调查范围的单位和不需要的变量予以剔除，得到最终使用的抽样框 K5。

抽样框的加工和整理，要尽可能利用已知信息将不属于调查范围的单位（包括确定已经消亡的单位)剔除掉。此外,还应注意排重,即避免同一家单位在抽样框中出现两次或多次的情况。加工后得到的抽样框 K5 建议包含单位名称、法人代码、行政区划代码、年末从业人员数、行业代码、控股情况、登记注册类型、营业状态、机构类型和开业时间(年份)等指标。

(二) 分层

将抽样框中的单位按行业门类分为 18 个层,并按年末从业人员数进一步分为 1 个全部抽取层和 2 个部分抽取层。

1. 全部抽取层界限

按全部抽取层样本量占总样本量的 40% 左右确定各行业的全部抽取层界限,凡从业人员数大于或等于界限值的单位全部入样,并划分为全部抽取层,其他单位划分为部分抽取层。

2. 部分抽取层界限

将部分抽取层单位按从业人员数分成若干组(控制在 100 组左右),然后按照累计平方根法确定部分抽取层的规模分层界限,将部分抽取层再分为两个规模层,然后按照样本(减去全部抽取的样本数)在规模层中等量分配的原则进行样本分配,分别从两个规模层中抽取指定的样本数。也可根据实际情况,对规模层的样本量进行适当调整,适当增加规模大层的样本量,适当减少规模小层的样本量。

(三) 精度要求和样本量

按照抽样设计,要求省级总体总量指标的最大相对误差控制在 10% 以内,分行业门类总量指标的最大相对误差控制在 15% 左右。上述精度要求均指在 95% 的概率保证度下。为满足上述精度要求,全省抽取 1 500 个样本。

(四) 样本分配

1. 各地样本量

各市州样本数为在满足全省推算需要的条件下实际抽取的数量,而非设计样本量,因此,上述精度要求以及与之相适应的样本量可能不能满足各市州推算总量指标数据的需要,各地可根据实际情况增加样本量,提高精度要求。

2. 各行业样本量

在满足全省分行业门类推算需要的条件下设计抽取的数量,不能满足各市州推算分门类数据的需要。

3. 增加样本量

为增强样本对本地的代表性,提高推算精度要求,各市州可按照本方案制订的方法扩充样本,但增加样本量要考虑本地的实际需要和所能承受的工作量,且调整后的样本中必须包含所有省级下发给各市州的已确定样本。

(五) 样本抽取

设每个最终层的单位数为 N_h,在每个最终层中随机抽取取 n_h 个单位作为调查样本,其中 n_h 代表分配到该最终层的样本量。

具体抽取方法可以利用永久随机数技术。按随机方法为抽样框中每个单位生成一个随机数,对每个最终层内单位按随机数排序,抽取该最终层中 n_h 个随机数最小的单位作为样本。也可用其他简单随机抽样的方法从该最终层内抽出 n_h 个样本。

（六）计算基础权数

样本单位的基础权数计算公式为：基础权数 $w_h = N_h/n_h$。

三、总量和方差计算公式

（一）计算总体总量和方差

用 y 表示要估计的指标（如年末从业人员数等），w_i 表示单位 i 的最终权数，y_i 表示单位 i 的指标 y 的值。

指标 y 的总体总量估计量：

$$\hat{Y} = \sum w_i y_i$$

$\hat{Y}$ 的方差估计量：

$$v(\hat{Y}) = \sum N_h^2 v(\bar{y}_h) = \sum N_h^2 (1-f_h)\frac{s_h^2}{n_h}$$

其中：N_h 表示第 h 层的单位总数；n_h 表示第 h 层的样本单位数；f_h 表示第 h 层的抽样比：$f_h = \frac{n_h}{N_h}$；s_h^2 表示第 h 层的样本方差：$s_h^2 = \sum \frac{(y_{hi} - \bar{y}_h)^2}{(n_h - 1)}$，$y_{hi}$ 表示第 h 层单位 i 的指标 y 的值；$\bar{y}_h$ 表示第 h 层的样本均值：$\bar{y}_h = \sum_{i=1}^{n_h} \frac{y_{hi}}{n_h}$。

（二）计算子总体总量和方差

类似的，对于任何一个行业子总体，指标 y 的总量估计量：

$$\hat{Y}_d = \sum_d w_i y_i$$

$\hat{Y}_d$ 的方差估计量：

$$V(\hat{Y}_d) = \sum_d N_h^2 v(\bar{y}_h) = \sum_d N_h^2 (1-f_h)\frac{S_h^2}{n_k}$$

其中 d 为要估计的子总体。

（三）权数调整

计算总体总量的公式中，最关键的是最终权数 w_h，因为在抽选样本时确定的基础权数，根据各种实际情况要做调整。

1. 基础权数

前文已述，一个样本单位的基础权数是在抽样时确定的，记其所在最终层为第 h 层，该层总体单位数为 N_h，样本数为 n_h，则该最终层中样本的基础权数 $w_h = \frac{1}{p_h} = N_h/n_h$。

2. 少量无回答调整

无回答情况是指样本单位经营正常，但因拒绝填报或者错过了上报期等原因导致的无回答。当样本单位中出现了少量单位无回答情况时，需要做无回答调整，调整方法是 $w_h' = w_h n_h / n_h'$，其中 n_h' 为最终层 h 中的有效样本数，w_h' 是调整后的权数。

3. 合并调整

合并常见于企业，对于合并企业，合并主企业的权数保持不变，被合并企业作为无效样本企业。具体来说有以下两种情况：①两个样本企业之间合并。被合并企业作为无效样本处理，合并后企业的权数与合并主企业的权数相同。②一个样本企业和一个组成抽样框的非样本企业之间合并。如果样本企业是合并主企业，其权数不变，如果样本企业是被合并企业，则作为无效样本处理。

4. 分拆调整

分拆也常见于企业，首先应尽最大可能找到并调查所有分拆后的企业。如果找到并调查了所有分拆后的企业，则给它们赋予相同的权数，其权数与分拆前企业的权数相同。如果没有找到样本企业外的其他分拆后企业，则应对该样本企业进行权数调整。如果有分拆后样本企业年末从业人员数与分拆前的企业的比重，则用分拆前样本企业的权数除以这个比重作为调整后的权数；否则，按照原企业分拆的企业个数来调整该样本企业的权数，例如，一个企业分拆为两个企业，则将该样本企业的权数扩大一倍。

5. 消亡调整

采用的基本单位名录库的时点为 2007 年底，则调查中可能会遇到一部分样本单位消亡的情况，而这些单位在 2007 年底的时候尚在，所以对这种情况要做相应的权数调整。调整的方法是：①如果能获得 2008 年以来每个行业消亡单位的数量 D_h，则对该行业所有部分抽取层的单位进行权数调整，$w'_h = w_n N_h/(N_h - D_h)$，$w'_h$ 是调整后的权数，w_h 是调整前的权数，N_h 是抽样框中该行业的总体单位数；②如果不能获得全部单位的消亡情况，则利用消亡样本的数量对消亡样本所在层进行权数调整，对消亡样本所在最终层的权数进行调整，调整后的权数 $w'_h = w_h n_h/(n_h - d_h)$，其中 w_h 是原权数，n_h 是该最终层样本量，d_k 是该最终层调查中消亡的样本数。

（资料来源：根据 2010 年国家统计局，《非公有制企业（单位）人才资源状况抽样设计》整理）

案例思考题：

1. 根据案例，你认为抽样设计方案科学与否的关键是什么？为什么？
2. 对这个抽样设计给出科学评价。

第七章

市场调查的实施

【学习目标】

通过本章学习,读者应了解市场调查实施的全过程、调查实施主管和督导的职责及访问员培训的主要内容和方式;掌握实施队伍组织、培训和管理中所经常使用的方法,并掌握挑选访问员的基本原则和访问的基本技巧。

【导入案例】

郑州市纯净水市场深层访谈调查

某纯净水公司委托北京广播学院调查统计研究所(以下简称 SSI)进行的郑州市纯净水市场调查,是在 1998 年 5 月 29 日至 6 月 8 日实施的。这项调查深层访谈是于 1998 年 5 月 13 日至 5 月 15 日实施的,共调查了 800 个家庭用户和 151 个单位用户。

SSI 做了以下的工作。

(1)在调查实施之前,制定访问员培训手册,包括常规培训手册和针对每一道题的培训手册两部分。

(2)调查的实施委托了郑州当地的一家调查公司具体执行。SSI 派出两位专人前往郑州对当地督导和访问员进行了严格的培训。访问员都是河南大学的学生,基本上都有做调查的经历。经过反复讲解、示例的培训后,还让访问员相互练习模拟实地访问 2 小时,使访问员都真正掌握了这次实施访问的要领。

(3)SSI 派出了一位主管,每天随时检查:一是访问员在访问中是否遇到问题,如何解决遇到的问题,拒访率如何;二是及时对调查结果进行验收;三是对调查结果及时复核。

(4)调查问卷的验收,分 3 个阶段进行:访问员自查、当地督导员检查、SSI 主管在当地验收。

对验收后的问卷进行了两次复核:当地督导电话复核或再次面访(复核率为 50%);SSI 主管在当地进行再次的电话复核(复核率为 15%)。

(资料来源:柯惠新,丁立宏.市场调查[M].北京:高等教育出版社,2008)

第一节 市场调查实施队伍的组织

一、调查团队的组织

一个完整的市场调查活动,大体可以分为三个阶段,即调查的设计、调查的实施和数据的处理。一个优秀的调查团队应当由各方面的优秀专业人员组成。调查的设计人员负责项目设计中的技术问题,包括:调查方案设计、抽样设计、问卷设计、质量控制方法设计、数据质量的评估设计和统计分析方面的设计等。在数据处理阶段,录入人员负责调查数据的录入,统计分析人员负责数据的统计处理并按照设计的要求进行统计分析,完成统计分析报告。

在调查的具体实施,即数据采集阶段,也需要有一些专门的人员承担这项工作。调查实施团队的组织及团队成员所负责的工作,实际上体现着管理体制。由于调查机构规模不同,调查内容不同,可以采用多种管理体制对调查的实施进行管理。按照项目管理的一般情况,调查团队的组织包括项目主管、实施主管、调查督导和访问员。下面先介绍项目主管、实施主管、调查督导的主要职责,访问员的内容将在后文中介绍。

(一) 项目主管

项目主管负责整个项目的管理,包括协调各部门的关系,起草初步的计划,制定预算并监督资源的使用。项目主管需要与高级管理层和客户保持紧密联系,向他们报告调查的进度。他应保证严守行业法规或法定的职责,遵守行业政策、标准、指导方针和条例。项目主管的责任是确保调查项目的目标、预算和计划得以执行。

(二) 实施主管

实施主管负责项目的具体实施。在不同的场合下,如在规模不大的市场调查机构中,或对不大的调查项目,项目主管也可能就是实施主管。实施主管的责任主要包括:深入了解调查研究项目的性质、目的以及具体的实施要求;负责选择合适的实施公司(如果需要的话),并与之进行联络;负责制订实施计划和培训计划;负责选择实施督导和访问员(如果需要的话);负责培训实施督导和访问员;负责实施过程中的管理和质量控制;负责评价督导和访问员的工作。实施主管一方面要与上游的项目主管甚至高层领导沟通;另一方面又要与下游的督导和访问员打交道,这就要求实施主管既要掌握市场调查的基本理论和方法,又要有比较强的组织和运作能力,有丰富的现场操作经验。一般要求实施主管具有大学本科或以上的学历,有至少两年以上的市场调查经验。

(三) 调查督导

调查督导是数据采集过程中的监督人员,负责对访问员工作过程的检查和调查结果的审核。监督的方式可以是公开的,也可以是隐蔽的。例如,在面访调查时,督导应该对访问员开始进行的几个试访问实行陪访,并在整个实施的过程中有计划地进行陪访。使实施调查有一个良好的开端非常重要,而且很有必要经常到实施现场去,以确保访问员没有变得松懈,没有养成什么坏习惯,也没有投机取巧。在电话调查时,开始的几个访问应当有督导在场,督导可以通过分机或CATI(计算机辅助电话调查)系统监听访问的对话,以便进行必要的帮助。

对调查实施的监督可以是公开的,但是对于训练有素的访问员和动机、目的明确的访问员,在没有任何迹象表明其可能有欺骗或错误的情况下,就没有必要进行公开的监督。如果在实施的过程中有可能进行隐蔽的监督,那么一定要事先通知访问员,说明可能会进行不公开的检查监督。如果访问员事后发现自己被暗中监督,将会感到不满。

隐蔽的监督之所以有必要,是因为如果访问员知道在受到(公开的)监督时,其行为表现可能会与正常的时候有所差别,而这种差别是下意识或是故意造成的。隐蔽的监督可以有两种方式:在访问的名单中或在访问的现场安排一个访问员不认识的人,要求他(她)将访问的情况向督导报告;或是在访问员不知道的情况下,对访问进行监看、监听或录音。

督导又可以分为调查现场督导和调查技术督导。现场督导负责对访问员日常工作的管理,包括现场监督、回收问卷、对问卷进行复核和其他服务工作。技术督导负责访问员访问技巧的指导,回答现场调查中有关技术问题的咨询,协助实施主管挑选访问员和进行专业培训等。在很多情况下,现场督导和技术督导是融为一体的。有些时候实施主管充当技术督导的角色。

对督导的要求是,工作认真、踏实、有责任心,同时具有一定的组织管理能力。此外,还要具有访问经验,对调查技术有一定的了解。在调查机构中,访问员一般是通过社会招聘方式招募的兼职工作人员,所以可以把督导视为调查机构的入门职位。调查督导也可以从出色的访问员中选拔。

二、访问员

在调查项目的实施中,访问员是一个必不可少的重要因素,然而一般情况下,商业调查机构都不设立常年的访问员队伍。因为调查业务具有突发性,在没有业务的时候,访问员都是空闲的,维持成本比较大,而有的时候又可能同时有几个调查同时进行,需要较多的访问员。此外,有些调查业务可能涉及多个城市,任何一个调查机构都无力在每个城市设立自己的访问员队伍。因此调查机构通常都握有一份访问员的名单,或掌握一些潜在访问员的资源。调查机构可以根据访问员名单或潜在资源,在需要的时候,招聘调查所需要的访问员。如果需要大量访问员,还可以通过各种招聘广告招聘社会上的各类人员充当临时访问员。访问员的流动性很大,因此访问员的招聘几乎成为调查机构的一项经常性工作。访问员的挑选需要考虑以下几个因素。

(1)考虑调查方式和调查对象的人口特征,尽量选择与调查对象相匹配的访问员。一般来说,访问员与被调查者所具有的共同特征越多,越有利于调查的实施。例如,进行全国性的电话调查。对有不同口音和方言地区的调查,最好招聘该地区或熟悉该地区口音、方言的人员作为访问员,这样不仅可以增加亲切感,还有助于调查速度的提高。对于入户调查,男性访问员的成功率通常不如女性访问员高,因为从被访者的角度看,陌生男性具有威胁性,不敢轻易放其入户。在这种场合,居委会成员是不错的人选。

(2) 考虑访问员的道德品质素质。道德品质素质是任何行业对员工的基本要求。市场调查工作涉及的范围较广,在调查中经常会涉及一些敏感的问题,涉及不少单位和个人的切身利益,也会遇到影响调查工作正常进行的各种干预和阻挠。为此,要求访问员应具有较高的道德品质素质,具有强烈的责任感和事业心,能做到实事求是、客观公正、不虚报、瞒报、假报调查结果。

(3) 访问员应具备一定的语言交流能力。访问员的工作是与被访者进行交流。因此,能干的访问员应该既善于向他人做有效的询问,又能细心地倾听、正确地领会和解释他人的回应。虽然一般都希望访问员是比较合群、善于交际、性格外向的,或是有着开朗的个性、愿意并喜欢与他人接触的,但是访问员不能过于活跃。如果他们非常啰嗦和健谈,就会无法停歇,无法倾听和领会被访者的回答,从而无法准确地作出解释。也就是说,他们可能既没有给予被访者充分的机会来做完全的、彻底的回答,也没有抓住回答中更细微的或非语言暗示的内容。

(4) 访问员应具有良好的身体素质和心理素质。市场调查的确是一件既辛苦又困难的工作,因为在访问过程中会听到对方太多的"不",会遭到对方太多的白眼和"闭门羹",因此访问员应具有承受各种压力和挫折的良好心理素质,能够随机应变、善于沟通,以真诚赢得对方的合作。同时,访问员还应具有吃苦耐劳的精神,以健康的体魄和旺盛的精力完成调查工作。

总之,访问员应勤奋好学、活泼开朗,有思想、有知识、有见解、善于倾听、善于思考。在我国,兼职访问员从大学生中招聘的情况较多,其次是从下岗的有一定文化的人员中挑选。

【案例 7-1】

访问员的招聘选择

河南省营销协会市场调研中心在对访问员进行招聘选择时,主要实行两次招聘制度,即每半年进行一次访问员的招聘活动,招聘的访问员经面试、筛选与签署兼职访问员协议,接受调研中心安排的 12 个课时的基础培训后为其建档,成为调研中心的备选访问员(A级访问员),这被称为第一次招聘。在调研中心操作项目时,根据项目的要求选取适当级别的访问员并与选中的访问员签署有关项目操作的协议,这就是第二次招聘。

对于访问员的级别,调研中心将他们划分为 A、B、C、D、E 共 5 个等级。接受了 12 个课时的培训成为 A 级访问员,这个级别的访问员只能从事非常简单的甄别拦访工作(寻找合适的被访者并将其带到指定地点),或在陪访督导的陪同下进行问卷的随机街访工作。他们的工作都会被记录并由相关的督导给出评价,在参与了两三个项目之后,表现优秀者再接受 4 个课时的专项培训(如中心地点访问的技巧等),可升入 B 级访问员。B 级访问员在评定和所从事的工作方面与 A 级访问员相比都有较大的提升。同样,在 B 级访问员工作一定的时间后,参与若干项目表现优秀的人员会依照相应的程序升入下一级。当达到 E 级时,就成为调研中心的重点培养对象了。目前,协会调研中心有几位专职督导就是这样从兼职访问员一步一步培养起来的。

(资料来源:周宏敏.市场调研案例教程[M].北京:北京大学出版社,中国农业大学出版社,2008)

第二节 市场调查实施队伍的培训

一、培训内容

对访问员的培训是调查实施过程中一项重要的工作,它对调查数据的质量起着关键作用。培训的内容可以分为基础培训和项目培训。

(一) 基础培训

基础培训主要是对新聘用的访问员进行的。培训的内容主要如下。

1. 职业道德教育

访问员的职责是利用合法的手段,以严谨的态度去采集市场信息,在这里职业道德十分重要。这方面的内容主要包括:访问员在实施过程中的重要作用;访问员应具备的职业道德标准、工作态度和工作作风;访问员所应遵循的为被访者保密、为客户保密的职责;等等。

2. 行为规范

按调查项目的要求,规范其行为。例如严格按照项目要求确定被访者,在需要使用随机表确定户中受访者时,不要轻易为周围环境(如受访者推脱)所影响;严格按照规范要求进行操作,包括提问、记录答案、使用卡片等;调查中保持中立的态度,不能加入自己的观点和意见来影响被访者。

3. 访问技巧培训

首先,要掌握以下八个怎样做:怎样确定访问的地点(包括抽样的基本方法);怎样确定访问对象(包括抽样和配额的方法);怎样进行接触(包括仪表和谈话方式等);怎样问候(包括开场白等);怎样确认合格的被访者(包括筛选方法);怎样询问和追问;怎样记录;怎样结束访问。

其次,必须让访问员知道为什么要这样做,为什么遵循所规定的访问指南和访问程序是十分重要的。大多数访问员的培训课程在讲授"怎样做"方面都比解释"为什么要这样做"方面给人印象深刻得多、有效得多。然而,对新访问员灌输这两个方面的内容是同样重要的,因为完成上述的八项工作通常可以有许多方式,而通常培训指南中规定了访问员完成每项工作的方式通常会比访问员自己能够找到的其他方式困难得多。对新访问员来说,为什么要按所规定的方式去做,理由一般并不明显。因此,在培训中十分重要的是,向新访问员讲清楚必须这样做的理由以及不这样做会造成的后果。

(二) 项目培训

项目培训面对所有的访问员,其目的在于让访问员了解项目的有关要求和标准做法,使所有访问员都能以统一的口径和标准的做法进行访问。同时进一步明确调查纪律和操作规范。项目培训的内容通常如下。

1. 行业背景简介

市场调查项目会涉及不同的行业,每个行业都有不同的情况和专业知识,而访问员对此未必都基本了解。适当介绍一些行业背景和与调查内容有关的专业知识,有助于访问员理解调查问题的含义,更好地理解受访者回答的含义。

2. 讲解问卷内容

向访问员解释调查问卷中每一个问题的含义,以及问题之间的逻辑关系。在问卷讲解中,特别注意对复杂题项的分析,分析一般的情况、可能出现的特殊情况,以及处理特殊情况时所应掌握的原则。

二、培训方式

培训一般由实施主管负责。如果实施是委托某个数据收集机构进行的,而且是第一次使用该机构,那么实施主管最好要亲自到该机构去指导和培训。但是有时这种做法并不可行,例如,在路途遥远、同时雇用几个数据收集机构或数据收集工作非常简单明了的情况下,必须提供详细的书面指导;必要时还要通过电话对话或电话会议进行培训。

培训对象是受委托机构的督导,或最好是对督导和访问员都进行培训。目前,我国常用的培训方式有以下几种类型。

(一)讲授

讲授是指将接受培训的人员集合在一起,采用讲课式的方式进行培训。例如,请市场调查专家讲授市场调查的基本理论与方法;请经验丰富的访问员面授访问技巧和经验等。这样的培训应注意突出重点,具有针对性、讲求实效。

(二)模拟

主要采用情景模拟、问卷试填、案例分析对访问员进行模拟培训。情景模拟是由受训人员和有经验的访问员分别担当不同角色,模拟各种问题的处理;问卷试填是要求受训人员对调查问卷进行小范围的试验性调查与填写,以便掌握问卷调查与填写的技巧和要求;案例分析是结合某个具体的市场调查实例进行分析,以训练访问员处理各种问题的能力。

(三)试访

试访是在项目正式实施之前,访问员所进行的"热身"。试访后要进行总结,实地的操作往往给人留下更深的印象。对于内容复杂的调查项目以及新访问员,试访是必要的。

(四) 陪访

陪访即督导陪同访问员一起进行访问，实地检查访问员对问卷的理解程度、访谈技巧以及操作规范，然后由督导总结访问的情况。陪访和试访有时可以合并进行。

三、访问的基本技巧

访问是一种面对面的语言交流，掌握访问技巧可以更好地发挥面访的优势，保证调查结果的质量。按访问的过程，其基本技巧涉及以下几个方面。

(一) 确定访问时间和地点

访问时间对回答率和调查结果都会产生影响。例如，若在工作日的白天实施调查，或者家中无人造成回答率降低，或者待在家中的是一些特殊的群体，如无业和离退休人员，造成样本有偏。此外，还要注意避开吃饭时间，晚上太晚敲门也会引起受访者的反感。为了能得到有代表性的样本，入户访问最好在周末或平日晚上进行。应当严格要求和管理访问员，确保他们按照规定的时间去访问；否则访问员一般都会倾向于选择自己方便的时间，而不是被访者方便的时间或督导所规定的时间。

访问员不太可能理解访问的地点会对答案有影响，因此实施主管要具体规定访问的地点，并要监督访问员，以确保他们认真地执行了关于访问地点的要求。如果是入户访问，应当争取对方允许自己进入户内，坐在桌子边与受访者进行交流。有时对方态度坚决，不允许访问员进入，在这种情况下，访问也可以在楼道里、院子间进行。拦截式访问的地点变数较大，但注意如果访问是在商场内、音乐厅门口等公共场所进行，事先最好要征得有关负责人的书面批准，并让访问员随身携带有关批文的复印件，这样可以避免不必要的误会。

(二) 开场白

访问员与被访者最初的接触，是能否获得被访者合作的关键的第一步。最有效的开场白往往是简单明了的。下面给出需要筛选的和不用筛选的两个开场白的例子。

(1) 需要筛选：您好！我叫×××，是飞讯调查统计研究所的访问员。我有一些问题要询问那些拥有国产品牌冰箱的用户。请问您家的冰箱是国产的还是进口的？（如果是国产的，继续访问；如果是进口的，结束访问）

(2) 不用筛选：您好！我叫×××，是飞讯调查统计研究所的访问员。我有一些关于家电超市的问题，想了解一下您的看法。（马上问第一个问题）

如果是邮寄问卷或自填式问卷，封面信要包含充分的信息，如调查的目的和性质、参与的重要性、填答的注意事项等，因此会比面访式的开场白长得多。在面对面的实地访问时，访问员一般对调查项目不作解释。不过缺乏经验的研究者常常会设计一个包含较多信息的长得多的开场白。实用的一般原则是使开场白尽可能的短，目的是使被访者马上开始回答问题。一旦被访者的精力集中在调查问题上，就不会再去考虑是否应该参与的问题。

开场白的另一个基本原则是：决不要请求获得允许。例如，用"我可以打扰您几分钟时间吗？"、"您能花几分钟来参与这个调查吗？"之类的问话开头都是不合适的，因为很容易得到拒绝的回答。研究表明，与不请求获得允许的（更正确、更有效的）开场白相比，请求获得允许的拒绝率将会高得多。总之，能使被访者越早开始回答问题就越好。被访者一旦开始参与，就不太会中途停止。

（三）提问

提问表明访问实施已经开始，这是一个相互交流的过程，访问员要随时注意受访者的理解程度和配合态度，调节自己的节奏，调动受访者的情绪，让受访者自始至终能以感兴趣的态度配合访问。在念问卷中问题的时候，注意用声音和眼神与对方沟通，掌握好提问节奏、快慢有序，用眼神和表情表示对对方回答的关注和鼓励。

同时，在提问过程中也要注意按规定的程序操作，在问题的措辞、提问的方式上不能各行其是，也不能按照自己的理解修改问卷中问题的提法。如果需要出示卡片，一般在问题陈述完以后再出示。出示卡片的方向是使卡片斜向上方45度角，正好使受访者的目光能够垂直投射在卡片上。访问员自己不应看卡片，而是注意记录受访者的回答。因为访问员看卡片会影响受访者的视线，也可能会对受访者造成一些暗示，例如将目光落在自己感兴趣的选项上。

（四）引导

引导不是提出新问题，而是帮助受访者正确回答已经提出的问题。所以引导是提问的补充。在访问中，受访者应当多说，但内容要由访问员控制，这就需要引导。例如，当受访者滔滔不绝而又离题太远的时候，访问员要采取适当的方式将内容引导到所提的问题上。如果受访者一时遗忘了某些情况，访问员可以从不同的角度帮助对方进行回忆，例如询问受访者是否去过博物馆，访问员可以说明博物馆的地理位置。受访者一时想不起冰箱的购买年限（假定这是问卷中的问题），访问员可以利用是搬家前还是搬家后或孩子上学前还是上学后这样有突出标志的日子帮助回忆。为了促使受访者进一步合作给出完全的回答，访问员可以做这样的启发："我有点不明白您所说的是什么意思。请您再多谈一些，好吗？"

引导的作用在于排除访问过程中的干扰，使访谈按预定计划顺利发展。但要注意，引导不应带有倾向性，是引导而不是诱导。

（五）追问

追问是更深入地提问，是更具体、更准确、更完整地引导。在访问过程中当被调查者的回答含糊其辞、模棱两可的时候，或当回答前后矛盾、不能自圆其说的时候，或者受访者回答过于笼统、很不准确的时候，就需要采用追问这种形式。追问技巧的关键是既深入、客观，又不至于诱导产生偏差。常用的追问方法有以下几种。

1. 重复提问

用同样的措辞重复提问，可以有效地引出被访者的进一步回答。

2. 重复被访者的回答

通过重复被访者的回答，可能会刺激他们，使他们谈出进一步的看法。访问员可以边做记录边重复他们的回答。

3. 利用停顿或沉默

通过停顿、沉默或注视，都可以暗示被访者提供一个更完全的答案。不过，不要让沉默或注视使被访者感到难堪。

4. 鼓励被访者或让他们放心

如果被访者犹豫了，访问员应想法让他们放心。例如，可以说："回答没有什么对与错，我们只是想要了解您的看法。"如果被访者要求对某些词汇或短语作解释，访问员不应给出说明，而应将解释的责任推还给被访者。例如，可以说："按您所认为的那样去理解就可以了。"

5. 利用客观的或中性的问话

例如，可以使用以下一些"追问语"：
其他理由呢？
还有其他人呢？
还有其他呢？
您是怎么想的？
您指的是什么？
您为什么那样认为？
哪一个与您所感受到的形式更接近？
对此您还能再多谈谈自己的想法吗？
您可以告诉我您心中所想的吗？

（六）非语言控制

在访谈中，除了通过语言交流外，访问员可以通过双方的表情与动作，即通过非语言交流，达到对访问过程的控制。非语言控制包括表情、目光、动作和姿态。

表情是传达思想感情的一种方法。访问员要做到自始至终使自己的表情有礼貌、谦虚、诚恳、耐心，运用表情创造良好的访谈气氛。例如，用微笑鼓励受访者讲下去，用略微严肃的表情表示这个问题很重要，正在关注地聆听。在整个访问过程中，如果访问员表情一直很严肃，会使受访者感到不愉快或紧张。

目光是访问时重要的非语言交流方式。在对方讲话时与其交流目光，是表示在全神贯注地倾听,但如果一直目不转睛地盯着对方,也会使对方感到拘谨和不自在。

动作姿态同样受到思想感情的支配。微笑、点头表示对受访者回答的感谢和肯定,匆匆记录表示对受访者回答的重视。在对方讲话时,切忌目光游离。挠头皮、挖耳朵的小动作也会使对方反感。

同时,访问员也应注意观察受访者的表情、目光及动作姿态,从中捕捉对方的情感信息。例如,通过观察对方的目光,注意其是否对所谈的问题感兴趣;通过观察对方的细微动作,如东张西望、频频看表、注意力不集中、不断打哈欠等,判断对方已经厌倦,要转变话题或加快速度尽早结束访谈。

(七) 记录

记录被访者的回答看起来似乎很简单,但访问员常常会犯错误。应该培训访问员在访问过程中使用相同的格式、符号和修改方法进行记录。对于结构式的问答题,主要是要求访问员注意选对划圈的号码或空格。对于开放式的问答题,主要是注意逐字逐句地按被访者的原话记录回答。以下是美国密歇根大学社会学研究所的调查中心制定的针对开放题记录的访问指南:

- 在访问期间随时记录回答(不要事后补记);
- 使用被访者自己的语言(记录原话);
- 不要对被访者的回答进行归纳总结或解释;
- 记录与问答题有关的全部内容;
- 记录所有的追问语和对应的回答;
- 边记录边重复所记录的答案。

(八) 结束

访谈工作的最后一个环节是做好结束工作。正常的结束是在完成所有调查问题之后。结束前可以先给对方发出访问快要结束的信号,例如可以问:"您还有什么需要补充的吗?",以保证对方把想要说的话说完。结束时,应向被访者表示感谢,向受访者赠送一个小礼品,并回答受访者关于调查项目的提问,以给对方留下一个好的印象。有时,结束是在访问没有全部完成情况下发生的,如受访者家来了客人,不得不中断访问。此时,访问员应该同样对对方给予的配合表示感谢,并约定再次访问的时间。离开访问场所之前应注意检查一下,确认有关的材料(如问卷、卡片、文件夹等)没有遗漏。

如果访问是通过电话进行的,上述的大多数访问技巧和注意事项也仍然适用。但是,由于访问员与被访者分别是在电话线的两端,访问员只能完全依靠自己的声音来控制访问的过程,因此在某种意义上对访问员的要求是更高的。访问员的语气要亲切、有礼貌,而且必须声音清楚,不拖延访问的时间。一般来说,5分钟以内的电话访问不太会有提前中断的情况发生;10分钟左右的访问也还能维持与被访者的友好谈话气氛而少有拒绝或中断发生;但是如果超过了15分钟,被访者拒访或提前中断的数量就会明显地增加。

第三节 市场调查实施的监督管理

一、调查实施的进度安排和经费预算

（一）进度安排

调查实施的进度安排首先要满足项目对时间的要求，在规定的时间内完成整个调查任务。除了考虑客户对项目的要求外，还要考虑实施期间可以工作的兼职访问员的人数和督导的数量。如果访问员的人数超过了督导所能监督管理的限度，质量的控制就有一定难度。因此，访问员的人数并非越多越好。此外，对每位访问员每天所完成的工作量应有一个限制范围。否则，完成的数量太少会影响进度；而如果每天规定完成的数量过多，调查工作的质量就难以保证。对具体的调查项目，调查员也需要有一个不断熟悉的渐进过程，工作量的安排应体现这个规律。一般情况下，可以将现场调查分为慢、快、慢三个节奏阶段。

第一阶段，慢节奏。调查实施的初期，调查员需要熟悉问卷、掌握访问技巧，相互交流体会和经验，总结访谈中遇到的各种问题。这时的进度可以安排得慢些。

第二阶段，快节奏。这是相对于初期的慢节奏而言的。调查进行一段时间后，调查员已经十分熟悉问卷内容，访谈技巧有所提高，这时的进度可以适当加快。

第三阶段，慢节奏。现场调查进入后期，可能会涉及调整配额、对有问题的问卷进行补做等，这时每天安排的问卷数量可以少些。

因此，进度的安排要考虑所有相关的因素，根据调查员的实际能力、受访者地点的远近以及其他相关因素综合考虑。同时，安排问卷的份数要保证督导的检查工作能够同步进行。

（二）经费预算

调查实施所需的费用主要包括访问员劳务费、被访者礼品费、督导劳务费、交通费、材料费（如纸张、录音机、录音带等）、问卷和相关资料的印刷费、实施主管的薪金、必要的办公费用（如电话、传真等）等项目。在进行经费预算时，要考虑到所有的可能花费。这里主要讨论访问员劳务费的估计和支付方法。

访问员劳务费通常有两种支付方法：按完成的访问份数计算或按工作的实际小时数计算。这两种支付方法都各有其优缺点。

1. 按完成的访问份数计算劳务费的优缺点

按完成的访问份数计算劳务费有以下优点。

第一，鼓励多劳多得。工作效率高、善于争取被访者合作的访问员会得到更多的报酬，因此可以鼓励访问员都努力工作。

第二，防止草率地工作。完成的每一份访问都应该是有效的、合格的，草率完成的不

合格的访问可能不被接受而得不到报酬。

第三,计算准确。研究者既可以准确地估算实施所需的费用,访问员也很容易得知自己应得的报酬。

但是按完成的访问份数计算劳务费也有一些缺点,主要是有可能会纵容作弊的行为。访问员有可能采取欺骗的手段去获取更多的份数,或有可能为了赶进度而匆忙地记录,或有可能有意避免那些比较难合作的或反应太慢的被访者。因此即使是在按完成的访问份数支付劳务费的情况下,研究员也应事先准确地估计访问的难度和所需的时间,从而规定一个既对访问员也对客户都比较公平的付费标准。

2. 按工作的实际小时数计算劳务费的优缺点

按工作的实际小时数计算访问员的劳务费,其优点恰好就是可以有效地克服按份数支付劳务费的缺点。由于劳务费是按实际工作时间计算的,所以访问员就不太会有意去避免访问那些比较难访的被访者,或不会为赶进度而不顾访问的质量等。当访问工作的差异较大时,最好考虑按时间付费。例如,当电话访问的访问员被固定地安排在不同的时段工作(白天或晚上),这时完成的访问工作量不仅与访问员的能力大小和努力程度有关,更与所分配的时段有关。

按工作的实际小时数支付劳务费,其缺点之一是难以事先准确地估计整个项目的花费。为了作出实施的经费预算,事先还是要估计一下每个访问所需的平均费用。缺点之二是需要更严格的管理监督。因为按工作时间的长短付费,访问员比较容易懒散、聊天或拖长休息时间等。

二、调查实施的监督管理

(一)来自调查实施的随机误差和系统误差

调查实施质量的高低决定了研究项目可靠性和有效性的高低。如果访问员完成的访问之间的差异越大,所引起的调查误差也越大,从而数据的可靠性和有效性也越低。因此,为了保证调查结果的可靠性和有效性,研究者应当努力实行质量控制,使所有的访问过程始终保持一致的标准。调查实施阶段的误差主要包括随机误差和系统偏差。随机误差和系统偏差可能来自研究者,也可能来自访问员或被访者。实施阶段的质量控制主要是针对后两种情况。

1. 随机误差

实施中可能产生的随机误差主要有以下几种。

(1)指导语误差。如果访问员没有完全准确地按问卷中所给出的指导语去访问,那么即使是微小的偏离也会引起误差。偏离书面指导语的情况是十分普遍的。访问员看了一遍又一遍后,就会记住指导语。以后访问员就有可能不再直接去看指导语,而是按自己的记忆去背诵指导语。这样不看书面的指导语去作了几个访问以后,所背诵的指导语就很有可能变得与原来的书面指导语不太一样了。如果有了许多次这种微小的措辞变化,访问员记忆中的指导语就会和书面的指导语有很大的差异。

(2) 理解误差。如果访问员在访问的过程中需要去理解被访者的回答,也有可能会产生误差。例如,对有些开放性问题,按指导语的要求,访问员不能将问卷中各种可能的答案读给被访者,而必须先听回答,然后再选择一个对应的答案。被访者很少会用与问卷中的答案完全相同的措辞来回答的,因此,访问员必须判断答案的意思,然后选择最接近的答案进行记录。在实地面访或电话访问时,这种判断是很容易出错的。

(3) 记录误差。即访问员在听、理解和记录被调查者的回答时,由于疏忽、粗心等原因而产生的差错。例如,被访者给出的是中性回答(如还未作出决定),但访问员错误地理解成了肯定的回答(如要买这种新品牌)。

(4) 询问误差。即访问员在询问被访者的过程中,由于询问不当或询问不完全、不彻底而产生的误差。例如,在访问过程中访问员没有完全按照问卷中的措辞来提问,或者在需要更多的信息时没有进一步询问而产生的误差。

为了控制上述随机误差,整个访问过程都必须认真仔细地进行监督管理。首先,为了减少指导语误差,在访问员培训时,实施主管或督导要仔细地观看访问员的模拟访问,使问卷中的要求和访问员的表演练习之间的任何微小差异都应该能检测出来。然后,为了减小理解误差,督导自始至终都应对访问员进行监督,以确保访问员对答案的理解是正确的,并且是始终一致的。记录误差是无法仅靠监控访问过程就能发现的。督导在监控访问员的访问工作时,也应对其中的一些回答亲自做记录,然后再与访问员在问卷中的实际记录相比较。为了防止记录错误,重要的是在问卷设计时,要精心地构造问答题的答案,使之能快速、简单、容易地记录。尽量避免可供选择的答案不允许出示或读出的开放题。询问误差,实施主管或督导要实地陪访或现场观看,看访问员是准确地在"读"有关的材料,还是仅凭自己的记忆在"说"。

2. 系统偏差

实施中可能产生的系统偏差主要有以下两种情况。

(1) 由于访问员的存在而产生的偏差。在访问过程中,由于有访问员的存在,社会需要、附和、威望等因素都会带来系统偏差。例如,有些人或多或少会有同意正面答案的倾向,总喜欢回答"是"、"对"、"喜欢"等;而另一些人则可能会相反,倾向于负面的回答,如"不对"、"不是"、"不同意"等。因此产生附和性系统偏差。为此,除了要说明真实的回答才更有帮助外,研究者要尽量设计无明显"正面"答案的问答题。再例如,几乎每个人都喜欢让自己在他人眼中"显得好一些"。因此,被访者可能多报一些收入,少报几岁,或夸大一下他们工作的重要性,这种希望得到尊重的愿望可能会引进威望偏差。

(2) 由于访问员的实际操作而产生的偏差。除了上述只是由于访问员的存在就有可能产生的影响外,访问员的实际操作也会制造或增加回答的偏差。例如,如果在被访者看来,访问员的语言或非语言动作似乎有些威胁意味,这就会制造出恐惧偏差;如果访问员比较粗鲁或过于逼迫,就有可能产生影响被访者回答的敌意偏差;等等。访问员得到越好的培训,访问员的目的越明确,对访问员的监督越严密,访问员就越是不那么可能成为回答偏差的来源。

因此,在培训或监控访问员时,培训人员或督导应该特别清醒地了解每一种回答偏差的来源。同时,必须严密地注视访问员的操作,看是否有迹象表明访问员在制造某种类型的回答偏差,以便及时地加以纠正。

(二)监督管理的具体措施

调查实施的监督管理具体措施主要有督导、抽样控制和复核。

1. 督导

督导的主要工作内容如下。

(1)检查已完成的问卷。如现场的记录是否规范,字迹是否清晰,有没有缺失数据,答案之间的逻辑关系是否成立。对发现的问题,采取及时的补救措施。对工作质量较差的访问员,需要进行再次培训。

(2)严格的文档管理。对现场操作中每个阶段的实施情况,都要建立必要的文档管理。如问卷收发表、入户接触表、陪访报告、复核记录等。这些文档材料不仅有助于现场督导及时发现问题,有针对性地进行工作,同时有助于项目组对现场操作的质量进行评估。

(3)访问员的报告。随着现场访问活动的展开,访问员应定期提交工作报告,汇报访问过程中的情况,必要时,督导可以将访问员召集在一起进行座谈总结,交流经验和体会,研究处理棘手问题的方法。这些报告所提供的信息,有助于提高现场工作的质量,同时也可以提示问卷中存在的某些问题。这些问题在问卷设计阶段可能没有被意识到,但却是访问员在访问过程中切身体会到的。将这些信息反映到数据处理和数据审核过程中,对整个调查来说也极为有价值。这些信息可以为以后问卷设计的改进提供参考。

2. 抽样控制

监督管理的一个重要方面是抽样控制,要保证访问员是严格地按照抽样方案去抽取样本,而不是根据方便或接近的难易来挑选样本的。

(1)访问情况记录。督导应每天记录每个访问员访问的数量、不在家的数量、拒访的数量、完成的数量、完成的配额情况(如果有配额要求的话),以及每天全部访问员完成的数量和配额。

(2)抽样控制表。为了随时向项目主管或实施主管准确报告抽样控制的情况,最好准备一份抽样控制表格,包括对配额变量的完成情况、已完成的部分样本的人口特征分布、对关键变量的回答情况等。

3. 复核

复核是对访问员完成工作的抽查,即通过对受访者再一次的访问以检查访问工作的真实性。复核这套工作程序本身对访问员的作弊行为就是一个"威慑",同时也是对访问结果的质量进行的一次检查。复核的比例根据现场操作的情况可以有所不同。一般在

10%～20%之间,对存在质量问题的访问员可以增大复核比例。复核的内容包括对访问员的访问情况、工作态度和问卷内容真实性的复核。例如访问员声称某一户拒访时,可以由复核人员登门核实是否存在拒访的情况及拒访的原因。有时候访问员为了避免走较远的路,可能伪称某一户居民不在家或者拒访,复核人员需要确定在访问员所声明的时间内该户居民是否真的不在家。

在复核时如果出现复核结果与访问结果不符合的情况,需要进行具体分析。除访问员作弊外,还可能有一些其他原因造成结果不符。一个原因是受访者记忆误差。由于记忆的原因,受访者向访问员和复核人员提供的答案不一致。此时,复核人员可以向受访者适当提示,以确认正确的结果。另外,接受复核的人并不是当时的受访者本人,因而给出不一致的答案。所以当出现复核结果与访问结果不一致时,处理要慎重。通常的方法是加大对该访问员的复核比例,通过多次复核作进一步的判断。

思 考 题

1. 结合调查过程中可能出现的各种情况,讨论督导如何更好地发挥其监督职能。
2. 什么样的人适合做访问员?访问员应当遵循哪些基本的职业道德?
3. 如果由你对调查员进行培训,试列出你的培训计划。
4. 结合现场访问的实际,说明如何使用各种访谈技巧。
5. 查阅 CMRA 的网站(http://www.cmra.org.cn)和该网站的"市场研究网络版",找出有关调查现场实施/执行的研究论文或报告,分析文中所采用的质量控制方法和管理体系的妥当性。讨论下列问题:
   (1) 该调查的实施/执行为什么要采用那些质量控制的方法?
   (2) 是否可以采用其他替代的方法?
   (3) 采用其他替代方法会有哪些优劣性?

案例分析讨论

友邦顾问公司的过程管理和质量控制

友邦顾问通过严格的项目流程控制与管理,保证了市场调查数据的客观性和准确性。具体包括调查全程控制、访问过程控制和拒访率控制等。

1. **调查全程控制**

实施严格的全程质量控制措施。为确保调查项目的高质量完成,公司设有专业的质量审核员负责质量检查工作,一般消费者调查的复核比例为总样本量10%～30%,集团消费者复核比例为30%～50%。他们对调查质量的控制是全程性的,对如下环节中的每个步骤都有严格的管理制度,这些环节包括调查设计、问卷设计、调查记录、调查数据、数据审核、数据接收、数据复核、数据汇总与录入、数据分析、报告大纲、报告撰写、客户报告会、客户接收。

2. 访问过程控制

友邦顾问市场研究项目管理实行项目经理负责制。项目经理接到部门经理转发下来的项目任务书时,即表明该项目正式确立,项目任务书是整个项目最主要和最有效的书面文件,项目经理将会参照项目任务书严格执行项目的操作流程。

计划书内容包括抽样计划、进度计划、访问员计划、可能的问题预估报告。

计划书相关人员须人手一份,进度计划须复制一份给质量控制部。

(1) 抽样

抽样由项目经理负责。每个被调查地区的抽样是由地区访问督导(或抽样员)根据抽样原则来完成的,最终由项目经理来确认。

(2) 访问员的召集/确认

在接到任务书的当天,即应开始组织访问员,并进行技术培训。

(3) 工具准备

各种项目所需工具须在培训前全部准备好。所需工具包括文件夹、问卷、项目进度计划表、调查样本框等。

(4) 模拟访问

① 模拟安排在培训后进行,主持模拟的督导必须参加培训,并对问卷细节进行熟悉。

② 模拟合理安排时间,不得短于问卷正常访问时间。

③ 模拟结束后必须把不合格的访问员剔除掉,并将模拟中出现的问题及时反馈到部门经理处。

(5) 问卷移交

① 每天收回的问卷必须在第二天上午10:30前,经一审后移交质量控制部负责督导。

② 移卷须由专人负责,移卷时双方签名确认,不可他人代收签名。

(6) 项目控制

① 在项目进行中,项目经理负有严密控制项目按计划进行的主要责任。发现有偏差出现,必须马上追查偏差产生的原因,如果偏差影响到项目的进度及质量,须马上做出应急措施,并告知部门经理。

② 复核工作,由项目督导随机抽取30%做电话复核;汇交总部质量控制部。委托方可随时要求进行抽样复核。

③ 当质量控制部发现有人作弊时,须立即通知该访问员停止作业,并尽快回公司与质控部督导对质。

④ 当由于各种原因,发现项目必须延迟时,须立即报知部门经理做出决定。

(7) 审卷

① 一审应在访问员交卷时马上进行,做到须补问的问卷可立即交访问员回去补问。

② 审卷时需认真、仔细,审卷的准确率应不低于95%。

③ 审卷中发现不能解决的问题,须立即报知部门经理,由部门经理协助解决。

(8) 项目结束

① 收卷后一天内,项目督导必须完成各项目收尾工作,召开访问员小结会,召开督导

小结会,最后将所有资料归档,项目结束。

② 归档资料。

③ 按项目表现对访问员进行评价,评价后访问员的表现须输入访问员管理库中。

3. 拒访率控制

友邦顾问富有成功的访问经验。通常来讲,采用以下方法可降低拒访率。

(1) 良好的访问条件:中国科学技术协会成员单位,良好的社会背景与关系。

(2) 合理的抽样设计。

(3) 特定的访问程序。

(4) 完备的培训体系。

(5) 专业人员的访问经验。

(资料来源:http://www.up-point.com/profile/)

案例思考题:

试对友邦顾问公司调研过程中访问员的挑选、培训以及调查实施的控制监督管理方法进行评价。

第八章 调查资料的处理与基础分析

【学习目标】

通过本章学习,读者应了解资料的审核与编码;掌握数据录入的方法;数据自动清理和数据的图形化;掌握数据的描述性统计分析,包括集中趋势和离散趋势的测度;精通交叉列表分析,包括两变量交叉列表和三变量交叉列表。

【导入案例】

艾德姆·迪姆面临的问题

艾德姆·迪姆(Adam Deem)这学期在城市国民银行(City National Bank)当见习生。他被指派在该银行目前的小企业顾客中进行一次形象调查,该银行怀疑这是一个被本银行及其竞争者都冷落了的顾客细分市场。艾德姆·迪姆首先组织了焦点小组访谈来确认对小企业来说最为重要的问题是什么。然后,他运用这些焦点小组所指出的问题设计出一份定量问卷调查表,以发现城市国民银行与其他银行相比在这些关键问题上做得如何。调查表中既有封闭式问题也有开放式问题。

艾德姆·迪姆使用从银行数据库中抽取的当前顾客的随机样本来开展调查。调查问卷没有指明城市国民银行为该项目的发起人。艾德姆·迪姆寄出1 000份调查问卷及附带的封面信来解释本次调查的目的,并说明对回收的每份问卷的回答都是保密的,对那些做出回答的人将付给25美元的感谢费。在最初的调查问卷和信件发出一周之后,他又寄出了提醒卡;两周后,寄出了第二封信和调查问卷的复印件。现在已是初次邮寄后的第四周了,共收到487份调查问卷。随后,调查问卷的返回越来越稀少,银行经理决定终止资料收集工作,并让艾德姆·迪姆转向处理回收的调查问卷,将调查问卷上的回答整理成图表,分析调查结果并准备书面报告。

启示:艾德姆·迪姆对这一阶段的工作没有多少知识,因为他一直忙于设计调查问卷和把问卷及信件邮寄出去。他现在的问题是如何把书面调查得来的所有信息输入计算机,以及之后用这信息来做什么。他特别关心的是有关如何对开放式问题的答案进行总结的问题。他怎样把信息输入计算机,怎样对开放式问题进行编码,怎样把问卷答案制成图表,以及怎样做其余的事情?本章将回答这些问题和其他一些问题。学习完本章后,再回过头来思考艾德姆·迪姆面临的问题。

(资料来源:http://wenku.baidu.com/view/7173c7db6f1affoobeu51e64.html)

第一节 调查资料的处理

当所有收集数据的工作完成以后,摆在调研者面前的可能是一大堆填答完的问卷,少则几百份多则几千份,每份问卷从至少几页到 20 页甚至更多。作者曾在 2007 年参与到"南水北调中线水源区居民生产及生活状况调查",问卷有 4 页,调查的样本数为 3 145 个,而且每份问卷中涉及的调查对象家庭成员可能有 7~8 个,这些总计有 12 580 页的问卷堆起来有将近 3 英尺高。调研人员怎样才能把包含 3 145 样本的问卷中的所有信息,转化为进行具体分析所需要的总结性图表?极端的办法是调研人员阅读所有问卷,一边读一边做笔记,从中提取结论。这显然是一种愚蠢的、不切实际的、低效率的做法,而且也不可能得到我们所需要的一切信息。现在我们已经有了非常方便的分析问卷的软件 SPSS,可以为我们解决成千上万的样本数据的分析。

通常,调查所得问卷资料总是显得杂乱无章,不容易看出事物之间的本质联系,更难以直接利用,必须经过整理,才便于储存和利用。因此问卷资料搜集起来以后,研究的重点应该转向资料的整理与分析。资料的整理过程包括编辑检查和修正搜集到的资料;编码,即给每个问题的答案配上数字或符号,把相似的数据放到一起为列表和统计分析做准备。俗话说:巧妇难为无米之炊。再好的分析工具如果没有数据就等于是摆设,那么问卷数据资料就是 SPSS 软件的"米"了。那么如何把问卷资料转换成适合 SPSS 软件分析的"米"呢?其实就是问卷资料转换成适合 SPSS 软件分析的数据,就是平常所说的数据编码和录入问题。

一、资料的审核

审核是对问卷资料进行筛选,即发现并挤出搜集起来的调查问卷中的"水分",选用真正有用的问卷资料。对于回收上来的问卷,仍不可避免地存在着这样或那样的问题,主要存在的问题是:不完全回答、明显的错误答案、由于被访人缺乏兴趣而作的搪塞回答以及对于开放性问题的打乱顺序的回答等。问卷资料审核的重点就放在这三类问题的查找、区分和处理上。

(一)完整答卷的对策

不完整的答卷分为三种情况:第一种是大面积的无回答,或相当多的问题无回答,对此应宣布为废卷;第二种是个别问题无回答,应为有效问卷,所遗空白待后续工作采取补救措施;第三种是相当多的问卷对同一个问题(群)无回答,仍作为有效问卷。这种"无回答"固然会对整个项目的资料分析工作造成一定的影响,但是反过来也让调研组织者和问卷设计者思考如下问题:为什么相当多的被调查者对这一问题(群)采取了"无回答"的方式?是否是这个问题(群)用词含混不清让他们无法理解,还是该问题(群)太具敏感性或威胁性使他们不愿意回答,亦或是根本就无法给此问题(群)找到现成的答案?从而找到错误答案的对策。

（二）明显的错误答案

明显的错误答案是指那些前后不一致的答案或其他答非所问的答案。这种错误到了数据分析阶段很少存在，但一旦发现就不好处理。除了能够根据全卷的答案内在逻辑联系对某些前后不一致的地方进行修正处理外，其他情况只好按"不详值"对待。

【案例 8-1】

某问卷中有这样两个问题。

问题 5：逛街购物对我来说是一种享受。

☐十分赞成　　☐赞成　　☐不赞成也不反对　　☐不赞成　　☐十分不赞成

问题 15：逛街是我生活中的一件愉快的事。

☐十分赞成　　☐赞成　　☐不赞成也不反对　　☐不赞成　　☐十分不赞成

这两个问题虽然在语义上有些差别，但是对两个问题回答的态度应该是一致的，可能程度不同而已。如果出现某个受访者在"问题 5"上选择了"赞成"，而在"问题 15"选择了"不赞成"，则出现了答案的逻辑矛盾，其原因可能是受访者的心不在焉等，包含相互矛盾答案的问卷是不合格的，相应的数据应该予以删除。

（资料来源：宋思根.市场调研[M].北京：电子工业出版社，2009 年 7 月第 1 版，160 页）

（三）无兴趣答卷的对策

有些被调查者对问题的回答反映出他显然对所提问题缺乏兴趣。例如有人对连续 30 个 7 点量表都选择了"7"的答案，或者有人不按答案要求，在问卷上随笔一勾，一笔带过了若干个问题。如果这种缺乏兴趣的回答仅属个别问卷，当彻底抛弃；倘若这种答卷有一定的数目，且集中出现在同一个问题（群）上，就应该把这些问卷作为一个相对独立的子样本看待，在资料分析时给予适当注意。

对于最后判定按"不详值"处理的答案，审核员要用记号笔明确注明"不详值"字样或其代码。

（四）对开放性问题打乱顺序的回答

在回答开放性问题时，被访人可能因兴趣浓厚而讲起来滔滔不绝，在答某一个开放性问题时顺口把将要在该问题之后某处才会出现的另一问题的答案也带了出来。访问员心知这正是我下几步要问的，也就没有制止。而当访问进行到那个问题时，访问员为了节省时间或免听"我上面已经回答过"这样的话，自然跳过此题不问。于是答卷上留下一片空白。如果发现上述情况，就应该把提前给出的答案照抄到它应该出现的地方，填补空白。

另外，问卷资料的审核，其主要任务是更完整、确切地审查和校正回收上来的全部资料。这一工作要求由那些对调研目的和过程有透彻了解且具有敏锐洞察力者来进行。为了保证资料的一致性，最好由一个人来处理所有的材料。若出于时间长短的考虑而认为其不可行，可将该工作进行分割。但是，这个分割必须是每名审核员各分配若干份问卷，对每一份问卷从头审到尾,而不是分段把关、流水作业。尽管后者可能有提高审核效率的一面,但绝对不利于贯彻一致性原则,因而是不可取的。

二、编码

在用计算机处理资料时,面临的第一个问题是如何准确地录入资料。这就要求把文字资料转化成数码形式的数据。编码,就是将问卷信息转化为统一设计的计算机语言可以识别的代码,以便于对其进行资料整理和分析过程。为此,必须制定一套规则,即编码明细单。它有利于减少在数据转录过程中产生大量的录入错误。编码就是对一个问题的不同回答进行分组和确定数字代码的过程;是对一个问题的不同答案给出一个电脑能够识别的数字代码的过程。在同一道题目中,每个编码仅代表一个观点,然后将其以数字形式输入电脑,将不能直接统计计算的文字转变成可直接计算的数字,将大量文字信息压缩成一份数据报告,使信息更为清晰和直观,以便对数据进行分组和后期分析。问卷编码工作是问卷调查中不可缺少的流程,同时也是数据整理汇总阶段重要而基本的环节。

(一) 问卷编码的内容

对于问卷进行编码主要包括三个方面的内容。

1. 问卷代码编码

问卷代码编码是指对于每一份问卷设立一个唯一的代码,例如一份问卷的代码为"2160608",开头的代码"2"表示北京大学,下面两个数字"16"代表具体班级,再后面"06"代表调查人员的编号,最后两位"08"为调查员在这个班级收到的第 8 份问卷。问卷代码编码的目的是,若在问卷分析中发现异常数据可以核对原始问卷查看数据异常产生的原因,以便对数据进行正确处理。

2. 封闭式问题的编码

大多数问卷中的大多数问题是封闭式的,并且已预先编码。这意味着对调查中一组问题的不同数字编码已被确定。封闭式问题都是事前编码,其答案是确定的。对于单项选择题与多项选择题编码方式不一样,单项选择题编码方式比较简单,此处仅介绍单项选择题的编码方式,多项选择题编码方式放到多重反应分析中介绍。事实上在调查问卷开始设计的时候,编码工作就已经开始了。因为有些问题的答案范围研究者事先是知道的,如性别、学历等。这样的问题,在问卷中以封闭问题的形式出现,被访者回答问题时只要选择相应的现成答案就可以了。常用的封闭式问题编码方法有以下几种。

(1) 顺序编码法

顺序编码,即用某个标准对问卷信息进行分类,并按照一定的顺序用连续的数字或字母进行编码的方式。比如调查消费者月收入的项目把不同消费的家庭分为五个档次,然后用 1~5 分别代表从低到高的五个档次,具体如下:

```
01    小于 1 000 元
02    1 001~3 000 元
03    3 001~5 000 元
04    5 001~7 000 元
05    大于 7 000 元
```

(2) 分组编码法

分组编码法,即根据调查对象的特点和信息资料分类及其处理的要求,把具有一定位数的代码单元分为若干组,每个组的数字均代表一定的意义。所有项目都有着同样的数码个数。如对目前在校大学生进行一次关于使用信用卡意向的调查,相关的信息包括性别、类别、月消费、使用意向四项。用分组编码法进行编码如下:

性别	类别	月消费	意向
1=男	1=本科生	1=小于 300 元	1=已有卡
2=女	2=硕士生	2=301~500 元	2=准备使用
	3=博士生	3=501~800 元	3=不准备使用
		4=801~1 200 元	4=无意向
		5=1 201~2 000 元	
		6=2 001 元以上	

若编码为 1241 就表示为一名男性硕士研究生,每月消费在 801~1 200 元之间,并且已经有卡。分组编码容易理解记忆,但是如果数位过多的话,势必造成数据处理和系统维护的困难。

所以对于编码,在 SPSS 软件中,问卷编码一般采取一个问题对应于一个变量,单个进行编码。总之,对于属性水准的答案就需根据分类来编码,对于数量水准的答案一般选的值是多少就填多少。

【案例 8-2】

一个关于美国家庭汽车保有量调查中的几个问题的编码。具体编码方式见表 8.1。

表 8.1 封闭式问题的编码

回答问题	问题的选项	选项的数字编码	答案类型
您的居住区域	A. 北方 B. 南方	1=北方;2=南方	属性水准
您的价值取向	A. 自由主义 B. 保守主义	1=自由主义;2=保守主义	属性水准
您在购车时是否使用信贷手段?	A. 是 B. 否	1=是;0=否	属性水准
家庭人口数	(　)人	填入的数值是几就编码为几	数量水准
您家庭汽车保有量	A. 1 辆 B. 2 辆 C. 3 辆 D. 多于 3 辆	1=1 辆;2=2 辆; 3=3 辆;4=多于 3 辆	数量水准

(资料来源:景奉杰.市场营销调研[M].北京:高等教育出版社,2001 年 7 月第 1 版,148 页)

3．开放式问题的编码

开放式问题与封闭式问题不同，它只能在资料收集好之后，再根据受访者的答复内容来决定类别的指定号码，只适宜利用事后编码。对于开放式问题的事后编码，它所依据的不应该仅是答案的文字，更重要的是这些文字所能反映出来的被调查者的思想认识。这项工作可以遵循下述步骤进行。

（1）列出答案。即所有答案都一一列出。在大型调研中，这项工作可以作为编辑过程的一部分或单独的一个部分完成。

（2）将所有有意义的答案列成频数分布表。

（3）确定可以接受的分组数。此时主要是从调研目的出发，考虑分组的标准是否能紧密结合调研目的。

（4）根据拟定步频数分布表中整理出来的答案进行的分组数，对在第（2）步频数分布表中整理出来的答案进行挑选归并。在符合调研目的的前提下，保留频数多的答案，然后把频数较少的答案尽可能归并成含义相近的几组。对那些含义相距甚远，或者虽然含义相近但合起来频数仍不够多的答案，最后一并以"其他"来概括，作为一组。

这一步可以由一个以上的编码员分别来做，然后凑到一起进行核对、讨论，最终形成一致的分组意见。

（5）为所确定的分组选择正式的描述词汇。

（6）根据分组结果制订编码规则。

（7）对全部回收问卷的该开放式问题答案进行编码。

【案例 8-3】

在对某市彩电需求的调查中，其开放式问题是，您为什么选择该品牌的彩电？研究者翻阅所有受访者的答复后，将原因意义列出，而后归并成 6 类，并指定编码如表 8.2、表 8.3 所示。

表 8.2　开放式问题答案

问题：您为什么选择该品牌的彩电？列出答案如下（设只有 14 个样本）		
1. 质量好	6. 耐用	11. 经常在广告中看到
2. 外形美观	7. 高科技	12. 我没想过
3. 价格便宜	8. 体积小	13. 我不知道
4. 清晰	9. 是名牌	14. 没有什么特别的原因
5. 色彩丰富	10. 大家都买这个牌子	

表 8.3　对表 8.2 中开放式问题的合并分类和编码

回答类别的描述	表 8.2 中的回答	分类的数字编码
质量好	1,4,7	1
外形美观	2,5	2
价格便宜	3	3

续表

回答类别的描述	表 8.2 中的回答	分类的数字编码
体积小	6	4
名牌	9,10,11	5
不知道	12,13,14	6

(资料来源：许以洪，熊艳主编，市场调查与预测，北京：机械工业出版社，2010)

(二) 问卷编码应注意的问题

不论是调查前还是调查后的编码工作都有相同的原则，从这些原则可以看出编码做得好坏，也可以看出问卷设计是否科学、合理。在进行编码时提出以下几个方面的问题。

(1) 提倡使用统一编码表和对编码表进行测试。无论是开放题还是半开放题，几道问题选项或答案内容相同、相近、类似等情况下，将这几道题目采用统一的编码表。这样做一是易于控制编码，二是给后期的数据处理、分析带来很多方便。另外，对于确定的编码表，在正式开展调查前应在小范围内对编码表进行测试（测试问卷 50 份左右），以便对编码表进行修正，并使编码人员充分理解编码表。

(2) 编码的合理性。首先编码应充分反映调查项目之间的内在逻辑联系，如对地区的编码中对本省地市的编码值应该接近，以反映本省地理位置接近这一客观事实，并且在处理和汇总时容易设定条件。其次，还要遵循以下数字的用法：能用自然数，绝不用小数；能用正数绝不用负数；能用绝对值小的整数绝不用绝对值大的整数。

(3) 编码的广泛性和概括性。它包含两方面含义：①每个答案都可以在最终的编码表上找到合适的对应，否则编码表是不完备的。②最终的编码表应当全面涵盖问题设计时所要收集的各个方面的信息，有时候出现频次少但观点特别的回答可能代表一个特定的重要群体，从研究的角度来说包含这类编码也是非常重要的。在确定最终编码表的时候，可以通过经验判断编码表是否包含了各个角度的回答。

(4) 编码的唯一性和排斥性。不同编码值不能表示相同的内容或有重叠交叉。每个答案只能有唯一的编码条目与之对应，不应出现同一个答案对应两个或以上编码条目的情况，否则编码表就不满足唯一性。例如，如果编码表中出现 5-高兴、8-愉快，那么对于"快乐"这个答案既可以编成 5 也可以编成 8。这种情况需要对编码表重新进行归纳。

(5) 严格界定回答问题的角度。对于同一个问题，不同的人可能从不同的方面或角度考虑，每一个方面又会有多种有关的观点和事实。例如，对于"您现在的职业？"这个问题，有可能得到就业状态的回答如：全职、兼职、失业、待业等；有可能得到所属行业的回答如：农业、制造业、商业、金融业、教育、艺术等；还有可能得到职称的回答如：农民、工人、商人、会计师、律师、教师等。如果这些答案都出现在同一道问题中，会给编码工作造成麻烦。比如统计部门的统计师，既可以编为统计师的代码，也可以编为统计部门的代码，同时它也符合全职的含义，在这种情况下编码工作就不能保证唯一性的要求。此类问题是编码人员无法解决的，要避免这种情况的出现应尽量在正式问卷确定之前根据调查目的调整提问的方式。如果调查目的需要了解一个问题多个方面属性的话，可以将一个问题分为多个问题，每个问题要求从一个方面进行回答。

(6) 详略应当适当。在归纳确认最终编码表的时候，经常会遇到将一些答案归纳在一起还是将它们分开的情况。对于这样的问题要根据研究目的和数据分析上的要求确定取舍。如果问卷的问题是询问事实的，如“您使用什么牌子的洗发水?”，设计人员可能会按研究的要求保留出现频次最高的前 20 个品牌，而将其余归纳为“其他品牌”。如果问卷的问题询问的是观点、意见，如“您为什么喜欢某牌子的洗发水?”，对较分散的答案则不能简单地从频次确定取舍。对于研究目的来说，即便只有很少的回答者因为“味道”而喜欢一个品牌，也可能是很重要的回答；而过于细致的分类又可能造成分析的不便。所以对这类问题，编码工作是否能做好，决定于设计人员对调查目的的理解程度如何。因此，要想对调查问卷的编码做得科学、合理、规范，设计人员必须对整个调查的目的有一个详细的了解。

三、数据录入

在对问卷资料进行审核和编码之后，就可以对问卷资料进行录入了。对于问卷数据的处理，通常采用 SPSS 软件来进行数据处理与分析。在 SPSS 软件打开之后，首先进入“变量视图窗口”(variable view)，对数据进入实质性的编码定义过程。例 8.1 是一个关于美国家庭汽车保有量的调查(见图 8.1)，数据录入基本可以分为以下三个步骤。

	名称	类型	宽度	小数	标签	值
1	家庭编号	数字	8	0		无
2	家庭收入（百美元）	数字	8	0		无
3	家庭人口	数字	8	0		无
4	家长受教育年数	数字	8	0		无
5	居住地域	数字	8	0		{1, 北方}...
6	价值取向	数字	8	0		{1, 保守主义}...
7	汽车保有量	数字	8	0		无
8	使用信贷购车	数字	8	0	您在购车时是否使用了信贷手段?	{0, 否}...
9	有客货两用车	数字	8	0	您家是否拥有客货两用车?	{0, 否}...
10	有外国经济车	数字	8	0	您家是否拥有外国经济车?	{0, 否}...
11	有旅行车	数字	8	0	您家是否拥有旅行车?	{0, 否}...
12	有其他车	数字	8	0	您家是否拥有其他车?	{0, 否}...
13	按收入分组	数字	8	0		{1, 低收入组}...
14	按家庭人口分组	数字	8	0		{1, 2-4人}...
15	按家长受教育年数分组	数字	8	0		{1, 10年以下}...

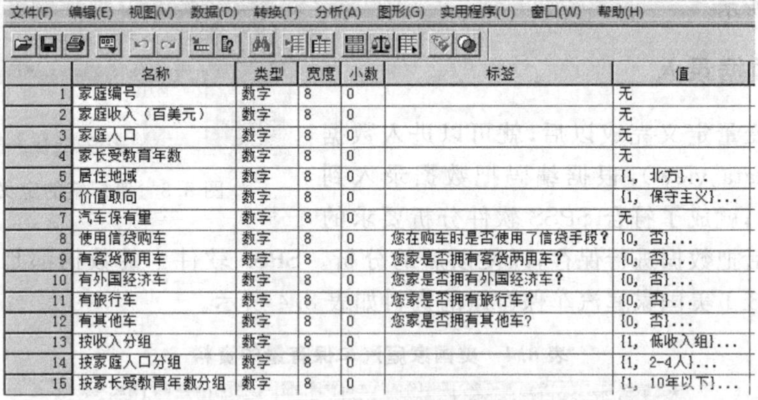

图 8.1　美国家庭汽车保有量的调察表

(一) 定义数值的类型(Define Variable Type)

定义数值的类型可以通过单击“变量类型”进行设置，设置方式如图 8.2 所示。

对话框中列出如下 8 种数据类型。

(1) Numeric：数值型，同时定义数值的宽度(width)，即整数部分＋小数点＋小数部分的位数，默认为 8 位；定义小数位数(decimal places)，默认为 2 位。

(2) Comma：逗号数值型，即整数部分每

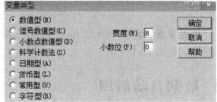

图 8.2　数值的类型设置

3位数加一逗号,其余定义方式同数值型。

(3) Dot:小数点数值型,无论数值大小,均以整数形式显示,每3位加一小点(但不是小数点),可定义小数位置,但都显示0,且小数点用逗号表示。如1.2345显示为12.345,00(实际是12345E-4)。

(4) Scientific Notation:科学记数法,同时定义数值宽度(width)和小数位数(decimal places),在数据管理窗口中以指数形式显示。如定义数值宽度为9,小数位数为2,则345.678显示为3.46E+02。

(5) Date:日期型,用户可从系统提供的日期显示形式中选择自己需要的。如选择mm/dd/yy形式,则2007年6月25日显示为06/25/07。

(6) Dollar:货币型,用户可从系统提供的日期显示形式中选择自己需要的,并定义数值宽度和小数位数,显示形式为数值前有$。

(7) Custom Currency:常用型,显示为整数部分每3位加一逗号,用户可定义数值宽度和小数位数。如12345.678显示为12,345.678。

(8) String:字符型,用户可定义字符长度(characters)以便输入字符。

(二) 对值进行定义

通过单击"值"(value)选项进行定义,定义方式如图8.3所示。

(三) 数据录入

把所有变量定义完成以后,就可以进入数据视图窗口(data view),根据编码把数据录入到SPSS软件中,就成了符合SPSS软件分析要求的

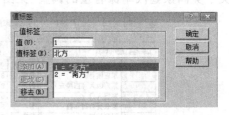

图8.3 值标签的定义图示

数据了。然后把数据进行保存,以便以后的分析。SPSS软件中的数据都是以.sav为扩展名的。例8.1美国家庭汽车保有量的资料如表8.4所示。

表8.4 美国家庭汽车保有量的资料

家庭编号	家庭收入(百美元)	家庭人口	家长受教育年数	居住地域	价值取向	汽车保有量	使用信贷购车	有客货两用车	有外国经济车	有旅行车	有其他车
1001	168	3	12	1	1	1	0	0	0	1	0
1002	174	4	12	1	1	1	0	0	0	0	1
1003	143	2	10	1	1	1	0	0	0	0	1
1004	154	4	9	1	1	1	0	0	0	0	1
1005	140	3	8	1	1	1	0	0	0	0	1
1006	172	2	12	1	1	1	0	0	0	1	0
1007	170	4	12	1	1	1	0	0	0	0	1
1008	169	3	10	1	1	1	0	0	0	0	1
1009	167	2	12	1	1	1	0	0	0	0	1
1010	138	4	6	1	2	1	0	0	0	0	1

(资料来源:Gilbert A. Churchill, Jr. Marketing Research Methodological Foundations, 4th, Dryden, U.S.A., 1987.)

四、数据自动清理

数据自动清理包括检查数据的一致性和缺失值的处理。虽然在数据审核和录入时会

进行初步的一致性检查,但数据自动清理时的检查会更为详细彻底,因为数据自动清理是由计算机来完成的。SPSS 作为目前最流行的统计分析软件之一,以其功能强大、界面友好而被广泛使用。但很多用户在数据录入完毕后就开始了统计分析,这常常会导致结果的错误。其实在这之前还有一项重要的工作要做就是数据的检查与筛选(screening data)。SPSS 在这方面为我们提供了很多有用的功能。但很多用户常常忽略这些功能。

保证数据准确的最好方法是将原始数据与计算机所呈现的数据清单进行核对。但对于庞大的数据这几乎是不可能的。这时就需要应用描述性统计量和统计图来进行筛选和检测。最重要的是解决三个问题:所有的数据都在允许的范围内吗?平均数和标准差都比较合理吗?有无超出取值范围的数据?通常可以通过以下两种方法对数据进行检查与筛选。

(一) 一致性检查

一致性检查是为了找出超出范围、逻辑上不合理或极端的取值。超出正常范围的数据是不能用于分析的,必须进行纠正。SPSS 软件能够自动识别每个变量中超出范围的取值,并列出调查对象代码、变量代码、变量名、记录号、栏目数以及超出范围。这样做可以系统地检查每个变量,更正时还需要回到问卷编辑和编码的部分。

一致性检查一般检查问卷中的奇异值(outliers)和极端值(extreme values),它们是指各变量中与整体数据相距太远的极值,由于它的夸大作用,常常会歪曲统计结果,导致犯一类和二类错误。

1. 导致奇异值和极端值的原因分析

通常有四种原因可导致奇异值和极端值的出现:
(1) 数据输入时出错;
(2) 在不同数据格式之间进行转换时,缺失值处的数码代号被当成了实际观测值;
(3) 出现奇异值的样本并非属于所要考察的总体;
(4) 考察的样本相对于正态分布有比较多的极值。

2. 奇异值和极端值的检测

在描述统计分析菜单下,单击 Explore(探索性分析)对话框后把变量选入 Variables 框中,单击统计量选择描述统计量,单击图可以选择箱形图、茎叶图、直方图与正态检验的 Q-Q 图等检测有无极端值和奇异值。通过箱形图可以发现数据中的异常点,对数据进行核对、检验和筛选。以箱形图为例,箱形图中都标有奇异值的行号,看不清时可拖动边框将箱形图放大查看。箱形图可用于表现观测数据的中位数、四分位数和两头极端值,图形的含义是:中间的粗线为中位数,灰色的箱体为四分位(箱体下端为第二十五百分位数、上端为第七十五百分位数),两头伸出的线条表现极端值(下边为最小值、上边为最大值)。箱形图用离群值和极端值表示那些在绳索外侧的值。离群值,是指值与框的上下边界的距离在 1.5 倍框的长度到 3 倍框的长度之间的个案,在图中用"o"号表示。极端值是指值距离框的上下边界超过 3 倍框的长度的个案,用"*"号表示。框的长度是四分位数之间的全距。

在对例 8.1 美国家庭汽车保有量的资料,对于汽车保有量和家庭收入这两个变量做箱形图,得到图 8.4 与图 8.5 了。

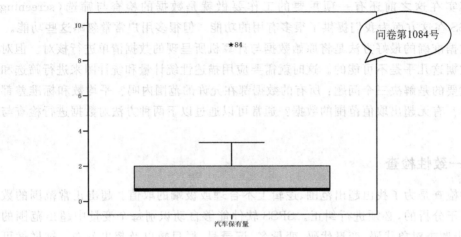

图 8.4　汽车保有量箱形图

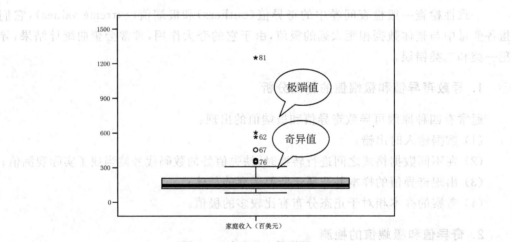

图 8.5　家庭收入箱形图

图 8.4 中只有一个极端案例,经查阅表就会发现"汽车保有量"这一变量有 1、2、3 和 9 四种取值。经查阅汽车保有量为 9 的样本单位是 1084 号问卷,再往前查阅第 1084 号问卷,原答案 1 辆,9 确实是一个失误,应予以纠正。9 是可能发现一些不正常的数值,经查对原值并非如此,像这种发生在数据编码和登录过程中的误差称为"编误"。

图 8.5 中,既有奇异值也有极端值,右端存在着 3 个极端值百美元,最大的 1 个在 1 000 百美元以上,另外两个在 400～500 百美元之间。经查,此 3 个极端值为:第 1081 号家庭收入 1 042 百美元,第 1093 号家庭收入 490 百美元,第 1062 号家庭收入 464 百美元。另外,还有两个奇异值,处于 300～400 百美元之间,经查,它们是第 1067 号家庭收入 387 百美元,第 1066 号家庭收入 324 百美元。有时,鉴于第 1042 百美元这个数值远远游

离于箱体、绳索及邻近的极端值所组成的群体之外,可以把它视作飞点。

当需要在一个图中输出多个箱形,就需要调用 Graphs 菜单的 Boxplot 过程。

选 Graphs 菜单的 Boxplot 过程,弹出 Boxplot Chart 定义选项框,有两种箱图可选:Simple 为简单箱图,Clustered 为复式箱图,本例选用简单箱图。然后单击 Define 按钮,弹出 Define Simple Boxplot:Summaries for Groups of Cases 对话框(见图 8.6),在左侧的变量列

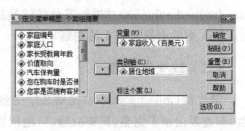

图 8.6　简单箱形图定义图

表中选 data 单击▶按钮使之进入 Variable(变量)框,选 group 单击▶按钮使之进入 Category Axis(类别轴)框。单击 OK(确定)按钮即可完成,得到图 8.7。

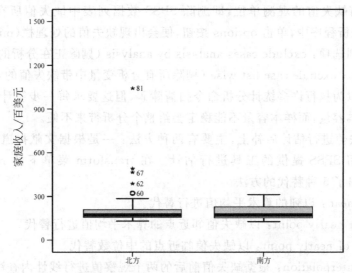

图 8.7　南方、北方家庭收入箱形图

3. 减少奇异值和极端值影响的方法

减少奇异值和极端值影响的方法有以下 5 种方式。

(1) 将奇异值和极端值作为缺失值处理:在 variable view 视图中单击 missing 栏下含有奇异值和极端值的变量,弹出 missing values 对话框,有 3 个选项可以使用。

① discrete missing values:最多可以指定 3 个数值为缺失值。

② range of missing values:指定某一取值范围内的数值为缺失值。

③ range plus one optional discrete missing:指定某一取值范围和某一特定数值为缺失值。

(2) 根据检测的奇异值和极端值,用 data select cases 工具中的"if…"对数据的取值范围进行限定,然后再进行统计分析。

(3) 对奇异值进行估计,方法同缺失值的估计。

（4）将原始数据转换成标准 Z 分数（statistics/summarize/descriptives/save/standardized value as）或进行其他的转换后再进行统计分析。

（5）删除奇异值所在的观察单位。

（二）缺失值处理

缺失值（missing values）是对某个变量的取值不明，原因可能是调查对象的答案不清楚、调查者记录不完整、设备故障、拒绝回答、测验时走神等。对缺失值的处理可能会带来一些问题，尤其是当缺失值超过 10% 时。但缺失值是数据分析中一个非常常见的现象，对此应对缺失值的进行检测，SPSS 默认缺失值以黑点表示，可以通过快速浏览数据列表（data view）发现，记录下缺失值所在的变量即数据的列。

对于缺失值的处理方式有以下三种。

（1）剔除有缺失值的观测单位，即删除 SPSS 数据列表中缺失值所在的数据行；在 SPSS 的统计分析程序中，单击 options 按钮，便会出现缺失值的处理栏（missing values），可分别选择下列选项：exclude cases analysis by analysis（剔除正在分析的变量中带缺失值的观察单位）；exclude case list wise（剔除所有分析变量中带缺失值的观察单位）。虽然这种做法可以为执行许多统计分析命令扫清障碍，但这要求每一步统计分析都联系于特定的有效样本容量，而样本容量不能稳定会给整个分析带来不便。

（2）对缺失值进行估计后补上，主要有两种方法：一是根据文献报道等知识经验进行估计；二是用 SPSS 提供的工具进行估计。在 transform 菜单下的 replace missing values 项下列出了 5 种替代的方法。

① series mean：以列的算术平均值进行替代。

② mean of nearly point：以缺失值邻近点的算术平均值进行替代。

③ median of nearly point：以缺失值临近点的中位数替代。

④ linear interpolation：根据缺失值前后的两个观察值进行线性内查法估计和替代。

⑤ linear trend at point：用线性回归法进行估计和替代。

（3）将缺失值作为常数值，如：作为"0"。

综上所述，解决缺省值并没有一个绝对好的办法。具体采用什么办法，恐怕还得根据具体情况加以考虑。

采用不同的处理缺失值的方法可能导致不同的分析结果，尤其是当缺失值并非随机出现，而且变量之间存在相关性时，因此在调查中应尽量避免出现缺失值，调查人员在选择处理缺失值的方法之前也要慎重考虑其利弊。

第二节　描述性统计分析

描述性分析是市场调查资料分析中最常用的定量分析方法，主要用于描述和评价调研现象的数量特征和规律。如规模、水平、结构、集中趋势、离散程度、发展速度、发展趋势等。下面主要介绍数据的集中趋势分析和数据的离散程度分析的方法。

一、数据的集中趋势分析

集中趋势(central tendency)是指一组数据向其中心值靠拢的倾向和程度。测度集中趋势就是寻找数据水平的代表值或中心值,不同类型的数据用不同的集中趋势测度值,低层次数据的测度值适用于高层次的测量数据,但高层次数据的测度值并不适用于低层次的测量数据。

对调查数据的集中趋势分析是对调查总体的特征进行描述和推断的基础和前提。次数分布的集中趋势是指次数的分布趋向集中在分布的中心,即在分布中心附近的变量值次数较多,而距离中心分布较远的变量值次数较少,这样数据就具备明显的集中趋势,从而反映数据分布的特征。统计平均数就是用来反映总体的一般水平和集中趋势的指标,包括数值平均数(算术平均数、调和平均数、几何平均数)和位置平均数(众数、中位数)。

1. 算术平均数

算术平均数(mean),也称为均值,是调查所得的全部数据之和除以数据个数的结果。它是一组数据的均衡点所在,是集中趋势的最常用测度值,用 $\bar{x}$ 表示。算术平均数的计算公式为

$$\bar{x} = \frac{总体标志总量}{总体单位总量} = (x_1 + x_2 + \cdots + x_n)/n = \left(\sum_{i=1}^{n} x_i\right)/n$$

【例 8-4】 某电脑公司 2009 年 5 月销售量数据如表 8.5 所示,可以算得其算术平均数

$$\bar{x} = \frac{x_1 + x_2 + \cdots + x_n}{n} = \frac{234 + 143 + \cdots + 223}{30} = 175.73(台)$$

表 8.5　某电脑公司 2009 年 5 月销售量　　　　单位:台

234	143	187	161	150	228	153	166	154	174
156	203	159	198	160	152	161	162	163	196
164	226	165	165	187	141	214	149	178	223

计算算术平均数时,标志总量和单位总量必须属于同一总体,分子分母所包含的口径必须一致;否则,计算出来的平均数指标便失去了科学性。算术平均数是由全部数据计算得到的,利用了数据的全部信息,这也意味着算术平均数易受极端值的影响,当数据中出现了极端值时,采用算术平均数表示集中趋势就不是很合理了。

2. 调和平均数

调和平均数又称倒数平均数,是指各变量值倒数的算术平均数的倒数。一般用符号 $\bar{x}_H$ 表示,计算公式为

$$\bar{x}_H = \frac{n}{\sum \frac{1}{x}}$$

调和平均数是集中趋势的测度值之一,均值的另一种表现形式,适用于定比数据,同

样也易受极端值的影响。算术平均数和调和平均数并无本质区别,只是由于掌握现象总体的资料不同而采用不同的算法。在实际中,往往由于缺乏总体单位数的资料而不能直接计算算术平均数,故需用调和平均法来求得平均数。调和平均数是算术平均数的一种变形。

3. 几何平均数

几何平均数,即 n 个变量值乘积的 n 次方根,适用于对比率数据的平均,主要用于计算平均增长率与平均发展速度。几何平均数集中趋势的测度值之一,适用于特殊的数据。一般用符号 $\bar{x}_G$ 表示,计算公式为

$$\bar{x}_G = \sqrt[n]{x_1 \times x_2 \times \cdots \times x_n} = \sqrt[n]{\prod_{i=1}^{n} x_i}$$

当把几何平均数应用于经济现象时,必须注意经济现象本身的特点。只有当标志总量表现为各个标志值的连乘积时,才适合采用几何平均数方法来计算平均标志值。一般来说,计算社会经济现象在各个时期的平均发展速度时,要采用几何平均数。例如,工农业总产值年平均发展速度、全国人口年平均发展速度等。

所有的数值平均数上述所列公式为简单计算公式,还有加权算术平均数、加权调和平均数与加权几何平均数的计算。在实际运用中,由于所掌握的数据不同,采用不同的数值平均数的计算方法和形式。

4. 众数

众数(mode),一个统计总体或变量数列中出现次数最多、频率最高的变量值(或属性表现)。体现了数据的必然性特征。虽说算术平均数是最常用来说明现象的一般水平的,但在有些情况下用众数说明现象的一般水平也有很好的效果。例如,为了掌握集市上某种商品的价格水平,不必登记全部的成交量和成交额,只用市场上该商品最普遍的成交价格即可。销售量最多的服装款式或色彩,也即通常所谓"流行款式"或"流行色",就属于此意义上的众数。

计算众数要求具备两个前提条件:第一,变量值必须分组;第二,变量值要有明显的集中趋势。当两个数据出现的次数并列最多,就说这两个数都是众数,叫双众数。如调查某企业的 10 名职工的工资如下:5 000、4 000、1 500、1 300、1 500、1 500、1 200、1 200、1 200、900,工资的调查结果就出现了双众数 1 500 和 1 200。所以一组数据的众数不一定是唯一的,可以有不止一个众数。当数据的众数多于两个时,就叫做多众数。因此一组数据可能没有众数或有几个众数。由于众数是一组数据中出现次数最多的变量值,是一个位置平均数,适合于数据量较多时使用,主要用于分类数据,也可用于顺序数据和数值型数据。

5. 中位数

中位数(median)是指将变量值按大小顺序排列以后,位于数列中间位置的变量值。一般用符号 Me 表示。一个统计总体或变量数列中处于中等水平的变量值为中位数。直

观上说,若总体单位数很多或者分布是连续的,中位数将全部总体单位按变量值的大小分成两部分,即总体中有一半个体的变量值小于中位数,而另外一半个体的变量值则大于中位数。

要确定中位数,须将总体各单位的变量资料按大小顺序排列,最好是编制变量数列。即变量值必须按大小顺序排列。当数据个数为奇数时,中位数为最中间的那个数;当数据个数为偶数时,中位数为最中间两个数的平均数。上例中调查某企业的 10 名职工的工资如下：5 000、4 000、1 500、1 300、1 500、1 500、1 200、1 200、1 200、900,要求得工资的中位数。首先要把工资按照大小顺序排列 5 000、4 000、1 500、1 500、1 500、1 300、1 200、1 200、1 200、900,其中位数为(1 500+1 300)/2＝1 400,即中位数在第五个数与第六个数之间,即 1 500 与 1 300 的平均数。

中位数是把数据排序后处于中间位置上的值,当数据分析时的数据较多时,中位数的方法简单易行,不受极端值的影响,所以在衡量一般水平时,中位数是一种较好的方法。中位数主要用于顺序数据,也可用数值型数据,但不能用于分类数据。

二、数据的离散程度分析

集中趋势只是数据数量特征的一个方面,为了对调查数据的特征进行全面的分析,还必须研究该数据的分布偏离一般水平或小于中心值的程度,说明平均数对所平均的数据的代表性的大小。离散趋势,是指一组数据中各数据值以不同程度的距离偏离其中心(平均数)的趋势,又称为离中趋势,采用标志变异指标来衡量。标志变异指标,又称为标志变动度,是反映某一数量标志在总体各单位上差异程度的一种统计分析指标。在对调查数据进行综合分析时,将集中趋势指标和离散趋势指标互相配合、互相补充,可以对调查数据进行较全面的观察。

离散趋势指标,是用来综合反映数据的离散程度的一类指标,数据分布的另一个重要特征,从另一个侧面说明了集中趋势值的代表程度,说明平均数代表性的大小,反映生产经营活动过程的均匀性、均衡性和稳定性。一般而言,数据的标志变异指标值愈大,说明变量值分布越分散,离中趋势越大,离散程度或分散程度越大。数据的离散趋势通常由极差、平均差、方差与标准差、离散系数等来测度。

(一) 极差

极差(range)又称全距,是指变量数列中最大变量值与最小变量值之差。根据极差的大小能说明标志值变动范围的大小,全距一般用符号 R 表示。其计算公式为：极差＝最大标志值－最小标志值;根据组距数列求极差的计算公式为：极差＝最高组上限－最低组下限。上述调查某企业的 10 名职工的工资如下：5 000、4 000、1 500、1 300、1 500、1 500、1 200、1 200、1 200、900,可计算得到工资的极差等于 5 000－900＝4 100,说明该企业职工的工资的离散程度较大。从极差的计算公式和例题中可以看出：极差是一个粗糙的测度数据离散程度的指标,它仅与两个极端值有关,只受最大值和最小值的影响,而与其他数据以及总体单位数都无关。极差虽然计算简便,但是易受极端值影响,不能准确反映全部变量值的实际离散程度。

在实际工作中,极差可用于检查产品质量的稳定性和进行质量控制。在正常生产的条件下,产品质量稳定,极差在一定范围内波动;若极差超过给定的范围,就说明有不正常情况产生。但极差受到极端值的影响,测定结果往往不能反映数据的实际离散程度。

(二)平均差

平均差(average deviation)是指各变量值与其算术平均数离差绝对值的算术平均数。一般用符号 AD 表示。

由于各变量值与其平均数的离差和为零,因此对其取绝对值,来计算离差的平均数。平均差的计算公式为

未分组资料时,

$$AD = \frac{|X_1 - \overline{X}| + |X_2 - \overline{X}| + \cdots + |X_N - \overline{X}|}{N} = \frac{\sum |X - \overline{X}|}{N}$$

式中:$X - \overline{X}$ 表示离差,N 表示项数。

分组资料时,

$$AD = \frac{|X_1 - \overline{X}| \times f_1 + |X_2 - \overline{X}| \times f_2 + \cdots + |X_N - \overline{X}| \times f_N}{\sum f}$$

$$= \frac{\sum |X - \overline{X}| \times f_i}{\sum f}$$

式中:$X - \overline{X}$ 表示离差,f 表示权数。

例如,上述调查某企业的 10 名职工的工资如下:5 000、4 000、1 500、1 300、1 500、1 500、1 200、1 200、1 200、900,其平均数为 1 930,则其平均差为

$$\text{平均差 } AD = \frac{|5\ 000 - 1\ 930| + |4\ 000 - 1\ 930| + \cdots + |900 - 1\ 930|}{10} = 1\ 028$$

平均差是以平均数为中心,反映各变量值对其平均数的平均离差量,能全面概括反映所有变量值的变异状况或离散程度。平均差越大,表明标志变异程度越大;反之,则表明标志变异程度越小。但由于平均差是各变量值与其平均数离差绝对值的平均数,绝对值的数学性质较差,会给计算带来一定的麻烦,因此实际中应用较少。

(三)方差与标准差

方差(variance)是指一组数据的各变量值与其算术平均数离差平方的算术平均数,是测度数据离散程度的主要方法,用 σ^2 表示。标准差(standard deviation),是方差的算术平方根,又称均方差。方差与标准差的计算公式如下:

未分组资料时,方差的公式为

$$\sigma^2 = \frac{\sum (X - \overline{X})^2}{N}$$

标准差的公式为

$$\sigma = \sqrt{\frac{\sum (X - \overline{X})^2}{N}}$$

分组资料时，方差的公式为

$$\sigma^2 = \frac{\sum (X - \overline{X})^2 f}{\sum f}$$

标准差的公式为

$$\sigma = \sqrt{\frac{\sum (X - \overline{X})^2 f}{\sum f}}$$

式中：X——变量值；
　　　$\overline{X}$——算术平均数；
　　　N——总体单位数；
　　　f——各组次数；
　　　σ^2——方差；
　　　σ——标准差。

标准差是进行离散程度分析时用得最多、最为广泛的指标，它对数据的稳定程度有敏锐的反应能力。方差与标准差都使用的是离差平方和，反映的是每个数据与其算术平均数相比平均差距的数值，因此能准确地反映出数据的离散程度，是实际应用中经常用来衡量离散程度的测度值。方差与标准差采用平方的方法来避免正负离差互相抵消为零的问题，也消除了平均差中绝对值符号的正负号问题，更便于数学上的处理。方差与标准差的计算，利用具有统计功能的函数型计算器是很容易的。

【案例 8-5】

单变量分析技术简单，也非常实用；但是如果事先不理解数据的特征就用复杂的分析工具进行数据分析可能会产生无意义的结果，并导致错误的结论。即使是计算变量平均值这样简单的任务，如果不了解变量的分布都会变得毫无意义。

Elrick and Lavidge 营销调研公司总裁 Robert L. Lavidge 进一步强调了忽视数据分布特征的潜在危险：在一种新的调味品的测试中，顾客既不希望它太辣也不希望过于清淡。参与测试的平均估计值接近中值。其中"极辣"和"极清淡"是两个极端值。这种取值设置是考虑到顾客先入为主的观念。但是测试结果数据分布显示，相当一部分顾客希望调味品味道辛辣，另有大约同样多的顾客希望调味品味道清淡些。只有相对极少的顾客希望调味品味道适中。

总之，对于变量取值分布的理解有助于研究者避免错误的结论。

（资料来源：A. Parsuraman, Dhruv Grewal, R. Krishnan 著．王佳芥，应斌译．市场调研[M]．北京：中国市场出版社，2009）

（四）离散系数

上述的各种标志变异度指标，都是对总体中各单位指标值变异测定的绝对量指标。当比较平均数大小有较大差异或者计量单位不同时的两个总体的离散程度时，还需要进行进一步的处理才行，一般会采用离散系数。离散系数是测定总体中各单位标志值变异的相对量指标，以消除不同总体之间在计量单位、平均水平方面的不可比因素。常用的离散系数主要是标准差离散系数 V_σ。其公式为：

$$V_\sigma = \frac{\sigma}{\overline{X}} \times 100\%$$

偏度(skewness)是指数据分布的偏斜方向和程度。偏度，通常分为右偏(或正偏)与左偏(或负偏)两种。它们是以对称分布为标准相比较而言的。峰度(kurtosis)是指数据分布的尖峭或峰凸程度。偏度和峰度主要用于检查样本的分布是否正态以便判断总体的分布是否接近于正态分布。如果样本的偏度接近于0，而峰度接近3，就可以推断总体的分布是接近于正态分布的。

第三节 交叉列表分析

一、交叉列表分析的含义与意义

交叉列表是一种以表格的形式同时描述两个或多个变量以及结果的统计分析方法，此表格反映了这些只有有限分类或取值的变量的联合分布。

（一）交叉列表分析的含义

交叉列表分析是指同时将两个或两个以上有一定联系的变量及其变量值按照一定的顺序交叉排列在一张统计表内，使各变量值成为不同变量的节点，从中分析变量之间的相关关系，进而得出科学结论的一种数据分析技术。交叉列表是多个频数表的重组，表格中每个格子为列表变量特定值的特异组合。每一格子都是两个列表变量值的特定结合，每个格子中的数值说明的是落在某个特定变量值结合格子中对象有多少。交叉列表可以检验属于多个变量类的观察对象的频数。通过观察频数，我们可以辨别交叉列表中变量间的关系。只有分类（名称）变量或含有少数值的变量才能列表。注意：如果想将连续性变量列表（如收入），首先要将其转变为一定范围值。

例如，某项关于个人年收入水平与受教育程度之间相关关系的研究。年收入和文化水平是两个变量。如果对搜集来的资料按两个变量分别分组并列表，就不能很好地反映两者间的关系。要恰当反映年收入和文化水平间的关系，最为简便的方法就是编制关于两者的交叉列表。将调查对象首先按照受教育程度分为小学及文盲、初中、高中、大专、本科和研究生6个组，再按年收入水平分为7个组，然后将受教育程度置于交叉列表的行，将年收入水平置于交叉列表的列，最后形成了如同表 8.6 的交叉列表，表中任一变量值都是年收入和文化水平两个变量的节点。

从表 8.6 可知，总共的有效样本数为 4 108 个，在受教育程度分为小学及文盲组中年收入在 1 万元以下的有 230 人，而 20 万元以上的仅为 12 人；而在研究生组中年收入在 1 万元以下的仅有 5 人，20 万元以上的有 80 人。从表 8.6 大致可以看出个人年收入水平与受教育程度相关关系：受教育程度越高年收入水平就越高，两者呈正相关关系。

表 8.6 个人年收入水平与受教育程度相关关系交叉列表

受教育程度 \ 年收入水平/万元	1以下	1~3	3~5	5~8	8~12	12~20	20以上	合计
小学及文盲	230	132	61	45	38	45	12	563
初中	132	89	43	80	53	64	35	496
高中	180	217	139	189	230	230	160	1 345
大专	110	81	90	139	152	228	135	935
本科	28	56	34	45	70	138	119	490
研究生	5	30	11	39	39	75	80	279
合计	685	605	378	537	582	780	541	4 108

（二）交叉列表分析的意义

在市场调查研究中常常需要回答以下问题：
- 在名牌商品的消费者中，女性占多大的比重？
- 不同的消费观念（奢侈品消费、绿色消费和实用型消费）与文化价值观（儒家文化价值观、道家文化价值观、佛教文化价值观）有关联吗？
- 奢侈品消费行为与社会阶层（高、中、低）有关吗？

对于这些问题，调研人员都会进一步提出与这些问题相关的、涉及其他领域的更深入的问题，以便帮助调研人员深入理解调研结果。一般来说，对于调查对象的分类会按照人口的统计特征进行。在进行交叉列表分析时，一般会把人口的统计特征置于交叉列表的行，调查研究所要研究的问题项置于交叉列表的列，从中分析变量之间的相关关系，进而得出科学结论。因此在市场调查与预测中交叉列表分析方法会被广泛地使用。交叉列表分析使用的意义可以总结为以下几点。

（1）通俗易懂。交叉列表分析的结果一目了然，尤其便于一些没有较深统计学专业技能的管理人员的理解。

（2）分析深入全面。通过对于调查项目进行一系列的交叉列表分析，可以全面、深入分析和认识一些比较复杂的事物或现象。

（3）分析结果应用广泛。许多市场调查与预测项目的数据整理与分析一定程度上依赖交叉列表分析来得以解决。

（4）分析结果使用方便。交叉列表分析中的清楚解释，在很大程度上能成为市场调查与预测结果，为制定经营管理措施提供有力依据。

（5）分析过程操作简单、容易掌握。交叉列表分析技术操作简单、容易掌握，一般的市场调查与预测人员都能掌握，在 SPSS 与 Excel 软件中通过菜单就可以实现。

二、交叉列表分析中变量的选择与确定

制作出来的交叉列表能否对经营管理措施有帮助，关键取决于交叉列表分析中变量的选择与确定。如果交叉列表分析中变量的选择与确定不当，可能会导致错误结论的产生。下面举例说明变量的选择与确定不当，会产生错误的结论。

【例 8-6】 国外某保险公司关于交通事故调查的最初记录显示,该公司保户中有 62% 从未在驾驶时出过事故,如表 8.7 所示。

表 8.7 小汽车驾驶者的事故比率

出事故次数	驾驶者百分比
从未在驾驶时出过事故	62%
在驾驶时至少出过一次事故	38%
被调查总数	14 030

下述数据进而被分类为男性和女性的事故比率,以确定性别同事故的多少是否有某种联系,表 8.8 显示了具体的情况。

表 8.8 男性和女性小汽车驾驶者的事故比率

出事故次数	男性	女性
从未在驾驶时出过事故	56%	68%
在驾驶时至少出过一次事故	44%	32%
被调查总数	7 080	6 950

表 8.8 中显示,男性小汽车驾驶者从未在驾驶时出过事故占男性调查者的 56%,女性小汽车驾驶者从未在驾驶时出过事故占女性调查者的 68%,这一数据表明男性的事故比率高于女性,性别是影响事故比率的一个重要因素。有人(尤其是男性)开始怀疑调查的正确性,有人觉得应该把其他因素考虑进来。一个可能的解释是:男性开车开得多所以事故多。从而,把"驾驶路程"作为第三个变量因素加入进行研究,如表 8.9 所示。

表 8.9 男女小汽车驾驶者的里程与事故比率

出事故次数	男性驾驶里程数		女性驾驶里程数	
	大于 10 000 英里	小于 10 000 英里	大于 10 000 英里	小于 10 000 英里
从未在驾驶时出过事故	52%	25%	52%	25%
在驾驶时至少出过一次事故	48%	75%	48%	75%
被调查总数	5 010	2 070	1 915	5 035

表 8.9 显示,不管男性和女性小汽车驾驶者事故发生率完全一样,不同的是驾驶里程超过 10 000 公里的驾驶员中,不论男性或女性驾驶员,从未在驾驶时出过事故的比率都为 52%。这说明小汽车驾驶者事故发生率的多少是与驾驶里程呈正相关,而与驾驶员的性别无显著关系。表 8.8 所显示的男性驾驶员的事故比率之所以会高于女性,是因为男性驾驶员的驾驶里程数多于女性驾驶员。表 8.10 中显示,在男性驾驶员中驾驶里程超过 10 000 公里的比率为 70.76%,在女性驾驶员中驾驶里程超过 10 000 公里的比率为 27.55%。

表 8.10　小汽车驾驶者的里程数与性别的数据表

驾驶里程数	男 性		女 性	
	人数/人	百分比/%	人数/人	百分比/%
大于 10 000 公里	5 010	70.76	1 915	27.55
小于 10 000 公里	2 070	29.24	5 035	72.45
被调查总数	7 080	100.00	6 950	100.00

选择和确定交叉列表中的变量,包括其内容和数量,两者都应根据调查项目的特点来确定。

(1) 在基础性的市场调查与预测项目中,应尽可能地把所有与问题相关的因素都确定为进行交叉列表分析的变量。例如关于牛奶销售问题的研究项目中,调查与预测人员应把可能影响到牛奶销售的因素都加以考虑,如牛奶的品牌、产地、包装、口感、容量等。

(2) 在一些应用型市场调查与预测项目中,调查与预测人员具有较多的选择和确定交叉列表分析变量的自由。例如研究光顾必胜客比萨店是否受一些关键因素的影响和制约。应考虑的变量因素可能包括消费者的性别、收入水平、职业、年龄等。调查与预测人员也可以把消费者的受教育程度、民族、性格等作为考虑的因素。在这一类调查项目中,交叉列表的变量取决于调查项目的要求和调查与预测人员的分析判断。

(3) 在简单的事实收集型调查与预测项目中,需要考虑的变量因素通常在调查与预测要求中已明确列出,调查与预测人员只需按照要求把各项数据列入已经设计好的表格中即可。例如上述研究个人年收入水平与受教育程度之间的关系,交叉列表中的变量无疑就应该是个人年收入水平与受教育程度。

不管调查与预测人员在选择和确定交叉列表分析变量因素时有多大的自由选择空间,变量因素必须在资料收集之前设计确定好。只有如此,才能有针对性地收集数据资料,才能掌握足够的数据资料来进行交叉列表分析。

三、两变量交叉列表分析

(一) 两变量交叉列表

两变量交叉列表,又称为二维列联表,是最为基本的交叉列表,表 8.6 关于个人年收入水平与受教育程度的交叉列表就是一个典型的两变量交叉分析列表,通过对个人年收入水平与受教育程度的有关数据进行分析发现两者间的相关关系。

表 8.6 中两变量交叉对应的节点使用的是绝对频数,因此个人年收入水平与受教育程度两者间的关系表达不是十分清晰。为了便于数据之间的比较,这些节点上的数值最好使用相对频数即百分比,因为百分比能更清晰地表明数据的大小。使用百分比编制交叉列表要考虑两个问题:一是应该按照横行还是按照纵列来计算百分比;二是怎样解释各百分比之间的差异。

从统计分析的可能性来看,节点上的百分比既可以按行计算得到,也可以按列计算得到。表 8.11 与表 8.12 分别是根据个人年收入水平计算得到的受教育程度的列百分比和行百分比。

表 8.11 个人年收入水平与受教育程度交叉列表的列百分比表

受教育程度 \ 年收入水平/万元	1 以下	1~3	3~5	5~8	8~12	12~20	20 以上
小学及文盲	33.58	21.82	16.14	8.38	6.53	5.77	2.22
初中	19.27	14.71	11.38	14.90	9.11	8.21	6.47
高中	26.28	35.87	36.77	35.20	39.52	29.49	29.57
大专	16.06	13.39	23.81	25.88	26.12	29.23	24.95
本科	4.09	9.26	8.99	8.38	12.03	17.69	22.00
研究生	0.73	4.96	2.91	7.26	6.70	9.62	14.79
合计	100.00	100.00	100.00	100.00	100.00	100.00	100.00

表 8.12 个人年收入水平与受教育程度交叉列表的行百分比表

受教育程度 \ 年收入水平/万元	1 以下	1~3	3~5	5~8	8~12	12~20	20 以上	合计
小学及文盲	40.85	23.45	10.83	7.99	6.75	7.99	2.13	100.00
初中	26.61	17.94	8.67	16.13	10.69	12.90	7.06	100.00
高中	13.38	16.13	10.33	14.05	17.10	17.10	11.90	100.00
大专	11.76	8.66	9.63	14.87	16.26	24.39	14.44	100.00
本科	5.71	11.43	6.94	9.18	14.29	28.16	24.29	100.00
研究生	1.79	10.75	3.94	13.98	13.98	26.88	28.67	100.00

从列百分比和行百分比表比较来看,采用不同的基数计算百分比,其结果有不同的意义。表 8.11 是以不同收入水平组为基数计算得到的列百分比,可观察不同受教育程度人数的结构状况及其变化。虽然列百分比的交叉列表也能基本反映两个变量间的相关关系,但是暗含了受教育程度受年收入的影响。显然这种结论性的解释是不太符合逻辑和不恰当的。表 8.12 是以不同受教育程度人数为基数计算得到的行百分比,可观察不同收入水平组的结构状况及其变化,可以直接反映收入水平受文化程度的影响。

在计算百分比时是按行还是按列来计算,必须结合实际情况确定。一般的原则是按照因果关系的自变量方向来计算。在本例中受教育程度是原因变量(即自变量),年收入是结果变量(即因变量),因此选用表 8.12 进行两变量交叉列表分析,更容易进行理解和解释。从表 8.12 中可以看出:受教育程度低的,低收入的人数就越多,拥有高收入的人数比率就越小,如小学及文盲组中最低收入的人数为 40.85%,而年收入在 20 万元以上的仅为 2.13%;受教育程度高的,高收入的人数就越多,拥有低收入的人数比率就越小,如研究生组中年收入在 20 万元以上的为 28.67%,而最低收入的人数仅为 1.79%。

在调查实践中,经常会遇到因果关系难以确定的情况。此时就可以根据调查分析的目的与内容来确定计算方向,通常的做法是按同时两个方向分别计算后,再给出合理的解释。按行或按列来计算百分比,在软件中实现非常简单。如在 SPSS 软件中,不但可以选择按行的百分比和按列的百分比计算,还可以选择按总计的百分比计算,只需要单击菜单中相应选项即可。

（二）两变量交叉列表中相关关系的分类

在两变量交叉列表分析中，可以根据交叉列表卡方值的大小顺序，得出两变量间的相关关系的强弱。这些相关关系可以分为四类。

第一类是"显然的高相关"，如收入高的家庭比收入低的家庭与10年前相比生活发生的变化大的比率高，这类高相关是显而易见的，并不值得去关注。

第二类是"不显然的高相关"，去掉显然的相关，剩下来的就是不容易被人们察觉的，只有通过对调查数据的分析才能发现的相关关系，这种相关关系才是调查者最需要的，是应该进行详细解释的、有价值的相关关系。

第三类是"结构的相关"，在相关关系中，还存在一些根本无法解释的相关关系，有时这种相关关系被称为"虚假相关"或"伪相关"。其实这种被称为"虚"或"伪"相关，一点都不"虚"或"伪"，这种相关关系是由实实在在的调查数据所揭示的真实的统计结果，是由另外一个变量所形成的间接的相关关系。这种间接的相关关系还存在另外一种矛盾现象，即为第四类"辛普森悖论"。

第四类是"辛普森悖论"（Simpson's Paradox）。当人们尝试探究两种变量是否具有相关性的时候，比如新生录取率与性别，报酬与性别等，会分别对之进行分组研究。辛普森悖论是在这种研究中，在某些前提下有时会产生的一种现象。

【案例8-7】

辛普森悖论

辛普森悖论，即在分组比较中都占优势的一方，会在总评中反而是失势的一方。该现象于20世纪初就有人讨论，但一直到1951年E.H.辛普森在他发表的论文中，该现象才算正式被描述解释，后来就以他的名字命名该悖论。辛普森悖论的例子（内容取材自维基百科与科普写作奖佳作奖作者林守德的向理性与直觉挑战的顽皮精灵—综观诡谲的悖论等文）：

"校长，不好了，有很多男生在校门口抗议，他们说今年研究所女生录取率42%是男生21%的两倍，我们学校遴选学生有性别歧视。"校长满脸疑惑地问秘书："我不是特别交代，今年要尽量提升男生录取率以免落人口实吗？"

秘书赶紧回答说："确实有交代下去，我刚刚也查过的确是有注意到（数据如表8.13所示），今年法学院录取率是男性75%，女性只有49%。而商学院录取率是男性10%，女性为5%，两个学院都是男生录取率比较高。校长，这是我做的调查报告。"

表8.13 研究所学生申请与录取情况表

学院	女生			男生			合计		
	申请	录取	录取率/%	申请	录取	录取率/%	申请	录取	录取率/%
商学院	100	49	49	20	15	75	120	64	53.3
法学院	20	1	5	100	10	10	120	11	9.2
总计	120	50	42	120	25	21	240	75	31.25

"秘书,你知道为什么个别录取率男生皆大于女生,但是总体录取率男生却远小于女生吗?"此例就是统计上著名的辛普森悖论(Simpson's Paradox)。例子说明,简单地将分组资料相加汇总,是不一定能反映真实情况的。就本例的录取率与性别来说,导致辛普森悖论有两个前提。

一是两个分组的录取率相差很大,就是说法学院录取率9.2%很低,而商学院53.3%却很高。另一方面,两种性别的申请者分布比重却相反,女生偏爱申请商学院,故商学院女生申请比率占83.3%;相反男生偏爱申请法学院,因此法学院女生申请比率只占0.833%。结果在数量上来说,录取率低的法学院,因为女生申请为数少,所以不录取的女生相对很少。而录取率很高的商学院虽然录取了很多男生,但是申请者却不多。使得最后汇总的时候,女生在数量上反而占优势。

二是性别并非是录取率高低的唯一因素,甚至可能是毫无影响的,至于在法商学院中出现的比率差可能是属于随机事件,又或者是其他因素作用,譬如学生入学成绩却刚好出现这种录取比例,使人牵强地误认为这是由性别差异而造成的。

(资料来源:http://wenku.baidu.com/view/4dcc7e35a8102d276a22fae.html)

为了避免辛普森悖论的出现,就需要斟酌各分组的权重,并乘以一定的系数去消除以分组数据基数差异而造成的影响。同时必须了解清楚情况,是否存在潜在因素,综合考虑。

无论是"结构的相关"还是"辛普森悖论"都会包含一些非常有价值的信息,是更应该值得人们关注的。要清晰地分析两变量间的相关关系是上述的哪一种相关关系,只有从第三个变量的关系上去认识,才能解释其产生的原因。

四、三变量交叉列表分析

在两变量交叉列表分析的基础上,为了进一步证实两变量交叉列表分析中两变量间的真实相关关系,需要加入第三个变量作进一步的分析,这样既能够防止错误地把虚假相关当作真实相关判断,也能防止把真实的相关当作虚假相关而抛弃。加入第三个变量后,使原有的二变量交叉列表分析的结果可能出现以下四种结果。

(一)更加精确地表达原有两变量之间的关系

例如,以某次进行研究时装购买现状与婚姻状况之间的关系的消费者抽样调查为例。变量时装购买现状分为高和低两种,变量婚姻状况分为已婚和未婚两种,对于1 000个消费者样本调查资料,以两变量交叉列表分析得到表8.14。表8.14显示,被调查者中52%的未婚者购买高档时装,而在已婚者中仅有31%,结论是未婚者比已婚者倾向于购买更多的时装。

如果将时装购买者的性别作为第三个变量引入,即可得到关于性别、婚姻状况与时装购买状况的三变量交叉列表分析结果,如表8.15所示。表8.15显示,女性被调查者中60%的未婚者购买高档时装,而在已婚者中仅有25%;男性被调查者中40%的未婚者购买高档时装,而在已婚者中为35%,两者的比例比较接近。引入第三个变量显然更加精确地说明了原有的结论。

表 8.14 婚姻状况与时装购买状况的关系

时装购买现状	婚姻状况	
	已婚	未婚
高	31%	52%
低	69%	48%
样本数量	700	300

表 8.15 性别、婚姻状况与时装购买状况的关系

时装购买现状	男性		女性	
	已婚	未婚	已婚	未婚
高	35%	40%	25%	60%
低	65%	60%	75%	40%
样本数量	400	120	300	180

（二）显示原有两个变量的联系是虚假的

这种情况是指尽管两变量交叉列表分析的结果显示两变量之间相关,但是在引入第三个变量后,三变量交叉列表分析中显示原两变量的相关是虚假的。仍以例 8.3 国外某保险公司关于交通事故调查的记录,表 8.8 是男性和女性小汽车驾驶者的事故比率两变量交叉列表,表 8.8 中显示,男性小汽车驾驶者从未在驾驶时出过事故占男性调查者的 56%,女性小汽车驾驶者从未在驾驶时出过事故占女性调查者的 68%,这一数据表明男性的事故比率高于女性,性别是影响事故比率的一个重要因素。但是根据生活经验,一般男性开车会比女性多,那会不会是男性开车开得多所以事故多？因而,把"驾驶里程"作为第三个变量因素加入进行研究。表 8.9 的三变量交叉列表显示,不管男性和女性小汽车驾驶者事故发生率完全一样,不同的是驾驶里程超过 10 000 公里的驾驶员中,不论男性女性驾驶员,从未在驾驶时出过事故的比率都为 52%。这说明小汽车驾驶者事故发生率的多少是与驾驶里程相关,而与驾驶员的性别无显著关系。男性驾驶员的事故比率之所以会高于女性,是因为男性驾驶员的驾驶里程数多于女性驾驶员,从而证明原有两个变量性别与驾驶员的事故比率间的相关关系是虚假的。

（三）显示原先被隐含的关系

这种情况是指原两变量交叉列表分析结果显示两变量是不相关的,但加入第三个变量后,分析显示出原来的两变量间存在着某种相关的关系。以某次对出国旅游愿望的消费者抽样调查为例,样本容量为 1 000,研究年龄与出国旅游愿望之间的关系。首先对年龄与出国旅游愿望进行两变量交叉列表分析,得到结果如表 8.16 所示。表 8.16 表明年龄并不是影响人们有无出国旅游愿望的因素,年龄与出国旅游愿望之间没有什么相关关系。

表 8.16 平均年龄与出国旅游愿望之间的关系

出国旅游愿望	年龄	
	小于 45 岁	45 岁及以上
有	50%	50%
否	50%	50%
列总计	100%	100%
样本数量	500	500

但是把性别当作第三个变量引入后,三变量交叉列表分析却得到新的研究结果,如表 8.17 所示。表 8.17 表明,在加入第三个变量性别后,原先隐含的年龄与出国旅游愿望的关系得到了明确的反映:在男性中,小于 45 岁者有 60% 有出国旅游愿望;而女性小于 45 岁者只有 35% 有出国旅游愿望,45 岁及以上者却有 65% 有出国旅游愿望。因此在加入第三个变量性别后,原先隐含在年龄与出国旅游愿望的关系得以显现出来。

表 8.17 平均年龄、性别与出国旅游愿望之间的关系

出国旅游愿望	男性		女性	
	小于 45 岁	45 岁及以上	小于 45 岁	45 岁及以上
有	60%	40%	35%	65%
否	40%	60%	65%	35%
样本数量	300	300	200	200

(四)可能显示原有的联系没有改变

这种情况是指加入第三个变量并没有改变原来两变量交叉列表分析结果,说明加入的第三个变量不对原来的两变量之间的关系产生影响。以某次关于收入水平与经常外出就餐之间的关系分析的抽样调查为例,样本容量为 1 000,收入水平按照某个已知标准分成两类,即高收入和低收入,从而可以得到收入水平与经常外出就餐两变量交叉列表,如表 8.18 所示。表 8.18 显示,高收入水平的家庭经常外出吃饭的比例是 65%,而低收入家庭的比例只有 5%,显然收入水平是影响经常外出就餐的因素。

表 8.18 收入水平与经常外出就餐之间的关系

经常外出就餐	收入水平	
	高	低
是	65%	5%
否	35%	95%
样本数量	500	500

当把家庭规模作为第三个变量引入后,得到如表 8.19 的三变量交叉列表,发现对原来的两变量之间的关系没有什么影响,新变量家庭规模的引入并没有改变原先的结论。说明影响经常外出就餐的因素是收入水平,家庭规模对经常外出就餐没有什么显著的影响。

表 8.19　家庭规模、收入与经常外出就餐之间的关系

经常外出就餐	高收入		低收入	
	小	大	小	大
是	65%	65%	5%	5%
否	35%	35%	95%	95%
样本数量	250	250	250	250

第四节　调查问卷中的多项选择题的处理分析

在各类问卷调查中,多项选择题(或复选题)应用十分普遍。多项选择题的备选项较多,可以多重选择,被调查者的回答结果种类千差万别,这就给调查数据的处理带来了一定难度。在 SPSS 统计软件中有多重应答处理过程(Multiple Response),即多项选择题处理过程,但有关专著对多项选择题数据文件的建立与分析方法论述得较少或不够实用。本文将从实用的角度举例分析多项选择题答案如何进行数据编码和变量设置,并说明如何使用 SPSS 统计软件的多重应答处理方法,并对其分析方法加以深入剖析。

一、多项选择题的特点

所谓多项选择题,就是指对同一个问题可能有多个候选答案,受访者可以选择其中的若干个,也可以全选或不选,属于多元响应变量资料。本文以在某次婚恋观念调查的两个问卷项目为例来进行介绍。

- 项目 1,您的性别: 1-男　2-女
- 项目 2,您想选择哪些择偶标准(任选三项)
　1-相貌　2-文化水平　3-气质风度　4-志同道合　5-人品　6-家庭收入　7-其他

项目 2 是一个典型的多项选择题,受访者可以选择其中的一项或多项答案。很显然,几个选项反映的是同一个问题的不同侧面。

二、多项选择题的数据编码和变量设置

对于多项选择题,根据选择项目的多少和分析目的,一般可以采取以下 5 种数据编码和变量设置的方法。

(1)问题只设置 1 个字符变量。如对项目 2 只设置 1 个字符变量 a,宽度为 7。如某人择偶条件选择了相貌、气质风度和人品,可在变量 a 中输入字符 1010100。如果选择项较多,这种方法不但增加了输入的工作量,而且分析也不方便。

(2)将几种答案常出现的组合列出来,如项目 2 只有选择文化水平、志同道合和人品,相貌、文化水平和家庭收入……只设置 1 个数值变量,用 1、2、3 等分别表示各种组合。这种方法虽然可减少数据输入时的工作量,但在输入前要重新对多选答案编码,也不便于用 SPSS 统计软件灵活作各种统计分析。

(3) 将该问题只设置1个字符变量,但字符变量的宽度和字符变量值的输入方法与上述第1种方法不同。对上述项目2择偶条件选择,可设置一个字符变量。如某人择偶条件同时选择文化水平、志同道合和人品,则可输入字符变量值:245。字符变量值的宽度不一定和多选项的数目一致。如上述择偶条件选择,当调查对象中最多只会同时选择五项,则字符变量值的宽度设置为5。用这种方法建数据文件,可减少输入数据的工作量和差错。如多选题的选择项超过10,可用英文字母表示10以后的选择项。在数据输入完毕后,为了符合不同研究目的和统计方法的要求,可用 SPSS for Windows 统计软件中的数据转换(Compute)过程和子串选择函数(SUBSTR),将字符串变量中的每个变量值拆开,即每个答案设置一个变量,变量值为0和1。这种数据转换在 SPSS 统计软件中容易实现。但是此种方法可以用第4种方法直接代替,所以本文不作详细介绍。

(4) 多重二分法(multiple dichotomy method),对于多项选择题的每一个选项看作一个变量来定义。0代表没有被选中,1代表被选中。这样,多项选择题中有几个选项,就会变成几个单选变量,这些单选变量的选项都有两个,就是选中和未选,即0或1。如项目2有7个多选项,可将7个选项分别设置1个变量,即该问题分解为7个变量,每个变量设置变量值0和1。0表示"无",1表示"有"。如上述某人择偶条件,可设置数值变量:a1、a2、a3…a7(见表8.20)。若某人择偶条件同时选择文化水平、志同道合和人品,可在变量a2、a4 和 a5 中分别输入 1,a1、a3、a6 和 a7 中输入 0;也可在变量 a1、a3、a6 和 a7 中不输入任何数值,当缺失值处理。数据全部输入完毕后,通过变量转换,将缺失值转换为0。如果选择项较多,而被调查者最多只选择其中少数几项时(如项目2),这种方法就有点烦琐,输入数据时容易出错。

表8.20 多项二分法编码表

变量名	变量标签	编码方案	变量名	变量标签	编码方案
a1	相貌	0-不选 1-选	a5	人品	0-不选 1-选
a2	文化水平	0-不选 1-选	a6	家庭收入	0-不选 1-选
a3	气质风度	0-不选 1-选	a7	其他	0-不选 1-选
a4	志同道合	0-不选 1-选			

(5) 多重分类法(multiple category method),多项选择题中有几个选项,就定义几个单选变量。每个变量的选项都一样,都和多项选择题的选项相同。每个变量代表被调查者的一次选择,即记录的是被选中的选项的代码。由于被调查者可能不会全部都选,在数据录入时,一般从这些变量的靠左边的变量开始录入,右边的变量自然就是缺失值。当被调查者对多项选择题中的选项全部选择时,这些变量中都有一个选项代码,此时没有缺失值。如项目2您想选择哪些择偶条件(任选三项),有3个多选项,可将3个选项分别设置3个变量,即该问题分解为3个变量 b1、b2、b3,每个变量设置变量值1、2、3、4、5、6和7(见表8.21),若某人择偶条件同时选择文化水平、志同道合、人品,则在 b1 中输入 2,b2 中输入 4,b3 中输入 5。

以上介绍的几种方法,第4种和第5种方法是 SPSS 统计软件中对多项选择题的标准记录方式。

表 8.21 多重分类法编码表

变量名	变量标签	编码方案					
b1	第一选项	1-相貌	2-文化水平	3-气质风度	4-志同道合	5-人品	6-家庭收入
		7-其他					
b2	第二选项	1-相貌	2-文化水平	3-气质风度	4-志同道合	5-人品	6-家庭收入
		7-其他					
b3	第三选项	1-相貌	2-文化水平	3-气质风度	4-志同道合	5-人品	6-家庭收入
		7-其他					

三、多项选择题的数据处理分析过程

在 SPSS 统计软件的多重应答处理过程(Multiple Response)子菜单包括三个过程,分别是 Define Sets、Frequencies 和 Crosstabs 过程,如图 8.8 所示。

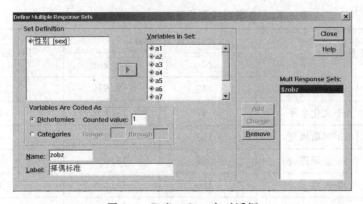

图 8.8 Multiple Response 子菜单

(1) Define Sets 过程,用于多项选择题的定义,它的主对话框如图 8.9 所示。

图 8.9 Define Sets 主对话框

该对话框中各选项的含义如下。
- Set Definition 框中列出文件所有的数值型变量,其中的根据多项选择题选项定义的变量,用于多项选择题变量集。

- Variables in Set 框是选入需要加入同一个多项选择题变量集的变量系列,这些变量必须为多分类,并按照相同的方式来编码。项目 2 把 Set Definition 框中的 a1,a2,a3,…,a7 放入 Variables in Set 框。
- Variables Are Coded As 单选框组是选择变量集中的变量的编码方式。有两种方式可以选择,分别是 Dichotomies(多重二分法编码方式)和 Categories(多重分类法编码方式)。要根据预定义时使用的方法,选择相应的编码方式。若选择 Dichotomies 方式,某个数值表示选中时,相应的数值在右侧框中输入。若选择 Categories 方式,则需要设定取值范围,在该范围内的记录值纳入分析。一般的取值范围是该多项选择题选项的最大和最小代码。项目 2 应用的是 Dichotomies(多重二分法编码方式),所以在它右侧框中输入 1。
- Name 框是输入多项选择题变量集的名称。项目 2 用的是 Zobz。
- Label 框是多项选择题变量集定以一个名称标签。项目 2 用的是择偶标准。
- Mult Response Sets 框是已定义好的多项选择题变量集列表,可定义多个,它左侧的三个按钮 Add、Change 和 Remove,分别用于添加、修改和移出变量集的定义。本例项目 2 单击 Add 钮,Mult Response Sets 框就出现变量集 $Zobz。
- 最后单击 Close 按钮,相应的多项选择题变量集就定义完成了。在 SPSS 统计软件中的多重应答处理过程(Multiple Response),最多可以定义 20 个多项选择题变量集。

(2) Freqencies 过程,Multiple Response 菜单中的 Frequencies 过程比较简单,为多项选择题生成频数表,它的主对话框如图 8.10 所示。把多项选择题变量集择偶标准($Zobz)从左边的 Mult Response Sets 框移入右边的 Table(s) for 框,其他默认,单击 OK 按钮,多项选择题的频数表就生成了,如表 8.22 所示。在本次调查中,对 170 名受访者的调查结果如下。在择偶标准中,居于前三位的分别为:a5(人品)被选率最高 29.4%,其次是 a3(气质风度)为 20.2%,再次是 a4(志同道合)为 18.0%。

表 8.22 多项选择题的频数表 $ zobz Frequencies

变量名		Responses		Percent of Cases
		N	Percent	
择偶标准	a1-相貌	49	9.6%	28.8%
	a2-文化水平	67	13.1%	39.4%
	a3-气质风度	103	20.2%	60.6%
	a4-志同道合	92	18.0%	54.1%
	a5-人品	150	29.4%	88.2%
	a6-家庭收入	40	7.8%	23.5%
	a7-其他	10	2.0%	5.9%
	Total	511	100.0%	300.6%

注:a, Dichotomy group tabulated at value;1. 0 missing cases;170 valid cases。

(3) Crosstabs 过程,是多重反应列联表分析(Multiple Response Crosstabs),可以产生多重交叉列联表,而且可以对单元格进行很细致的分析,它的主对话框如图 8.11 所示。

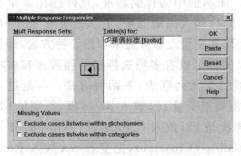
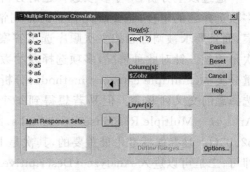

图 8.10 Frequencies 过程主对话框　　图 8.11 Multiple Response Crosstabs 对话框

其中 Mult Response Sets 框,显示已经定义好的多项选择题变量集。下方的 Define Ranges 按钮用于为相应的变量设置取值范围。本例把变量集 $Zobz 放入 Colum(s)框,把变量 sex 放入 Row(s)框,并对性别定义变量值的范围,单击 Define Ranges 按钮,定义最小值和最大值分别为 1、2。对于 Option 子对话框,本例选择了 Cell Percengtage(百分比)的 Row,Percengtage Based on 选择的是 Case,一般选择其默认状况即可。最后单击 OK 按钮,便得到多项选择题的交叉列联表(见表 8.23)。虽然在频数分析中的择偶标准为 a5(人品)被选率最高为 29.4%,其次是 a3(气质风度)为 20.2%,再次是 a4(志同道合)为 18.0%。但是从交叉列联表中却可以看出不同性别的择偶标准差异:在被调查的 58 名男性中,a5(人品)被选率最高为 84.5%(49/58),其次是 a3(气质风度)为 60.3%(35/58),再次是 a1(相貌)为 58.6%(34/58)。在被调查的 112 名女性中,a5(人品)被选率最高为 90.2%(101/112),其次是 a3(气质风度)为 60.7%(68/112),再次是 a4(志同道合)为 52.7%(59/112)。可以看出,在择偶标准中,男性注重的是人品、气质风度和相貌;女性并不太注重相貌,而注重的是人品、气质风度和志同道合。

表 8.23　多项选择题的交叉列联表 sex* $Zobz Crosstabulation

sex			择偶标准						Total
		$Zobz	a1-相貌	a2-文化水平	a3-气质风度	a4-志同道合	a5-人品	a6-家庭收入	a7-其他	
性别	男	Count	34	16	35	33	49	2	5	58
		% within sex	58.6	27.6	60.3	56.9	84.5	3.4	8.6	
	女	Count	15	51	68	59	101	38	5	112
		% within sex	13.4	45.5	60.7	52.7	90.2	33.9	4.5	
Total		Count	49	67	103	92	150	40	10	170

注:Percents and totals based on respondents.
　　170 valid cases;0 missing cases.

四、多项选择题的处理过程讨论

通过以上分析,对于多项选择题的分析目标基本可以达到,但是有些调查不仅要研究多项选择题的组合,还要研究答案的排列情况。如本例中的择偶标准,允许选择 3 个答案,而且要求被调查者按主次顺序选出答案,如 521,即人品最重要,其次是文化水平,再次是相貌。针对此种情况,多项选择题的数据编码和变量设置只能采取第 5 种方法,即多重分类法(multiple category method),分析结果同样可以有多项选择题的频数表和多项选择题的交叉列联表。但是若想得到每个选项的交叉列联表,有两种方法:一是进入 Analyze→Multiple Response→Crosstabs,此时需要把变量 sex 放入 Rows 框,把变量 b1、b2、b3(b1 是择偶标准中最重要的,其次是 b2,再次是 b3)放入 Colums 框,单击 OK 按钮即可;二是可以进入 Analyze→Descripitive Statistics→Crosstabs,把变量 sex 放入 Rows 框,把变量 b1、b2、b3 放入 Colums 框,单击 Define Ranges 按钮,定义最小值为 1,最大值为 7。单击 OK 按钮即可。对于 Option 子对话框,本例选择了 Cell Percengtage(百分比)的 Row,Percengtage Based on 选择的是 Case。可把性别与择偶标准按重要性排列由高到低得到三个不同的交叉列联表,从而看出不同性别择偶标准的不同。

思 考 题

1. 调查资料的处理包括哪些步骤?
2. 调查资料的审核包括哪些内容?
3. 如何对问卷中封闭式问题进行编码?
4. 如何对问卷中开放式问题进行编码?
5. 数据自动清理包括哪些内容?
6. 对于缺失数据处理的方法有哪些?
7. 数据集中趋势的指标有哪些? 各有何特色?
8. 数据离散趋势的指标有哪些? 各有何特色?
9. 什么是交叉列表? 如何正确地选择和确定交叉列表中的变量?
10. 什么是两变量交叉列表?
11. 怎样对两变量交叉列表中的两变量相关关系进行判断?
12. 什么是三变量交叉列表?

案例分析讨论

销售业绩调查

Coatal Star 销售公司是美国西海岸的一家批发公司。他们对多个厂商生产的休闲产品进行营销。该公司拥有一支 80 人的销售队伍,向美国南北两个销售区的 6 个州的批发商进行批发。公司每年都要对销售人员的业绩情况进行统计分析。表 8.24 统计了该公司 11 个销售人员的描述性信息及其这两年的销售业绩。

表 8.24 Coatal Star 公司销售人员业绩数据

地区	销售者年龄	销售年数	销售额/元	
			2003 年	2004 年
北方	40	7	412 744	411 007
北方	60	12	1 491 024	1 726 630
北方	26	2	301 421	700 112
北方	39	1	401 241	471 001
北方	64	5	448 160	449 261
南方	51	2	518 897	519 412
南方	34	1	846 222	713 333
南方	62	10	1 527 124	2 009 041
南方	42	3	921 174	1 030 000
南方	64	5	463 399	422 798
南方	27	2	548 011	422 001

案例思考题：

请对以上数据中的变量计算平均数、标准差、中位数、众数和全距，并根据计算结果分析该公司销售人员的基本信息和业绩分布情况。

第九章

调查数据高级分析方法

【学习目标】

通过本章学习,读者应了解相关和回归分析的原理与步骤;掌握多变量数据分析方法具体包括多元回归分析、多元判别式分析、聚类分析、因子分析的原理;掌握 SPSS 的基础知识,精通 SPSS 在描述性分析与方差分析、相关分析、回归分析以及市场调查图表制作中的应用。

【导入案例】

北京亚运村市场汽车销售情况

2005 年 4 月北京亚运村市场汽车交易市场的汽车销售数据见表 9.1。

表 9.1 汽车销售数据　　　　　　　　　　　　　　单位:辆

国产车销售排行前 10 名	销售量	进口车销售排行前 10 名	销售量
福美来	556	丰田	149
夏利	541	现代	102
捷达	370	日产	68
松花江	298	奔驰	30
富康	277	宝马	30
哈飞路宝	200	大众汽车	23
高尔夫	190	克莱斯勒	17
东方之子	181	本田	16
长安奥拓	145	雷克萨斯	10
爱丽舍	117	奥迪	6

对于国产汽车和进口汽车销售量可以进行对比,那么绘制什么图形更能很好地展示呢?可以进行何种统计分析?

(资料来源:许以洪,熊艳.市场调查与预测.北京:机械工业出版社,2010)

启示:对于数据的分析与展示应该尽量让人一目了然,在最短的时间内获取尽量多的信息量,那么在调查报告中数据的展示与分析就尤其重要,要解读数据背后所蕴涵的重要信息,需要掌握各种较为深入的分析方法与数据展示的方法。

在市场调查中,对获取的数据资料,有的调查项目经初步的定性分析和解释即可得出结论;但多数情况下,还必须对有关数据做深层次的定量分析,才能为决策提供相对理性客观的依据。为此,本章将介绍一些常用的数据分析方法,如假设检验、回归分析、判别分析、聚类分析和因子分析等。

第一节 假设检验

假设检验是推论统计中常用的一种方法。在总体的分布函数未知或只知其形式不知其参数的情况下,为推断总体的某些性质,先对总体提出假设,然后根据样本资料对假设的正确性进行判断,决定是接受还是拒绝这一假设。

假设检验包括参数假设检验和非参数假设检验。参数假设检验是在总体分布已知的情况下,先对总体参数提出假设,然后利用样本信息去检验该假设是否成立;参数检验包括对平均值的检验和对百分数的检验。非参数假设检验是在总体分布未知的情况下,先对总体提出假设,然后根据样本资料对假设的正确性进行判断。非参数检验的方法很多,本书主要介绍市场营销中较常用的方法:χ^2 检验、魏氏检验和麦氏检验。

一、假设检验的原理与步骤

(一)假设检验的基本原理

假设检验所依据的基本原理是概率论中的小概率原理,即"小概率事件在一次观察中不可能出现"的原理。但是,如果小概率事件恰恰是在一次实际观察中出现了,该如何判断?一种观点认为该事件的概率仍然很小,只是碰巧被遇上了;另一种看法则是怀疑和否定该事件的概率未必很小,即认为该事件本身就不是一种小概率事件,而是一种大概率事件。后一种判断更为合理,它所代表的正是假设检验的基本思想。

(二)假设检验的步骤

检验一个假设一般有如下五个步骤。
(1)建立原假设 H_0 和备择假设 H_1。一般把需要通过样本去推断其正确与否的命题作为原假设。
(2)选择适当的统计方法来检验假设。
(3)明确判断标准,并作为决定是否拒绝或不拒绝原假设 H_0 的基础。
(4)计算检验统计量的值并进行检验。
(5)从初始问题或调查问题角度陈述结论。

【资料链接 9-1】
假设检验背后的哲学

如果一个人说他从来没有骂过人。他能够证明吗?如果非要证明他没有骂过人,他必须出示他从小到大每一时刻的录音录像,所有书写的东西等,还要证明这些物证是完全的、真实的、没有间断的。这简直是不可能的。即使他找到一些证人,比如他的同学、家人和同事来证明,那也只能够证明在那些证人在场的某些片刻,他没有被听到骂人。但是,反过来,如果要证明这个人骂过人很容易,只要有一次被抓住就足够了。看来,企图肯定什么事物很难,而否定却要相对容易得多。在假设检验中,一般要设立一个原假设(上面的"从来没骂过人"就是一个例子);而设立该假设的动机主要是企图利用人们掌握的反映现实世界的数据来找出假设与现实之间的矛盾,从而否定这个假设。在多数统计教科书中(除了理论探讨之外)的假设检验都是以否定原假设为目标。如果否定不了,那就说明证据不足,无法否定原假设,但这不能说明原假设正确。就像一两次没有听过他骂人还远不能证明他从来没有骂过人。

(资料来源:吴喜之.统计学:从数据到结论.北京:中国统计出版社,2004年8月第1版,74页)

二、关于平均值的假设检验

对总体均值的假设检验是根据样本平均值及标准差判断总体平均值的大小的方法。对大样本($n \geqslant 30$)使用 Z 检验法;对小样本($n < 30$),则应用自由度为 $n-1$($n=$样本数)的 t 检验法。

(一) 大样本下的总体平均值假设检验

样本平均值的检验形式为

$$Z = (\bar{x} - \mu_0)/(\sigma/\sqrt{n})$$

计算所得到的值说明了 $\bar{x}$ 与 μ_0 之间相距多少个标准差。用 Z 作为检验统计量来确定与其之间的距离是否足够远,进而判断是否拒绝原假设。

1. 大样本下总体均值的单侧检验

(1) 如果 $H_0: \mu \geqslant \mu_0$,$H_1: \mu < \mu_0$

检验统计量:

$$Z = (\bar{x} - \mu_0)/(\sigma/\sqrt{n})$$

显著性水平为 α 时的拒绝法则:如果 $Z < -Z_\alpha$,则拒绝 H_0。

(2) 如果 $H_0: \mu \leqslant \mu_0$,$H_1: \mu > \mu_0$

检验统计量:

$$Z = (\bar{x} - \mu_0)/(\sigma/\sqrt{n})$$

显著性水平为 α 时的拒绝法则:如果 $Z > Z_\alpha$,则拒绝 H_0。

【例 9-1】 某大学管理学院对 200 名已毕业的 MBA 校友的年收入进行调查。结果如下:总样本平均收入 6.75 万元,标准差 1.75 万元。是否可以由调查结果判定毕业的 MBA 校友的总的平均收入在 6.50 万元以上(显著性水平为 $\alpha=0.05$)?

解 根据题意,$n=200$,$\mu_0=6.50$,$\alpha=0.05$,$\sigma=1.75$,$\bar{x}=6.75$。

(1) 建立原假设 H_0 和备择假设 H_1:

$$H_0: \mu \leqslant \mu_0, \quad H_1: \mu > \mu_0$$

(2) 选择适当的统计方法来检验假设。

$n=200$ 属于大样本,采用单侧检验 Z 检验法。

(3) 明确判断标准,并作为决定是否拒绝或不拒绝原假设 H_0 的基础。

显著性水平为 $\alpha=0.05$,查正态分布表得到 $Z_\alpha=1.645$,如果 $Z>Z_\alpha$,则拒绝 H_0。

(4) 计算检验统计量的值并进行检验。

$$Z = (\bar{x}-\mu_0)/(\sigma/\sqrt{n})$$
$$= (6.75-6.50)/(1.75 \div \sqrt{200})$$
$$= 2.02$$

(5) 陈述结论。

因为 $2.02>1.645$,即 $Z>Z_\alpha$,所以,拒绝原假设。因而得出结论:毕业的 MBA 校友的总的平均收入在 6.50 万元以上。

2. 大样本下总体均值的双侧检验

大样本下总体均值双侧检验的一般形式可以表述为:

$$H_0: \mu=\mu_0, \quad H_1: \mu \neq \mu_0$$

检验统计量:

$$Z=(\bar{x}-\mu_0)/(\sigma/\sqrt{n})$$

显著性水平为 α 时的拒绝法则是:$Z>Z_{\alpha/2}$,或 $Z<-Z_{\alpha/2}$,则拒绝 H_0。

【例 9-2】 某单位职工上月平均收入为 210 元,本月调查了 100 名职工,平均月收入为 220 元,标准差为 15 元。问该单位职工本月平均收入与上月相比是否有变化?

解 根据题意,$n=100, \mu_0=210, \sigma=15, \bar{x}=220$。

首先建立原假设(H_0)和备择假设(H_1)

$$H_0: \mu=210, \quad H_1: \mu \neq 210$$

选择显著性水平 $\alpha=0.05$,查正态分布表得到 $Z_{(0.05/2)}=1.96$

检验统计量:

$$Z=(220-210)/(15/\sqrt{100})=6.67$$

由于 $Z=6.67>Z_{(0.05/2)}=1.96$,所以,拒绝 H_0,即从总体上说,该单位职工本月平均收入与上月相比有变化。

(二) 小样本下的总体平均值假设检验

利用自由度为 $n-1$ 的 t 分布是对小样本进行统计推论的合适检验。其单侧检验和双侧检验方法如下。

1. 小样本下总体均值的单侧检验

(1) 如果 $H_0: \mu \geqslant \mu_0, H_1: \mu < \mu_0$

检验统计量:

$$t=(\bar{x}-\mu_0)/(S/\sqrt{n-1})$$

显著性水平为 α 时的拒绝法则是:$t<-t_\alpha$,则拒绝 H_0。

(2) 如果 $H_0: \mu \leqslant \mu_0, H_1: \mu > \mu_0$,

检验统计量:
$$t = (\bar{x} - \mu_0)/(S/\sqrt{n-1})$$

显著性水平为 α 时的拒绝法则是: $t > t_\alpha$, 则拒绝 H_0。

【例 9-3】 某企业研究对职工进行培训的效果。原预测培训后每个职工的月产量可达到 2 000 件。培训结束时对 16 个经过培训的职工进行抽样,发现平均月产量只有 1 700 件,标准差为 250 件。能否由此结果推断培训没有达到预期效果?(显著性水平为 $\alpha = 0.05$)

解 根据题意, $n = 16, \mu_0 = 2\,000, \alpha = 0.05, S = 250, \bar{x} = 1\,700$。

(1) 建立原假设 H_0 和备择假设 H_1:
$$H_0: \mu \geqslant \mu_0, \quad H_1: \mu < \mu_0$$

(2) 选择适当的统计方法来检验假设。

$n = 16$ 属于小样本,采用单侧检验 t 检验法。

(3) 明确判断标准,并作为决定是否拒绝或不拒绝原假设 H_0 的基础。

显著性水平为 $\alpha = 0.05$,查正态分布表(自由度为 $n - 1 = 15$)得到 $t_\alpha = 1.753$,如果 $t < -t_\alpha$,则拒绝 H_0。

(4) 计算检验统计量的值并进行检验。
$$\begin{aligned} t &= (\bar{x} - \mu_0)/(S/\sqrt{n-1}) \\ &= (1\,700 - 2\,000)/(250 \div \sqrt{16}) \\ &= -4.8 \end{aligned}$$

(5) 陈述结论。

因为 $-4.8 < -1.753$,即 $t < -t_\alpha$,所以,拒绝原假设。因而得出结论:培训没有达到预期效果。

2. 小样本下总体均值的双侧检验

小样本下总体均值双侧检验的一般形式可以表述为:
$$H_0: \mu = \mu_0, \quad H_1: \mu \neq \mu_0$$

检验统计量:
$$t = (\bar{x} - \mu_0)/(S/\sqrt{n-1})$$

显著性水平为 α 时的拒绝法则是: $t > t_{\alpha/2}$,或 $t < -t_{\alpha/2}$,则拒绝 H_0。

【例 9-4】 专家认为一般汽车司机的视反应时平均 175 毫秒。经过随机抽取 36 名汽车司机作为研究样本进行测定,结果视反应平均值为 180 毫秒,标准差为 25 毫秒。能否根据测试结果否定专家的结论(假定人的视反应时符合正态分布)。

解 根据题意, $n = 36, \mu_0 = 175, \alpha = 0.05, S = 25, \bar{x} = 180$。

首先建立原假设(H_0)和备择假设(H_1):
$$H_0: \mu = 175, \quad H_1: \mu \neq 175$$

选择显著性水平 $\alpha = 0.05$,查 t 分布表得到 $t_{(0.05/2)} = 2.03$

检验统计量：
$$t = (180-175)/(25/\sqrt{36-1}) = 1.18$$
由于 $t=1.18 < t_{(0.05/2)} = 2.03$，所以，不能拒绝 H_0，即根据测试结果不能否定专家的结论。

（三）两个总体平均值差的假设检验

两组样本：$x_1, x_2, \cdots, x_n$ 与 $y_1, y_2, \cdots, y_n$ 分别来自两个独立的正态总体 $N(\mu_1, \sigma_1^2)$ 与 $N(\mu_2, \sigma_2^2)$。

假设检验为
$$H_0: \mu = \mu_0, \quad H_1: \mu \neq \mu_0$$
检验统计量及显著性水平为 α 时的拒绝法则如下。

（1）如果方差 σ_1^2 与 σ_2^2 已知时，选用统计量进行 Z 检验：
$$Z = [(\bar{x} - \bar{y}) - (\mu_1 - \mu_2)] \div \sqrt{\frac{\sigma_1^2}{n_1} + \frac{\sigma_2^2}{n_2}}$$
显著性水平为 α 时的拒绝法则是 $Z > Z_{\alpha/2}$，或 $Z < -Z_{\alpha/2}$，则拒绝 H_0。

（2）如果方差 σ_1^2 与 σ_2^2 未知时，则选用统计量进行 t 检验：
$$t = [(\bar{x} - \bar{y}) - (\mu_1 - \mu_2)] \div S_w \sqrt{\left(\frac{1}{n_1} + \frac{1}{n_2}\right)}$$
其中
$$S_w^2 = [(n_1 - 1)S_1^2 + (n_2 - 1)S_2^2] \div (n_1 + n_2 - 2)$$
显著性水平为 α 时的拒绝法则是 $t > t_{\alpha/2}$，或 $t < -t_{\alpha/2}$，则拒绝 H_0。

【例 9-5】 宏达公司为提高产品质量，对部分职工进行了第一期培训。为了解培训效果，特从经过培训的职工中和未经过培训的职工中各随机抽取 10 人，记录其月产量。假设这两组职工的实际产量均近似地服从正态分布，且已知其标准差。有关数据见表 9.2。现要求判断培训对职工产量提高有无显著性影响。

表 9.2 宏达公司部分职工产量统计

样　本	月平均产量	标准差	样本大小
经过培训的职工	$\bar{x} = 2\,059$	$\sigma_1 = 140$	$n_1 = 10$
未经过培训的职工	$\bar{y} = 1\,939$	$\sigma_2 = 170$	$n_2 = 10$

解 依题意，标准差 σ_1、σ_2 均已知，可采用 Z 检验法。

（1）建立假设：

$H_0: \mu_1 = \mu_2$，即培训对职工产量提高无显著性影响；

$H_1: \mu_1 > \mu_2$，即培训对职工产量提高有显著性影响。

（2）选择检验统计量：
$$Z = (2\,059 - 1\,939)/\sqrt{\frac{140^2}{10} + \frac{170^2}{10}} \approx 1.732$$

（3）选定显著性水平 $\alpha = 0.05$，查正态分布表得
$$Z_\alpha = 1.645 = Z_{0.05} = 1.645$$

(4) 作出判断。

由于 $|Z|>Z_{0.05}$，所以拒绝 H_0，接受 H_1，即至少有 95% 的把握认为培训对职工产量的提高有显著性影响，培训效果显著，达到了预期目的。

上述的 Z 检验法适用于方差已知的情形；若方差未知时，可改用样本标准差 S 代替 σ，实行 t 检验。

三、关于比率的假设检验

市场调研人员经常会进行比率或百分比方面的估计。例如，知晓某一广告的人数比率；检验在被调查者中偏爱 A 品牌的比率和偏爱 B 品牌的比率，或者品牌忠诚者的比率与非忠诚者的比率。下面介绍一个样本的比率检验方法和独立样本的两比率差分的检验方法。

（一）一个样本的比率检验

令 P 代表总体比率，P_0 代表总体比率的某一假设值，则总体比率的假设检验有如下三种形式：

(1) $H_0: P \geqslant P_0, H_1: P < P_0$

(2) $H_0: P \leqslant P_0, H_1: P > P_0$

(3) $H_0: P = P_0, H_1: P \neq P_0$

前两种形式为单侧检验，第三种形式为双侧检验，具体采用哪一种形式依赖于应用的要求。

统计检验量为

$$Z = (\overline{P} - P_0) \div \sigma_P = (\overline{P} - P_0) \div \sqrt{\frac{P_0(1-P_0)}{n}}$$

【例 9-6】 某公司进行一次新产品研究，其中的一项内容是调查新产品将来可能的市场占有率。对 500 名潜在用户调查后发现，有 15% 的潜在用户回答很可能或绝对可能购买该新产品。公司的其他研究表明，在新产品全面投入市场后，市场占有率 P 必须超过 12% 才能保证获利。问是否应该开发这个新产品？（显著性水平为 $\alpha = 0.05$）

解 检验步骤如下：

(1) 确定与应用相适应的原假设和备择假设。

$$H_0: P \leqslant 12\%, \quad H_1: P > 12\%$$

(2) 原假设条件下用 P 值计算估计标准差：

$$SP = \sqrt{\frac{P(1-P)}{n-1}} = \sqrt{\frac{0.12(1-0.12)}{500-1}} = 0.0145$$

(3) 指定检验中的显著性水平：$\alpha = 0.05, Z = 1.64$。

(4) 利用显著性水平根据检验统计量的值建立拒绝 H_0 的判定规则。

显著性水平为 α 时的拒绝法则：如果 $Z >$ 临界值 Z_α，则拒绝 H_0。

(5) 根据样本数据,计算检验统计量的值 Z:

$$Z = \frac{\text{样本比率} - \text{原假设表述的总体比率}}{\text{估计标准差}}$$
$$= (0.15 - 0.12)/0.014\ 5$$
$$= 2.069 > 1.64$$

(6) 将检验统计量的值与拒绝规则所指定的临界值相比较,确定是否拒绝 H_0。

计算出来的 $Z(2.069)$ 大于临界值 1.64,我们有 95% 的把握确信这个新产品的市场占有率大于 12%,应该开发这个新产品。

【例 9-7】 某地区进行晚婚情况调研,若随机抽取初婚女子 105 人,测得其中 42 人为达到晚婚年龄后初婚女子。试以 0.05 的显著水平 4 年前该地晚婚率 32% 相比,是否发生显著变化?

解 建立原假设和备择假设 $H_0: P=32\%$, $H_1: P\neq 32\%$。

依题意

$$P = 42/105 = 0.4$$

检验统计量的值:

$$Z = (\bar{P} - P_0) \div \sqrt{\frac{P_0(1-P_0)}{n}}$$
$$= (0.4 - 0.32)/\sqrt{\frac{0.32(1-0.32)}{105}}$$
$$= 1.76$$

查表得 $(n=105, \alpha=0.05)$ $|Z_{0.05}| = 1.96$

因为 $Z=1.76 < |Z_{0.05}| = 1.96$,所以不能拒绝 H_0。说明该地晚婚率与 4 年前相比未发生显著变。

(二) 独立样本的两比率差分的检验

在不少情形中,管理层感兴趣的是两个不同组中具有某种行为或特征的人的比例。下面通过一个实例说明独立样本的两比率差分的假设检验过程。

【例 9-8】 便利店的管理层以一项调查研究为基础有理由相信,每月购物 $\geqslant 9$ 次的人中,男性百分比大于女性百分比。有关资料为:男性样本数 $n_1=45$ 人,比率 $P_1=0.58$;女性样本数 $n_2=71$ 人,比率 $P_2=0.42$。

解 (1) 建立原假设 H_0 和备择假设 H_1。

$H_0: P_1 \leqslant P_2$ (即每月购物大于等于 9 次的男性所占百分比 $\leqslant$ 女性的百分比)

$H_1: P_1 > P_2$ (即男性百分比 $>$ 女性百分比)

(2) 确定显著性水平 $\alpha=0.10$ (管理层决定)。

对于 $\alpha=0.10$,查表得 Z 值(临界)$=1.28$(自由度 $=\infty$,0.10 显著水平,单尾)。

(3) 计算两比率间差异的估计标准误差。

$$S = \sqrt{P(1-P)\left(\frac{1}{n_1} + \frac{1}{n_2}\right)}$$

式中，$P = \dfrac{n_1 P_1 + n_2 P_2}{n_1 + n_2}$。

根据资料，$P = (45 \times 0.58 + 71 \times 0.42) \div (45 + 71) = 0.48$

$$S = \sqrt{0.48 \times (1 - 0.48) \times \left(\dfrac{1}{45} + \dfrac{1}{71}\right)} = 0.10$$

(4) 计算检验统计量。

$$Z = \dfrac{两样本比率之差 - 原假设表述的比率差}{两比率间差异的估计标准差}$$

$$= \dfrac{0.58 - 0.42}{0.10} = 1.60$$

(5) 将检验统计量的值与拒绝规则所指定的临界值相比较，确定是否拒绝 H_0。

因为计算出的 $Z = 1.60 >$ 临界 Z 值 $(1.28, \alpha = 0.10)$，所以原假设不成立。因此，管理层可有 90% 的把握确信每月购物大于等于 9 次的男性所占百分比大于女性的百分比。

这里必须强调的是显著性水平的选择与确定直接影响假设检验。上面的例子如果取 $\alpha = 0.05$，我们可以得出与以上结论相反的答案。

四、拟合优度

调研中收集的数据经常用单向频次和交叉表的方法来分析。我们所观察到的频次形态是否与期望的一致？常用的检验方法是拟合优度（goodness of fit）检验。下面将讲述拟合优度在检验单个样本和两个独立样本的交叉类别数据分布方面的应用。

（一）单个样本的 χ^2 检验

对单个样本进行 χ^2 检验时，可选用统计量：

$$\chi^2 = \sum_{i=1}^{k} \dfrac{(Q_i - E_i)^2}{E_i}$$

式中：Q_i——第 i 类的观察值（观察频数）；

E_i——第 i 类的期望值（期望频数）；

k——类别数。

【例 9-9】 在过去的一年里，公司 A 的市场份额稳定为 50%，公司 B 为 30%，公司 C 为 20%。最近公司 B 开发了一种新产品，该产品已经取代了其原有的老产品，某调查公司接受 B 公司的委托，请 200 名用户来进行调查，为它判断新产品是否使原有的市场份额发生了变化。调查结果如表 9.3 所示。

表 9.3 市场份额调查的 χ^2 检验

类 别	假设比例	观察频数 (Q_i)	期望频数 (E_i)	$Q_i - E_i$	$(Q_i - E_i)^2$
公司 A	0.50	48	$200 \times 0.50 = 100$	-52	2 704
公司 B	0.30	98	$200 \times 0.30 = 60$	38	1 444
公司 C	0.20	54	$200 \times 0.20 = 40$	14	196

解 （1）建立原假设 H_0 和备择假设 H_1。

H_0：三个公司的市场份额不变。

H_1：公司 B 的新产品使原有的市场份额发生显著性改变。

（2）计算检验统计量的值：

$$\chi^2 = \sum_{i=1}^{k} \frac{(Q_i - E_i)^2}{E_i} = \frac{2\,704}{100} + \frac{1\,444}{60} + \frac{196}{40} = 56.01$$

（3）确定显著性水平 $\alpha = 0.05$。

对于自由度 $df = k - r - 1 = 3 - 0 - 1 = 2$（$r$ 为被估计的参数的个数，取 0）查 χ^2 分布表得 $\chi_\alpha^2 = 5.99$。

（4）将检验统计量的值与拒绝规则所指定的临界值相比较，确定是否拒绝 H_0。由于 $\chi^2 > \chi_\alpha^2$，则拒绝 H_0。即认为公司 B 的新产品投入市场改变了从前的市场份额。

（二）两个独立样本的 χ^2 检验

在市场调研中，调研人员经常需要确定两个或两个以上不同变量间是否有联系。一般用 χ^2 检验两个样本的独立性。

对两个样本进行 χ^2 检验时，可选用统计量：

$$\chi^2 = \sum_{i=1}^{r} \sum_{k=1}^{k} \frac{(Q_{ij} - E_{ij})^2}{E_{ij}}$$

式中：Q_{ij}——第 i 行第 j 列中的观察值；

E_{ij}——第 i 行第 j 列中的期望值（估计值），$E_{ij} = \frac{n_i \cdot n_j}{n}$。

下面看一个例题。

【例 9-10】 一家便利连锁店想确定顾客性别与来店频次间关系的性质。来店频次被分为三个等级：1～5 次/月（少量使用者），6～14 次/月（中等使用者），大于等于 15 次/月（大量使用者）。有关资料见表 9.4。

表 9.4 两个独立样本的 χ^2 检验

去便利店的男性				去便利店的女性			
次数 X_m	人数 f_m	频率/%	累计频率/%	次数 X_f	人数 f_f	频率/%	累计频率/%
2	2	4.4	4.4	2	5	7.0	7.0
3	5	11.1	15.6	3	4	5.6	12.7
5	7	15.6	31.1	4	7	9.9	22.5
6	2	4.4	35.6	5	10	14.1	36.6
7	1	2.2	37.8	6	6	8.5	45.1
8	2	4.4	42.2	7	3	4.2	49.3
9	1	2.2	44.4	8	6	8.5	57.7
10	7	15.6	60.0	9	2	2.8	60.6
12	3	6.7	66.7	10	13	18.3	78.9
15	5	11.1	77.8	12	4	5.6	84.5
20	6	13.3	91.1	15	3	4.2	88.7
23	1	2.2	93.3	16	2	2.8	91.5

续表

去便利店的男性				去便利店的女性			
次数 X_m	人数 f_m	频率/%	累计频率/%	次数 X_f	人数 f_f	频率/%	累计频率/%
25	1	2.2	95.6	20	4	5.6	97.2
30	1	2.2	97.8	21	1	1.4	98.6
40	1	2.2	100.0	25	1	1.4	100.0
合计	45				71		

解 （1）建立原假设 H_0 和备择假设 H_1。

H_0：性别和来店频次间没有关系

H_1：性别和来店频次间有显著关系

（2）将观察到的样本频次填入 $k \times r$ 交叉表中（见表9.5）。

表9.5 $k \times r$ 交叉表

来店频次	男 性	女 性	合 计
1～5次	14(15.52)	26(24.48)	40
6～14次	16(19.40)	34(30.60)	50
15次及以上	15(10.09)	11(15.91)	26
合 计	45	71	116

k 列代表样本组数，r 行代表条件或处理。计算每一列和每一行的和并将这些总和记录在表的边缘处（称为边缘总和）。

（3）计算 χ^2 的值。

$$\chi^2 = \frac{(14-15.52)^2}{15.52} + \frac{(26-24.48)^2}{24.48} + \frac{(16-19.40)^2}{19.40}$$

$$+ \frac{(34-30.60)^2}{30.60} + \frac{(15-10.09)^2}{10.09} + \frac{(11-15.91)^2}{15.91}$$

$$= 5.12$$

（4）选择显著水平 $\alpha = 0.05$。

自由度为 $(r-1)(k-1) = 2$。对于 $\alpha = 0.05$，自由度=2，查 χ^2 分布表得 $\chi_\alpha^2 = 5.99$。

（5）将检验统计量的值与拒绝规则所指定的临界值相比较，确定是否拒绝 H_0。由于 $\chi^2 = 5.12 < \chi_\alpha^2 (5.99)$，所以不拒绝原假设。从来店频次看，男性女性无显著差别。

五、方差分析

Z 检验和 t 检验可用于只涉及两个样本平均数时的检验假设，当有3个或3个以上样本时，利用这两种方法缺乏效率。若需要检验两个或两个以上独立样本平均数的差异，方差分析是一种合适的统计工具。虽然它可用来检验两个平均数的差异，但更主要地是用于对3个或3个以上独立群体的平均数差异的假设检验。

方差分析（ANOVA），又称"变异数分析"，是一种应用非常广泛的变量分析方法。在方差分析中,当涉及的因素只有一个时,称为单因素方差分析;当涉及的因素为两个或两个以上时,统称为多因素方差分析。

(一) 方差分析的假定

在进行方差分析时,需要有以下三个假定。
(1) 对每个总体,因变量服从正态分布。
(2) 因变量的方差对所有总体都相同。
(3) 观察值是独立的,变异具有可加性。
在此三个假定的基础上,方差分析可用于检验 k 组总体均值的相等性。

(二) 单因素方差分析

单因素方差分析经常被用来分析实验结果。下面通过例子加以说明。

【例 9-11】 某公司在一次新产品的研究中,试验三种不同的包装(实验处理,$k=3$)对新产品销售的影响。从某城市的相似商店中随机选取三组样本,每组样本各有 5 个商店。将三组样本分别随机地配以三种不同包装的新产品进行销售。有关资料见表 9.6。要求根据试验结果检验包装对新产品的销售量是否有显著影响。(显著性水平 $\alpha=0.05$)

表 9.6 不同包装的实验数据

商店名称	甲包装	乙包装	丙包装	
商店 1	10	15	10	
商店 2	14	20	12	
商店 3	12	17	6	
商店 4	8	8	12	
商店 5	11	15	10	
$\bar{x}_j$	11	15	10	$\bar{x}_t=12$

解 (1) 建立原假设和备择假设。

H_0:包装对该产品销售量无显著影响
H_1:包装对该产品销售量有显著影响

(2) 计算 SS_t、SS_w 和 SS_b。

$$SS_t = SS_w + SS_b$$

SS_t 为总变差,SS_w 为各组内(水平内)数据变差之和,SS_b 为组间(水平间)变差和。

$$\begin{aligned}
SS_w &= \sum_{j=1}^{k}\sum_{i=1}^{n}(x_{ij}-\bar{x}_j)^2 \\
&= [(10-11)^2 + (14-11)^2 + \cdots + (11-11)^2] \\
&\quad + [(15-15)^2 + (20-15)^2 + \cdots + (15-15)^2] \\
&\quad + [(10-10)^2 + (12-10)^2 + \cdots + (10-10)^2] \\
&= 122
\end{aligned}$$

$$SS_b = n \cdot \sum_{j=1}^{k} (\bar{x}_j - \bar{x}_t)^2$$
$$= 5 \times [(11-12)^2 + (15-12)^2 + (10-12)^2] = 70$$
$$SS_t = \sum_{j=1}^{k} \sum_{i=1}^{n} (x_{ij} - \bar{x}_t)^2$$
$$= [(10-12)^2 + (14-12)^2 + \cdots + (11-12)^2]$$
$$+ [(15-12)^2 + (20-12)^2 + \cdots + (15-12)^2]$$
$$+ [(10-12)^2 + (12-12)^2 + \cdots + (10-12)^2]$$
$$= 192$$

(3) 确定自由度。

组间自由度
$$df_a = (k-1) = 3 - 1 = 2$$
组内自由度
$$df_e = k(n-1) = 3(5-1) = 12$$
总自由度
$$df_t = (nk-1) = 3 \times 5 - 1 = 14$$

(4) 进行 F 检验。
$$F \text{统计值} = \frac{SS_b/(k-1)}{SS_w/k(n-1)} = \frac{70/(3-1)}{122/3(5-1)} = \frac{35}{10.17} = 3.44$$

在显著性水平 $\alpha = 0.05$ 下，查 F 分布表，有 $F_{0.05}(2,12) = 3.89$

由于 $F = 3.44 < F_{0.05}(2,12)$，所以不能拒绝 H_0，这说明三种包装对销售量影响并不显著。

（三）多因素方差分析

单因素方差分析只考察了一个变量的影响。但在市场调研中，可能同时会有多个因素影响产品质量、数量与销量等。例如消费者对某品牌商品的购买欲会随着价格水平和销售渠道的不同而变化；广告水平不同与价格差异都会影响产品的销售等。要解决多个影响因素的问题，就需要使用多因素方差分析。多因素方差分析还可以检验因素间的交互作用。下面简单介绍无交互影响的双因素方差分析和有交互影响的双因素方差分析。

1. 无交互影响的双因素方差分析

如果某一试验结果受到 A 和 B 两个因素的影响，这两个因素分别可取 k 和 m 个水平，则双因素分析实际上就是要比较因素 A 的 k 个水平的均值之间是否存在显著差异，因素 B 的 m 个水平的均值之间是否存在显著差异。假定试验的结果如表 9.7 所示（在假定两个因素无交互影响的情形下，通常采用不重复试验）。

无交互影响的双因素方差分析结果如表 9.8 所示。

在显著性水平 α 下，如果 $F > $ 临界值 F_α，则拒绝原假设，认为差异显著。

表 9.7 无交互影响的双因素方差分析试验观察值

因素 A \ 因素 B		因素 B 的水平				行总和
		1	2	...	m	
因素 A 的水平	1	X_{11}	X_{12}	...	X_{1m}	A_1
	2	X_{21}	X_{22}	...	X_{2m}	A_2
	⋮	⋮	⋮	⋮	⋮	⋮
	k	X_{k1}	X_{k2}	...	X_{km}	A_k
列总和		B_1	B_2		B_m	

表 9.8 无交互影响的双因素方差分析

方差来源	离差平方和	自由度	均方差	统计检验量 F
因素 A	$SSA = m \cdot \sum_{i=1}^{k}(\overline{A}_i - \overline{X})^2$	$k-1$	$MSA = SSA/(k-1)$	$F_A = MSA/MSE$
因素 B	$SSB = k \cdot \sum_{j=1}^{m}(\overline{B}_j - \overline{X})^2$	$m-1$	$MSB = SSB/(m-1)$	$F_B = MSB/MSE$
误差 E	$SSE = \sum_{i=1}^{k}\sum_{j=1}^{m}(X_{ij} - \overline{A}_i - \overline{B}_j + \overline{X})^2$	$(k-1) \times (m-1)$	$MSE = SSE/[(k-1)(m-1)]$	
总方差	$SST = SSA + SSB + SSE$	$km-1$		

2. 有交互影响的双因素方差分析

假设两个因素 A 和 B,因素 A 有 a 个水平,因素 B 有 b 个水平,对每一个水平 A_iB_j 重复了 n 次试验。X_{ijk} 为在因素 A 的第 i 个水平、因素 B 的第 j 个水平下进行第 k 次试验时的观察值 ($i=1,2,\cdots,a; j=1,2,\cdots,b; k=1,2,\cdots,n$)。有交互影响的双因素方差分析如表 9.9 所示。

表 9.9 有交互影响的双因素方差分析

方差来源	离差平方和	自由度	均方差	统计检验量 F
因素 A	SSA	$a-1$	$MSA = SSA/(a-1)$	$F_A = MSA/MSE$
因素 B	SSB	$b-1$	$MSB = SSB/(b-1)$	$F_B = MSB/MSE$
交互作用	SSAB	$(a-1)(b-1)$	$MSB = \dfrac{SSAB}{(a-1)(b-1)}$	$F_{AB} = MSAB/MSE$
误差 E	SSE	$ab(n-1)$	$MSE = SSE/ab(n-1)$	
总方差	SST	$ab(n-1)$		

其中:

$$SSA = bn \cdot \sum_{i=1}^{a}(\overline{A}_i - \overline{X})^2 \quad SSB = na \cdot \sum_{j=1}^{b}(\overline{B}_j - \overline{X})^2$$

$$SSAB = n\sum_{i=1}^{a}\sum_{j=1}^{b}(\overline{(AB)}_{ij} - \overline{A}_i - \overline{B}_j + \overline{X})^2$$

$$SSE = \sum_{i=1}^{a}\sum_{j=1}^{b}\sum_{k=1}^{n}(X_{ijk} - \overline{(A \times B)}_{ij})^2$$

在显著性水平 α 下，如果 $F >$ 临界值 F_α，则拒绝原假设，认为差异显著。

【案例 9-1】

城市道路交通管理部门为研究不同的路段和不同的时间段对行车时间的影响，让一名交通警察分别在两个路段和高峰期与非高峰期亲自驾车进行试验，通过试验共获得了 20 个行车时间的数据，如表 9.10 所示。试分析路段、时段以及路段和时段的交互作用对行车时间的影响。

路段与时段对行车时间的影响（见图 9.1）：

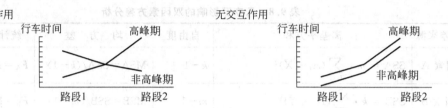

图 9.1　有无交互作用的图示

表 9.10　不同的路段和不同的时间段对行车时间的影响数据　　单位：min

不同时段		路段（列变量）		不同时段		路段（列变量）	
		路段 1	路段 2			路段 1	路段 2
时段（行变量）	高峰期	26	19	时段（行变量）	非高峰期	20	18
		24	20			17	17
		27	23			22	13
		25	22			21	16
		25	21			17	12

通过计算，可以得到如表 9.11 所示的交互作用方差分析表。可以得到：不同路段对行车时间有显著影响，不同时段对行车时间有显著影响，而路段与时段的交互作用对行车时间没有显著影响。

表 9.11　交互作用方差分析

差异源	SS	df	MS	F	P 值
样本	174.050 0	1	174.050 0	44.063 3	0.000 00
列	92.450 0	1	92.450 0	23.405 1	0.000 02
交互	0.050 0	1	0.050 0	0.012 7	0.911 8
内部	63.200	16	3.950 0		
总计	329.75	19			

（资料来源：贾俊平，何晓群，金勇进. 统计学（第 2 版）[M]. 北京：中国人民大学出版社，2004）

第二节 二元变量相关和回归分析

经济现象之间客观地存在着各种各样的有机联系，一种经济现象的存在和发展变化必然受与之相联系的其他现象存在和发展变化的制约与影响。在市场调研中，适用于两个变量之间的相关度分析的统计技术称为二元变量技术。若涉及两个以上的变量，采用的技术叫多元变量技术。多元变量技术将在本章第三节讨论。

一、相关分析与回归分析概述

（一）相关分析与回归分析的区别

相关分析与回归分析均为研究及测度两个或两个以上变量之间关系的方法。相关分析，是研究两个或两个以上随机变量之间相互依存关系的紧密程度。直线相关时用相关系数表示，曲线相关时用相关指数表示，多元相关时用复相关系数表示。回归分析是研究某一随机变量与其他一个或几个普通变量之间的数量变动的关系。由回归分析求出的关系式，称为回归模型。

（二）关于二元变量的相关分析

在分析两个变量之间的相关度时，一个变量被定义为自变量，另一个变量定义为因变量。自变量是那些可以影响因变量结果的变量。在实际运用时，我们把被预测的变量称为因变量，把用来预测因变量值的一个或多个变量称为自变量。一般用 X 代表自变量，用 Y 代表因变量。

线性相关分析研究两个变量间线性相关关系的程度。相关系数是描述这种线性关系程度和方向的统计量，通常用 r 表示。适合分析二元变量间统计关系的统计方法有很多，本节主要讨论对于可测量数据（如等距或等比量表）的二元变量回归和皮尔逊（Pearson）相关分析，对于类别量表和顺序量表则用斯彼尔曼（Spearman）相关分析。

二、二元变量回归

在回归分析中，如果只包括一个自变量和一个因变量，且二者的关系可用一条直线近似表示出来，这种回归分析称为简单线性回归。如两者的关系不可以用一条直线近似表示，则称为非线性回归。

（一）简单线性回归模型与 OLS 估计

设 X 为自变量，Y 为因变量，Y 与 X 之间存在某种线性关系，即一元线性回归方程为
$$Y = a + bX$$
$$\varepsilon = y - Y = y - a - bX$$
式中，a 为常数；b 为回归系数；X 为自变量，代表影响因素的历史数据；Y 为因变量；ε 为

随机误差,表示各种随机因素对 Y 的影响的总和。对于 ε 我们假定:①服从正态分布;②ε 与总体有相同的方差;③$\sum_{i=1}^{n}\varepsilon_i = 0$;④$\varepsilon$ 与 x 不相关。

估计回归系数有许多方法,其中使用最广泛的是最小方法(ordinary least square)。最小平方法的中心思想,是通过数学模型,配合一条较为理想的趋势线。这条趋势线必须满足下列两点要求:①原数列的观察值与模型的估计值的离差平方和为最小;②原数列的观察值与模型的估计值的离差总和为零。现以公式表示如下:

$$b = \frac{n\sum XY - \sum X \sum Y}{n\sum X^2 - (\sum X)^2}$$

$$a = \frac{\sum Y - b\sum X}{n}$$

(二) 相关的强度 R^2

Y 的实际值与由模型得出的估计值相差多远呢?下面从变差的分析开始较为详细地阐述。

1. 离差平方和的分解

在一元线性回归模型中,观察值 Y 的取值大小是上下波动的,这种波动现象称为变差。变差的产生是由两方面原因引起的:①受自变量变动的影响,即 X 取值的不同;②其他因素(包括观察和实验中产生的误差)影响。为了分析这两方面的影响,需要对总变差进行分解。

对每一个观察值来说,变差的大小可以通过该观察值 Y_i 与其算术平均数的离差 $\bar{Y}$ 来表示,而全部 n 次观察值的总变差可由这些离差的平方和来表示(SST 表示总变差):

$$\text{SST} = \sum(Y_i - \bar{Y})^2$$

因为

$$\text{SST} = \sum(Y_i - \bar{Y})^2 = \sum[(Y_i - Y) + (Y - \bar{Y})]^2$$
$$= \sum(Y_i - Y)^2 + \sum(Y - \bar{Y})^2 + 2\sum(Y_i - Y)(Y - \bar{Y})$$
$$= \sum(Y_i - Y)^2 + \sum(Y - \bar{Y})^2$$

或者记为 SST=SSE+SSR(即总变差=剩余变差+回归变差)

其中:(1) $\text{SSR} = \sum(Y - \bar{Y})^2$,称为回归平方和(也称回归变差,或已解释的变差),是指通过 X 与 Y 的线性关系由自变量的变动而引起的变差。

(2) $\text{SSE} = \sum(Y_i - Y)^2$,称为剩余变差(也称残差平方和,或未解释的变差),是指由观察和实验中产生的误差以及其他未加控制的因素引起的变差。

2. 可决系数 R^2

可决系数 R^2 是衡量 X 和 Y 之间线性关系强度的指标,其大小表明了在 Y 的总变差

中由自变量 X 变差解释所占的百分比。

$$R^2 = \frac{回归变差}{总变差} = \frac{总变差 - 未解释变差}{总变差} = 1 - \frac{\sum(Y_i - \hat{Y})^2}{\sum(Y_i - \overline{Y})^2}$$

$0 \leq R^2 \leq 1$，一方面，如果 X 和 Y 之间是完全的直线关系，则 Y 的所有方差都可以由 X 的方差得到解释，那么 R^2 值为 1；另一方面，如果 X 和 Y 之间没有任何关系，则 Y 的任一变差均不能用 X 变差解释，那么 R^2 值为 0。

【资料链接 9-1】

趋向中间高度的回归

回归这个术语是由英国著名统计学家 Francis Galton 在 19 世纪末期研究孩子及其父母的身高时提出来的。Galton 发现身材高的父母，他们的孩子身材也高。但这些孩子平均起来并不像他们的父母那样高。对于比较矮的父母情形也类似：他们的孩子比较矮，但这些孩子的平均身高要比他们的父母的平均身高高。Galton 把这种孩子的身高向平均值靠近的趋势称为一种回归效应，而他发展的研究两个数值变量的方法称为回归分析。

（资料来源：贾俊平，何晓群，金勇进. 统计学（第 2 版）[M]. 北京：中国人民大学出版社，2004）

（三）回归结果的统计显著性检验

一般用 F 检验来进行显著性检验。

原假设 H_0：自变量 X 与因变量 Y 之间无线性相关

备择假设 H_1：自变量 X 与因变量 Y 之间存在线性相关

$$检验统计量 F = \frac{平均回归变差}{平均剩余变差} = \frac{MSR}{MSE}$$

在显著性水平 α 下，如果 $F \geq F_\alpha$，则拒绝原假设 H_0。方差分析如表 9.12 所示。

表 9.12　方差分析

方差来源	自由度	平方和	平均值	F 检验量
回归（已解释）	1	SSR	MSR=SSR	$F = \frac{MSR}{MSE}$
剩余（未解释）	$n-2$	SSE	$MSE = \frac{SSE}{n-2}$	
合　计	$n-1$	SST		

三、相关分析

（一）计量数据的相关分析：皮尔逊积矩相关

相关分析是用来衡量一个因变量和另一个变量变化相联系的程度。在二元变量回归分析中，可以用可决系数 R^2 讨论变量 X 与 Y 之间的线性关系；同时，计量数据的线性相关分析使用皮氏（Pearson）积矩法，用 R 表示。R^2 与 R 之间的关系为

$$R = \pm\sqrt{R^2}$$

R 的取值范围为：$-1 \leqslant R \leqslant +1$ 其中，$R=+1$，完全正相关；$R=-1$，完全负相关；R 的取值越逼近 ± 1，X 和 Y 相联系程度就越强。如果 $R=0$，则 X 和 Y 之间没有联系。

如果不研究回归方程，R 可以根据如下公式直接计算：

$$R = \frac{n\sum XY - (\sum X)(\sum Y)}{\sqrt{[n\sum X^2 - (\sum X)^2][n\sum Y^2 - (\sum Y)^2]}}$$

在利用 R 研究两个变量的相关关系时，请注意区别"虚假相关"和"无意义相关"。当两个变量之间的相关的唯一原因是这两个变量都受到同一因素的影响，一旦控制住这个共同的因素，那么，这两个变量间的相关性将不再明显。这种情况我们称之为虚假相关。比如脚的大小和个人成就间的关系（均受到年龄的影响）等。有时尽管两个因素间存在高度相关性，但它们之间的关系却无任何意义。比如甲国的总人口数量和乙国的 GNP 之间的高度相关等。

（二）顺序量度的相关分析：斯彼尔曼（Spearman）相关

在类别量表和顺序量表中，因素之间也可能存在相关性。如某化工企业一直从 10 所大学的商学院招聘新职员。该企业想知道这 10 所大学在全国的排名与它们各自的毕业生工作业绩是否存在相关关系？又如，一家广告代理商想了解一家公司产品质量等级是否与其市场份额相关。对于这些研究案例，常常采用等级来测定它们之间的相互关系，其关系紧密程度的衡量指标就叫等级相关系数。这里我们介绍运用最为普遍的等级相关系数：斯彼尔曼（Spearman）相关系数（简称斯氏级序相关系数）。其计算公式为

$$R_s = 1 - \frac{6\sum_{i=1}^{n} d_i^2}{n^3 - n}$$

式中：d_i——各对数据的等级差别；

n——样本的数据总数。

R_s 的取值范围为：$-1 \leqslant R_s \leqslant +1$。如果 $d_i=0$，那么 $R_s=1$，即两个变量的等级是等价的；如果 $R_s=0$，则意味着两个变量彼此不相关。如果样本数量已知，可采用 t 分布来检验级序相关数值的原假设。

第三节 多变量数据分析

多元变量分析是一元变量和二元变量统计过程的延伸，是指多于两个变量的联立数据分析。多元变量分析技术很多，本节重点介绍多元回归分析、多元判别式分析、聚类分析、因子分析、对应分析五种方法。

一、多元回归分析

（一）多元回归方程

一元回归只涉及两个变量，其中一个因变量只与一个自变量有关。但在实际问题中，影响因变量的因素往往不止一个，因此要进行多元回归分析。多元回归分析的主要作用是：确定该因变量和自变量之间的关系是否存在，即用自变量所解释的因变量的变差部分是否显著；确定这种关系的强度，即因变量变差中的多大部分可以用自变量来解释；确定联系因变量和自变量的数学方程，即这种关系的结构或形式；预测，即给出自变量已知的情况下因变量的理论值或预测值；评价某个自变量对因变量的贡献，即将其他的自变量控制不变时，该自变量的变化所伴随发生的因变量的变化；寻找最重要的和比较重要的自变量，即比较各个自变量在拟合对 Y 的回归方程中相对作用的大小。

回归分析有线性回归与非线性回归之分。这里只介绍多元线性回归分析。多元线性回归分析在原理上同一元线性回归分析相同，但在计算上复杂得多。假设影响因变量 Y 的自变量共有 k 个：$X_1, X_2, \cdots, X_k$，Y 对 k 个自变量的多元线性回归方程为

$$Y = a + b_1 X_1 + b_2 X_2 + \cdots + b_k X_k$$

上式中 a 为直线的截距；$b_i (i=1,2,\cdots,k)$ 为 X_i 的偏回归系数。

（二）哑变量

某些情况下，多元回归分析需要包括类别自变量，如性别、婚姻状况、职业及种族。哑变量（dummy variabless）即是以此为目的而提出的。这种二分类别自变量若通过设定一个值为"0"，而另一个值为"1"（如女性＝0，男性＝1），可以转换为哑变量。对于要设定两个以上值的类别自变量，则需稍有改进的方法。

【资料链接 9-2】

虚拟自变量的回归

回归模型中使用虚拟自变量时，称为虚拟自变量的回归。当虚拟自变量只有两个水平时，可在回归中引入一个虚拟变量，如，性别（男、女）。一般而言，如果定性自变量有 k 个水平，需要在回归模型中引进 $k-1$ 个虚拟变量。

$$x_1 = \begin{cases} 1 & \text{水平1} \\ 0 & \text{其他水平} \end{cases}, x_2 = \begin{cases} 1 & \text{水平2} \\ 0 & \text{其他水平} \end{cases}, \cdots, x_{k-1} = \begin{cases} 1 & \text{水平}k-1 \\ 0 & \text{其他水平} \end{cases}$$

（三）多元回归分析时存在的潜在问题

1. 共线性

自变量之间的相关性称为多重共线性。多元回归分析的一个重要假设是：自变量彼此不相关。如彼此相关，则 b 值（回归系数）将是有偏和不稳定的。所以，如果可能的话，我们应尽一切努力避免在模型中包含高度相关的自变量。

通过检验回归分析中每个变量间的相关矩阵可以检测共线性（collinearity），其重要

规则是:找出自变量间相关系数为 0.30 或更大的自变量。如果存在如此高的相关性,那么分析人员应对各 b 值的失真进行核对。核对的办法是:将两个或多个自相关变量放在一个回归模型里进行运算,然后再将它们彼此分开运算。在一个方程中和单独进行运算得到的 b 值应该是相似的。

有两种最常用的解决共线性问题的方法:一是如果两个变量彼此高度相关,那么其中一个变量在分析中可以省略;二是相关的变量能以某种方式结合起来(如指数形式),以形成一个新的复合自变量,该变量能用于后续的回归分析中。

2. 因果关系

虽然回归分析能表现出变量间彼此是相互关联的或相互联系的,但却不能证明其因果关系。因果关系仅能以其他方法确定。要确定自变量与因变量间存在因果关系必须有逻辑性的、理论性的基础。但是,即便有很强的逻辑性和统计相关性,也只是表明可能存在因果关系。

3. 样本容量

通常,观察数(样本容量)至少等于自变量个数的 10~15 倍。例如,销售额是广告费用和推销人员数的函数,有两个自变量,那么所需要的样本容量(或观测值)至少为 20~30 个。

4. 回归系数的大小

只有在计量单位相同或数据标准化的情况下,与各自变量相联系的回归系数的大小才能直接进行比较。如果我们想对各回归系数直接进行比较,则所有自变量必须以同一单位计量(如元或万元),否则数据必须被标准化。所谓标准化,是将数列中各数值与其平均数相减再除以数列标准差的结果,其过程可用下列公式表示:

$$\frac{X_i - \overline{X}}{\sigma}$$

式中:X_i——数列中各自独立的数值;
$\overline{X}$——数列的平均值;
σ——数列的标准差。

二、聚类分析

聚类分析(cluster analysis),又称群分析、类分析或归类分析,是指依据某种准则对个体(样品或变量)进行分类的一种多元统计分析方法。其目的是把物体或人分成很多相对独立且较为固定的组,在每一组内,成员彼此之间在某方面具有极大的相似性,而在组与组之间却具有极大的差异性。

聚类分析分为 Q 型聚类分析和 R 型聚类分析。Q 型聚类分析是对样品进行分类,R 型聚类分析是对变量进行分类。实际中遇到较多的聚类问题是 Q 型聚类问题,例如,根据人们阅读刊物和参加业余活动等情况,将人们的兴趣划分为几类;根据学生成绩、办事效果等把学生的理解能力分成几类。

（一）聚类分析在市场调研中的应用

在市场研究中，聚类分析可以用于以下分析：①市场细分。例如可以根据消费者购买某产品的各种目的把消费者分类，这样每个类别内的消费者在购买目的方面是相似的。②了解购买行为。聚类分析可以把购买者分类，这样有助于分别研究各类购买行为。③开发新产品。对产品与品牌进行聚类分析，把它们分为不同类别的竞争对手。同一类别的品牌比其他类别的品牌更具有竞争性。公司可以通过比较现有竞争对手，明确新产品的潜在机遇。④选择实验性市场。通过把不同城市分类，选择具有可比性的城市检验不同的营销策略的效果。⑤简化数据。聚类分析可以作为简化数据的工具，它所建立的分类数据或子类数据比个体数据更易于管理与操作。许多多元分析都是针对各个类的数据而非个体数据。例如，要描述消费者对产品使用行为的不同，可能要先把消费者分类，再通过多元判别，分析比较不同类之间的差别。

例如市场营销中的市场细分和消费者细分问题。大型商厦收集到了关于消费者的消费行为、习惯特征和喜爱方面的数据，希望对这些消费者进行特征分析。可以根据消费者的年龄、收入、消费金额、职业、消费频率、喜爱等因素进行单变量和多变量的消费者分组。这种分组的形式比较常见，但是不足之处在于：对消费者的划分具有明显的主观色彩，需要具有丰富的行业经验才能得到比较合理的消费者细分；否则，会出现同一消费者细分段中的消费者在某些特征上并不相似，而不同消费者细分段中的消费者在某些特征上却又很相似，因此，这些分类并没有真正起到划分消费者群体的作用。为了解决这类问题，研究人员需要从数据本身出发，充分利用数据对消费者进行客观分组，减少主观成分，使具有相似特征的消费者能被分在同一组内，而不具有相似特征的消费者被分到不同组中。这时就需要采用聚类分析的方法。

（二）聚类分析的基本步骤

第一步，确定问题，选取变量。

首先确定待研究的市场问题和待分类的对象；随后就是选取分类所应依据的变量。一般说来，选择的变量应能描述对象在所研究问题方面的相似性。变量的选择应建立在以往的研究、理论与假设基础之上，有时还要结合研究者的经验和直觉。通常，这些变量应该具有以下特点：①与聚类分析的目标密切相关；②反映要分类的对象的特征；③在不同研究对象上的值具有明显差异；④变量之间不应该高度相关。在选择变量时，要注意克服和避免"加入尽可能多的变量"这种错误倾向，并不是加入的变量越多，得到的结果越客观。有时，由于加入一两个不合适的变量就会使得分类结果大相径庭。所以，聚类分析应该只根据在研究对象上有显著差别的那些变量进行分类。

第二步，选择距离或相似系数的测度。

采用"距离"和"相似系数"等指标定量地描述研究对象之间的联系的紧密程度，可以得到比较合理的分类。一般来说，在对样品（或个体）聚类时采用距离统计量，而对变量聚类时多采用相似系数统计量。假定研究对象均用所谓的"点"来表示，在聚类分析中，一般的规则是将"距离"较小的点或"相似系数"较大的点归为同一类,将"距离"较大的点或"相似系数"较小的点归为不同的类。

第三步,选择聚类方法。

选定了变量、确定了距离之后,下一步就是选择聚类方法。

聚类方法分为系统聚类法和动态聚类法。系统聚类法也叫做谱系聚类法或层次聚类法,是一种聚类过程可以用谱系结构(hierarchy structure)或树形结构(treelike structure)来描绘的方法。具体又可以分为聚集法(agglomerative clustering)和分割法(divisive clustering)两种。在市场调研中,主要运用聚集法。

聚集法是先将所有的研究对象(样品或变量)各自算作一类,将最"靠近"(距离最小或相似系数最大)的首先聚类;再将这个类和其他类中最"靠近"的结合,这样继续合并,直至所有的对象都合并为一类为止。分割法和聚集法的过程相反,首先把所有的研究对象归为一类,然后把最不相似的分为两类,每一步增加一类,直到每个对象都自成一类为止。

第四步,决定类别个数。

对于类别个数的确定,并没有硬性的规定,但一般从以下几个方面来考虑合适的类别个数。

第五步,描述与解释各个类别。

检验各类在各变量上的均值(可以借助判别分析),为各个类别命名。有时也可以使用并没有参加聚类的变量对类别进行解释,可以通过方差分析与判别分析确定这些变量在不同类间是否显著不同。

第六步,评价聚类的有效性与准确性。

在接受聚类结果之前,必须对它的有效性与准确性进行检验。评估聚类方法有效性和可靠性的标准程序很复杂,在此不加以阐述。然而,下面的程序可以对聚类结果的质量予以检验。

【案例 9-2】

表 9.13 收集了 16 种饮料的热量、咖啡因、钠及价格四种变量的值。现在希望利用这四个变量对这些饮料品牌进行聚类。当然,也可以用其中某些而不是全部变量进行聚类。

表 9.13 收集了 16 种饮料的四个变量数据

饮料编号	热量	咖啡因	钠	价格
1	207.20	3.30	15.50	2.80
2	36.80	5.90	12.90	3.30
3	72.20	7.30	8.20	2.40
4	36.70	0.40	10.50	4.00
5	121.70	4.10	9.20	3.50
6	89.10	4.00	10.20	3.30
7	146.70	4.30	9.70	1.80
8	57.60	2.20	13.60	2.10
9	95.90	0.00	8.50	1.30
10	199.00	0.00	10.60	3.50

续表

饮料编号	热量	咖啡因	钠	价格
11	49.80	8.00	6.30	3.70
12	16.60	4.70	6.30	1.50
13	38.50	3.70	7.70	2.00
14	0.00	4.20	13.10	2.20
15	118.80	4.70	7.20	4.10
16	107.00	0.00	8.30	4.20

(资料来源：http://wenku.baidu.com)

三、判别分析

判别分析(discriminant analysis)是费舍(R. A. Fisher)于1936年提出的。判别分析是判别样本所属类型的一种多元统计方法，就是在已知研究对象分为若干类型(组别)并已经取得各种类型的一批已知样品的观测数据基础上，根据某些准则建立起尽可能把属于不同类型的数据区分开来的判别函数，然后用它们来判别未知类型的样品应该属于哪一类。本章介绍多元判别分析。

(一)判别分析的假设条件和一般模型

判别分析的基本要求和假设条件如下。
(1) 分组类型在两种以上，且组间样本在判别值上差别较明显。
(2) 组内样本数不得少于两个，且样本数比变量数起码多两个。
(3) 所确定的判别变量不能是其他判别变量的线性组合。
(4) 各组样本的协方差矩阵相等。
(5) 各判别变量之间具有多元正态分布。
判别分析的一般模型(也称判别函数)为

$$Z = b_1 X_1 + b_2 X_2 + \cdots + b_n X_n$$

式中：Z——判别分数；
　　　b_n——判别系数或判别权数；
　　　X_n——自变量(也称预测变量或独立变量)。

(二)判别分析在市场调研中的适用范围

判别分析可以解答市场调查中的许多问题，如：①某品牌的购买者与非购买者之间有什么差别？②已经选购不同品牌商品的顾客在使用、感知和态度上有何不同？③从人口统计和生活方式看，对某新产品有较高购买可能性的客户与较低购买可能性的客户之间有何区别？经常光顾某商店的顾客与经常光顾另一家商店的顾客之间有何区别？等等。

【资料链接 9-3】

判别分析的应用

人们常说"像诸葛亮那么神机妙算""像泰山那么稳固""如钻石那样坚硬"等。看来，任何判别标准都是有原型的，绝对不是凭空想出来的。虽然这些判别的标准并不全是那么精确或严格，但大都是根据一些现有的模型得到的。有一些昆虫的性别很难看出，只有通过解剖才能够判别；但是雄性和雌性昆虫在若干体表度量上有些综合的差异。于是统计学家就根据已知雌雄的昆虫体表度量（这些用作度量的变量亦称为预测变量）得到一个标准，并且利用这个标准来判别其他未知性别的昆虫。这样的判别虽然不能保证百分之百准确，但至少大部分判别都是对的，而且用不着杀死昆虫来进行判别了。这种把对象归到已知的类中的方法就是判别分析。

（资料来源：纳雷希·K. 马尔霍特拉著. 徐平译. 市场营销研究：应用导向. 北京：电子工业出版社，2009）

（三）判别分析的基本步骤

判别分析过程包括五个基本步骤。

第一步，确定研究目标、判别变量与自变量，将问题公式化。

首先要明确研究目标、判别变量与自变量。判别变量必须是分层变量，如果因变量是定距或定比变量，可以通过分层转换成分类变量。然后，把样本分为两部分，其中一部分称为分析样本（或称估计样本），用于估计判别函数；另一部分称为验证样本（或称持有样本），用来检验判别函数的有效性。通常，分析样本和验证样本的分布与全部样本的分布应该是一致的。例如全部样本中包含60%的忠诚顾客和40%的非忠诚顾客，则分析样本与验证样本中也都应该有60%的忠诚顾客和40%的非忠诚顾客。

第二步，估计判别函数系数。

分析样本确定之后，就可以估计判别函数系数。根据判别准则的不同，判别方法有多种，这里仅介绍常用的距离判别、Fisher 判别和 Bayes 判别的基本思想。

（1）距离判别。首先根据已知分类的数据，分别计算各类的重心，即分组均值。判别准则是对于任何观测值，若它与第 i 次的重心距离最近，就认为它来自第 i 类。

（2）Fisher 判别。其思想是投影，将 k 组 p 维数据投影到某个方向，使它们的投影组与组之间尽可能分开。它借助方差分析的思想来构造判别函数 $Y = c_1 x_1 + c_2 x_2 + \cdots + c_p x_p$，其中判别系数确定的准则是使组间区别最大，组内离差最小。

（3）Bayes 判别。假定对研究对象已有一定的认识，已知各总体的先验分布，判别规则是新样本属于该总体的条件概率最大，有时也使用把新样本归于该总体错判的损失最小。

第三步，判别函数的显著性检验。

如果估计的判别函数不具有统计上的显著性，也就是各组的判别函数的均值差异不显著，那么其结论也是没有意义的。我们可以建立假设，则原假设为：在总体中，所有组中的全部判别函数的均值相等。假如原假设被拒绝，就表明判别函数具有统计上的显著性，研究人员就可以对结果进行解释。在 SPSS 统计分析软件中这种检验基于威尔克

(Wilk)分布的 λ 值。根据 χ^2 变换,可以估计显著性水平。

第四步,对判别系数进行解释。

对某一自变量而言,其系数值依赖于判别函数中其他自变量的系数值。判别系数的符号可任意表示,但必须说明哪些变量使得判别函数值增大,哪些变量使得判别函数值减小,而且这些变量应与特定的组相联系。

第五步,评估判别分析的有效性。

如前所述,数据被随机分为分析样本和验证样本两部分,利用分析样本估计判别系数后,通过验证样本回代的准确率来判断其有效性。

用验证样本中自变量的值乘以通过分析样本估计出的判别式权重,就可获取验证样本中各实例的判别式得分,然后依据判别式得分和恰当的决策规则,就可将各实例划归到不同的组中。根据分类矩阵的对角线元素的总数和实例的总数,我们就能够确定击中比率,即实例被正确分类的百分比。

大多数判别分析方法都是依据分析样本来估计分类矩阵,因为这些判别分析法利用了数据中的机遇差异,因而分类结果总是好于依据持有样本而获得的分类结果。

四、因子分析

因子分析(factor analysis)是市场调研中的一种重要的数据分析技术。它是一种把多个变量化为少数几个综合变量的多元分析方法,其目的是用有限个不可观测的隐变量来解释原始变量之间的相关关系。例如,在企业形象或品牌形象的研究中,消费者可以通过一个由 24 个指标构成的评价体系,评价商场 24 个方面的优劣。但消费者主要关心的是 3 个方面,即商店的环境、商店的服务和商品的价格。利用因子分析法,可以通过 24 个变量找出反映商店环境、商店服务和商品价格的 3 个潜在因子,对商店进行综合评价。

在市场调研中,因子分析一般用于以下 3 个目的。

(1) 识别内在因子,用这些内在因子来表示一系列因子之间的相互关系。例如,可以用对一系列生活方式的句子进行评分的方法来衡量消费者的心理状况,之后对这些评分进行因子分析,找出构成消费者心理状况的主要因素。

(2) 以少数几个互不相关的新变量来取代原有的一系列存在相互关系的变量,供后续的多元变量分析使用(如回归或判别分析)。例如,在识别出心理因子之后,这些因子可以用来解释忠诚消费者与非忠诚消费者之间的差别。

(3) 识别重要的变量,与因子相关度越高的变量就越重要。

(一) 因子分析的类型与基本模型

因子分析可以分为 R 型因子分析和 Q 型因子分析。R 型因子分析是研究指标(变量)之间的相互关系,通过对变量的相关系数矩阵内部结构的研究,找出控制着所有变量的几个主因子。Q 型因子分析是研究样品之间的相互关系,通过对样品的相似系数矩阵内部结构的研究,找出控制着所有样品的几个主因子。两者都是将观测变量(样本)分类,把相关性较高的变量(样本)分在同一类,每一类的变量(样本)就代表一个因子,以反映问题的一个维度。

因子分析需要建立数学模型。假如变量是标准化的,则因子分析模型可表示为

$$X_i = A_{i1}F_1 + A_{i2}F_2 + \cdots + A_{im}F_m + V_iU_i$$

式中:X_i——第 i 个标准化了的变量;

A_{ij}——第 i 个变量在第 j 个公因子上的标准化了的多重回归系数;

F_i——第 i 个公因子;

V_i——变量 i 在特殊因子之上的标准化了的回归系数;

U_i——变量 i 的特殊因子;

m——公因子的个数。

公因子可以表示为可观测变量的线性组合:

$$F_i = w_{i1}X_{i1} + w_{i2}X_{i2} + \cdots + w_{ik}X_{ik}$$

式中:F_i——第 i 个因子的估计;

w_i——权重或因子得分系数;

k——变量个数。

(二) 因子分析的基本步骤

第一步,确定因子分析的目的和样本容量。

首先要明确研究目标,必须在前期研究、理论与研究者判断的基础之上,选择参加因子分析的变量,而且这些变量必须是定距或定比变量。要保证一定的样本容量,一般样本容量至少应是变量个数的4~5倍以上。

第二步,建立相关系数矩阵,检查变量之间的相关性。

因子分析的过程是建立在变量间的相关矩阵基础上的,通过检验相关矩阵,能够获得有价值的信息。如果变量之间的相关系数都很小,不宜采用因子分析。我们期望变量间高度相关,这样它们也会与相同的因子强相关。

标准的统计资料对于检验因子分析模型的适用性是有效的。Banlett 圆体检验能够用来检验原假设,即在总体中变量不相关,也即总体相关矩阵是一个恒等式矩阵。在恒等式矩阵中,所有的对角线元素为1,所有的非对角线元素为0。圆体检验统计量以相关矩阵判别式的卡方(χ^2)的变换为基础,若检验统计量的数值大,则意味着拒绝原假设。倘若原假设不能被拒绝,那么因子分析的适用性就会受到质疑。另一个有用的统计量是 Kaise-Meyer-Olkin(KMO)统计量,它是衡量提供的样本是否恰当的标准。KMO 统计量的数值小,说明变量两两之间的相关性不能被其他变量解释,而且因子分析技术可能就不适用。

第三步,选择因子分析的方法。

抽取因子的方法较多,主要有主成分法、公因子法等。在主成分分析法中,需考虑数据总方差,相关矩阵的对角线元素是单位元素,总方差被代入因子矩阵。如果主要任务是决定因子的最少个数,我们建议运用主成分分析法,被确定的因子能够解释在以后的多元分析中所使用数据的最大方差,因而我们称之为主成分。在公因子分析法中,公因子方差的估计仅仅依赖于同方差,公因子方差被插入相关矩阵的对角线元素中,当主要任务是识别隐含维数以及同方差很重要时,运用公因子分析法比较恰当。公因子分析法有时也称

为主轴载荷法。

据研究,在样本含量很大,变量数也较大(>30),并且所有变量都没有低共同度的情况下(≥0.4),不同方法的结果都大致相同。如果样本含量超过1 500,则极大似然法给出的因子载荷估计最精确。

第四步,确定因子个数。

在因子分析中,要确定最后要保留多少个因子为宜。许多方法可用来决定抽取因子的数目。实际中,人们借助一些准则来确定因子的个数,常用的有以下两个。

(1) 特征值准则(kaiser criterion)。只保留特征值大于1的主成分,放弃特征值小于1的主成分。因为每个变量的方差为1,该准则认为每个保留下来的因子至少应该能解释一个变量的方差,否则达不到精简的目的。

(2) 碎石检验准则(scree test criterion)。按照因子被提取的顺序,画出因子特征值随因子个数变化的散点图,根据图的形状来判断因子的个数。

第五步,因子载荷矩阵的旋转。

因子载荷(factor loadings)也就是指每一因子得分与其对应的各原始变量间的相互关系。因子负载不仅反映了变量是如何由因子线性表示的,而且反映了因子和变量之间的相关程度。

得到初始因子载荷矩阵后,尽管它也反映因子与观测变量之间的关系,但是由于它所形成的因子都与很多变量相关,所以很难对因子做出解释。因此需要对因子载荷矩阵进行旋转,在不影响共同度和全部所能解释的方差比例的条件下,使某些变量在某个因子上的载荷较高,而在其他因子上的载荷则显著的低,从而易于解释每个因子所代表的实际意义。因子旋转方法很多,最常用的是"方差最大正交旋转"(varimax procedure),即通过正交变换,使得各个因子负荷的方差达到最大,同时保持了因子之间的不相关性。

第六步,因子解释。

通过识别在同一个因子上有大载荷的变量,有助于对因子进行解释,根据在某个因子上有大载荷的变量,就可以解释该因子。

第七步,计算因子得分。

在对因子进行解释之后,如有必要,还须计算因子得分。前面在讲述因子分析的模型时介绍了因子得分的计算公式。通常,与标准化的变量相结合的权重或因子得分系数来自因子得分系数矩阵。许多计算机程序可以计算出因子得分,但只有在主成分分析中,才可能计算出确切的因子得分,而且,在主成分分析中,因子得分是不相关的。在公因子分析中,可获得因子得分的估计值,但不能保证因子间不相关。

第八步,测定模型的合适性。

因子分析的一个潜在基本假设是,变量间被观测的相关能够归因于公因子。因此,根据估计的变量和因子之间的相关系数,就能推断或复制变量间的相关系数。通过检查被观测的相关系数(已在输入的相关矩阵中给出)和复相关系数(根据因子矩阵估计而得)之间的差异,就能够测定模型的合适性,这种差异也称为残差。假如有许多大的残差,该因子分析模型就不适合对所给数据进行分析,模型必须重新予以考虑。

【资料链接 9-4】

因子分析依赖于原始变量,也只能反映原始变量的信息。所以原始变量的选择很重要,一定要符合进行分析所要达到的目标,不能夹杂毫不相关的变量。另外,如果原始变量基本上互相独立,那么降维就可能失败,这是因为很难把很多独立变量用少数综合的变量概括。数据越相关,降维效果就越好。那些选出的因子代表了一些相关的信息(从相关性和线性组合的形式可以看出来);根据这些信息可以帮助给这些因子起合适的名字;但并不总是可以给出满意的名字。在得到分析的结果时,并不一定会都得到容易解释的清楚的结果。这与问题的性质、选取的原始变量以及数据的质量等都有关系。没有一个方法是万能的。一个完美的世界就是由无数不完美的事物组成的。

(资料来源:柯惠新、沈浩编著.调查研究中的统计分析法,北京:中国传媒大学出版社,2005)

五、对应分析

对应分析方法(correspondence analysis),又称相应分析,现在在法国和日本非常流行,是由法国数学家 J. P. Beozecri 于 1970 年首次提出,主要用于分析二维数据阵中行因素和列因素间的关系,对应分析是因子分析的进一步推广,即是一种多元相依变量统计分析技术,通过分析由定性变量构成的交互汇总数据来解释变量之间的内在联系。该统计研究技术在市场细分、产品定位、品牌形象以及满意度研究等领域正得到越来越广泛的应用。

在市场营销研究中经常要涉及对品质型变量进行分析,研究两个或多个品质型变量之间的相关关系。比如:在对用户进行市场细分时经常要研究用户的收入水平和消费的产品类别之间的联系,其中收入水平经常是定序型变量,产品类别则一般为定类型变量。通常在研究品质型变量时要利用品质型变量构成的交互汇总数据的频数分析也即交叉列联表分析,从而更深入地研究变量间的联系,最终达到营销研究的目的。对应分析正是这样一种在编制品质型变量交叉列联表的基础上,利用"降维"的方法,通过图形的方式来研究变量不同类别之间的联系,尤其适合于多分类品质型变量的研究。

(一)对应分析方法的计算步骤

对应分析方法有如下几个计算步骤。

第一步,由原始资料矩阵 $\boldsymbol{X}$ 出发,计算规格化的概率矩阵

$$\boldsymbol{P} = (P_{ij}) = (X_{ij}/\sum_j \sum_i X_{ij})$$

第二步,计算过渡矩阵 $\boldsymbol{Z}=(Z_{ij})$;其中

$$Z_{ij} = (X_{ij} - X_i X_j T)/\sqrt{X_i X_j}, \quad i=1,2,\cdots,n; j=1,2,\cdots,p;$$

第三步,进行因子分析。

(1) R 型因子分析

① 计算协差阵 $\boldsymbol{A}=\boldsymbol{Z}^T\boldsymbol{Z}$ 按其累计取前 m 个特征根 $\lambda_1 \geqslant \lambda_2 \geqslant \cdots \geqslant \lambda_p$,并计算相应的单位特征向量记为 $\boldsymbol{u}_1, \boldsymbol{u}_2, \cdots, \boldsymbol{u}_m$,从而得到因子载荷矩阵:

$$F = \begin{bmatrix} u_{11}\sqrt{\lambda_1} & u_{12}\sqrt{\lambda_1} & \cdots & u_{1m}\sqrt{\lambda_2} \\ u_{21}\sqrt{\lambda_1} & u_{22}\sqrt{\lambda_1} & \cdots & u_{2m}\sqrt{\lambda_m} \\ \vdots & \vdots & \cdots & \vdots \\ u_{p1}\sqrt{\lambda_1} & u_{p2}\sqrt{\lambda_1} & \cdots & u_{pm}\sqrt{\lambda_m} \end{bmatrix}$$

② 在两两因子轴平面上作变量点图。

(2) Q 型因子分析

① 对上述所求的 m 个特征根 $\lambda_1, \lambda_2, \cdots, \lambda_m$ 计算其对应于矩阵 $B = ZZ^T$ 的单位特征向量 $Z_{u1} \approx V_1, Z_{u2} \approx V_2, \cdots, Z_{um} \approx V_m$,从而得到 Q 型因子载荷矩阵:

$$G = \begin{bmatrix} V_{11}\sqrt{\lambda_1} & V_{12}\sqrt{\lambda_1} & \cdots & V_{1m}\sqrt{\lambda_2} \\ V_{21}\sqrt{\lambda_1} & V_{22}\sqrt{\lambda_1} & \cdots & V_{2m}\sqrt{\lambda_m} \\ \vdots & \vdots & \cdots & \vdots \\ V_{n1}\sqrt{\lambda_1} & V_{n2}\sqrt{\lambda_1} & \cdots & V_{nm}\sqrt{\lambda_m} \end{bmatrix}$$

② 在与 R 型相应的因子平面上作样品点图。

在了解了对应分析的基本原理和计算方法之后,我们结合汽车市场细分案例简述对应分析的运用及注意的几个问题。

因为在 SPSS 软件中是要用数字进行统计分析的,故我们将其中涉及的各类选项都转化成数字以便于分析。各个数字所对应的含义分别为:性别={1="男",2="女"};婚姻状况={1="已婚",2="已婚有孩子",3="未婚",4="未婚有孩子"};有无双份收入={1="一份收入",2="双份收入"};是否租房={1="买房",2="租房"};汽车原产地={1="美国",2="日本",3="欧洲"};汽车大小={1="小型",2="中型",3="大型"};汽车类型={1="家用车",2="跑车",3="商用车"}。

表 9.14 输出的结果表示各变量在各个维度上的区分度,区分度大小在 0~1 之间,越大表明区分度越高。从中可以看出收入、婚姻状况在两个维度上的区分度都比较好,而性别在两个维度上的区分度则较差。

表 9.14 Discrimination Measures

项 目	维数 1	维数 2	项 目	维数 1	维数 2
NORIGIN 汽车原产地	0.116	0.392	NINCOME 有无双份收入	0.548	0.249
NSIZE 汽车大小	0.190	0.417	NSEX 性别	0.077	0.038
NTYPE 汽车类型	0.260	0.209	NMARIT 婚姻状况	0.710	0.308
NHOME 是否租房	0.379	0.032			

对于表 9.14 中的维度分析,在 SPSS 软件中可得到如图 9.2 所示的对应分析统计结果图。

图 9.2 是对应分析的一个最主要的统计结果,形象地把各变量的类别分值分布用坐标图示表示出来。不同形状表示不同变量的不同类别属性,如"□"表示婚姻状况的差异,"×"表示性别之间的差异。在解释该图形时要遵从的原则具体来说如下。

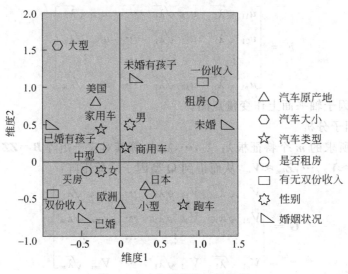

图 9.2 对应分析统计结果图

第一，落在由原点(0,0)出发接近相同方位及图形相同区域的同一变量的不同类别具有类似的性质。

第二，落在由原点出发接近相同方位及图形相同区域的不同区域的不同变量的类别间可能有联系。

根据以上原则，我们可以在图中得出如下结论：未婚、一份收入、租房子有联系；跑车、车型为小型和日本产有联系；已婚、双份收入有联系；买房和性别为女性似乎也有联系；已婚有孩子、家用车和车型为中型也有联系。

于是就可以在确定市场战略、市场细分等方面充分利用以上信息，比如今后向已婚家庭投送广告时重点就放在中型家用车上，而已婚(无孩子)家庭的市场尚无合适车型，可以考虑专门开发一种新车来占领市场。

（二）对应分析的特点

相对于其他统计学方法，对应分析在使用中显示出以下特点：使数据的结构以及行、列之间的关系变得一目了然；将变量和样品综合聚类，便于比较分析；对于有序变量可进行动态分析；对小概率事件较为敏感。由于对应分析方法主要用样品点和变量点的靠近程度来描述，所以对提示个性(尤其是有意义的小概率事件)十分有用，它可充分显示因数据参差不齐而难以直接由原始数据概括其规律的信息。因此，对应分析方法的判别力很强，在市场营销研究中可以充分利用其特点来解决实际研究中的问题。

【案例 9-3】

对应分析在保险市场分析中的应用

随着市场经济的发展，人们的保险意识逐步增强，但不同特征人群(如年龄、职业、收入、区域等特征的不同)对保险的需求存在着差异。掌握不同特征人群对各险种的投保和偏好情况以及各险种之间的关系，对于保险展业人员高效率开拓业务以及保险公司开设适销的险种,具有重大参考价值。

对应分析是将 R 型和 Q 型因子分析相结合的一种多元统计分析方法,主要目的是确定两个或多个分类变量各水平间的相关性。它的分析结果主要采用反映变量间相互关系的对应分析图来表示。该图形中的每个散点代表了某个变量的一个水平,有紧密关系的水平其散点将紧密地靠近在一起,因而在结果的解释上非常直观。

通过抽样调查,可以得到人群分年龄、职业、收入、区域等特征对各类保险险种的投保比例,如将人群的特征视作一变量,设置的险种视作另一变量,即可利用对应分析方法对上述的比例数据进行研究,以掌握不同特征人群的投保规律。

表 9.15 数据来源于对某市投保者的统计调查数据,调用 SPSS 的对应分析模块,对数据作对应分析,得对应分析图 9.3 所示。

表 9.15 各险种分年龄投保人数所占百分比(%)

年龄	18～25 岁	26～35 岁	36～45 岁	40～60 岁	60 岁以上
财险	20.0	41.6	29.6	8.4	0.4
养老保险	17.0	38.3	30.7	11.4	2.6
人身意外险	18.6	40.0	27.7	14.0	0.2
健康险	10.3	40.0	35.5	14.0	0.3
两全保险	5.5	41.7	37.7	14.6	0.5
投资分红险	13.3	42.6	32.8	11.7	0.0

图中 A、B、C、D、E 分别表示的年龄段为"18～25 岁"、"26～35 岁"、"36～45 岁"、"45～60"岁和"60 岁以上";a、b、c、d、e 和 f 分别表示险种为"财险"、"养老保险"、"人身意外险"、"健康险"、"两全保险"和"投资分红险"。

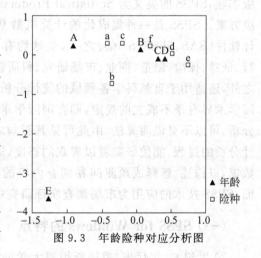

图 9.3 年龄险种对应分析图

从图中易见,60 岁以上人群与各类险种距离最远,意味着相关度低,投保比例低,投保意愿不强;60 岁以下人群中,26～35 岁人群与各类险种距离均很近,显示这个群体保险意愿最强,其次是 36～45 岁人群的保险意愿也较强;在各险种中,18～25 岁人群与"财险"、"养老保险"、"人身意外险"三个险种距离较近,显示这类人群对上述三个险种较有投保意愿;45～60 岁人群与"健康险"、"两全保险"和"投资分红险"三个险种距离较近,表示该类人群对这三个险种较有兴趣。就各险种间关系,图中显示,"财险"、"养老保险"、"人身意外险"三者距离较近,可归一类;"健康险"、"两全保险"和"投资分红险"三者距离较近,可归另一类。

(资料来源:方国兴.对应分析在保险市场分析中的应用[J].金融教学与研究,2004(3))

第四节　SPSS 在数据分析中的基本应用

问卷调查从整个调查过程来看，可以分为问卷设计、问卷的发送与回收、问卷的整理与问卷数据分析等环节，在问卷调查中，除了样本选择、调查员素质、问卷设计质量等因素对调查结果产生影响外，问卷调查数据分析在很大程度上决定调查后继的营销与决策工作的质量。SPSS 软件是全球公认的最优秀的统计分析软件包之一，是问卷调查数据处理与分析的极好工具，在社会科学与自然科学领域都得到了很好的运用。特别是近些年来，SPSS 软件得到了经济、工业、管理、医疗卫生、体育、心理、教育等领域的科研工作者最为广泛的运用。

一、SPSS 的基础知识

SPSS 原名为 Statistical Package for the Social Sciences，即社会科学统计软件包，是由美国 SPSS 公司(www.spss.com)在 20 世纪 80 年代出品的大型通用专业统计分析软件。该软件能够利用多种类型的数据文件及数据来源，生成统计报表、统计图形，进行简单和复杂的统计分析。该系统可以在众多的操作平台上运行，包括 Windows 系统、UNIX 系统、MAC OS/X 系统等，而 SPSS for Windows 仅是该产品(SPSS)在 Windows 系统平台运行的一个版本。2000 年 SPSS 公司重新定义了 SPSS 的含义，自 SPSS 11.0 版本起，SPSS 的英文为 Statistical Products and Service Solutions，即统计产品与服务解决方案。SPSS 是一种集成化的计算机数据处理应用软件，是目前世界上流行的三大统计软件(SAS、SPSS、Statis)之一，全球约有 25 万家产品用户，它们分布于通信、医疗、银行、证券、保险、制造、商业、市场研究、科研教育等多个领域和行业，除了适用于社会科学之外，还适用于自然科学各领域的统计分析，是世界上应用最广泛的专业统计软件。在国际学术界有条不成文的规定，即在国际学术交流中，凡是用 SPSS 软件完成的计算和统计分析，可以不必说明算法，由此可见其影响之大和信誉之高。将 SPSS 应用于市场调查统计分析的过程，能使研究者以客观的态度，通过对受众的系统提问，收集并分析有关研究数据，以描述、解释或预测问卷调查内容的现象及其各相关因素之间的关系。在这些方面，SPSS 技术的应用为市场调查实证研究中的定量分析提供了支持与保障。

(一) SPSS for Windows 的特点

20 世纪 60 年代末，美国斯坦福大学的三位研究生研制开发了最早的统计分析软件 SPSS，同时成立了 SPSS 公司。80 年代以前，SPSS 统计软件主要应用于企事业单位。1984 年 SPSS 总部首先推出了世界第一个统计分析软件微机版本 SPSS/PC＋，开创了 SPSS 微机系列产品的开发方向，从而确立了个人用户市场第一的地位。目前已经在国内流行起来。由于 SPSS for Windows 是 SPSS/PC＋的 Windows 版本，除了具备 Windows 软件共同的特点之外，还具备以下主要特点。

(1) 除了数据输入工作需要使用键盘来完成，SPSS 的命令语句、子命令及各种选项绝大部分都包含在各种菜单和对话框中。因此,用户无须花大量时间来记忆繁杂的命令、过程、选项等。在 SPSS 中,大多数操作可以通过菜单和对话框来完成,因此具有操作简便、易于学习、功能强大等特点,是其他方法所无法替代的。

(2) 虽然大部分统计分析可以通过菜单和对话框完成,对于熟悉 SPSS 语言的用户,可以在语句窗口中直接编写程序语句,从而灵活地完成各种复杂的统计分析任务。另外,用对话框指定命令、子命令和选项之后,通过单击 Paste 按钮可以把与选择对应的语句自动置于语句窗口,并以文件形式保存。因此 SPSS for Windows 适应于 SPSS 的新老用户。

(3) SPSS 具有第四代语言的特点,只要通过菜单的选择以及对话框的操作告诉系统要做什么,而无须告知怎样做。只要掌握一定的 Windows 操作技能,粗通统计分析原理,无须通晓统计分析的各种算法,即可得到统计分析的结果。

(4) SPSS 具有完善的与其他软件的数据转换接口。其他软件生成的数据文件,如 Excel 文件、Access 文件、关系数据库生成的 DBF 文件、用文本编辑软件生成的 ASCII 码数据文件等均可方便地转换成可供分析的 SPSS 数据文件。

(5) SPSS 提供了各种数据准备与数据整理技术,为数据审核与分析提供了便利的条件。SPSS 的统计分析方法丰富,囊括了各种成数的统计方法和模型,从简单的单变量分析到复杂的多变量分析的多种统计分析方法,为统计分析用户提供全方位的统计算法,为各种研究提供了相应的统计分析方法。既可以进行经典的统计分析,也可以进行最新的统计方法分析。

(6) SPSS 具有强大的图形功能,操作界面极为友好,不但可以得到数字结果,还可以得到直观、漂亮的统计图,形象地显示分析结果,并可以将表格图形直接复制到 Word 文档、幻灯片中,直接地进行结果展示。

(7) SPSS 软件系统的组合结构使用户有可能根据自己的分析工作的需要,根据计算机设备的实际情况选择、装配模块,灵活方便。

(8) 全部分析的操作过程具有追溯性。所有操作过程都可以在系统日志中完整地反映出来,便于核查分析过程,使分析过程具有重复性、客观性,同时也便于找出分析中的问题。

除此之外,SPSS for Windows 还有很好的联机帮助系统,以及良好的电子文档发布能力。

(二) SPSS 的安装、启动与退出

1. SPSS 的安装

作为 Windows 操作系统下的应用软件,SPSS 的安装与一般的 Windows 应用软件的安装步骤大体相同。其步骤如下。

(1) 启动 Windows,在 SPSS 安装光盘的目录中找到安装文件 setup.exe,双击运行。

(2) 在 Software License Agreement 对话框中选择接受软件使用协议。

(3) 在 Choose Destination Location 对话框中指定软件安装目录。

(4) 在 Use Information 对话框中输入用户基本信息及软件序列号。

(5) 在 Setup Type 对话框中选择安装模式,通常选择典型安装(Typical)。

(6) 在 Personal or Shared Installation 对话框中选择单机安装还是网络安装,一般选择系统默认的单机安装(Personal Installation)。

(7) 在 Product License Codes 对话框中输入软件许可证号码。

(8) 在 Select Options 对话框中列出了各个 SPSS 软件模块供用户选择,用户可以按自己的需求自行选定需要安装的模块。

(9) Ready To Install Files 对话框给出了一些安装信息,要求用户确认。直接单击 Next 按钮跳到下一个窗口。

(10) Setup Complete 对话框的两个复选框要求用户选择是否在安装完成后直接运行 SPSS 程序以及是否阅读 SPSS 自述文件。单击 Finish 按钮,完成安装。

2. SPSS 的启动

当用户在操作系统下运行 SPSS 软件后,计算机屏幕上出现一个对话框,如图 9.4 所示。

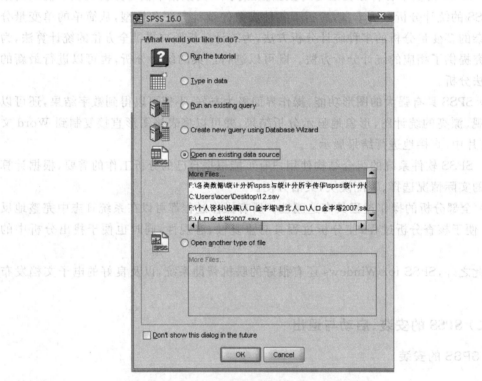

图 9.4 SPSS 启动后的操作对话框

对话框包括六个单选按钮和一个复选框。具体内容如下。

(1) Run the tutorial:运行 SPSS 教程。

(2) Type in data:在数据编辑窗口直接输入数据。

(3) Run an existing query：使用已经存在的数据文件选项。
(4) Create new query using Database WiZard：用数据库处理工具建立新文件。
(5) Open an existing date source：打开一个已经存在的数据文件。
(6) Open another type of file：打开其他类型的文件。
(7) Don't show this dialog in the future：是一复选框，选中该复选框后，下次启动 SPSS 时将不显示对话框，而直接显示数据编辑窗口。

3．SPSS 的退出

SPSS 软件的退出方法与其他 Windows 应用程序相同，有以下两种常用的退出方法。
(1) 选择 File→Exit 命令退出程序。
(2) 直接单击 SPSS 窗口右上角的"关闭"按钮，回答完系统提出的是否存盘的问题之后即可安全退出 SPSS 程序。

（三）SPSS 软件的 3 个常用窗口

了解 SPSS 的基本操作环境就是要了解 SPSS 有哪些基本操作窗口，各个窗口的功能和特点是什么，各窗口之间的关系怎样。下面将分别介绍 SPSS 软件中的 3 个常用窗口。

1．数据编辑窗口（Data Editor）

数据编辑窗口是 SPSS 提供的类似电子表格形式创建、编辑、浏览数据文件的一种直观方法。运行 SPSS 后，系统首先会自动打开一个数据编辑窗口。一般情况下，数据表内的数据应以 SPSS 数据文件的形式保存，最常用的 SPSS 数据文件扩展名为"＊.sav"，保存数据文件的同时也保存了变量属性和变量值。数据编辑窗口可以以两种不同的窗口形式显示、编辑数据。在数据编辑窗口的左下角有两个重要的转换标签，即 Data View 标签和 Variable View 标签，用于数据编辑窗口在数据视图和变量视图两种界面之间切换。

(1) 数据视图（Data View）

数据视图即为数据编辑窗口，如图 9.5 所示。在数据编辑窗口中可以进行数据的录入、编辑以及变量属性的定义和编辑，是 SPSS 的基本界面。窗口上方是主菜单栏，包含了 SPSS 从文件管理到数据整理、分析的几乎所有功能。主菜单栏下方是工具栏，提供一些常用的 SPSS 功能，使某些操作更为快捷。工具栏下方是当前数据栏，左边部分显示了当前活动单元格对应的变量名和观测序号，右边部分显示了当前活动单元格中的数据值。再往下则是数据显示区域，是一个二维的表格，表的每一行表示一个观察个体（case），每一列表示一个变量（variable），表的大小由变量数和观察个体数确定，表是编辑窗口的主体部分。

在图 9.5 数据编辑窗口的上方，文件名的下面排列着 SPSS 的 11 项主菜单。通过对这些菜单的选择，用户可以进行几乎所有的 SPSS 操作。下面分别对这些菜单的主要功能作一个简要介绍，如表 9.16 所示。

图 9.5 数据编辑窗口(数据视图)

表 9.16 SPSS 菜单功能简介

菜单项	功 能	简 介
File	文件操作	文件的存取及打印,外部数据的读取
Edit	数据编辑	数据的复制、剪切、粘贴等基本的数据编辑功能
View	窗口外观状态	数据窗口外观设置
Data	数据的操作和管理	数据整理的部分功能,包括插入新观测和新变量、数据排序、选取、合并、拆分等
Transform	数据基本处理	数据整理及数据转换功能,包括计算新变量、重新编码等
Analyze	数据分析	SPSS 统计分析程序汇总,包括所有的统计分析功能
Graphs	制作统计图	SPSS 图表绘制程序汇总,包括所有的 SPSS 绘图功能
Utilities	实用程序	包含变量信息、文件信息、定义和使用集合、菜单编辑器等
Add-ons	附加程序	包含添加其他应用程序、服务帮助、可编程延续、统计向导服务
Window	窗口管理	SPSS 主窗口的呈现方式设定及窗口的转换
Help	帮助	提供各种类型的 SPSS 帮助

为了方便用户操作,SPSS 软件把菜单项中常用的命令放到了工具栏中。当光标停留在某个工具栏按钮上时,会自动跳出一个文本框,提示当前按钮的功能。另外,如果用户对系统预设的工具栏设置不满意,也可以用 View→Toolbars 菜单命令对工具栏按钮进行自定义。

(2) 变量视图(Variable View)

单击 Variable View 标签,则数据编辑窗口进入变量视图界面,如图 9.6 所示。在变量视图界面中可以进行 SPSS 变量属性的定义和编辑。行代表变量,列代表变量的属性,可以定义、修改有关的变量属性。在 Variable View 表中，每一行描述一个变量，具体如下：

图 9.6 数据编辑窗口（变量视图）

Name：变量名。变量名必须以字母、汉字及@开头，最后一个字符不能是句号。

Type：变量类型。变量类型有 8 种，最常用的是 Numeric 数值型变量。其他常用的类型有：String 字符型、Date 日期型、Comma 逗号型（隔 3 位数加一个逗号）等。

Width：变量所占的宽度。

Decimals：小数点后位数。

Label：变量标签。关于变量含义的详细说明。

Values：变量值标签。关于变量各个取值的含义说明。

Missing：缺失值的处理方式。

Columns：变量在 Date View 中所显示的列宽（默认列宽为 8）。

Align：数据对齐格式（默认为右对齐）。

Measure：数据的测度方式。系统给出名义尺度、定序尺度和等间距尺度三种（默认为等间距尺度）。

如果输入变量名后按 Enter 键，将给出变量的默认属性。如果不定义变量的属性，直接输入数据，系统将默认变量 Var00001、Var00002 等。

定义了变量的各种属性后，回到 Data View 表中，就可以直接在表中录入数据。

2. 结果观察窗口（Viewer）

在 SPSS 中大多数统计分析结果都将以表或者图的形式在结果观察窗口中显示。结果输出窗口如图 9.7 所示。窗口的右边部分显示 SPSS 统计分析结果，左边部分是导航窗口，用来显示输出结果的目录，可以通过单击目录来展开右边窗口中的统计分析结果。当用户对数据进行了某项统计分析，结果输出窗口将被自动调出。当然，用户也可以通过双击后缀名为"*.spo"的 SPSS 输出结果文件来打开该窗口。

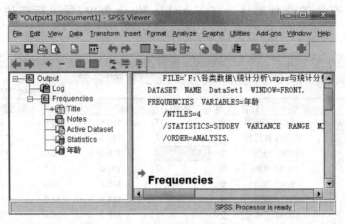

图 9.7　结果输出窗口

3. 语句窗口（Syntax Editor）

用户可以在语句窗口中直接编写 SPSS 命令程序，也可以使用 Paste 按钮把菜单运行方式下的各种命令和选项粘贴到命令窗口中，再进行进一步的修改，然后通过运行主菜单的 Run 命令将编写好的程序一次性地提交给计算机执行。用户也可以将编写好的 SPSS 程序保存为一个后缀名为"*.sps"的文件供以后需要的时候调用。SPSS 语句窗口如图 9.8 所示。

（四）利用 SPSS 进行统计处理的基本过程

SPSS 功能强大，但操作简单，这一特点突出地体现在它统一而简单的使用流程中。SPSS 进行统计处理的基本过程如图 9.9 所示。

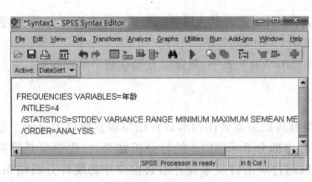

图 9.8　语句窗口

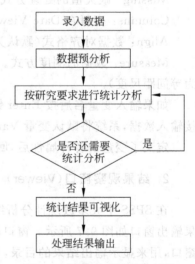

图 9.9　统计处理的基本过程

SPSS 进行统计处理的基本步骤如下。

(1) 数据的录入：将数据以电子表格的方式输入到 SPSS 中，也可以从其他可转换的数据文件中读出数据。数据录入的工作分两个步骤：一是定义变量；二是录入变量值。

(2) 数据的预分析：在原始数据录入完成后，要对数据进行必要的预分析，如数据分组、排序、分布图、平均数、标准差的描述等，以掌握数据的基本特点和基本情况，保证后续工作的有效性，也为确定应采用的统计检验方法提供依据。

(3) 统计分析：按研究的要求和数据的情况确定统计分析方法，然后对数据进行统计分析。

(4) 统计结果可视化：在统计过程进行完后，SPSS 会自动生成一系列数据表，其中包含了统计处理产生的整套数据。为了能更形象地呈现数据，需要利用 SPSS 提供的图形生成工具将所得数据可视化。如前所述，SPSS 提供了许多图形来进行数据的可视化处理，使用时可根据数据的特点和研究的需求来进行选择。

(5) 保存和导出分析结果：数据结果生成完之后，则可将它以 SPSS 自带的数据格式进行存储，同时也可利用 SPSS 的输出功能以常见的数据格式进行输出，以供其他系统使用。

二、SPSS 在描述性分析与方差分析中的应用

(一) SPSS 在描述性分析中的应用

1. 频数分析

频数分析适用于离散变量，通过频数分析能够了解变量取值的状况，把握数据的分布特征。例如在问卷数据分析中，首先会对被调查者的背景资料进行分析，包括被调查者的总人数、年龄、职业、性别、收入状况等特征进行分析和总结，以此来判断样本是否具有代表性、抽样是否存在系统偏差，为后续的分析提供可信度与代表性的保障。

【例 9-12】 数据文件儿童发育.sav 是对某地区儿童发育情况的调查数据，其中有学号、姓名、性别、年龄、体重、肺活量六个变量，共调查了 106 名儿童。为了考察不同的数据出现的频数，或者是数据所落入指定的区域内的频数，了解数据的分布状况，可以进行频数分析。在 SPSS 中的频数分析的实现步骤如下。

(1) 选择 Analyze→Descriptive Statistics→Frequencies 命令，打开 Frequencies 对话框，如图 9.10 所示。

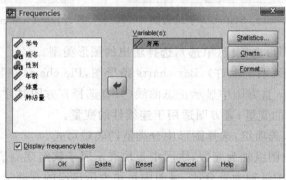

图 9.10　Frequencies 对话框

(2) 在左边的变量框中选中一个或多个变量送入 Variable(s)，本例选入身高。
(3) 选中 Display frequency tables 复选框，要求输出分布表。
(4) 单击 Statistics 按钮，打开如图 9.11 所示的对话框。
在 Frequencies：Statistics 对话框中选择要求输出的统计量。

- Percentile Values 百分数选项区（复选项）：Quartile 四分位数，Cut points for equal groups 等分位点百分位数（取值范围在 2~100 之间），Percentile(s) 自定义百分数。

- Dispersion 离散趋势选项区：输出各种离散程度指标，Std. deviation 标准差、Variance 方差、Range 全距、Minimum 最小值、Maximum 最大值、S. E. Mean 标准误。

- Central Tendency 中心趋势选项区：Mean 算术平均值（均值），Median 中位数，Mode 众数，Sum 总和。

- Distribution 分布状态选项区：Skewness 偏度系数和 Kurtosis 峰度系数。

选好后单击 Continue 按钮返回 Frequencies 对话框。

(5) 单击 Charts 按钮，弹出 Frequencies：Charts 对话框如图 9.12 所示。该对话框中有两个选项组。

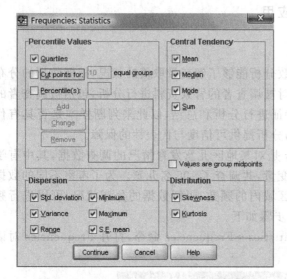

图 9.11 Frequencies：Statistics 子对话框

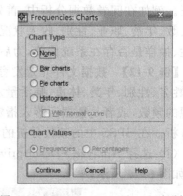

图 9.12 Frequencies：Charts 对话框

- Chart Type 图形选项组（单选），选择输出的图形类型。

None 不输出图形（系统默许），Bar charts 条形图，Pie charts 饼图，Histograms 直方图，With normal curve 直方图中显示正态曲线（只有选择直方图时才能选择）。条形图与饼图适用于非连续性的变量；直方图适用于连续性的变量。

- Chart Values 选项组，选择图形中分类值的表现形式。

Frequencies 直方图纵轴为频数，饼图中每块表示属于该组观测值频数。
Percentage 直方图纵轴为百分比，饼图中每块表示该组的观测量数占总数的百分比。

(6) 单击 Format 按钮,打开 Frequencies:Format 对话框,如图 9.13 所示。该对话框中包含以下选项。

- Order by 排序选项组,表示频数分布表的排列顺序。(单选)

Ascending values 按变量值升序排列(系统默许)。

Descending values 按变量值降序排列。

Ascending counts 按变量各种取值发生的频数升序排列。

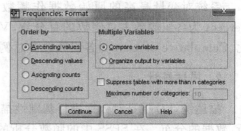

图 9.13　Frequencies:Format 对话框

Descending counts 按变量各种取值发生的频数降序排列。

如果设置了直方图,频数表将按照变量值顺序排列。

- Multiple Variables 多变量输出表格设置(单选)。

Compare variables 将所有变量的结果输出在一个表中。

Organize output by variables 为每一个变量输出一个表。

Suppress tables with more than_ categories 控制频数表输出的分类数复选项。

Maximum number of categories 分类数最大参数值,默许值是 10。

本例中均选择系统默认项。最后单击 OK 按钮,得到输出表 9.17。

表 9.17(a)　身高 Statistics 统计分析表

N	106	Maximum 最大值		−0.201
Mean 均值	118.160	Mean 均值		0.465
Std. Error of Mean 均值的标准误	0.560 5	Std. Error of Mean 均值的标准误		28.0
Std. Deviation 标准差	117.350	Std. Deviation 标准差		104.5
Skewness 偏度	117.0	Skewness 偏度		132.5
Std. Error of Skewness 偏度的标准误	5.770 3	Std. Error of Skewness 偏度的标准误		12 525.0
Kurtosis 峰度	33.296	Percentiles 百分数	25	114.375
Std. Error of Kurtosis 峰度的标准误	−0.033		50	117.350
Minimum 最小值	0.235		75	122.500

表 9.17(b)　身高频数分析表

身高	Frequency 频数	Percent 频率	Valid percent 有效百分比	Cumulative percent 累计百分比
104.5	1	0.9	0.9	0.9
105.5	2	1.8	1.8	2.7
105.6	3	2.7	2.7	5.4
…	…	…	…	…
130	2	1.8	1.8	99.1
132.5	1	0.9	0.9	100.0
Total	106	100.0	100.0	—

在输出结果窗口中将看到如下统计数据：

系统对变量身高的原始数据作频数分布表，Value 为原始值、Frequency 为频数、Percent 为各组频数占总例数的百分比、Valid percent 为各组频数占总例数的有效百分比、Cumulative percent 为各组频数占总例数的累积百分比。

2. 描述统计

描述统计分析是对数据进行基础性描述，包括数据的集中趋势分析、数据离散程度分析、数据的分布。在 SPSS 中的频数分析的实现步骤如下。

（1）选择菜单 Analyze→Descriptive Statistics→Descriptive 命令，打开 Descriptives 对话框，如图 9.14 所示。Save standardized value as variables 选项，将原始数据转换成 Z 分值。

（2）从左边源变量中选择一个或者几个变量进入右框中，单击 Options 按钮，打开 Descriptives：Options 对话框，如图 9.15 所示。

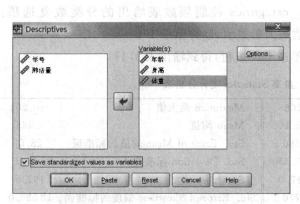

图 9.14 Descriptives 对话框

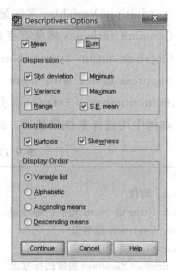

图 9.15 Descriptives：Options 对话框

在对话框中最上面一行是 Mean：均值，Sum：总和。

- Dispersion 离散趋势指标选项区

Std. deviation 标准差，Minimum 最小值，Variance 方差，Maximum 最大值，Range 极差，S.E. mean 均值的标准误。

- Distribution 分布状态选项区

Skewness 偏度，Kurtosis 峰度。

- Display Order 选项区，选择输出方式。

Variable list 按变量表次序；

Alphabetic 按字母顺序；

Ascending meas 按平均值升序；

Descending means 按平均值降序。

如在此例中选择按平均值升序项，返回主对话框，单击 OK 按钮，在输出窗口得描述统计分析输出表 9.18。

表 9.18 描述统计分析输出表

变量	N 次数	Mean 均值		Std. deviation 标准差	Variance 方差	Skewness 偏度		Kurtosis 峰度	
	Statistic 统计量	Statistic 统计量	Std. Error 标准误	Statistic 统计量	Statistic 统计量	Statistic 统计量	Std. Error 标准误	Statistic 统计量	Std. Error 标准误
年龄	106	7.00	0.000	0.000	0.000	.	.	.	.
身高	106	118.160	0.5605	5.7703	33.296	−0.033	0.235	−0.201	0.465
体重	106	18.255	0.1918	1.9746	3.899	−0.018	0.235	−0.098	0.465
Valid N (listwise)	106								

3. 交叉列联表分析

制作交叉列联表的具体操作步骤如下。

(1) 打开数据文件,单击 Analyze→Descriptive Statistics→Crosstabs 命令,打开 Crosstabs 对话框,如图 9.16 所示。

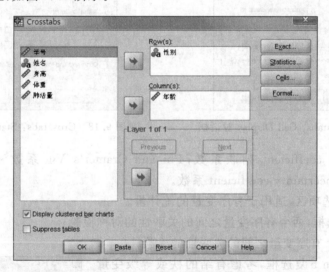

图 9.16 Crosstabs 对话框

(2) 如果是二维列联表分析,可以将行变量选择进入 Row(s)中,将列变量选择进入 Column(s)框中。如进行三维以上的列联表,可以将其他变量作为控制变量选到 Layer 框中。多控制变量可以是同层次的也可以是逐层叠加的。

(3) Display clustered bar chart 选择项,可以指定绘制各变量交叉频数分布柱形图。Suppress table 表示不输出列联表,只有在分析行列变量间关系时选择此项。此例中不选择这一项。

(4) 单击 Cells 按钮,打开 Crosstabs:Cell Display 对话框,如图 9.17 所示。从对话框中指定列联表单元格中的输出内容。在 Counts 选项区中选择 Observed 观察值(系统默认)或 Expected 期望频数。在 Percentages 选项区内选择 Row 行百分比、Column 列百分比及 Total 总百分比。在 Residuals 选项区中选择输出残差。其中 Standardize 为标准化残差，Adjusted standardized 为修正的标准化残差。

（5）单击 Format 按钮，指定列联表的输出排列顺序，一般选择系统默认的升序。

（6）单击 Statistics 按钮，打开 Crosstabs：Statistics 对话框，如图 9.18 所示。从中选择检验统计量：

- Chi-square 卡方检验复选框，主要检验行与列变量的独立性，也可称做 Pearson chi-square 检验。本例中只选择此项。
- Correlations 复选框，要求输出 Pearson 和 Spearman 相关系数。
- Nominal 选项区，适用于名义变量统计量。

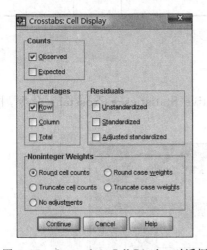

图 9.17　Crosstabs：Cell Display 对话框

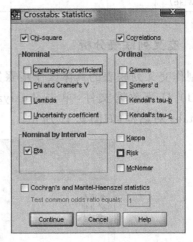

图 9.18　Crosstabs：Statistics 对话框

Contingency coefficient 列联系数；Phi and Cramer's V Φ 系数和 Cramer 系数；Lambda 系数；Uncertainty coefficient 系数。

- Ordinal 选项区，适用于有序变量的统计量。

Gamma 复选框，两个有序变量之间的关联性的对称检验；

Somer's 两个有序变量之间的关联性的检验；

Kendall's tan-b 复选框，考虑有结的秩或等级变量关联性的非参数检验。

Kendall's tan-c 复选框，忽略有结的秩或等级变量关联性的非参数检验。

- Nominal by interval 选项区，适用于一个名义变量与一个等间隔变量的检验。
- Cochran's and Mantel-Haenszel statistics，适用于一个二值因素变量和一个二值响应变量的独立性检验。

（7）单击 Exact 按钮，打开 Exact Tests 对话框，如图 9.19 所示，此对话框提供检验方式。三个单选项分

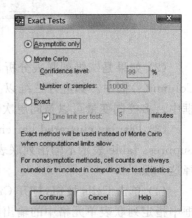

图 9.19　Exact Tests 对话框

别如下。

- Asymptotic only 单选按钮,适用于具有渐近分布的大样本数据(默认项)。
- Monte Carlo 单选按钮,此项为精确显著水平值的无偏估计,无须数据具有渐近分布的假设,是一种非常有效的计算确切显著性水平的方法。在 Confidence level 文本框中输入数据,确定置信区间的大小,一般为 90、95、99。在 Number of samples 文本框中输入样本量数据。
- Exact 单选按钮,观察结果概率,同时在下面的 Time limit per test 文本框内选择进行精确检验的最大时限。本例中不作选择。

(8) 然后单击 OK 按钮,就可得到交叉列联表,如表 9.19 所示。

表 9.19 性别 * 年龄 Crosstabulation

性 别		年 龄			Total
		6	7	8	
男	Count	6	22	1	29
	% within 性别	20.7	75.9	3.4	100.0
女	Count	15	50	12	77
	% within 性别	19.5	64.9	15.6	100.0
Total	Count	21	72	13	106
	% within 性别	19.8	67.9	12.3	100.0

4. 探索分析过程

探索分析过程的具体操作步骤如下。

(1) 单击 Analyze→Descriptive statistics→Explore 命令,打开 Explore 对话框,如图 9.20 所示。

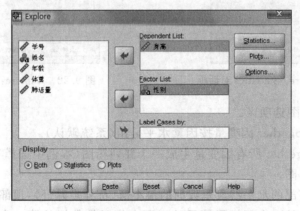

图 9.20 Explore 对话框

从左侧的变量列表中选出变量"身高",送入 Dependent List 栏;

- 选择"性别"作为因子变量,送入 Factor List 栏。有了因子变量,SPSS 会把所有的观测个体按照因子变量的取值分成若干个组,再分组考察 Dependent List 中的各个变量,如果不选择因子变量,SPSS 会对全部观测来做探索分析。
- Label Cases by 文本框,当输出涉及观测量时,使用该变量值标识各观测量。

在 Display 选项区中选择输出项,依次是 Both 单选按钮,输出图形与描述统计量(系统默认),Statistics 只输出描述统计量和 Plots 只输出图形。本例中选择默认项。

(2) 单击 Statistics 统计量按钮,打开 Explore:Statistics 对话框,选择统计输出量。有四个选择项,分别如下。

- Descriptives 基本统计描述:输出均数、中位数、众数、5%修正均数、标准误、方差、标准差、最小值、最大值、全距、四分位全距、峰度系数、峰度系数的标准误、偏度系数、偏度系数的标准误,同时指定均值的置信区间的置信度,系统默认为 95%。
- M-estimators:作中心趋势的粗略最大似然确定,输出四个不同权重的最大似然确定数。
- Outliers:输出分析数据中五个最大值和五个最小值。
- Percentiles:输出第 5%、10%、25%、50%、75%、90%、95%位数。

本例中选中 Descriptives 和 Outliers 复选框后,返回主对话框。如图 9.21 所示。

(3) 单击 Plots 按钮,弹出 Explore:Plots 对话框,如图 9.22 所示。

图 9.21 Explore:Statistics 对话框

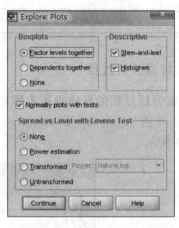

图 9.22 Explore:Plots 对话框

- Boxplots 箱图选项区。

Factor levels together 因变量按因素水平分组(系统默认)。

Dependents together 所有因变量生成一个并列箱图(本例中选择项)。

None 不显示箱图。

箱线图中,最底部的水平线段是数据的最小值(奇异点除外),顶部的水平线段是数据的最大值(奇异点除外),中间矩形箱子的底所在位置是数据的第一个四分位数(即 25%分位数),箱子顶部所在位置是数据的第三个四分位数据(即 75%分位数)。箱子中间的水平线段刻画的是数据的中位数(即 50%分位数)。

- Descriptive 描述图形选项区(复选项)。
  Stem-and-leaf 茎叶图(系统默认)。
  Histogram 直方图。
- Normality plots with tests(复选项),正态分布检验并输出 Q-Q 图。
- Spread vs Level with Levene Test 选项区,对所有的散布层次图,同时输出回归直线的斜率以及方差齐性的 Levene's 检验,但如果没有指定分组变量,此选择项无效。四个单选按钮依次为:

None 不产生回归直线的斜率和方差齐性检验(系统默认);

Power estimation 转换幂值估计(对每组数据产生一个中位数自然对数及四个分位数的自然对数的散点图)选项;

Transformed 变换原始数据选择项(可在参数框中选择数据变换类型);

Untransformed 不变换原始数据选择项。然后单击 Continue 按钮返回 Explore 对话框,再单击 OK 按钮即可。

(4) 单击 Option 按钮,打开 Explore:Option 对话框,如图 9.23 所示。可选择缺失值的处理方式,SPSS 提供三种处理方式:

- Exclude cases listwies 剔除带缺失值的观测量(系统默认)。本例选择此项。
- Exclude cases pairwise 剔除带缺失值的观测量时还一并剔除与缺失值有成对关系的观测量。
- Report values 输出频数表时同时输出缺失值。

图 9.23 Explore:Options 对话框

(5) 单击 OK 按钮,得到相应的输出结果。由于篇幅原因,此处仅列出部分输出以下内容:茎叶图与箱线图,如图 9.24 与图 9.25 所示;数据是否服从正态分布的检验,如表 9.20 所示。

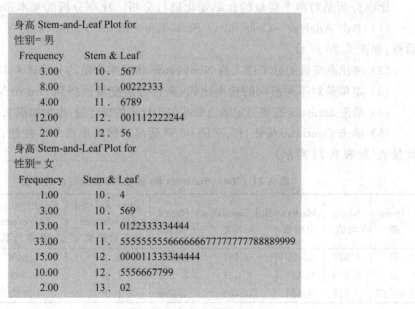

```
身高 Stem-and-Leaf Plot for
性别= 男
 Frequency    Stem & Leaf
     3.00     10 . 567
     8.00     11 . 00222333
     4.00     11 . 6789
    12.00     12 . 001112222244
     2.00     12 . 56
身高 Stem-and-Leaf Plot for
性别= 女
 Frequency    Stem & Leaf
     1.00     10 . 4
     3.00     10 . 569
    13.00     11 . 0122333334444
    33.00     11 . 555555555666666677777777788889999
    15.00     12 . 000011333344444
    10.00     12 . 5556667799
     2.00     13 . 02
```

图 9.24 分性别的身高茎叶图

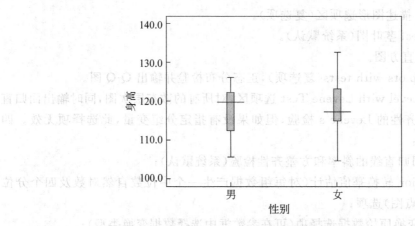

图 9.25 分性别的身高箱线图

表 9.20 Tests of Normality 身高的正态分布检验表

性别	Kolmogorov-Smirnov			Shapiro-Wilk		
	Statistic 统计量	df 自由度	Sig. 显著性	Statistic 统计量	df 自由度	Sig. 显著性
男	0.180	29	0.107	0.926	29	0.144
女	0.113	77	0.107	0.977	77	0.164

从图中可以明显的看出,男性平均身高是高于女性平均身高的。由表 9.20 的检验结果可以看出,由于假设检验的 P 值均大于 0.05,故可以认为男、女生的身高分布都近似地服从正态分布。

5. 比率分析

比率分析是对两个变量的比率变化进行分析。比率分析的基本步骤如下。

(1) 单击 Analyze→Descriptive Statistics→Ratio Statistics,打开 Ratio Statistics 对话框,如图 9.26 所示。

(2) 将比率变量的分子选入到 Numerator,将比率变量的分母选入 Denominator 框中。

(3) 如果是对不同组间的比率比较,则将分组变量选择到 Group Variable 框中。

(4) 单击 Statistics 按钮指定输出那些关于比率的统计量,出现如图 9.27 所示的对话框。

(5) 单击 Continue 按钮,回到 Ratio 对话框。然后单击 OK 按钮,就可得到 Ratio 统计量表(如表 9.21 所示)。

表 9.21 Ratio Statistics for 身高/体重的描述统计量

Group 群	Mean 均值	Median 中位数	Std. Deviation 标准差	Range 全距	Price Related Differential 相关价格微分	Coefficient of Dispersion 离散分数	Median Centered 中位数居中
男	6.527	6.429	0.496	2.182	1.008	0.058	7.9%
女	6.515	6.497	0.437	2.129	1.007	0.049	6.7%
Overall	6.518	6.488	0.452	2.530	1.007	0.052	7.0%

图 9.26　Ratio Statistics 对话框

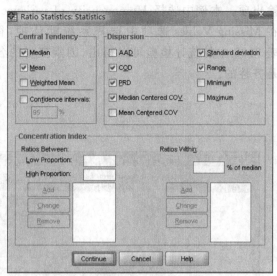
图 9.27　比率的统计量对话框

（二）SPSS 在方差分析中的应用

【例 9-13】 某企业在制定某商品的广告策略时，对不同广告形式在不同地区的广告效果（销售额）进行了评估。以销售额作为观测变量，广告形式和销售地区为控制变量，可以通过单因素方差分析方法分别对广告形式、销售地区对销售额的影响进行分析；可以通过多因素方差分析对广告形式、销售地区、广告形式和销售地区的交互作用对销售额的影响进行分析，进而为制定广告和地区的最优宣传组合方案提供依据。

1. 单因素方差分析在 SPSS 中的实现步骤

本例仅研究广告形式对销售额的影响，在利用 SPSS 进行单因素方差分析时，必须根据 SPSS 要求组织数据：单因素方差分析需要两个变量存放数据，一个是观测值变量即销售额；另一个是控制变量的水平值即广告形式。组织完数据后，按照以下步骤实现单因素方差分析：

（1）单击 Analyze → Compare Means → One-Way ANOVA 命令，打开 One-Way ANOVA 对话框，如图 9.28 所示。

（2）将观测变量销售额选入到 Dependent List 框。

（3）将控制变量销售额选入到 Factor 框。控制变量有几个取值就表示其有几个水平，此处广告形式有 4 个水平：报纸、广播、宣传品与体验。单击 OK 按钮就可以得到方差分析表（如表 9.22 所示）。由于 F 统计量值的 P 值明显小于显著性水平 0.05，故拒绝假设 H_0，认为这 4 种广告形式对销售额有显著差异。如果需要对各种广告形式进行进一步的比较和分析，可以通过按钮 Option 选项，contrast 对照比较，Post Hoc 多重比较去实现。

（4）单击 Option 按钮，打开 Option 对话框，如图 9.29 所示。在 Option 选项中选择输出项。本例中选择 Homogeneity of variance test 进行不同水平间方差齐性的检验。在 Missing Values 选项中选择系统默认项,得到表 9.22 的方差齐性的检验表。从表 9.23 中的统计检验可以得出,因素变量的各水平间的方差是没有显著差异的,方差是齐性的。

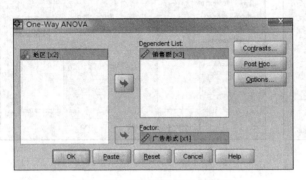

图 9.28 单因素方差主对话框

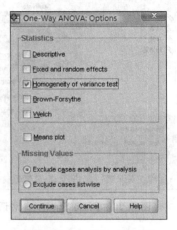

图 9.29 Options 对话框

表 9.22 Test of Homogeneity of Variances 方差齐性的检验表

Levene	df_1	df_2	Sig.
0.765	3	140	0.515

(5)如果需要将水平间两两比较,可以单击 Post Hoc 按钮,打开多重比较对话框,如图 9.30 所示。在该对话框中列出了二十种多重比较检验,涉及许多的数理统计方法,在实际中只选用其中常用的方法即可。对话框下部的 Significance level 表示显著性水平,默认值是 0.05,也可以根据需要重新输入其他值。

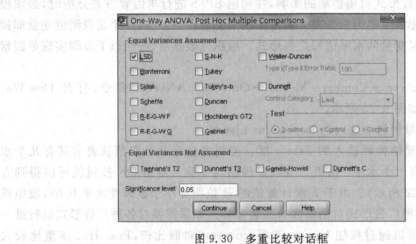

图 9.30 多重比较对话框

选择多重比较方式后,单击 OK 按钮,得到输出结果。

表 9.23 Multiple Comparisons 多重比较表

(I)广告形式	(J)广告形式	均值差(I−J)	标准误	显著性	95%置信区间	
					下限	上限
报纸	广播	2.333 33	2.838 46	0.412	−3.278 4	7.945 1
	宣传品	16.666 67*	2.838 46	0.000	11.054 9	22.278 4
	体验	6.611 11*	2.838 46	0.021	0.999 3	12.222 9
广播	报纸	−2.333 33	2.838 46	0.412	−7.945 1	3.278 4
	宣传品	14.333 33*	2.838 46	0.000	8.721 6	19.945 1
	体验	4.277 78	2.838 46	0.134	−1.334 0	9.889 6
宣传品	报纸	−16.666 67*	2.838 46	0.000	−22.278 4	−11.054 9
	广播	−14.333 33*	2.838 46	0.000	−19.945 1	−8.721 6
	体验	−10.055 56*	2.838 46	0.001	−15.667 3	−4.443 8
体验	报纸	−6.611 11*	2.838 46	0.021	−12.222 9	−0.999 3
	广播	−4.277 78	2.838 46	0.134	−9.889 6	1.334 0
	宣传品	10.055 56*	2.838 46	0.001	4.443 8	15.667 3

* The mean difference is significant at the 0.05 level.

从表 9.23 中可以看出,宣传品的广告效果显著低于其他每一种广告形式。从广告效果来看,从高到低的顺序依次是:报纸、体验、宣传品;广播的广告效果显著优于宣传品,但广播与报纸、体验广告形式的广告效果差异不显著。

2. 多因素方差分析在 SPSS 中的实现步骤

本例仅研究广告形式、销售地区对销售额的影响,在利用 SPSS 进行多因素方差分析时,必须根据 SPSS 要求组织数据:多因素方差分析需要多个变量存放数据,一个是观测值变量即销售额,其他是控制变量的水平值即广告形式与销售地区。组织完数据后,按照以下步骤实现多因素方差分析。

(1) 单击 Analyze→General linear Model→Univariate 命令,打开 Univariate 对话框,如图 9.31 所示。

(2) 选择要分析的变量销售额进入 Dependent Variable 框中,选择因素变量广告形式和销售地区进入 Fixed Factor(s)框中。

(3) 单击 Model 按钮选择分析模型,得到 Model 对话框,如图 9.32 所示。

在 Specify Model 选项区中,指定模型类型。Full factorial 选项为系统默认项,建立全模型。全模型中包括因素之间的交互作用,本例选此项。如果选择分析两个因素的交互作用,则必须在每种水平组合下,取得两个以上的实验数据,才能实现两个因素的交互作用的分析结果。如果不考虑因素间的交互作用时,应当选择自定义模型。Custom 选项为自定义模型,选择此项并激活下面的各项操作。

图 9.31 Univariate 双因素方差分析对话框

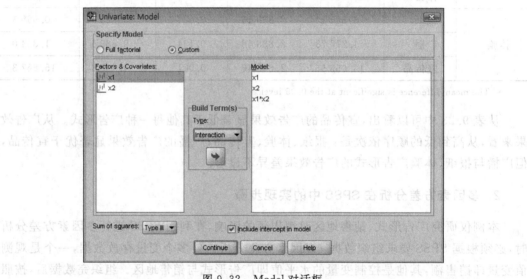

图 9.32 Model 对话框

先从左边框中选择因素变量进入 Model 框中，然后选择效应类型。一般不考虑交互作用时，选择 Main，考虑交互作用时，选择交互作用 Interaction。可以通过单击 Build Term(s) 下面的下拉按钮完成。最后在 Sum of square 中选择分解平方和的方法后返回主对话框。一般选取默认项 Type Ⅲ。

单击 OK 按钮就可以得到相应的双因素方差分析表 9.24。

表 9.24 中是一般统计学原理书中给出的双因素方差分析表。从表中数据可以看出，广告形式和销售地区的 F 值对应概率 P 值都小于显著性水平 0.05，这说明广告形式和销售地区对销售额的影响都是显著的，而广告形式和销售地区交互作用的 F 值对应概率 P 值都大于显著性水平 0.05，说明两者的交互作用对销售额的影响不显著。

（4）如果需要进行特定的两水平间的均值比较，可单击 Contrasts 比较按钮，打开

Contrast 对话框。在 Factor 框中显示所有在主对话框中选择的因素变量,括号中显示的是当前的比较方法,单击选中因素变量,可以改变均值的比较方法。

表 9.24 包含交互作用的双因素方差分析表

Source	Type Ⅲ Sum of Squares	df	Mean Square	F	Sig.
Corrected Model	20 094.306ᵃ	71	283.018	3.354	0.000
Intercept	642 936.694	1	642 936.694	7 619.990	0.000
x_1 广告形式	5 866.083	3	1 955.361	23.175	0.000
x_2 销售地区	9 265.306	17	545.018	6.459	0.000
$x_1 * x_2$	4 962.917	51	97.312	1.153	0.286
Error	6 075.000	72	84.375		
Total	669 106.000	144			
Corrected Total	26 169.306	143			

(5) 如果需要进行图形展示,可单击 Plots 按钮,打开图形对话框,如图 9.33 所示。选择作均值轮廓图(Profile)的参数。

在 Factors 框中选择因素变量进入横坐标 Horizontal Axis 框内,然后单击 Add 按钮,可以得到该因素不同水平的因变量均值的分布。

如果要了解两个因素变量的交互作用,将一个因素变量送入横坐标后,将另一个因素变量送入 Separate Lines 分线框中,然后单击 Add 按钮。就可以输出反映两个因素变量的交互图。

(6) 如需要将因素 A 各水平间均值进行两两比较,单击 Post Hoc 按钮,打开 Post Hoc Multiple 多重比较对话框,如图 9.34 所示。从 Factor(s)框中选择因素变量进入 Post Hoc Test for 框中,然后选择多重比较方法。

图 9.33 Plots 对话框

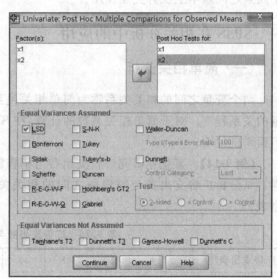

图 9.34 多重比较对话框

(7) 单击 Save 按钮,打开保存对话框,选择需要保存的变量。

(8) 单击 Options 按钮,打开 Univariate：Options 对话框,从中选择需要输出的显著性水平,默认值为 0.05 按钮。在进行所有的选择后,单击 OK 按钮,就可以得到输出结果,如图 9.35 所示。

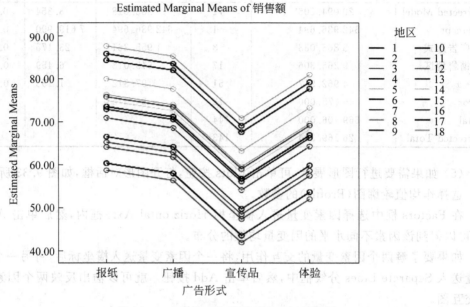

图 9.35　广告形式和销售地区交互作用图

由图 9.35 可以看出,两个因素变量广告形式和销售地区的折线之间无交叉,因此两个因素之间基本上没有交互作用。

三、SPSS 在相关分析中的应用

(一) 简单相关分析

两个变量之间的相关关系称为简单相关关系,可以通过相关系数准确地反映两个变量的关系程度。对于简单相关系数的计算,在 SPSS 软件中可以轻松地完成复杂的计算。下面举例说明。

【例 9-14】　某企业研究广告支出费与销售额之间的关系,连续获得了 11 个季度的资料。试分析广告支出费与销售额之间的相关关系。表 9.25 为广告支出费与销售额数据表。

表 9.25　广告支出费与销售额数据表　　　　　　　　　　　单位：万元

广告支出费	36	42	55	48	45	47	50	61	68	72	77
销售额	1 261	1 306	1 680	1 520	1 343	1 486	1 623	1 780	1 907	2 104	2 230

分析广告支出费与销售额之间的相关关系具体步骤如下。

(1) 单击 Analyze→Correlate→Bivariate 命令，打开 Bivariate Correlate 对话框，如图 9.36 所示。

(2) 从左边的变量框中选择需要考察的两个变量进入 Variables 框内，从 Correlation Coefficients 选项区内选择相关系数的种类，有 Pearson 相关系数，Kendall's tau-b 一致性系数和 Spearman 等级相关系数。从检验栏内选择检验方式，有双尾检验和单尾检验两种。

(3) 单击 Options 按钮，选择输出项和缺失值的处理方式。本例中选择输出基本统计描述，如图 9.37 所示。

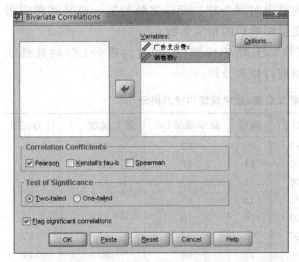

图 9.36　Bivariate Correlates 两个变量相关分析对话框　　图 9.37　Bivariate Correlations: Options 对话框

(4) 单击 OK 按钮，可以得到相关分析的结果。

从表 9.26(a) 可以得到两个变量的基本统计描述，从表 9.26(b) 中可以得到相关系数及对相关系数的检验结果，由于尾概率小于 0.01，说明广告支出费与销售额两个变量之间存在着显著的线性相关性。

表 9.26(a)　Descriptive Statistics 基本统计描述

变量	Mean 均值	Std. Deviation 标准差	N
广告支出费 x	54.636 4	13.208 12	11
销售额 y	1 658.181 8	321.567 98	11

表 9.26(b)　Correlations 相关系数检验

变量		广告支出费 x	销售额 y
广告支出费 x	Pearson Correlation	1	0.987**
	Sig. (2-tailed)		0.000
销售额 y	Pearson Correlation	0.987**	1
	Sig. (2-tailed)	0.000	

**. Correlation is significant at the 0.01 level (2-tailed).

因此调用 Bivariate 过程可对变量进行相关关系的分析，计算有关的统计指标，以判断变量之间相互关系的密切程度。调用该过程命令时允许同时输入两变量或两个以上变量，但系统输出的是变量间两两相关的相关系数。

（二）偏相关分析

简单相关关系只反映两个变量之间的关系，但如果因变量受到多个因素的影响时，因变量与某一自变量之间的简单相关关系显然受到其他相关因素的影响，不能真实地反映二者之间的关系，所以需要考察在其他因素的影响剔除后二者之间的相关程度，即偏相关分析。在偏相关分析中，系统可按用户的要求对两个相关变量之外的某一或某些影响相关的其他变量进行控制，输出控制其他变量影响后的相关系数。

【例 9-15】 某地 18 名学生语文成绩（x）、数学成绩（y）和智力得分（Z）的数据如表 9.27 所示。试对语文成绩与数学成绩进行相关分析。

表 9.27 18 名学生语文成绩、数学成绩和智力得分

编号	数学成绩(y)	语文成绩(x)	智力(Z)	编号	数学成绩(y)	语文成绩(x)	智力(Z)
1	78	83	95	10	73	75	92
2	84	76	100	11	48	53	61
3	61	70	100	12	45	43	60
4	52	58	75	13	67	70	88
5	93	82	105	14	75	78	96
6	89	78	97	15	95	97	125
7	98	89	110	16	88	92	113
8	98	95	120	17	99	92	126
9	65	61	76	18	81	88	102

（1）首先打开数据文件，单击 Analyze → Correlate → Partial 命令，打开 Partial Correlations 对话框，如图 9.38 所示。

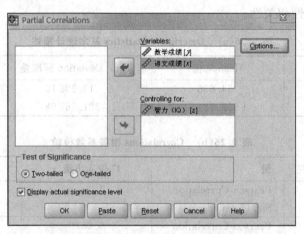

图 9.38 Partial Correlations 偏相关分析图

(2) 从左边框内选择要考察的两个变量进入 Variables 框内,其他客观存在的变量作为控制变量进入 Controlling for 框内,如本例中考察语文成绩与数学成绩的偏相关系数进入 Variables 框内,智力进入 Controlling for 框内。

(3) 单击 Options 按钮,打开 Options 子对话框,如图 9.39 所示。从 Statistics 选项区中选择输出项,有平均值及标准差,Zero-order correlations 表示在输出偏相关系数的同时输出变量间的简单相关系数。另外还有缺失值的处理方式。本例中选择简单相关系数。

(4) 选择结束后,单击 OK 按钮得输出结果,如表 9.28 所示。

图 9.39 Partial Correlations: Options 子对话框

表 9.28 Correlations 偏相关分析

Control Variables 控制变量			数学成绩	语文成绩	智力(IQ)
-none-a	数学成绩	Correlation 简单相关系数	1.000	0.932	0.918
		Significance(2-tailed)P 值		0.000	0.000
		df 自由度	0	16	16
	语文成绩	Correlation 简单相关系数	0.932	1.000	0.958
		Significance(2-tailed)P 值	0.000		0.000
		df 自由度	16	0	16
	智力(IQ)	Correlation 简单相关系数	0.918	0.958	1.000
		Significance(2-tailed)P 值	0.000	0.000	
		df 自由度	16	16	0
智力(IQ)	数学成绩	Correlation 偏相关系数	1.000	0.461	
		Significance(2-tailed)P 值		0.062	
		df 自由度	0	15	
	语文成绩	Correlation 偏相关系数	0.461	1.000	
		Significance(2-tailed)P 值	0.062		
		df 自由度	15	0	

表 9.28 中的上半部分是简单相关系数,下半部分是偏相关系数。从表中可以看出,语文成绩与数学成绩的简单相关系数为 0.932,自由度为 16,检验的 P 值为 0.000,由此得到的结论是数学成绩和语文成绩具有显著的统计相关性。

而在控制智力变量后,数学成绩和语文成绩偏相关系数为 0.461,自由度为 15,检验的 P 值为 0.062,表示数学成绩和语文成绩的相关性在显著性为 0.05 的水平时统计上是不显著的。众所周知:智力高者数学成绩和语文成绩都好,因此数学成绩和语文成绩的相关性隐含在智力的潜在影响。简单相关系数分析忽略了智力的影响,就得出了错误的结论。因此调用 Partial Correlations 过程可对变量进行偏相关分析,可按用户的要求对两相关变量之外的某一或某些影响相关的其他变量进行控制,输出控制其他变量影响后的相关系数。

四、SPSS 在回归分析中的应用

(一)一元线性回归分析方法

在线性回归模型中只有一个自变量,则该模型被称为一元线性回归模型。下面以一实例说明一元线性回归分析的步骤。

【例 9-16】 某市在一次住房调查中获得的关于住房支出与年收入的资料如表 9.29 所示。请对住房支出与年收入进行回归分析。

表 9.29 住房支出与年收入的资料　　　　　　　　单位:千美元

住房支出 y	年收入 x	住房支出 y	年收入 x
1.80	5.00	4.20	15.00
2.00	5.00	4.20	15.00
2.00	5.00	4.50	15.00
2.00	5.00	4.80	15.00
2.10	5.00	5.00	15.00
3.00	10.00	4.80	20.00
3.20	10.00	5.00	20.00
3.50	10.00	5.70	20.00
3.50	10.00	6.00	20.00

(1)首先打开数据文件,单击 Analyze→Regression→Linear 命令,进入线性回归对话框,如图 9.40 所示。

图 9.40 线性回归对话框

(2) 从左边框中选择因变量"住房支出"进入 Dependent 框内，选择自变量"年收入"进入 Independent(s)框内。

(3) 单击 Statistics 按钮，打开 Linear Regression：Statistics 对话框，从中可以选择输出的统计量，如图 9.41 所示。

Regression Coefficients 栏，回归系数选项区。

- Estimates（系统默认）：输出回归系数的相关统计量，包括回归系数、回归系数标准误、标准化回归系数、回归系数检验统计量（t值）及相应的检验统计量概率的 P 值（sig）。本例中只选择此项。

图 9.41 Linear Regression：
Statistics 对话框

- Confidence intervals：输出每一个非标准化回归系数 95% 的置信区间。
- Covariance matrix：输出协方差矩阵。

与模型拟合及拟合效果有关的选择项。

- Model fit 是默认项。能够输出复相关系数 R、R^2 及 R^2 修正值，估计值的标准误，方差分析表。
- R squared change：引入或剔除一个变量时，R^2 的变化。
- Descriptives：基本统计描述。
- Part and partial correlations：相关系数及偏相关系数。
- Collinearity diagnostics：共线性诊断。主要对于多元回归模型，分析各自变量的之间的共线性的统计量：包括容忍度和方差膨胀因子、特征值，条件指数等。

Residuals 残差选项区

- Durbin-Watson：D.W 检验。
- Casewise diagnostics：奇异值诊断，有以下两个选项。Outliers outside( ) standard deviations：奇异值判据，默认项标准差≥3；All case 输出所有观测量的残差值。

本例中选择 D.W 检验及奇异值诊断，选择标准差为 2，即置信度约为 95%。

(4) 如果需要观察图形，可单击 Plots 按钮，在 Linear Regression：Plots 对话框中操作。

(5) 单击 Options 按钮，打开 Linear Regression：Options 对话框选择即可。

(6) 如果要保存预测值等数据，可单击 Save 按钮，打开 Linear Regression：Save 对话框。选择需要保存的数据种类作为新变量存在数据编辑窗口。其中有预测值、残差、预测区间等。

(7) 当所有选择完成后，单击 OK 按钮得到分析结果。主要的分析结果见表 9.30。

表 9.30(a) 一元线性回归模型拟合优度及 D.W 检验结果

Mode	R	R Square	Adjusted R Square	Std. Error of the Estimate	Durbin-Watson
一元线性	0.966a	0.934	0.930	0.373 02	1.364

注：a. Predictors：(Constant)，年收入（千美元）；b. Dependent Variable：住房支出（千美元）。

表 9.30(b) 一元线性回归方差分析表 ANOVA

Model	Sum of Squares	df	Mean Square	F	Sig.
Regression	35.165	1	35.165	252.722	0.000a
Residual	2.505	18	0.139		
Total	37.670	19			

表 9.30(c) 一元线性回归系数估计及其显著性检验

Model	Unstandardized Coefficients		Standardized Coefficients	t	Sig.
	B	Std. Error	Beta		
(Constant)	0.890	0.204		4.356	0.000
年收入	0.237	0.015	0.966	15.897	0.000

注：Predictors：(Constant)，年收入(千美元)。

表 9.30(a)给出了回归模型的拟合优度(R Square)、调整的拟合优度(Adjusted R Square)、估计标准误差(Std. Error of the Estimate)以及 Durbin-Watson 统计量。从结果看，回归的拟合优度与调整的拟合优度分别为 0.934 和 0.930，即住房支出 90% 以上的变动都可由年收入所解释，拟合优度高。D.W 统计量为 1.364，查表得 $n=20$，$k=1$ 时，在 0.05 的显著性水平下，D.W 检验的上下界分别为 1.20 和 1.41，因此不能确定随机扰动项是否存在序列一阶自相关。

表 9.30(b)给出了回归模型的方差分析表，可以看到 F 统计量为 252.722，对应的 P 值为 0，所以拒绝模型整体不显著的原假设，即认为该模型整体是显著的。

表 9.30(c)给出了回归系数、回归系数标准差、标准化的回归系数值以及各个回归系数的显著性 t 值。从表中可以看出无论是常数项还是解释变量 x，其 t 统计量对应的 P 值都小于显著性水平 0.05，因此在 0.05 的显著性水平下都通过了 t 检验。变量的回归系数为 0.237，即年收入每增加 1 千美元，住房支出就增加 0.237 千美元。该一元线性回归模型为：$y=0.890+0.237x$。

（二）多元线性回归分析方法

在实际中影响某些现象发生变化的因素往往不会是单独的一个，为了准确地描述实际现象的变化并对其做出准确的预测，利用多元线性回归方法进行分析。下面以一实例进行说明。

【例 9-17】 消费者调查股份有限公司是一家独立的机构，该机构为各类型的厂商调查消费者的态度和行为。在一项研究中，客户为了能预测用信用卡进行支付的数额，要求对消费者的特点进行调查研究。对于有 50 名消费者组成的样本，采集了有关年收入、家庭成员数和年信用卡支付数额的统计资料如表 9.31 所示。利用年收入和家庭成员数作自变量，建立回归方程，并预测年收入为 4 000 美元的 3 口之家的年信用卡可支付数额。

表 9.31 50 名消费者的统计资料

年收入 x_1 /千美元	家庭成员人数 x_2/人	信用卡支付金额 y/美元	年收入 x_1 /千美元	家庭成员人数 x_2/人	信用卡支付金额 y/美元
54	3	4 016	39	2	2 972
30	2	3 159	35	1	3 121
32	4	5 100	39	4	4 183
50	5	4 742	54	3	3 730
31	2	1 864	23	6	4 127
55	2	4 070	27	2	2 921
37	1	2 731	26	7	4 603
40	2	3 348	61	2	4 273
66	4	4 764	30	2	3 067
51	3	4 110	22	4	3 074
25	3	4 208	46	5	4 820
48	4	4 219	66	4	5 149
27	1	2 477	50	2	3 605
33	2	2 514	67	5	5 345
65	3	4 214	55	6	5 370
63	4	4 965	52	2	3 890
42	6	4 412	62	3	4 705
21	2	2 448	64	2	4 157
44	1	2 995	22	3	3 579
37	5	4 171	29	4	3 890
62	6	5 678	54	6	5 573
21	3	3 623	30	1	2 583
55	7	5 301	48	2	3 866
42	2	3 020	34	5	3 586
41	7	4 828	67	4	5 037

进入线性回归分析的对话框后,将"信用卡支付金额"进入 Dependent 框内,选择自变量"年收入"和"家庭成员人数"进入 Independent 框内。其余步骤与一元线性回归分析相同,最后得到结果如表 9.32 所示。

表 9.32(a) 多元线性回归模型拟合优度及 D.W 检验结果

Model	R	R Square	Adjusted R Square	Std. Error of the Estimate	Durbin-Watson
多元线性	0.909a	0.826	0.818	398.091	2.037

注:a. Predictors:(Constant),家庭成员人数 x_2,年收入(千美元)x_1;b. Dependent Variable:信用卡支付金额(美元)y。

表 9.32(a)给出了回归的拟合优度与调整的拟合优度分别为 0.826 和 0.818,即信用卡支付金额 80% 以上的变动都可由"年收入"和"家庭成员人数"所解释,拟合优度高。D.W 统计量为 2.037,确定随机扰动项是不存在序列一阶自相关。

表 9.32(b)　多元线性回归方差分析表 ANOVA

Model	Sum of Squares	df	Mean Square	F	Sig.
Regression	3.525E7	2	1.763E7	111.218	0.000
Residual	7 448 393.148	47	158 476.450		
Total	4.270E7	49			

表 9.32(b)给出了回归模型的方差分析表的 F 统计量为 111.218，对应的 P 值为 0，所以拒绝模型整体不显著的原假设，即认为该模型整体是显著的，此模型的建立是有意义的。

表 9.32(c)　多元线性回归系数 Coefficientsa 估计及其显著性检验

Model	Unstandardized Coefficients		Standardized Coefficients	t	Sig.	95% Confidence Interval for B		Correlations		
	B	Std. Error	Beta			Lower Bound	Upper Bound	zero-order	Partial	Part
(Constant)	1 304.905	197.655		6.602	0.000	907.275	1 702.535			
年收入 x_1	33.133	3.968	0.516	8.350	0.000	25.151	41.115	0.631	0.773	0.509
家庭成员人数 x_2	356.296	33.201	0.664	10.732	0.000	289.504	423.087	0.753	0.843	0.654

注：Dependent Variable：信用卡支付金额(美元)y。

表 9.32(c)给出了回归系数、回归系数标准差、标准化的回归系数值以及各个回归系数的显著性 t 值。从表中可以看出无论是常数项还是解释变量 x_1 和 x_2，其 t 统计量对应的 P 值都小于显著性水平 0.05，因此在 0.05 的显著性水平下都通过了 t 检验。年收入 x_1 和家庭成员人数 x_2 变量的回归系数分别为 33.133 和 356.296，即年收入每增加 1 千美元，信用卡支付金额就增加 33.133 美元；家庭成员人数每增加 1 人，信用卡支付金额就增加 356.296 美元。该多元线性回归模型为：$y=1\,304.905+33.133x_1+356.296x_2$。建立回归方程后，代入方程就可以预测年收入为 4 000 美元的 3 口之家的年信用可支付数额为 3 699.11 美元。

（三）曲线回归分析方法

上面介绍了线性回归模型的分析和检验方法。如果某对变量数据的散点图不是直线，而是某种曲线的形式时，可以利用曲线估计的方法为数据寻求一条合适的曲线，也可用变量代换的方法将曲线方程变为直线方程，用线性回归模型进行分析和预测。SPSS 提供了多种曲线方程，如表 9.33 所示。

表 9.33　曲线方程表

函数名称	方程形式	函数名称	方程形式
Quadratic 二次多项式	$y=b_0+b_1x+b_2x^2$	S 曲线	$y=e^{(b_0+b_1/x)}$
Compound 复合模型	$y=b_0b_1^x$	Exponential 指数函数	$y=b_0e^{b_1x}$
Growth 生长曲线	$y=e^{(b_0+b_1x)}$	Inverse 逆函数	$y=b_0+(b_1/x)$
Logarithmic 对数函数	$y=b_0+b_1\ln x$	Power 幂函数	$y=b_0(x^{b_1})$
Cubic 三次多项式	$y=b_0+b_1x+b_2x^2+b_3x^3$	Logistic 逻辑曲线	$y=(1/u+b_0b_1^x)^{-1}$

【例 9-18】 全国 1990 年至 2002 年人均消费支出与教育支出的统计数据如表 9.34 所示。试以人均消费性支出为解释变量,教育支出作为被解释变量,拟合用一条合适的函数曲线。

表 9.34 人均消费支出与教育支出数据表

年份	人均消费性支出 x/元	教育支出 y/元	年份	人均消费性支出 x/元	教育支出 y/元
1990	1 627.64	38.24	1997	7 188.71	419.19
1991	1 854.22	47.91	1998	7 911.94	542.78
1992	2 203.6	57.56	1999	7 493.31	556.93
1993	3 138.56	71.00	2000	7 997.37	656.28
1994	4 442.09	153.98	2001	9 463.07	1 091.85
1995	5 565.68	194.62	2002	9 396.45	1 062.13
1996	6 544.73	307.95			

首先绘制散点图观测两变量间的关系是否为非线性关系,如果是非线性关系,则可以尝试二次、三次曲线、复合函数和幂函数模型,利用曲线估计模型进行分析。本例中教育支出是因变量,人均消费性支出是自变量,绘制散点图,得到如图 9.42 所示的散点图。散点图显示人均消费支出与教育支出两变量间的关系呈曲线关系,故选择合适的函数进行曲线估计。曲线回归分析的步骤如下。

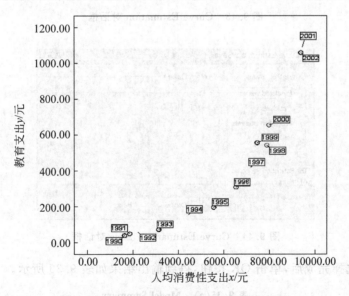

图 9.42 人均消费支出与教育支出的散点图

(1) 单击 Analyze→Regression→Curve Estimation 命令,打开 Curve Estimation 对话框,如图 9.43 所示。

(2) 选择估计曲线:SPSS 有多条曲线形式供选择。根据散点图,本例中选择 Quadratic、Power 和 Compound 曲线进行对比分析。

(3) 单击 Save 按钮，打开 Save 对话框，如图 9.44 所示。选择需要保存到数据表中的项目。在 Save Variables 栏中，复选项依次是：Predicted values 预测值、Residuals 残差、Prediction intervals 预测区间，可以在下方框中选择置信度，默认值为 95%。本例中不作选择。

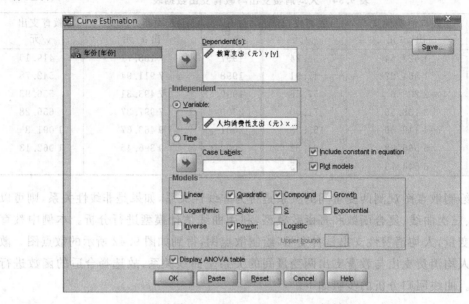

图 9.43 Curve Estimation 对话框

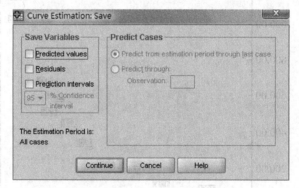

图 9.44 Curve Estimation：Save 对话框

(4) 所有选择完成后，单击 OK 按钮，得到输出结果如表 9.35 所示。

表 9.35(a) Model Summary

模型	R	R Square	Adjusted R Square	Std. Error of the Estimate
Quadratic	0.994	0.987	0.985	45.707
Compound	0.997	0.995	0.994	0.090
Power	0.977	0.954	0.950	0.266

The independent variable is 人均消费性支出 x/元。

表 9.35（b） ANOVA

模型		Sum of Squares	df	Mean Square	F	Sig.
Quadratic	Regression	1 598 765.997	2	799 382.999	382.641	0.000
	Residual	20 891.203	10	2 089.120		
	Total	1 619 657.200	12			
Compound	Regression	16.905	1	16.905	2 086.351	0.000
	Residual	0.089	11	0.008		
	Total	16.994	12			
Power	Regression	16.217	1	16.217	229.580	0.000
	Residual	0.777	11	0.071		
	Total	16.994	12			

表 9.35（c） Coefficients

模型	变 量	UnstandardiZed Coefficients		StandardiZed Coefficients	t	Sig.
		B	Std. Error	Beta		
Quadratic	人均消费性支出 x/元	−0.148	0.025	−1.135	−5.892	0.000
	人均消费性支出 x/元**2	2.460E−5	0.000	2.086	10.827	0.000
	(Constant)	252.698	57.792		4.373	0.001
Compound	人均消费性支出 x/元	1.000	0.000	2.711	108 768.233	0.000
	(Constant)	20.955	1.226		17.090	0.000
Power	人均消费性支出 x/元	1.846	0.122	0.977	15.152	0.000
	(Constant)	3.578E−5	0.000		0.963	0.356

从表 9.35 的输出结果可以看出，比较各种估计模型的样本决定系数 $\bar{R}^2$、标准误、F 值，拟合程度最好的复合函数曲线，并且其模型的回归系数的检验也通过。图 9.45 所示的教育支出分析的各模型拟和回归线，同样显示复合函数曲线拟合最好。所以选择复合函数曲线作为拟合曲线，其回归方程为：$y=20.995^x$。复合函数值增长速度高于幂函数，从居民消费趋势看，教育支出将可能占消费性支出的比例较大，并呈快速增长的趋势，因此最终考虑采用复合函数。

五、SPSS 在市场调查图表制作中的应用

市场调研报告是以市场调查资料分析为基础，整合与调研项目有关的信息，以便将调研结果提交给决策者或用户进行阅读、理解和使用。实践证明，无论调研设计得多么科学、调查问卷多么周密，样本多么具有代表性，数据收集、质量控制多么严格，数据整理和分析多么恰当，调研过程和调研结果与调查的要求多么一致，如果调研者不能把诸多的调研资料组织成一份清晰的高质量的市场调研报告，就不能与决策者或用户进行有效的信

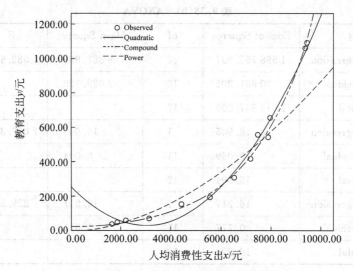

图 9.45　教育支出分析的各模型拟和回归线

息沟通,决策者或用户就不能有效地采取行动。一份清晰的高质量的市场调研报告,除了有准确详尽的文字阐述外,各种统计图表是不可或缺的重要工具。制作图表是一项复杂的工作,但是在 SPSS 软件中是一项轻松而又享受的工作。SPSS 软件中含有制图功能模块,市场调研人员可以快速、准确地绘制出所需要的各种图表。

(一) 条形图

条形图是用宽度相同的条形的高度或长短来表示各类别数据的图形,绘制时,各类别可以放在纵轴,称为条形图,也可以放在横轴,称为柱形图(column chart)。条形图有单式条形图、复式条形图等形式,主要用于反映分类数据的频数分布,比较数据的多少和大小。条形图按表现形式分为 3 类:平面图、立体图、三维效果图。

【例 9-19】 对于最受欢迎的饮料是什么的调查中,据《美国饮料行业摘要》报道,按照 1996 年销售额,Coke Classic、Diet Coke、Dr. Pepper、Pepsi-Coca 和 Sprite 是 5 个最大的饮料销售商。表 9.36 的数据来自一个包括 50 次这些软饮料购买的样本,这样就可以做出直方图来分析各品牌受欢迎的程度。

表 9.36　50 次品牌名称表

Coke Classic	Pepsi-Coca	Sprite	Pepsi-Coca	Coke Classic
Sprite	Diet Coke	Coke Classic	Pepsi-Coca	Diet Coke
Coke Classic	Coke Classic	Dr. Pepper	Diet Coke	Sprite
Diet Coke	Dr. Pepper	Coke Classic	Sprite	Coke Classic
Coke Classic	Pepsi-Coca	Pepsi-Coca	Coke Classic	Pepsi-Coca
Coke Classic	Coke Classic	Pepsi-Coca	Pepsi-Coca	Dr. Pepper
Coke Classic	Sprite	Coke Classic	Coke Classic	Coke Classic
Diet Coke	Coke Classic	Diet Coke	Diet Coke	Pepsi-Coca
Pepsi-Coca	Diet Coke	Pepsi-Coca	Dr. Pepper	Coke Classic
Coke Classic	Dr. Pepper	Coke Classic	Pepsi-Coca	Pepsi-Coca

制作条形图的操作步骤如下。

(1) 选择 Graphs 菜单的 Bar 过程,弹出 Bar Charts 定义选项框,如图 9.46 所示。在定义选项框的下方有一数据类型栏,系统提供 3 种数据类型。

- Summaries for groups of cases:以组为单位体现数据。
- Summaries of separate variables:以变量为单位体现数据。
- Values of individual cases:以观察样例为单位体现数据。

大多数情形下,统计图都是以组为单位的形式来体现数据的。在定义选项框的上方有 3 种直条图可选:Simple 为单一直条图、Clustered 为复式直条图、Stacked 为堆积式直条图,本例选单一直条图。

(2) 选择后单击左下角的 Define 按钮,弹出 Define Simple Bar:Summaries for Groups of Cases 选项框,如图 9.47 所示。

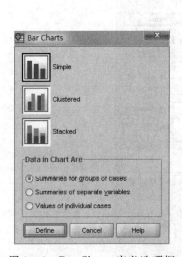

图 9.46 Bar Charts 定义选项框

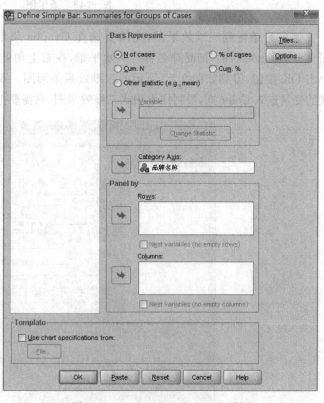

图 9.47 Define Simple Bar 选项框

(3) 在左侧的变量列表中选品牌名称单击按钮使之进入 Category Axis 框,在 Bar Represent 中选择默认的 N of cases 即可。单击 OK 按钮,得到如图 9.48 的条形图。

如果要绘制复式直条图,只需在图 9.46 中选择 Clustered,定义时把用来做复式的变量选入 Define Clusters by 框。

如果要绘制堆积式直条图,只需要在图 9.46 中选择 Stacked,定义时把用来做堆积式的变量选入 Define Stacks by 框。

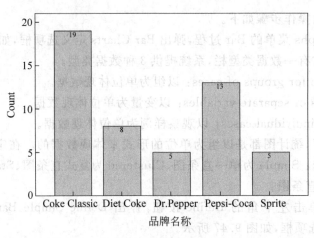

图 9.48 条形图

如果希望得到三维效果图,则需要选择 Graphs 菜单 Interactive 的 Bar 过程,打开如图 9.49 所示对话框,把品牌名称选入水平轴,在右上角的下拉菜单中选择 3-D Effect 即可,单击 OK 按钮,得到如图 9.50 所示的三维效果条形图。要制作复式三维效果图,只需要把复式的变量选入 Color 框,要制作堆积式三维效果图,只需要把堆积式的变量选入 Style 即可。

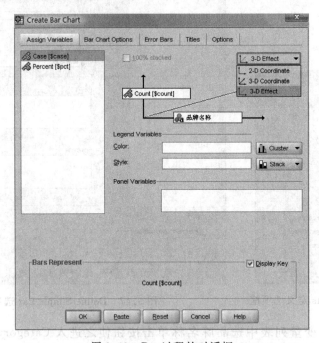

图 9.49 Bar 过程的对话框

(二) 饼形图

饼形图也称圆形图或扇形图,是用圆形及圆内扇形的角度来表示数值大小的图形,主要用于表示样本或总体中各组成部分所占的比例,用于研究结构性问题。

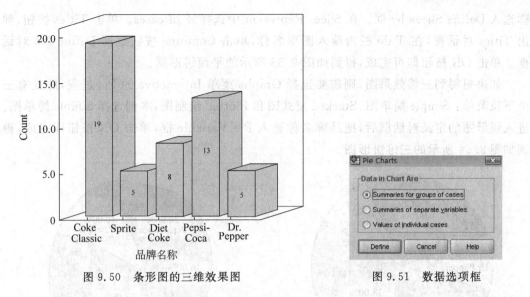

图 9.50　条形图的三维效果图

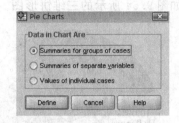

图 9.51　数据选项框

绘制圆形图时,样本或总体中各部分所占的百分比用圆内的各个扇形角度表示,这些扇形的中心角度,按各部分数据百分比占 360°的相应比例确定。饼形图可分为平面图和三维图。

【例 9-20】　表 9.37 中的数据同样可以制作成饼形图,具体步骤如下。

(1) 选择 Graphs 菜单的 Pie 过程,弹出 Pie Charts 数据选项框,如图 9.51 所示。

(2) 单击 Define 按钮,弹出 Define Pie 定义选项框,如图 9.52 所示。把变量品牌名

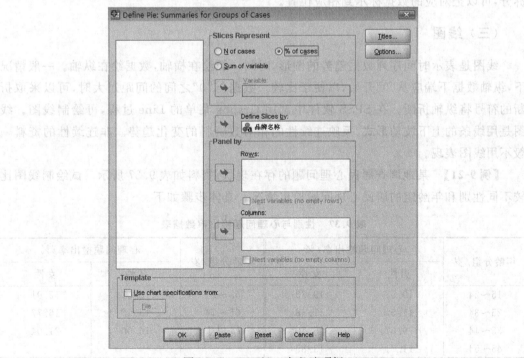

图 9.52　Pie Chart 定义选项框

称选入 Define Slices by 框。在 Slices Represent 中选择% of cases。单击 Titles 按钮,弹出 Titles 对话框,在 Title 栏内输入图形名称,单击 Continue 按钮返回 Define Pie 对话框。单击 OK 按钮即可完成,得到如图 9.53 所示的平面饼形图。

如果想得到三维效果图,则需要选择 Graphs 菜单 Interactive 的 Pie 过程,此处有三个下拉菜单:Simple 简单图、Stacked 复式图和 Plotted 绘制图,本例选择 Simple 简单图。进入饼形图的定义对话框后,把品牌名称选入 Pie Variable 框,单击 OK 按钮即完成,得到如图 9.54 所示的三维饼形图。

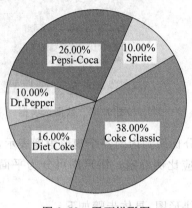
图 9.53 平面饼形图

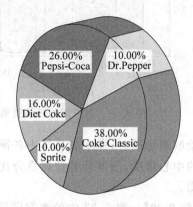
图 9.54 三维饼形图

不管是平面图还是三维图,得到图形后双击图形进入图形编辑器后,可以对图形进行拆分,可以把对应的数据标示到相应位置。

(三) 线图

线图是表示时间序列数据趋势的图形,时间一般绘在横轴,数据绘在纵轴。一般情况下,纵轴数据下端应从"0"开始,以便于比较。数据与"0"之间的间距过大时,可以采取折断的符号将纵轴折断。在 SPSS 软件中调用 Graphs 菜单的 Line 过程,可绘制线图。线图是用线条的上下波动形式,反映连续性的相对数资料的变化趋势。非连续性的资料一般不用线图表现。

【例 9-21】 某地调查居民心理问题的存在现状,资料如表 9.37 所示。试绘制线图比较不同性别和年龄组的居民心理问题检出情况。具体步骤如下。

表 9.37 性别与心理问题检出率数据表

年龄分组/岁	心理问题检出率/%		年龄分组/岁	心理问题检出率/%	
	男性	女性		男性	女性
15~24	10.57	19.73	55~64	13.51	12.91
25~34	11.57	11.98	65~74	15.02	16.77
35~44	9.57	15.50	75 以上	16.00	21.04
45~54	11.71	13.85			

(1) 建立合适 SPSS 软件的数据文件，打开 SPSS 软件，建立一个如图 9.55 所示的数据文件，注意要增加一个性别变量。

(2) 选择 Graphs 菜单的 Line 过程，弹出 Line Chart 定义选项框，有 3 种线图可选：Simple 为单一线图、Multiple 为多条线图、Drop-line 为落点线图。本例选多条线图。

(3) 单击 Define 按钮，弹出 Define Multiple Line：Summaries for Groups of Cases 对话框，如图 9.56 所示。在左侧的变量列表中选"心理问题检出率"选入 Lines Represent 栏的 Other snmmary function 选项的 Variable 框，把"年龄"选入 Category Axis 框，将"性别"选入 Define Lines by 框。

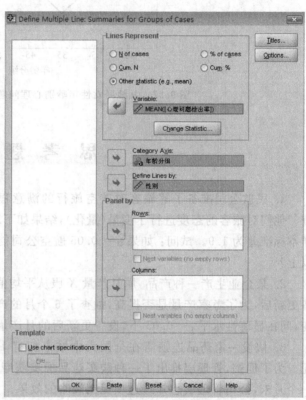

图 9.55　SPSS 软件的数据文件图　　　图 9.56　多条线图定义对话框

(4) 单击 Titles 按钮，弹出 Titles 对话框，在 Title 栏内输入"某地男女性年龄别心理问题检出率比较"，单击 Continue 按钮返回 Define Multiple Line：Summaries for Groups of Cases 对话框，再单击 OK 按钮即完成，得到如图 9.57 所示的线图。

图 9.57 即为系统输出的线图，分析表明，15～24 岁组和 65～74 岁以上组的心理问题检出率较其他年龄组为高，女性的心理问题检出率较男性为高。

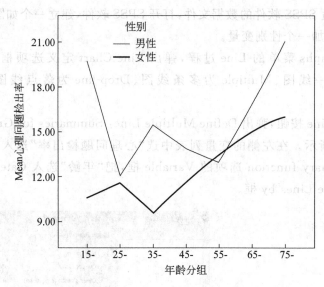

图 9.57　某地男女性年龄别心理问题检出率比较线图

思 考 题

1. 民航公司准备了解旅客对航空旅行的满意程度,随机抽取了 400 个样本进行调查。他们对旅客的态度进行了度量(量化),结果如下表所示。调查结果的平均值为 3.4,样本标准差为 1.9。试问:如果 $\alpha = 0.05$ 航空公司能否确认旅客满意程度在一般(3 分)以上?

2. 某企业生产一种产品,原月产量 X 服从平均值为 75、方差 $\sigma^2 = 14$ 的正态分布。设备更新后,为了考察产量是否提高,抽查了 6 个月的产量,求得平均值为 78。假定方差不变,问在显著性水平 $\alpha = 0.05$ 下,设备更新后的月产量是否有所提高?

3. 假设一家药品连锁店在全国大中城市拥有 100 家分店,每家分店日均销售 6 千元。为了促销,管理层推出了一种购买药品抽奖获摩托车的促销策略。该策略执行的第一个月末,公司管理层想知道这项促销策略的效果。为此,研究人员从不同城市中随机选择 10 家分店,其有关资料见下表。如果显著性水平 $\alpha = 0.05$,请检验新促销策略对每日销售量是否有显著作用。

表 9.38　7 家连锁药店 10 家分店日销售量数据

药店	1	2	3	4	5	6	7	8	9	10
日销售量	7	8	5.5	6.5	5	7.5	8.5	9	6	9.5

4. 某大学对 500 名毕业三年后的校友的月收入进行调查,其结果按收入范围和学历程度两个变量进行联表分析,有关资料如下表所示。试问:能否得出学生学历对收入水平有显著影响?($\alpha = 0.05$)

表 9.39 500名毕业生收入范围与学历程度的列联表

月收入/元	专 科	本 科	研究生	行样本量
1 500 以下	19(11)	23(23)	0(8)	42
1 500~3 000	45(45)	95(95)	35(35)	175
3 000~4 500	50(53)	110(111)	45(41)	205
4 500 以上	16(20)	42(42)	20(16)	78
列样本量	130	270	100	500

案例分析讨论

向女性销售雪佛兰汽车

女性在美国的汽车市场中越来越重要。她们已占据美国新车销售的45%,而1970年时才占23%。此外,80%的新车销售受她们的影响。对美国制造商更重要的是,76%的女买主选择国内品牌。若选进口车,女性更偏爱日本车,而男性更喜欢欧洲车。最受欢迎的国内车则是雪佛兰。20世纪80年代末,14%的女买主选择这一品牌。

雪佛兰从1985年就瞄准女性市场,在通用公司的细分市场中遥遥领先。近来,又针对女性发起一次范围很广的直接邮寄印刷品宣传活动。雪佛兰的市场调研人员在二手资料调研中发现,2000年女性将购买60%的新车,并且发现女性购车的特别之处,女性购车时在财务安排方面不如男性满意,因此,那些能让女性对财务安排满意的制造商和经销商很可能在女性购车者中占领较大市场份额。此外,女性比男性更忠于品牌,也更注意被男性忽略的商品陈列室的细节。例如,她们注意陈列室或服务处是否脏乱、嘈杂,对气味、装饰细节、总体环境也很敏感。

公司决定用实证调查验证上述结论:

随机抽取所有雪佛兰经销商中的25家。

一星期内,在每家经销商中随机抽取100名女性顾客进行访谈。概括结果如表9.40所示。

表 9.40 雪佛兰女性顾客调查结果

经销商编号	女性比率/%	装饰分值	清洁分数	女性年龄/岁
1	11	6.2	8.7	39
2	30	9.2	9.4	44
3	20	8.4	7.3	22
4	9	5.9	6.9	29
5	5	5.2	5.5	34
6	6	6.0	8.8	45
7	5	6.6	6.8	53
8	14	7.1	8.2	21
9	12	6.8	6.9	26

续表

经销商编号	女性比率/%	装饰分值	清洁分数	女性年龄/岁
10	7	5.9	4.9	35
11	3	5.1	6.6	27
12	4	8.3	6.3	72
13	5	6.3	7.3	44
14	14	7.8	7.1	39
15	12	7.0	9.1	47
16	4	4.9	7.0	44
17	3	5.2	5.4	34
18	9	6.7	7.3	44
19	8	6.5	8.2	58
20	4	5.9	6.2	62
21	6	6.1	6.3	37
22	11	7.0	7.9	48
23	19	8.8	8.9	41
24	21	9.1	9.4	22
25	22	8.8	8.3	55

具体数据如下。

第一列：经销商编号。

第二列：从每家经销商购买汽车的女性比例（面访后30天跟踪调查）。

第三列：从每家经销商总体装饰的平均分值（满分为10分，10分为极出色，1为极差）。

第四列：从每家经销商清洁程度的平均分值（10分为极干净，1为极脏）。

第五列：面访女性的平均年龄。

案例思考题：

1. 哪个变量是购买率最好的预测指标？试进行相关分析。
2. 进行以下回归分析：
① 根据购买率和装饰分值建立回归方程；
② 根据购买率和清洁程度分值建立回归方程。
说明两个回归方程，比较哪个比率对购买影响最大？试解释之。
3. 根据回归分析的结果，当装饰分值增加一个单位时，对购买率的影响如何？
4. 若你是雪佛兰的市场经理，基于这个分析结果，你可能怎么做？试作解释。

市场预测方法：定性预测

【学习目标】

通过本章学习，读者应了解定性预测法的概念、特点及适用范围；掌握头脑风暴法、德尔菲法、主观概率法等各种常用定性预测法的概念、特点及实施过程，并能灵活运用定性预测法对实际问题进行定性预测。

【导入案例】

德尔菲预测法的运用

某建材有限公司是一个集高科技和绿色环保于一体的新型建材企业，从奥地利引进全套先进的干粉砂浆生产线，2005年正式投产，年生产能力20万吨，是目前国内生产规模最大的专业干粉砂浆生产企业。进入2006年以后，企业遇到了危机，全年销售干粉仅3 000吨，财务账面亏损近500万元。究其原因，主要是产品品种少。为改变现状，市场研发部召集了企业内部技术人员、研发人员、市场营销人员和内部专家，讨论并制定了新产品研发项目方案，准备研发12个新的产品项目（其中改进5个老产品项目，开发7个全新新产品项目）。为了保证产品研发项目方案的正确性，保障企业的根本利益，决定采用德尔菲法来广泛征求企业外部各类专家的意见，对干粉产品项目今后的发展趋势做出判断。具体步骤如下。

(1) 设计意见征询函。对于国内建筑行业来说，一个有发展前景的新产品研发项目应该满足以下特征：①低成本的；②适合国内市场的；③实用性强的；④有利于提高品牌形象的；⑤发展空间广阔。同时，预测小组将每一项指标的重要程度划分为很重要、重要、比较重要、一般、不重要5个档次，分别赋以分值1、2、3、4、5，其中分值越小表示此指标越重要，由专家根据对指标重要程度的认识对每项指标赋分值。以初始指标集和赋值规则作为主体，再加上对咨询目的、意义和要求等的阐述、专家基本信息等内容，就拟订出了专家意见征询函。

(2) 确定征询对象。考虑到实际操作过程中研究资源的情况，预测小组研究选择的专家主要有以下三种类型：一是地方政府建筑职能部门相关领导（简称"政府代表"）；二是有关建筑方面的高校及科研部门以及高校相关专业部分研究生（简称"研究人员"）；三是工厂技术干部和科研人员（简称"工厂人员"）。作为政府部门的在职人员，"政府代表"对预测未来产品发展趋势有充分的经验；作为高校及科研部门和高校的研究生，"研究人员"具备了相关产品的理论知识；作为工厂的技术干部和科研人员，"工厂人员"具备关于研发过程和结果的相当的熟悉程度与经验。参与此次整个德尔菲法研究的专家总数约为45人，各类型专家的比例为1∶1∶1。

（3）给专家发送意见征询函。按照德尔菲法的实施程序，将以研发项目评估为主体内容的意见征询函，通过信函、电子邮件的方式分别向45位选定的专家进行调查。

（4）汇总征询意见。从第一轮专家咨询的统计结果看出，各位咨询专家普遍认为准备改进的老产品和准备研发的新产品都有一定的可发展性和可行性。但专家反馈意见的离散程度普遍较高，这反映出专家们对重点选择和研发哪些产品项目的意见分歧较大，协调性差，需继续进行征询。

（5）反复征询。根据对第一轮专家咨询的统计结果，从12个待研发的产品项目中选出了大部分专家都认可的10个产品项目进入意见征询函，参加下一轮专家咨询。并把全部专家对产品项目的意见和建议都反馈给每个专家，让每个专家都可以充分地了解其他人的意见并有机会改变自己的决定。经过三次反复征询后，专家的意见已基本确定。将征询意见汇总整理归纳后，得出以下意见：从12个产品中最终选择出了5个产品项目构成了企业五年计划中需要研发的产品项目。其中包括待提高的老产品两种，淘汰1种；待研发的新产品3种，淘汰1种。

公司在获得上述资料以后，并没有马上进行决策。市场研发部组织了专门的调查小组，进行了更深层次的调查。在2007年夏末，调查结束。公司获得了如下的重要信息：专家们所肯定的两种待改进的老产品和3种准备开发的新产品，经过小规模生产、销售试验发现，市场需求量和市场潜力都很可观。这说明运用德尔菲预测法进行预测的预测结果是比较准确的，起到了定性预测的作用。

（资料来源：http://www.cmcc-dut.cn/caseshow byid.php? itemid=482）

第一节　定性预测概述

一、定性预测法的特点

定性预测，是预测者根据自己掌握的实际情况、实际经验、专业水平，对预测对象的未来发展前景做出性质、方向和程度上的估计与推测的一种预测方法。该种方法不用或很少用数字模型。预测结果并没有经过量化或者定量分析，所以具有不确定性。

定性预测注重于事物发展在性质方面的预测，具有较大的灵活性，易于充分发挥人的主观能动作用，且简单、迅速、省时、省费用。因此，在掌握的数据不多、不够准确或主要影响因素无法用数字描述进行定量分析时，定性预测法就是一种非常有效的预测方法。如预测新建企业生产经营的发展前景、新产品生产销售的发展前景，由于缺少历史资料，适宜采用定性预测方法。定性预测法的缺点是：易受主观因素的影响，比较注重于人的经验和主观判断能力，从而易受人的知识、经验和能力的束缚与限制，尤其是缺乏对事物发展作数量上的精确描述。

二、实施定性预测法的注意事项

由于定性预测主要依靠预测者的经验和判断能力,易受主观因素的影响,主要目的不在数量估计。为了提高定性预测的准确程度,应注意以下几个问题。

第一,应加强市场调查研究,努力掌握影响市场发展的有利条件、不利因素和各种活动的情况。从而使对市场发展前景的分析判断更加接近实际。

第二,进行市场调查研究,搜集资料时,应数据和情况并重,使定性分析数量化。也就是通过质的分析进行量的估计,进行有数据、有情况的判断,提高定性预测的说服力。

第三,应将定性预测和定量预测相结合,提高市场预测质量。在市场预测过程中,应先进行定性分析,为市场预测开路;然后进行定量预测,使市场预测具体化;最后再进行定性分析,对市场预测进行调整定案。这样才能深入地判断市场经济发展过程的阶段性和重大转折点,提高市场预测的质量,为企业经营决策提供科学的依据。

三、定性预测法的类型

定性预测方法的具体形式较多,包括头脑风暴法、德尔菲法、主观概率法、计划评审(PERT)预测法、推算预测法、调研判断法和经验判断法等方法。下面将主要介绍头脑风暴法、德尔菲法、主观概率法及其他定性预测法等方法。

第二节 头脑风暴法

一、头脑风暴法的概念

头脑风暴法就是邀请有关方面的专家,通过开会的形式讨论,进行信息交流并互相启发,从而诱发专家们发挥其创造性思维,促使他们产生"思维共振",以达到互相补充的效果,并在专家们分析判断的基础上,综合其意见,作为预测的依据。它既可以获取所要预测事件的未来信息,也可以弄清问题,形成方案,搞清影响,特别是一些交叉事件的相互影响。

【资料链接10-1】

智 暴 法

头脑风暴法又称智暴法(Brain Storming Method),是由美国学者阿利克斯·奥斯本(A. F. Osborn)在1957年提出的。原指精神病患者头脑中短时间出现的思维紊乱现象,病人会出现大量的胡思乱语。这里寓指思维高度活跃,打破常规的思维方式而产生大量创造性的思想火花。

(资料来源:http://baike.baidu.com/view/47029.html)

二、头脑风暴法的种类

按照头脑风暴法的性质分,有直接头脑风暴法和质疑头脑风暴法两种。

（一）直接头脑风暴法

所谓直接头脑风暴法，就是组织专家，根据一定的规则，通过鼓励专家独立思考、共同讨论，尽可能激发创造性，产生尽可能多的设想的方法。

（二）质疑头脑风暴法

质疑头脑风暴法是指对已提出的设想、方法等逐一质疑，通过质疑进行全面评估，直到没有问题可以质疑为止，最终发现现实可行的方法。

三、头脑风暴法的特点

（一）头脑风暴法的优点

运用头脑风暴法进行定性预测时，既有一定的优点，也存在着一些缺陷。

1．能得到创造性成果

头脑风暴法通过思维的集体迸发，能得到创造性的成果。

2．获取信息量大

通过头脑风暴会议，获取的信息量大，考虑的问题比较全面，提供的方案综合性强。

3．节约、灵活

头脑风暴法节省费用和时间，应用灵活方便。

（二）头脑风暴法的缺点

1．易受到权威的影响

容易受权威人士的意见影响，不利于充分发表意见。

2．易受表达能力的影响

有些专家的论据有时候不一定充分，但因表达能力强，仍能产生较大的影响力，给预测结果的准确性带来影响。

3．易受心理因素的影响

有的专家爱垄断会议或听不进不同意见，明知自己有错，也不愿意当众修改自己的意见，尤其是预测组织者和权威专家。

这些缺点可以通过下节的德尔菲法减弱影响，但头脑风暴法的效率高于德尔菲法。

四、头脑风暴法的实施步骤

组织头脑风暴法一般依据以下几个步骤。

（一）确定领导负责人

头脑风暴法会议的领导工作一般由预测专家负责。因为预测专家不仅熟悉预测程序和处理方法，而且对所提的问题和科学辩论均有充足的经验。

（二）确定主持人

头脑风暴法会议的主持者应具有良好的沟通技巧和一定经验。主持会议者在会议开始时，一般要有诱发性发言，尽量启发专家的思维，引导专家产生思维共振，鼓励专家对已经提出的设想、方案进行改进和综合，为对修改已有设想、方案的专家提供优先发言的机会。

（三）选择合适的专家

选择专家要与预测的对象相一致。一般来说，要有预测专家和相关专业领域内专家参加会议。例如，对我国 2010—2011 年洗衣机销售量的预测，可选择家电协会的行业负责人、家电领域的销售专家和有较高判断能力的专家。另外，被挑选的专家应该尽量彼此不认识，这样，更能激发各专家各抒己见。如果是彼此相识的，应从同一职称或级别中挑选，以免造成相识的不同级别专家有言论顾忌。

确定专家的数目也很重要。专家多一些，可以使问题讨论更深入，意见也更全面，但参加的人数太多，组织工作的难度就会加大。因此，专家人数要适当，一般根据预测课题的复杂程度、现有信息资料的多少以及专家对企业问题的熟悉程度而定，以邀请 6~10 名专家出席会议为宜。

（四）创造良好的会议环境

如何让专家把意见充分表达出来，是组织工作的关键。为此，会场的布置要轻松、活跃和随意，形成一个真正自由发言的环境。会议主持人要说明政策，使专家没有顾虑，畅所欲言，各抒己见。会议应鼓励专家们自由讨论，提出各种不同的设想或方案，强调会议的非交锋性，不指责、批评他人，以求征询更多的意见。

（五）综合专家意见，确定预测结论

在充分讨论的基础上，会议主持人应综合专家们的意见，对各种设想或方案进行比较、评价、归类、综合，整理出有关企业预测对象的分析材料，再结合市场行情及其发展变化趋势，确定最后的预测结论。

五、实施头脑风暴法应注意的事项

头脑风暴法的目的是要突破思考的固有框架，创造没有边界的思想，是一种思维上的剧烈运动。要组织一次成功的头脑风暴法，还应注意以下几点。

(一)鼓励专家自由畅想

专家要放开思维,自由畅想,充分表达,不能因考虑其他因素而有所顾忌。

(二)组织者延迟评判

头脑风暴法的阶段是尽可能多地提出各种新设想,此时不宜评判各设想的质量,以免破坏会议气氛,阻碍专家提出更富创造性的设想。

(三)把握会议节奏

头脑风暴法会议往往呈现出一系列的智能曲线。开始时观点表达不踊跃、不充分,焦点也比较分散。中期时专家们抓住要点后,集体智慧爆发,形成陡峭的智能曲线。最后,观点的范围逐步缩小,并进入发言的平缓期。因此,会议主持人应把握会议节奏,引导专家们自由讨论。

第三节 德尔菲法

一、德尔菲法的概念

德尔菲法又称为专家小组法或专家背靠背法,是一种以匿名的方式通过几轮函询征求专家们的预测意见,最终得出预测结果的一种经验判断预测法。德尔菲法主要用于技术发展、重大工程项目、重要经济问题、长远规划、产业结构调整等问题的预测研究,还可用来预测商品供求变化、市场需求产品的价格、商品销售、市场占有率、商品生命周期等方面。

【资料链接 10-2】

德 尔 菲

德尔菲(Delphi)是阿波罗神殿所在地的希腊古城之名。传说阿波罗是太阳神和预言神,众神每年到德尔菲集会以预言未来。因此,专家评估法也称为德尔菲法。德尔菲法最早由美国的兰德公司在20世纪40年代末首创并使用的,后来成为世界上得到广泛采用的一种定性预测方法。

(资源来源:http://baike.baidu.com/view/1956827.html)

二、德尔菲法的实施步骤

为了确保预测工作的科学性,运用德尔菲法进行预测,要遵循一定的程序。

(一)准备阶段

准备阶段包括以下工作。

1. 成立预测领导小组，确定预测课题

由于德尔菲法采用书信方式，以函询为主，工作量大，必须成立工作小组。工作小组是预测的领导者、组织者，也是预测的主持者，具体负责确定预测目标，准备背景资料，选定专家，设计征询表、对征询结果进行分析处理等。领导小组是预测的主持者，应由公司或企业领导人、各业务部门负责人和预测工作人员所组成，负责组织领导预测工作。预测课题的目标要明确，应根据决策和计划的要求，选择对业务发展有重要影响的问题作课题。

2. 选定专家，准备背景材料

应聘请见多识广、经验丰富、有真才实学、分析判断能力强、同预测问题有关的业务内行作专家。专家组的人数要根据预测课题的复杂程度而定。在进行市场预测时，一般选择 10～30 人为宜。有的预测内容比较复杂，涉及面广，需要专家人数多的，则要对专家进行分组。为了防止有些专家中断工作，专家人选应考虑专家本人是否乐意接受任务和有无足够时间参加预测工作。为了使选定的专家有代表性，专家的涉及面应适当广泛一些，可以从本部门、本企业内外挑选，既包括技术专家，又包括经营管理人员。

3. 设计征询表

征询表应紧紧围绕预测课题，从各个侧面提出有针对性的问题；内容要简明扼要，问题数目不宜过多，含义要明确；为使专家了解预测组的意图，对各项问题应有说明。在征询过程中，为满足实际需要，还应对征询表不断修正调整。

应向专家提供有关的背景材料。同预测课题直接有关的国内外的调查统计资料和经济信息资料，事前应搜集、整理准备好，以便及时发给专家，供他们参考，使专家心中有数。

（二）征询阶段

准备阶段完成后，即可进入征询阶段，轮番向专家征询意见。

第一轮，预测小组将预测课题、征询表和背景材料，提交给专家小组中每一位专家征询意见。要求每一位专家根据自己的依据，提出个人初步预测结果的论据和进一步研究所需要的资料。在规定时间内专家意见收回后，把搜集到的专家的不同意见进行汇总整理，并准备下一轮的预测要求。

第二轮，将第一轮汇总整理的意见、预测组的要求和补充的背景材料，再反馈给各位专家进行第二轮征询意见。请他们对别人的预测意见加以评论，对自己的预测意见加以补充说明。专家们接到有关资料后，可以胸怀全局、慎重考虑或附和其他专家的意见，或根据新的信息，作出新的判断，修改自己原有意见，提出新的看法。在规定时间内收回专家意见，汇总整理和准备第三轮预测要求。

第三轮，将第二轮汇总整理的意见、补充材料和预测要求，再反馈给各位专家进行第三轮征询意见。一般情况下，经过前两次征询与反馈，预测的问题趋于明朗，意见有可能协调一致，即可总结处理。如有必要，还可以用同样的方法继续反复征询，直到专家们的意见不再变化为止。

每轮征询意见的时间间隔,一般是十天或一周左右,要从实际出发确定。要考虑的条件是:课题大小,问题的复杂程度;专家人数多少;预测组工作人员人数多少和业务水平;数据处理手段等。

(三) 预测结果的最终处理阶段

预测工作小组对最后一轮专家意见进行整理分析,作出最终判断。专家意见的整理分析,应该注意应用科学的数据资料分析法。在实践中,其处理方法按预测事件不同主要有以下几种。

1. 对于事件实现时间预测问题的处理方法

对于事件实现时间的预测问题,通过采用中位数代表预测意见的集中度,用四分位差表示预测意见的离散度。

2. 对于预测商品在未来时期数量的处理方法

对于预测商品在未来时期的需求量、销售量或生产量,可用算术平均法或主观概率法进行统计归纳,求出平均预测值反映专家预测结果的集中度,用标准差和标准差系数反映专家意见的离散度。

3. 对于商品其他特征预测意见的处理方法

对于征询产品品种、花色、规格、质量、包装、新产品开发的预测意见,可采用比重法(专家对某个意见赞成的人数占总人数的比率)进行统计归纳,或者用评分法(如对不同牌号的商品质量给予评分)进行统计归纳。

三、德尔菲法的特点

德尔菲法作为世界上广泛采用的一种定性预测方法,具有匿名性、反馈性和量化性三个特点。

(一) 匿名性

在整个预测过程中,被邀请参加预测的专家互不见面,预测组织者也不提供其他参加预测专家的任何情况。主持人与专家之间只靠书信方式进行联系,背靠背地分头征求意见。这种匿名形式可以创造一个平等、自由的气氛,鼓励专家独立思考,消除顾虑和心理干扰,同时各位专家还可以根据情况的变化随时修正自己的意见,而不用担心情面,减少了固执己见和无谓的争执。这样做可以避免专家会议法所存在的不足,有利于提高整个预测的质量。

(二) 反馈性

德尔菲法中,征询过程表现为"征询—答复—反馈—再征询—再答复—再反馈"的循环,每位专家可以多次轮回反馈沟通信息。预测主持人通过第二轮开始的信函调查表,将前一轮不同的预测结果反馈给所有参加预测的专家。通过反馈信息,专家们在背靠背的情况下了解到其他所有专家的意见,以及持不同意见者的理由,有利于相互启发,集思广益,开拓思路,充分发挥专家们的智慧,提高预测的准确性和可靠性。

(三) 量化性

德尔菲法重视对专家意见和预测结果做出定量化的统计归纳,对专家们每次的反馈信息都要进行统计处理。这种定性判断和定量分析相结合的方式有利于提高预测的科学性和准确性。

四、德尔菲法的应用

【例 10-1】 某市电脑公司采用德尔菲法,选定 31 位专家对该市哪一年城镇居民家庭电脑普及率达到 75% 和 2010 年的电脑需求量进行预测,经三轮反复后,专家提出的时间答案汇总见表 10.1。

中位数和上、下四分位数的计算公式为

中位数:
$$M_e = \frac{(n+1)}{2} \quad 对应的年份$$

下四分位数:
$$Q_1 = \frac{(n+1)}{4} \quad 对应的年份$$

上四分位数:
$$Q_2 = \frac{3(n+1)}{4} \quad 对应的年份$$

计算公式中 n 为数据总项,如 n 为偶数,取居中两项的中点值作中位数。预测数据应由小到大顺序排列。此例中中位数为 2010 年,下四分位数为 2009 年,上四分位数为 2011 年,四分位差 $Q \cdot D = \frac{Q_2 - Q_1}{2} = \frac{2011 - 2009}{2} = 1$ 年,说明专家的预测意见集中度大,离散度小。

表 10.1 城镇居民家用电脑普及率和需求量预测总表

普及率达到 75% 的年份	专家人数	2010 年电脑需求量/万台	专家人数
2008	3	3.0~3.5	3
2009	5	3.5~4.0	6
2010	11	4.0~4.5	12
2011	8	4.5~5.0	7
2012	4	5.0~5.5	3
合 计	31	合 计	31

此例中专家对某市 2010 年电脑需求的平均预测值为 4.27 万台,标准差为 0.55 万

台，标准差系数为 0.128 8 或 12.88%，表明专家预测意见离散度较大。

第四节　主观概率法

一、主观概率法的概念

主观概率法是市场趋势分析者对市场趋势分析事件发生的概率做出主观估计，然后计算它的平均值，以此作为市场趋势分析事件结论的一种定性预测方法。主观概率也必须符合概率论，即

$$\sum P_i = 1, \quad 0 \leqslant P_i \leqslant 1$$

这个基本定理的含义是：①所确定的概率必须大于或等于 0，而小于或等于 1；②经验判断所需全部事件中各个事件概率之和必须等于 1。

在市场预测中，有些现象无法通过试验确定其客观概率，或由于缺乏历史数据难以确定预测事件出现的客观概率，只能凭经验来判断事物的可能性。此外，专家意见很不一致、难以协调时，也使用主观概率法进行推断。

二、主观概率法的应用

【例 10-2】　某啤酒厂为了搞好明年市场啤酒供应，预测组织者事先向各部门负责人提供了历年啤酒社会消费量、居民消费水平，本企业历年啤酒销售量、市场占有率及其资源情况，然后要求他们分别对本企业明年的销售量和可能性做出预测。预测结果见表 10.2。

期望销售量的计算方法为

最低销售量×概率＋最可能销售量×概率＋最高销售量×概率

按照上述公式计算各预测人员的期望销售量，如销售经理甲的期望销售量为

$$8\,500 \times 0.3 + 9\,500 \times 0.5 + 11\,000 \times 0.2 = 9\,500（吨）$$

用算术平均法求出综合预测值为

$$(9\,500 + 9\,360 + 9\,620 + 9\,700 + 9\,460)/5 = 9\,528（吨）$$

表 10.2　某啤酒厂啤酒销售预测综合表

预测人员	估计值						期望销售量/吨
	最低销售量/吨	概率	最可能销售量/吨	概率	最高销售量/吨	概率	
销售经理甲	8 500	0.3	9 500	0.5	11 000	0.2	9 500
销售经理乙	8 200	0.3	9 200	0.5	11 500	0.2	9 360
财务科长甲	8 400	0.2	9 500	0.6	11 200	0.2	9 620
批发部主任甲	8 300	0.2	9 400	0.6	12 000	0.2	9 700
批发部主任乙	8 600	0.1	9 000	0.7	11 500	0.2	9 460

亦可考虑预测人员的地位、作用和业务水平不同，可分别给予不同的权数，采用加权

平均法求出综合预测值。求出综合预测值后,可以以往预测结果的平均偏差程度,校正预测结果。将过去若干时期的实际销售量和预测销售量数对比,计算比率、平均比率和平均偏差程度。假定过去6个年度的实际销售量与预测销售量之比如表10.3所示。

表 10.3　以往销售量预测偏差表　　　　　　　　　　单位:%

年次	1	2	3	4	5	6	平均比率
实际销售量/预测销售量	0.98	1.03	1.02	0.86	0.97	1.01	0.98

平均比率是各年比率的简单算术平均数,为98%,即实际销售量比预测销售量有高有低,平均为98%。平均偏差程度是98%-1=-2%,说明实际销售量比预测销售量平均低2%。因此应将明年的预测销售量扣除2%进行校正。则经校正后的该公司明年预测销售量为

$$9\,528 \times 98\% = 9\,337.44(吨)$$

三、实施主观概率法应注意的事项

主观概率是凭个人经验进行的对事件发生可能性的一种心理评价,判断中具有明显的主观性。对同一事件,不同人对其发生的概率判断是不同的,主观概率的测定因人而异,受人的心理影响较大。谁的判断更接近实际,主要取决于预测者的经验、知识水平和对预测对象的把握程度。

由于主观概率是个人的主观判断,反映个人对某事件的信念程度,因此,实施主观概率法应注意以下两点。

第一,由于每个人认识事物和分析判断的能力、方法等不同,不同的人对同一事物在同一条件下的概率值估计,会有一定程度或相当大程度的差异。

第二,主观概率的数值,一般难以判断。例如,长沙某家电超市的某位销售主管估计,明年消毒柜的销售量上升40%,另一个人估计只上升20%,这时无法判断谁估计的概率是正确的。正因为存在着不同的个人主观概率估计和主观概率准确程度的无法核对性,就有必要寻求最佳的或合理的估计概率。因此,在市场预测中,常常需要调查比较多的人的主观估计判断,并了解他们提出主观概率的依据,由此提高主观概率预测法的准确性。

第五节　其他定性预测法

一、商品经济寿命周期预测法

商品经济寿命周期预测的关键在于正确判断目前和未来商品经济寿命周期所处的阶段,以便对未来的市场前景做出预测,为制定生产经营策略提供依据。其主要预测方法如下。

(一) 商品销售状况判断法

1. 商品销售状况判断法的原理

商品销售状况判断法是根据商品销售变化过程的趋势来判断商品经济寿命周期所处的阶段,并对未来的市场前景做出预测。其判断的一般原则如下。

(1) 试销期:商品销售量小,增长缓慢。
(2) 成长期:商品销售量迅速扩大,增长幅度大。
(3) 成熟期:前期商品销售量增长减慢,后期商品销售量趋于稳定或徘徊不前。
(4) 衰退期:商品销售量逐年下降。

2. 商品销售状况判断法的应用

【例 10-3】 根据表 10.4 的统计数据绘制的某地 1982—2008 年彩色电视机社会零售量的动态曲线图如图 10.1 所示,可以判断某地彩色电视机经济寿命周期已进入成熟期,未来销售主要是以旧换新,其销售前景在将来一定时期内徘徊不前。若用近五年的平均值作为 2009 年的预测值,则为 86.4 万台。

表 10.4 某地历年彩色电视机社会零售量　　单位:万台

年 份	零售量	年 份	零售量	年 份	零售量
1982	0.05	1991	3.02	2000	61.86
1983	0.06	1992	4.82	2001	93.06
1984	0.08	1993	8.46	2002	105.14
1985	0.11	1994	14.80	2003	98.20
1986	0.18	1995	18.19	2004	86.63
1987	0.21	1996	25.96	2005	80.12
1988	0.38	1997	36.18	2006	85.14
1989	0.48	1998	49.71	2007	93.86
1990	1.04	1999	51.69	2008	86.15

(二) 耐用消费品普及率判断法

1. 耐用消费品普及率判断法的原理

耐用消费品是指价值高、使用年限较长的消费品。消费者对它的需求数量往往有限,有的户均只需一件(台),如电冰箱、洗衣机、小汽车等;有的户均可能达到一件(台)以上,如空调、电视机、电话机等;有的人均只需一件(辆),如手表、自行车等。

耐用消费品普及率一般是指一定时空范围内平均每百户家庭拥有某种耐用消费品的数量。通常根据城乡居民家庭收支抽样调查资料进行测算。计算公式为

$$耐用消费品普及率 = \frac{样本户拥有量}{样本户数} \times 100\%$$

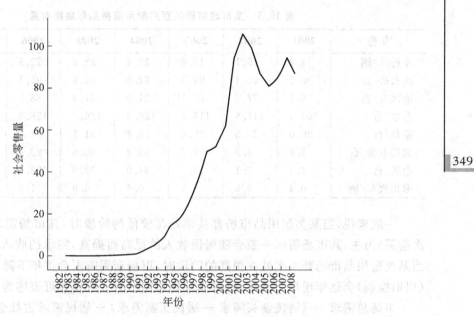

图 10.1 某地 1982—2008 年彩色电视机社会零售量动态曲线图

在实际工作中,各种耐用消费品普及率可从当地统计局编制的统计年鉴中直接查找,企业亦可直接组织抽样调查进行匡算。

耐用消费品普及率与商品经济寿命周期各阶段之间的数量对应关系(假定某种耐用消费品用户均只需一件的情形)如下。

(1) 试销期:普及率 5% 以内。

(2) 成长期:前期普及率 5%~50%,后期 50%~80%。

(3) 成熟期:普及率 80%~90%。达到 90% 以上时,则市场需求基本满足,商品经济寿命周期转入衰退期。若无新产品替代,则以以旧换新者为主要购买对象,销售量将在一定时期内徘徊波动。

(4) 衰退期:普及率逐渐递减。因新产品出现,老产品逐渐消亡,消费者转向购买新产品,新产品进入市场的畅销期。

2. 耐用消费品普及率判断法的应用

【例 10-4】 表 10.5 是某市城镇居民家庭平均每百户耐用消费品年底拥有量,从表中可看出,2008 年主要耐用品拥有量中,摩托车 25.0 辆/百户,处于成长前期;洗衣机 95.5 台/百户,处于成熟期;电冰箱 90.8 台/百户,处于成熟期;彩电 134.8 台/百户,处于成熟期(按平均百户拥有 1.5 台计算,则普及率为 86.2%);空调 80.6 台/百户,处于成长期后期;家用电脑 33.2 台/百户,处于成长前期;电话 88.6 台/百户,处于成长期后期;家用汽车 3.4 辆/百户,处于市场起步期。因此,摩托车、家用电脑、家用汽车的市场需求潜力很大,电冰箱、空调、电话的市场需求仍有较大的空间;洗衣机和彩电的市场需求为以旧换新为主。

表 10.5　某市城镇居民百户耐用消费品年底拥有量

年份	2001	2002	2003	2004	2005	2006	2007	2008
摩托车/辆	13.2	15.1	18.8	20.4	22.2	23.5	24.8	25.0
洗衣机/台	90.6	91.4	91.5	92.2	92.9	93.1	93.6	95.5
电冰箱/台	76.1	77.7	80.1	81.9	87.4	88.5	89.5	90.8
彩电/台	105.4	111.6	116.6	120.5	126.4	128.5	129.3	134.8
空调/台	20.0	24.5	30.8	35.8	51.1	54.4	60.6	80.6
家用电脑/台	3.8	5.9	9.7	13.3	20.6	23.4	26.8	33.2
电话/台	3.3	7.1	19.5	34.0	62.9	73.4	78.6	88.6
家用汽车/辆	0.3	0.3	0.5	0.6	0.9	1.6	2.2	3.4

一般来说，当某类耐用品市场普及率处在较低的阶段时，其市场需求以新买需求（首次购买）为主，其市场需求一般会随居民收入的提高而提高，需求的收入弹性往往大于1。当某类耐用品市场普及率处在很高的阶段时，市场新买需求会逐年下降，而市场买新需求（以旧换新）会逐年增加。因此，耐用品市场总需求的一般模式可表述为

　　市场总需求＝（居民新买需求＋居民买新需求）÷居民需求占社会需求的比重

其中，新买需求可根据居民家庭新买需求率和居民家庭数量及其增减变化做出估计，买新需求可根据拥有某种耐用品的居民家庭数目和更新率做出估计。其中新买需求预测亦可先估计下期市场普及率，然后用下列公式推算下期市场新买需求量。

$$\text{市场新买需求量} = \frac{\text{居民家庭户数}}{100} \times \left[\text{下期市场普及率} - \text{本期市场普及率}\right] \div \text{居民需求量占社会需求量的比重}$$

其中下期与本期市场普及率之差为新买需求率。

买新需求（以旧换新）一般受耐用品使用寿命和经济寿命长短等因素的影响，使用寿命越长的耐用品，以旧换新的时间也越长，而更好的新产品的出现则会缩短其更新换代的时间。由于买新（以旧换新）需求不影响市场普及率的变动，因此，应根据市场调查了解的一定时期居民家庭的耐用品更新率，再对买新需求量做出预测。

例如 10-4 中，2008 年城镇彩色电视机普及率 134.8 台/百户；预计 2009 年年底达到 136.3 台/百户；城镇居民家庭为 58.6 万户，年增长率 0.35%；居民彩电需求均占社会需求量的 87%，另据市场调查现有彩电的家庭计划在 2009 年以旧换新的占 4.5%。则 2009 年彩电社会需求量为

　　社会新买需求量 $= \dfrac{58.6(1+0.35\%)}{100}(136.3-134.8) \div 0.87 = 1.01$（万台）

　　社会买新需求量 $= 134.8 \times 0.045 \times 58.6/100 \div 0.87 = 4.08$（万台）

　　彩电社会总需求量 $= 1.01 + 4.08 = 5.09$（万台）

二、因素分析预测法

因素分析预测法是凭借经济理论与实践经验，通过分析影响预测目标的各种因素的作用大小与方向，对预测目标未来的发展变化做出推断。其主要预测方法如下。

（一）相关因素推断法

经济现象之间的相互变动关系，在时间上有先行、后行关系与平行关系之分，在变动方向上有顺向关系与逆向关系之分。相关因素推断法是根据经济现象间的相互联系和相互制约关系，由相关因素的变动方向判断预测目标的变动趋向的一种预测方法。如婴儿出生人数与婴儿用品需求量，结婚人数与结婚用品需求量，在校学生人数与文化用品需求量，汽车社会拥有量与汽油需求量之间均属于同向变动的相关关系。利用它们之间的顺向关系可以由相关现象的增加或减少，推断预测目标也会相应增加或减少。

又例如，洗衣粉与肥皂，电热水器与太阳能热水器，一般商品与中高档商品，以及同类商品中不同小类、规格、质量、包装的商品销售量之间，往往均表现为此长彼消的关系。利用它们的逆向关系，可由相关现象的增加或减少，推断预测目标会向相反的方向变动。

相关因素推断法一般用于预测事物变动的趋向。如果要预测事物变动的数值或幅度，则可测算相关现象间的比例关系，由相关现象的数值推算预测目标的数值。

（二）因素分解推断法

因素分解推断法，是指将预测目标按照一定的联系形式分解为若干因素指标，然后分别研究各种因素未来变动的方向、程度和结果，最后综合各种因素变动的结果，求出预测目标的总变动趋向和结果。

例如，一般商品需求量可分解为人均购买量（或消费量）与总人口两个因素指标的乘积，当掌握了人口和人均购买量资料时，则可预测一般商品的需求总量。预测计算式为

$$Q = \frac{CP_t(1+P')}{W}$$

式中：Q——需求总量；

C——人均购买量或消费水平；

P_t——预测前期年末人口；

P'——人口自然增长率；

W——居民需求占社会需求的比重。

【例 10-5】 某市本年年末人口为 124.582 万人，人口自然增长率为 8.5‰，猪肉人均消费量为 20.5 千克。由于牛羊肉、水产品、家禽、鲜蛋消费趋增，猪肉消费水平呈减少趋势，预测明年为 18.5 千克，而居民猪肉需求量占社会需求量的比重约为 85％。据此预测该市明年猪肉需求总量为

$$Q = \frac{18.5 \times 124.582 \times (1+8.5‰)}{85\%} = 2\,734.5(万千克)$$

采用因素分解推断法进行预测时，必须注意采用合适的联系形式将预测目标分解为若干因素指标，必须注意各因素指标的预测分析应力求准确，才能保证预测的最终预测结果的准确性。

思 考 题

1. 成功运用头脑风暴法应注意哪些问题?
2. 什么是德尔菲法? 它有哪些特点?
3. 判断商品经济寿命周期所处的阶段有哪些方法?
4. 举例说明如何运用相关因素推断法进行市场预测。
5. 某手机开发商新近研发一款新型智能手机,为了解其预计价格、销量和盈利等的情况,现拟采用德尔菲法进行预测。

(1) 你准备如何挑选专家?

(2) 你需要准备哪些资料,设计预测咨询表时注意哪些问题? 预测咨询表中应包含哪些问题?

(3) 怎样处理专家意见?

6. 某服装研究中心设计了一种新款女装,现聘请了3位富有经验的时装销售员进行销售预测,预测结果如下。假设甲、乙两位销售员的经验分别相当于丙销售员的3倍和2倍,试用主观概率预测法预测新款女装的销售量。

　　甲:最乐观的销售量是800万件,概率为0.2
　　　　最悲观的销售量是600万件,概率为0.2
　　　　最可能的销售量是700万件,概率为0.6
　　乙:最乐观的销售量是750万件,概率为0.15
　　　　最悲观的销售量是550万件,概率为0.2
　　　　最可能的销售量是640万件,概率为0.65
　　丙:最乐观的销售量是850万件,概率为0.3
　　　　最悲观的销售量是600万件,概率为0.2
　　　　最可能的销售量是700万件,概率为0.5

7. 某市2009年年末居民家庭户数为50万户,年增长率为5‰,洗衣机普及率为每百户92.8台,预计2010年年末普及率达到96.6%。洗衣机平均使用寿命为10年,因款式更新每年约淘汰3%左右。试预测该市2010年洗衣机需求量。

案例分析讨论

海尔空调市场前景预测

2008空调冷年结束后,各项数据显示以往三强并立的局面已经被打破。有资料显示,格力、美的在国内市场的销售量分别超过700万台和600万台,占市场比例分别为27.47%和22.09%,而海尔的国内市场销量不足300万台,占市场比例仅为10.8%,远远被格力、美的抛在后面。三足鼎立的局面已经改写为两强并立的格局。

近日有消息传出,张瑞敏表示有意推出"海尔集团彻底从制造型企业转型为营销型企业的战略"。这种战略转型是否可以把海尔及海尔空调从发展的迷途中拯救出来,很多人对此表示出极大的关切。

1. 退守第三位

其实,海尔空调在 2000 年前后,一直与格力、美的处于三强领跑的格局。尤其是在 2000 年之前,海尔在空调行业的地位从某种意义上要比其他两个品牌更强,海尔并没有输在起跑线上。海尔与格力、美的拉开距离,是在 2005 年以后。这一时期行业已经从高速发展前期进入到高速发展的后期,空调市场环境发生了根本性的变化。

一是品牌集中度大大提升。从过去超过百家品牌同台竞争,变为活跃品牌仅剩不足 30 余家。行业前三家品牌的市场份额超过 50%,专业空调品牌的优势逐渐显现出来。

二是渠道结构发生了巨大的变化。由于家电大连锁卖场的崛起,并占据了一级市场主流,迫使专业经销商退守二、三、四级市场。虽说家电连锁卖场在一级市场占据了绝对地位,但在总体市场上还是仅占不足 30% 的市场份额,专业经销商依然是市场的主力。

三是技术成熟规模成为行业门槛。经过十多年的引进消化吸收,技术已经不是国内空调产业的最大障碍,而规模效应成为行业企业比拼的焦点,甚至一定的规模成为企业的生死线。

2. 利润在走低

早期空调行业是一个暴利行业,随着技术引进的消化、市场竞争的加剧,产品价格逐步走低,企业盈利能力相应下降。曾经风靡空调行业的"价格战",在行业高速发展的后期有被"价值战"所替代的趋势。

对于这种市场环境的变化,海尔似乎准备不足,或者说判断有误。因而,在空调的发展战略上明显与市场脱节,表现出患得患失或摇摆不定的市场策略。

首先,只注意到品牌的优势而忽视了空调的专业特性。海尔是一个家电综合性品牌,在市场上品牌的拉力非常大,在不成熟的任何一个家电产品市场上,只要海尔介入肯定会有比其他品牌更强的优势,容易使消费者认可接受。但在市场成熟后,如果不在专业性上有所突破,就会被更专业的品牌所超越。这也是海尔被格力、美的超越的重要原因。

其次,轻易地放弃专业经销商网络。海尔在家电连锁崛起后,特别青睐与这一新兴渠道模式的合作。特别是家电连锁的大单采购让海尔尝到了甜头,不仅可以一次性地获取大的订单,还比较容易实现按订单生产。而且,家电连锁的优势在以中心城市为主的一级市场,似乎与海尔面向白领阶层消费群体高品质定位相符合。但是海尔在与家电连锁密切合作的同时,却把专业经销商渠道似乎放弃了。其实,就在家电连锁卖场进入鼎盛时期,也就是一级市场渐趋饱和时期。真正的潜力市场是在以乡镇为代表的三、四级市场,虽说家电连锁也在逐渐往三、四级渗透,但是三、四级市场的特性决定了专业经销商仍然是这一市场的主力军。

3. 渠道不专业

在海尔进入空调行业初期,在品牌号召力的吸引下,众多专业经销商聚集在海尔的旗帜下,形成了海尔辐射一、二、三级市场的渠道网络。虽说海尔与大家电连锁结盟后,并没有表示要主动抛弃专业经销商,但是在实际操作的策略上却是把专业经销商驱赶到竞争对手的阵营。其中有两个方面的问题最为突出：一是使经销商经营海尔空调难以获利。海尔在产品价格策略设计上，留给经销商的盈利空间相对竞争对手少很多。一位不愿透露姓名的经销商感慨地说："海尔的产品虽然好卖，却忙活一年挣不到钱，甚至还要贴上老本。主要是海尔留给我们的利润空间太小。"很多经销商就是不得已转换门庭投到竞争对手的门下。二是渠道管理混乱。串货是空调行业经销商的"兵家大忌"，一旦有串货进入某一经销商的区域，不仅会出现同品牌的不同价格攀比，甚至因此出现相互诋毁的恶性竞争。对于当地经销商来说，恶意竞争势必在消费者中倒了牌子，要想恢复就不是一件简单的事情。现在，到三、四级市场调查发现，以往的"海尔空调专卖店"多数已经换成格力或者美的"专卖店"。这一进一出、此消彼长，就造成了海尔迅速在销售量上与格力、美的拉大差距。

4. 即供即需不畅

近年来，海尔一直推行的"即供即需"零库存运营思路，在空调产品上遭遇严峻的考验。据了解，海尔在体制设计上分为负责制造的产品本部与负责销售的工贸公司，是把制造与营销彻底分离的，对于空调产品来说这种分离有可能是致命的。因为，一方面空调销售的还是半成品，销售需要在安装服务后才能得以实现。对产品本部来说，产品在市场上的情况很少有直接的了解；而工贸公司在各地的平台只有负责空调的产品经理，对于产品的研发、制造可以说是知之甚少。尤其是对产品的销售策略，产品本部仅仅是制订者，并无实施的责任和权利。实施者在各地工贸仅为产品经理，根本无暇顾及市场的各个层面。这样一来，两者就在市场环节上产生了脱节，这无疑也是对"即供即需"模式的巨大讽刺。另一方面，无法对专业经销商进行有针对性的服务。由于制造与营销分属两大不同的系统，对市场的感应就隔了一个层次，不贴近市场就不可能有针对性的应对策略。因而，在市场发生变化时往往就会比竞争对手慢半拍。两张皮的体制如果仅仅是应对家电连锁还可以，但是要应对千差万别的专业经销商就力不从心了。相比较，竞争对手格力、美的实行的是事业部制，制造与销售是由事业部总体负责，不仅可以掌控产品从研发、制造到进入市场的全过程，而且可以及时了解市场需求变化，有针对性地进行产品开发与宣传。贴近市场是竞争对手甩开海尔的关键点。

5. 产品定位脱节

在空调产业发展初期，海尔是以"真诚到永远"的售后服务来赢得客户的。这样的理念是基于当时空调产业的技术还不是很成熟的基础之上，海尔正是依靠超越其他品牌的售后服务，成为其在空调市场快速发展的一个法宝。

然而，空调是一个技术含量不高的产品，随着技术引进消化的渐趋完成，产品竞争的焦点有所转移，而竞争对手格力空调却实施"精品战略，开展零缺陷工程"，从"强化质量意识"到"超越售后服务"，提倡给消费者提供零缺陷的产品。格力提出的提供零缺陷的产品策略，超越了单纯强调服务的局限，得到消费者和专业经销商的广泛认可。有专家就指出，在产品以及市场宣传上，海尔的策略明显没有格力更贴近消费者，产品及市场战略没跟上行业变化。

此外，我们还可以注意到，频繁变换掌门人也伤了海尔空调在市场上的元气。成功的企业都是有一个相对稳定的营销团队和掌门人，这对稳定经销商信心非常重要。格力的董明珠、美的的方洪波,就是起到了一面旗帜的作用。格力、美的能够稳健地发展,与这一点也是分不开的。比如,经销商在区域市场遇到问题,而且有些问题不是区域负责人能够解决的,这就需要与董明珠、方洪波这样的掌门人沟通解决。

反观海尔,空调的掌门人经常变动。近几年内,先是王召兴,接着换成张志春,后来又换成王友宁。王友宁去年再度被撤,现在又换回了张志春。这样经常变动,每一任掌门人和经销商刚刚与之熟悉就被换走了,怎么能够让经销商适应呢?不熟悉,不能成为朋友,有问题就不便于协商解决,这样市场的反应速度怎么能够快呢?结果可想而知。

近日,海尔又提出彻底从制造型企业转型为营销型企业的战略,这一战略是不是切中了海尔的时弊呢?是否能够解决海尔在空调领域重获三强地位的问题呢?现在这种转型还仅仅是提出来,方案还需要细化并得到严格的执行,目前还很难看出端倪。不过任何一次转型,都要从根本上解决企业存在的问题。

(资料来源:中国营销传播网)

案例思考题:

组成三人或四人的小组,作为专家组,设计一种定性预测方法(可包含几种定性预测方法),对海尔的销售前景作定性预测。

第十一章

市场预测方法：定量预测

【学习目标】

通过本章学习，读者应了解市场预测中常用的一些定量预测方法的模型识别、参数估计、模型检验和预测应用的基本知识和基本方法，并能灵活运用定量预测方法对事件问题进行定量预测。

【导入案例】

移动电话市场的预测

市场的发展和变化是由多种因素决定的。我们可以找到影响市场变化的相关因素，确定它们对市场需求影响的大小，并通过分析这些因素的变动来把握市场的变化，为生产销售决策提供依据。例如，某省会城市的移动电话市场从 2005 年已进入成熟期，A 移动电话公司需要了解该城市今后的移动电话市场尚有多大的发展余地，以便决定下一步的投资力度和营销策略。因此，A 移动电话公司向商情信息公司提出了进行移动电话市场规模预测的要求。商情信息公司通过对该市移动电话用户数与相关变量的探索性分析，了解到影响该市移动电话普及率变动的关键因素是居民收入和移动电话购买与使用成本，且它们之间的关系为非线性关系。商情信息公司决定采用构建非线性回归模型的方法对该市未来的移动电话普及率进行预测，预测明年该市将新增移动电话用户 44.26 万。这一预测结果为 A 移动电话公司的营销决策提供了有力的数据支撑。

(资料来源：http://www.cnii.com.cn/20030218/ca137686.html)

第一节　时间序列预测法

市场现象的变化总是随着时间的推移，由衰至盛又由盛至衰，周而复始，不断延伸，不断替代。我们可以将市场现象变化过程中的历史数据按照时间先后顺序排列成为时间序列，然后分析它随时间的变化趋势，外推预测市场现象的未来值。这种根据预测目标自身的时间序列的分析处理，揭示其自身发展变化的特征、趋势和规律，建立预测模型外推预测事物未来可能达到的规模、水平或速度的定量预测方法称为时间序列预测法。

一、时间序列预测法概述

时间序列中各项发展水平的变化是由多种因素共同作用的结果,不同性质的因素所起的作用不同,其运动变化的形式也不同。我们通常将时间序列(Y)按各种因素作用的效果不同分为下列四类变动形式。

(一) 长期趋势(T)

长期趋势是指现象在较长时期内的总的变化趋向。它是长期的、连续的、有规律可循的变动,表现为数列各期的水平、增量或速度具有某种统计特性。长期趋势是各个时期普遍的、持续的、决定性的基本因素作用的结果。

(二) 季节变动(S)

季节变动是指在一年或更短的时间内现象受自然因素或社会因素的影响而引起的周期性变动。一般以一年 12 个月,或 4 个季度,或一个星期作为变动周期,周期效应是可预见的。

(三) 循环变动(C)

循环变动是指现象以若干年为周期的变动。与季节变动不同,引起循环变动的原因是错综复杂的,变动的周期长度不同,上下波动的幅度也不相同。

(四) 随机波动(I)

随机波动是指现象受意外或偶然因素而引起的无规律可循的波动,如地震、水灾、突发性事件等引起的波动。

上述四种变动中,长期趋势和季节变动都是有数量规律可循的变动,两者又合称常态变动;循环变动和随机波动一般难以预见,有时将两者作为剩余变动来处理。

时间序列预测法是设法消除随机波动的影响,揭示长期趋势、季节变动和循环变动的规律,因而形成了长期趋势分析、季节变动分析和循环变动测定等一系列的时序分析预测方法。长期来看,多种随机波动因素对市场现象的作用刚好相反,可相互抵消。同时,循环波动周期较长。因此,时间序列预测法中主要考虑长期趋势和季节变动两个因素共同作用的结果,作为现象近似的预测值。本节和第二节主要讨论长期趋势的预测方法,季节变动的预测方法将在第三节中进行阐述。

二、移动平均法

移动平均法是根据时间序列资料,逐项推移,依次计算包含一定项数的序时平均数,以反映长期趋势的方法。当时间序列的数值由于受随机变动的影响,波动较大,不易显示出长期趋势时,适宜采用移动平均法消除上述因素的影响,分析预测时间序列的长期趋势。移动平均法主要有简单移动平均法、加权移动平均法和趋势移动平均法三种方法。

(一)简单移动平均法

简单移动平均法是指时间序列按一定的移动平均项数,逐项推移计算一系列序时平均数,形成一组新的数据,以各期的序时平均数作为下一期的预测值。其计算公式为

$$M_t = \frac{y_t + y_{t-1} + \cdots + y_{t-n+1}}{n}$$

递推公式为

$$M_t = M_{t-1} + \frac{y_t - y_{t-n}}{n}$$

式中:$t \geqslant n$,y_t 为时间序列第 t 期的数据,M_t 为第 t 期移动平均数,M_{t-1} 为第 $t-1$ 期移动平均数,n 为移动平均项数。

预测公式为

$$\hat{y}_{t+1} = M_t$$

即以第 t 期移动平均数作为第 $t+1$ 期的预测值。

【例 11-1】 某商场 2010 年 1 月份到 12 月份的商品销售额见表 11.1,分别对移动平均项数为 3 和 5 的情况进行预测。

表 11.1 商品销售额和简单移动平均数表 单位:万元

月份 t	商品销售额 y_t	3 个月的移动平均值 $M_t(n=3)$	5 个月的移动平均值 $M_t(n=5)$
1	330		
2	440		
3	280	350	
4	350	356.67	
5	380	336.67	356
6	410	380	372
7	450	413.33	374
8	450	436.67	408
9	480	460	434
10	550	493.33	468
11	530	520	492
12	510	530	504

假定移动平均项数为 3,按简单移动平均法的计算公式,2010 年第 3 期的移动平均数为

$$M_3 = \frac{y_3 + y_2 + y_1}{3} = \frac{280 + 440 + 330}{3} = 350$$

其余各期移动平均数按同样方法计算,计算结果见表 11.1。从表 11.1 数据可以看出,实际销售额的随机波动较大,经过移动平均法计算后,随机波动显著减小。而且移动平均项数越大,随机波动幅度越小。但是,移动平均项数越大,对实际销售额真实的变化趋势反应也越迟钝。因此,n 的选择甚为重要,n 应取多大,应该根据具体情况作出抉择。

当 n 等于周期变动的周期时,则可消除周期变动的影响。

在实用上,一个有效的方法是取几个 n 值进行试算,比较它们的预测误差,从中选择最优的。计算结果表明,此例中 $n=3$ 时,预测误差较小,故选取 $n=3$。预测 2011 年 1 月份的商品销售额为 530 万元。

(二)加权移动平均法

在简单移动平均法中,每期数据在平均中的作用是等同的。但是,每期数据所包含的信息量并不一样,近期数据包含着更多关于未来情况的信息。因此,将各期数据同等看待是不尽合理的,应考虑各期数据的重要性,对近期数据给予较大的权重。这就是加权移动平均法的基本思想。其计算公式为

$$M_{tw} = \frac{w_1 y_t + w_2 y_{t-1} + \cdots + w_n y_{t-n+1}}{w_1 + w_2 + \cdots + w_n}$$

式中:$t \geq n$,y_t 为时间序列第 t 期的数据,w_t 为相应权数,M_{tw} 为 t 期加权移动平均数,n 为移动平均项数。

预测公式为

$$\hat{y}_{t+1} = M_{tw}$$

即以第 t 期加权移动平均数作为第 $t+1$ 期的预测值。

【例 11-2】 利用例 11-1 的数据令移动平均项数为 3,权数分别为 0.5、0.3 和 0.2,运用加权移动平均法预测 2011 年 1 月份的销售额。

按加权移动平均法的计算公式,2010 年第 3 期的移动平均数为

$$M_{3w} = \frac{0.5 y_3 + 0.3 y_2 + 0.2 y_1}{0.5 + 0.3 + 0.2} = 338$$

其余各期移动平均数按同样方法计算,计算结果见表 11.2。由表 11.2 可以看出,2011 年 1 月份的销售额预测值为 524 万元。

表 11.2 商品销售额和加权移动平均数表　　　　　单位:万元

月份 t	商品销售额 y_t	3 个月的加权移动平均数 $M_t(n=3)$
1	330	
2	440	
3	280	338
4	350	347
5	380	351
6	410	389
7	450	424
8	450	442
9	480	465
10	550	509
11	530	526
12	510	524

此表中的加权移动平均数 M_t 为移动平均项数为 3 时的移动平均数。

在加权移动平均法中，w_t 的选择同样具有一定的经验性。一般的原则是：近期数据的权数大，远期数据的权数小。至于大到什么程度和小到什么程度，完全依赖于预测者对序列作全面的了解和分析而定。

（三）趋势移动平均法

前面介绍的简单移动平均法和加权移动平均法，在时间序列没有明显的上升或下降趋势变动时，能够准确地反映实际情况。但当时间序列有明显的上升或下降趋势变动时，用简单移动平均法和加权移动平均法来预测就会出现滞后偏差。因此，需要进行修正，修正的方法是作二次移动平均，利用移动平均滞后偏差的规律来建立增减趋势的预测模型。这就是趋势移动平均法。下面以具有明显直线变化趋势的时间序列为例，讨论如何运用趋势移动平均法进行预测。其计算公式为

$$M_t^{(1)} = \frac{y_t + y_{t-1} + \cdots + y_{t-n+1}}{n}$$

$$M_t^{(2)} = \frac{M_t^{(1)} + M_{t-1}^{(1)} + \cdots + M_{t-n+1}^{(1)}}{n}$$

式中：$t \geq n$，y_t 为时间序列第 t 期的数据，$M_t^{(1)}$ 为第 t 期一次移动平均数，$M_t^{(2)}$ 为第 t 期二次移动平均数，n 为移动平均项数。

趋势移动平均法的预测步骤如下。

第一步，对时间序列 $\{y_t\}$ 计算 $M_t^{(1)}$ 和 $M_t^{(2)}$；

第二步，利用 $M_t^{(1)}$ 和 $M_t^{(2)}$ 估计直线趋势模型的截距 $\hat{a}_t$ 和斜率 $\hat{b}_t$：

$$\begin{cases} \hat{a}_t = 2M_t^{(1)} - M_t^{(2)} \\ \hat{b}_t = \frac{2}{n-1}(M_t^{(1)} - M_t^{(2)}) \end{cases}$$

第三步，建立直线趋势预测模型：

$$\hat{y}_{t+T} = \hat{a}_t + \hat{b}_t T$$

式中：t 表示当前期，T 表示预测超前期，$\hat{y}_{t+T}$ 表示第 $t+T$ 期的预测值，$\hat{a}_t$ 表示截距的估计值，$\hat{b}_t$ 表示斜率的估计值。

【例 11-3】某商场 2003 年到 2010 年的商品销售额见表 11.3，令移动平均项数为 3，运用趋势移动平均法预测 2011 年和 2012 年的商品销售额。

表 11.3　商品销售额和二次移动平均数表　　　　　　　　单位：万元

年份	t	销售额 y_t	一次移动平均 $M_t^{(1)}$	二次移动平均 $M_t^{(2)}$
2003	1	808		
2004	2	940		
2005	3	884	877.33	
2006	4	1 015	946.33	
2007	5	1 103	1 000.67	941.44
2008	6	1 215	1 111	1 019.33
2009	7	1 347	1 221.67	1 111.11
2010	8	1 427	1 329.67	1 220.78

取 $n=3$，分别计算一次移动平均数 $M_t^{(1)}$ 和二次移动平均数 $M_t^{(2)}$ 列于表 11.3 中，再利用 $M_8^{(1)}$ 和 $M_8^{(2)}$ 估计直线趋势模型的截距 $\hat{a}_8$ 和斜率 $\hat{b}_8$。

$$\hat{a}_8 = 2M_8^{(1)} - M_8^{(2)} = 2 \times 1\,329.67 - 1\,220.78 = 1\,438.56$$

$$\hat{b}_8 = \frac{2}{n-1}(M_8^{(1)} - M_8^{(2)}) = \frac{2}{3-1}(1\,329.67 - 1\,220.78) = 108.89$$

于是，得到直线趋势预测模型为

$$\hat{y}_{8+T} = \hat{a}_8 + \hat{b}_8 T = 1\,438.56 + 108.89T$$

预测 2011 年和 2012 年的商品销售额为

$$\hat{y}_{8+T} = 1\,438.56 + 108.89T = 1\,438.56 + 108.89 \times 1 = 1\,547.45$$

$$\hat{y}_{8+T} = 1\,438.56 + 108.89T = 1\,438.56 + 108.89 \times 2 = 1\,656.34$$

从趋势移动平均法的基本公式可以看出，它能计算以后若干期的预测值，但此法只有随着新数据的采用和最早期的旧数据的舍弃，及时计算出新的 $\hat{a}_t$ 和 $\hat{b}_t$，才能使预测值比较接近实际。因此，趋势移动平均法只适宜作短期预测。

三、指数平滑法

前面介绍的移动平均法存在两个不足之处：一是存储数据量较大；二是只考虑最近 n 期的数据，而对 $t-n$ 期以前的数据完全不考虑，这往往不符合实际情况。指数平滑法改进了这两个缺点。它既不需要存储很多历史数据，又使用了全部历史数据，并考虑了各期数据的重要性。因此指数平滑法是移动平均法的改进和发展，应用较为广泛。指数平滑法主要有一次指数平滑法和二次指数平滑法。

（一）一次指数平滑法

一次指数平滑法是对第 t 期的观察值和第 $t-1$ 期的平滑值用平滑系数加权平均，算出第 t 期的平滑值，并以此值作为第 $t+1$ 期预测值的一种预测方法。

1. 一次指数平滑法模型

一次指数平滑法的计算公式为

$$S_t^{(1)} = ay_t + (1-a)S_{t-1}^{(1)}$$

式中：y_t 为时间序列第 t 期的数据；$S_t^{(1)}$ 为一次指数平滑值；a 为平滑系数，且 $0 < a < 1$。

预测公式为

$$\hat{y}_{t+1} = S_t^{(1)}$$

即

$$\hat{y}_{t+1} = ay_t + (1-a)\hat{y}_t$$

从预测公式可以看出，第 $t+1$ 期预测值还可视为第 t 期的观察值和预测值用平滑系数加权平均得到的结果。

实际上，一次指数平滑公式是由移动平均公式改进得来的。前面给出的移动平均数的递推公式为

$$M_t = M_{t-1} + \frac{y_t - y_{t-n}}{n}$$

以 M_{t-1} 作为 y_{t-n} 的最佳估计,则有

$$M_t = M_{t-1} + \frac{y_t - M_{t-1}}{n} = \frac{y_t}{n} + \left(1 - \frac{1}{n}\right) M_{t-1}$$

令 $a = \frac{1}{n}$,以 $S_t^{(1)}$ 代替 M_t,则得平滑公式

$$S_t^{(1)} = a y_t + (1-a) S_{t-1}^{(1)}$$

2. 一次指数平滑法的特点

将一次指数平滑公式依次展开有

$$\begin{aligned} S_t^{(1)} &= a y_t + (1-a) S_{t-1}^{(1)} \\ &= a y_t + (1-a)[a y_{t-1} + (1-a) S_{t-2}^{(1)}] \\ &= a y_t + a(1-a) y_{t-1} + (1-a)^2 S_{t-2}^{(1)} \\ &\vdots \\ &= a y_t + a(1-a) y_{t-1} + a(1-a)^2 y_{t-2} + \cdots + (1-a)^t S_0^{(1)} \end{aligned}$$

从上面展开公式可以看出,一次指数平滑法具有如下特点。

(1) 一次指数平滑值 $S_t^{(1)}$ 实际上是各期观察值 $y_t, y_{t-1}, \cdots, y_{t-j}, \cdots$ 的加权平均,加权系数分别为 $a, a(1-a), a(1-a)^2, \cdots$

(2) 由于 $0 < a < 1$,加权系数按几何级数衰减。越近的数据,权数越大,越远的数据,权数越小,且权数之和为 1。因此,指数平滑法克服了移动平均法的相应缺点。又由于加权系数符合指数规律,同时具有平滑数据的功能,故称为指数平滑。

(3) 如果把一次指数平滑公式 $\hat{y}_{t+1} = a y_t + (1-a) \hat{y}_t$ 改写为 $\hat{y}_{t+1} = \hat{y}_t + a(y_t - \hat{y}_t)$,我们可以看出一次指数平滑法具有根据第 t 期的误差,调整修正第 $t+1$ 期预测值的能力。平滑系数 a 越大,调整修正的幅度越大。

3. 平滑系数 a 的确定

平滑系数 a 取值多大为宜并没有固定标准,要根据时间序列的具体情况,由预测者选定。平滑系数 a 取值的一般原则如下。

(1) 如果时间序列波动不大,比较平稳,则 a 应取小一点,例如 0.1~0.3。以减少修正幅度,使预测模型能包含较长时间序列的信息。

(2) 如果时间序列具有迅速且明显的变动倾向,则 a 应取大一点,例如 0.6~0.8。使预测模型灵敏度高些,以便迅速反映近期数据的变化。

(3) 实际预测中,还可类似移动平均法,多取几个 a 值进行试算,看哪个预测误差小,就采用哪个。

4. 初始值的确定

除了平滑系数 a 应合理确定外,初始值 $S_0^{(1)}$ 的确定也是一个很重要的问题。一般来

说,如果时间序列的数据较多,例如在 20 个以上时,初始值对以后的预测值影响很小,可选用第一期观察值为初始值。如果时间序列的数据较少,在 20 个以下时,初始值对以后的预测值影响很大,一般可以用最初几期观察值的平均值作为初始值。

5. 一次指数平滑法的应用

【例 11-4】 利用例 11-1 的数据,运用一次指数平滑法预测 2011 年 1 月份的销售额。

分别取 $a=0.2$、0.5 和 0.8,初始值 $\hat{y}_1 = S_0^{(1)} = \dfrac{y_1+y_2}{2} = 385$。根据一次指数平滑计算公式 $\hat{y}_{t+1} = ay_t + (1-a)\hat{y}_t$ 计算一次指数平滑预测值,预测值计算结果和均方误差如表 11.4 所示。

从表 11.4 可以看出,当 $a=0.2$、$a=0.5$ 和 $a=0.8$ 时,均方误差分别为 5 335.4、3 680.6 和 3 899.9,故选取 $a=0.5$ 为平滑系数。预测 2011 年 1 月份的销售额为

$$\hat{y}_{13} = 0.5 \times 510 + 0.5 \times 516.76 = 513.38$$

表 11.4　一次指数平滑计算表　　　　　　单位:万元

月份 t	销售额 y_t	$a=0.2$		$a=0.5$		$a=0.8$	
		$\hat{y}_t$	$(y_t-\hat{y}_t)^2$	$\hat{y}_t$	$(y_t-\hat{y}_t)^2$	$\hat{y}_t$	$(y_t-\hat{y}_t)^2$
1	330	385	3 025	385	3 025	385	3 025
2	440	374	4 356	357.5	6 806.25	341	9 801
3	280	387.2	11 491.8	398.75	14 101.6	420.2	19 656
4	350	365.76	248.378	339.38	112.891	308.04	1 760.6
5	380	362.61	302.482	344.69	1 246.97	341.61	1 473.9
6	410	366.09	1 928.4	362.34	2 271.12	372.32	1 419.7
7	450	374.87	5 644.65	386.17	4 074.03	402.46	2 259.6
8	450	389.90	3 612.58	418.09	1 018.51	440.49	90.386
9	480	401.92	6 097.07	434.04	2 112.05	448.10	1 017.7
10	550	417.53	17 547.50	457.02	8 645	473.62	5 833.9
11	530	444.03	7 391.46	503.51	701.68	534.72	22.32
12	510	461.22	2 379.38	516.76	45.64	530.94	438.68
平均			5 335.4		3 680.06		3 899.9

(二)二次指数平滑法

一次指数平滑法虽然克服了移动平均法的两个缺点,但当时间序列的变动出现直线趋势时,用一次指数平滑法进行预测,仍存在滞后偏差。因此,必须加以调整修正。修正的方法与趋势移动平均法相同,即再作二次指数平滑,利用滞后偏差的规律建立直线趋势模型。这就是二次指数平滑法。

1. 二次指数平滑法模型

二次指数平滑法的计算公式为

$$S_t^{(1)} = ay_t + (1-a)S_{t-1}^{(1)}$$
$$S_t^{(2)} = aS_t^{(1)} + (1-a)S_{t-1}^{(2)}$$

式中：y_t 为时间序列第 t 期的数据；$S_t^{(1)}$ 为一次指数平滑值；$S_t^{(2)}$ 为二次指数平滑值；a 为平滑系数，且 $0<a<1$。

当时间序列 $\{y_t\}$ 从某时期开始具有直线趋势时，类似趋势移动平均法，可用下面直线趋势模型进行预测：

$$\hat{y}_{t+T} = \hat{a}_t + \hat{b}_t T$$
$$\begin{cases} a_t = 2S_t^{(1)} - S_t^{(2)} \\ b_t = \dfrac{a}{1-a}(S_t^{(1)} - S_t^{(2)}) \end{cases}$$

2．二次指数平滑法的应用

【例 11-5】 利用例 11-3 的数据，运用二次指数平滑法预测 2011 年和 2012 年的商品销售额。（给定平滑系数 $a=0.6$）

（1）确定初始值。

$$S_0^{(1)} = S_0^{(2)} = \frac{y_1 + y_2 + y_3}{3} = 877.33$$

（2）根据给定的平滑系数，计算一次、二次指数平滑值，将计算结果填入表 11.5 中。

（3）计算直线趋势模型的截距 $\hat{a}_8$ 和斜率 $\hat{b}_8$。

$$a_t = 2S_t^{(1)} - S_t^{(2)} = 2 \times 1\,363.18 - 1\,296.43 = 1\,429.93$$
$$b_t = \frac{a}{1-a}(S_t^{(1)} - S_t^{(2)}) = \frac{0.6}{1-0.6}(1\,363.18 - 1\,296.43) = 100.13$$

（4）建立直线趋势模型进行预测。直线趋势模型为

$$\hat{y}_{8+T} = \hat{a}_8 + \hat{b}_8 T = 1\,429.93 + 100.13 T$$

2011 年的商品销售额为

$$\hat{y}_{8+T} = 1\,429.93 + 100.13 T = 1\,429.93 + 100.13 \times 1 = 1\,530.06$$

2012 年的商品销售额为

$$\hat{y}_{8+T} = 1\,429.93 + 100.13 T = 1\,429.93 + 100.13 \times 2 = 1\,630.19$$

表 11.5　商品销售额和二次指数平滑计算表　　　　　　　　　　单位：万元

年份	t	销售额 y_t	一次指数平滑 $S_t^{(1)}$	二次指数平滑 $S_t^{(2)}$
2003	1	808	835.73	852.37
2004	2	940	898.29	879.92
2005	3	884	889.72	885.80
2006	4	1 015	964.89	933.25
2007	5	1 103	1 047.76	1 001.95
2008	6	1 215	1 148.10	1 089.64
2009	7	1 347	1 267.44	1 196.32
2010	8	1 427	1 363.18	1 296.43

第二节 趋势曲线模型预测法

趋势曲线模型预测法是时间序列长期趋势预测的另一主要方法。它是根据时间序列的发展趋势,配合合适的曲线模型,外推预测未来的趋势值。常用的趋势曲线模型有直线趋势模型、指数曲线趋势模型、二次曲线趋势模型、修正指数曲线趋势模型、龚柏兹曲线趋势模型和罗吉斯缔曲线趋势模型等。

一、直线趋势模型

如果时间序列的各期数据大体上呈直线趋势变化,即数据的散点分布于一条直线的两侧或时间序列的逐期增量(一阶差分)大体相同时,可采用直线趋势模型预测其长期趋势。

(一)直线趋势模型的形式

直线趋势模型的基本形式为

$$\hat{y} = a + bt$$

式中:$\hat{y}$ 为时间序列的预测值,a 为截距,b 为斜率。

(二)直线趋势模型参数的估计

直线趋势模型 a、b 参数估计的方法主要有两点加权平均法、最小二乘法和折扣最小二乘法等,其中应用最多的是最小二乘法。最小二乘法是使误差平方和 $Q = \sum(y-\hat{y})^2$,即 $Q = \sum(y-a-bt)^2$ 达到最小来求解参数 a、b。求解 a、b 参数的标准方程组为

$$\begin{cases} \sum y = na + b\sum t \\ \sum ty = a\sum t + b\sum t^2 \end{cases}$$

(三)直线趋势模型的应用

【例 11-6】 某市汽车配件销售公司 2001—2010 年汽车配件的销售额(单位:万元)数据如表 11.6 所示。现采用直线趋势模型预测该公司 2011 年的汽车配件销售额。

第一步,以 2000 年为时间原点(2000 年 $t=0$),采用最小二乘法求解直线趋势模型的参数。根据标准方程组

$$\begin{cases} 325.4 = 10a + 55b \\ 1\,852.7 = 55a + 385b \end{cases}$$

解得

$$b = 0.763\,6, \quad a = 28.34$$

表 11.6　直线趋势模型最小二乘法计算表

年份	t	y_t/万元	t^2	ty/万元	y_t^2/万元	$\hat{y}_t$/万元
2001	1	29.4	1	29.4	864.36	29.1
2002	2	30.1	4	60.2	906.01	29.9
2003	3	29.9	9	89.7	894.01	30.6
2004	4	30.7	16	122.8	942.49	31.4
2005	5	33.1	25	165.5	1 095.61	32.2
2006	6	33.7	36	202.2	1 135.69	32.9
2007	7	32.8	49	229.6	1 075.84	33.7
2008	8	34.2	64	273.6	1 169.64	34.4
2009	9	35.3	81	317.7	1 246.09	35.2
2010	10	36.2	100	362.0	1 310.44	36.0
$\sum$	55	325.4	385	1 852.7	10 640.18	325.4

第二步，拟合的直线趋势模型为
$$\hat{y} = 28.34 + 0.7636t$$

第三步，预测该公司 2011 年的汽车配件销售额。将 $t=11$ 代入此模型，可求得预测值为 36.74 万元。

二、指数曲线趋势模型

如果时间序列的各期数据大体上呈指数曲线趋势变化，即时间序列的环比发展速度大体相同或对数的一阶差分近似为一常数时，可采用指数曲线趋势模型预测其长期趋势。

（一）指数曲线趋势模型的形式

指数趋势模型的基本形式为
$$\hat{y} = ab^t$$

式中：$\hat{y}$ 为时间序列的预测值，a 和 b 均为参数。

（二）指数曲线趋势模型参数的估计

估计指数曲线趋势模型的参数时，可首先对模型两边取对数，转化为对数直线模型，然后按照直线模型参数估计的方法来估计参数。
$$\lg y_t = \lg a + t \lg b$$

求解 a、b 参数的标准方程组为
$$\begin{cases} \sum \lg y = n \lg a + \lg b \cdot \sum t \\ \sum t \lg y = \lg a \cdot \sum t + \lg b \cdot \sum t^2 \end{cases}$$

（三）指数曲线趋势模型的应用

【例 11-7】 某市汽车配件销售公司 2002—2010 年汽车配件的销售量（单位：千

件)数据如表 11.7 所示。现采用指数曲线趋势模型预测该公司 2011 年的汽车配件销售量。

第一步,以 2001 年为时间原点(2001 年 $t=0$),采用最小二乘法求解指数曲线趋势模型的参数。根据标准方程组

$$\begin{cases} \sum \lg y = n\lg a + \lg b \cdot \sum t \\ \sum t\lg y = \lg a \cdot \sum t + \lg b \cdot \sum t^2 \end{cases}$$

可求得

$$\lg b = 0.064\,53, \quad b = 1.160\,2$$
$$\lg a = 2.584\,76, \quad a = 384.379\,3$$

第二步,拟合的指数曲线模型为

$$\hat{y}_t = 384.379\,3 \times 1.160\,2^t$$

第三步,预测该公司 2011 年的汽车配件销售量。将 $t=10$ 代入此模型,可求得预测值为 1 698.59 千件。

表 11.7 某公司汽车配件销售量预测分析计算表   单位:千件

年 份	t	y_t	增长率/%	$\lg y_t$	$t\lg y_t$
2002	1	469.8		2.67	2.67
2003	2	494.6	5.28	2.69	5.38
2004	3	557.9	12.80	2.75	8.25
2005	4	713.6	27.91	2.85	11.4
2006	5	842.4	18.02	2.93	14.65
2007	6	955.0	13.39	2.98	17.88
2008	7	1 083.0	13.40	3.03	21.21
2009	8	1 265.0	16.81	3.10	24.8
2010	9	1 440.0	13.83	3.16	28.44
合计	45			26.17	134.68

三、二次曲线趋势模型

二次曲线又称二次抛物线,适用于描述时间序列二级增长量(二阶差分)大体接近的变化趋势。具体应用有两种情形:一种情形是预测目标的增长逐渐加快,呈扩张的发展趋势,其图形为一条向上的抛物曲线;另一种情形是预测目标呈先上升后下降的变化趋势,即现象的增长达到一定程度后转向递减,其图形为一条向下的抛物曲线。

(一)二次曲线趋势模型的形式

二次曲线趋势模型的基本形式为

$$\hat{y} = a + bt + ct^2$$

式中:$\hat{y}$ 为时间序列的预测值,a、b 和 c 均为参数。

(二)二次曲线趋势模型参数的估计

二次曲线趋势模型参数估计的方法主要有三点法、最小二乘法和折扣最小二乘法等,其中应用最多的是最小二乘法。运用最小二乘法估计参数的标准方程组为

$$\begin{cases} \sum y = na + b\sum t + c\sum t^2 \\ \sum ty = a\sum t + b\sum t^2 + c\sum t^3 \\ \sum t^2 y = a\sum t^2 + b\sum t^3 + c\sum t^4 \end{cases}$$

(三)二次曲线趋势模型的应用

【例 11-8】 某市 2004—2010 年的糖果销售量(单位:吨)数据如表 11.8 所示。现采用二次曲线趋势模型预测该市 2011 年的糖果销售量。

表 11.8 某市糖果销售量预测分析计算表

年份	销售量 y/吨	二阶差分	t	t^2	t^4	ty/吨	$t^2 y$/吨
2004	1 200		1	1	1	1 200	1 200
2005	1 400		2	4	16	2 800	5 600
2006	1 620	20	3	9	81	4 860	14 580
2007	1 862	22	4	16	256	7 448	29 792
2008	2 127	23	5	25	625	10 635	53 175
2009	2 413	21	6	36	1 296	14 478	86 868
2010	2 721	22	7	49	2 401	19 047	133 329
合计	13 343		28	140	4 676	60 468	324 544

第一步,根据表 11.8 的数据计算时间序列的二阶差分,各期二阶差分近似为一常数,可以采用二次曲线趋势模型进行预测。

第二步,以 2003 年为时间原点(2003 年 $t=0$),采用最小二乘法求解二次曲线趋势模型的参数。根据标准方程组

$$\begin{cases} 13\,343 = 7a + 28b + 140c \\ 60\,468 = 28a + 140b + 784c \\ 324\,544 = 140a + 784b + 4676c \end{cases}$$

求得 $a=1\,023.86, b=166.19, c=10.90$。

第三步,拟合的二次曲线趋势模型为

$$\hat{y}_t = 1\,023.86 + 166.19t + 10.90t^2$$

第四步,预测该市 2011 年的糖果销售量。将 $t=8$ 代入此模型,可求得预测值为 3 050.98 吨。

四、修正指数曲线趋势模型

修正指数曲线是一种饱和曲线。修正指数曲线常用于描述初期增长较快,随后增长

速度逐渐放缓,最后趋向于某一正常数极限的市场变量。当时间序列各期观察值的一阶差分的环比系数接近于某一常数时,可采用修正指数曲线描述长期变化趋势。

(一) 修正指数曲线趋势模型的形式

修正指数曲线趋势模型的基本形式为

$$\hat{y} = k + ab^t$$

式中:$\hat{y}$ 为时间序列的预测值,a、b 和 k 均为参数。

(二) 修正指数曲线趋势模型参数的估计

修正指数曲线趋势模型参数估计的方法主要有三点法和三段法等,其中应用最多的是三段法。三段法的思想是将时间序列分为三段(要求 n 能被 3 整除。若 n 不能被 3 整除,则去掉时间序列最初期的数据,保证 n 能被 3 整除),每段有 $r=n/3$ 项数据,并注意原点在时间序列最初一期。设 $\sum_1 y$、$\sum_2 y$、$\sum_3 y$ 分别为各段 y_t 的总和,则修正指数曲线趋势模型的参数估计公式为(参数估计公式的推论过程,可参阅有关预测学书籍)

$$b = r\sqrt{\frac{\sum_3 y - \sum_2 y}{\sum_2 y - \sum_1 y}}$$

$$a = (\sum_2 y - \sum_1 y) \times \frac{b-1}{(b^r-1)^2}$$

$$k = \frac{1}{r}\left(\sum_1 y - \frac{b^r-1}{b-1} \times a\right)$$

(三) 修正指数曲线趋势模型的应用

【例 11-9】 某地区 2002—2010 年的空调销售量(单位:万台)数据如表 11.9 所示。现要求预测该地区 2011 年的空调销售量。

表 11.9 某地空调销售量预测分析计算表

年份	t	销售量 y_t/万台	一阶差分	一阶差分环比	$\sum y_t$/万台
2002	0	20.00			
2003	1	26.00	6.00		$\sum_1 y = 77.40$
2004	2	31.40	5.40	0.90	
2005	3	36.26	4.86	0.90	
2006	4	40.64	4.38	0.90	$\sum_2 y = 121.47$
2007	5	44.57	3.93	0.90	
2008	6	48.07	3.50	0.89	
2009	7	51.22	3.15	0.90	$\sum_3 y = 153.32$
2010	8	54.03	2.81	0.89	

第一步，从表11.9的时间序列各期观察值的变化特征来看，其逐年增长量前期逐步增大，后期开始减小，且时间序列的一阶差分环比近似为一常数，因此可用修正指数曲线趋势模型描述其长期变化趋势。

第二步，以2002年为时间原点（2002年 $t=0$），采用三段法求解修正指数曲线趋势模型的参数。根据参数估计公式，求得 $b=0.8974, a=-58.808, k=78.778$。

第三步，拟合的修正指数曲线趋势模型为

$$\hat{y}_t = 78.778 - 58.808 \times 0.8974^t$$

第四步，预测该市2011年的空调销售量。将 $t=9$ 代入此模型，可求得预测值为56.58万台。

五、龚柏兹曲线趋势模型

龚柏兹（Gompertz）曲线，是美国统计学家和数学家龚柏兹首先提出用作控制人口增长率的一种数学模型，后在1992年应用于市场预测中。龚柏兹曲线常用于描述某些市场变量开始增长缓慢，随后增长加快，达到一定程度后，增长速度逐渐放缓，最后达到饱和状态的过程。

当时间序列各期观察值的对数一阶差分的环比接近于某一常数时，可采用龚柏兹曲线描述长期变化趋势。

（一）龚柏兹曲线趋势模型的形式

龚柏兹曲线趋势模型的基本形式为

$$\hat{y} = ka^{b^t}$$

式中：$\hat{y}$ 为时间序列的预测值，a、b 和 k 均为参数。

（二）龚柏兹曲线趋势模型参数的估计

估计龚柏兹趋势模型的参数时，可首先对模型两边取对数，转化为修正指数曲线模型的形式，然后按照修正指数曲线模型参数估计的方法来估计参数。

$$\lg y_t = \lg k + (\lg a)b^t$$

（三）龚柏兹曲线趋势模型的应用

【例11-10】 某地区2002—2010年的电视机销售量（单位：千台）数据如表11.10所示。现要求预测该地区2011年的电视机销售量。

表11.10 某地电视机销售量预测分析计算表

年份	t	销售量 y_t/千台	$\lg y_t$/千台	$\lg y_t$ 的一阶差分环比	$\sum \lg y_t$/千台
2002	0	25.850	1.4125		
2003	1	32.804	1.5159		$\sum_1 \lg y = 4.5765$
2004	2	44.477	1.6481	1.2785	

续表

年份	t	销售量 y_t/千台	$\lg y_t$/千台	$\lg y_t$ 的一阶差分环比	$\sum \lg y_t$/千台
2005	3	56.002	1.748 2	0.757 2	
2006	4	64.960	1.812 6	0.643 4	$\sum_2 \lg y = 5.418\ 6$
2007	5	72.080	1.857 8	0.701 9	
2008	6	80.282	1.904 6	1.035 3	
2009	7	85.835	1.933 7	0.621 8	$\sum_3 \lg y = 5.792\ 1$
2010	8	89.900	1.953 8	0.690 7	

第一步，从表 11.10 的时间序列各期观察值的变化特征来看，其逐年增长量前期逐步增大，后期开始减小，且时间序列各期观察值的对数一阶差分的环比近似为某一常数，因此可用龚柏兹曲线趋势模型描述其长期变化趋势。

第二步，以 2002 年为时间原点（2002 年 $t=0$），采用三段法求解龚柏兹曲线趋势模型的参数。根据参数估计公式，求得 $b=0.762\ 6, a=0.226\ 2, k=107.127$。

第三步，拟合的龚柏兹曲线趋势模型为

$$\hat{y}_t = 107.127 \times (0.226\ 2)^{0.762\ 6^t}$$

第四步，预测该市 2011 年的电视机销售量。将 $t=9$ 代入此模型，可求得预测值为 94.10 万台。

六、罗吉斯缔曲线趋势模型

罗吉斯缔（Logistiz）曲线，是比利时数学家维哈尔斯特在研究人口增长规律时提出来的，后应用于市场预测中。它又称为生长理论曲线。罗吉斯缔曲线与龚柏兹曲线很相似，常用于描述某些市场变量开始增长缓慢，随后增长加快，达到一定程度后，增长速度逐渐放缓，最后达到饱和状态的过程。两者不同的是，罗吉斯缔曲线达到最高点的时间比龚柏兹曲线要长，同时，罗吉斯缔曲线是一条对称的 S 形长曲线。当时间序列各期观察值的倒数一阶差分的环比接近于某一常数时，可采用罗吉斯缔曲线描述长期变化趋势。

（一）罗吉斯缔曲线趋势模型的形式

罗吉斯缔曲线趋势模型的基本形式为

$$\hat{y}_t = \frac{k}{1 + b\mathrm{e}^{-at}}$$

式中：$\hat{y}$ 为时间序列的预测值，a、b 和 k 均为参数。

（二）罗吉斯缔曲线趋势模型参数的估计

龚柏兹趋势模型的参数估计，一般采用倒数三段法。此方法要求将时间序列分为首、中、尾三段（要求 n 能被 3 整除。若 n 不能被 3 整除，则去掉时间序列最初期的数据，保证 n 能被 3 整除），每段有 $r=n/3$ 项数据，并注意原点在时间序列最初一期。倒数三段法首

先对模型两边取倒数,即

$$\frac{1}{\hat{y}} = \frac{1}{k} + \frac{be^{-at}}{k}$$

设 $k' = \frac{1}{k}$, $a' = e^{-a}$, $b' = \frac{b}{k}$, $\hat{y}' = \frac{1}{\hat{y}}$, 则罗吉斯缔曲线模型转化为修正指数曲线模型的形式,即

$$\hat{y}' = k' + b'a'^t$$

求出时间序列各段的倒数和 $\sum_1 \frac{1}{y}$、$\sum_2 \frac{1}{y}$、$\sum_3 \frac{1}{y}$,然后按照修正指数曲线模型参数估计的类似方法来估计参数 k'、b'、a'。参数估计公式为

$$a' = \left[\frac{\sum_3 \frac{1}{y} - \sum_2 \frac{1}{y}}{\sum_2 \frac{1}{y} - \sum_1 \frac{1}{y}}\right]^{\frac{1}{r}}$$

$$b' = \left(\sum_2 \frac{1}{y} - \sum_1 \frac{1}{y}\right) \frac{a' - 1}{(a'^r - 1)^2}$$

$$k' = \frac{1}{r}\left[\frac{\sum_1 \frac{1}{y} \sum_3 \frac{1}{y} - \left(\sum_2 \frac{1}{y}\right)^2}{\sum_1 \frac{1}{y} + \sum_3 \frac{1}{y} - 2\sum_2 \frac{1}{y}}\right]$$

(三) 罗吉斯缔曲线趋势模型的应用

【例 11-11】 某地区 1999—2010 年的电风扇普及率(单位:台/百户)数据如表 11.11 所示。现要求预测该地区 2011 年的电风扇普及率。

表 11.11 某地电风扇普及率预测分析计算表

年份	t	销售量 y_t/(台/千户)	$1/y_t$/(台/千户)	$\sum \frac{1}{y_t}$/(台/千户)
1999	0	37.5	0.026 7	
2000	1	48.5	0.020 6	
2001	2	60.4	0.016 6	$\sum_1 \frac{1}{y} = 0.076\ 1$
2002	3	81.8	0.012 2	
2003	4	95.8	0.010 4	
2004	5	118.2	0.008 5	
2005	6	135.8	0.007 4	$\sum_2 \frac{1}{y} = 0.032\ 7$
2006	7	156.4	0.006 4	
2007	8	176.7	0.005 7	
2008	9	195.2	0.005 1	
2009	10	214.3	0.004 7	$\sum_3 \frac{1}{y} = 0.019\ 9$
2010	11	226.8	0.004 4	

第一步,从表 11.11 的时间序列各期观察值的变化特征来看,其逐年增长量前期逐步增大,后期开始减小,因此可用罗吉斯缔曲线趋势模型描述其长期变化趋势。

第二步,以 1999 年为时间原点(1999 年 $t=0$),采用倒数三段法求解罗吉斯缔曲线趋势模型的参数。根据参数估计公式,求得 $k'=0.0036, b'=0.0230, a'=0.7369$。

第三步,拟合的罗吉斯缔曲线趋势模型为

$$\hat{y}' = 0.0036 + 0.0230 \times 0.7369^t$$

第四步,预测该市 2011 年的电风扇普及率。将 $t=12$ 代入此模型,可求得 $\hat{y}'=0.0042$,预测值为 $\hat{y}=\dfrac{1}{\hat{y}'}=238.10$。该市 2011 年的电风扇普及率为 238.10 台/百户。

以上介绍了六种曲线趋势模型,分别为直线趋势模型、指数曲线趋势模型、二次曲线趋势模型、修正指数曲线趋势模型、龚柏兹曲线趋势模型和罗吉斯缔曲线趋势模型。在实际预测中,选择合适的趋势模型是趋势模型预测法首先面临的问题。实际预测时,一般先根据时间序列各期观察值的散点图或变化特征,初步选择几个趋势模型进行预测,最后比较各模型的估计标准误差,选择估计标准误差最小的模型作为最终的趋势模型进行预测。

第三节 季节变动预测法

许多市场现象,由于受自然因素和社会因素的影响,在一个年度内往往会出现季节性的变动。例如有些产品是季节生产常年消费,如粮、棉、油、麻、茶、糖等;有些是季节生产季节消费,如某些瓜果;有些产品是常年生产季节消费,如电风扇、电热毯等。如果掌握了季节性变动规律,就可以利用它来对季节性的商品进行市场需求量的预测。

季节变动预测是指对预测目标的季节变动规律和数量分布进行分析的推断。其目的在于掌握季节变动的数量规律,然后依据这种数量规律进行预测推断。季节变动预测对数据的基本要求是:为了比较正确地观察季节变动的数量规律,测定季节变动时,一般应搜集连续若干年的或至少三年的分月(季)的历史数据。季节变动分析预测的方法主要有季节指数法、趋势比率法和温特斯法。

一、季节指数法

季节指数是以历年同月(季)平均数与全时期月(季)总平均数相比,用求得的比较相对数来反映季节变动的数量规律。计算公式为

$$月(季)季节指数 = \frac{各年同月(季)平均数}{全时期月(季)平均数} \times 100\%$$

各月(季)季节指数之和,季度资料为 400%,月度资料为 1 200%。一般地,季节指数大于 100% 为旺季,小于 100% 为淡季。季节指数可用于以下预测。

一方面,可以根据年度预测数用季节指数求季(月)预测数,即

$$季(月)预测数 = \frac{年度预测数}{4(或 12)} \times 季(月)的季节指数$$

另一方面,可以根据年内某几个月的实际数,用季节指数求全年预测数,即

$$\text{年度预测数} = \frac{\text{某几个季(月)的实际数之和}}{\text{相应的季节指数之和}} \times 4(\text{或}12)$$

【例 11-12】 表 11.12 是某地 2006—2009 年各季的消费品零售额。从季节指数来看,第一季度和第四季度为旺季,第二季度平淡,第三季度最淡。

表 11.12 某地消费品零售额季节变动分析 单元:亿元

年份	一季度	二季度	三季度	四季度	全年
2006	70.6	68.8	66.6	78.6	284.6
2007	80.3	77.5	74.9	85.5	318.2
2008	89.4	85.6	78.6	90.4	344.0
2009	92.8	88.6	85.5	98.6	365.5
合计	333.1	320.6	305.6	353.1	1 312.3
季平均数	83.275	80.125	76.400	88.275	82.019
季节指数/%	101.53	97.69	93.15	107.63	400.00

例如,若 2010 年上半年该地实际消费品零售额为 197.82 亿元,预计 2010 年的消费品零售额可达到

$$\frac{197.82}{101.53\% + 97.69\%} \times 4 = 397.19(\text{亿元})$$

第三、四季度零售额则分别为 92.50 亿元和 106.87 亿元。

用季节指数法测定季节变动的数量规律,计算简便,容易理解,且能较真实地反映年度数值在各月(季)之间的分布规律。但这种方法在测定季节变动时,没有考虑长期趋势的影响,外推预测时,年度趋势预测值需要另行确定。

二、趋势比率法

趋势比率法是将季节指数和长期趋势结合起来进行综合外推预测的方法。

(一)预测步骤

1. 测定时间序列的长期趋势

测定时间序列的长期趋势,即建立长期趋势预测模型求出历史上各期的长期趋势值。由于时间序列存在季节变动,难以识别合适的长期趋势预测模型,因此可以先按照季节变动周期对原时间序列进行移动平均,消除原时间序列的季节变动影响,再建立合适的长期趋势预测模型求出历史上各期的长期趋势值。

2. 测定趋势季节比率

趋势季节比率是时间序列各期实际观察值与相应时期长期趋势值的比值。

3. 求季节指数

将同期趋势季节比率平均,可以求得相应季节指数。

4. 建立趋势季节模型进行预测

将求出的长期趋势模型和季节指数结合起来,建立趋势季节模型进行预测。

(二) 趋势比率法的应用

【例 11-13】 表 11.13 是某地 2006—2009 年各季的消费品零售额。要求按趋势比率法预测 2010 年各季度的消费品零售额。

表 11.13 某地消费品零售额计算表

年	季	y_t	t	T_t	y_t/T_t	S_R
2006	一季度	70.6	1	69.6	1.014	1.046
	二季度	68.8	2	71.3	0.965	0.987
	三季度	66.4	3	72.9	0.911	0.922
	四季度	78.6	4	74.6	1.054	1.045
2007	一季度	80.3	5	76.2	1.054	1.046
	二季度	77.5	6	77.9	0.995	0.987
	三季度	74.9	7	79.5	0.942	0.922
	四季度	85.5	8	81.2	1.053	1.045
2008	一季度	89.4	9	82.8	1.079	1.046
	二季度	85.6	10	84.5	1.013	0.987
	三季度	78.6	11	86.1	0.913	0.922
	四季度	90.4	12	87.8	1.030	1.045
2009	一季度	92.8	13	89.4	1.038	1.046
	二季度	88.6	14	91.1	0.973	0.987
	三季度	85.5	15	92.7	0.922	0.922
	四季度	98.6	16	94.4	1.045	1.045

第一步,测定长期趋势。按照季节变动周期对原时间序列进行四项移动平均后,发现对其长期趋势可以建立直线趋势模型进行预测。用最小二乘法拟合直线趋势模型(计算过程略)为

$$T_t = 67.9898 + 1.6490t$$

(2005 年第 4 季度 $t = 0$)

由于按月(季)编制的时间数列中包含了 T、S、C、I 四种变动,故此模型中的长期趋势用 T_t 表示,将时间变量 t 值代入此模型,求得的各季的趋势值如表 11.13 所示。

第二步,测定趋势值季节比率。将时间序列的实际观察值除以趋势值,求得 y/T 的比率,即趋势值季节比率 S_{CI},计算结果见表 11.13。

第三步，求出季节指数。将所求得的 S_{CI}，重新按月（季）平均，消除剩余变动（CI）的影响求得平均季节比率，计算结果见表 11.14。由于所求得的平均季节比率相加，月度资料应为 12，季度资料应为 4，如果大于或小于此数，应求出较正系数调整各月（季）的平均季节比率，即为季节指数。此例各季的平均季节比率之和为 4，故各季的平均季节比率即为季节指数 S_R。

表 11.14 季节指数计算表　　　　　　　　　　　单位：亿元

年份	一季度	二季度	三季度	四季度	合计
2006	1.014	0.965	0.911	1.054	
2007	1.054	0.995	0.942	1.053	
2008	1.079	1.013	0.913	1.030	
2009	1.038	0.973	0.922	1.045	
平均比率	1.046	0.987	0.922	1.045	4.00
季节指数 S_R	1.046	0.987	0.922	1.045	4.00

第四步，建立趋势季节模型进行预测。将以上测定的长期趋势模型与季节指数结合起来即为趋势季节模型。

$$\hat{y}_t = T_t S_R = (67.9898 + 1.6490t) S_R$$

（2005 年第 4 季度 $t = 0$）

预测 2010 年各季度消费品零售额如下：

$$\hat{y}_{17} = (67.9898 + 1.6490 \times 17) \times 1.046 = 100.44（亿元）$$

$$\hat{y}_{18} = (67.9898 + 1.6490 \times 18) \times 0.987 = 99.40（亿元）$$

$$\hat{y}_{19} = (67.9898 + 1.6490 \times 19) \times 0.922 = 91.57（亿元）$$

$$\hat{y}_{20} = (67.9898 + 1.6490 \times 20) \times 1.045 = 105.51（亿元）$$

三、温特斯法

温特斯法是在 20 世纪 60 年代初，由温特斯（R. R. Winters）提出的线性和季节性指数平滑法。它是一种把时间序列的直线趋势、季节变动和不规则变动进行因素分解，与指数平滑法结合起来的季节预测方法。这种方法有三个平滑方程式，分别对时间序列的长期趋势、趋势的增量、季节变动趋势作指数平滑，然后把三个平滑结果用一个参数方程结合起来，进行外推预测。

温特斯模型形式为

$$\hat{y}_{t+k} = (a + kb_t) s_{t+k-l}$$

三个平滑方程式为

$$a_t = \alpha \left(\frac{y_t}{s_{t-l}} \right) + (1-\alpha)(a_{t-1} + b_{t-1})$$

$$b_t = \beta(a_t - a_{t-1}) + (1-\beta) b_{t-1}$$

$$s_t = \gamma \left(\frac{y_t}{a_t} \right) + (1-\gamma) s_{t-l}$$

式中，l 为季节周期长度，即每个季节周期内的 l 个数据；α、β 和 γ 为平滑参数，取值在 0～1 之间。

温特斯法的缺点是建模过程比较烦琐，并且 3 个平滑系数的最佳取值不易确定。实际工作中确定 α、β 和 γ 取值的方法是反复实验，即把 α、β 和 γ 取值的各种组合应用于时间序列历史资料，作模拟预测并计算误差，然后选取模拟预测误差最小的那一组 α、β 和 γ 值。

第四节 回归分析预测法

市场现象之间普遍存在着某种因果关系，如产品质量和销售额，时间段和收视率，广告投入和销售量等。这种关系之中有些是确定性的，有些是不确定性的。确定性的因果关系可用一个确定的数学方程来描述，如销售收入和销售量等。不确定性的因果关系是指两事物之间存在着一定关系，但这种关系又很难用一个确切的表达式来描述。例如，广告投入和销售量之间，一般来讲，广告投入越多，销售量也相应提高。但是，由于销售过程中各种条件的变化，使得同样的广告投入会有不同的销售量。这就造成了广告投入和销售量之间关系的不确定性，因此不能给出类似于函数的精确表达式。

回归分析预测法是研究事物之间不确定性关系的一种方法，它通过对观察数据的统计分析和处理，找出预测目标（因变量）与影响因素（自变量）之间的相关关系，并建立回归模型，根据影响因素的变动推算预测目标的变动趋势。本章开篇案例中的移动电话市场预测就是采用的回归分析预测法。回归分析预测法是一种因果分析预测法，可分为因回归预测法和自回归预测法两类。因回归预测是利用因变量（y）与自变量（x）之间的相关关系（因相关），建立回归模型进行预测分析；自回归预测是利用因变量（y）的时间数列中不同时间的取值存在自身相关关系（自相关），建立回归模型进行预测分析。以下先分别介绍因回归中的一元线性回归、多元线性回归和曲线回归，最后介绍时间数列自回归。

一、一元线性回归预测法

一元线性回归预测法，是指两个具有线性关系的变量，配合线性回归模型，根据自变量的变动预测因变量平均发展趋势的方法。

（一）模型的形式

设 x 为自变量，y 为因变量，y 与 x 之间存在着某种线性关系，即一元线性回归模型为

$$y = a + bx + e$$

其中，a、b 为模型参数（回归系数），a 为回归直线的截距，b 为回归直线的斜率（即 x 每增加一个单位，$\hat{y}$ 能增加多少个单位），e 为误差项。

（二）模型参数的估计

一元线性回归模型的参数 a、b，通常采用最小二乘法估计，求解 a、b 参数的标准方程

组为

$$\begin{cases} \sum y = na + b\sum x \\ \sum xy = a\sum x + b\sum x^2 \end{cases}$$

(三) 模型的检验与评价

一元线性回归模型的参数估计之后,所建立的回归模型还应通过检验与评价,才能应用于预测分析。检验与评价的方法主要有以下几个。

1. 拟合程度评价

因变量 y 的各个观察值点聚集在回归直线周围的紧密程度,称为回归直线对样本数据点的拟合程度。通常用可决系数 r^2 来衡量,计算公式为

$$r^2 = 1 - \frac{\sum(y-\hat{y})^2}{\sum(y-\bar{y})^2}$$

其中:$\sum(y-\hat{y})^2$ 称为残差平方和(剩余平方和),$\sum(y-\bar{y})^2$ 称为离差平方和。

显然残差平方和占离差平方和的比重越小,可决系数 r^2 越大,回归直线的拟合程度越强。可决系数 r^2 的取值区间为 $[0,1]$,实际上,可决系数 r^2 是线性相关系数 r 的平方,因此相关系数又可用下列公式求得

$$r = \pm\sqrt{r^2}$$

r 的正负号与回归系数 b 的正负号相同,$|r|$ 越接近于 1,则因变量与自变量的线性相关关系越密切,回归直线拟合程度越高。

2. 估计标准误差

估计标准误差又称剩余标准差,是评价回归直线代表性大小或实际值与估计值的标准误差大小的综合指标。计算公式为

$$S_y = \sqrt{\frac{\sum e^2}{n-2}} = \sqrt{\frac{\sum(y-\hat{y})^2}{n-2}} = \sqrt{\frac{\sum y^2 - a\sum y - b\sum xy}{n-2}}$$

相对标准误差:

$$V_s = S_y/\bar{y}$$

3. 回归系数 b 的显著性检验

回归系数 b 是一个估计值,若 y 与 x 之间不存在线性相关关系,则回归系数 b 不具有显著性,所建立的回归方程是不能利用的。通常采用 t 检验,其统计量为

$$t_b = \frac{b}{s_b} = \frac{b}{\sqrt{s_y^2/\sum(x-\bar{x})^2}}$$

由选择的显著性水平 a 和自由度 $(n-2)$ 查 t 分布表,可得临界值 $t_{a/2}$,若 $t_b > t_{a/2}$,则回归系数 b 具有显著性;反之,则不具有显著性。

4. 回归方程的显著性检验

回归方程的显著性检验即检验整个回归方程是否具有显著性，判别 y 与 x 之间是否存在真实的线性相关，亦即对相关系数 r 进行检验。采用 F 检验，统计量为

$$F = \frac{\sum(\hat{y}-\bar{y})^2/1}{\sum(y-\hat{y})^2/n-2} = \frac{r^2}{1-r^2}(n-2)$$

由选择的显著性水平 a 和自由度 $(1, n-2)$ 查 F 分布表，得临界值 F_a，若 $F > F_a$，则回归方程具有显著性；反之，则相反。对于一元线性回归方程而言，因为只有一个自变量，故 t 检验和 F 检验是等价的，只需作一个检验即可。

（四）一元线性回归模型的应用

【例 11-14】 表 11.15 是某市近 15 年社会消费品零售额、人均 GDP 的数据。经分析，当年社会消费品零售额与当年人均 GDP 的相关系数为 0.994 6，上年人均 GDP 的相关系数为 0.997 9，两种情形的线性相关关系都很高。为了预测的方便，我们选择上年人均 GDP 作为自变量 x 来预测因变量 y 社会消费品零售额。经计算，可求得如下回归模型：

$$\hat{y} = 16.862\,8 + 0.047\,8 X_{t-1}$$
$$(4.264\,3)\ (56.082\,4)$$
$$r^2 = 0.996, \quad F = 3\,145.23, \quad S_y = 7.521\,6, \quad DW = 1.102$$

表 11.15　某市社会消费品零售额和人均 GDP 数据

年序(T)	社会消费品零售额 y/亿元	人均 GDP/(元/人)	上年人均 GDP/(元/人)
1	74.5	1 356	1 104
2	81.1	1 513	1 356
3	83.3	1 634	1 513
4	94.2	1 880	1 634
5	109.9	2 286	1 880
6	124.6	2 930	2 286
7	162.7	3 923	2 930
8	206.2	4 854	3 923
9	247.7	5 576	4 854
10	273.0	6 054	5 576
11	291.6	6 308	6 054
12	311.4	6 552	6 308
13	341.6	7 086	6 552
14	366.5	7 654	7 086
15	383.5	7 988	7 654

根据此模型提供的检验统计量，该回归模型的各项检验均能通过，表明模型的拟合程度较高，解释能力较强。此模型表明，上年人均 GDP 每增加 1 元，社会消费品零售额可增

加 0.047 8 亿元。将本年人均 GDP7 988 元代入模型中,可求得下年社会消费品零售额预测值为

$$\hat{y}_{16} = 16.862\,8 + 0.047\,8 \times 7\,988 = 398.69(亿元)$$

二、多元线性回归模型预测

一元线性回归是用一个主要影响因素作为自变量来解释因变量的变化,在现实问题研究中,因变量的变化往往受几个重要因素的影响,此时就需要用两个或两个以上的影响因素作为自变量来解释因变量的变化,这就是多元回归亦称多重回归。当多个自变量与因变量之间是线性关系时,所进行的回归分析就是多元线性回归。

(一)模型的形式

设 $x_1, x_2, \cdots, x_k$ 为自变量,y 为因变量,并且自变量与因变量之间存在着某种线性关系,即多元线性回归模型为

$$y = b_0 + b_1 x_1 + b_2 x_2 + \cdots + b_k x_k + e$$

其中,b_0 为常数项,$b_1, b_2, \cdots, b_k$ 为回归系数,b_1 为 $x_2, x_3, \cdots, x_k$ 固定时,x_1 每增加一个单位对 y 的效应,即 x_1 对 y 的偏回归系数;同理 b_2 为 $x_1, x_3, \cdots, x_k$ 固定时,x_2 每增加一个单位对 y 的效应,即 x_2 对 y 的偏回归系数;等等。如果两个自变量 x_1、x_2 与一个因变量 y 呈线性关系时,可用二元线性回归模型描述:

$$y = b_0 + b_1 x_1 + b_2 x_2 + e$$

(二)模型参数的估计

多元线性回归模型的参数估计同一元线性回归方程一样,也是在要求误差平方和 $\left(\sum e^2\right)$ 为最小的前提下,用最小二乘法求解参数。以二元线性回归模型为例,求解回归参数的标准方程组为

$$\begin{cases} \sum y = nb_0 + b_1 \sum x_1 + b_2 \sum x_2 \\ \sum x_1 y = b_0 \sum x_1 + b_1 \sum x_1^2 + b_2 \sum x_1 x_2 \\ \sum x_2 y = b_0 \sum x_2 + b_1 \sum x_1 x_2 + b_2 \sum x_2^2 \end{cases}$$

解此方程组可求得 b_0、b_1、b_2 的数值。亦可用下列矩阵法求解

$$\boldsymbol{B} = (\boldsymbol{x}'\boldsymbol{x})^{-1}(\boldsymbol{x}'y)$$

亦即

$$\begin{bmatrix} b_0 \\ b_1 \\ b_2 \end{bmatrix} = \begin{bmatrix} n & \sum x_1 & \sum x_2 \\ \sum x_1 & \sum x_1^2 & \sum x_1 x_2 \\ \sum x_2 & \sum x_1 x_2 & \sum x_2^2 \end{bmatrix}^{-1} \cdot \begin{bmatrix} \sum y \\ \sum x_1 y \\ \sum x_2 y \end{bmatrix}$$

(三)模型的检验与评价

多元线性回归模型与一元线性回归模型一样,也需要进行必要的检验与评价,以决定

模型是否可以应用。

1. 拟合程度的测定

与一元线性回归中可决系数 r^2 相对应,多元线性回归中也有多重可决系数 R^2,它是在因变量的总变化中,由回归方程解释的变动(回归平方和)所占的比重,R^2 越大,回归方程对样本数据点拟合的程度越强,所有自变量与因变量的关系越密切。计算公式为

$$R^2 = \frac{\sum(\hat{y}-\bar{y})^2}{\sum(y-\bar{y})^2} = 1 - \frac{\sum(y-\hat{y})^2}{\sum(y-\bar{y})^2}$$

2. 估计标准误差

估计标准误差是因变量的实际值 y 与回归方程求出的估计值 $\hat{y}$ 之间的标准误差,估计标准误差越小,回归方程拟合程度越强。计算公式为

$$s_y = \sqrt{\frac{\sum(y-\hat{y})^2}{n-k-1}}$$

$$v_s = s_y / \bar{y}$$

式中:k 为多元线性回归方程中的自变量的个数。

3. 回归方程的显著性检验

回归方程的显著性检验是检验整个回归方程的显著性,或者说评价所有自变量与因变量的线性关系是否密切。通常采用 F 检验,F 统计量的计算公式为

$$F = \frac{\sum(\hat{y}-\bar{y})^2/k}{\sum(y-\hat{y})^2/n-k-1} = \frac{R^2/k}{(1-R^2)/n-k-1}$$

根据给定的显著性水平 a、自由度 $(k, n-k-1)$ 查 F 分布表,得到相应的临界值 F_a,若 $F > F_a$,则回归方程具有显著意义,回归效果显著;若 $F < F_a$,则回归方程无显著意义,回归效果不显著。

4. 回归系数的显著性检验

在一元线性回归中,回归系数显著性检验(t 检验)与回归方程的显著性检验(F 检验)是等价的,但在多元线性回归中,这个等价不成立。t 检验是分别检验回归模型中各个回归系数是否具有显著性,以便使模型中只保留那些对因变量有显著影响的因素。检验时先计算统计量 t_i,然后根据给定的显著性水平 a、自由度 $n-k-1$ 查 t 分布表,得临界值 t_a 或 $t_{a/2}$ 若 $t > t_a$ 或 $t_{a/2}$,则回归系数 b_i 与 0 有显著差异;反之,则与 0 无显著差异。统计量 t 的计算公式为

$$t_i = \frac{b_i}{s_y \sqrt{C_{ii}}} = \frac{b_i}{s_{b_i}}$$

式中:C_{ii} 是多元线性回归方程中求解回归系数矩阵的逆矩阵 $(x'x)^{-1}$ 的主对角线上的第 i 个元素。对二元线性回归而言,可用下列公式计算:

$$C_{11} = \frac{s_{22}}{s_{11}s_{22} - s_{12}^2}$$

$$C_{22} = \frac{s_{11}}{s_{11}s_{22} - s_{12}^2}$$

其中

$$s_{11} = \sum(x_1 - \bar{x}_1)^2 = \sum x_1^2 - \frac{1}{n}\left(\sum x_1\right)^2$$

$$s_{22} = \sum(x_2 - \bar{x}_2)^2 = \sum x_2^2 - \frac{1}{n}\left(\sum x_2\right)^2$$

$$s_{12} = \sum(x_1 - \bar{x}_1)(x_2 - \bar{x}_2) = s_{21} = \sum x_1 x_2 - \frac{1}{n}\left(\sum x_1\right)\left(\sum x_2\right)$$

5. 多重共线性判别

多重共线性是指在多元线性回归方程中,自变量之间有较强的线性关系,这种关系若超过了因变量与自变量的线性关系,则回归模型的稳定性受到破坏,回归系数估计不准确。若某个回归系数的 t 检验通不过,可能是这个系数相对应的自变量对因变量的影响水平不显著所致,此时,应从回归模型中剔除这个自变量,重新建立更为简单的回归模型或者更换自变量。也可能是自变量之间有共线性所致,此时应设法降低共线性的影响。

需要指出的是,在多元回归模型中,多重共线性是难以避免的,只要多重共线性不太严重就行了。判别多元线性回归方程是否存在严重的多重共线性,可分别计算每两个自变量之间的可决系数 r^2,若 $r^2 > R^2$,则应设法降低多重共线性的影响。亦可计算矩阵 $x'x$ 的特征根 λ_i 和其中最大特征根 λ_m 的条件数 k 进行判别,计算公式为

$$k = \sqrt{\frac{\lambda_m}{\lambda_i}}$$

通常认为 $0 < k < 10$,自变量之间不存在多重共线性;$10 \leqslant k < 100$,自变量之间存在较强的多重共线性;$k \geqslant 100$,自变量之间存在严重的多重共线性。条件数 k_i 的计算通常可利用 SPSS 等统计分析软件作回归模型估计的同时进行估计和检验。

降低多重共线性的办法可转换自变量的取值,如变绝对数为相对数或平均数,或更换其他的自变量,或增大数据样本量,或剔除不重要的自变量。

6. $D.W$ 检验

当回归模型是根据动态数据建立的,则误差项 e 也是一个时间序列,若误差序列各项之间相互独立,则误差序列各项之间没有相关关系,若误差序列之间存在密切的相关关系,则建立的回归模型就不能表述自变量与因变量之间的真实变动关系。$D.W$ 检验就是误差序列的自相关检验。首先计算误差序列统计量 d($D.W$ 值),公式为

$$d = \frac{\sum(e_i - e_{i-1})^2}{\sum e_i^2}, \quad 0 \leqslant d \leqslant 4$$

然后根据给定的显著性水平 a,自变量个数 k 和样本数据个数 n,查 $D.W$ 分布表,得到下限值 d_l 和上限值 d_u,用下列原则做出判别:

(1) $d_l < d < 4-d_u$ 无自相关；

(2) $0 < d < d_l$ 存在自相关；

(3) $4-d_l < d \leqslant 4$ 存在负相关；

(4) $d_l \leqslant d \leqslant d_u$ 难以判定；

(5) $4-d_u \leqslant d \leqslant 4-d_l$，难以判定。

需要说明的是，多元线性回归模型的估计评价与检验，利用统计应用软件，如 SPSS、SAS 等，能够很快得到模型估计与检验的结果。

(四)多元线性回归模型的应用

【例 11-15】 根据表 11.15 的数据，我们以社会消费品零售额作因变量 y，上年人均 GDP_{t-1} 和时间变量 T 作为自变量，建立二元线性回归模型作预测分析。估计的模型如下：

$$y_t = 15.319 + 0.041\text{人均GDP}_{t-1} + 3.396T$$
$$(3.880\,9) \quad\quad (9.279\,2) \quad\quad (2.353\,7)$$
$$R^2 = 0.996\,5, \quad F = 1\,704.49, \quad s_y = 7.218\,3, \quad D.W = 1.145$$

此模型有关评价检验说明如下。

(1) 可决系数为 0.996 5，F 统计量为 1 704.49$>F_{0.05(2,12)}=3.89$，F 检验通过，表明回归线对样本数据点拟合程度很高，回归模型具有显著性。

(2) 估计标准误差为 7.218 3，相对标准误差为 3.43%，模型估计的误差程度很小。

(3) 经计算 $t_1=9.279\,2$，$t_2=2.353\,7$，在显著性水平 $a=0.05$ 的条件下，$t_{0.05(12)}=1.782$，b_1 和 b_2 都具有显著性。

(4) 条件数 $k=26.80<100$，表明回归方程存在一定的多重共线性，但并不严重。

(5) $D.W$ 统计量为 1.145，在显著性水平 $a=0.05, n=15, k=2$ 的条件下，$d_L=0.95$，$d_u=1.54$，由于 $0.95<D.W<4-d_u$。$D.W$ 检验通过，表明误差序列无自相关。

由上可知，所建立的二元回归模型通过了所有的统计检验，表明用人均 GDP_{t-1} 和时间变量 T 来解释社会消费品零售额的变化是合适的。将本年度的人均 GDP7 988 元和下年度的时间变量 $T=16$，代入上述二元线性回归模型，可求得社会消费品零售额的预测值为

$$\hat{y}_{16} = 15.319 + 0.041 \times 7\,988 + 3.396 \times 16 = 397.163(亿元)$$

三、非线性回归模型预测

在实际问题研究中，变量之间的关系不一定都是线性关系，而是表现为某种曲线关系。这种非线性关系称为曲线相关，据此配合的曲线模型称为曲线回归模型或非线性回归模型。

(一)常见的非线性回归模型

常见的非线性回归模型如下。

(1) 指数曲线：$y=ae^{bx}$。两边取对数得

$$\lg y = \lg a + (b\lg e)x$$

(2) 对数曲线：$y=a+b\lg x$。

(3) 双曲线：$\dfrac{1}{y}=a+b\dfrac{1}{x}$。令 $y'=\dfrac{1}{y}, x'=\dfrac{1}{x}$，则

$$y' = a + bx'$$

(4) 幂函数：$y=ab^b$。两边取对数得

$$\lg y = \lg a + b\lg x$$

(5) 高次曲线：$y=a+bx+cx^2+dx^3+\cdots$，令 $x_1=x, x_2=x^2, x_3=x^3,\cdots$，则可转化为多元线性回归形式：

$$y = a + bx_1 + cx_2 + dx_3 + \cdots$$

(6) 柯柏-道格拉斯函数：$y=ax_1^{\beta_1}x_2^{\beta_2}$，两边取对数得

$$\lg y = \lg a + \beta_1\lg x_1 + \beta_2\lg x_2$$

(7) S 曲线：$y=\dfrac{1}{a+be^{-x}}$。令 $y'=\dfrac{1}{y}, x'=e^{-x}$，则

$$y' = a + bx'$$

(二) 非线性回归模型的参数估计

许多非线性回归模型经过适当变换，可以转化为线性回归模型的形式，同样采用最小二乘法求出其相应参数。模型的变换方法见上述内容。

(三) 非线性回归模型的检验与评价

非线性回归模型一般不能进行有关的统计检验，因为许多统计检验都是建立在线性统计模型基础上的。但是为了评价非线性回归模型的拟合程度及其估计误差的大小，可以计算下列评价指标。

1. 可决系数 R^2

其计算公式为

$$R^2 = 1 - \frac{\sum(y-\hat{y})^2}{\sum(y-\bar{y})^2}$$

2. 相关指数 R

其计算公式为

$$R = \sqrt{1 - \frac{\sum(y-\hat{y})^2}{\sum(y-\bar{y})^2}} = \sqrt{R^2}$$

3. 估计标准误差

其计算公式为

$$s_y = \sqrt{\frac{\sum(y-\hat{y})^2}{n-k-1}}$$

以上述公式中，$\sum(y-\bar{y})^2$ 为离差平方和；$\sum(y-\hat{y})^2$ 为剩余平方和，即 $\sum e_i^2$。

（四）非线性回归模型的应用

【例 11-16】 某企业近 10 年年产品产量 (x) 与单位产品成本的统计资料如表 11.16 所示。根据生产实际考察，一般单位产品成本与产量之间成反比例关系，两者大致呈双曲线相关的形式，因而可配合双曲线回归模型

$$y = a + b\frac{1}{x}$$

表 11.16 单位成本与产品产量双曲线回归计算表

年份	单位成本 y/(千元/台)	产品产量 x/万台	$\hat{y}$	e
1	6.4	0.7	6.75	−0.35
2	4.5	1.5	3.53	0.97
3	2.7	2.1	2.72	−0.02
4	2.1	2.9	2.16	−0.06
5	1.8	3.4	1.95	−0.15
6	1.5	4.3	1.69	−0.19
7	1.4	5.5	1.47	−0.07
8	1.3	6.4	1.37	−0.07
9	1.3	6.9	1.32	−0.02
10	1.2	7.8	1.25	−0.05

第一步，采用最小二乘法估计模型参数，即

$$\begin{cases} \sum y = na + b\sum \frac{1}{x} \\ \sum \frac{1}{x}y = a\sum \frac{1}{x} + b\sum \frac{1}{x^2} \end{cases}$$

有关数据计算后，代入上述标准方程组：

$$\begin{cases} 24.2 = 10a + 4.052\,4b \\ 15.831\,1 = 4.054\,2a + 3.066\,5b \end{cases}$$

解得

$$b = 4.230\,9, \quad a = 0.704\,7$$

双曲线回归模型为

$$\hat{y} = 0.704\,7 + 4.230\,9\frac{1}{x}$$

第二步，计算可决系数 R^2，即

$$R^2 = 1 - \frac{\sum(y-\hat{y})^2}{\sum(y-\bar{y})^2} = 1 - \frac{1.138\,7}{26.616} = 0.957\,2$$

第三步,计算估计标准误差,即

$$s_y = \sqrt{\frac{\sum(y-\hat{y})^2}{n-2}} = \sqrt{\frac{1.1387}{8}} = 0.377$$

第四步,对模型进行评价。由于可决系数为 0.957 2,估计标准差为 0.377,相对标准差系数只有 1.56%,表明双曲线回归模型拟合优度很高,单位产品成本与总产量之间的双曲线相关关系密切。

若第 11 年总产量计划 8.5 万台,则单位产品成本预测值为

$$\hat{y} = 0.7047 + 4.2309 \times \frac{1}{8.5} = 1.2025 (千元/台)$$

四、自回归模型预测

时间序列自回归是根据时间序列自相关用回归模型来描述同一时间序列前后不同时期数据之间的相互关系,并用于预测分析。自回归模型有线性与非线性之分,有一元回归与多元回归之分,其中最常用的是线性自回归模型。

(一) 线性自回归模型的形式

线性自回归模型包括一元线性自回归模型和多元线性自回归模型。

1. 一元线性自回归

其计算公式为

$$y_t = a + b y_{t-i} + e$$

当 i 取 1 时,称为一阶一元线性自回归;当 i 取 2 时,称为二阶一元线性回归。究竟应取哪一期的 y 的数据作为自变量,则应分期计算自相关系数来确定。一般来说,本年数据与上年数据关系最密切,本季(月)数据与上年同季(月)的数据关系最密切。

2. 多元线性自回归

多元线性自回归,又称多阶多元线性自回归,其一般模型为

$$y_t = a + b_1 y_{t-1} + b_2 y_{t-2} + \cdots + b_k x_{t-k} + e$$

(二) 模型参数的估计

自回归模型的参数估计一般采用最小二乘法估计。其参数估计的标准方程组的形式与前面介绍的基本相同,只要令自回归模型中的 $y_{t-i} = x$ 即可。

(三) 模型的检验与评价

自回归模型的评价,亦可计算可决系数和估计标准差评价模型配合的优良程度,必要时也可进行各种统计检验。

(四) 模型的应用

【例 11-17】 表 11.17 是某市近 15 年社会消费品零售额与滞后 1~6 年的消费品零

售额自相关数列。同时，表中列出 y_t 与前一年、二年、三年、四年、五年、六年的消费品零售额的自相关系数。这些相关系数由高到低逐步衰减，但是否会继续衰减下去，却需要更多的数据进行分析。表中 6 个相关系数都比较高，其中尤以近期的自相关系数最大。这表明当一个时间序列具有不断增长的趋势时，一般本期数据与前一二期的数据的关系更为密切。因为最近时期的发展趋势及其所包含的信息对外推预测更有代表性。

若建立一阶自回归模型，经计算，可得到

$$\hat{y}_t = 14.7974 + 1.0365 y_{t-1}$$
$$(2.307)\quad(34.831)$$
$$R^2 = 0.9894,\quad F = 1213.23,\quad S_y = 12.06,\quad D.W = 0.717$$

表 11.17 某市近 15 年社会消费品零售额自相关序列   单位：亿元

年序	y_t	y_{t-1}	y_{t-2}	y_{t-3}	y_{t-4}	y_{t-5}	y_{t-6}
1	74.50	58.40	49.50	43.20	33.80	28.50	25.70
2	81.10	74.50	58.40	49.50	43.20	33.80	28.50
3	83.30	81.10	74.50	58.40	49.50	43.20	33.80
4	94.20	83.30	81.10	74.50	58.40	49.50	43.20
5	109.90	94.20	83.30	81.10	74.50	58.40	49.50
6	124.60	109.90	94.20	83.30	81.10	74.50	58.40
7	162.70	124.60	109.90	94.20	83.30	81.10	74.50
8	206.20	162.70	124.60	109.90	94.20	83.30	81.10
9	247.70	206.20	162.70	124.60	109.90	94.20	83.30
10	273.00	247.70	206.20	162.70	124.60	109.90	94.20
11	291.60	273.00	247.70	206.20	162.70	124.60	109.90
12	311.40	291.60	273.00	247.70	206.20	162.70	124.60
13	341.60	311.40	291.60	273.00	247.70	206.20	162.70
14	366.50	341.60	311.40	291.60	273.00	247.70	206.20
15	383.50	366.50	341.60	311.40	291.60	273.00	247.70
y_{t-i} 与 y_t 的 $r(i=1,\cdots,6)$		0.9947	0.9824	0.9670	0.9501	0.9349	0.9284

上述自回归模型能通过 t 检验、F 检验和 $D.W$ 检验。表明该自回归模型均具有优良的拟合程度、解释能力和预测能力。将本年消费品零售额 383.50 亿元代入一阶自回归模型，可求得下一年消费品零售额的预测值为 412.30 亿元。

需要指出的是，如果年度时间序列中存在着循环变动，则自变量的取值应以循环变动的周期长度为准。对于有季节变动的时间序列来说，则应取历史上同季（或同月）的数据作为自变量，建立自回归模型进行预测。

思 考 题

1. 时间序列通常可分解为哪些变动？有哪些分解模型？
2. 如何选择最优的趋势曲线模型预测时间序列的长期趋势？

3. 试比较移动平均法和指数平滑法的优缺点。

4. 试比较趋势曲线模型预测法和回归预测法的不同点。

5. 某厂 2002—2009 年洗衣机产量如表 11.18 所示,分别采用简单移动平均法(取移动平均项数为 3)和一次指数平滑法(取平滑系数为 0.3,初始值为 13.2)预测 2010 年的洗衣机产量。

表 11.18　某厂历年洗衣机产量　　　　　　　　　　单位:万台

年份	2002	2003	2004	2005	2006	2007	2008	2009
产量	13.2	16.5	18.1	19.0	23.0	30.0	37.5	45.0

6. 某地区 2001—2009 年糖果销售量如表 11.19 所示,试选择合适的趋势曲线模型预测 2010 年的糖果销售量。

表 11.19　某地区历年糖果销售量　　　　　　　　　单位:吨

年份	2001	2002	2003	2004	2005	2006	2007	2008	2009
销售量	41	53	75	172	254	338	369	386	397

7. 某地火车站运送乘客三年来各季数据如下:169.07,80.5,113.41,88.91,133.04,72.33,116.80,85.40,139.71,81.84,127.94,88.60(单位:万人)。试采用趋势比率法预测下一年第一季度的客运量。

8. 某企业某产品 2003—2010 年利润率与单位成本统计数据如表 11.20 所示。

表 11.20　某企业历年利润率与单位成本表

年　份	2003	2004	2005	2006	2007	2008	2009	2010
利润率/%	10	13	15	16	18	20	22	25
单位成本/(元/件)	95	88	84	82	79	75	70	66

根据上述数据,试回答:

(1) 配合适当的回归模型;

(2) 对回归模型进行显著性检验(取显著性水平 $a=0.05$);

(3) 若该企业 2011 年单位成本为 63 元,预测 2011 年的利润率。

案例分析讨论

A 市电力消费与需求预测

2008 年 A 市 GDP 为 336.02 亿元,与 2001 年相比平均年增长 23.74%;全社会用电量为 45.84 亿千瓦小时,与 2001 年相比,年平均增长 8.16%,与此同时,亿元 GDP 的电力消费量由 2001 年的 0.3499 亿千瓦小时下降到 2008 年的 0.1364 亿千瓦小时。电力消费的年均增长大大低于 GDP 的增长,亿元 GDP 的生产消费量大大下降,一方面意味着电力消费的节约;另一方面意味着电力的供应严重滞后于国民经济的发展。近几年,全市电力供求矛盾已日渐突出。本文试图通过对电力消费结构的分析,找出影响电力需求增长的原因,从而正确预测未来电力需求的趋势,为制订电力发展规划提供预测依据。

1. 全市用电分析

(1) 用电消费总量随着GDP的增长而增长。从表11.21可看出,2008年用电消费总量为45.84亿千瓦小时,比2001年增长了73.18%,年均增长率为8.16%。用电消费总量是随着GDP的增长而增长的,尽管亿元GDP的电力消费呈逐年下降趋势,但是用电消费总量仍呈较快增长的趋势。近三年用电消费总量的增长明显慢于2005年以前的年增长率,在一定程度上也使近三年GDP的增长有所放慢。

表 11.21 2001—2008 年 GDP 与用电消费量数据

年 份	2001	2002	2003	2004	2005	2006	2007	2008
1. GDP/亿元	75.65	89.38	114.43	151.16	197.19	246.26	290.21	336.02
年增长率/%		18.15	24.67	35.65	30.45	24.88	17.85	15.79
2. 用电消费量(亿千瓦小时)	26.47	29.07	31.73	34.43	38.64	40.32	42.25	45.84
年增长率/%		9.82	9.15	8.51	12.23	4.35	4.78	8.50
3. 亿元GDP电力消费	0.3499	0.3252	0.2848	0.2278	0.196 0	0.1637	0.1456	0.1364

(2) 第一产业用电总量趋增,用电比重由升趋平。近几年来,第一产业开始改变原有的城郊农业格局,向高产、优质、高效农业方向发展,逐步形成了生态型、园艺型、集约型、设施型的现代都市农业。由表11.22可看出,第一产业的用电量随着第一产业GDP的增长而增长,用电占全社会用电消费量的比重由升趋于平稳,且略有下降。因此,在耕地面积趋减,生态型、集约型农业大力发展的双重作用下,第一产业用电量会形成这样的格局:用电绝对量会保持增长,但增长速度会逐渐减少;随着第一产业占GDP的比重的下降,用电量占全社会用电量的比重亦会趋于减少。

表 11.22 是 2001—2008 年 A 市第一产业 GDP 和第一产业用电消费量及其他相关数据表。

表 11.22 2001—2008 年第一产业 GDP 与用电消费量数据

年 份	2001	2002	2003	2004	2005	2006	2007	2008
1. 第一产业 GDP(亿元)	3.26	3.34	3.42	3.82	4.86	6.17	7.16	7.58
年增长率/%		2.45	2.40	11.70	27.23	26.95	16.05	5.87
占 GDP 比重/%	4.31	3.74	3.07	2.53	2.46	2.51	2.47	2.25
2. 第一产业用电量(亿千瓦小时)	0.72	0.80	0.86	0.88	1.15	1.39	1.49	1.53
年增长率/%		11.11	7.50	2.33	30.68	20.87	7.19	2.68
占用电总量/%	2.72	2.75	2.72	2.56	2.98	3.45	3.44	3.34

(3) 第二产业用电量规模大,总量趋增,比重趋降。近几年来,全市第二产业在有市场、有质量、有效益的前提下,大力发展运输设备、电子信息设备、机电设备、家用电器、钢铁、石油化工、精细化工、生物制药、计算机、机电一体化、光电子技术、新型材料等工业,以

及大力发展建筑业;同时,在工业结构调整中,关停并转了一批能耗大、环境污染严重的企业,重点扶植低能耗、科技含量高、产品附加值高的具有竞争优势的工业。从而使第二产业GDP呈现较快的增长,用电量虽然总量逐年增加,但用电比重却逐年趋减。随着第二产业GDP占GDP总量的比重下降,用电比重仍将保持下降的态势。

表11.23是2001—2008年A市第二产业GDP和第二产业用电消费量及其他相关数据表。

表11.23 2001—2008年第二产业GDP与用电消费量数据

年 份	2001	2002	2003	2004	2005	2006	2007	2008
1. 第二产业GDP(亿元)	48.27	55.13	67.74	90.03	114.32	140.98	158.25	175.44
年增长率/%		14.21	22.87	32.91	26.98	23.32	12.25	10.86
占GDP比重/%	63.81	61.86	60.79	59.56	57.97	57.25	54.53	52.21
2. 第二产业用电量(亿千瓦小时)	22.25	24.22	26.48	28.32	30.98	31.41	32.57	34.12
年增长率/%		8.85	9.33	6.95	9.39	1.39	3.69	4.76
占用电总量/%	84.06	83.32	83.45	82.25	80.18	77.90	75.31	74.43

(4) 第三产业用电总量扩张、比重上升。近几年来,全市实施"三、二、一"的长期产业发展战略方针,重点发展金融、商贸、房地产、交通、旅游、服务等行业,从而促使第三产业保持了较快的发展。

由表11.24可知,第三产业占GDP的比重逐年扩大,已接近1/2,将赶超第二产业。第三产业用电比重随第三产业GDP的比重上升而上升,用电需求的增长也保持了两位数的速度。因此,第三产业用电的发展趋势,不仅总量扩张,而且比重上升。

表11.24是2001—2008年A市第三产业GDP和第三产业用电消费量及其他相关数据表。

表11.24 2001—2008年第三产业GDP与用电消费量数据

年 份	2001	2002	2003	2004	2005	2006	2007	2008
1. 第三产业GDP(亿元)	24.12	30.91	40.27	57.31	78.01	99.11	124.80	153.00
年增长率/%		28.15	30.28	42.31	36.12	27.05	25.92	22.60
占GDP比重/%	31.88	34.58	36.14	37.91	39.56	40.25	43.19	45.53
2. 第三产业用电量(亿千瓦小时)	2.06	2.45	2.56	3.10	3.85	4.49	5.71	6.39
年增长率/%		18.93	4.49	21.09	24.19	16.62	27.17	11.91
占用电总量/%	7.78	8.43	8.07	9.00	9.96	11.14	13.20	13.94

(5) 居民生活用电迅速增长,用电比重逐年上升。近几年来随着经济的发展、人民生活水平的提高,以及居住条件的改善,特别是空调、微波炉、音响、电视机、电冰箱、取暖器等家用电器迅速普及,使居民生活用电成为用电市场新的增长点。从表11.25可以看出,居民生活用电量年增长率保持在两位数,占用电总量的比重逐年上升。据发达国家居民的人均生活用电量的分析,在低于1000千瓦小时/人年时,居民生活用电量的增长率一般会保持在10%~15%之间。本市人均生活用电量2008年仍只有291千瓦小时,远低于发达国家的水平。因此,本市居民生活用电在未来一段时期内仍将处于高速增长的阶段。

表 11.25　居民生活用电数据

年　份	2001	2002	2003	2004	2005	2006	2007	2008
1. 总人口/万人	128.3	128.7	129.4	129.8	129.9	130.1	130.4	130.6
2. 居民生活用电量(亿千瓦小时)	1.44	1.60	1.83	2.13	2.66	3.03	3.48	3.80
年增长率/%		11.11	14.38	16.39	24.88	13.91	14.85	9.20
占用电总量比重/%	5.44	5.50	5.77	6.19	6.88	7.51	8.05	8.29
3. 人均用电量(千瓦小时/人)	112.2	124.3	141.4	164.1	204.8	232.9	266.9	291.0
年增长率/%		10.78	13.76	16.05	24.80	13.72	14.60	9.03

2. 全市用电量长期预测

根据用电总量和各次产业用电量的变化趋势,我们采用趋势模型预测 2009—2014 年的用电量及其结构变化。经过优化选择和模型估计和检验,得到如下模型:

用电消费总量 $= 25.0133 \times 1.0811^t$

$(R = 0.9933, \quad S_y = 0.9146, \quad 2000 年 t = 0)$

第一产业用电量 $= 0.5143 + 0.1307t$

$(R = 0.9692, \quad S_y = 0.0879, \quad 2000 年 t = 0)$

第二产业用电量 $= 21.1711 + 1.6939t$

$(R = 0.9876, \quad S_y = 0.7138, \quad 2000 年 t = 0)$

第三产业用电量 $= 1.6721 \times 1.1821^t$

$(R = 0.9933, \quad S_y = 0.1982, \quad 2000 年 t = 0)$

居民生活用电量 $= 1.2129 \times 1.1593^t$

$(R = 0.9958, \quad S_y = 0.0943, \quad 2000 年 t = 0)$

从上述模型中,可以看出第一产业和第二产业用电量的长期发展趋势是线性的,用电消费总量、第三产业用电量和居民消费用电量的长期趋势是指数曲线型的。同时各个模型的相关系数都接近于1,表明这些模型的拟合优度、解释能力和分析能力较强。据此,预测全市 2009—2014 年的用电量如表 11.26 所示。

表 11.26　全市 2009—2014 年的用电消费量预测　　单位:亿千瓦小时

年份	第一产业	第二产业	第三产业	居民生活用电	用电总量
2009	1.69	36.42	7.54	4.59	50.24(50.46)
2010	1.82	38.11	8.91	5.32	54.16(54.55)
2011	1.95	39.80	10.53	6.17	58.45(58.98)
2012	2.08	41.50	12.45	7.15	63.18(63.76)
2013	2.21	43.19	14.72	8.29	68.41(68.93)
2014	2.34	44.89	17.39	9.61	74.23(74.52)

在表 11.26 用电总量中,括号内的数字是根据用电需求总量趋势模型预测的结果,这个结果与三次产业和居民生活用电分项预测之和求得的用电需求总量是相差无几的,这说明上述趋势预测模型较好地描述了用电总量、三次产业和居民生活用电需求的趋势及其结构关系,预测结果具有较高的可信度。预测数据充分体现了产业结构调整和居民生

市场调查与预测

活水平提高将带来用电格局的新变化。主要结论如下。

（1）全市第一产业、第二产业、第三产业和居民生活四者用电结构为将由2009年的3.36∶72.49∶15.01∶9.14转变到2014年的3.15∶60.47∶23.43∶12.95。2014年四者的用电量将分别达到2.34、44.89、17.39、9.61亿千瓦小时，总用电量达74.23亿千瓦小时。

（2）未来6年内，第一产业用电绝对量继续保持增长，但增长速度将逐渐减少，用电比重逐年下降。第二产业用电绝对量仍然扩大，用电比重仍居第一，但会逐年下降。第三产业用电量增幅最大，用电比重大幅度上升。居民生活用电量增幅仅次于第三产业，用电比重亦逐年提高，用电绝对量低于第二产业和第三产业。

（3）从各类用电发展趋势来看，第三产业用电发展速度最快，居民生活用电次之。因此，未来电力市场应在满足第二产业用电大户需求的前提下，重点关注第三产业和居民生活用电日益增长的需要。

（4）目前，全市电力供求矛盾日渐显现出来，主要原因是电力供应赶不上电力需求的增长，本市电力有限，主要靠通过电网的外电输入来解决供求矛盾。因此，未来应重点从电力的生产、输入、供应等方面加强宏观调整，更好地满足三次产业和居民生活用电的需求，促进国民经济持续、快速的发展。

（资料来源：龚曙明编.市场调查与预测[M].北京：清华大学出版社，北京交通大学出版社，2005）

案例思考题：

你认为本项预测采用了哪类预测方法？预测分析过程有何特点？根据提供的数据，你认为还可采用哪些预测方法？本项目的预测内容还可增加哪些内容？

第十二章 市场调查报告

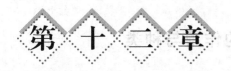

【学习目标】

通过本章学习,读者应了解市场调查报告的概念、种类;理解书面报告和口头报告的特征;熟悉市场调查报告的基本结构;掌握市场调查报告的基本格式及原则,并学会撰写市场调查报告;了解口头报告的有关要求。

【导入案例】

"中国将出兵朝鲜"一字千金

在 20 世纪 50 年代,美国出兵朝鲜之前,除了美国兰德公司对这次战争进行的战略预测之外,还有欧洲的一家名叫德林的公司,倾其所有,甚至不惜亏本倒闭,花巨资研究完成了有关朝鲜战争问题的报告。经过大量研究分析,该公司认为:如果美国向朝鲜出兵,中国也一定会出兵;若中国出兵,美国注定要失败。但美国军界高层对调查报告不屑一顾。在他们看来,当时的新中国无论人力财力都不具备出兵的可能性。

这一份研究报告的主要结论只有寥寥数字:"中国将出兵朝鲜",还附有 380 页的研究报告。在朝鲜战争爆发前 8 天,德林公司打算把这一研究成果以 500 万美元的价格卖给美国对华政策研究所,但美方认为价码太高而没买。但嫌贵的后果是什么呢?正如我们后来所知美国盲目出兵朝鲜,中国随即派出了志愿军抗美援朝,使美军惨败。美国远东军司令长官麦克阿瑟将军讽刺美国政府:"不愿花一架战斗机的价钱,却花掉了数艘航空母舰的代价打了这场预先可以避免的战争。"

朝鲜战争结束后,美国人为了吸取教训,仍花费了 280 万美元买回了德林公司的这项研究成果。这个案例给我们的启示是:没做调研失败了——可恨,做了调研却没有正确地使用调研结果——可悲。

(资料来源:全洪臣.市场调查原理与应用.大连:东北财经大学出版社,2008)

讨论的问题:

(1) 美军在朝鲜战场上失败的原因是什么?

(2) 大型跨国公司在进入一个新的市场或者开展一个新的项目之前要做的前期准备工作是什么?

第一节　市场调查报告的作用与种类

一、市场调查报告的作用

在完成市场调查中的资料收集、整理、分析之后，就进入市场调研的最后一个环节，也是非常重要的工作——撰写市场调查报告。市场调查报告是指用书面表达的方式反映市场调查过程和调查结果的一种分析报告，它是市场调查成果的集中体现。既可以书面方式向管理者或用户报告调研的结果，也可作为口头报告和沟通调研结果的依据，亦可制作成多媒体演示课件，向决策者或用户进行演示、解说和沟通。

市场调查报告是以市场调查资料分析为基础，整合与调研项目有关的信息，以便将调研结果提交给决策者或用户进行阅读、理解和使用。实践证明，无论调研设计多么科学，调查问卷多么周密，样本多么具有代表性，数据收集、质量控制多么严格，数据整理和分析多么恰当，调研过程和调研结果与调查的要求多么一致，如果调研者不能把诸多的调研资料组织成一份清晰的高质量的市场调查报告，就不能与决策者或用户进行有效的信息沟通，决策者或用户就不能有效地采取行动。因此，市场调查报告具有十分重要的作用。

（一）市场调查报告是市场调查结果的表述

市场调查报告的首要作用是让读者在很短的时间内获得市场调研的结果，因此市场调查报告是市场调查研究成果的集中体现，是市场调查工作的最终成果。市场调查报告应满足下列目标。

1. 解释调研原因

市场调查报告应简要陈述调研的动机，以便决策者或用户了解信息收集、处理和分析的背景。

2. 陈述调研内容

市场调查报告应交待调研的内容和主要项目，以及各主要项目调研的目的，以便决策者和用户了解调研设计、执行和对调研结果的分析。

3. 指明调研方法

市场调查报告应交待采用的调研方法，包括调查方式、调查方法和数据分析方法等，以便决策者和用户了解调研的过程，在决策时考虑应在多大程度上依靠调研结果。

4. 展示调研结果

市场调查报告应重点把基本的调研结果分层次、分条理地清晰地列示出来，以便调研者、决策者和用户能从调研结果中引出结论与启示，思考应采取的行动。

5. 提出结论和建议

为使市场调查报告具有可执行性,调研者可在报告中清晰地表达从调研结果中引出的结论、启示和建议,以供决策者和用户参考。但应注意,报告中提出的结论、启示和建议,必须以调研结果为依据,而不能只是调研者自己的观点。

(二)市场调查报告可帮助领导进行决策

市场调查报告能够显示调查对象的市场能力、宏微观环境,描述目标消费者的基本特征,测算产品的目标市场及市场潜力,在此基础上得出结论并提出合理的建议。调查报告是从感性认识上升到理性认识的反映,还是为用户、为社会、为企业服务的一种重要形式,能对企业的生产经营活动提供有效的导向作用,有利于各部门管理者了解情况、分析问题、制订决策和编制计划,有利于各部门管理者对生产经营活动进行控制、协调和监督。

(三)市场调查报告是传递有关市场信息的直接载体

一份好的市场调查报告是便于阅读和理解的,把单纯的数字变成现实状况,起到透过现象看本质的作用。市场调查报告是委托方签订项目合同时希望获取的结果,也是受托方对委托的交代。当一项市场调查活动结束后,市场调查报告就成为了该项目的历史记录和证明,作为二手资料被不断借鉴和使用,从而发挥其应有的价值,同时实现社会资源的共享。从而作为调查活动的直接载体,市场调查报告可以把有关的市场信息传递给市场调查报告的阅读者。

(四)市场调查报告是衡量一项市场调查项目质量水平的重要标志

一项市场调查活动的成败,是由许多因素决定的如前面几章提到的调查所采用的方式方法、资料处理技术等,但是市场调查报告的内容和质量是最为重要的方面,因为它直接与读者见面,所以市场调查报告撰写的好坏直接决定了一项市场调查活动的质量,甚至会直接影响到管理决策者的判断。市场调查报告是调查人员的工作技巧和成绩的体现,市场调查报告的好坏会影响到负责调查该项目团队的声誉。所以撰写一份出色的市场调查报告是至关重要的。

(五)调查报告必须建立并保持研究的可信度

调查报告是调查人员的工作技巧和成绩的体现,所以调查报告必须让读者感受到调查者对整个调查项目的重视程度和对调查研究质量的控制程度。调查报告的可信度可以从以下几个方面得到体现:一是调查报告的外观质量会影响到人们对它的可信度。换句话说,如果调查报告格式不规范、错别字太多、印刷质量太差、有漏掉的页码、图表制作缺乏美观等。那么给人的第一印象就不好,使人们对调查报告的制作者态度产生怀疑,进而影响了读者对研究可信度的评价;二是调查报告所采用的调查方法和抽样技术以及可能的误差要加以说明,使得使用调查报告的人员确信调查报告在某些方面是可信的。三是避免提出一些"令人大吃一惊"的极端性建议。总之,调查报告必须让读者感受到调查人员对整个调查项目的重视程度和对调查质量的控制程度。这一点无论怎么强调都不过分。

二、市场调查报告的种类

要写出一份好的市场调查报告,最根本的是要安排好调查报告的内容,形式是次要的。调查报告必须根据问题的特点、读者的思维习惯和偏好等来安排其形式和内容。市场调查报告可以从不同角度进行分类:按服务对象分,可分为市场需求者调查报告(消费者调查报告)与市场供应者调查报告(生产者调查报告);按调查范围分,可分为全国性市场调查报告、区域性市场调查报告与国际性市场调查报告;按调查频率分,可分为经常性市场调查报告、定期性市场调查报告与一次性市场调查报告;按调查对象分,可分为商品市场调查报告、房地产市场调查报告、金融市场调查报告与投资市场调查报告;按照调查的性质分,可分为政策性调查报告、学术性调查报告与事务性调查报告;按照体例分,可分为独立式调查报告、组合式调查报告和系列式调查报告。本书介绍几种常用的分类。

(一) 按照内容分类

市场调查报告按照内容,可以分为专题性调查报告与综合性调查报告。

专题性调查报告是主要针对某个问题或者某个侧面而撰写的调查报告。如城市居民消费问题的调查报告;针对某类产品的调查报告,如手机市场调查报告;还有针对某些新鲜事物的调查报告,如城市居民低碳消费的调查报告。专题性调查报告所涉及的范围相对来说比较窄,针对性较强,因此能做比较深入的调查。这种形式是我们常见的调查报告。

综合性调查报告是围绕调查对象的基本状况和发展变化的过程,对全部调查的结果进行比较全面、系统、完整、具体反映的调查报告。综合性调查报告所涉及的内容和范围比较广泛,所依据的资料比较丰富,可以对调查对象横向和纵向两方面的发展变化情况进行介绍。

(二) 按照客户对内容要求不同分类

按照客户对内容要求不同,可以分为数据型报告、分析型报告和咨询型报告。

数据型报告的特征是在报告中只提供调查所获得的数据,这是调查报告的最简单的形式。产生这种情况的背景通常是客户方面有自己的分析人员队伍,客户对调查目标和需求非常明确,并且调查方案的设计是由客户自己完成的,只是把数据采集和数据处理的工作交给调研机构,以降低调查项目的成本。数据调查报告不必提供完整的分析报告,只提供常规的统计数据(一般以表格或图形的方式提供),或者由客户提出数据处理的具体要求。

分析型报告是在数据型报告的基础上对数据反映的情况作进一步的分析,是专门的商业调查机构向客户提供报告的主要形式。调查机构长期从事数据的采集和分析工作,积累了众多的实践经验,对于各类数据反映十分敏捷,可以对数据中所反映出来的问题做出系统和深入的分析。

咨询型报告是在分析型报告的基础上进一步扩展和延伸，除了对调查结果进行分析外，还包括对市场的分析，并在此基础上提出进行决策、采取行动的咨询方案。为了做好咨询型报告，研究人员还需要广泛收集第二手资料，组织专家进行座谈论证，有时还需要进行必要的专项调查，这种报告需要具备不同专长的人员协作完成。

（三）按照写作方式不同分类

市场调查报告按照写作方式不同，可以分为反映基本情况的调查报告、总结典型经验的调查报告和揭露问题的调查报告。

1．反映基本情况的调查报告

这类调查报告主要用于反映某一地区、某一领域或某一事物的基本面貌，目的在于报告全面情况，为决策者制定方针政策、规定任务、采取措施提供决策依据和参考。这类调查报告的写法注重于反映客观事实，分析研究的成分相对少一点。

2．总结典型经验的调查报告

这类调查报告主要用于对先进典型进行深入调查分析后，提炼出成功的经验和有效的措施，以指导和推动全面工作的开展。因此这类调查报告一般包括基本情况、突出成绩、具体做法、主要体会等。

3．揭露问题的调查报告

这类调查报告主要针对某一方面的问题，进行专项调查，澄清事实真相，判明问题的原因和性质，确定造成的危害，并提出解决问题的途径和建议，为问题的最后处理提供依据，也为其他有关方面提供参考和借鉴的一种调查报告。揭露问题的调查报告，在格式上标题就非常醒目，经常还带有一定的感情色彩，如"转基因食品你敢吃吗？"这样的标题，不仅表明了调查的主要内容，而且起到了强烈的警示或提示作用，能吸引读者眼球。

（四）按照调查报告沟通的方式分类

按照调查报告沟通的方式，可分为书面报告和口头报告。

书面市场调查报告是市场调查人员以书面的形式，反映市场调查内容及工作过程，并提出调查结论和建议的报告。由于市场调查报告是市场调查研究成果的集中体现，其撰写的好坏直接影响到整个市场调查研究工作的成果质量。一份好的市场调查报告，能给企业的市场经营管理活动提供有效的引导，为企业的决策提供客观依据。目前书面市场调查报告已经形成被大多数人所接受的固定的格式和内容，在后面将详细介绍。

口头市场调查报告是以口头方式提交市场调查结果。经验表明，口头简介的价值越来越为人们所认可。它不仅是对书面报告的有力补充和支持，并突出关键结果和回答决策者的问题，起到了书面报告所没有的功能。例如，它允许听众提问，并可以逐条回答；进一步强调报告中的重要内容，可能人们在阅读时并没有对此引起注意。

市场调查与预测

【资料链接 12-1】
理解读者的重要性

不论书面报告还是口头报告,其影响都取决于是否适合读者或听众的背景和需求。调研者有时试图让决策者印象深刻,这并不是有效的沟通,将不可避免地导致调研者和用户之间的误解。

在准备书面或口头报告时,首要的是很好地理解读者的特征和需求。调研者可以问自己这样的问题,比如:读者或听众来源于机构的哪个层次?这些人员有多忙碌?他们对调查项目的熟悉程度?他们最可能对调查项目的哪个方面感兴趣?他们具备相关的背景和训练,能够理解调查项目的技术复杂性和相关术语吗?

调研者通常无法获得上述所有问题的正确答案。然而,对上述问题保持敏感是确保良好报告或汇报的前提条件。另外,当读者由不同背景和兴趣的人群组成时,如果可能,调研者应该准备几份不同的报告或汇报并针对每个人群进行专门的报告,尽可能地扩大调查项目的影响。在调查项目的最后也是最关键的环节,必须遵循以客户为本的原则。

(资料来源:[美]A.帕拉苏拉曼等.王佳芥、应斌译.市场调研.北京:中国市场出版社,2009年1月第1版,491页)

三、市场调查报告撰写的特点

市场调查报告应具有针对性、新颖性、时效性、科学性等几个方面的特点。

(一)针对性

针对性包括选题上的针对性和阅读对象的明确性两方面。首先,调查报告在选题上必须强调针对性,做到目的明确、有的放矢,围绕主题展开论述,这样才能发挥市场调查应有的作用。其次,调查报告还必须明确阅读对象。阅读对象不同,他们的要求和所关心的问题的侧重点也不同。比如调查报告的阅读者是公司的总经理,那么他主要关心的是调查的结论和建议部分,而不是大量的数字的分析等。但如果阅读的对象是市场研究人员,他所需要了解的是这些结论是怎么得来的,是否科学、合理,那么,他更关心的就是调查所采用的方式、方法,数据的来源等方面的问题。针对性是调查报告的灵魂,必须明确要解决什么问题,阅读对象是谁等。针对性不强的调查报告必定是盲目的和毫无意义的。

(二)新颖性

市场调查报告的新颖性是指调查报告应从全新的视角去发现问题,用全新的观点去看待问题。市场调查报告要紧紧抓住市场活动的新动向、新问题等提出新观点。这里的新,更强调的是提出一些新的建议,即以前所没有的见解。比如,许多婴儿奶粉均不含蔗糖,但通过调查发现,消费者并不一定知道这个事实。有人就在调查报告里给某个奶粉制造商提出了一个建议,建议在广告中打出"不含蔗糖"的主张,不会让小宝宝的乳牙蛀掉,结果取得了很好的效果。

(三)时效性

市场的信息千变万化,经营者的机遇也是稍纵即逝。市场调查滞后,就失去其存在意义。因此,要求调查行动要快,市场调查报告应将从调查中获得的有价值的内容迅速、及时地报告出去,以供经营者和决策者抓住机会,在竞争中取胜。

(四)科学性

市场调查报告不是单纯报告市场客观情况,还要通过对事实作分析研究,寻找市场发展变化规律。这就需要写作者掌握科学的分析方法,以得出科学的结论,适用的经验、教训,以及解决问题的方法、意见等。

第二节 市场调查报告的基本结构

一、内雷斯·马尔霍查式调查报告的格式

每一篇调查报告会因为调查项目和读者的不同而有不同的写法,但是在长期的市场调查实践中逐渐形成了调查报告的基本格式,即一篇市场调查报告应该包括哪些内容,按照什么顺序安排这些内容。美国著名的市场调研专家内雷斯·马尔霍查(Naresh K. Malhotra)教授,在1993年出版的《市场调研》一书中提出,市场调研报告一般应包括以下部分。

(1) 扉页,即项目名页(title page)。在这一页上应有:项目名称,项目名称要能反映项目的特性;调研承担人员或组织的名称、地址、电话号码;报告接受人或组织;报告完成日期等。

(2) 递交信(letter of transmittal)。正规的调研报告通常包含一封致客户的递交信。信中可以概述一下调研者承担并实施项目的大致过程,也可以强调一下客户需要注意的问题以及需要进一步研究的问题等,但不必叙述调研的具体内容。

(3) 委托信(letter of authorization)。委托信是客户在调研项目正式开始之前写给调研者或组织的,它具体表明了客户对调研承担者的要求。有时可以在递交信中说明委托的情况;有时则可以在调研报告中包括委托信的复制件。

(4) 目录(table of contents)。目录中应详细列明调研报告的各个组成部分及其页码。

(5) 表格目录(list of tablet)。详细列明报告中所用的各种表格及其页码。

(6) 图表目录(list of graphs)。详细列明报告中所用的各种图示及其页码。

(7) 附表目录(list of appendices)。详细列明报告中所用的各种附录及其页码。

(8) 证据目录(list of exhibits)。详细列明报告中所包括的各种证据材料及其页码。

(9) 经理揽要(executive summary)。这是研究报告中主要为经理等主管人员写的部分。它在整个报告中占有特别重要的地位。许多经理主管人员往往没有时间阅读整个报告,而仅仅阅读此摘要部分。为此,这一部分要十分清楚和简要地叙述报告的核心和要

点,主要应包括调研的问题、目标、主要结果、结论和建议等。

(10) 问题界定(problem definition)。这一部分中,要介绍市场调研所要解决的问题以及其背景材料等。要注意正确界定经营决策问题和市场调研问题。

(11) 解决问题的方法(approach to problem)。这一部分主要叙述为解决所面临的市场调研问题所要采用的一般方法。

(12) 调研设计(research design)。这一部分应叙述调研设计的内容,包括调研设计的类型、所需的信息、二手资料的收集、一手资料的收集、测量技术、调查的设计、抽样技术、现场工作等。

(13) 资料分析(data analysis)。主要叙述资料分析计划、分析策略和所用的分析技术。

(14) 结果(results)。调研结果是调研报告中最敏感的部分。它往往分成几个部分,根据调研问题的性质、目标和所获得的结果,进行合乎逻辑的叙述。

(15) 局限和警告(limitations and caveats)。由于时间、预算、组织限制等因素的制约,所有的市场调研项目总有其局限性。这一部分中,要小心地阐明项目的局限性所在,避免客户过分依赖调研结果,但也要避免客户怀疑调研结果。

(16) 结论和建议(conclusions and recommendations)。这是市场调研人员根据所获得的信息资料,进行理性分析研究后提出的见解。这部分内容要求可行、可操作和有用。

(17) 附件(exhibits)。列出各种必要的附件,如调查表、统计数据等。这是一种在内容上划分较为细致的报告格式。在具体实践中,应当以此为参考并根据各自的实际情况总结出具有自己特点的报告格式。

二、调查报告的基本格式

市场调查报告应该开门见山,准确精练。一篇完整的市场调查报告可以分为以下三个组成部分:前言部分、正文部分和结尾部分。

(一) 前言部分

前言是市场调查报告的开头部分,它主要包括报告的标题、目录和摘要三个部分。

1. 标题

报告标题应该简明准确,一般表达调查报告的研究对象和明确概括调查内容,好的标题一定能引起人们的好奇心和阅读的欲望。所以标题通常需要创造一种专业形象来引起读者兴趣,鼓励人们拿起来阅读。在调查报告标题的下方,需要注明报告撰写人或单位、报告日期,然后另起一行注明报告呈交的对象,一般都打印在扉页上。

标题是调查报告的中心思想和主要内容或者是需要研究解决的问题的集中体现。因而标题就成了文章的画龙点睛之笔,在文章的结构中,标题占有重要的地位。

(1) 标题的基本要求

写好调查报告的标题应做到以下几点。

第一要直接。调查报告的标题要直接揭示议题或观点,使人一看就知道报告的主要内容。一般不宜使用象征、比喻等手法拟定标题。

第二要确切。标题概括事实要准确,体现观点要正确,与主体内容要相吻合,宽窄适度,恰如其分。标题不要使人造成歧义,发生误解。

第三要简洁。就是要简明扼要,用最简练的语言高度概括全文内容或者基本观点,使读者一瞥之间,既能了解全文的内容或观点,又能感到简洁、醒目、易记。

第四要新颖。标题的确定要根据分析课题而定,力求标题具有特色,新颖醒目,吸引读者。

(2) 标题的主要形式

标题的主要形式有单行标题、双行标题和双节标题。

① 单行标题

单行标题就是用一句话概括调查报告的主要内容或基本观点来作为文章的标题。按照单行标题的侧重点和句型不同,又分为下列几种。

对象题。就是用说明句交待分析的对象、范围、时间等事实。用"关于"、"谈谈"、"浅析","×地×年"等引出分析的范围和内容,如《关于湘猪粤流的调查分析》、《谈谈发展山区经济的途径》、《××市居民家用轿车需求调查》。

事实题。就是用说明句直接交待统计分析的事实和结果。事实题较之对象题更能激发读者的兴趣。如《今年我县夏粮增产五千万斤》、《今年我厂工业总产值突破亿元大关》。

论点题。就是用观点句概括调查报告的主题思想,说明作者的基本观点。如《农村水利设施建设不可忽视》、《解决库存积压刻不容缓》、《物价上涨:在银行存款不会吃亏》。

设问题。就是用设问句提出报告的中心内容,即提出报告要回答的问题是什么。设问句用"原因何在"、"在哪里"、"为什么上升"、"为什么下降"等词语作为语尾。能引起读者的疑问和悬念,刺激读者阅读欲望。如《我厂产品质量下降的关键在哪里》、《市场占有率为何下降》、《××牌产品为什么滞销?》。

请求题。就是用请求句把作者的请求高度概括为短语,或者将观点句转化为请求句作为标题。常用请、望、希、盼等作为语首词。如《请为我市大男大女牵线搭桥》、《望加强农贸市场管理》、《希为人才流动开绿灯》、《对当前巨额节余购买力不可忽视》。

对比题。就是用对比的修饰手法确定标题。这种标题能引起读者的关心,引导读者继续阅读下去。如《改革前年年亏损,改革后年年盈利》、《冰箱去年畅销,今年转为滞销》。

比喻题。就是用比喻的修饰手法确定标题。这种标题具有新鲜、奇特含蓄的特点,能引起读者的兴趣。如:《我县大力营造绿色宝库》、《苎麻流通出现肠梗阻》。

警语题。就是用警语、古语、成语、诗词等作为调查报告的标题。此类标题也具有新颖、别致、含蓄的特点和较强的吸引力。例如,分析农民家庭开展多种经营的情况,用宋朝诗人范成大的诗句"昼出耘田夜绩麻,村庄儿女各当家"作标题就很有吸引力,但此类标题应用很少。

② 双行标题

双行标题就是由正题和副题组成的标题。正题提出调查报告的中心思想或基本观点,副题从内容、时间、范围等方面对正题加以限制,补充和说明。正题和副题相结合实质上是虚实结合,既能向读者介绍调查报告的观点,又能向读者交待调查报告的内容、时间和范围,给人以总的印象。例如,《改革见成效,管理出效益——胜利仪器厂三年迈出三大步》、《一个不可遗忘的角落——关于农村代购代销店的调查》、《苦练内功——关于企业扭亏问题的调查报告》、《"皇帝的女儿"也"愁嫁"——关于舟山鱼滞销情况调查》。

③ 双节标题

双节标题就是一个标题分为前后两节,中间用分号区隔,并且前后两节可以互换。这种标题具有新颖、别致的特点和较强的吸引力。例如,《科技创新:提高工业企业竞争力的关键》、《顾客满意:服务企业盈利之源》等。

(3) 标题的常用毛病

① 格式老一套。表现为标题年年月月一个样,基本上都是《关于××的分析》、《关于××的调查》、《关于××的预测》一类的对象题,显得十分呆板、单调、无吸引力。

② 标题不具体。表现为题意过于笼统,如《搞好综合平衡,争取最大经济效益》、《加速体制改革,促进经济发展》。

③ 标题不精练,表现为标题冗长,不着要点。如《关于我厂改革前后的情况及存在问题与解决途径的调查报告》。

④ 题文不一致。表现为标目过宽,而分析内容过窄。如分析信息安全问题,用《信息保密技术调查分析》作标题,就是题文不一致。

⑤ 双标题内容重复。如《信息保密技术调查分析——关于信息保密技术应用的调查》,其标题内容重复,文字啰嗦。

⑥ 正副标题倒置。如《我市今年饮食业营业额下降原因分析——改善服务态度,提高服务质量》就是正副标题倒置。

2. 目录

提交调查报告时,如果涉及的内容很多,页数很多,为了便于读者阅读,把各项内容用目录或索引形式标记出来。这使读者对报告的整体框架有一个具体的了解。目录包括各章节的标题,包括题目、大标题、小标题、附件及各部分所在的页码等。一般来说,目录的编写可以采用一级或二级目录,目录的篇幅不应超过一页。具体内容如下。

目　录

一、调查背景 ·· 1

二、调查对象 ·· 4

三、调查方法 ·· 8

四、数据资料汇总表 ··· 12

五、调查结果分析 ·· 22

六、结论及建议 ··· 30

七、附录 ··· 36

3. 摘要

摘要是市场调查报告中的内容提要,是简要说明调查的目的、调查对象、调查内容、时间、期限、调查范围、方式和方法,以及调查的主要结论。摘要包括的内容主要有为什么要调查;如何开展调查;有什么发现;其意义是什么;如果可能,应在管理上采取什么措施等。摘要不仅为报告的其余部分规定了切实的方向,同时也使得管理者在评审调查的结果与建议时有了一个大致的参考框架。

摘要是报告中十分重要的一部分,写作时需要注意以下几个问题:一是摘要只给出最重要的内容,一般不要超过2~3页;二是每段要有个小标题或关键词,每段内容应当非常简练,不要超过三四句话;三是摘要应当能够引起读者的兴趣和好奇心去进一步阅读报告的其余部分。摘要由以下几个部分组成。

(1) 调查目的。即为什么要开展调查,为什么公司要在这方面花费时间和金钱,想要通过调查得到些什么。

(2) 调查对象和调查内容。如调查时间、地点、对象、范围、调查要点及要解答的问题等。

(3) 调查研究的方法。如问卷设计、数据处理是由谁完成,问卷结构,有效问卷有多少,抽样的基本情况,研究方法的选择等。

(4) 简要给出调查结果及有关的结论建议。这部分可以摘取正文中对应的有关标题部分文字予以说明。

(二) 调查报告的正文

正文是市场调查报告的主要部分。对于某些市场研究人员,比如产品经理、营销经理或其他人员,除了要知道调查报告的结论和建议以外,需要了解更多的调研信息。比如考查结果的逻辑性,在调查过程中有没有遗漏,关键的调查结果是如何得出的等。这时,这些人员会详细地研究调查报告的主体部分,即正文。这就要求正文部分必须正确阐明全部有关论据,包括问题的提出到引起的结论,论证的全部过程,分析研究问题的方法等。正文包括开头部分和论述部分。

1. 开头部分

开头部分是调查报告的导语部分(开头),主要提出市场调查的问题,简要说明调查的过程和得出的调查结论。开头部分的撰写一般有以下几种形式。

(1) 开门见山,揭示主题

文章开始就先交代调查的目的或动机,揭示主题。如:"随着改革开放的不断深入和人民生活水平的日益提高,住宅已逐渐成为城镇居民消费的主要对象。为了全面了解××市居民住宅消费的市场需求情况,推动居民住宅储蓄和城镇住房抵押贷款业务的进一步开展,受××单位的委托,××单位于20××年×月×日,对该市居民住宅消费的市场需求进行了抽样调查。"

(2) 结论先行,逐步论证

先将调查的结论写出来,然后逐步论证。许多大型的调查报告均采用这种形式。特点是观点明确,使人一目了然。如:"20××年×月×日,我们对×市的2 400户城镇居民家庭进行了城镇居民生活水平状况的抽样调查,调查结果表明:居民家庭收入有很大提高,对现今家庭生活状况总的来说还是感到满意的,大致从以下几方面来反映……"

① 交代情况,逐步分析

先交代背景情况、调查数据,然后逐步分析,得出结论。如:"本次关于非常可乐的消费情况的调查主要集中在北京、上海、重庆、天津,调查对象集中于中青年……"

② 提出问题,引入正题

用这种方式提出人们所关注的问题,引导读者进入正题。CCTV 的调查很多分析报告都是采用的这种形式。"从×年×月开始,随着 3G 手机 iPhone 4 的上市,各种合资的、国产的 3G 手机如××、××、××、××等牌号的 3G 手机如雨后春笋般的涌现,面对种类繁多的 3G 手机,作为上帝的顾客该如何选择?厂家该如何在激烈的竞争中立于不败之地?带着这些问题,我们对×市部分消费者和销售单位进行了有关调查。"

2. 论述部分

论述部分是调查报告中"分析问题"的部分,分析研究的课题在论述部分将得到充分的分析和具体的说明。主体写作是指运用分析材料和分析方法表明事实,阐明观点,论证观点的过程,分析写作的定量方法、逻辑方法和辩证方法的运用体现在主体写作过程中。

论述部分是市场调查报告的主要部分。论述部分必须准确阐明全部有关论据,包括问题的提出到引出的结论,论证的全部过程,分析研究问题的方法。此外,还应有可供市场活动的决策者进行独立思考的全部调查结果和必要的市场信息以及对这些情况和内容的分析、评论。论述部分主要包括基本情况部分和调查结果分析部分。

(1)基本情况部分:对调查数据资料及背景做客观的介绍说明、提出问题、肯定事物的一面。具体包括三方面的内容。

① 先对调查数据资料及背景资料做客观介绍说明,然后再分析部分阐述看法、观点或分析。

② 提出问题,分析问题,找出解决问题的方法。

③ 先肯定事物的一面,由肯定的一面引申出分析部分,再由分析部分引出结论。

(2)调查结果分析部分:调查结果分析部分是调查报告的主要组成部分,在这个阶段,要对所收集的资料进行定性与定量分析。具体包括原因分析;利弊分析,最常见的是 SWOT 分析法;预测分析法。

【资料链接 12-2】

SWOT 分析法

SWOT 分析法(也称 TOWS 分析法)即态势分析法,20 世纪 80 年代初由美国旧金山大学的管理学教授韦里克提出,经常被用于企业战略制定、竞争对手分析等场合。在现在的战略规划报告中,SWOT 分析算是一个众所周知的工具了,同样 SWOT 也是来自 Mckinsey 咨询公司的。SWOT 分析代表分析企业优势(strength)、劣势(weakness)、机会(opportunity)和威胁(threats)。因此,SWOT 分析实际上是将对企业内外部条件各方面内容进行综合和概括,进而分析组织的优劣势、面临的机会和威胁的一种方法。SWOT 分析主要是着眼于企业自身的实力及其与竞争对手的比较,而机会和威胁分析将注意力放在外部环境的变化及对企业的可能影响上。在分析时,应把所有的内部因素(即优劣势)集中在一起,然后用外部的力量来对这些因素进行评估。

在 SWOT 分析法中,优势和劣势指的是内部要素,具体如下。

优势:
- 市场营销的资深阅历。
- 一种创新的产品或服务。
- 营业场所。
- 质量工序与品质程序。
- 其他能对产品与服务产生增值效应的方面。

劣势:
- 缺乏市场营销经验。
- 产品或服务同质化。
- 营业场所。
- 劣质产品或服务。
- 不良的声誉

在 SWOT 分析法中,机会和威胁指的是外部要素,具体如下。

机会:
- 日益新兴的市场,如互联网。
- 兼并、合资、战略联盟。
- 进入细分市场获取更多盈利。
- 新兴的国际市场。
- 竞争对手退出的市场。

威胁:
- 竞争对手进入本地市场。
- 价格战。
- 竞争对手研发出有创造性的产品或服务。
- 竞争对手拥有更好的分销渠道。
- 政府对你的产品或服务开始征税。

必须注意的是 SWOT 分析法具有很强的主观性,因此不要过多地依赖它。不同的人会得出不同的 SWOT 结论。

(资料来源:http://article.yeeyan.org/view/1608/585)

【案例 12-1】

星巴克(Starbucks)SWOT 分析

星巴克咖啡公司成立于 1971 年,是世界领先的特种咖啡的零售商,烘焙者和品牌拥有者。旗下零售产品包括 30 多款全球顶级的咖啡豆、手工制作的浓缩咖啡和多款咖啡冷热饮料、新鲜美味的各式糕点食品以及丰富多样的咖啡机、咖啡杯等商品。此外,公司通过与合资伙伴生产和销售瓶装星冰乐咖啡饮料、冰摇双份浓缩咖啡和冰淇淋,通过营销和分销协议在零售店以外的便利场所生产和销售星巴克咖啡和奶油利口酒,并不断拓展泰舒茶、星巴克音乐光盘等新的产品和品牌。

星巴克看好中国市场的巨大潜力,立志于在中国长期发展,与中国经济共同成长。自1999年进入中国以来,星巴克已在包括香港、台湾和澳门在内的大中华区开设了430多家门店,其中约200家在大陆地区。目前,星巴克正积极拓展大陆二线市场,致力于在不久的将来使中国成为星巴克在美国之外最大的国际市场。此外,公司秉承在全球一贯的文化传统,积极融入中国地方社区和文化,做负责任的中国企业公民。2005年9月,公司出资4 000万元人民币设立"星巴克中国教育项目",专门用于改善中国教育状况,特别是帮助中西部贫困地区的教师和学生。其中首笔捐赠已与中国宋庆龄基金会合作开展"西部园丁培训计划"。

1. 优势(strengths)

星巴克公司是一个盈利能力很强的组织,它在2004年盈利超过六亿美元,同年该公司所产生的收入超过五十亿美元。通过提供声誉良好的产品和服务,它已经成长为一个全球性的咖啡品牌。它在全世界的40个主要国家已经有了大约9 000个咖啡店。2005年星巴克被评为《财富》最佳雇主100强公司之一。星巴克重视员工,被认为是一个值得尊敬的雇主。该组织具有很强的道德价值观念和道德使命,星巴克致力于做行业的佼佼者。

2. 劣势(weaknesses)

星巴克在新产品开发和创造方面享有盛誉。然而,随着时间的推移,他们创新显得实力不够。它对于美国市场的依存度过高,超过四分之三的咖啡店都开在自己的老家。有人认为他们需要寻求一个投资组合的国家,用来分散经营风险。该组织依赖于一个主要的竞争优势,即零售咖啡。这可能使他们在进入其他相关领域的时候行动缓慢。

3. 机会(opportunities)

星巴克非常善于利用机遇。在2004年公司和惠普共同创建了CD刻录服务,在圣莫尼卡(美国加州)咖啡馆,顾客们可以制作他们自己的音乐CD。在它的咖啡店里提供新的产品和服务,如平价产品。该公司有机会扩大其全球业务。新的咖啡市场,如印度和太平洋地区的国家都开始出现,与其他厂商的食物和饮料的联合品牌及其他商品和服务的品牌特许经营权都具有潜力。

4. 威胁(threats)

谁知道在未来,咖啡市场会增长并且保有客户,还是会出现新品种饮料或休闲活动从而取代咖啡?星巴克面对着咖啡原料和乳制品成本上升的局面。由于其概念被市场认可,1971年,在西雅图星巴克的成功吸引许多竞争对手纷纷进入市场或复制品牌,从而构成潜在威胁。星巴克的使命是使星巴克成为世界上最优秀的咖啡,同时保持我们成长的原则。

(资料来源:http://marketingteacher.com/swot/starbucks-swot.html)

3. 论述部分说理的基本原则

(1) 必须以客观事实为依据。客观事实不仅是"理"的来源,而且是说理的基本依据。如果脱离事实或者事实不准确,则分析不可能产生正确的理。俗话说"事实胜于雄辩",主体分析写作应以大量的、准确的、有代表性的事实作为说理的依据。

（2）必须以科学的理论为指导。主体分析写作的说理过程不是简单的数据和事实罗列的过程，必须把事实同政治经济理沦阐述结合起来进行议论和推理。因此，说理必须以科学理论为指导，以利于对具体的问题做出既具体又正确的解释。

（3）必须以基本观点为中心。主体分析写作的说理过程是为了阐明和论证观点，因此，说理一定要以基本观点为中心，用准确的事实、科学的理论和恰当的分析方法去阐明观点、论证观点。

（4）必须遵循认识过程。主体分析写作的认识过程是"定性—定量—定性"的循环过程，要求说理必须以定性认识为前提，注重量的分析，同时，通过量的分析，提示事物的本质和规律，达到更高的定性认识。

（5）必须以形式逻辑为准则。主体分析写作离不开概念、判断、推理及论证等形式逻辑的范畴，在说理中要做到概念得当，判断无误，推理正确，论证有理，要运用概念形成判断，由判断进行推理，用事实进行论证，并得出分析结论的思维方法进行分析说理。

（6）便于读者容易理解。主体分析写作的说理要注意通俗性，考虑读者的阅读习惯和认识规律。要按照从总括到分述、从已知到未知、从简单到复杂、从具体到抽象、从分析到综合、从静态到动态、从此事到彼事、从个体到总体、从现象到本质、从趋势到规律的顺序进行正确的表达。

（三）调查报告的结尾

结尾部分，包括结论和建议，是撰写综合调查报告的主要目的，反映调查者对调查结果的看法和建议，是分析问题和解决问题的必然。这部分包括对正文部分所提出的主要内容的总结，提出如何利用已证明为有效的措施和解决某一具体问题可供选择的方案与建议。结论和建议与正文部分的论述要紧密对应，不可以提出无证据的结论，也不要没有结论性意见的论证。当然，由于时间、经费等因素的制约，每个市场调查报告都会存在一定的局限性，因此在结尾部分还应该阐明该项目的局限性所在，以免客户过分依赖调查结果而做出错误的决策和判断。

1. 结论和建议

结论和建议应当采用简明扼要的语言。好的结语，可使读者明确题旨，加深认识，启发读者思考和联想。结论一般有以下几个方面。

（1）概括全文。经过层层剖析后，综合说明调查报告的主要观点，深化文章的主题。用精练的语言概括全文总的情况、基本特征或者突出基本观点。此种结尾能做到首尾呼应，加深读者的印象和记忆。

（2）形成结论。在对真实资料进行深入细致的科学分析的基础上，做出水到渠成的结论。此种结尾，能使读者读完前文之后，思想认识产生飞跃。即由材料上升到观点，得出结论，从而留下深刻的印象。

（3）提出看法和建议。通过分析，针对前文的"原因"或者"问题"，提出解决问题的措施和途径，提出建议和可行性方案。但应注意提出的建议要切实可行、对症下药，有较强的针对性和可行性。

（4）展望未来、说明意义。在调查分析事物发展变化的过程、趋势和规律的基础上，对事物未来的发展方向和前景做出预测性的分析结论。此种结尾有利于读者了解现状，认识未来，加深对文章的理解。

（5）补充说明。就是对前文所引用的材料或做出的分析结论，进行必要的补充说明，如指出数据资料更多，预测结果更准；指出是在什么条件下做出的分析结论。常用"需要指出的是"、"需补充的是"、"需要说明的是"等作为结尾的引导词。此种结尾可使读者的认识更完整。

【案例12-2】

"嫦娥"桂花月饼畅销

"嫦娥饼屋"是广西桂林市的一家民营小型食品企业，该企业的月饼每年都有一定的销量。但随着每年的"月饼大战"，销售越来越困难。眼见又到中秋节，企业老板非常着急，于是向高校的调查分析专家进行咨询。该专家组织队伍进行了调查分析，建议"嫦娥饼屋"避开高档和低档两种产品市场的竞争，选择中档及旅游市场，产品配以桂花馅和桂花酒；包装上还有风景名胜的宣传，既有了中秋节的气氛，又突出了桂林的特点。产品推出后大受欢迎，不但市民喜欢（桂花是该市的"市花"，当地民俗有"中秋团圆食月饼，饮酒观月赏桂花"），外地游客也认为是当地一绝，纷纷购买品尝，甚至作为礼物送给亲朋好友。结果不但"桂花月饼"大为畅销，"嫦娥饼屋"也打出了企业品牌。

（资料来源：http://www.ggdan.com/225/b37a5d89da174b909fe2231989878fa3.html#ecms）

2. 附件

附件是指调查报告中正文包含不了或没有提及，但与正文有关必须附加说明的部分。目的是集中所有论证、说明或深入分析报告正文内容所必要参考的资料。它是正文报告的补充或更详尽说明。包括如下内容。

（1）调查问卷。

（2）技术细节说明，比如对一种统计工具的详细阐释。

（3）其他必要的附录，比如调查所在地的地图等。

第三节　市场调查报告的准备

一、市场调查报告的撰写步骤

市场调查报告的撰写是建立在市场调查资料分析基础之上的，应遵循以下步骤。

（一）谋篇构思

谋篇构思就是根据市场调查的课题、调查材料和分析研究的结果对调查报告的内容与形式进行全面的考虑和构想，包括确立调查结论（观点），确定写作类型、划分全文内容、进行分层思考，列出各层次的分论点和小论点，然后拟定写作提纲。

（二）选择数据资料

选择数据资料，即选择表述论点的材料。由于市场调查的所有数据和资料不可能全部纳入调查报告中。因此，根据材料的分析研究而确定观点之后，反过来又要根据观点的需要取舍材料。一般来说，应从各个层次的小观点出发进行材料的选择，因为只有小观点的材料充分准确，才能保证论证充分。全部小观点论证充分了，就能有效地支撑分观点和总观点。材料的选择要注意充分、准确，材料能说明观点，观点能统帅材料，材料必须是经过对比分析的。

（三）起草表达

起草表达就是根据写作提纲和选择的已加工分析的材料，在把握观点、立定格局的基础上，运用适当的表达方式和表达技巧，写出调查报告的初稿。表达的顺序应按照标题、导语（序言）、分层分段、结尾的顺序进行写作，重点是分层分段的写作。

（四）修改定稿

修改定稿就是对调查报告的初稿进行反复的加工提炼，直至定稿。包括整体修改、层次修改、语言修改等，以保证调查报告具有较高的质量和水平。

（五）完善要素

调查报告定稿之后，还应对其他一些相关的要素进行设计和完善，包括扉页、概要、目录、附件等要素的构思、设计与表达。

市场调查报告的写作应注意观点正确、材料恰当、论证充分；要用分析数据和事实说话，用好用活数据；明确中心，突出重点；结构要合理，层次应分明，条理应清晰；要用好叙述、说明、议论等表达方式，注意语言表述的精练性和生动性，适当运用各种修辞手法；要注意数据与文字相结合，定量分析与定性分析相结合，实事求是地分析问题和反映问题，切实提高市场调查报告的价值和水平。

二、市场调查报告的撰写原则

一篇高质量的调查报告，既要符合调查报告的一般格式，又要具备很强的逻辑性；另外写作手法也是多样的。因此在撰写调查报告时，应注意以下原则。

（一）以客户为导向，重视调查报告的阅读者和使用者

调查报告是给客户阅读和使用的，因此在撰写调查报告时，要充分注意重视他们的特征和需要，考虑其背景和兴趣，以及他们期望得到的信息，从而决定采用什么样的术语和达到怎样的深度。在撰写调查报告时，应注意以下事实。

（1）大多数经理人员都很忙碌，根本没有太多时间来阅读调查报告，而经理人员同样不喜欢那种冗长、乏味、呆板的文字。

(2) 客户一般都不太精通调查分析方法和专业术语,尤其对于怎么操作的详细过程他们并不感兴趣,而是希望直接告诉他们调查的结果是什么,下一步应该采取什么策略。

(3) 如果存在多个阅读者或使用者,他们之间通常存在需要和兴趣方面的差异,针对不同的阅读者和使用者,在撰写调查报告时应该都有所考虑。

值得一提的是,虽然满足客户的要求是撰写调查报告必须遵循的原则,但是调查报告也不能过度迎合客户。

【案例 12-3】

驴子和狗

一位农夫养了一头驴子和一只狗。驴子每天日出而作、日落而息。狗白天吃饭、睡觉,当夕阳西下农夫拖着疲累的身心回家时,狗就摇头摆尾地陪在主人身旁逗乐,而农舍外面的驴子早已因为白天工作得太累呼噜呼噜地睡着了。

长此以往,狗儿越来越深得主人宠爱,驴子却日渐被冷落。驴子满腹委屈,便向狗儿请教取悦主人的办法。狗儿说:"这很简单啊,你只要学我白天好好养精蓄锐,待主人回家休息时主动投怀送抱,主人就会对你另眼相看了!"翌日驴子白天呼呼大睡,等到月出东山时,鼓足勇气向主人的胸怀扑去。主人见状,大吃一惊:"这头懒驴,白天不干活也就罢了,竟敢趁夜来袭击我!"于是冲进房里取出猎枪,可怜的驴子被一枪毙命!也许我们要悲叹可怜的驴子不该盲目听信狗的话,一心想博得农夫的欢心反误了卿卿性命。

(资料来源:驴子和狗,信息网络[J].2007年第4期)

启示:为什么小狗的那套动作可以博得主人的好感,而驴子却一命呜呼了呢?俗话说:"人有人样,狗有狗样。"在调查报告撰写中,面对客户的首要问题是找准自己的位置。

(二) 以客观事实为依据,力求调查报告的实事求是

准确性是市场调查报告的生命,调查报告必须尊重客观实际,用事实说话,坚决反对弄虚作假。准确性包括三点:数字要准确、情况要真实、观点要恰当。只有掌握了准确的材料,才能做出正确的判断和结论。市场调查报告的撰写一定要从实际出发,实事求是地反映出市场的真实情况,一是一,二是二,不夸大,不缩小,要用真实、可靠、典型的材料反映市场的本来面貌。要真正做到实事求是很不容易,由于人们认识的局限性,统计口径的差异,很多数据不是专业人员很难弄准确,同时还有些地方存在瞒报和虚报,对准确反映客观事物带来了一定的难度。所以,只有深入调查研究,弄清事实,才能准确地反映事物的庐山真面目。

市场调查报告的真实性还表现在,如实地指出本次调查结果的局限性,指明调查结果适用的范围,以及调查过程中曾出现的失误或可能存在的各种误差,如抽样误差、调查误差等。承认调查中存在的误差,并不会降低报告的质量。相反,坚持实事求是的态度,可以提高报告的可信度,增强报告使用者的信任感。并且重要的是,为调查结果的使用提供了可比的参考。

【案例 12-4】

本田雅阁牌新车

日本本田汽车公司要在美国推出一种雅阁牌新车。在设计新车前,他们派出工程技术人员专程到洛杉矶地区考察高速公路的情况,实地丈量路长、路宽,采集高速公路的柏油,拍摄进出口道路的设计。回到日本后,他们专门修了一条9英里长的高速公路,就连路标和告示牌都与美国公路上的一模一样。在设计行李箱时,设计人员意见有分歧,他们就到停车场看了一个下午,看人们如何放取行李。这样一来,意见马上统一起来。结果本田公司的雅阁牌汽车一到美国就备受欢迎,被称为是全世界都能接受的好车。

启示: 市场调查研究是经营决策的前提,只有充分认识市场,了解市场需求,对市场做出科学的分析判断,决策才具有针对性,从而拓展市场,使企业兴旺发达。

(资料来源:http://onmys.com/Thread/view/id-74494)

(三)以调查资料为依据,坚持定性与定量分析相结合

一篇好的市场调查报告,必须有数字、有情况、有分析。市场调查报告的独特风格就是以调查资料为依据,尤其是数据资料具有很强的概括了和表现力,用数据说明事实真相往往比长篇大论更令人信服。

调查者一定要在调查研究过程中坚持对调查材料进行定性和定量相结合的分析,在进行具体操作时,可以精确与粗略结合,有详有略。在调查报告中,会碰到有的问题、观点用许多文字都难以描述清楚,而用一个表、一张图,就使得事物一目了然。但是对于数据的运用不是简单地堆砌,要运用恰当,不要让人眼花缭乱不得要领。所以,恰当地运用调查数据,可以增加调查报告的科学性、准确性和说服力。只有坚持定性与定量相结合的调查研究和分析,才能真实、具体地反映现象,达到透过现象看本质的目的。只有这样的调查结果,才能成为了解实情、进行决策的基础。

(四)重点突出,重视调查报告的针对性和适应性

调查报告要中心突出,条理清楚。运用多种方式进行市场调查,得到的材料往往是大量而庞杂的,要善于根据主旨的需要对材料进行严格的鉴别和筛选,给材料归类,并分清材料的主次轻重,按照一定的条理,将有价值的材料组织到文章中去。必须在保证全面系统反映客观事物的前提下,突出重点,尤其是要突出调查研究的目的,提高调查报告的针对性和适应性,从而提高其价值。

三、撰写市场调查报告应注意的问题

撰写一份好的调查报告不是件易事,调查报告本身不仅显示着调查的质量,也反映了作者本身的知识水平和文字素养。在撰写调查报告时,应注意以下几个方面的问题。

(一)力求简明扼要,注意资料的取舍

调研报告中常见的一个错误是:"报告越长,质量越高。"通常经过了对某个项目几个

月的辛苦工作之后,调研者已经全身心地投入,因此,他试图告诉读者他所知道的与此相关的一切。面对一大堆收集来的数据和统计数字不知如何取舍,好像这也有用,那也有用,往往舍不得"割爱"。因此,所有的过程、证明、结论都纳入到报告当中,导致的结果是"信息超载"的噪声。事实上,如果报告组织得不好,有关方甚至连看也不看。总之,调查的价值不是用重量来衡量的,而是以质量、简洁与有效的计算来度量。调查报告应该是精练的,任何不必要的东西都应省略。不过,也不能为了达到简洁而牺牲了完整性。

(二) 行文流畅,易读易懂

报告应当是易读易懂的。报告中的材料要组织得有逻辑性,使读者能够很容易弄懂报告各部分内容的内在联系。使用简短的、直接的、清楚的句子把事情说清楚,比用"正确的"但含糊难懂的词语来表达要好得多。为了检查报告是否易读易懂,最好请两三个不熟悉该项目的人来阅读报告并提出意见,反复修改几次之后再呈交给用户。

(三) 内容客观、资料的解释要充分和相对准确

调查报告的突出特点是用事实说话,应以客观的态度来撰写报告。在文体上最好用第三人称或非人称代词,如"作者发现……"、"笔者认为……"、"资料表明……"等语句。行文时,应以向读者报告的语气撰写,不要表现出力图说服读者同意某种观点或看法。读者关心的是调查的结果和发现,而不是你个人的主观看法。同时,报告应当准确地给出项目的研究方法、调研结果的结论,不能有任何迎合用户或管理决策部门期望的倾向。在进行资料的解释时,注意解释的充分性和相对准确性。解释充分是指利用图、表说明时,要对图表进行简要、准确的解释;解释相对准确是指在进行数据的解释时尽量不要引起误导。

(四) 打印成文,字迹清楚、外观美观

最后呈交的报告应当是专业化的,应使用质量好的纸张,打印和装订都要符合规范。印刷格式应有变化,字体的大小、空白位置的应用等对报告的外观及可读性都会有很大的影响。同时报告的外观是十分重要的。干净整齐、组织得好的有专业味道的报告一定比那些匆匆忙忙赶出来的外观不像样的报告更可信、更有价值。撰写者一定要清楚不像样的外观或一点小失误和遗漏都会严重地影响阅读者的信任感。

(五) 提出的建议应该是积极的、正面的

调查报告的结论和建议部分说明调查获得了哪些重要结论,根据调查的结论建议应该采取什么措施。

结论的提出方式可用简洁而明晰的语言对调查前所提出的问题作明确的答复,同时简要引用有关背景资料和调查结果加以解释和论证。

结论并不一定要单独列出来写,它与调查课题有关,如果调查课题小,结果简单,可以直接与调查结果合并成一部分来写;反之,就应分开来写。

建议是针对调查获得的结论提出可以采取哪些措施、方案或具体行动步骤。如媒体策略如何改变;广告主题应是什么;与竞争者抗衡的具体方法;价格、包装、促销策略等。

需要指出的是：大多数建议应当是积极的，要说明采取哪些具体的措施或者要处理哪些已经存在的问题。尽量用积极的、肯定的建议，少用否定的建议。肯定的建议如"应加大广告投入"、"将广告理性诉求为重点变为感性诉求为主"等建议。否定建议如"应立即停止某一广告的刊播"，使用否定建议只叫人不做什么，并没有叫人做什么，所以应尽量避免使用。

总之，市场调查报告是一次调查活动的最终产品，是全部调查人员劳动的结晶，所以应该认真完成。市场调查报告应该易于理解和阅读，文字精练，文风朴实，再现所调查现象在市场运动中的真实状态和客观规律。

第四节 市场调查成果的口头报告

除了书面报告以外，大多数客户都希望能听到调查报告的口头报告。口头报告在某些情况下更能发挥作用。事实上，对某些公司的决策者来说，他们从来不阅读文字报告，只通过口头报告来了解调查结果，或者是浏览书面报告来验证自己的记忆力。作口头报告的一大好处是可以将多个相关人士召集在一起，通过提问，相互启发，得到一些意外发现。

一、口头报告的辅助资料

以下是在进行口头报告之前应准备的辅助材料。

（一）报告提要

最好是除自己外，其他的听众也应该有一份报告资料的主要部分和主要结论的提要。但在报告提要中注意最好不出现统计资料和图表。选择在报告中陈述调查的关键点，注意不要选择过多的主要观点。

（二）视觉辅助

视觉辅助是指依靠现代化的手段，如投影仪、幻灯机等设备协助调研人员进行口头报告。有效使用图形辅助——简单的视频、幻灯片等可以提高报告的清晰度和听众的兴趣。调研人员能根据听众所提出的问题，展示出"如果……那么"的假设情况。摘要、结论和建议也应制作成可视材料。

【资料链接 12-3】
表达的报告

国外的试验表明：单纯靠语言表达的报告约有90%的信息被曲解或忘记，即最后保留的且记忆准确的信息可能只剩10%。如果在语言表达之外，再加上适当的形象化手段，则记忆可提高50%左右。

(资料来源：http://wenku.baidu.com)

(三) 摘要

每位听众都应有一份书面调查报告摘要的复印件,这样可以让听众在听取口头报告前就能了解主要内容,而在听的过程中不用分心埋头记录笔记而能认真思考所要提出的问题。

(四) 最终报告的复印件

调查报告是研究成果的书面表达,由于口头报告的时间有限,因此在作口头报告时许多细节都被省略掉了,为了让感兴趣者能全面了解和把握调查实际,应该让每一位听众得到一份完整的最终调查报告复印件。

二、关于口头报告应该注意的几个方面

(一) 口头报告必须符合原则

口头报告必须符合 SIMPLE 原则:简短、有趣、逻辑性、准确、明了、无误。然而由于与听众直接互动,准备口头报告在某种程度上比书面报告更困难。在口头报告中的任何迟疑都会对听众产生负面影响,降低报告人的自信。有效的口头报告需要认真准备内容及阐述方式,也需要考虑某些意外因素,比如图像投放设备突然瘫痪或来自听众的未预计到的严重问题。因此,即使 30 分钟的汇报也需要数小时甚至数天的准备。认真规划和预演是口头报告有效性的关键。

【资料链接 12-4】

SIMPLE 原则

SIMPLE 原则:简短、有趣、逻辑性、准确、明了、无误。SIMPLE 原则是书面报告和口头报告都必须遵循的原则。虽然这六个原则相互关联,但每个原则具有某些特定要求。

简短(short)。一个报告应该只讨论与调查有关,而且从读者的角度是重要的方面,即报告只应该详细说明客户感兴趣、能对决策者产生直接影响的内容。其他方面,比如方法细节,尽管调查者很喜欢但读者却会混淆,所以必须省略或者制作简要讨论。

有趣(interesting)。报告的风格、模式和内容都必须吸引并保持读者的注意力。

逻辑性(methodical)。在选择报告中包括的内容时必须考虑读者的需要,按照逻辑顺序来安排。

准确(precise)。报告必须清楚和完整。清楚是写作风格和报告格式的功能。完整性意味着报告必须包括足够的细节以提供调查的准确和完整画面;报告应该承认主要限制并说明这些限制如何制约调查结果。

明了(lucid)。报告必须以读者熟悉的语言来撰写。它必须采用简单的文字和语句,以及合适的表格和图形清楚和迅速地传达报告内容。

无误(error free)。即使细微的计算、语法或印刷错误也会刺激读者并损害报告的

可信度。在报告完成之前,必须花费足够的时间和精力来发现和更正这些错误。

(资料来源:[美]A.帕拉苏拉曼等.王佳芥、应斌译.市场调研.北京:中国市场出版社,2009年1月,496~497页)

(二)有效的口头报告应以听众为核心展开

报告者在报告时要考虑听众的教育背景、时间因素、态度、偏好等。针对相关的词语、概念和某些数字进行适当的解释。

(三)口头报告要达到的目的

口头报告要达到的目的有两个:首先是要形成良好的沟通;其次是要说服听众。良好的沟通是指个体之间能以动作、文字或口语形式传递彼此间意图的过程。沟通的本质在于分享意图及彼此了解。为了达成良好的沟通,必须了解影响沟通的因素。比如噪声、注意力集中度、选择性知觉等。在进行报告时,尽量减少噪声,引起听众的兴趣等。口头报告的最终目的是要说服听众,但不是说要歪曲事实,而是要通过调查的发现来强化调查的结论和建议。

(四)准备口头报告应注意的问题

在准备口头报告的过程中,调查者应注意以下几个问题。
(1)数据的真正含义是什么?
(2)我们能从数据中获得些什么?
(3)在现有的条件下,我们应做什么?
(4)将来如何才能进一步提高这类研究水平?
(5)如何能使这些信息得到更有效的运用?

在口头报告过程中,要注意切忌按照事先准备好的发言稿宣读,而是应该使用口语化的、简明的词句表达调查的结果;要交代清楚所讲的几个问题,不时提醒听众当前进入第几个问题;对于重点内容,要放慢说话的速度,甚至可以重复。报告者还要做好答辩准备,要充满自信,富有渲染力和说服力地应对听众所提出的问题,而不是消极地应答和解释。

思 考 题

1. 调查报告有哪些作用?试举例说明。
2. 调查报告应注意的问题有哪些?请就每种问题举例说明。
3. 保证口头报告成功要采取哪些措施?
4. 书面调查报告的基本要求是什么?
5. 书面调查报告的写作步骤有几步?
6. 应怎样拟写市场调查报告的标题?
7. 结合某一次实地调查,分别撰写一份书面和口头的市场调查报告。

案例分析讨论

关于大学生职业设计的调查报告

导言

随着高校毕业生就业制度的改革和就业形势的变化,大学生就业难的问题日益突出。导致毕业生就业难的因素很多,除经济发展状况、就业环境、就业体制、人事制度等外在的客观因素外,大学生个体的择业观念、职业设计、就业准备等因素也是导致就业难的重要原因。大学生的职业设计问题既包括对择业的偏好、意向、期望等观念研究,也必然涉及就业准备、对就业有影响的因素等操作分析。为了实证性地研究大学生职业设计的问题,笔者于×××年6月在某大学对×届已确定工作单位的260位本科毕业生作了关于大学生职业设计的正式调查。

研究方案

(1) 研究假设

首先,随着社会的进步,传统的"官本位"观念在大学生择业的过程中逐渐淡化。

其次,新一代大学生的个体意识逐渐加强,更加关注经济待遇和注重自我价值的实现,并且个体价值出现了多元化,并非一定要由经济待遇来体现。

最后,就业准备充分的大学生择业相对容易。性格、竞争的适应程度、大学期间的社会实践、职业设计理论的运用等因素对就业的准备都有较大的影响。

(2) 调查方法

本次调查以某大学×届已确定工作单位的本科毕业生为调查对象,采用多段随机抽样方法选取样本。具体做法为:以各院系名单为抽样框,随机抽取14个院系,院系中若有多个专业则随机各抽取1个专业;最后以抽中的各班已确定工作单位的毕业生为抽样框,再各随机抽取10~30名毕业生。这样共抽取了14个院系、2002届已确定工作单位的本科毕业生260名构成了本次调查的样本。实际发放问卷260份,回收有效问卷205份,有效回收率为78.84%;取置信度为95%;忽略前几个阶段的抽样误差,最后阶段的实际抽样误差为6.84%;统计分析使用SPSS 12.0 For Windows软件包。

调查结果

一、关于大学生职业设计的观念研究

(一) 传统的"官本位"观念的影响及其根源分析

我国具有几千年的封建历史,"学而优则仕"的"官本位"观念在大学生中仍有一定的影响。从本次调查中对"您联系工作的第一选择"问题项的回答可窥豹一斑:51人首选政府机关,占24.9%;48人首选事业机关,占23.4%;46人首选外企,占22.4%;32人首选国有企业,占15.6%;12人首选民营企业,占5.9%。性别差异对择业第一选择的影响并不大。

为了进一步研究"官本位"观念的存在根源,本次调查运用了"官本位"倾向指数(为李克特量表),包括"政府机关是就业首选"、"寒窗十多年,就为一朝能当官"等问题,见表12.1。

表 12.1 "官本位"观念的存在根源("官本位"倾向指数)

问题	Eta	F 检验	Person's r	Sig
家人在农村生活过的人数			0.144*	0.040
父母的愿望	0.708	通过		
对政府人员社会地位的评价	0.670	通过		

注：* Correlation is significant at the 0.05 level(2-tailed)。

本次调查表明：家人（仅指父母、兄弟和姐妹）曾在农村生活过的人数与大学生的"官本位"倾向指数成正相关；父母希望子女去政府机关工作的愿望与大学生的"官本位"倾向指数的相关系数高达 0.708，高度相关，量化后作皮尔逊相关分析显示为正相关，并且都通过了 0.05 的显著性检验。这说明在 95% 的置信水平上，家人曾在农村生活过的人数，尤其是父母的愿望成为"官本位"观念得以存在、传承的重要外在影响。从大学生的个人内部寻找原因，表 12.1 显示：大学生对政府人员社会地位的评价与其"官本位"倾向指数的相关系数高达 0.67，量化后作皮尔逊相关分析显示为正向中度相关，也通过了 0.05 的显著性检验。因此，在 95% 的置信水平上，政府机关人员特殊的社会地位成为大学生"官本位"倾向的重要内在根源。

（二）大学生对经济待遇的看法及分析

新一代大学生一方面在受传统的"官本位"观念的辐射；另一方面有其对经济待遇全新的看法。在对于问题项"我首先选择经济发达、生活水平高地区的单位"的回答中，不同意的仅 25 人，占 12.3%；中立的 39 人，占 19.1%；而同意的多达 140 人，占 68.6%。在对于问题项"如果单位待遇好，专业不对口并不重要"的回答中，不同意的 46 人，占 22.8%；中立的 65 人，占 32.2%；而同意的多达 91 人，占 45.1%。

为了进一步分析影响大学生对经济待遇看法的因素，本次调查运用了大学生经济待遇偏好指数（为李克特量表），包括"我首先选择经济发达、生活水平高地区的单位"、"个人能力高低只能用收入来衡量"、"收入高低最重要"等问题，见表 12.2。

表 12.2 影响大学生经济待遇观念的因素（经济待遇偏好指数）

问题	Eta	F 检验	Person's r	Sig
平均每月的总支出额			0.162*	0.022
专业适合从事经济工作	0.362	通过		

注：* Correlation is significant at the 0.05 level(2-tailed)。

本次调查表明：在 95% 的置信水平上，大学生平均每月的总支出额越高，择业时对经济待遇的要求也越高；大学生的专业越适合从事经济工作，择业时对经济待遇的期望也就越高。（交叉分组表）

（三）学生对自我价值和发展前途的理解及分析

为了统计分析大学生对自我价值、发展前途的看法，本次调查运用了大学生个人发展偏好指数（为李克特量表），包括"发展前途最重要"、"个人价值不一定要通过收入体现"、"如果在单位不能发挥我的才能，待遇好也留不住我"等问题，见表 12.3。

表 12.3　与实现自我价值和发展前途相关的因素（个人发展偏好指数）

问　题	Eta	F检验	Person's r	Sig
所去工作单位的制度建设、职业设置情况	0.269	通过		
对所去单位的了解程度	0.353	通过		
对竞争的适应程度	0.663	通过		
就业准备程度			0.289**	0.000
待遇偏好指数			−0.196**	0.005

注：** Correlation is significant at the 0.05 level(2-tailed)。

本次调查表明：

1. 表 12.3 中待遇偏好指数与个人发展偏好指数成负弱关系，通过了 0.05 的显著性检验，这说明在 95% 的置信水平上，大学生已具有了自我价值并非一定要由经济待遇体现的观念萌芽。本次调查中"您对用人单位最关注的因素"调查项更能说明这一点，在对限定单选的选择题"您对用人单位最关注的因素"的回答中，选住房一项 9 人，占 4.4%；选培训计划一项的 10 人，占 4.9%；选工资奖金一项的 24 人，占 11.7%；选个人能力发挥一项的 27 人，占 13.2%；而选个人发展前途一项的多达 126 人，占 61.5%。这一数据与中国青少年研究中心课题组 1998 年的大型调查结果非常吻合：对于"充分发挥自己的才能"问题项，6 796 位调查对象回答"非常重要"的占 62%。

这说明随着社会的进步，新一代大学生看重经济待遇，关注生存条件，并越来越注重自我价值的实现和个人前途的发展，而且出现了价值的多元化，形成了个人价值并非一定要由经济待遇来实现的观念。

2. 重实现自我价值和发展前途的大学生普遍具有以下特征。

（1）竞争的适应能力强，喜欢具有竞争性、挑战性的工作。表 12.3 中，个人发展偏好指数与对竞争适应程度的相关系数高达 0.663，量化后作皮尔逊相关分析显示正向中度相关，且通过了 0.05 的显著性检验，这说明在 95% 的置信水平上，大学生要实现自我价值、注重发展前途必须增强对竞争、挑战的适应能力。

（2）对所去工作单位比较了解，并且倾向于选择制度建设、职位设置和工作量安排情况比较完善的单位，从而更好地实现其价值和追求发展前途。

（3）就业准备更充分。为了统计分析大学生的就业准备情况，本次调查运用了大学生就业准备程度这一变量（为李克特量表），主要针对大学生就业的心理承受和发展规划等方面提问，包括"从学生到职业工作者的突变使我难以适应"、"我对将来自己如何一步一步晋升、发展有明确的设计"、"自己的升迁掌握在别人手中，职业设计毫无意义"等问题，在计算总和时对负向维度的问题得分进行了转换。表 12.3 显示：个人发展偏好指数与就业准备成正比，皮尔逊相关系数为 0.289，通过了 0.05 的显著性检验，因此，在 95%的置信水平上，注重实现自我价值和发展前途的大学生对于就业问题在心理承受、发展规划等方面有更充分的准备。

二、关于大学生职业设计的就业准备

（一）对就业影响较大的因素经验谈

在回答选择题"您认为对就业影响较大的因素"时，260 位已确定工作单位的 1999 届本科毕业生每人限选5项。11个备选项按选择人数的多少依次排列为：专业方向、面试时第一印象、表达能力、社会实践经验（如证明证书）、性别、指标（如留京指标）、所获奖励、文笔（如发表文章）、在用人单位有关系、政治面貌、实习鉴定。

根据2002届毕业生的经验，建议大学生在就业准备时掌握必要的面试技巧，平时多锻炼人际交往能力和表达力，多参加社会实践、多积累社会经验，这些准备对于择业、就业有较大的帮助。

（二）性格对职业设计的影响

本次调查将性格由内向至外向设置为1至5，用以统计分析性格对职业设计的影响，见表12.4。

表12.4 性格对职业设计的影响（维度由内向至外向）

问题	Eta	F检验	Gamma	Approx. Sig
竞争的适应程度			0.277	0.003
对所去单位的了解程度			0.250	0.001
就业准备程度	0.44	通过		

表12.4中Eta为定序—定距变量的相关系数，Gamma为定序变量的相关系数，3个统计值都通过了0.05的显著性检验；将性格、对竞争的适应程度和对所去单位的了解量化后作皮尔逊相关分析，显示为正相关，且都通过了0.05的显著性检验。因此，本次调查表明：在95%的置信水平上，性格越外向的大学生对竞争的适应程度越好，对所去单位了解程度越多，就业准备也越充分。因此，建议性格内向的大学生更要注重增强对竞争、挑战的适应程度，更加重视职业设计问题，增加就业准备的充分程度。

（三）影响就业准备的因素分析

本次调查与就业准备有关的因素从六个方面进行，见表12.5。

表12.5 与就业准备相关的因素

问题	Eta	F检验	Person's r	Sig
对现有工作的满意度	0.436	通过		
职业设计理论的运用程度	0.449	通过		
发展规划明确程度	0.674	通过		
大学期间从事社会实践的时间			0.205**	0.003
性格	0.440	通过		
对竞争的适应程度	0.495	通过		

注：** Correlation is significant at the 0.01 level(2-tailed)。

本次调查表明：

1. 职业设计对择业、就业确有意义。本次调查进行了工作满意度调查，具体为"与您同学的工作相比，您对现有工作的满意度"，将答案由极不满意至很满意设置为1至8。表12.5显示：就业准备程度与对现有工作的满意度相关系数为0.436，中度相关，量化后作皮尔逊相关分析，显示为正相关，通过了0.05的显著性检验，这说明在95%的置信水平上，大学生就业准备程度越好，在同等条件下，找到的工作越好。

职业设计不仅存在重要性,还有迫切的必要性。在对于问题项"从学生到职业工作者的突变能否适应"的回答中,完全能适应的20人,占9.8%;基本能适应的98人,占48%;中立的63人,占30.9%;而基本不能适应的22人,占10.8%;完全不能适应的1人,占0.5%。同时,在对于问题项"对将来如何一步一步晋升、发展是否有明确的设计"的回答中,完全不明确的6人,占2.9%;基本不明确的53人,占26%;中立的68人,占33.3%;而基本明确的67人,占32.8%;完全明确的仅10人,占4.9%。

2. 性格对就业准备有较大的影响。表12.4显示:性格(由内向至外向设置为1至5)与就业准备程度的相关系数为0.44,中度相关,量化后作皮尔逊相关分析,显示为正相关,通过了0.05的显著性检验。因此,在95%的置信水平上,大学生性格越外向,就业准备就越充分。关于性格的具体分析请参见"(二)性格对职业设计的影响"。

3. 大学期间从事社会实践(如从事系、校学生工作)对就业准备有影响。表12.5显示:大学期间从事社会实践的时间与就业准备程度的皮尔逊相关系数为0.205,通过了0.05的显著性检验,因此在95%的置信水平上,大学生在大学期间适度增加社会实践的时间,能使就业准备更充分。

4. 对竞争的适应程度对于就业准备有较大的影响。在表12.5影响就业准备的因素中,对竞争的适应程度与就业准备程度的相关系数居第二,达0.495,量化后作皮尔逊相关分析,显示为正相关,且通过了0.05的显著性检验。这说明,在95%的置信水平上,大学生在职业设计的就业准备过程中如何增加对竞争、挑战的勇气、信心和能力是很重要的一部分内容。

5. 职业设计理论的运用程度对就业准备有较大的影响。表12.5影响就业准备的因素中,职业设计理论的运用程度与就业准备的相关系数居第三,量化后作皮尔逊相关分析,显示为正相关,通过了0.05的显著性检验,具有推断大学生总体状况的意义。因此,运用职业设计理论进行职业生涯设计与开发对于个人的择业乃至一生的发展都有重要的意义,有利于明确人生奋斗目标,制订培训计划,从而能够自己控制自己的命运。例如,美国工程技术委员会的一项调查表明,在65岁以下的在职工程师中,从事管理工作的占68%;在对工程技术人员进行职业目标的咨询中,约有80%的人表示希望在5年内成为一名主管人员或经理;他们为实现此种职业生涯的目标,往往在大学学习了工程技术专业,工作几年后又进入研究生院读管理硕士,最后进入管理领域工作。运用职业设计理论规划发展方向、工作计划从而取得辉煌成就的事例举不胜举。本次调查也说明,在95%的置信水平上,大学生运用职业设计理论对就业准备确有较大的影响。但是本次调查同时显示:205位大学生中不知道、不了解职业设计理论的大学生有125位,占61.3%,了解并能初步运用职业设计理论的有66位,占32.3%,掌握并熟练运用职业设计理论的仅13位,占6.4%;这与职业设计理论在实践中的重要性形成鲜明对比。因此,在大学职业设计教育中,应加强职业设计理论的学习,使大学生了解、掌握并熟练运用职业生涯的设计和开发。

6. 本次调查表明:发展规划的明确程度对就业准备影响最大。表12.5影响就业准备的因素中,发展规划的明确程度与就业准备的相关系数最高,达0.674,量化后作皮尔逊相关分析,显示为正相关,通过了0.05的显著性检验,具有推断大学生总体状况的意义。但本次调查同时显示：205位大学生对将来自己如何一步一步晋升、发展没有设计的127人，占62.2%；有设计的67人，占32.8%；有明确设计的仅10人，占4.9%。这显然与发展规划的重要性又形成了鲜明的对比。因此，在大学期间的就业教育中，如何结合职业设计理论提高大学生发展规划的明确程度，使大学生普遍能够熟练运用职业设计理论，比较明确地规划工作与人生发展方向，这不仅是职业设计与择业就业的问题，更有利于大学生一生的发展。

主要结论

1. 传统的"官本位"观念在大学生的择业过程中仍有一定的影响，这与研究假设不符；调查表明：父母的期望和政府工作人员特殊的社会地位成为大学生择业时倾向于政府机关的外来和内在的影响根源，这一调查结果还可能与该校是一所以人文、社会、经济和管理科学为主的综合性大学这一性质有关，因此该调查报告的结论也可能更适合该院校。

2. 新一代大学生更加关注经济待遇，注重实现自我价值和发展前途，并逐步形成人生价值并非一定要由经济待遇来体现的观念，出现了价值的多元化局面。

3. 职业设计对大学生就业确有影响，就业准备程度越充分，在同等条件下，找到的工作越好。同时，因为多数毕业生难以适应由学校到职业工作者的变化和缺乏职业生涯设计，大学生职业设计的教育在现阶段尤其重要和迫切。

4. 性格、大学期间从事社会实践对就业准备有影响；对竞争程度的适应和职业设计理论的运用程度对就业准备影响较大；发展规划的明确程度在本次调查中对于就业准备的影响最大。

5. 在以上详细地分析影响就业准备的各因素的接触上，列出关于大学生职业设计的路径分析。经过回归假设和回归检验，初步建立了由发展规划明确程度、职业设计理论运用程度和竞争适应程度共同作用于就业准备的理论模型。这一理论模型的提出，从实证的角度分析了发展规划明确程度、职业设计理论运用程度和竞争适应程度对于就业准备的影响，以及3个因素各自对于就业准备的贡献：发展规划明确程度占55%，职业设计理论的运用程度占23.5%，竞争适应程度占20.8%。该模型对于大学生有针对性地提高规划明确程度，学校运用职业设计理论，增加对竞争的适应程度，从而提高就业准备的充分程度提供了理论依据。

(资料来源：http://www.glzy8.com/show/192613e054a8991c.html)

案例思考题：

1. 讨论报告的几个组成部分。列出评价这份报告的标准，并就每条标准加以说明。
2. 对结果、摘要、结论和建议进行区分。

参考文献

[1] http://sf.nctu.edu.tw/award/past/four/article/popsciE1_content.php
[2] 暴奉贤,陈宏立.经济预测与决策方法[M].广州:暨南大学出版社,2009
[3] 陈殿阁.市场调查与预测[M].北京:清华大学出版社,北方交通大学出版社,2004
[4] 方国兴.对应分析在保险市场分析中的应用[J].金融教学与研究,2004,76(3):3-4.
[5] 龚曙明.市场调查与预测[M].北京:清华大学出版社,北京交通大学出版社,2005
[6] 郭毅,梅清豪.市场调研[M].北京:电子工业出版社,2003
[7] 洪楠,林爱华,侯军等.SPSS for Windows 统计产品和服务解决方案教程[M].北京:清华大学出版社,2003
[8] 贾俊平,何晓群,金勇进.统计学(第 2 版)[M].北京:人民大学出版社,2004
[9] 简明,金勇进,蒋妍.市场调查方法与技术[M].北京:中国中国人民大学出版社,2004
[10] 金勇进,蒋妍,李序颖.抽样技术[M].北京:中国人民大学出版社,2010
[11] 景奉杰.市场营销调研[M].北京:高等教育出版社,2001
[12] 柯惠新,丁立宏.市场调查与分析[M].北京:中国统计出版社,2000
[13] 柯惠新,沈浩.调查研究中的统计分析法(第 2 版)[M].北京:中国传媒大学出版社,2005
[14] 李灿.调查问卷中多项选择题的处理方法[J].统计与决策,2006,210(6):封 2-封 3.
[15] 李灿,辛玲.SPSS 软件中多项选择题的处理方法研究[J].江苏商论,2007,276(9):63-65.
[16] 李灿,辛玲.调查问卷的可信度与有效度的评价方法研究[J].中国卫生统计,2008,22(5):541-544.
[17] 李灿.市场调查问卷的设计艺术[J].统计与决策,2007,235(4):76-77.
[18] 李国强,苗杰.市场调查与市场分析[M].北京:中国人民大学出版社,2005
[19] 李洁明,祈新娥.统计学原理(第 5 版)[M].上海:复旦大学出版社,2010
[20] 廖进球,李志强.市场调查与预测[M].湖南:湖南大学出版社,2009
[21] 林汉生等.多选题答案的编码与 SPSS 中 SUBSTR 函数的使用[J].中国卫生统计,2001,18(6):371-373.
[22] 刘玉洁,周鹏.市场调研与预测[M].大连:大连理工大学出版社,2004
[23] 卢文岱.SPSS fok Windows 应用(第 2 版)[M].北京:电子工业出版社,2002
[24] 陆军,周安柱,梅清豪编著.市场调研[M].北京:电子工业出版社,2003 年
[25] 简明,胡玉立.市场预测与管理决策(第 4 版)[M].北京:中国人民大学出版社,2009
[26] 纳雷希·K.马尔霍特拉(Naresh K. Mallhotra)著.徐平译.市场营销研究:应用导向(第 5 版)[M].北京:电子工业出版社,2009
[27] 帕拉苏拉曼(A. Parasuraman),德鲁弗·格留沃(Dhruv Grewal),R.克里希南(R. Krishnan)著.王佳芥,应斌译.市场调研(第 2 版)[M].北京:中国市场出版社,2009
[28] 宋思根.市场调研[M].北京:电子工业出版社,2009
[29] 王峰,吕彦儒,葛红岩.市场调研(第 2 版)[M].上海:上海财经大学出版社,2008
[30] 魏炳林主编.市场调查与预测[M].大连:东北财经大学出版社,2002
[31] 魏炳麟.市场调查与预测[M].大连:东北财经大学出版社,2006
[32] 吴明隆.SPSS 统计应用实务[M].北京:科学出版社,2003
[33] 吴增基等.现代社会调查方法[M].上海:上海人民出版社,2003

[34] 许以洪,熊艳.市场调查与预测[M].北京:机械工业出版社,2010
[35] 许以洪,严辉武,杨卫丰,周爱香.市场营销调研[M].武汉:武汉工业大学出版社,2006
[36] 于秀林,任雪松.多元统计分析[M].北京:中国统计出版社,1999
[37] 宇传华.SPSS与统计分析[M].北京:电子工业出版社,2007
[38] 张尧庭,方开泰.多元统计分析引论[M].北京:科学出版社,1982
[39] 赵博庄,张梦霞.市场调研(第11版)[M].北京:北京邮电大学出版社,2004
[40] 周宏敏.市场调研案例教程[M].北京:北京大学出版社,中国农业大学出版社,2008
[41] 朱建平,范霄文.Excel在统计分析中的应用[M].北京:清华大学出版社,2007
[42] 朱建平,殷瑞飞.SPSS在统计分析中的应用[M].北京:清华大学出版社,2007